Birmingham De Luxe Atlas

CONTENTS

The representation on the maps of a road, or footpath is no evidence of the existence of a Right of Way.

Every possible care has been taken to ensure that the information given in this Atlas is accurate and whilst the publishers would be grateful to learn of any errors, they regret they can accept no responsibility for any expense or loss thereby caused.

The maps in this Atlas are based upon the Ordnance Survey 1:10,560 Maps with the sanction of the Controller of Her Majesty's Stationery Office. Crown Copyright Reserved.

An A to Z publication

ISBN 0 85039 210 2

© Edition 2 1988
Edition 2B (Part Revision) 1992

REFERENCE

Motorway	═M6═
Dual Carriageway	
'A' Road	A34
'B' Road	B4102
One Way Street One-way traffic flow is indicated on 'A' roads by a heavy line on the drivers left.	traffic flow →
County Boundary	+ · + · + ·
District Boundary	· — · — ·
Ambulance Station	✚
Car Parks (Selection of)	P
Church or Chapel	✝
Fire Station	■
Hospital	Ⓗ
House Numbers Shown at intervals along main roads.	2 ___ 45
Information Centre	𝒊
Map Continuation	▽120
Police Station	▲
Post Office	●
Railway Line and Station	▬█▬
Toilet Disabled Toilet - National Key Scheme	▽ ♿

SCALE   *1:15,840*

Scale 4 inches to 1 mile

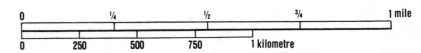

0 ¼ ½ ¾ 1 mile
0 250 500 750 1 kilometre

Geographers' A-Z Map Company Ltd.

Head Office : Fairfield Road, Borough Green
Sevenoaks, Kent. TN15 8PP
Telephone 0732-781000

Showrooms : 44 Gray's Inn Road, London
Telephone 071-242

Copyright of the publishers

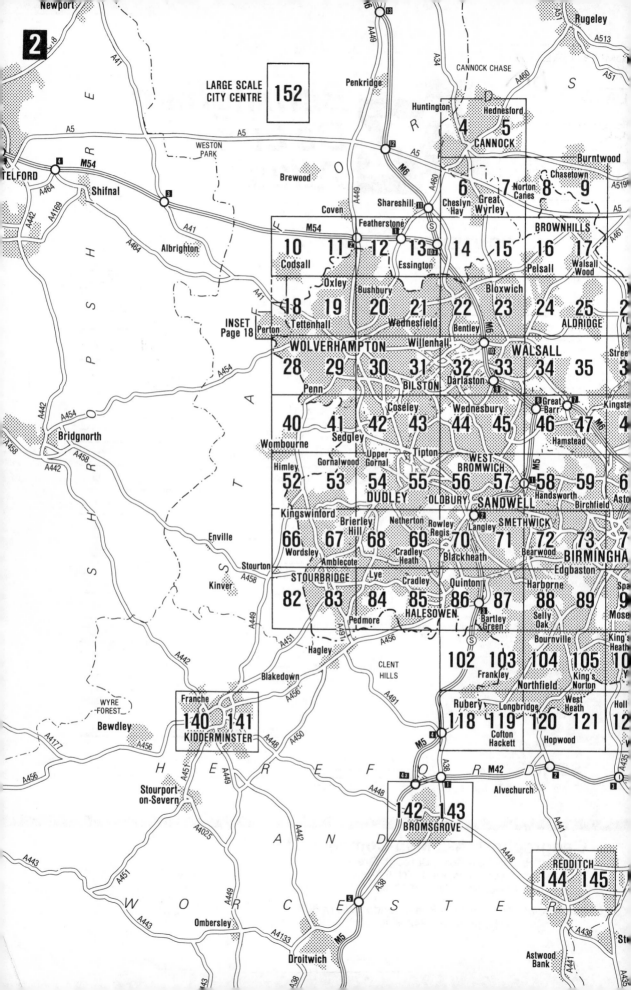

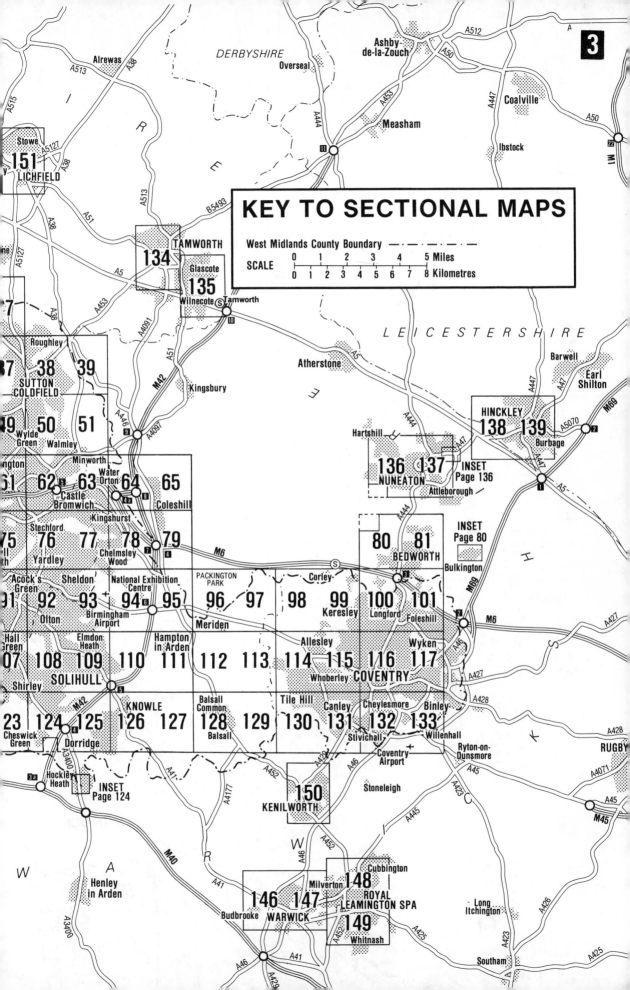

KEY TO SECTIONAL MAPS

West Midlands County Boundary — · — · —

SCALE

0 1 2 3 4 5 Miles

0 1 2 3 4 5 6 7 8 Kilometres

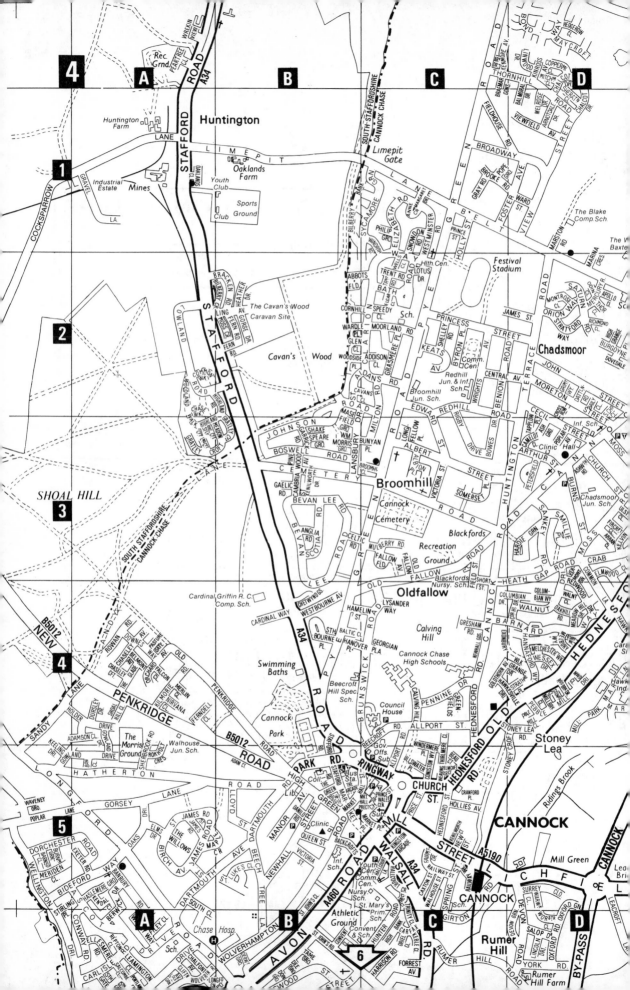

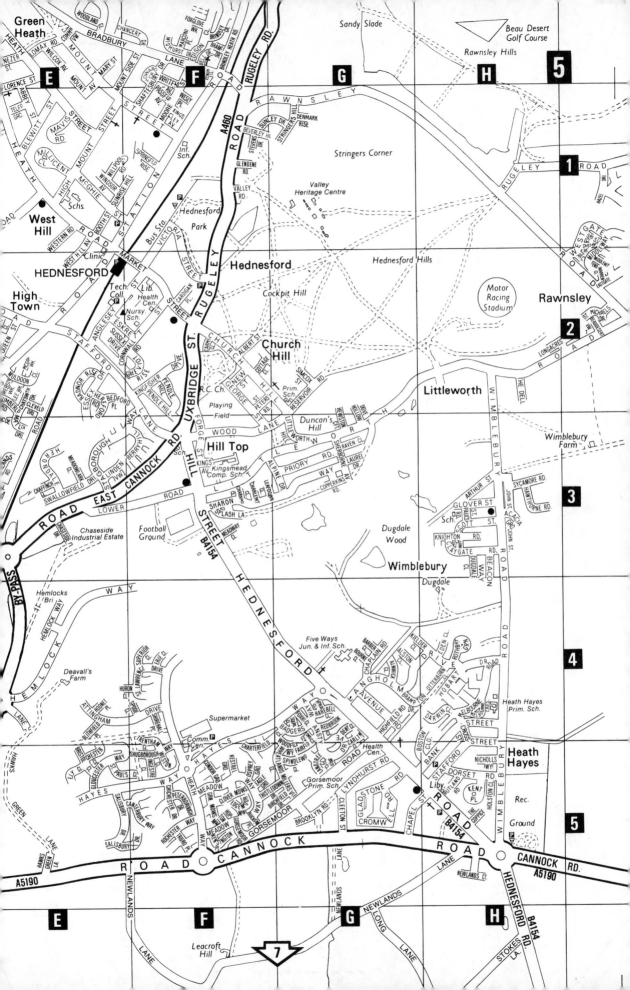

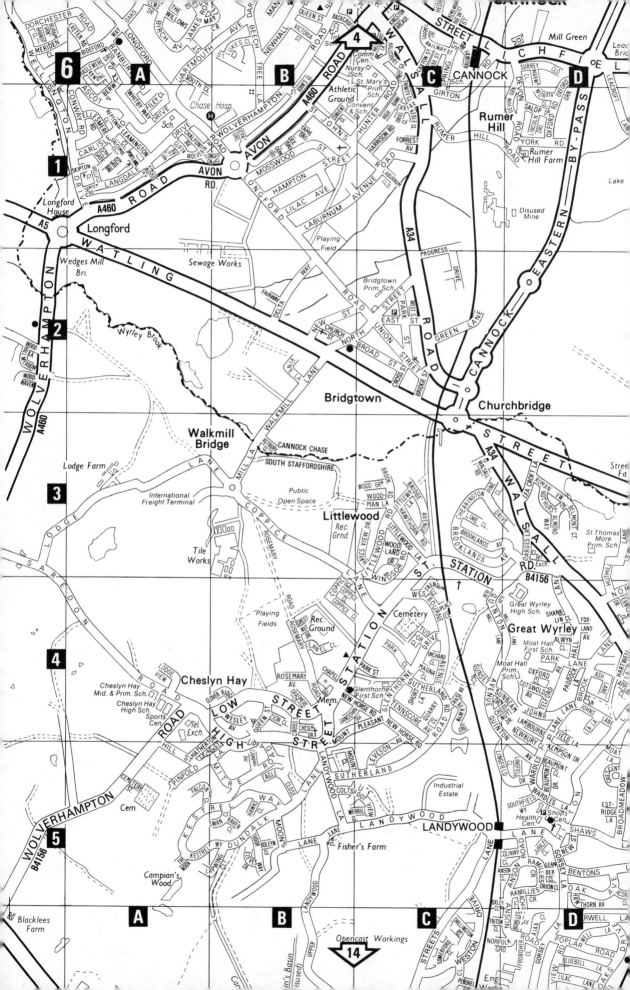

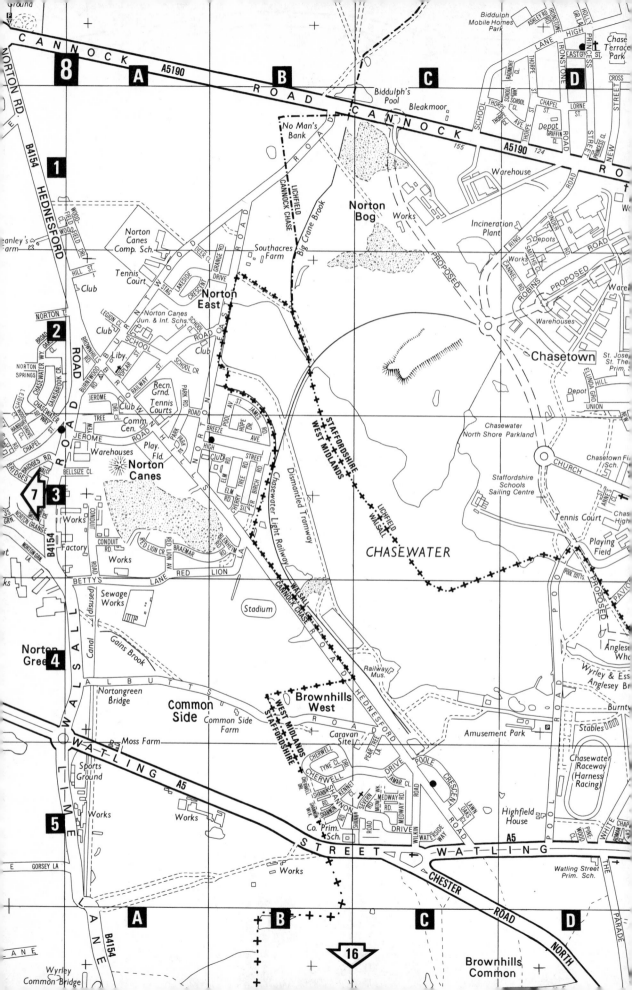

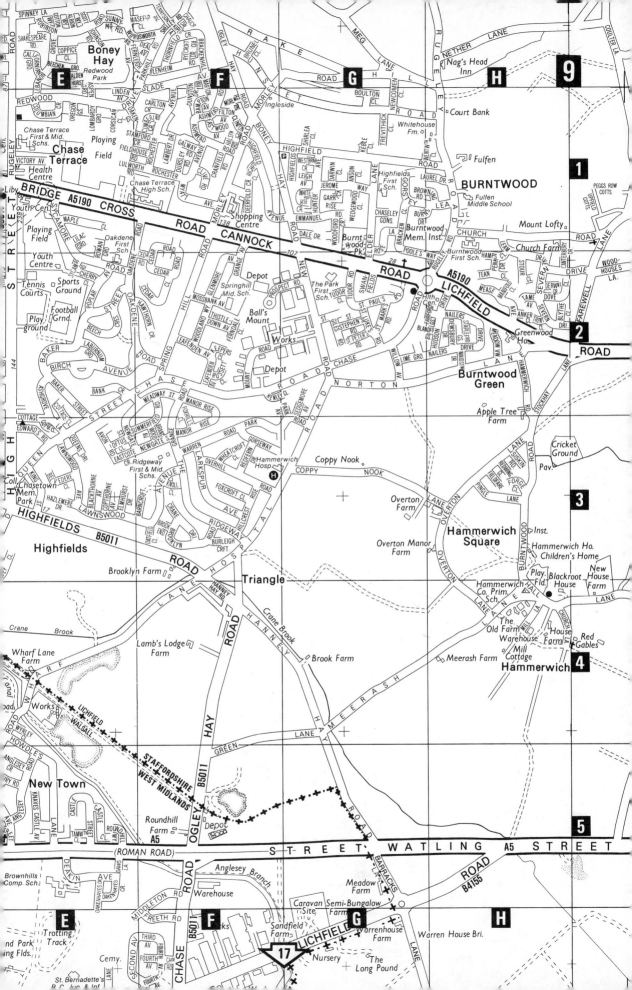

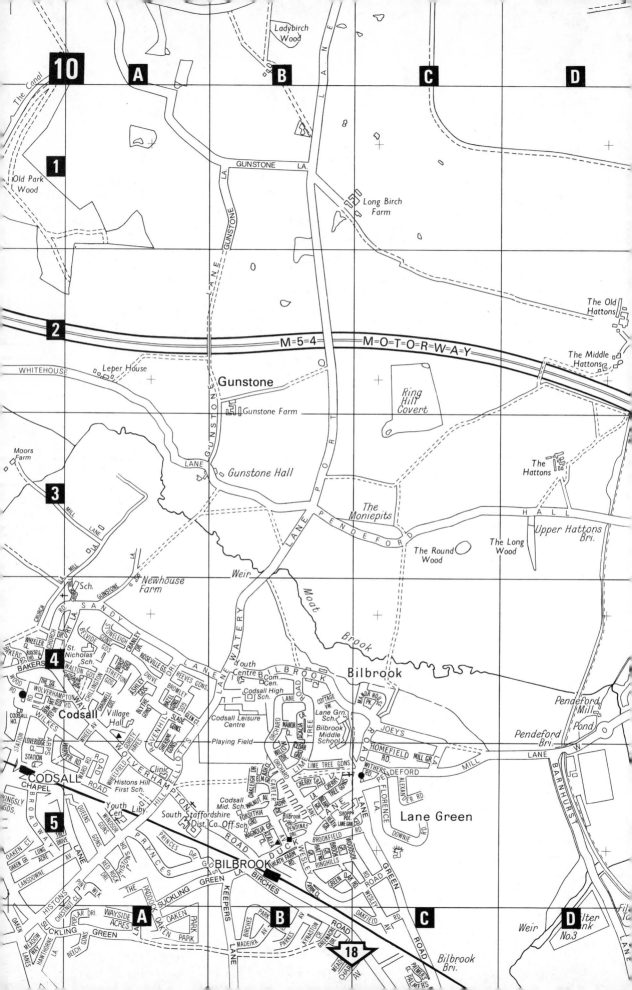

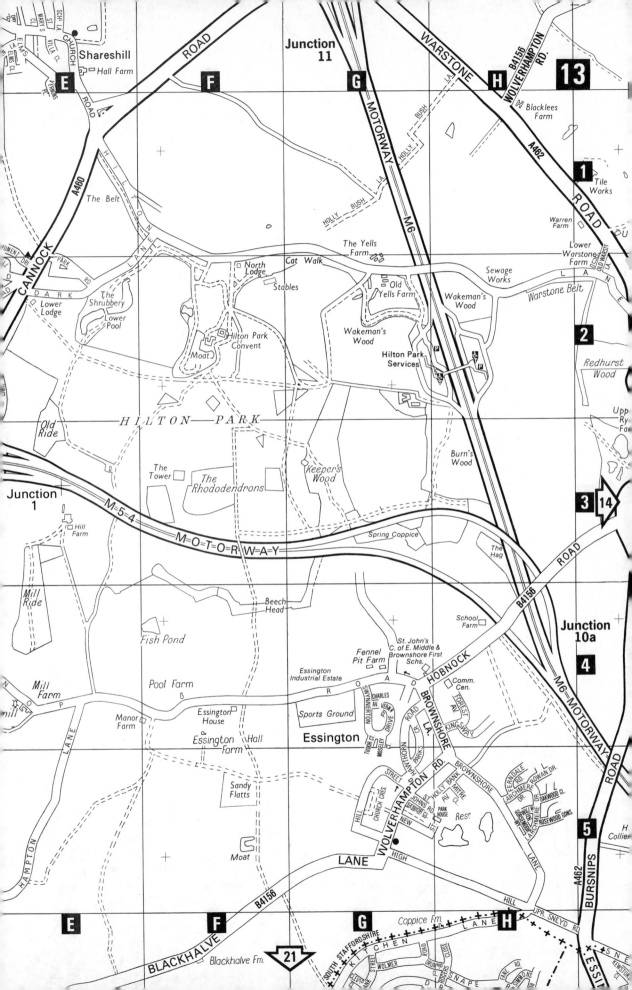

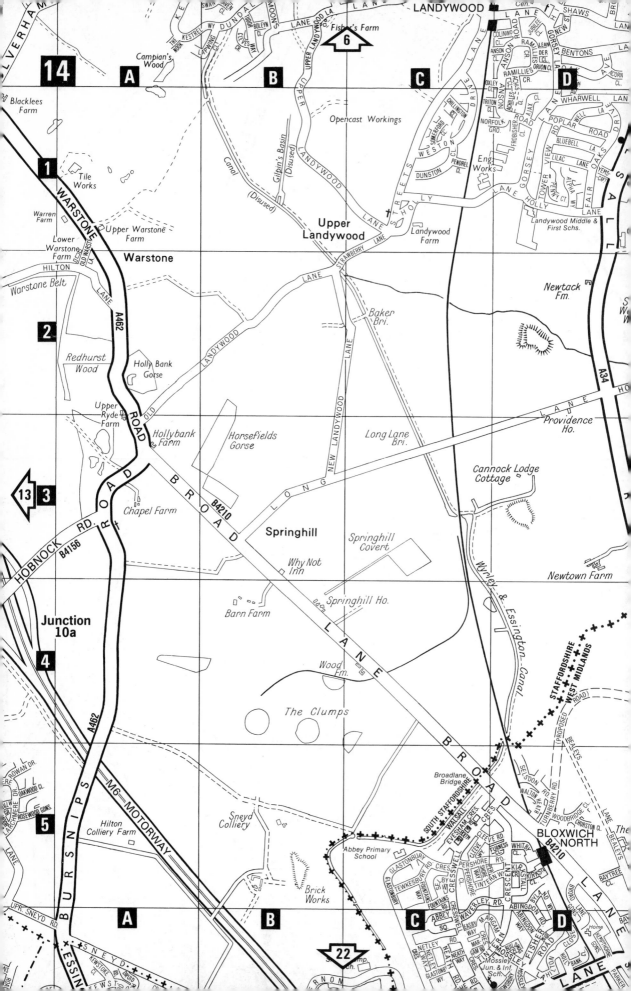

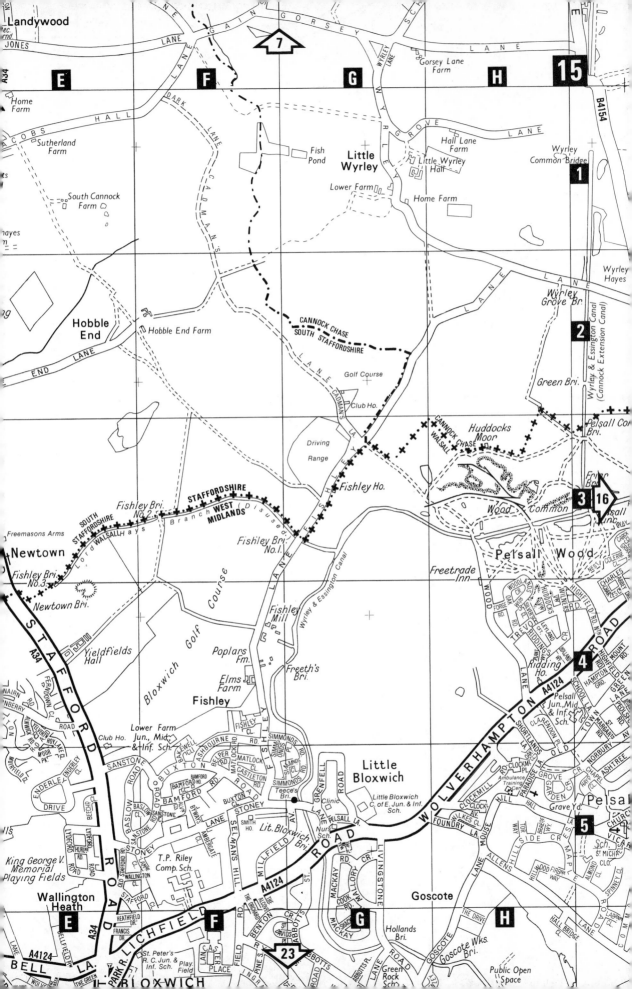

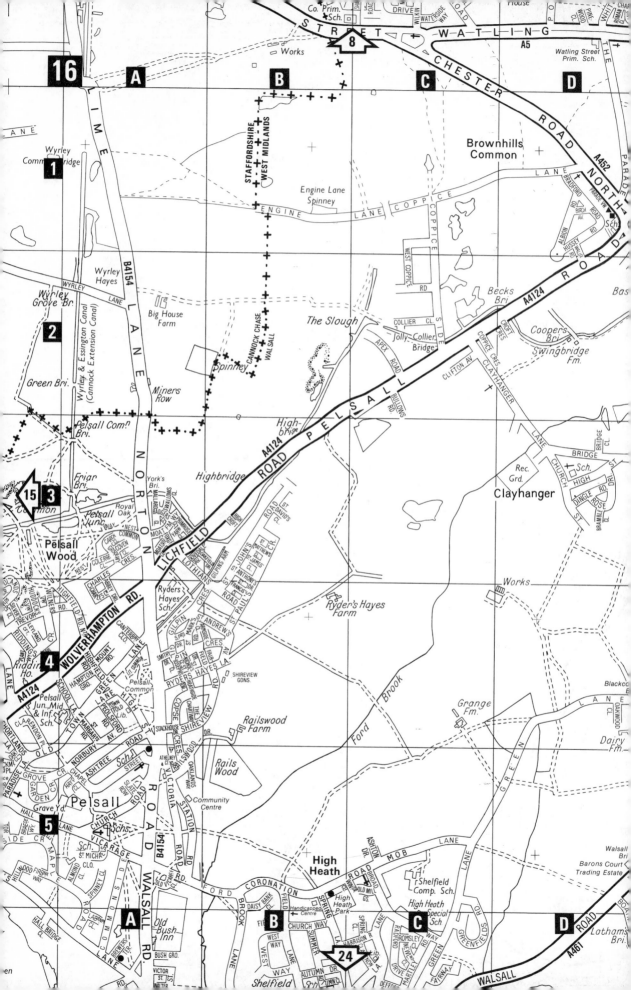

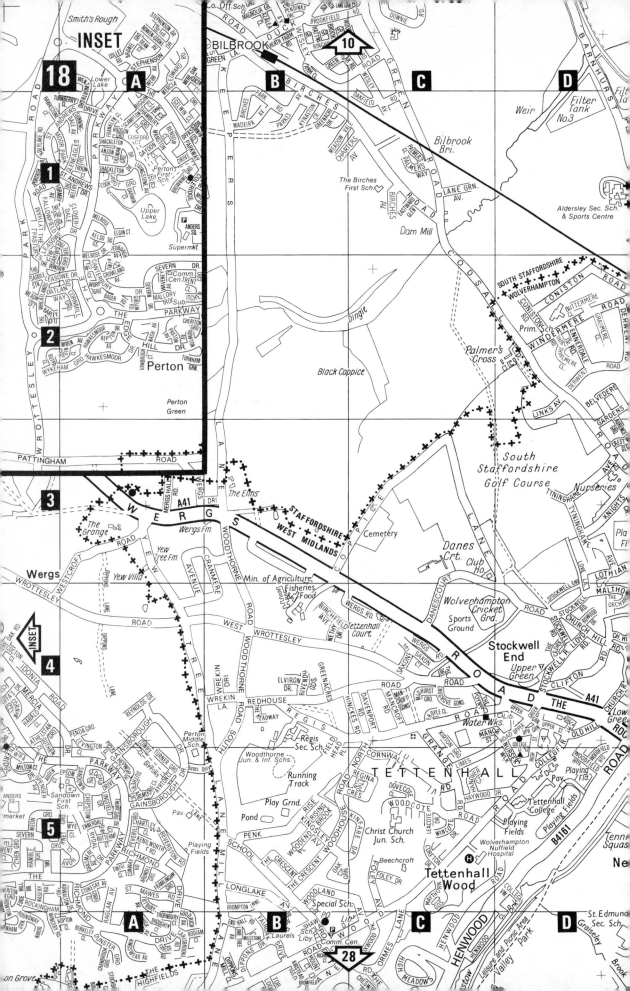

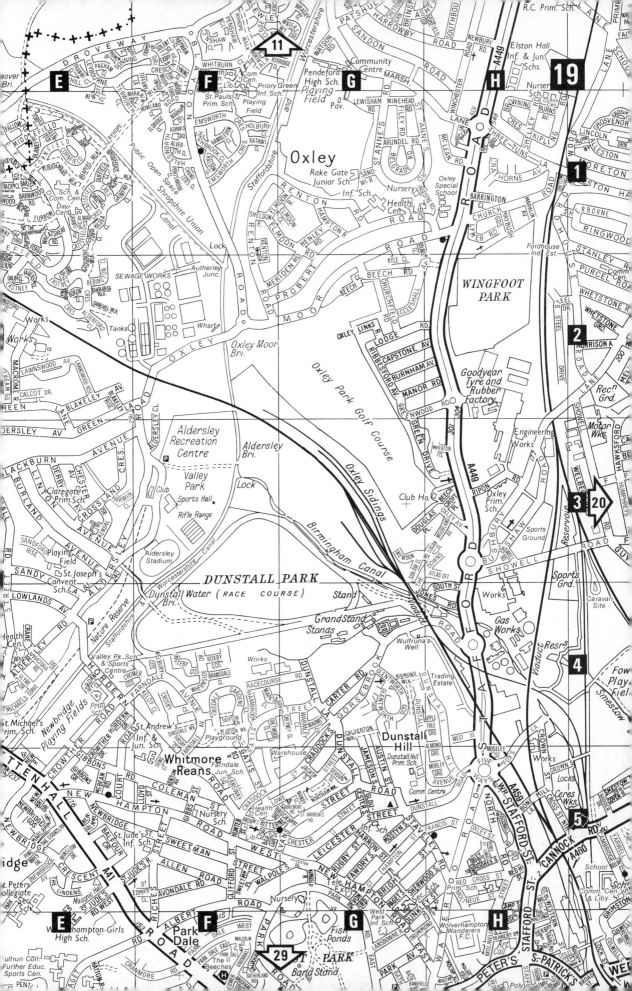

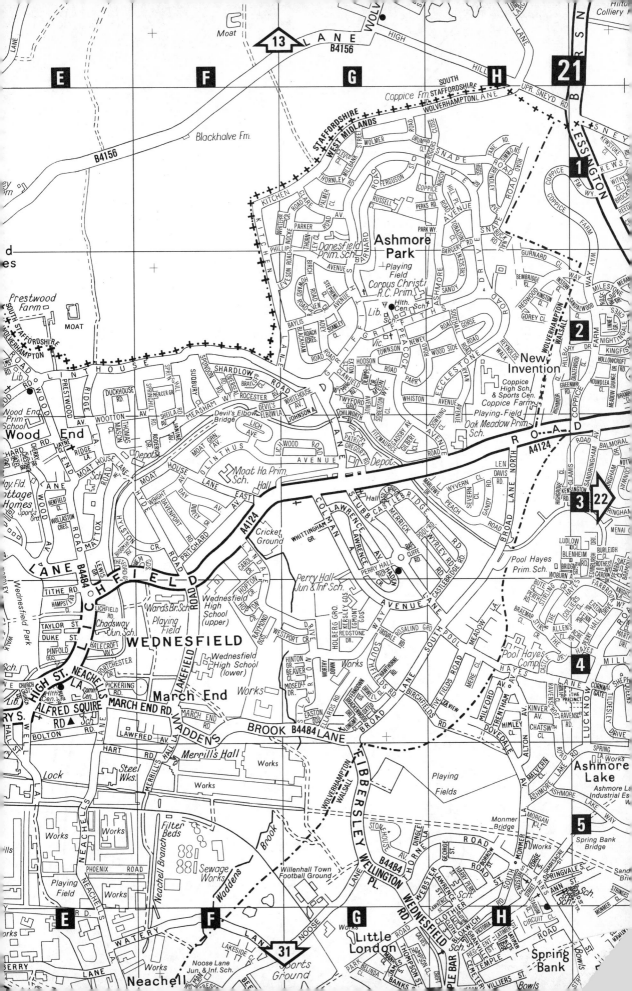

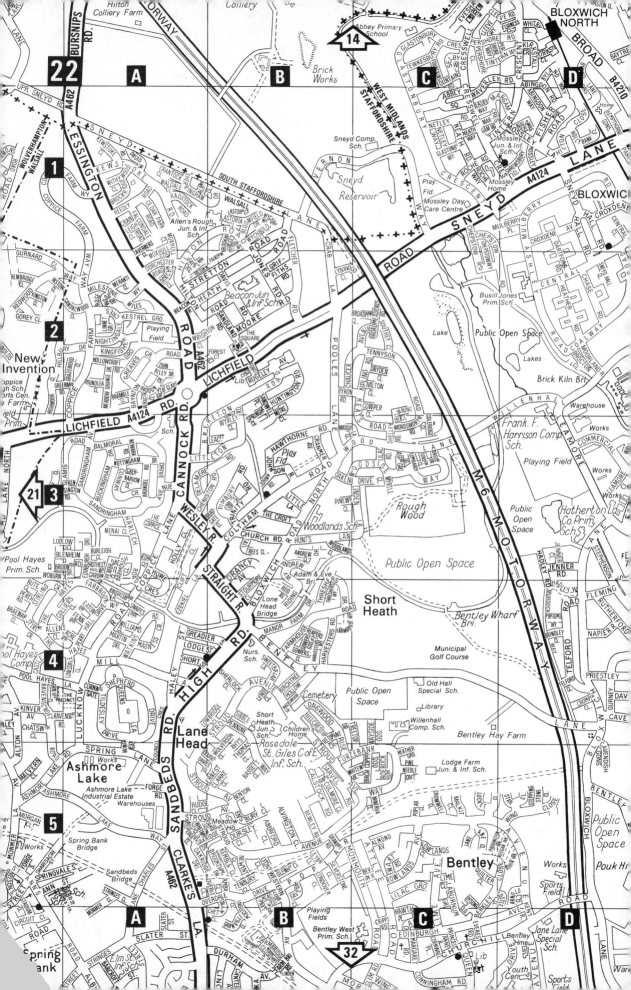

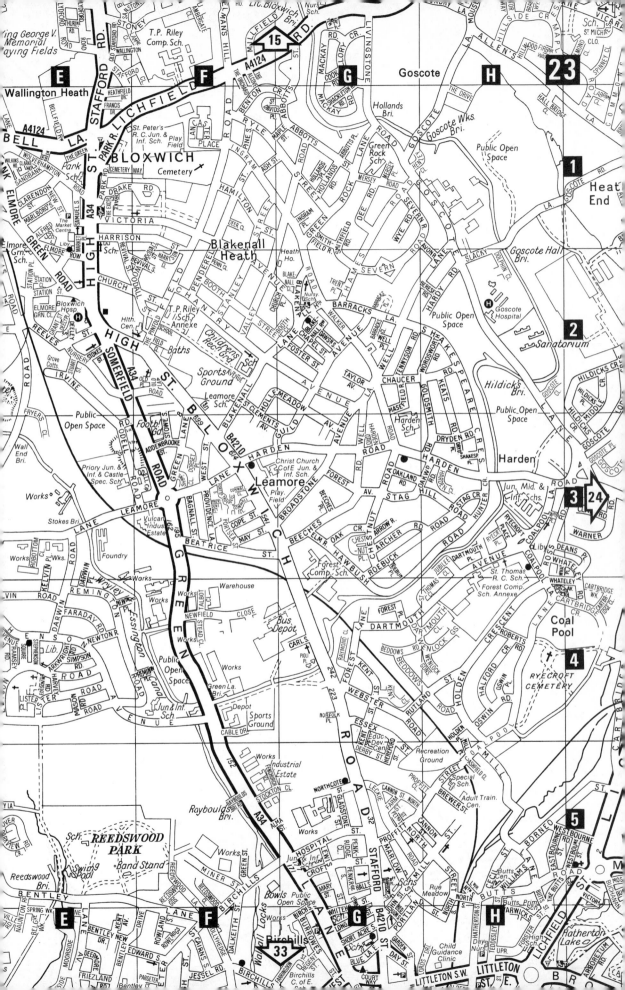

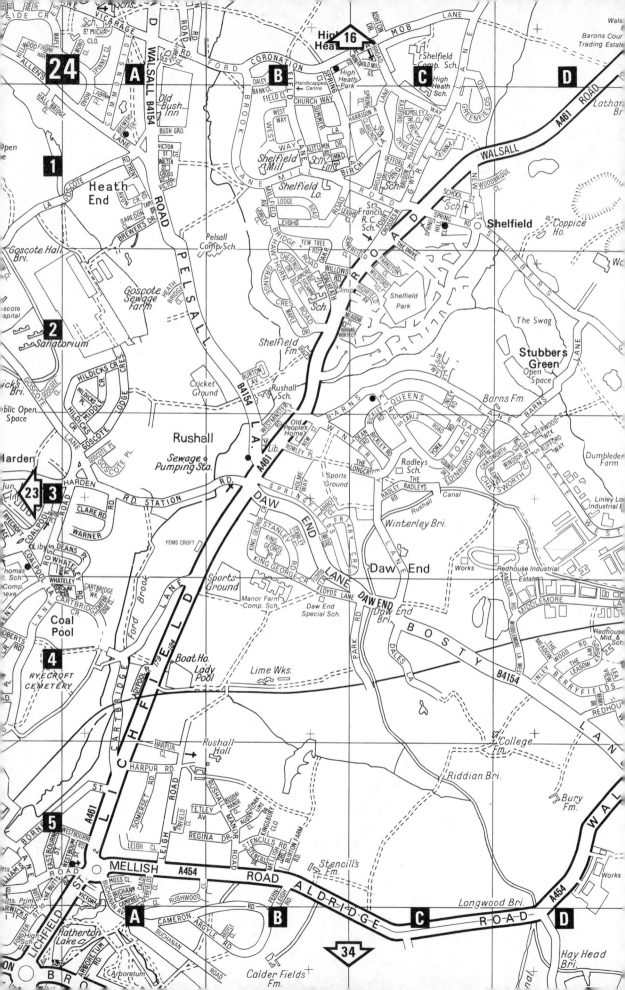

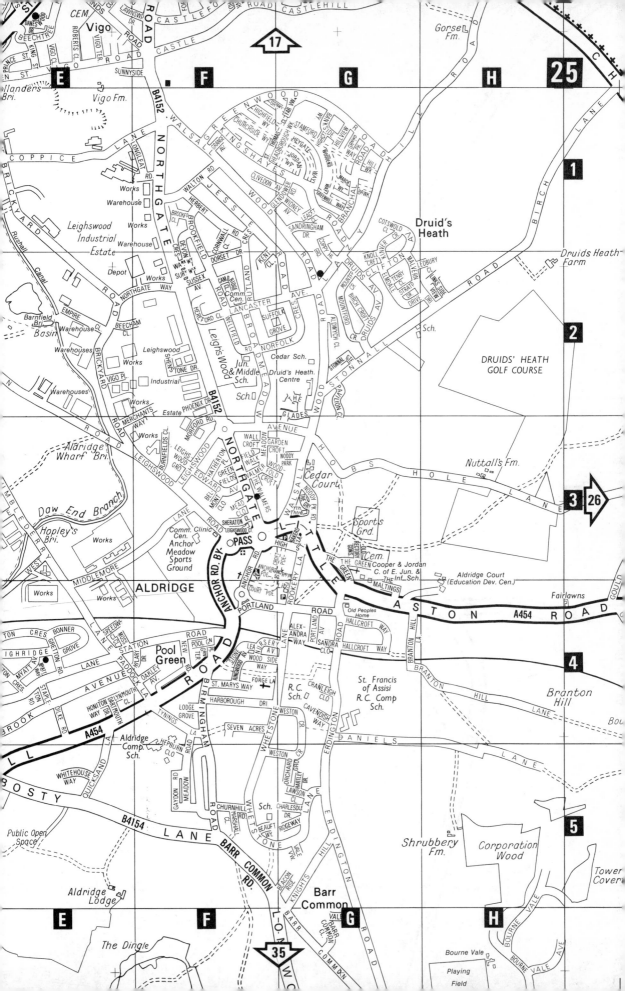

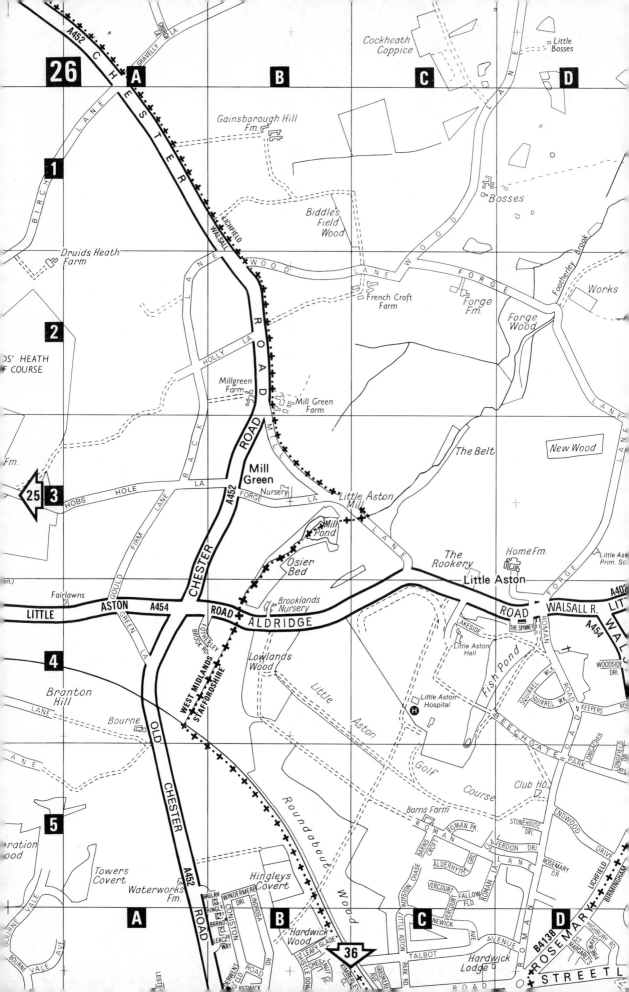

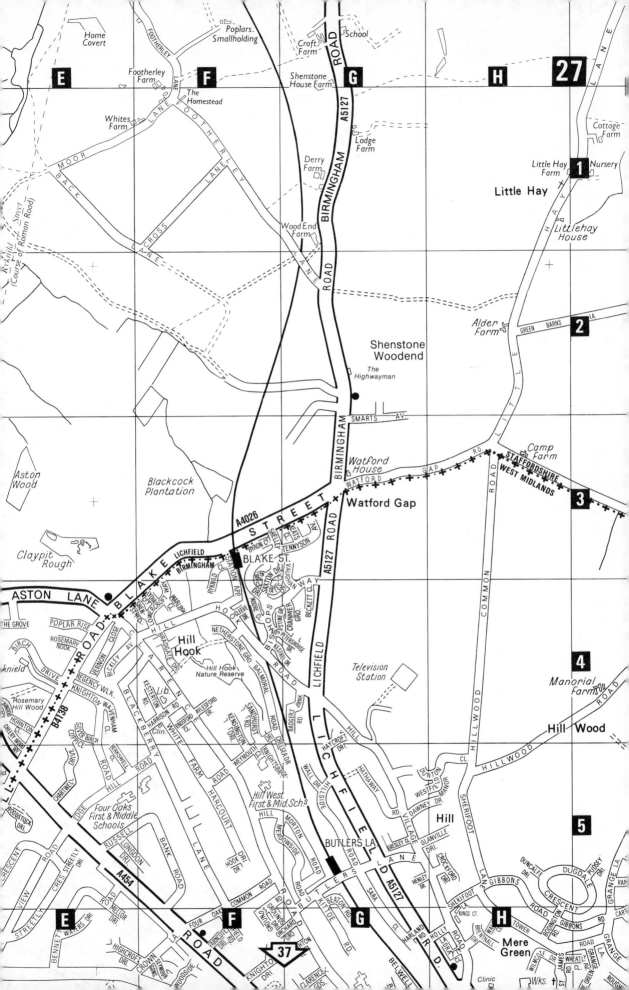

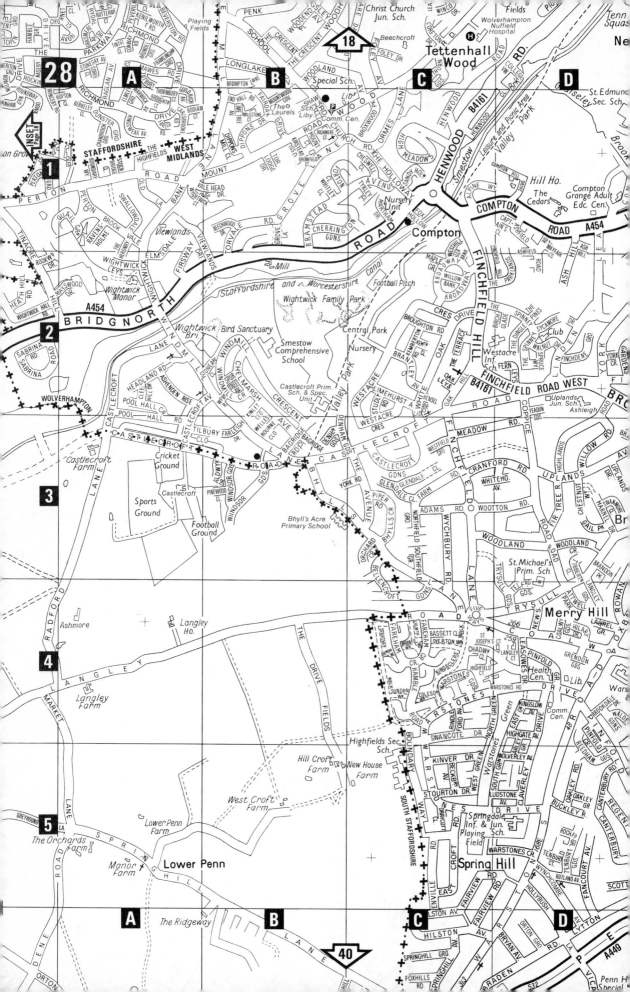

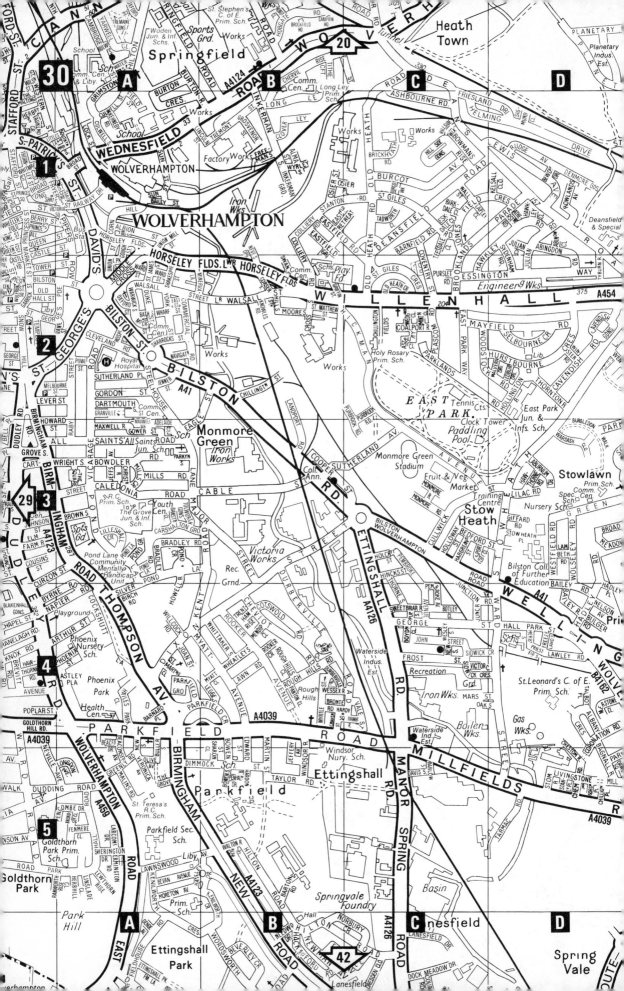

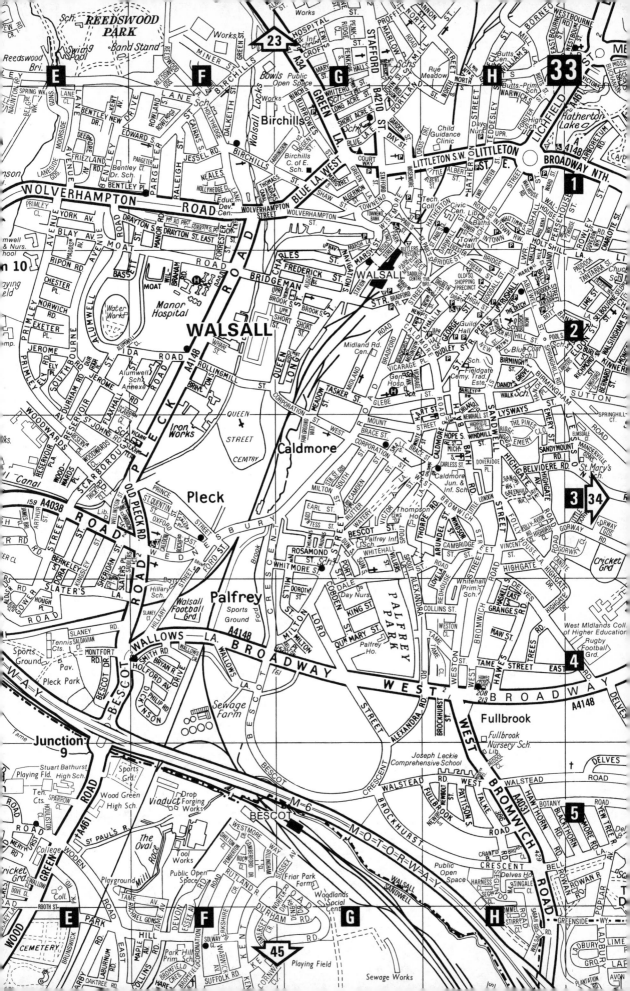

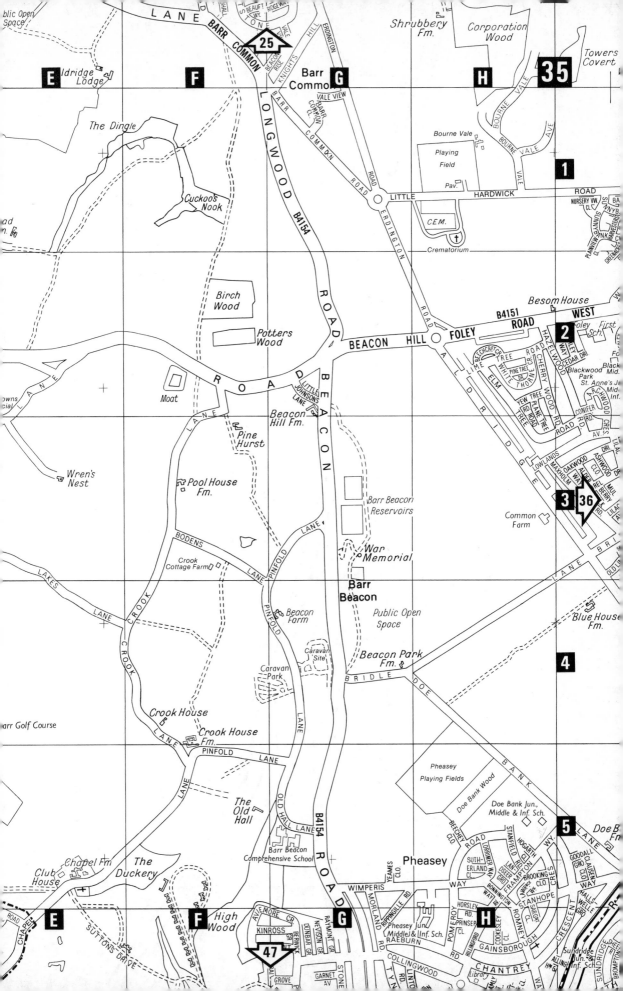

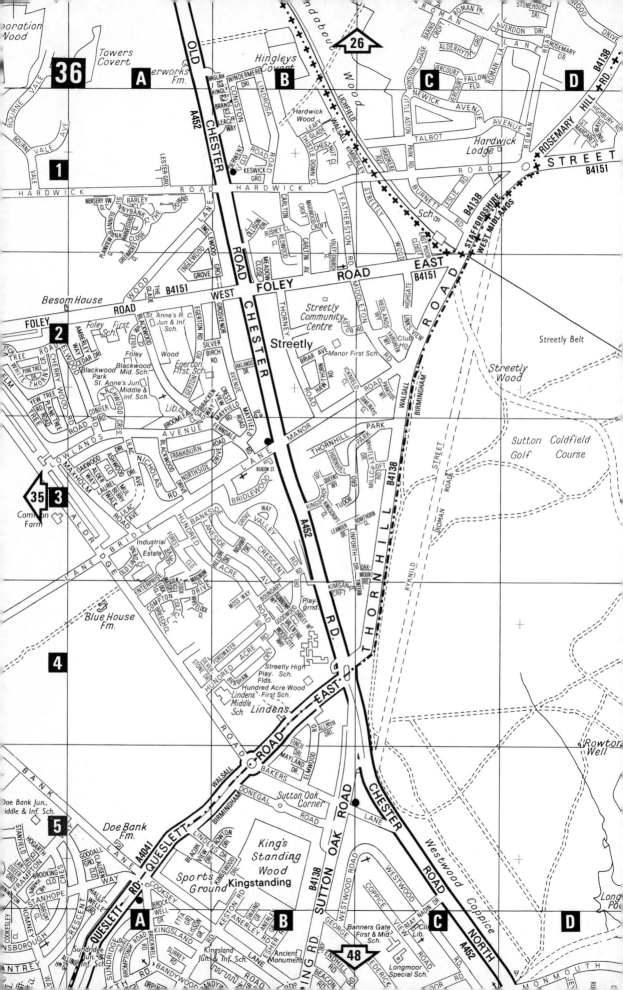

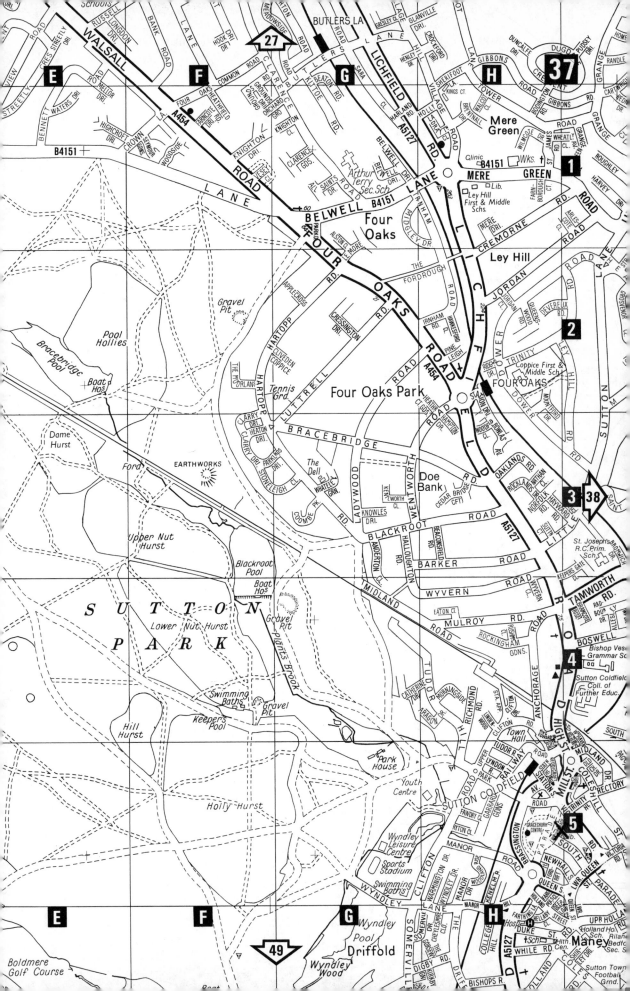

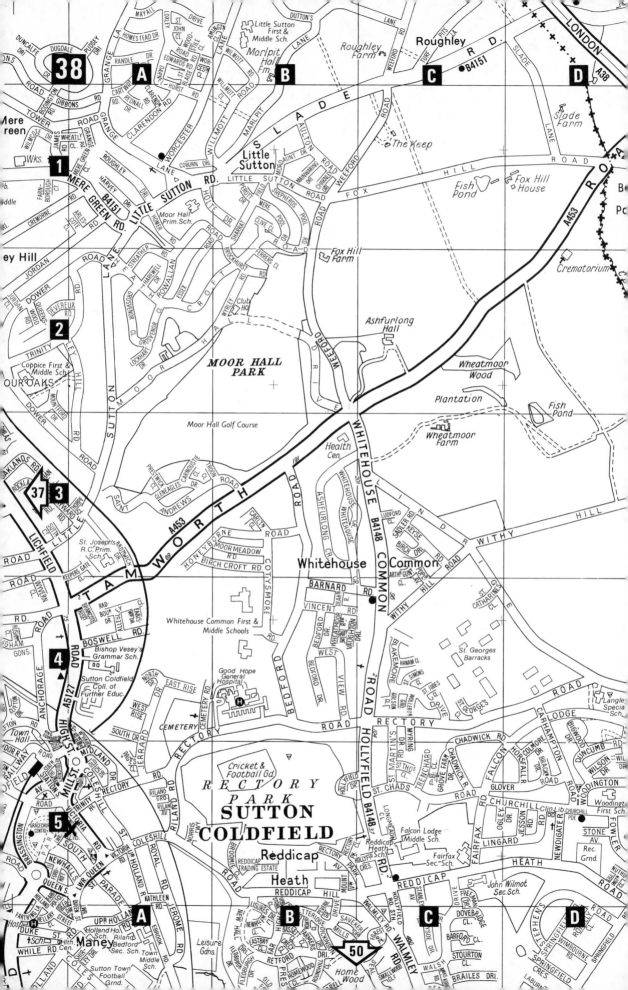

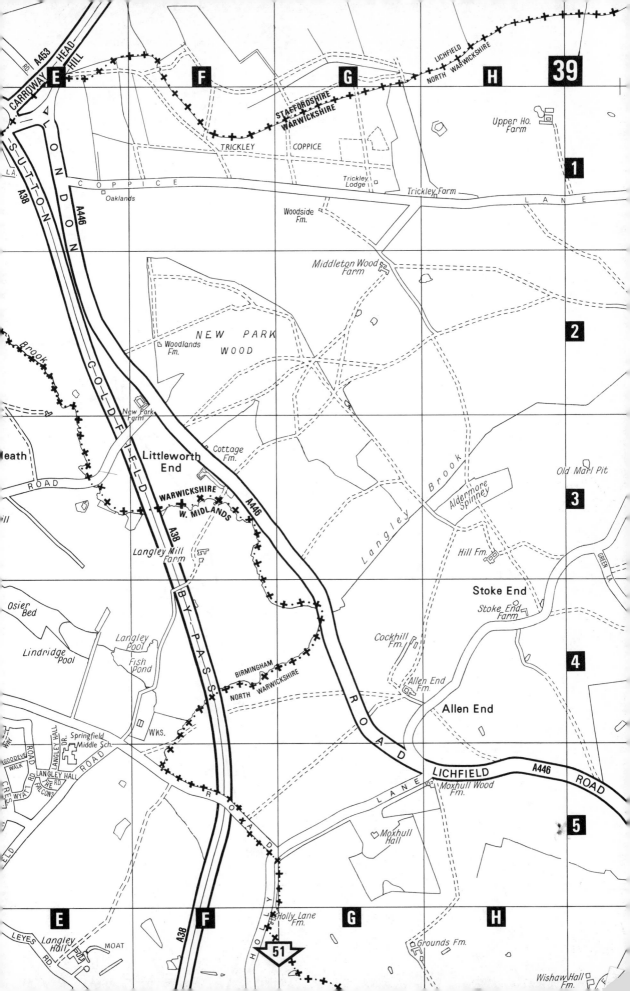

E   CARROWAY HEAD HILL   A453   **F**   **G**   LICHFIELD NORTH WARWICKSHIRE   **H**   **39**

A38   SUTTON   LA

LONDON   A446

STAFFORDSHIRE
WARWICKSHIRE

TRICKLEY   COPPICE

Upper Ho. Farm

1

COPPICE

Oaklands

Trickley Lodge

Trickley Farm

LANE

Woodside Fm.

Middleton Wood Farm

2

Brook

NEW PARK WOOD

Woodlands Fm.

New Park Farm

COLDFIELD

Cottage Fm.

Langley Brook

Old Marl Pit

3

Heath

ROAD

Littleworth End

WARWICKSHIRE
W. MIDLANDS

A446

Aldermore Spinney

Hill Fm.

Stoke End

GREEN LA

Langley Mill Farm

A38

BY-PASS

Osier Bed

Langley Pool

Fish Pond

BIRMINGHAM
NORTH WARWICKSHIRE

Cockhill Fm.

Stoke End Farm

4

Lindridge Pool

WKS.

Allen End Fm.

Allen End

Springfield Middle Sch.

Langley Hall DR.

ROAD

LEYES
GOODEVE WALK
Langley Hall CR.
THE RD.
FALCONS
WYATT CRES.
LD

ROAD

LICHFIELD   A446   ROAD

LANE

Moxhull Wood Fm.

5

Moxhull Hall

E   **F**   Holly Lane Fm.   **G**   **H**

A38

Langley Hall
MOAT

51

Grounds Fm.

Wishaw Hall Fm.

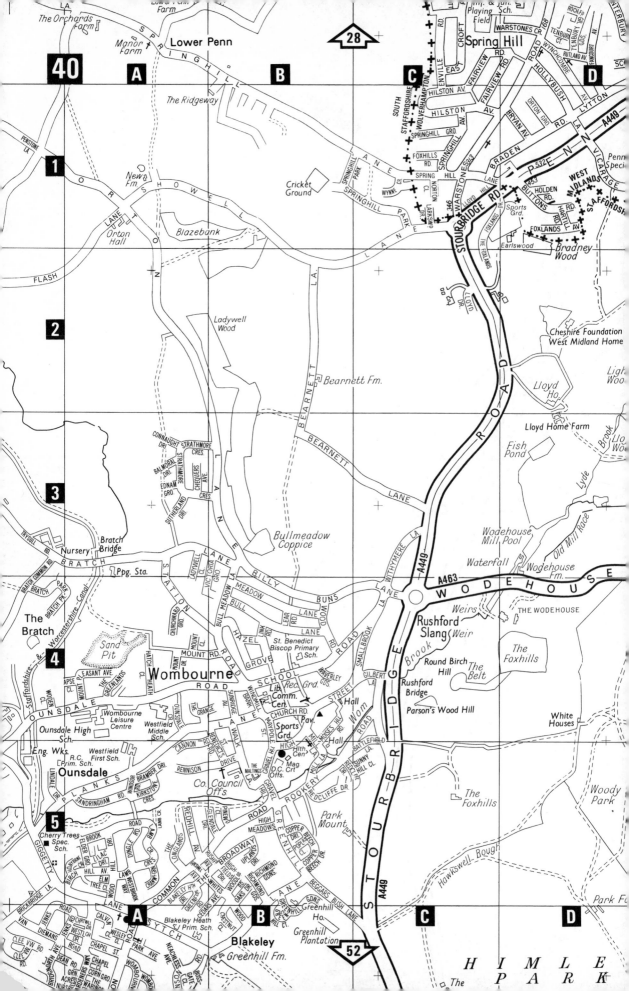

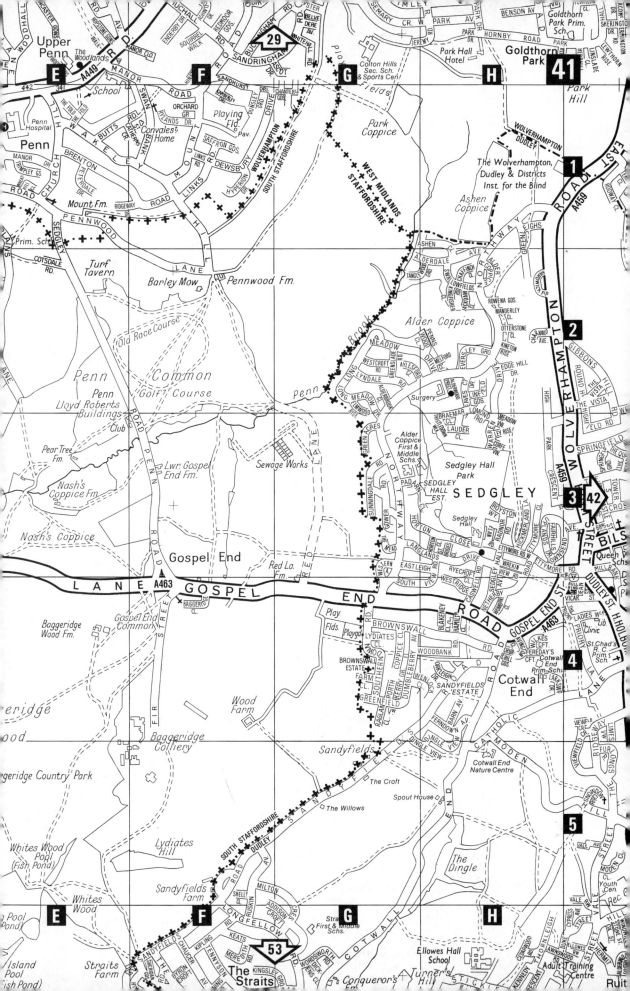

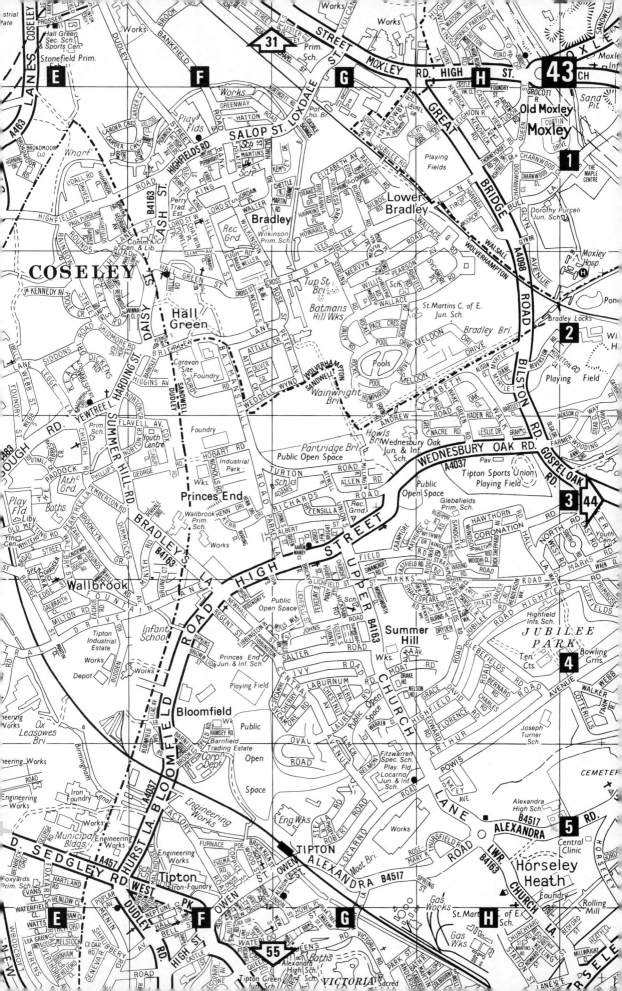

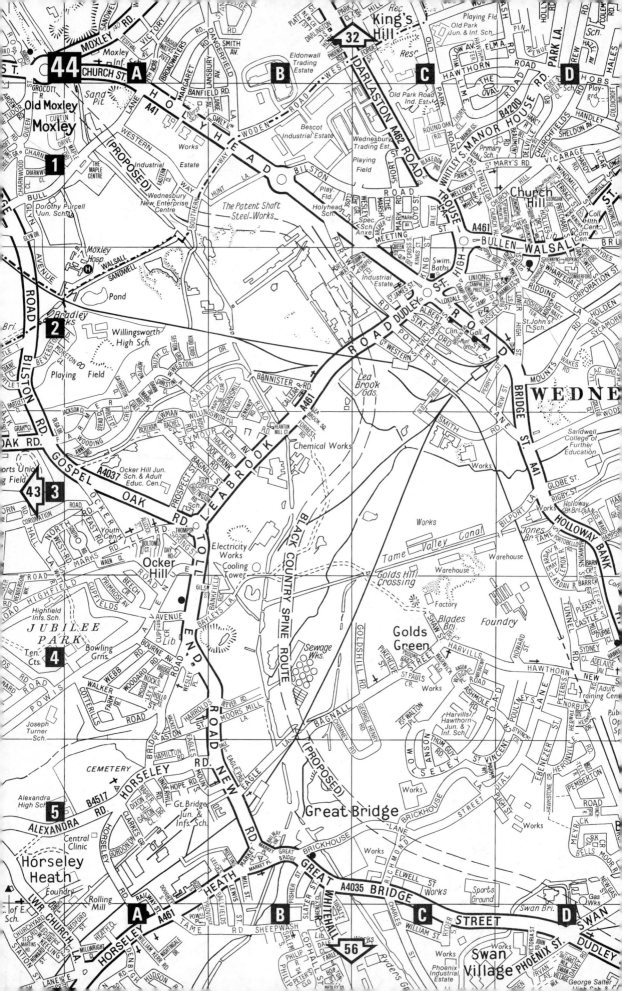

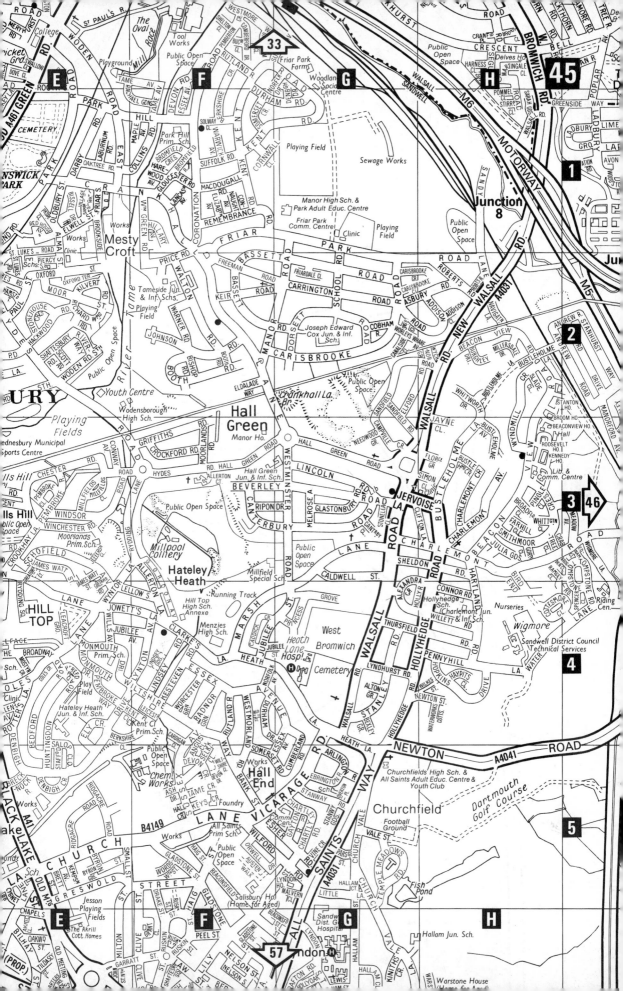

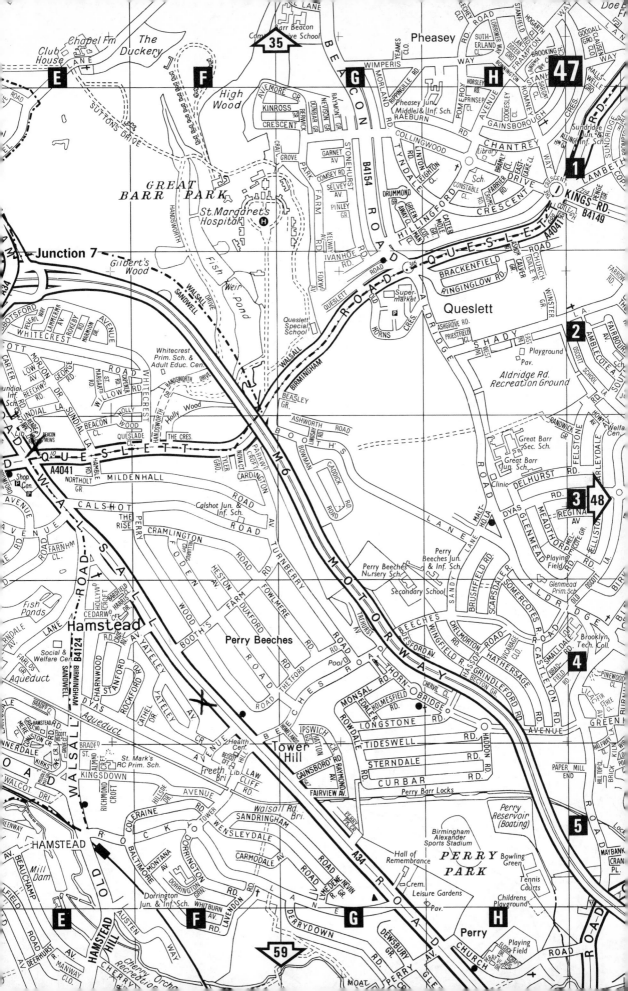

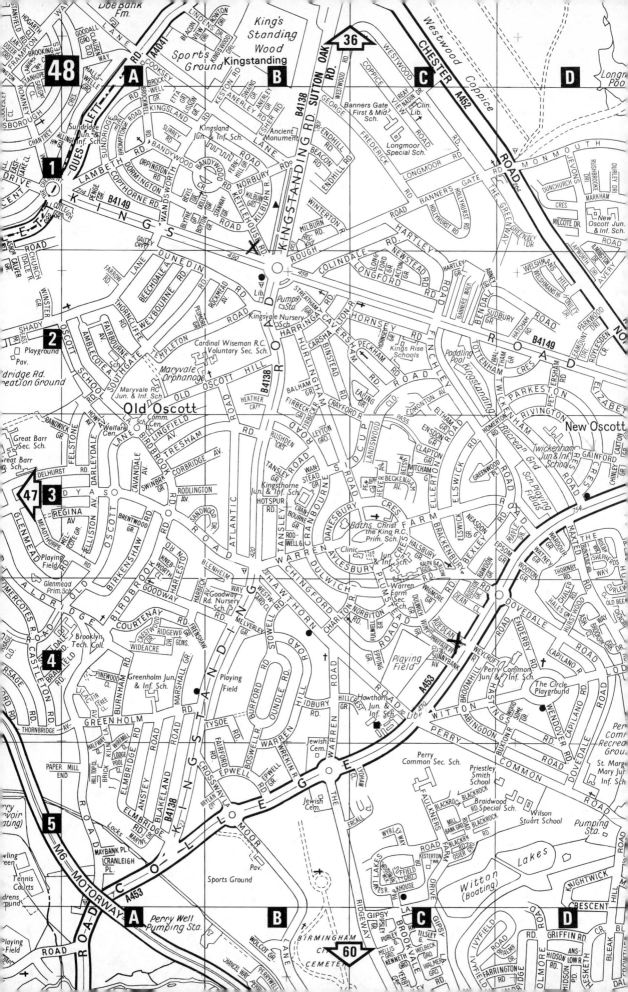

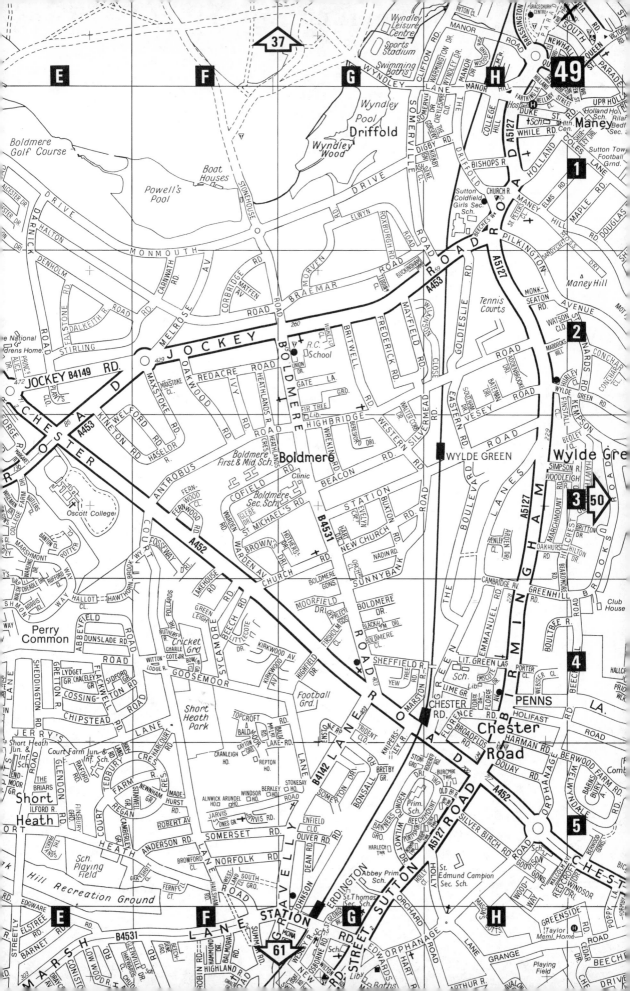

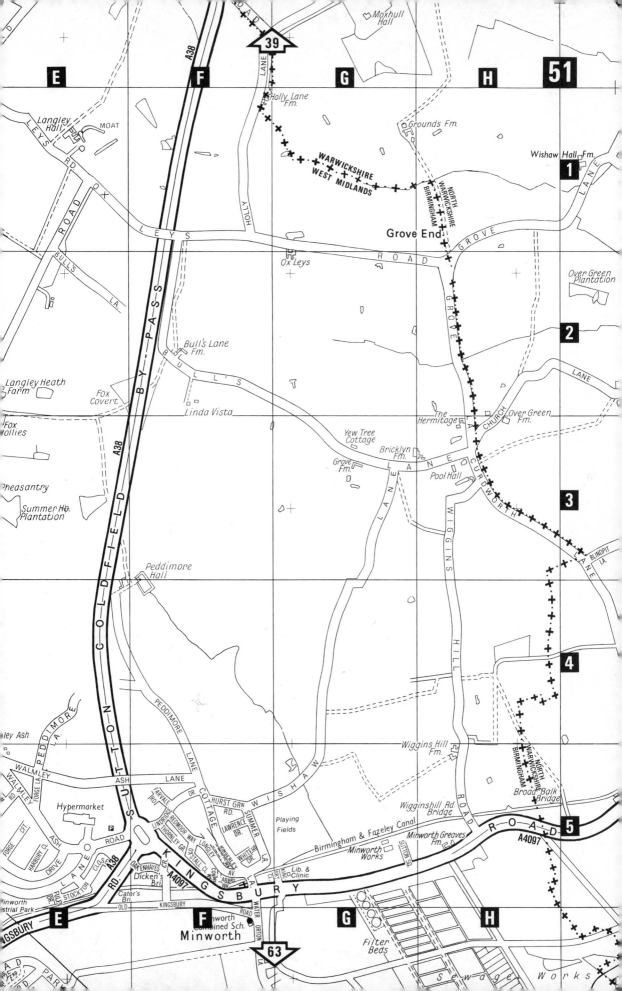

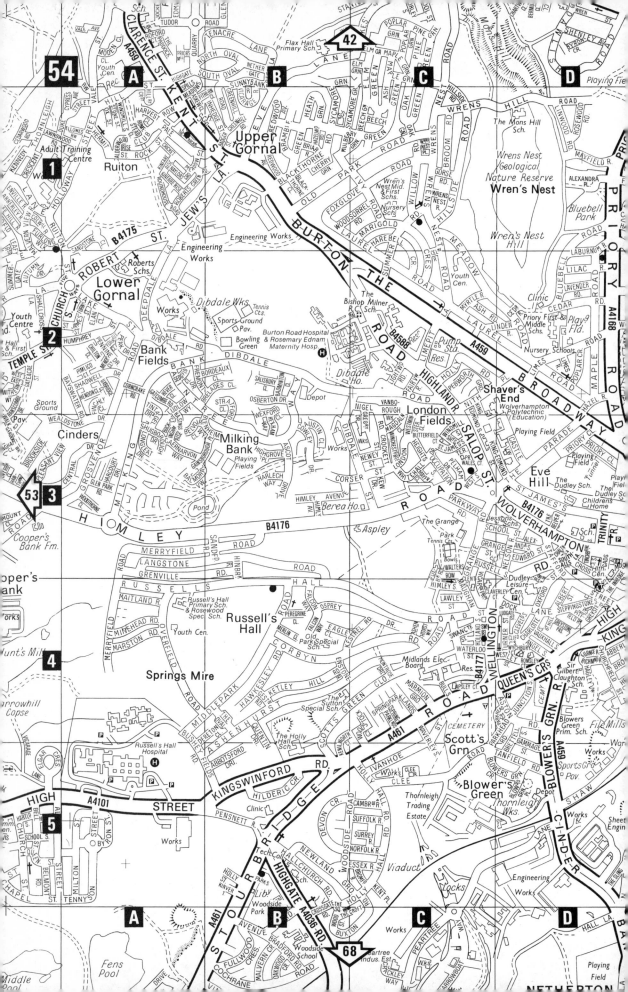

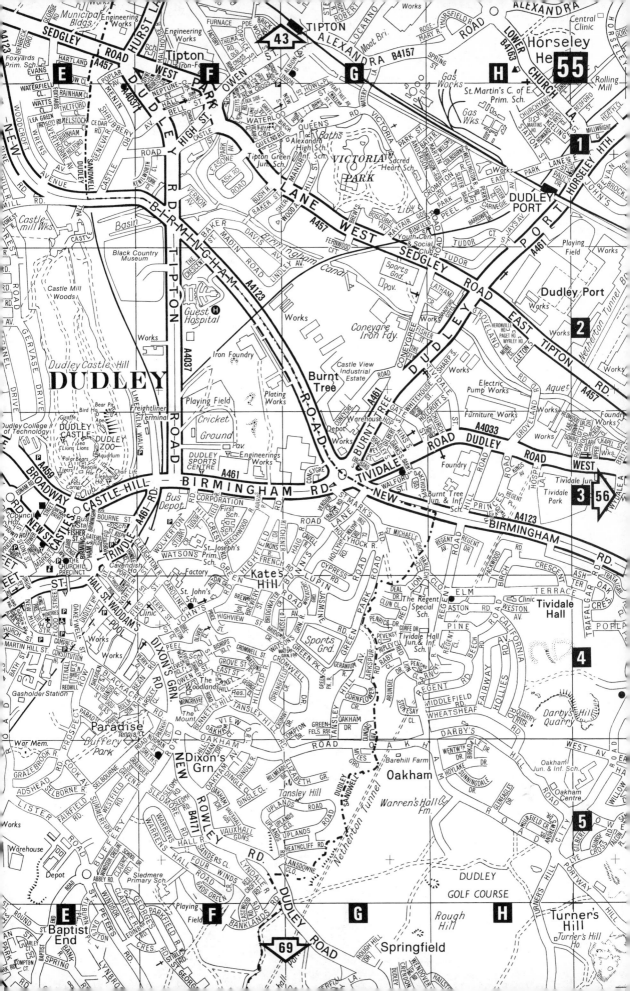

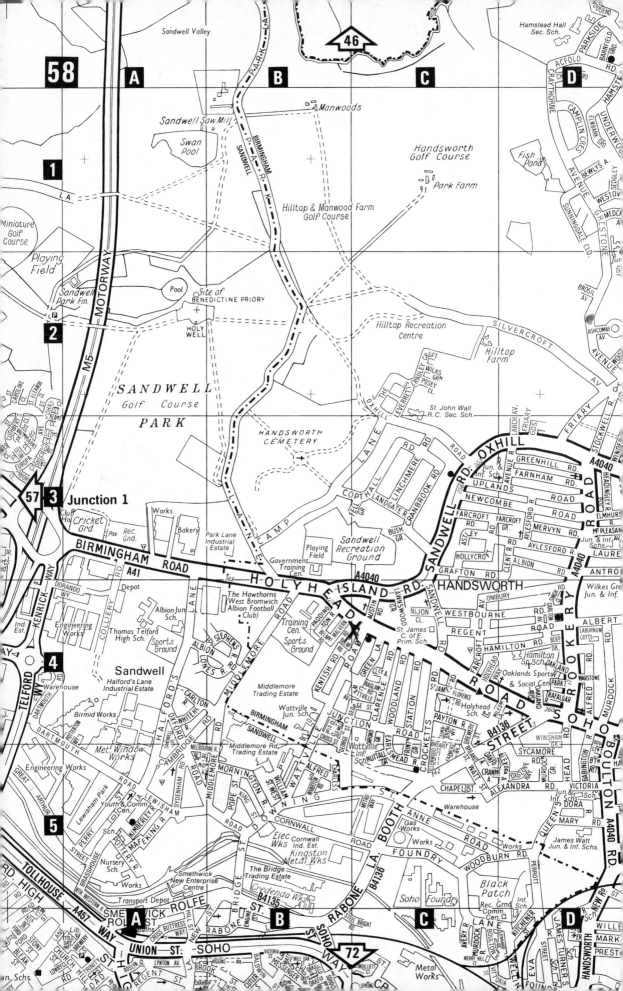

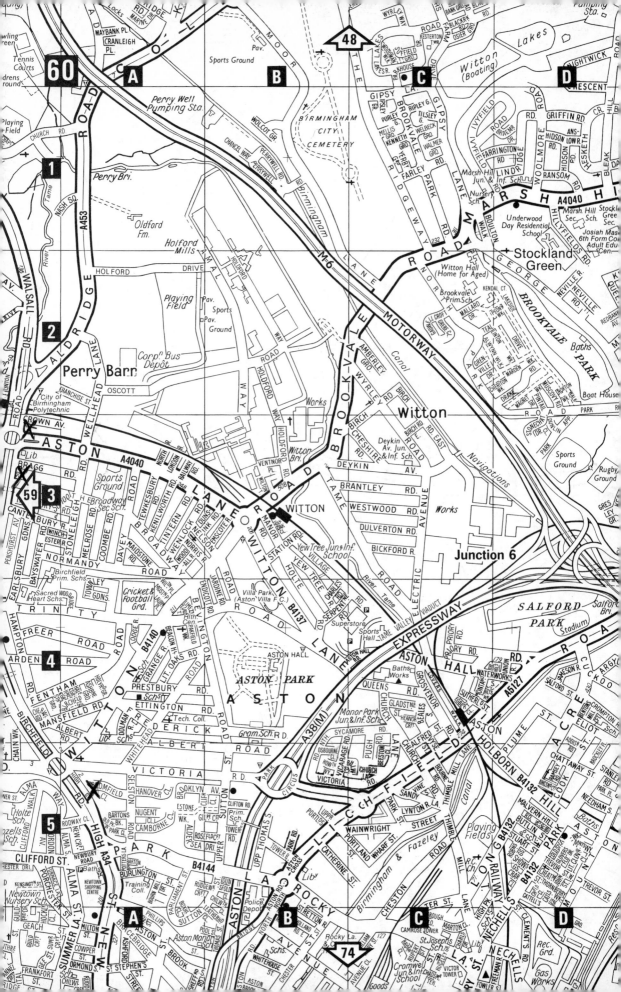

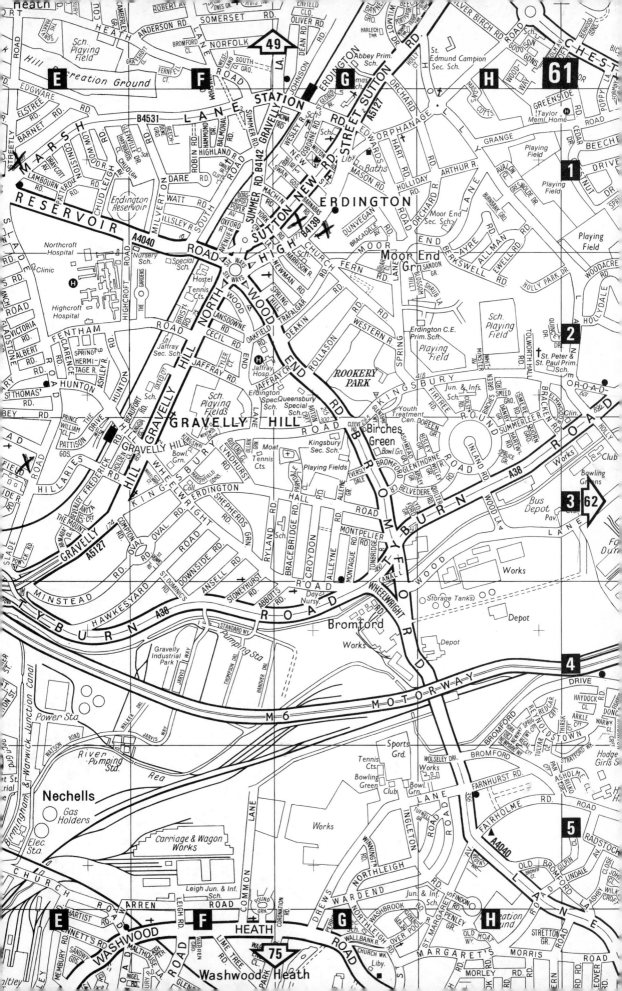

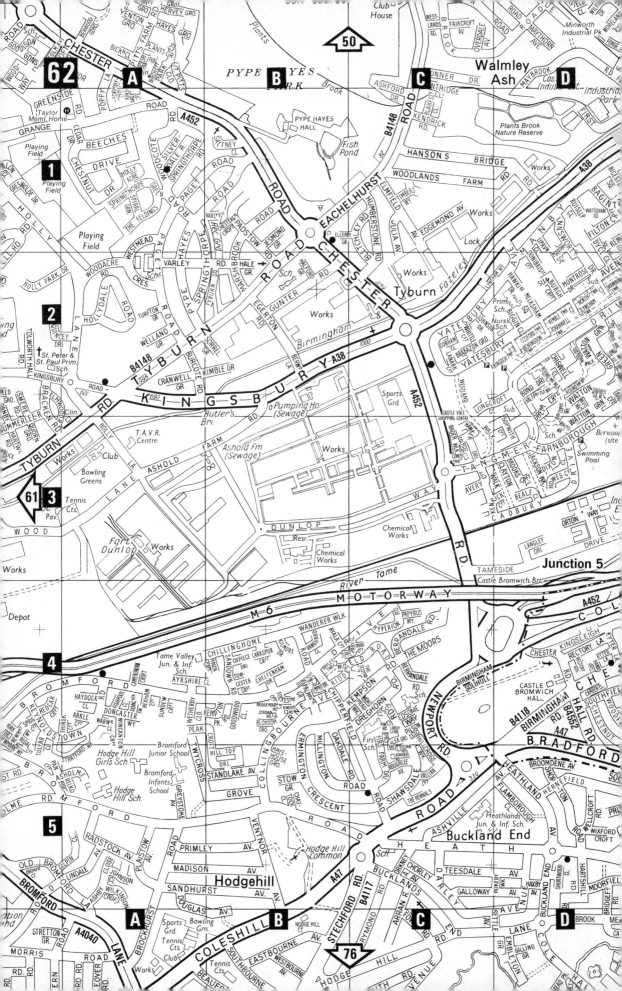

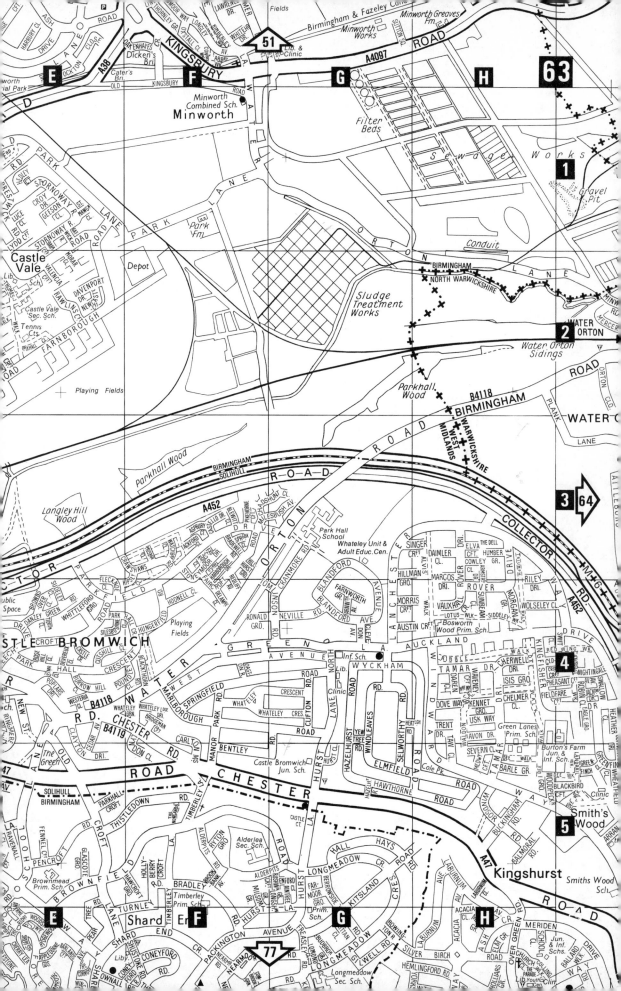

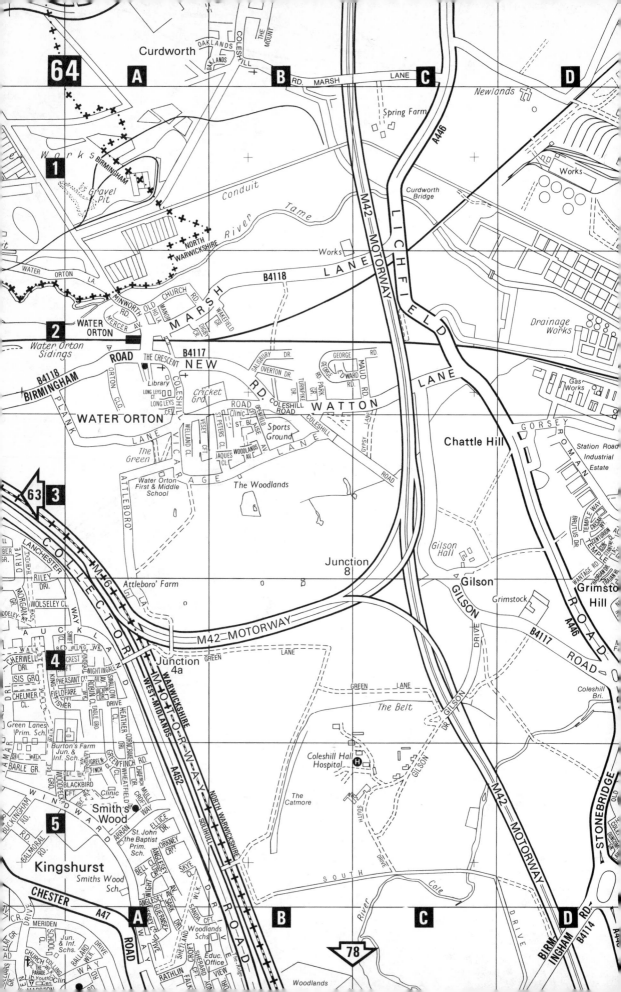

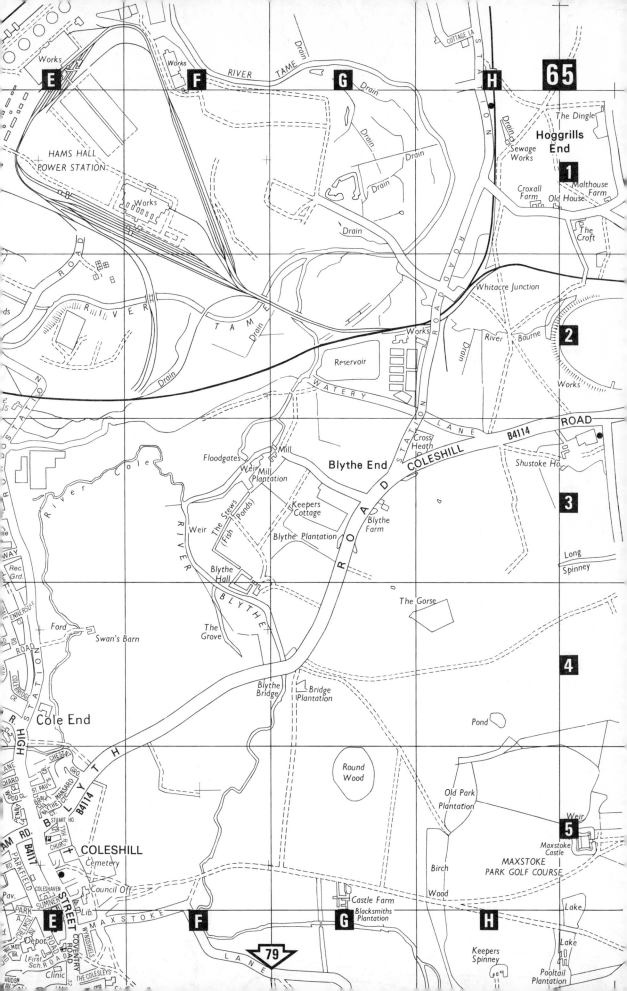

E   **F**   RIVER TAME   **G**   **H**   **65**

Works

Works

HAMS HALL
POWER STATION

Works

Drain

Drain

Drain

Drain

Drain

Drain

The Dingle

Hoggrills
End

1

Sewage
Works

Croxall
Farm

Old House

Malthouse
Farm

The Croft

Whitacre Junction

RIVER   TAME

Drain

Drain

River   Bourne

2

Works

Reservoir

Works

Drain

Works

WATERY

ROAD

Cross
Heath

COLESHILL

B4114   ROAD

Shustoke Ho.

3

River Cole

Floodgates

Weir

Mill

Mill
Plantation

Blythe End

STATION   LANE

Weir

The Stews
(Fish   Ponds)

Keepers
Cottage

Blythe
Farm

Long
Spinney

RIVER

Weir

Blythe   Plantation

Rec.
Grd.

ENNERSDE

Ford

Swan's Barn

Blythe
Hall

The
Grove

BLYTHE

The Gorse

4

WAY

ROAD

Pond

COLEBRIDGE CR.

Blythe
Bridge

Bridge
Plantation

Old Park
Plantation

Cole End

Round
Wood

STATION   ROAD

R. HIGH

BLYTHE

Weir

5

CHESTN.

ST. PAU'S

MANSARD

B4114

Stuart Ho.

CHURCH

Maxstoke
Castle

COLESHILL

Cemetery

Birch

MAXSTOKE
PARK GOLF COURSE

PARKFIELD

B4117

Coleshaven

SUMNER

Council Off.

Wood

Lake

Lib.

E   STREET   **F**   **G**   **H**

Depot

COVENTRY   ROAD

Castle Farm

Blacksmiths
Plantation

Lake

Pav.

Clinic

THE COLESLEYS

MAXSTOKE   LANE

79

Keepers
Spinney

Pooltail
Plantation

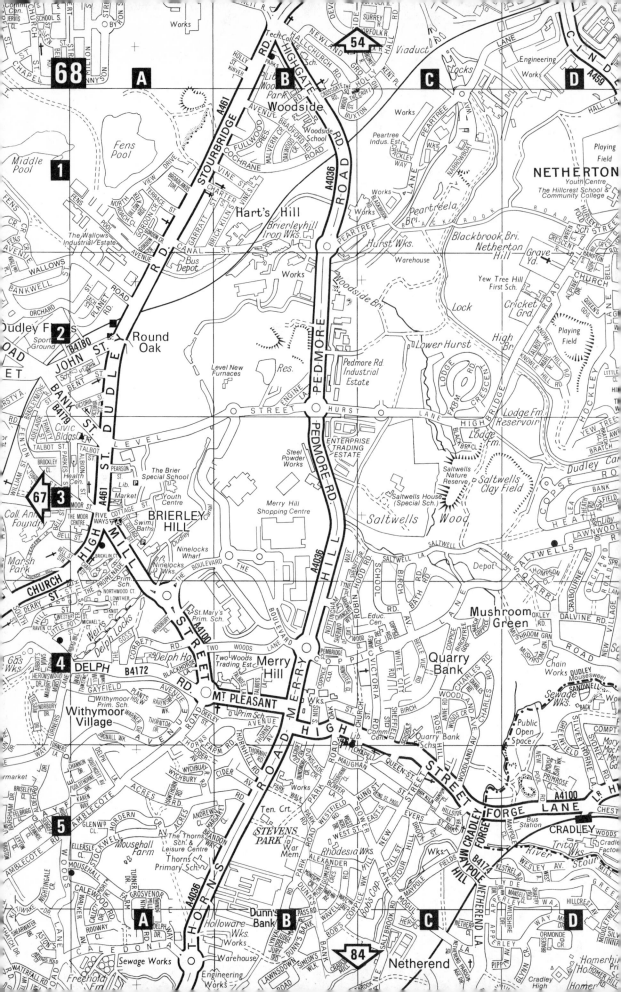

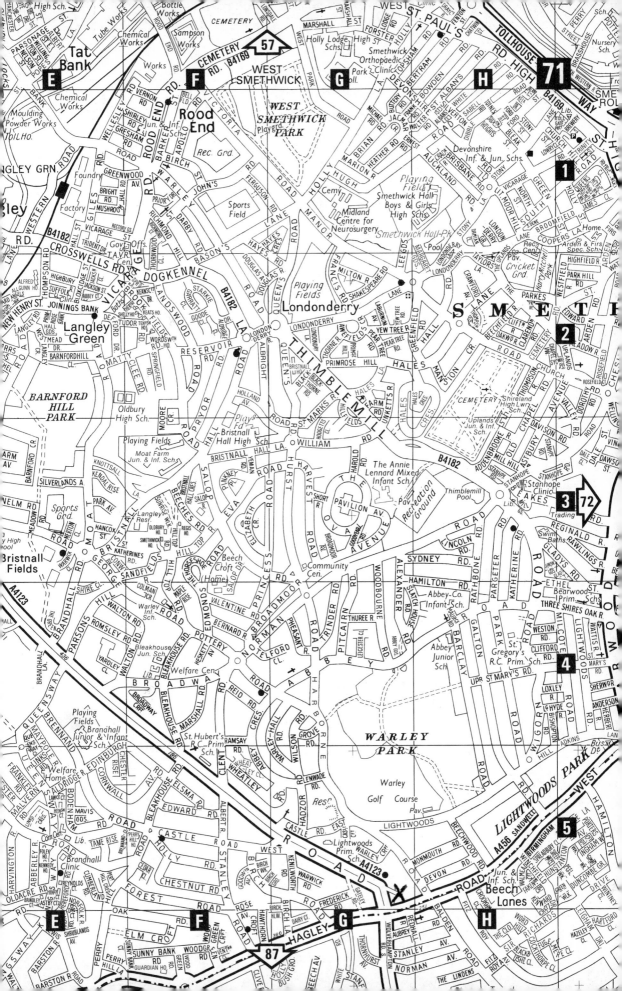

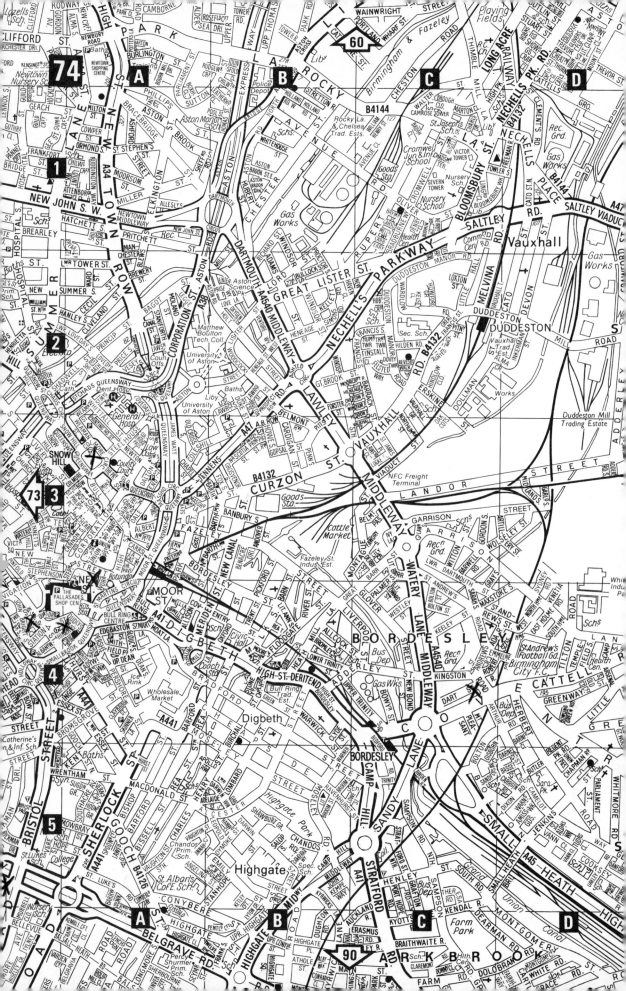

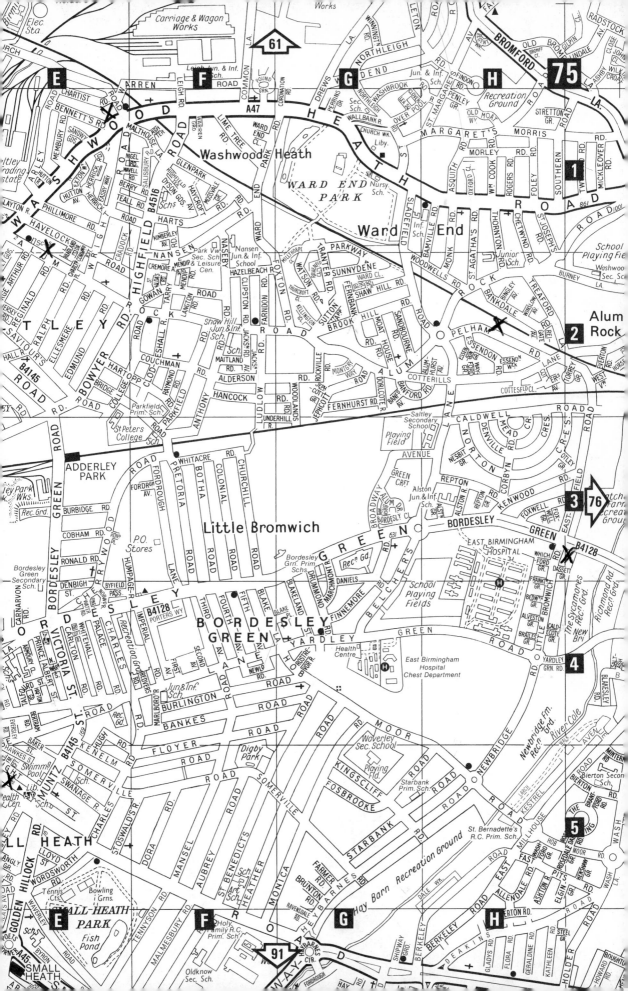

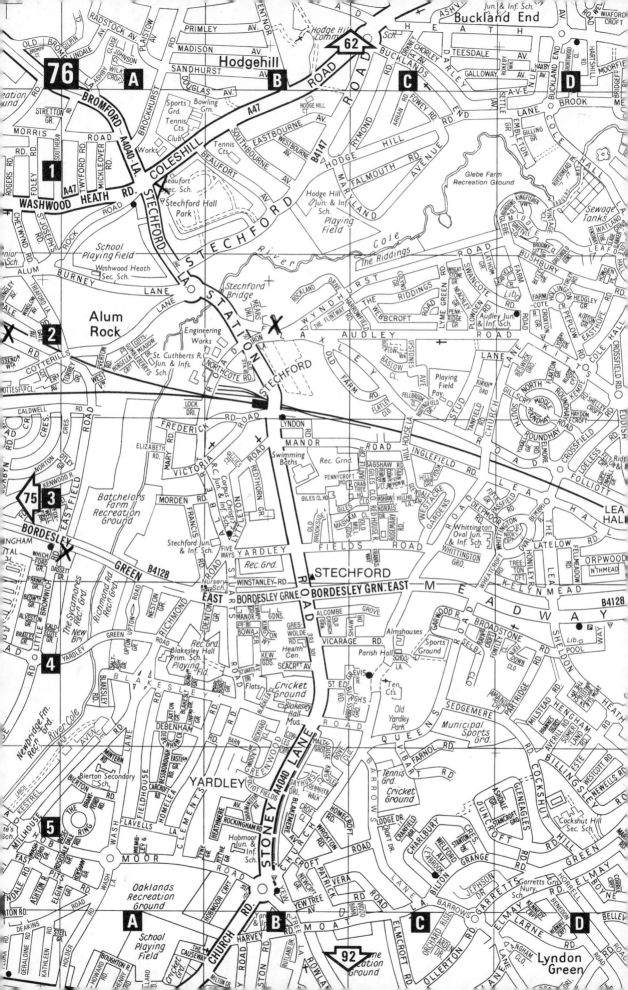

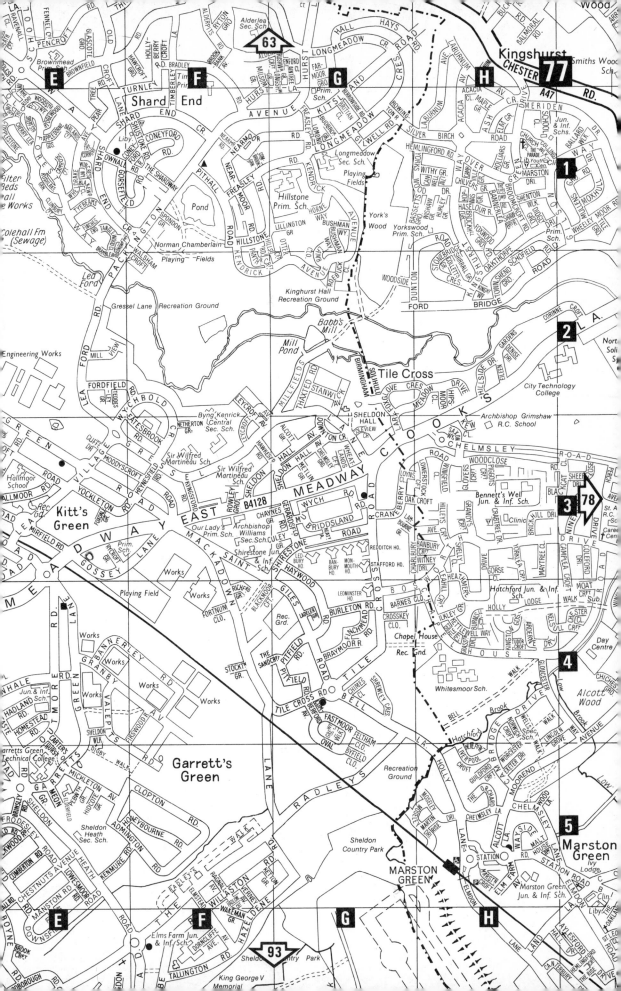

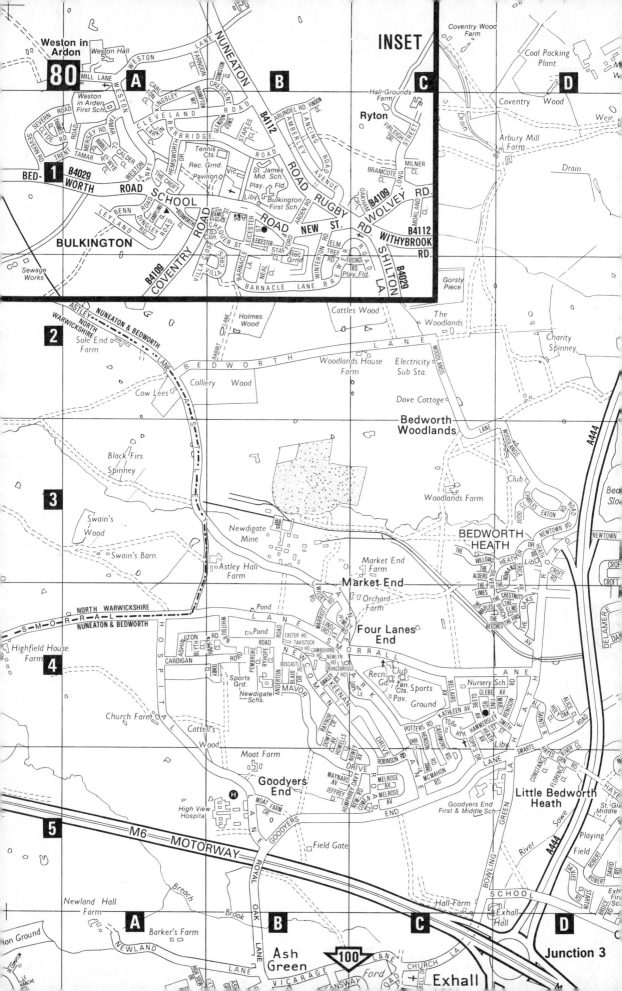

INSET

Weston in
Ardon
80

A · **B** · **C** · **D**

Weston Hall
Weston in Arden First Sch
BED-WORTH ROAD
B4029
BULKINGTON
Sewage Works
Tennis Cts.
Rec. Grnd.
Pavilion
St. James Mid. Sch.
Play. Fld.
Bulkington First Sch.
SCHOOL ROAD
COVENTRY ROAD
B4109
LEICESTER ST.
NEW ST.
BARNACLE LANE
Rec. Grnd.
Play. Fld.
RUGBY ROAD
WOLVEY RD.
WITHYBROOK RD.
SHILTON LA.
B4112
B4109
B4029

Ryton
Hall-Grounds Farm
BRAMCOTE CL.
MILNER CL.
MORLAND CL.
Gorsty Piece

Coventry Wood Farm
Coal Packing Plant
Coventry Wood
Arbury Mill Farm
Weir
Drain
Drain

2
ASTLEY LANE
NUNEATON & BEDWORTH
NORTH WARWICKSHIRE
Sole End Farm
BEDWORTH LANE
Holmes Wood
RABBIT LANE
Cattles Wood
The Woodlands
Woodlands House Farm
Electricity Sub Sta.
WOODLANDS LANE
Charity Spinney

3
Cow Lees
Colliery Wood
Dove Cottage
Bedworth Woodlands
Woodlands Farm
Club
CHARLES EATON ROAD
NEWTOWN RD.
NEWTOWN
Bear Slo
A444

Black Firs Spinney
Swain's Wood
Swain's Barn
Newdigate Mine
Astley Hall Farm
Market End Farm
BEDWORTH HEATH
THE WILLOWS
HEATHER DR.
ERICA
SILVER LINK RD.
THE ALDERS
THE LIMES
THE MARPLES
THE BIRCHS
THE ELMS
THE OAKS
THE BEECHES
THE FIRS
ROMAN WAY
CROFT RD.
DELAMERE

4
NORTH WARWICKSHIRE
NUNEATON & BEDWORTH
SMORRALL LANE
Highfield House Farm
HOSPITAL LANE
ASHINGTON
CARDIGAN
BLYTH
WHITBURN
NUTHURST
HINCKS
ROD
Pond
Pond
ROAD
PEMBROKE
RYHOPE
CL.
BOSCASTLE
EXETER HO
TAVISTOCK
CAMBOURNE
HO
NEWLYN
HO
KINGSBRIDGE
HO
ONSLEY HO
MARROTT RD.
LINDLEY RD.
FINLEY RD.
WIDEY RD.
Market End
Orchard Farm
Four Lanes End
Recn. Gd.
Club
Ten. Cts.
Pav.
Sports Ground
BELLAIRS AV.
Nursery Sch.
GLEBE AV.
TINS
RD RENSON
SMITH
HEATH
TOP
HTH.
TOPPS DR.
HAMMERSLEY RD
KATHLEEN AV.
Libv.
SAINTS DR.
SMARTS
ALICE CL.
HOLLY OAK
ROAD
Little Bedworth Heath
St. Gi
Middle
HAYE
A444

Church Farm
Cattell's Wood
Moat Farm
Sports Grnd.
Newdigate Schs.
ANDERTON
BLAIR
MAVOR
KEENAN
RAYNOR
HOWELLS
NEWCOMEN
POTTERS RD.
CASHMORE
HENSON
MCMAHON RD.
ROBINSON RD.
DRIVE
ROAD
Goodyers End First & Middle Sch.
HEATH LANE
HYES GRN
GRIVER CL
CONSTANCE
FLORENCE CL
BOWLING GREEN
Sowe
River
A444
Playing Field
ROBERT
DAVID
STARTIN
BRUCE CL
DE COMPTON
Exh

5
Newland Hall Farm
M6 MOTORWAY
High View Hospital
Goodyers End
MOAT FARM DR
GOODYERS END
Field Gate
Hall Farm
Exhall Hall
SCHOOL LA.
CHURCH LA.
Junction 3

ion Ground
Barker's Farm
NEWLAND LANE
OAK LANE
ROYAL OAK LANE
Breach Brook
Ash Green
VICARAGE LANE
Ford
FANSWAY
100
Exhall

A · **B** · **C** · **D**

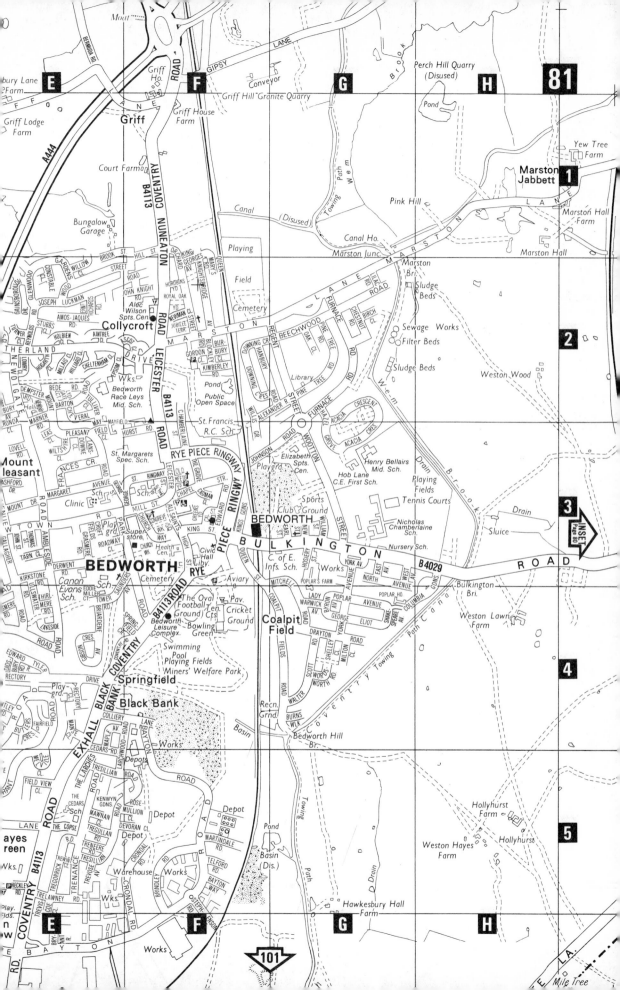

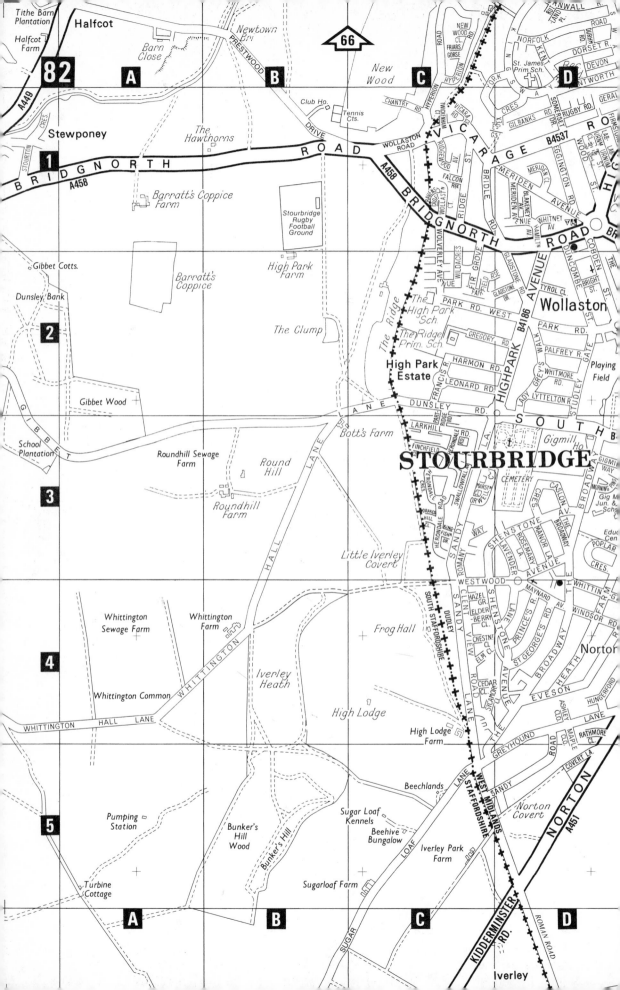

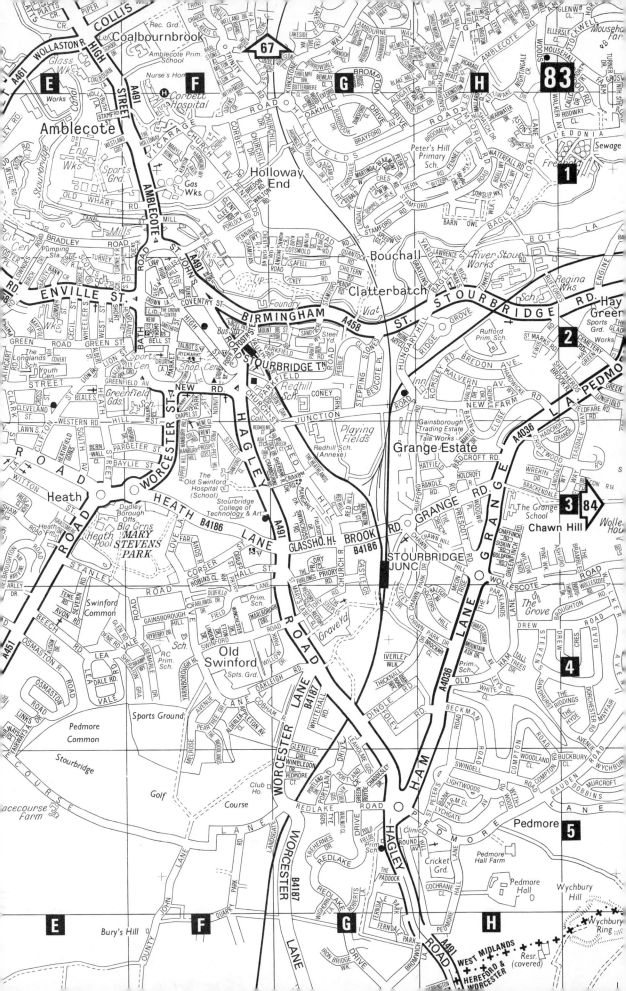

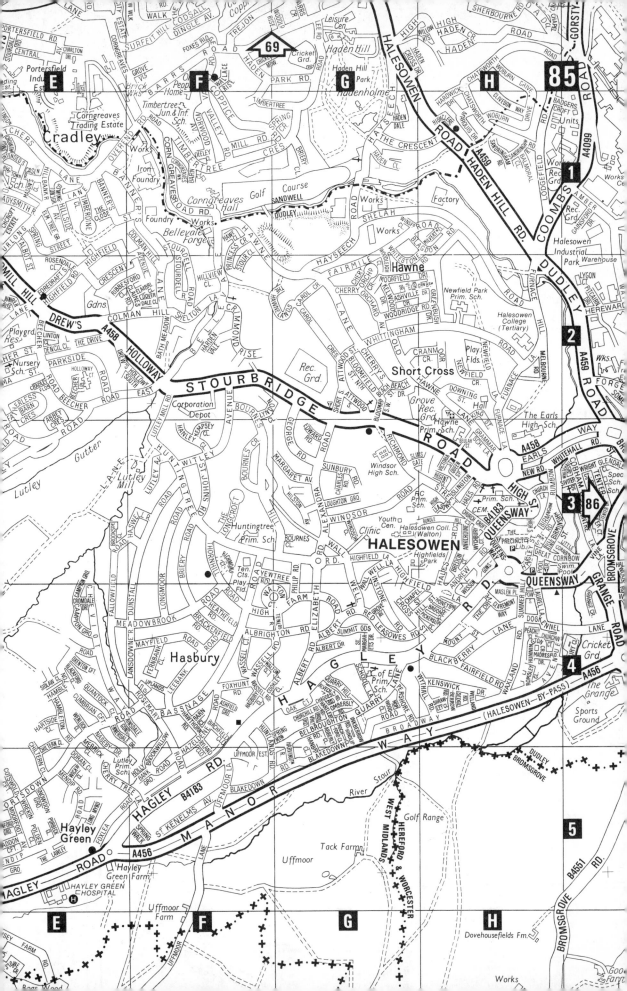

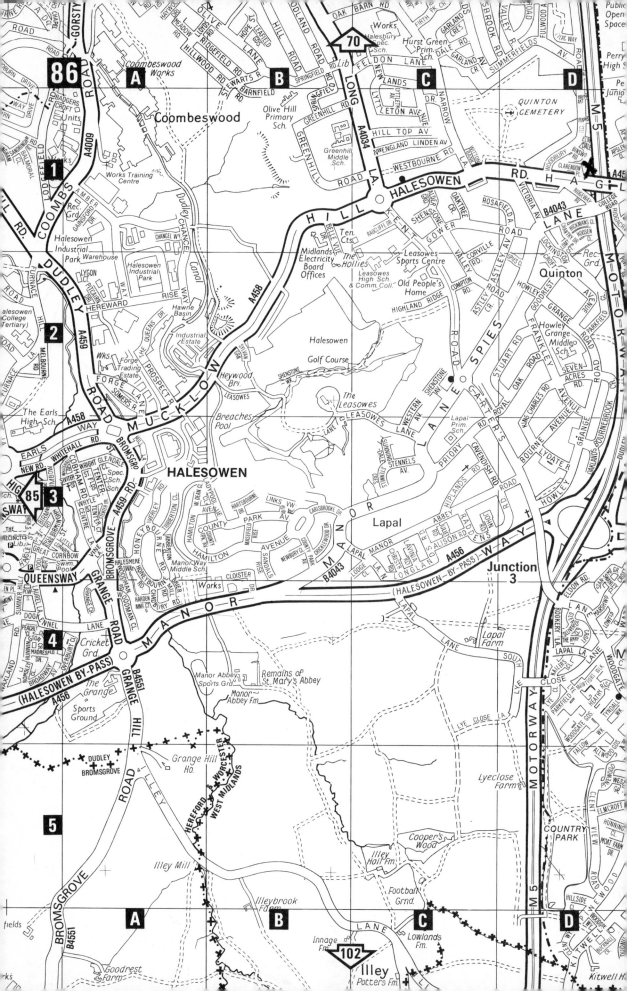

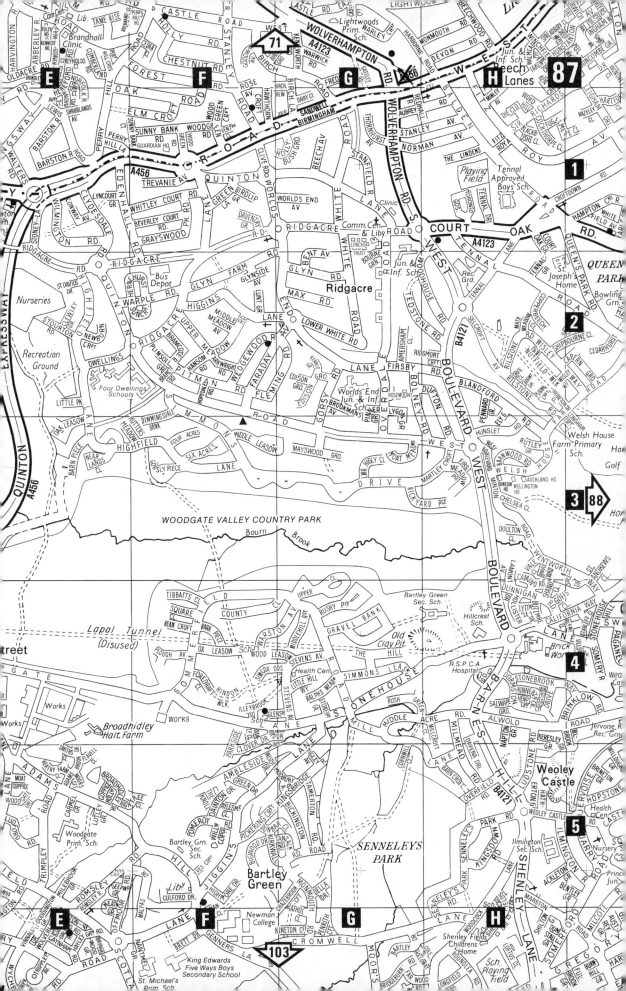

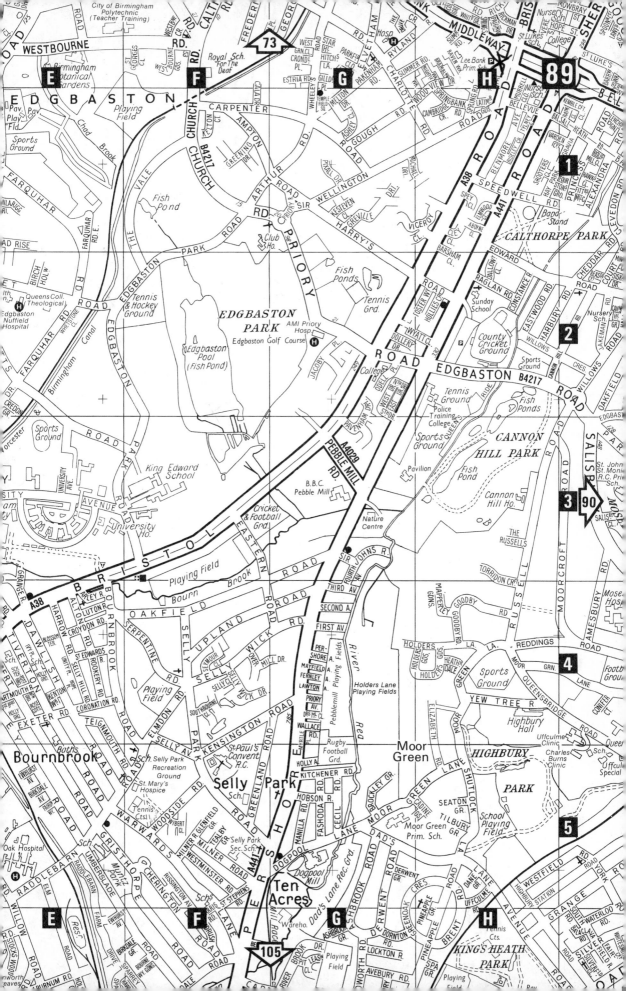

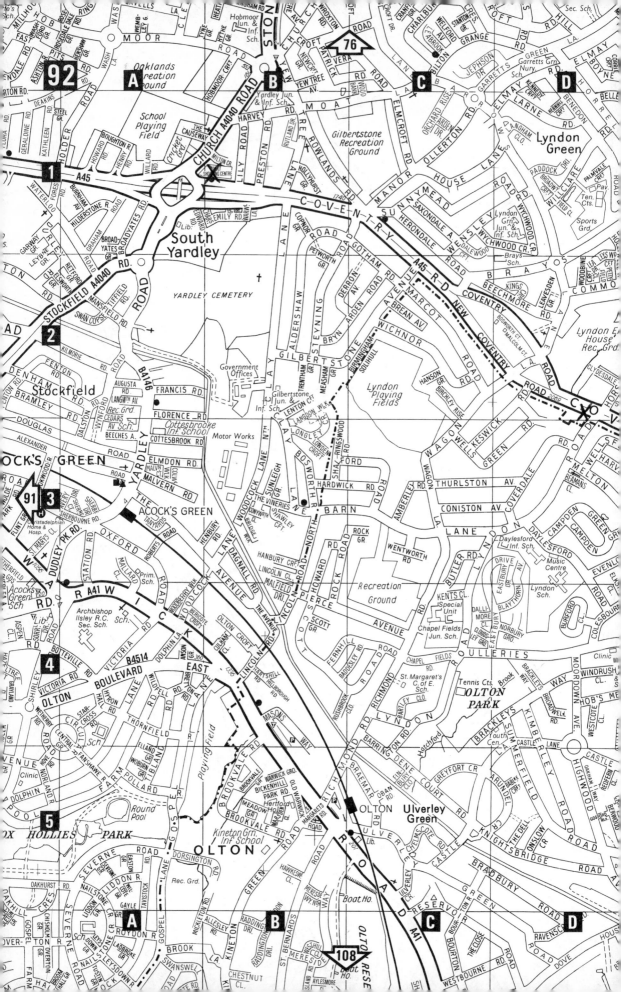

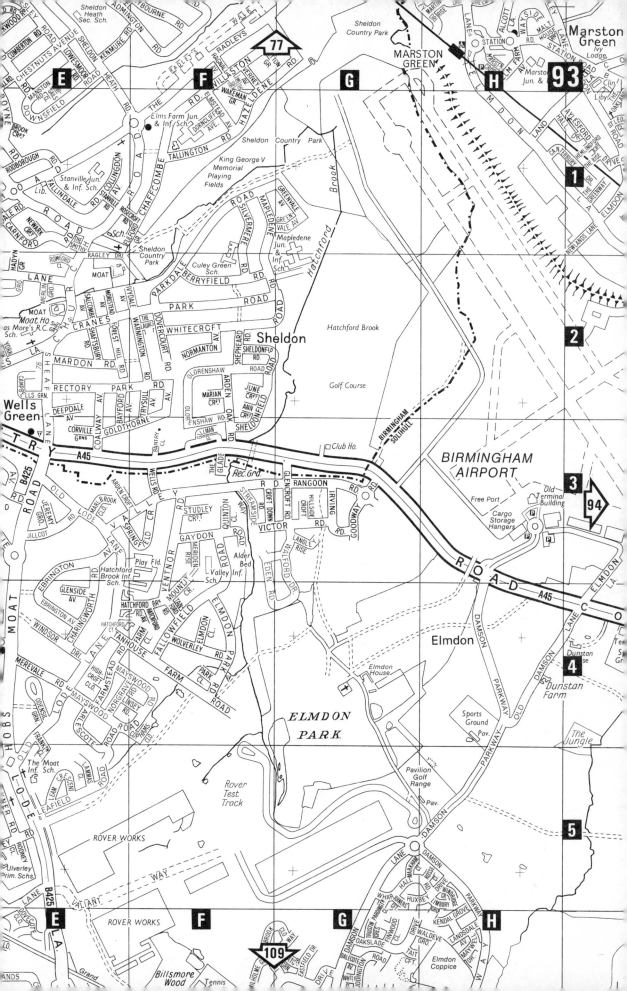

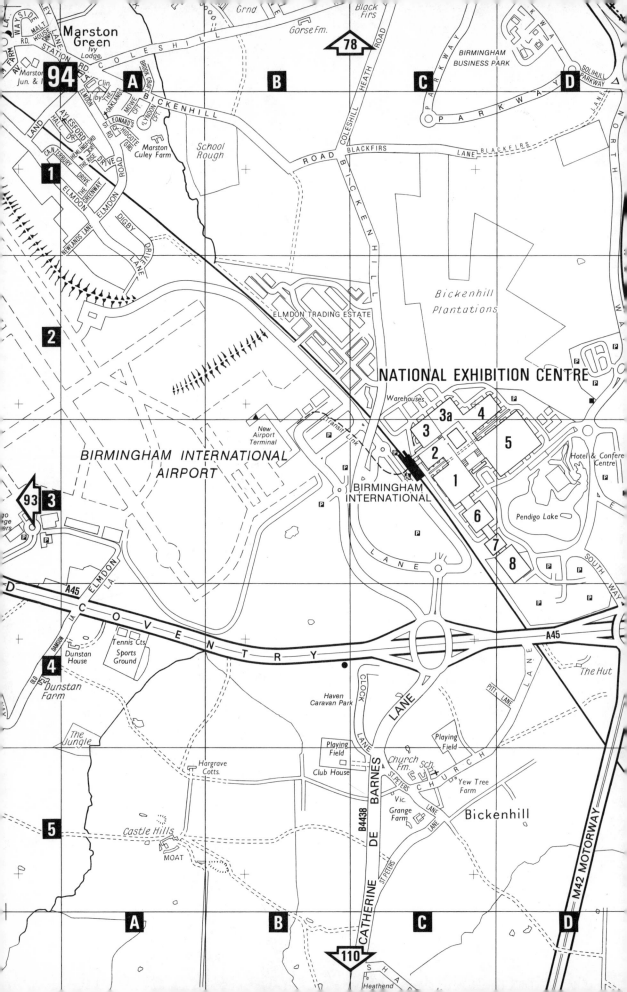

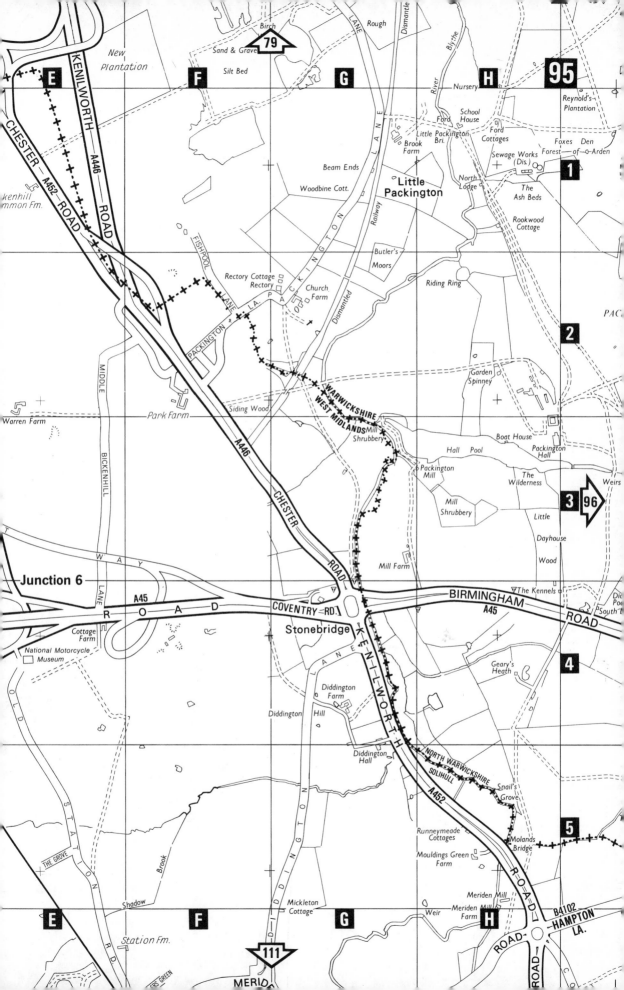

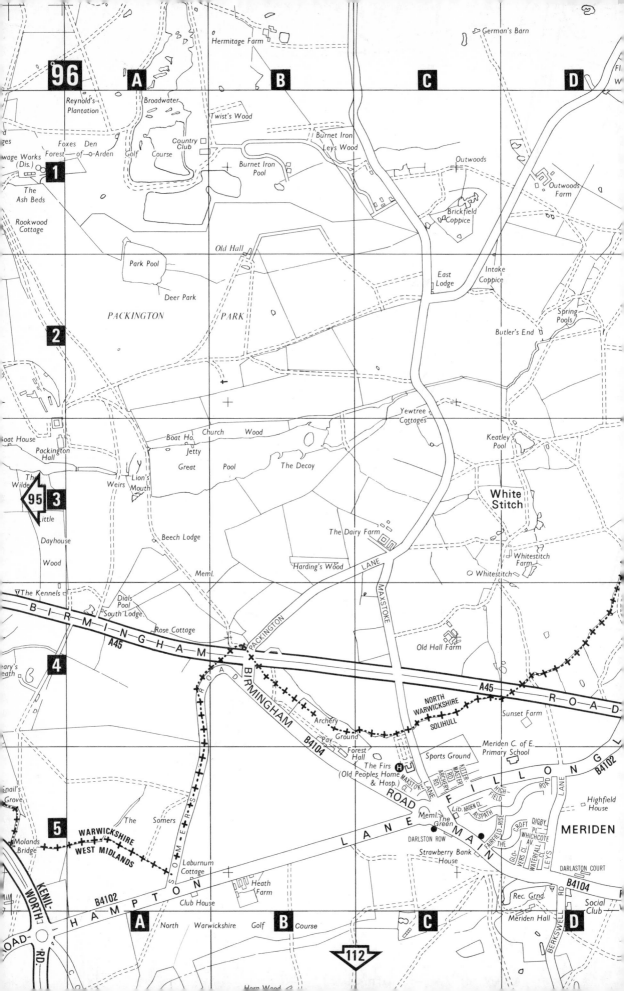

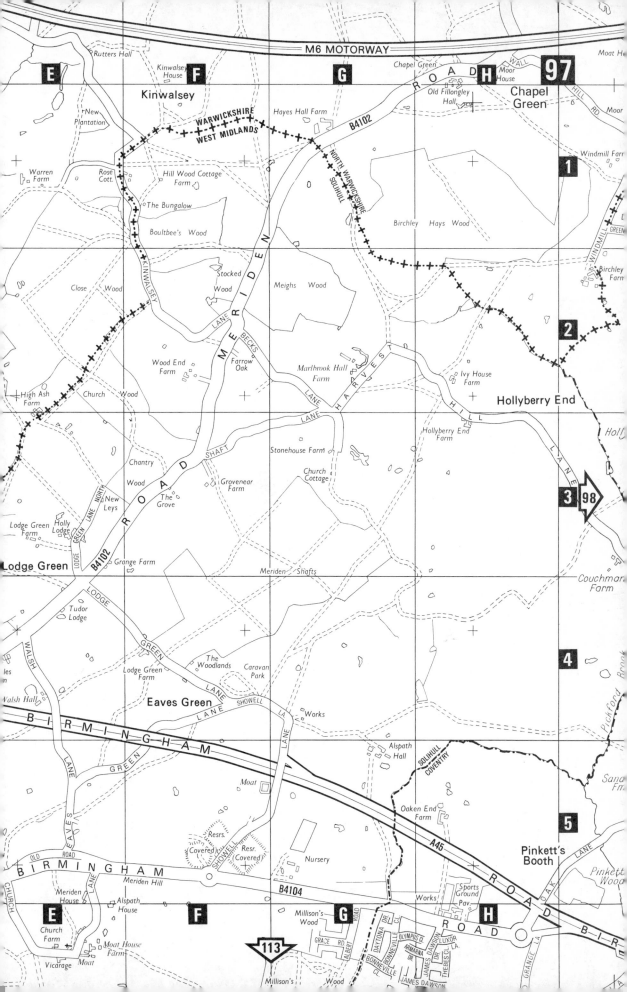

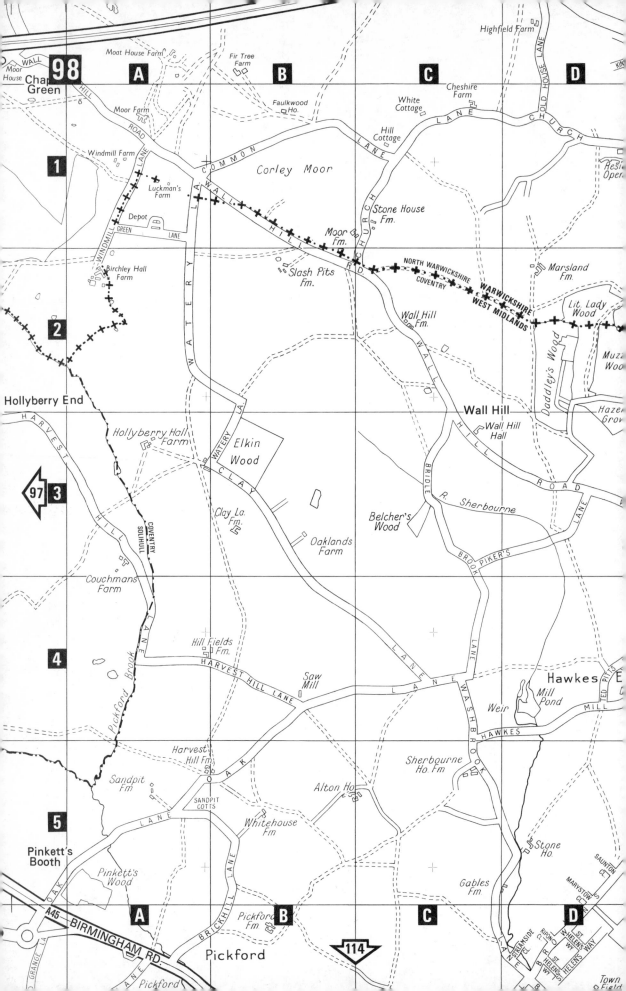

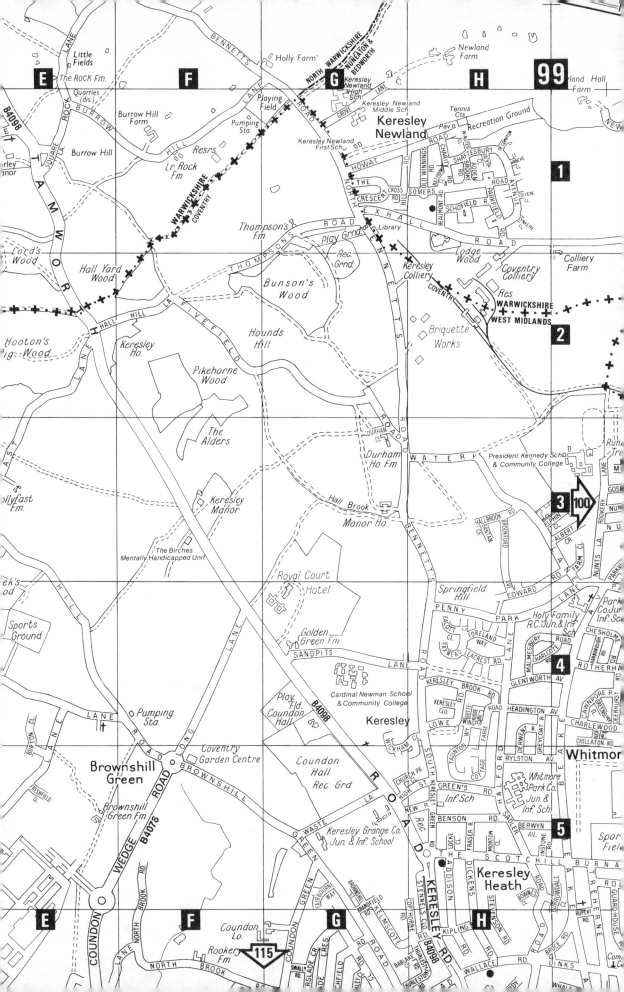

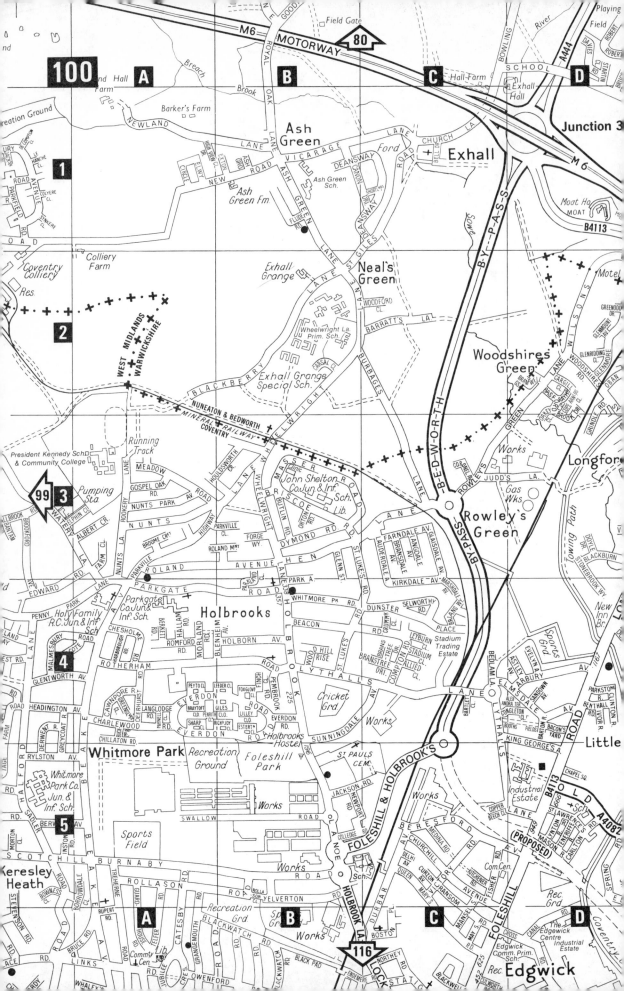

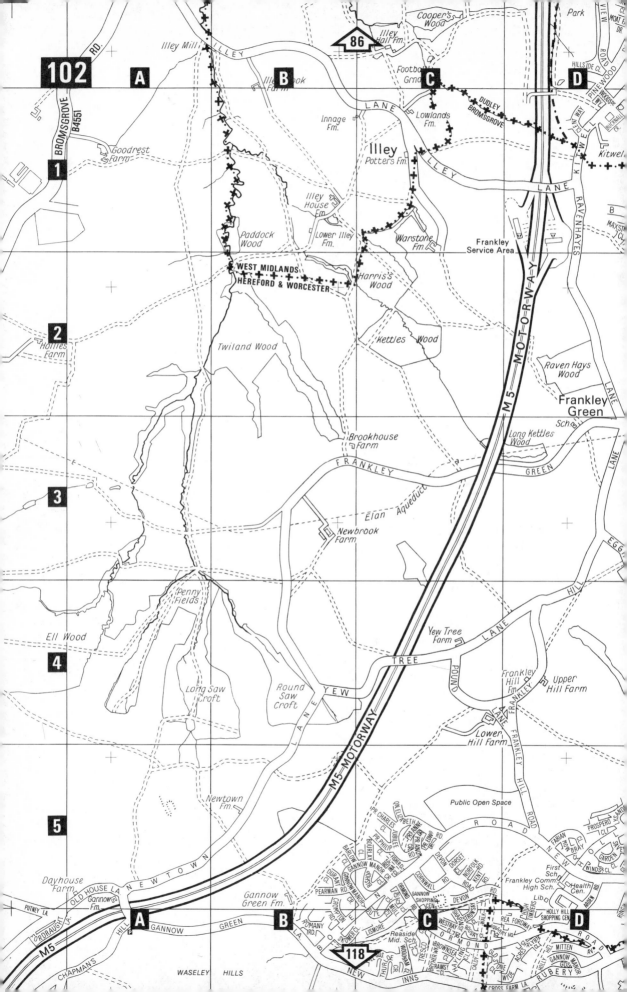

102

A   **B**   **C**   **D**

86

BROMSGROVE RD.
B4551

Goodrest Farm

1

Illey Mill
ILLEY
Illey Brook Farm

Innage Fm.

Cooper's Wood

Park

VIEW
MOAT LA.
HILLS DE CL.
PINEWOODS
GLEN
BUCKNALL
WELL

Illey Half Fm.
Football Grnd

Lowlands Fm.

DUDLEY
BROMSGROVE
LANE

Illey
Potters Fm.

ILLEY
LANE

Kitwell

RAVENHAYES LANE

B
MAXST
J.CL.

Paddock Wood

Illey House Fm.

Lower Illey Fm.

Warstone Fm.

Frankley Service Area

WEST MIDLANDS
HEREFORD & WORCESTER

Harris's Wood

2

Hollies Farm

Twiland Wood

Kettles Wood

Raven Hays Wood

M5 MOTORWAY

Frankley Green

Brookhouse Farm

FRANKLEY

Elan Aqueduct

LANE

Long Kettles Wood

GREEN

Sch.

LANE

3

Newbrook Farm

EGG

Penny Fields

Ell Wood

Yew Tree Farm

YEW TREE LANE

Frankley Hill Fm.

Upper Hill Farm

4

Long Saw Croft

Round Saw Croft

YEW LANE

POUND LANE

FRANKLEY HILL ROAD

Lower Hill Farm

Public Open Space

Newtown Fm.

M5 MOTORWAY

ROAD

NEW

FABIAN CL.
BRAY
PROSPERO CL.

5

PR. CHARLES
O'NEILL
BETH
PR. PHILIP
JUBILEE
BARTON
CL.
BOURLAY
DEVON
DORSET
NORFOLK
KENT RD.
DEVON
RD.

First Sch.
Frankley Comm. High Sch.
Health Cen.
GARDEN CL.
WINDS CL.

Dayhouse Farm

OLD HOUSE LA.
NEWTOWN

Gannow Fm.

Gannow Green Fm.

GANNOW GREEN

PUTNEY LA.
RORDRAUGHT

HILL

PEARMAN RD.
GANNOW MANOR
CORNWALL RD.
CROMPTON RD.

GANNOW SHOPPING CEN.

Reaside Mid. Sch.
ROMANY RD.

DEVON

Holly Hill Shopping Cen.

ORMOND ROAD

GANNOW MANOR GDNS.
MITTEN
RUBERY

Lib.

M5

CHAPMANS LA.

WASELEY HILLS

118

A   **B**   **C**   **D**

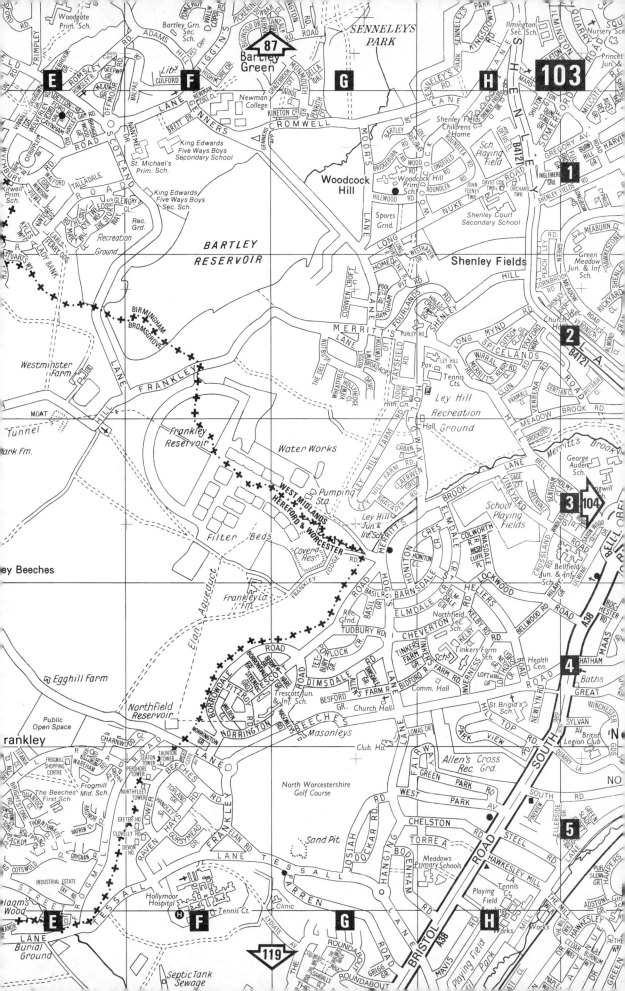

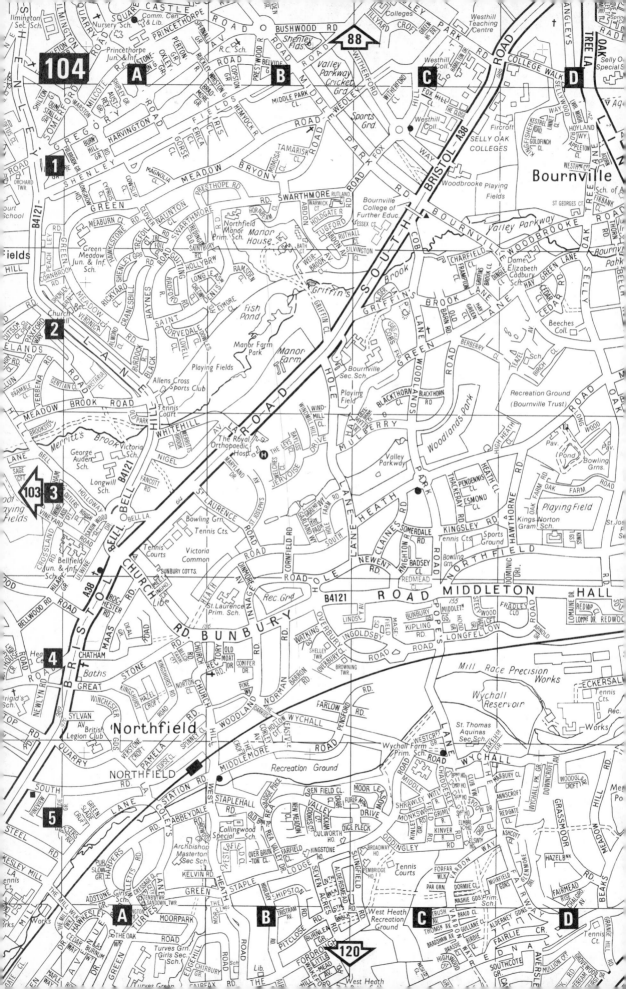

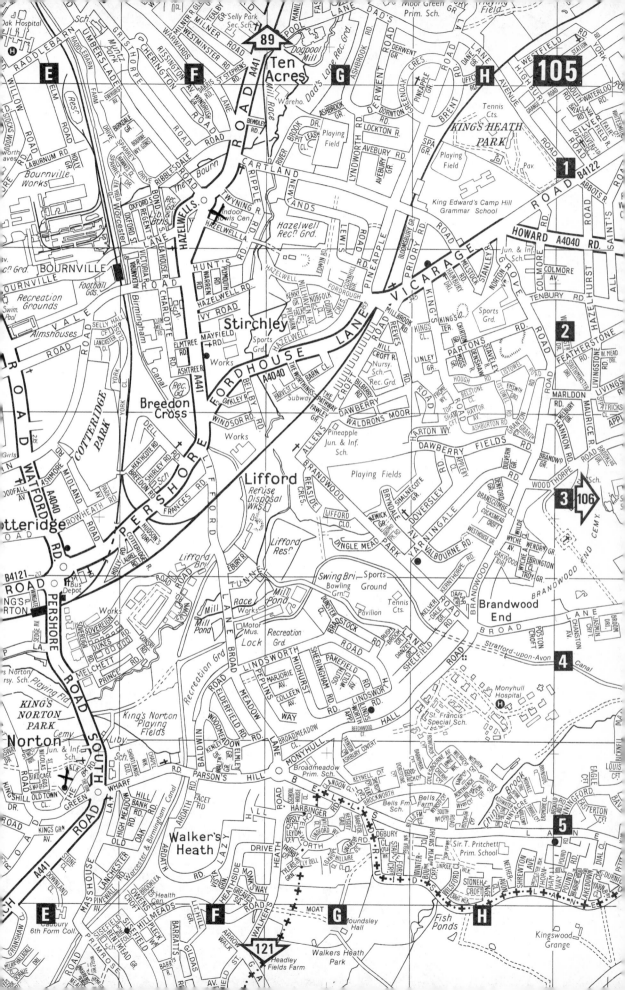

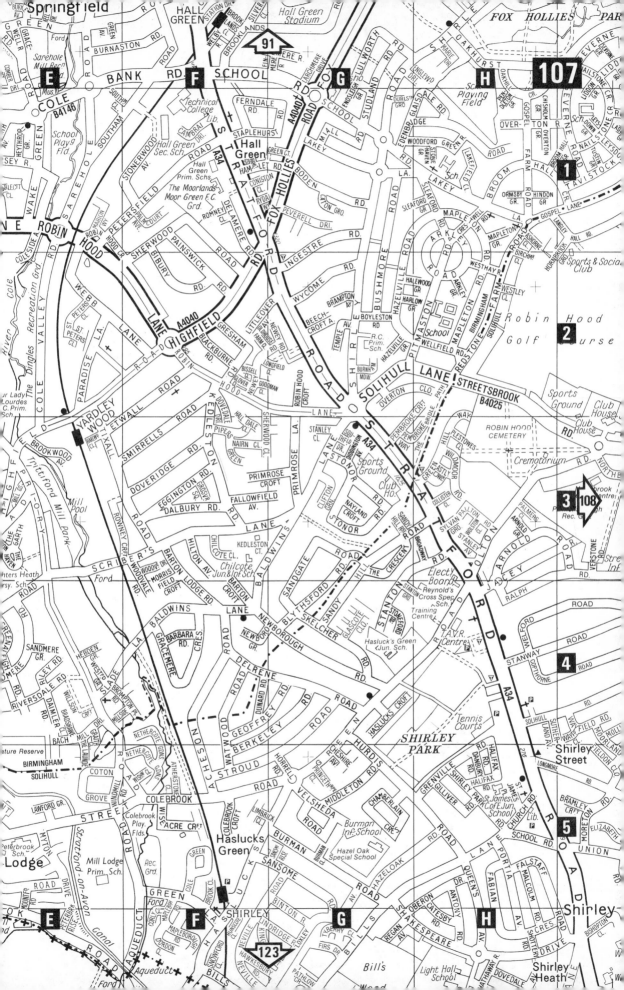

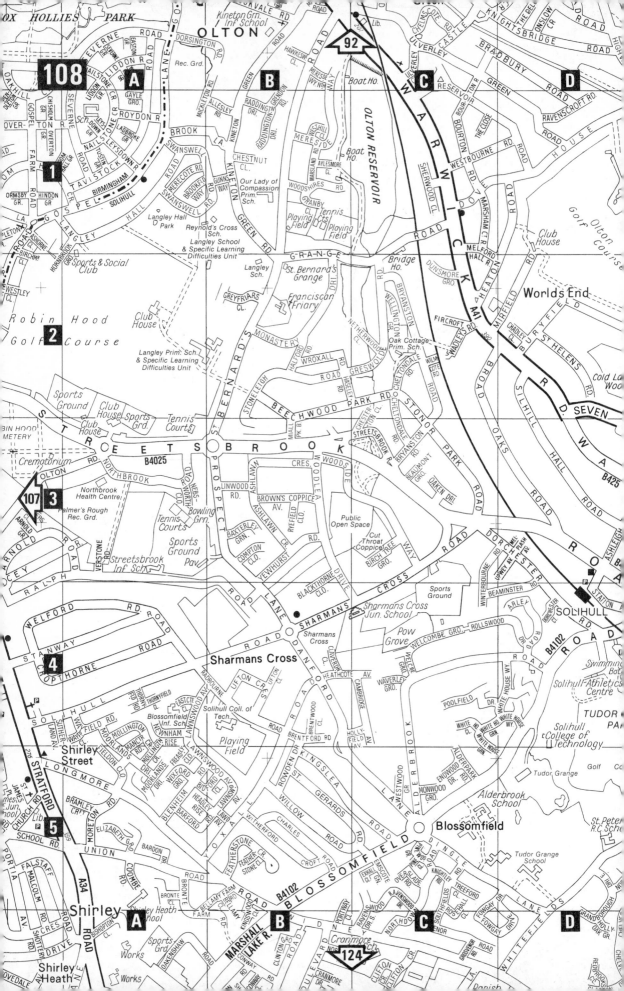

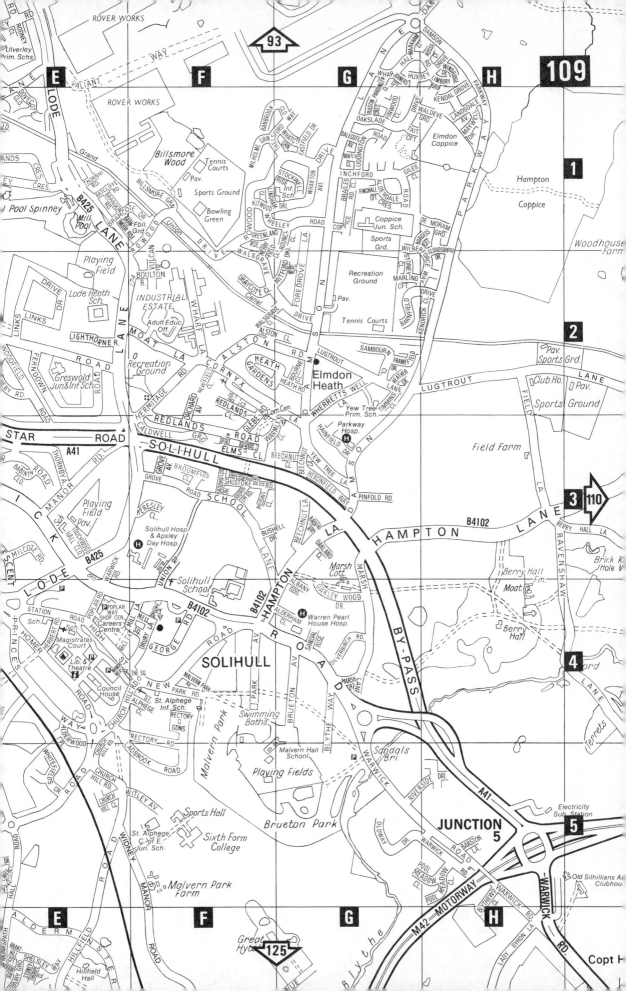

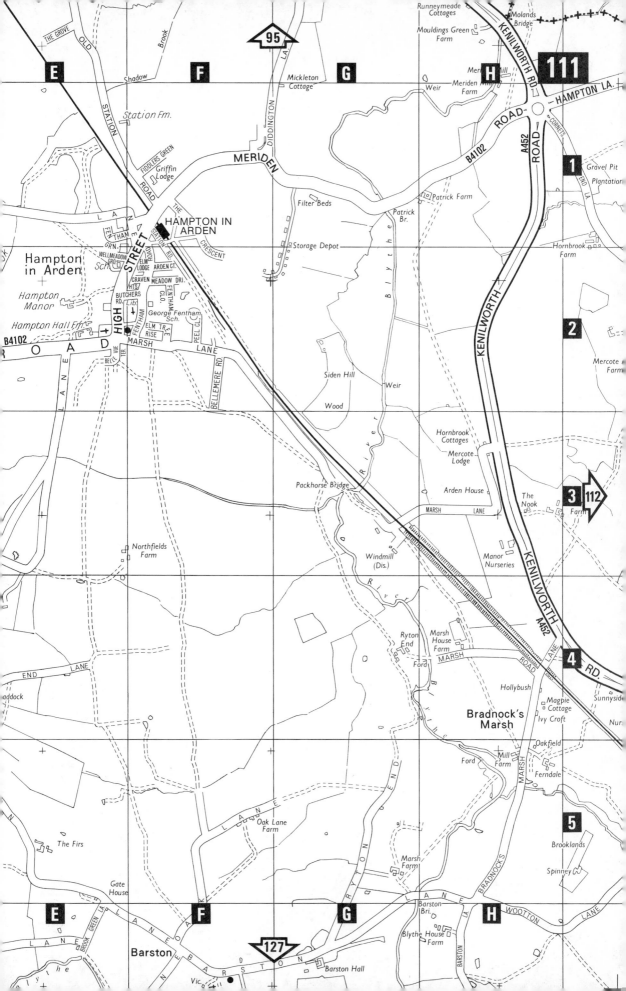

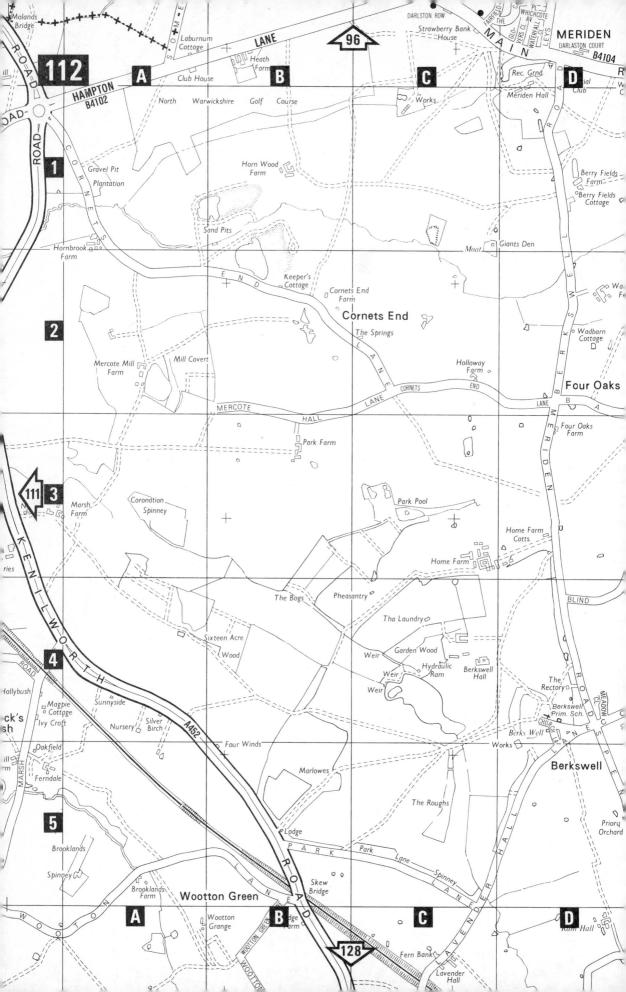

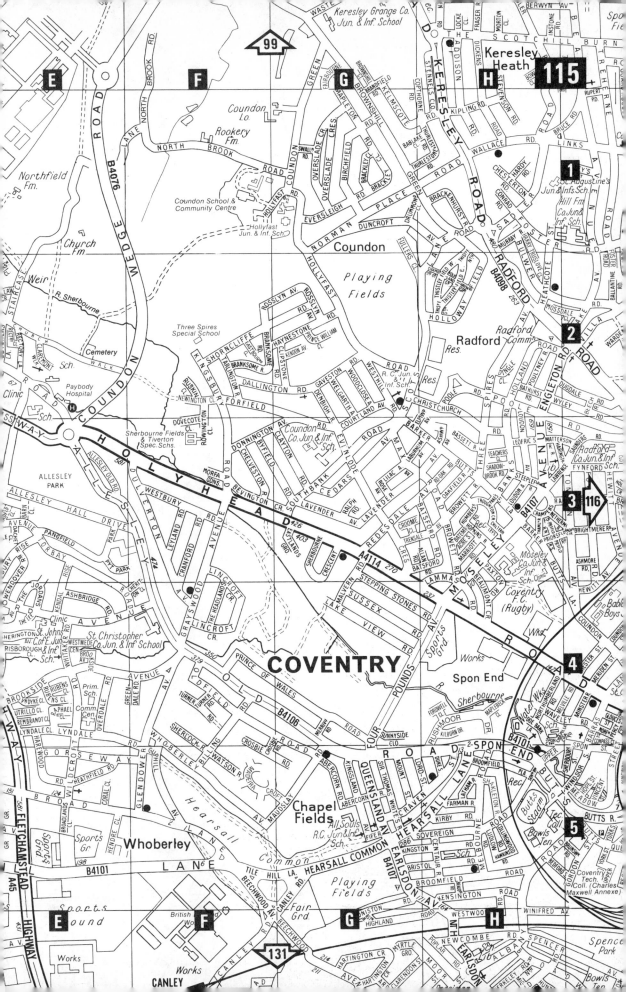

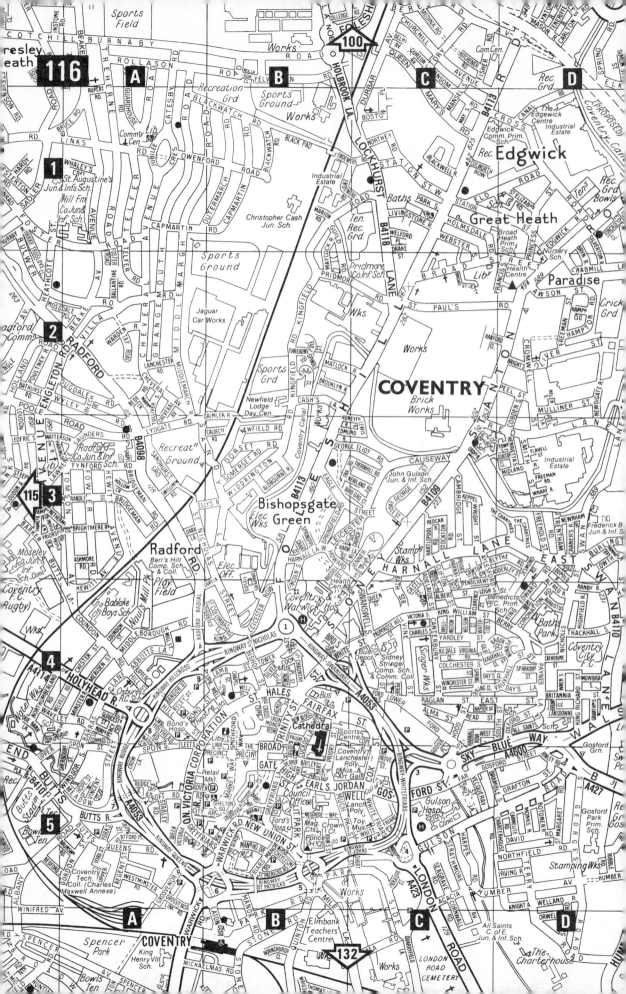

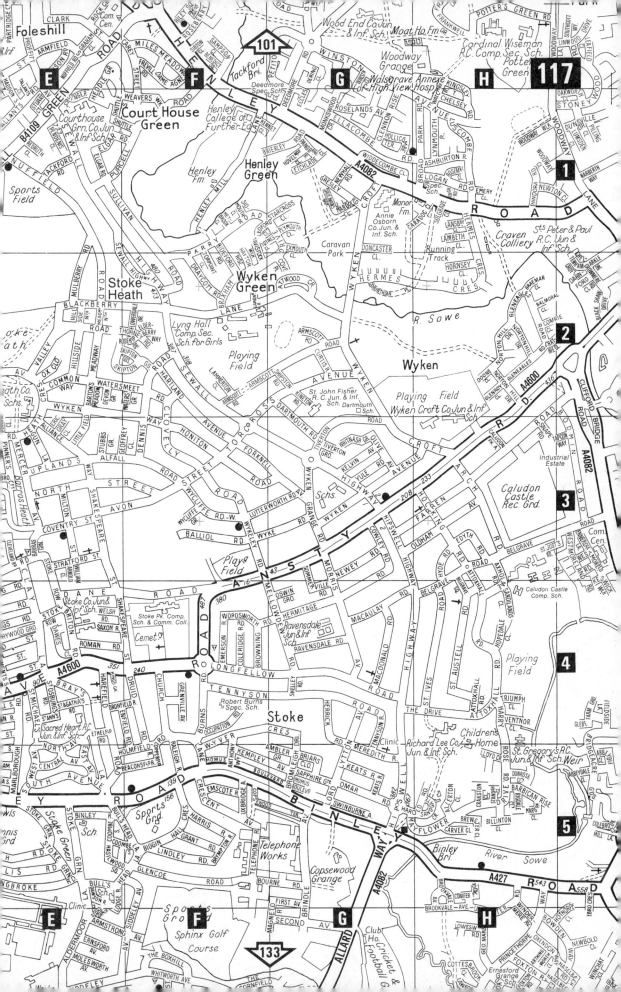

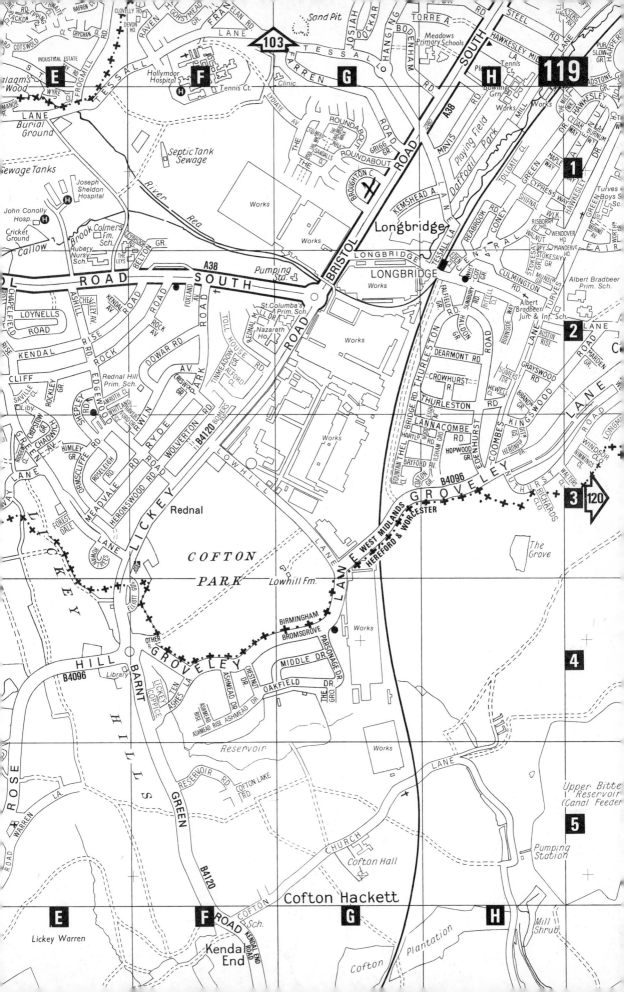

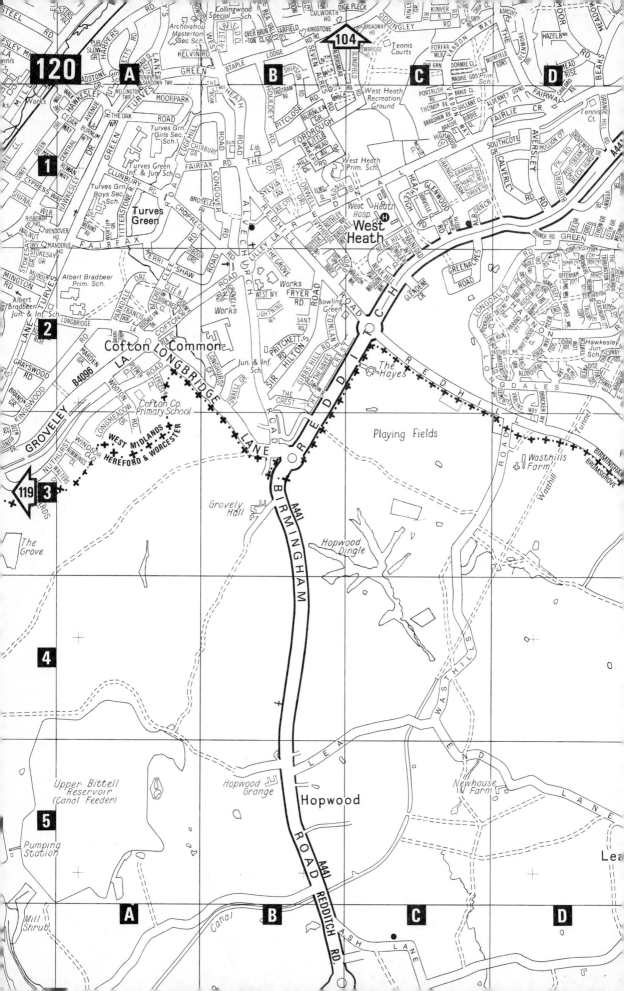

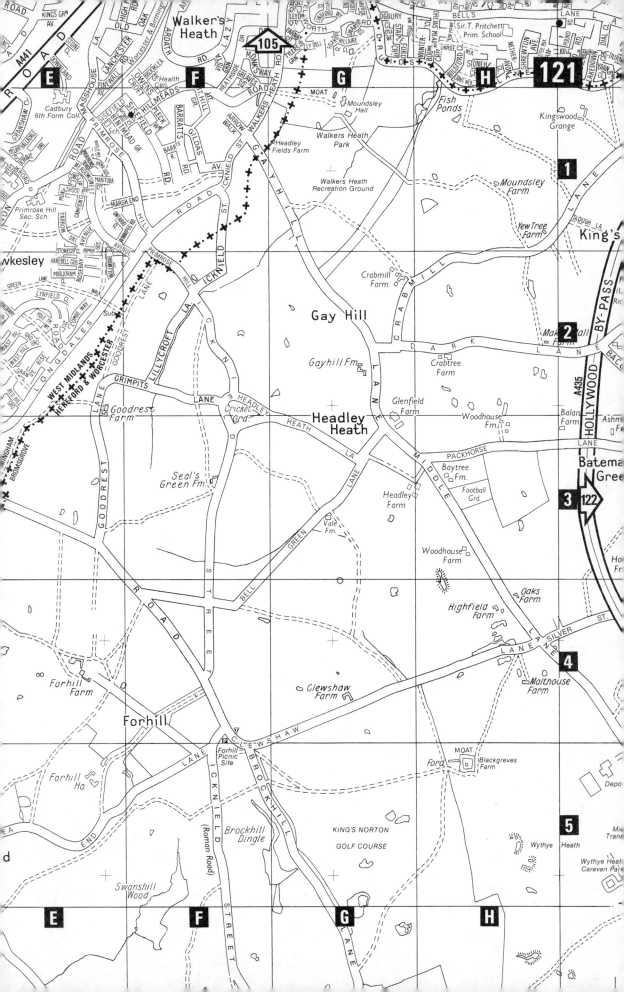

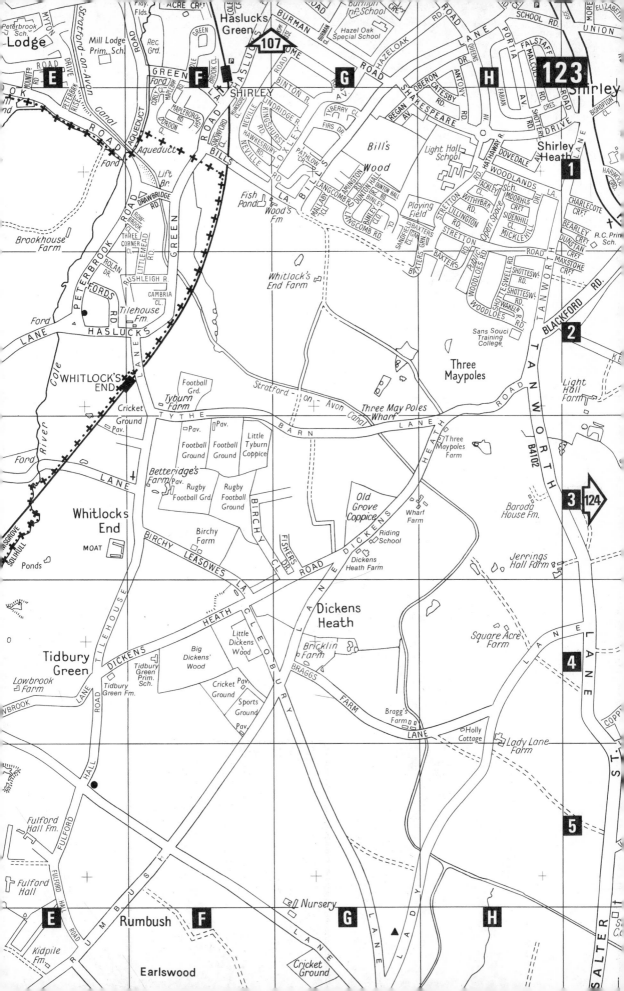

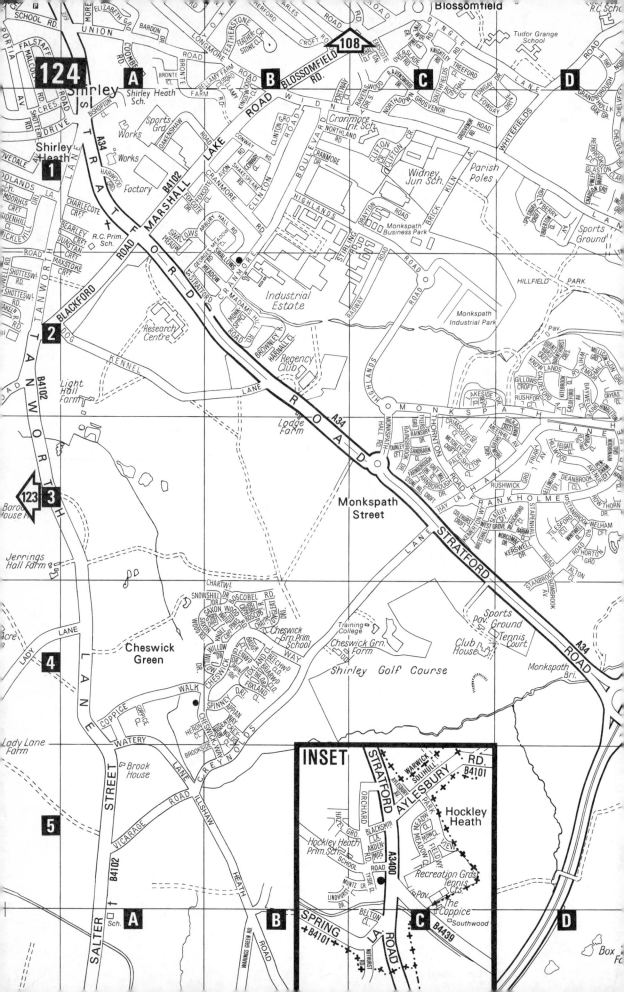

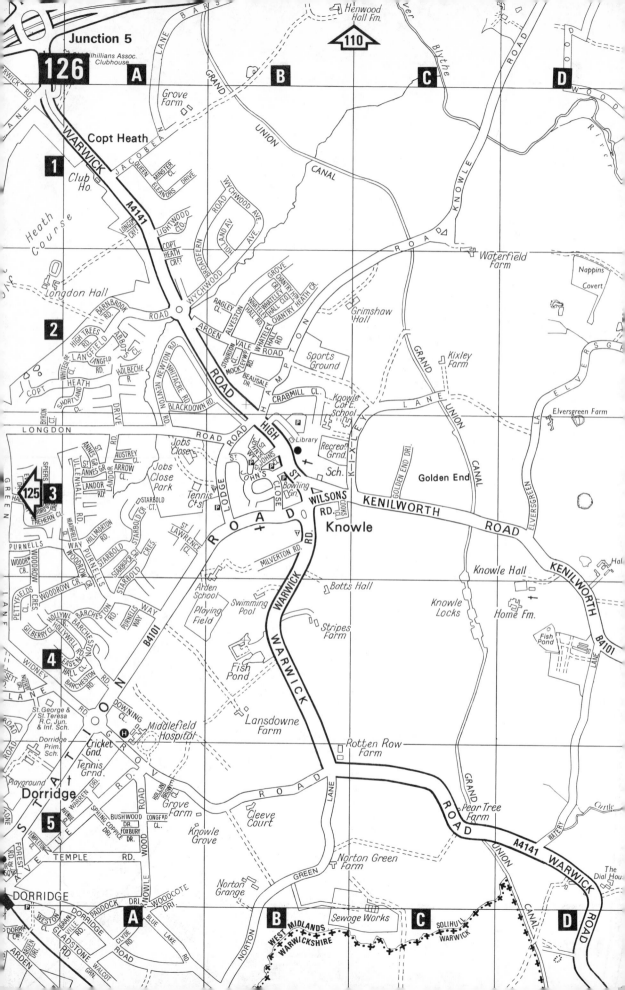

Junction 5

Solihullians Assoc. Clubhouse

A   **B**   **C**   **D**

110

Copt Heath

Grove Farm

GRAND

UNION

CANAL

River Blythe

WOOD

Club Ho.

1

WARWICK

A4141

JACOBEAN LANE

Queen Eleanors Dr.

MINSTER CL.

LIGHTWOOD CL.

COPT HEATH CRFT

WYCHWOOD AVE.

HOLLAND AV.

WYCHWOOD AVE.

GROVE

Waterfield Farm

KNOWLE

ROAD

Nappins Covert

Heath Course

Longdon Hall

2

BARNBROOK RD.

High Trees Rd.

LANGFLD

ABBOTS

LANGFELD RD.

HOLBECHE R

NEWTON RD.

WHITACRE RD.

NEWTON

BLACKDOWN RD.

ROAD

ARDEN

WYCHBROADFERN

CHANTRY CR LEY

WHATELEY CLO.

ALVESTON CL.

RAGLEY CL.

WHATELEY HALL RD.

CHANTRY HEATH CR.

VALE ROAD

STOURTON CL.

MOCKLEY WD

BEAUSALE DR.

Sports Ground

Grimshaw Hall

Kixley Farm

HAMPTON

GRAND

LANE

UNION

Elversgreen Farm

Elversgreen Farm

White-s Cop RD.

Copt Heath Shortland CL.

BURGH

DRIVE

CRABMILL CL.

Knowle C of E. School

HIGH

ROAD

P

Library

Recreatn Grnd.

Sch.

GOLDEN END DRI.

Golden End

CANAL

LA.

ELVERSGREEN

LONGDON

ROAD

Jobs Close

Jobs Close Park

ST JOHNS WAY

ST JOHN'S

CLOSE

Bowling Grn.

WILSONS RD.

KENILWORTH

ROAD

125 **3**

SPIERS

FORD-s

TREHERN CL.

ANNES GR

ST ANNES GR

ULLENHALL RD.

LANDOR

LANDOR CL.

AUSTREY CL.

ARROW CL.

Tennis Cts.

P

ST JOHN'S

P

ST

LODGE

ROAD

Knowle

Knowle Hall

KENILWORTH

B4101

Hal

Hal

PURNELLS

WOODROW CR.

WOODROW CRES.

HILLMORTON RD.

HEATHFIELD RD.

STARBOLD CRES.

STARBOLD CT.

Starbold

ST LAWRENCE CL.

MILVERTON RD.

WARWICK RD.

Batts Hall

Knowle Locks

Home Fm.

Fish Pond

PETTYFIELDS CL.

HOLLYWL

GILBERRY CL.

HOLLYWELL RD.

BARCHESTON

PURNELLS

WOODROW CR.

WAY

STARBOLD

PURNELLS WAY

Arden School

Playing Field

Swimming Pool

Stripes Farm

WARWICK

4

WIDNEY

EASENHALL

BARCHESTON RD.

HALL CL.

B4101

Fish Pond

Lansdowne Farm

ROAD

WARWICK

LANE LANE

SETT LANE

St. George & St. Teresa R.C. Jun. & Inf. Sch.

DOWNING CL.

H

Middlefield Hospital

Rotten Row Farm

GRAND

GREEN

Dorridge Prim. Sch.

Cricket Grnd.

Tennis Grnd.

ROAD

HOLLAND-BROW CL.

Grove Farm

Cleeve Court

LANE

Pear Tree Farm

UNION

Castle

The Dial Hou.

5

Playground

WARREN DRI.

AVENUE

TEMPLE-S

SPRING COPPICE DRI.

BUSHWOOD DR.

FOXBURY DR.

LONGFRD CL.

Knowle Grove

Norton Green Farm

A4141

WATERY

WARWICK

Dorridge

DORRIDGE

FOREST

TEMPLE RD.

WOOD

KNOWLE

WOODCOTE DRI.

Norton Grange

GREEN

NORTON

Sewage Works

SOLIHU

WARWICK

UNION CANAL

ROAD

DORRIDGE

ARDEN

DORRIDGE CRFT

WESTON CL.

GLADSTONE

GRONAN

GLADSTONE

VILLE

PADDOCK DRI.

CLYDE

BLUE LAKE RD.

WALCOT GRN.

ROAD

A   **B**   **C**   **D**

WEST MIDLANDS

WARWICKSHIRE

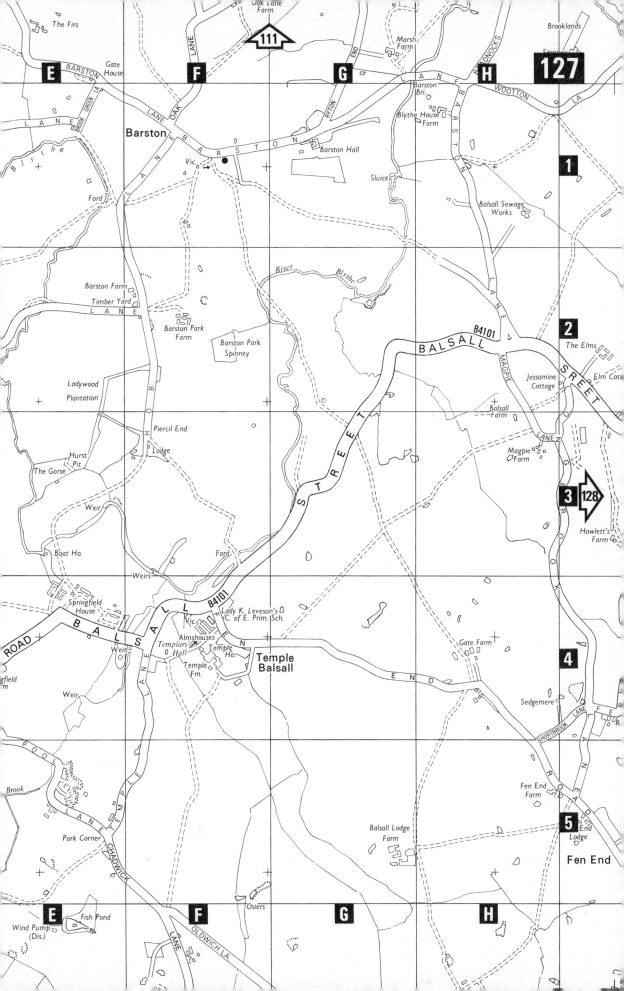

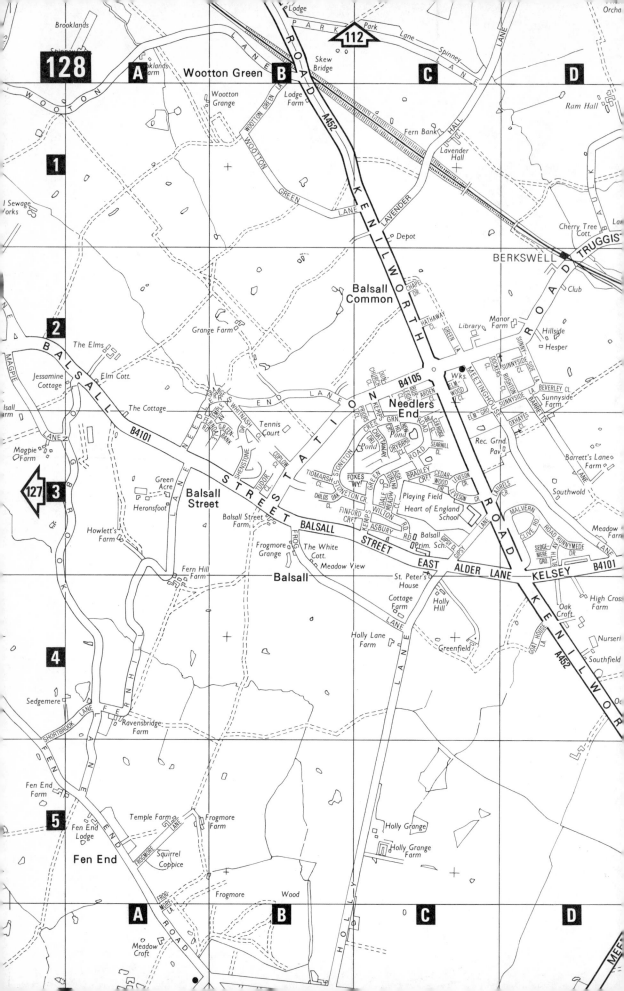

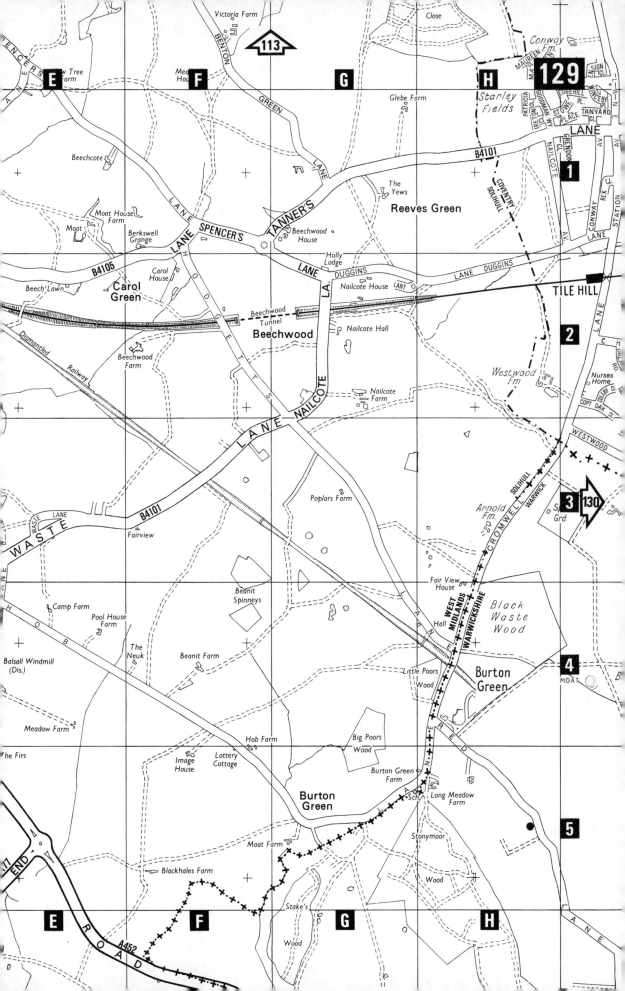

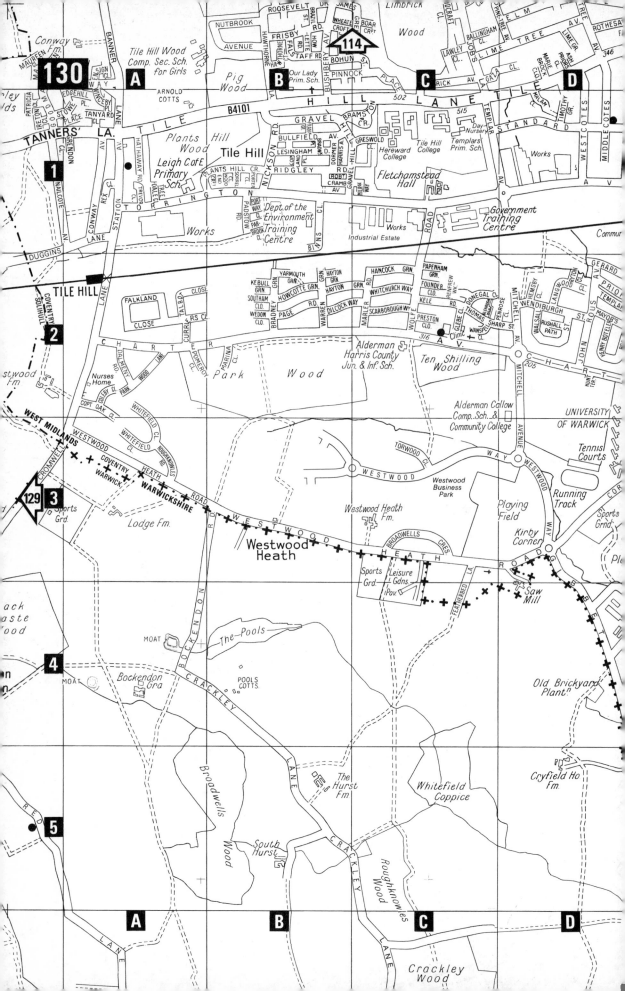

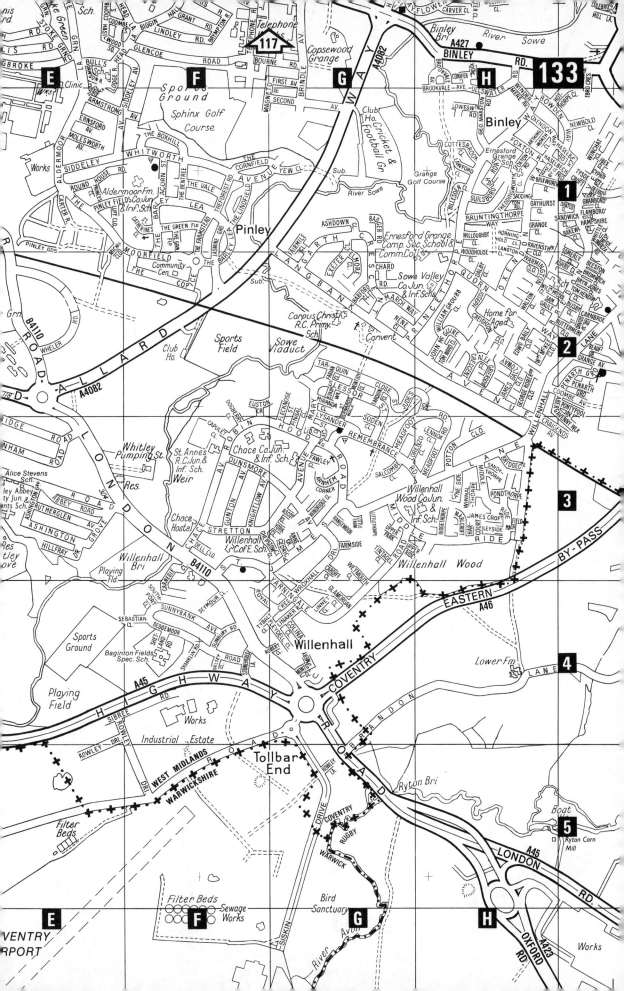

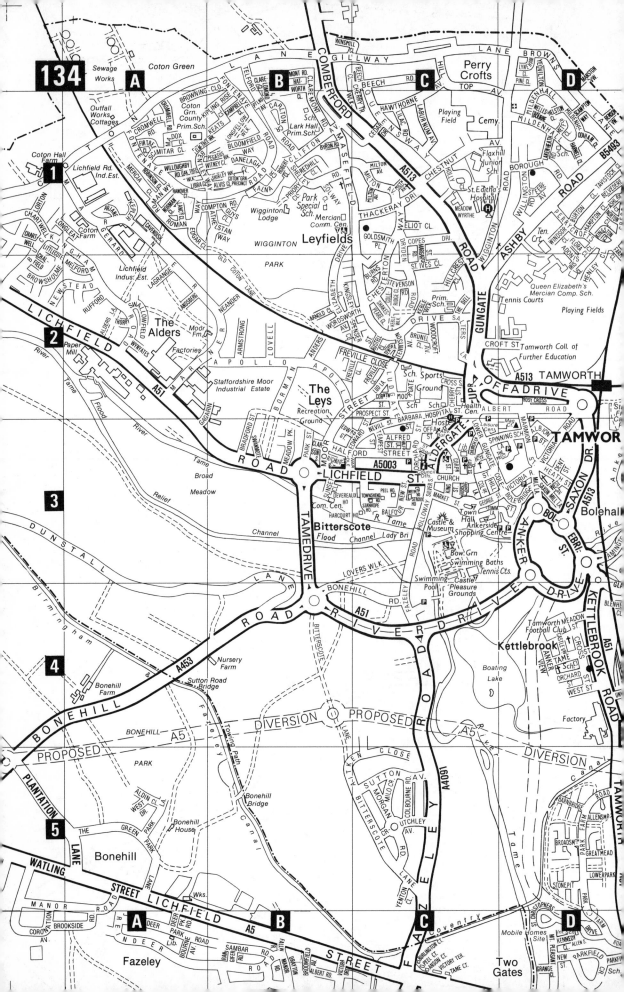

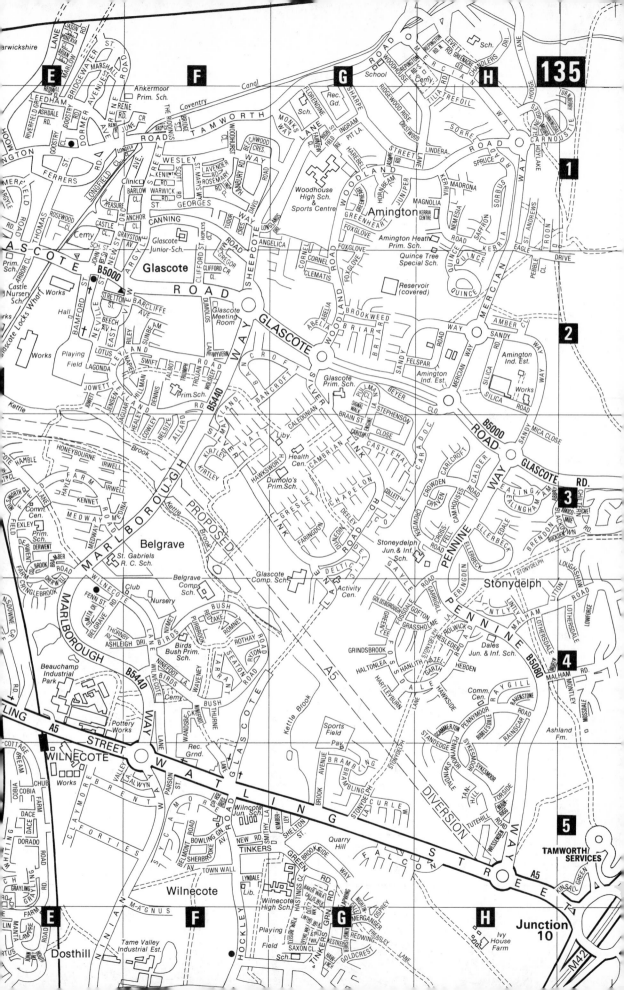

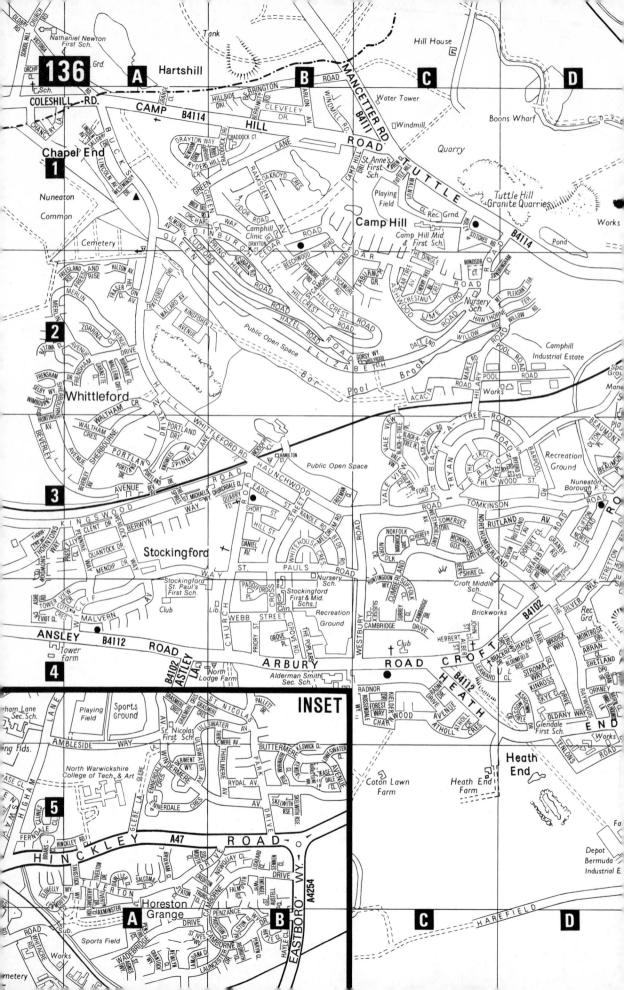

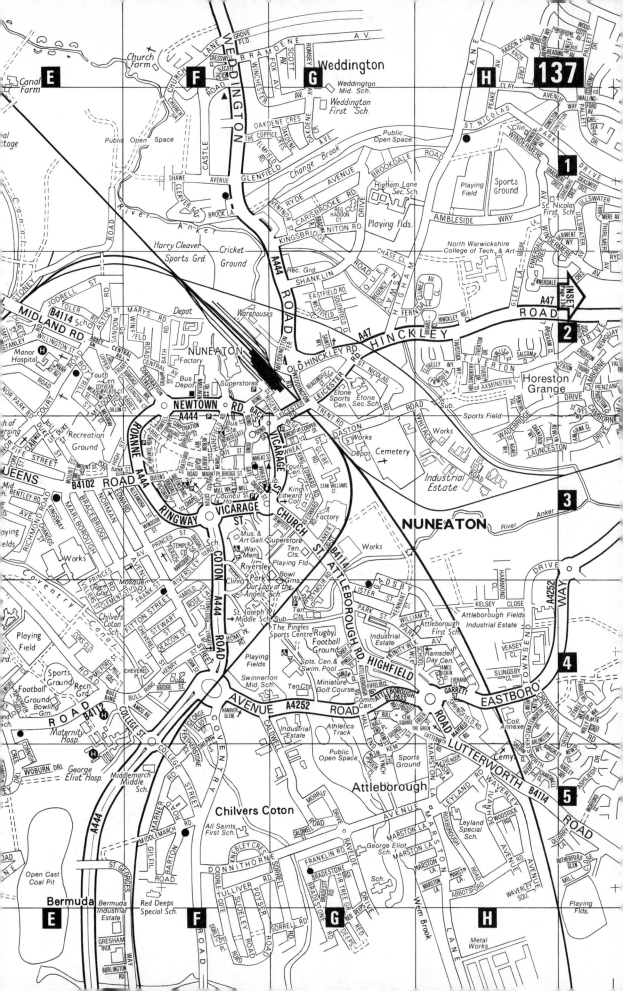

Grid references (top): E F G H
Grid references (right): 1 2 3 4 5
Grid references (bottom): E F G H

Major places:
Weddington
NUNEATON
Attleborough
Chilvers Coton
Bermuda
Horeston Grange

Roads and features (selection):
Canal Farm
Church Farm
Public Open Space
River Anker
Change Brook
Harry Cleaver Sports Grd.
Cricket Ground
Rec. Grd.
Weddington Mid. Sch.
Weddington First Sch.
Higham Lane Sec. Sch.
Playing Field
Sports Ground
St. Nicolas First Sch.
North Warwickshire College of Tech. & Art
INSET Page 138
A47 ROAD
HINCKLEY
Old Hinckley Rd.
Leicester Rd.
Etone Sports Cen.
Etone Sec. Sch.
Industrial Estate
Cemetery
Works
Depot
River Anker
Sports Field
Manor Hospital
MIDLAND RD.
B4114
Depot
Warehouses
NEWTOWN RD.
A444
Bus Depot
Superstores
Recreation Ground
RINGWAY
VICARAGE ST.
CHURCH ST.
Council Ho.
King Edward VI Coll.
Mus. & Art Gall.
War Mem.
Riversley Park
Clinic
Our Lady of the Angels Sch.
St. Joseph's Middle Sch.
The Pingles Sports Centre
Rugby Football Ground
Swinnerton Mid. Sch.
Miniature Golf Course
Spts. Cen. & Swim. Pool
Community Cen.
Playing Fields
Mosque
Chilvers Coton Sch.
Works
Playing Field
Sports Ground
Football Ground
Bowling Grn.
Maternity Hosp.
George Eliot Hosp.
Middlemarch Middle Sch.
ROAD
COLLEGE ST.
COVENTRY ROAD
AVENUE A4252 ROAD
Athletics Track
Public Open Space
Sports Ground
All Saints First Sch.
George Eliot Sch.
Bradestone Sch.
Leyland Special Sch.
Attleborough First Sch.
Attleborough Fields Industrial Estate
Ramsden Day Cen.
Coll. Annexe
EASTBORO' WAY
LUTTERWORTH ROAD B4114
HIGHFIELD
ATTLEBOROUGH RD.
Red Deeps Special Sch.
Bermuda Industrial Estate
Gresham Trad.
Open Cast Coal Pit
Metal Works
Playing Flds.
Wem Brook
WINDERMERE
AMBLESIDE WAY
Horeston Grange
WEDDINGTON ROAD
CASTLE ROAD

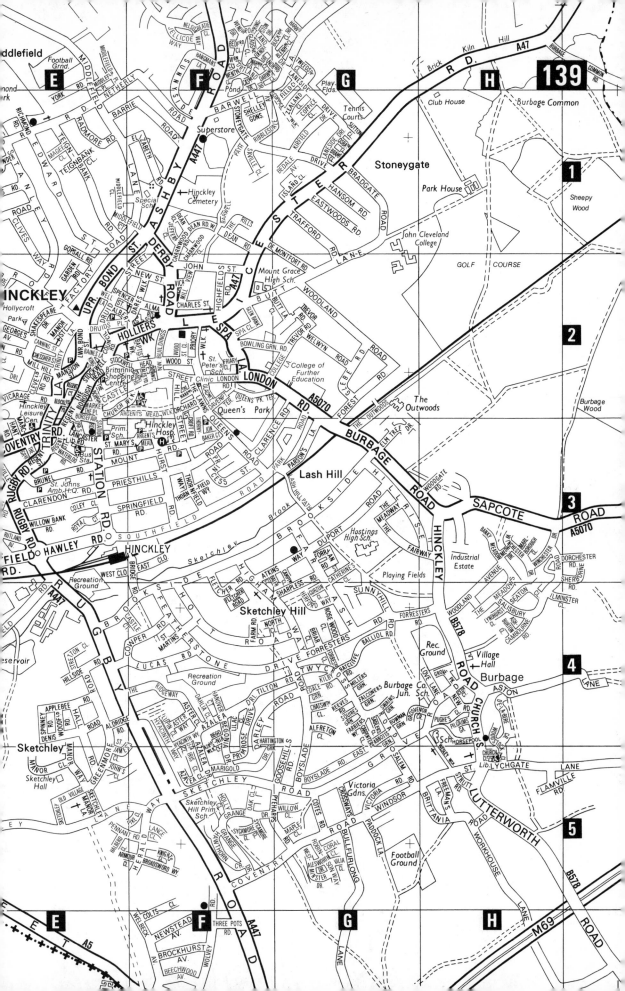

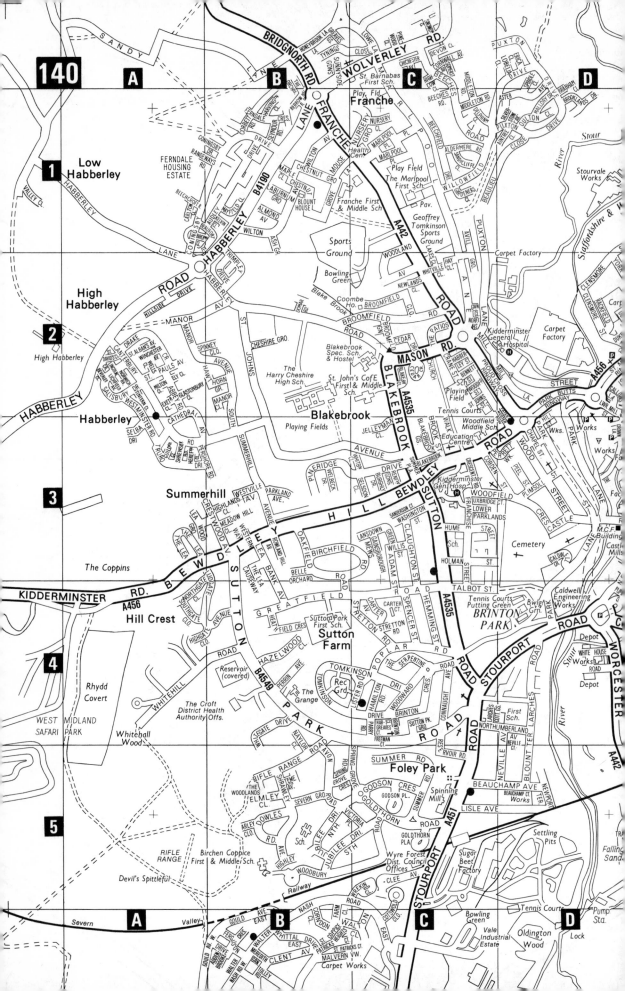

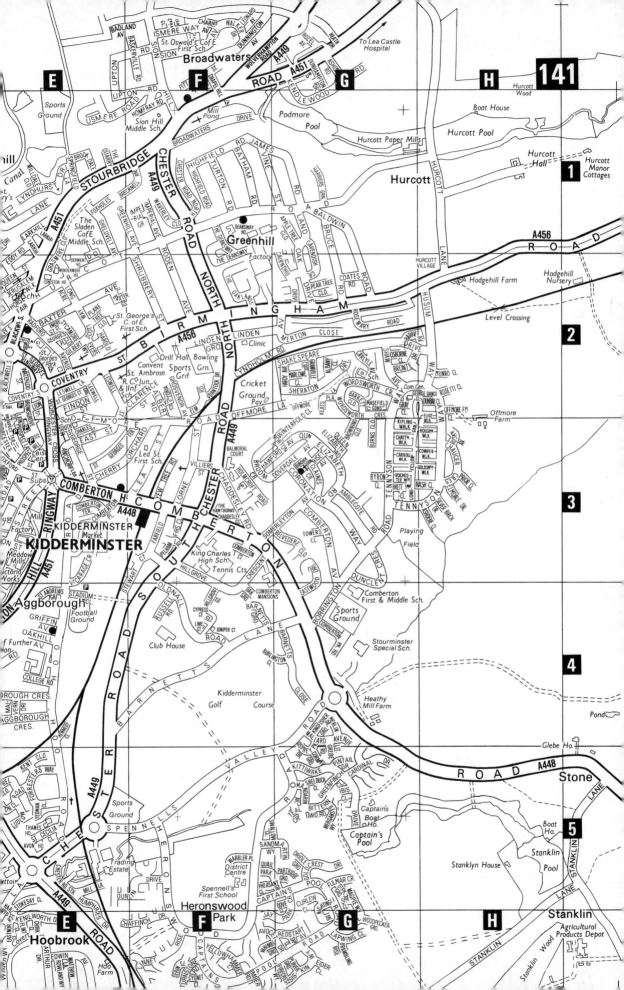

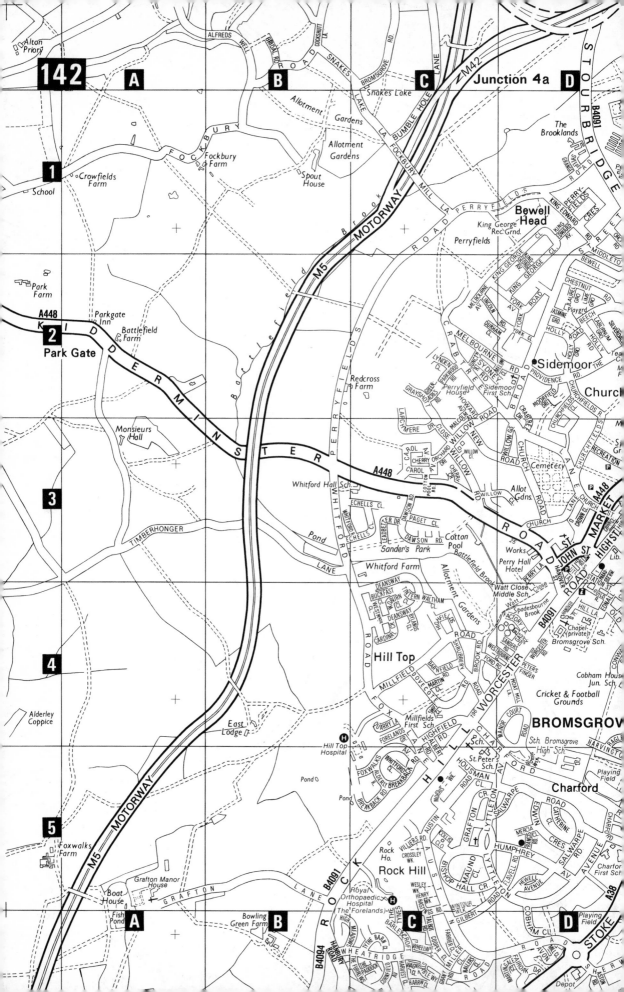

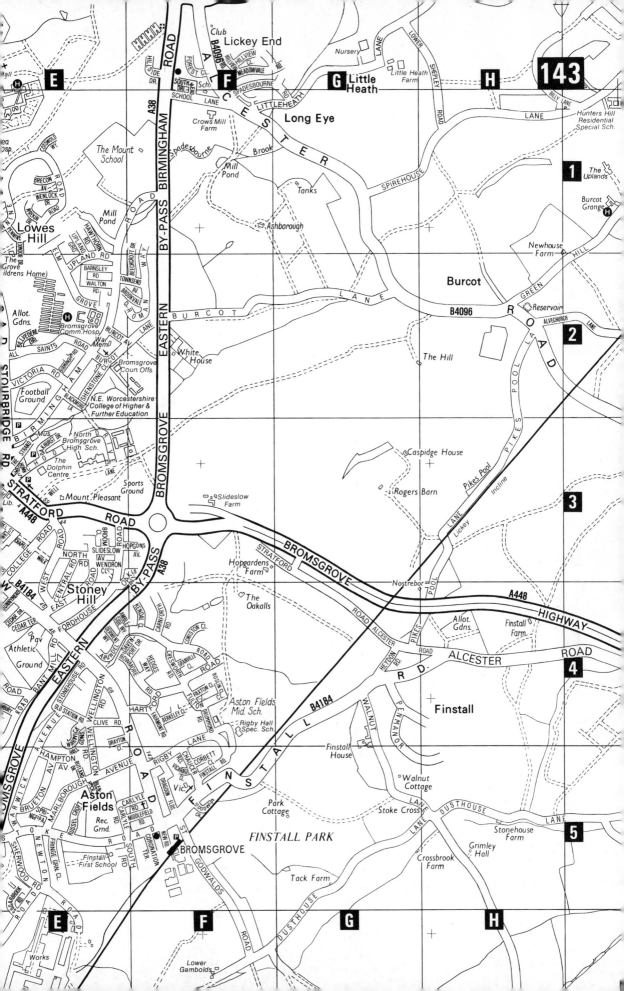

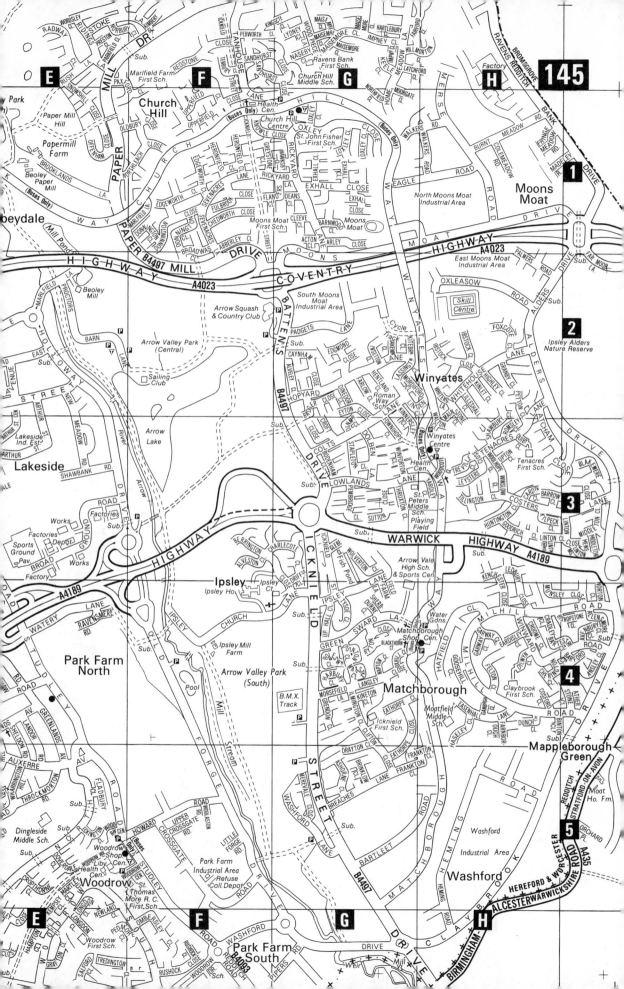

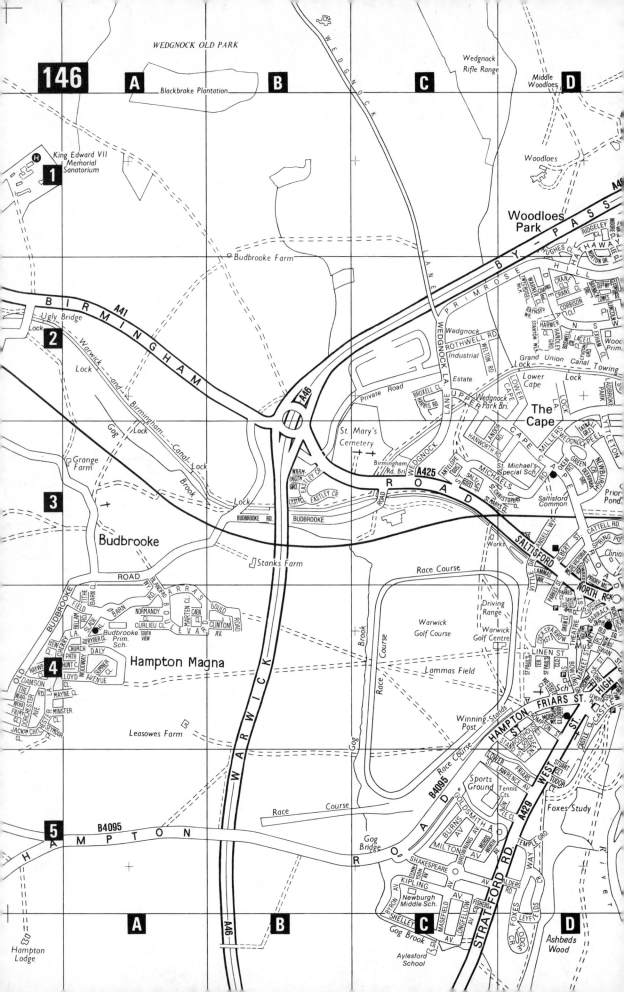

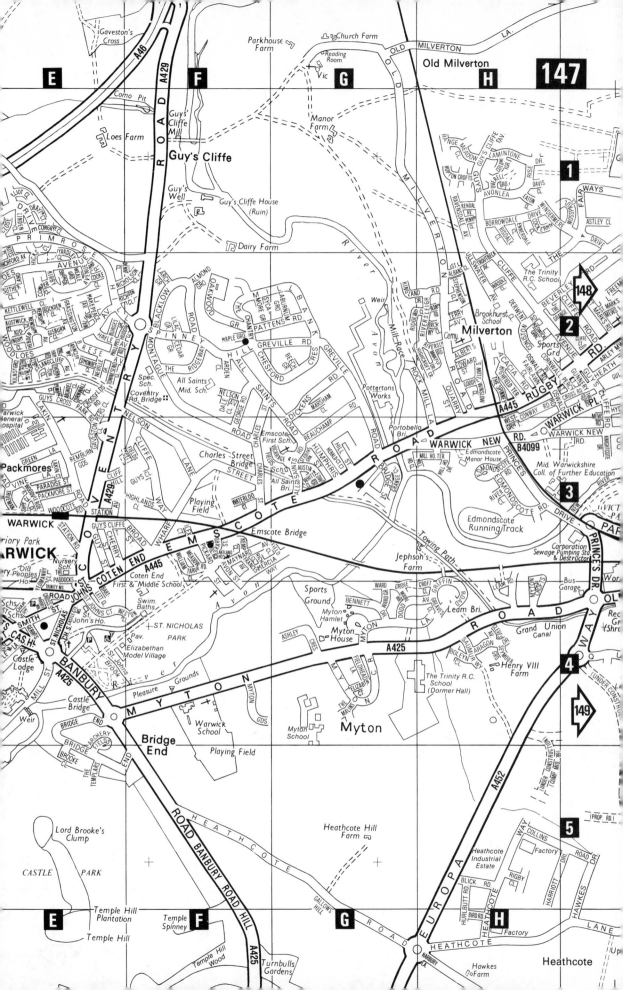

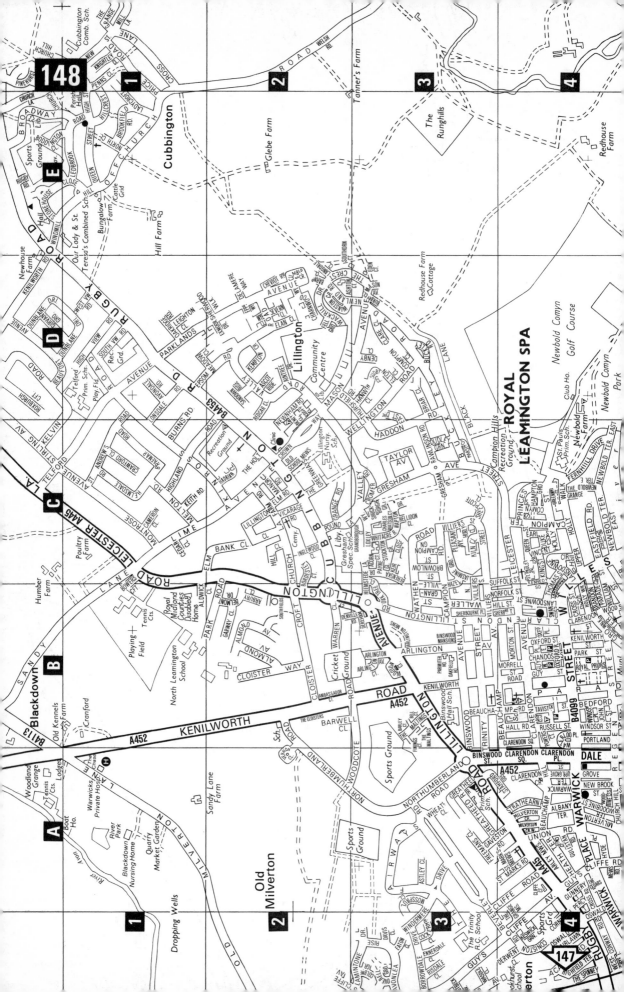

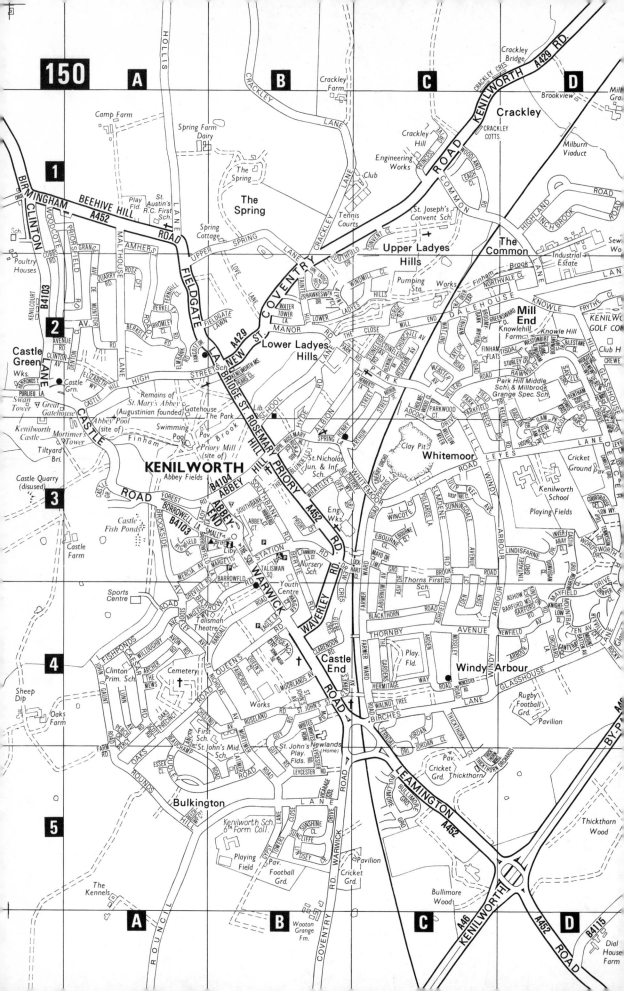

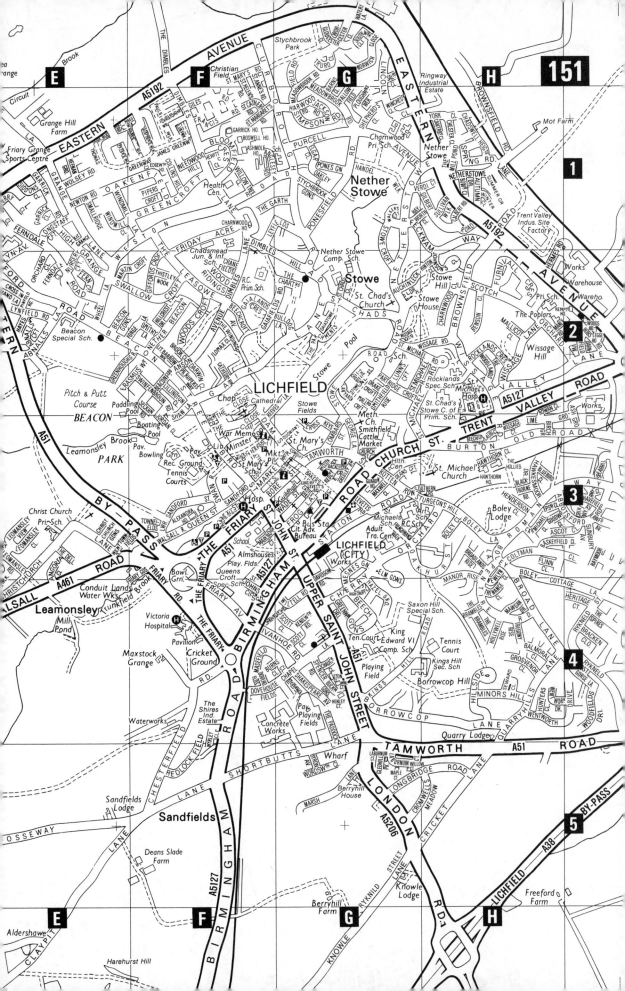

CITY CENTRE
SCALE : 4½ INCHES TO 1 MILE

0   ¼ MILE

INDEX TO STREETS

HOW TO USE THIS INDEX

(a) A strict alphabetical order is followed in which Av., Rd., St., etc., are read in full and as part of the name preceding; e.g. Ash Hill follows Ashgrove Rd., but precedes Ashill Rd.

(b) Within Birmingham, Coventry, Dudley, Leicester, Walsall and Wolverhampton Post Towns each street is followed by its Postal Code District Number only (B, CV, DY, LE, WS and WV respectively), and map reference e.g., Abberley Rd., DY3 – 1H 53 is in the DY3 Postal Code District and is to be found in square 1H on page 53.

(c) Outside these areas each street is also followed by its Post Town e.g., Abberley Clo. Hal B63 – 4G 85 is in the Halesowen Post Town, the B63 Postal Code District and is to be found in square 4G on page 85.

NB. The Postal Code District Numbers given in this index are in fact, only the first part of the Postcode to each address and are only meant to indicate the Postal Code District in which each street is situated.

ABBREVIATIONS USED IN THIS INDEX

Post Towns

Bew: Bewdley	Hal: Halesowen	L Spa: Leamington Spa	Sto: Stourbridge	Warw: Warwick
Bil: Bilston	Hin: Hinckley	Lich: Lichfield	Sut C: Sutton Coldfield	Wed: Wednesbury
Bri H: Brierley Hill	Ken: Kenilworth	Nun: Nuneaton	Tam: Tamworth	W Bro: West Bromwich
Brom: Bromsgrove	Kid: Kidderminster	Red: Redditch	Tip: Tipton	Wil: Willenhall
Can: Cannock	King: Kingswinford	Sol: Solihull	War: Warley	

General

All: Alley	Clo: Close	Gt: Great	M: Mews	Sq: Square
App: Approach	Comn: Common	Grn: Green	Mt: Mount	Sta: Station
Arc: Arcade	Cotts: Cottages	Gro: Grove	N: North	St: Street
Av: Avenue	Ct: Court	Ho: House	Pal: Palace	Ter: Terrace
Bk: Back	Cres: Crescent	Ind: Industrial	Pde: Parade	Up: Upper
Boulevd: Boulevard	Dri: Drive	Junct: Junction	Pk: Park	Vs: Villas
Bri: Bridge	E: East	La: Lane	Pas: Passage	Wlk: Walk
B'way: Broadway	Embkmt: Embankment	Lit: Little	Pl: Place	W: West
Bldgs: Buildings	Est: Estate	Lwr: Lower	Prom: Promenade	Yd: Yard
Chyd: Churchyard	Gdns: Gardens	Mans: Mansions	Rd: Road	
Cir: Circus	Ga: Gate	Mkt: Market	S: South	

PLACES a selection of places covered by this atlas with their map reference and where applicable the Post Town and Postal Code District within which they are situated.

Acock's Green, BIRMINGHAM, B27 – 3A 92
Aldridge, WALSALL, WS9 – 4F 25
Allesley, COVENTRY, CV5 – 2D 114
Aston, BIRMINGHAM, B6 – 4B 60
Attleborough, NUNEATON, CV11 – 4H 137
Balsall Heath, BIRMINGHAM, B12 – 2B 90
Bearwood, WARLEY, B66 & BIRMINGHAM, B17 – 4A 72
Bedworth, NUNEATON, CV12 – 3F 81
Bedworth Heath, NUNEATON, CV12 – 4D 80
BILSTON, WV14 – 5F 31
BIRMINGHAM, B1 to 48 – 4A 74
Blackheath, HALESOWEN, B62 – 4B 70
Bloxwich, WALSALL, WS3 – 1E 23
Bordesley, BIRMINGHAM, B9 – 4C 74
Bordesley Green, BIRMINGHAM, B9 – 4F 75
Bournville, BIRMINGHAM, B30 – 1D 104
Bradley, BILSTON, WV14 – 1G 43
BRIERLEY HILL, DY5 – 3A 68
BROMSGROVE, B60 & 61 – 3D 142
Brownhills, WALSALL, WS8 – 2E 17
Burntwood, WALSALL, WS7 – 1H 9
Bushbury, WOLVERHAMPTON, WV10 – 1A 20
CANNOCK, WS11 & 12 – 5C 4
Castle Bromwich, BIRMINGHAM, B36 – 4E 63
Chelmsley Wood, BIRMINGHAM, B37 – 2C 78
Cheslyn Hay, WALSALL, WS6 – 4B 6
Codsall, WOLVERHAMPTON, WV8 – 4A 10
Coleshill, BIRMINGHAM, B46 – 5E 65
Coseley, BILSTON, WV14 – 2E 43
COVENTRY, CV1 to 8 – 5B 116
Cradley Heath, WARLEY, B64 – 4F 69
Darlaston, WEDNESBURY, WS10 – 3B 32
Dorridge, SOLIHULL, B93 – 5H 125
DUDLEY, DY1 to 3 – 3E 55
Edgbaston, BIRMINGHAM, B15 – 1F 89
Edgwick, COVENTRY, CV6 – 1D 116
Elmdon, SOLIHULL, B92 – 4H 93
Erdington, BIRMINGHAM, B23 & 24 – 1G 61
Featherstone, WOLVERHAMPTON, WV10 – 2D 12
Glascote, TAMWORTH, B77 – 4H 135
Gornalwood, DUDLEY, DY3 – 2G 53
Gravelly Hill, BIRMINGHAM, B23 & 24 – 3F 61

Great Wyrley, WALSALL, WS6 – 4D 6
HALESOWEN, B62 & 63 – 3A 86
Hampton in Arden, SOLIHULL, B92 – 2E 111
Hamstead, BIRMINGHAM, B42 & 43 – 4E 47
Handsworth, BIRMINGHAM, B20 – 3E 59
Harborne, BIRMINGHAM, B17 – 2B 88
Heath Hayes, CANNOCK, WS12 – 5H 5
Hednesford, CANNOCK, WS12 – 2F 5
Highter's Heath, BIRMINGHAM, B14 – 5C 106
Hill Top, WEDNESBURY, WS10 – 4E 45
HINCKLEY, LE10 – 2E 139
Hockley Heath, SOLIHULL, B94 – 5C 124
Hollywood, BIRMINGHAM, B47 – 1B 122
Horseley Heath, TIPTON, DY4 – 5H 43
KENILWORTH, CV8 – 3B 150
Keresley, COVENTRY, CV6 – 4H 99
KIDDERMINSTER, DY10, 11 & 14 – 2E 141
King's Heath, BIRMINGHAM, B13 & 14 – 1A 106
King's Norton, BIRMINGHAM, B38 – 5E 105
Kingswinford, DY6 – 1D 66
Knowle, SOLIHULL, B93 – 3B 126
Ladywood, BIRMINGHAM, B16 – 4E 73
Langley Green, WARLEY, B68 – 2E 71
LEAMINGTON SPA, CV31 to 33 – 3B 147
LICHFIELD, WS13 & 14 – 3B 151
Little Sutton, SUTTON COLDFIELD, B75 – 1B 38
Lower Gornal, DUDLEY, DY3 – 2A 54
Marston Green, BIRMINGHAM, B37 – 5H 77
Matchborough, REDDITCH, B98 – 4H 145
Meriden, COVENTRY, CV7 – 5D 96
Minworth, SUTTON COLDFIELD, B76 – 5F 51
Moseley, BIRMINGHAM, B13 – 4B 90
Moxley, WEDNESBURY, WS10 – 5H 31
Netherton, DUDLEY, DY2 – 1D 68
Northfield, BIRMINGHAM, B31 – 5A 104
Norton Canes, CANNOCK, WS11 – 3A 8
NUNEATON, CV10 to 13 – 3F 137
Oldbury, WARLEY, B69 – 4D 56
Old Hill, WARLEY, B64 – 4G 69
Old Oscott, BIRMINGHAM, B44 – 2A 48
Olton, SOLIHULL, B92 – 5B 92

Oxley, WOLVERHAMPTON, WV10 – 1G 19
Pelsall, WALSALL, WS3 – 5A 16
Penn, WOLVERHAMPTON, WV4 – 1E 41
Perry Bar, BIRMINGHAM, B42 – 2A 60
REDDITCH, B96 to 98 – 2C 144
Rowley Regis, WARLEY, B65 – 3A 70
Rubery, BIRMINGHAM, B45 – 2D 118
Saltley, BIRMINGHAM, B8 – 2E 75
Sedgley, DUDLEY, DY3 – 3H 41
Selly Oak, BIRMINGHAM, B29 – 4D 89
Shelfield, WALSALL, WS4 – 1C 24
Shirley, SOLIHULL, B90 – 1A 124
Small Heath, BIRMINGHAM, B10 – 5E 75
Smethwick, WARLEY, B66 & 67 – 1A 72
SOLIHULL, B90 to 95 – 4E 109
Sparkbrook, BIRMINGHAM, B10 – 1C 90
Stechford, BIRMINGHAM, B33 – 3B 76
STOURBRIDGE, DY7 to 9 – 2F 83
SUTTON COLDFIELD, B72 to 76 – 5A 38
TAMWORTH, B77 to 79 – 3F 135
Tettenhall, WOLVERHAMPTON, Wv6 – 5C 18
TIPTON, DY4 – 5F 43
Tividale, TIPTON, DY4 & WARLEY, B69 – 3H 55
WALSALL, WS1 to 9 – 2H 33
WARWICK, CV34 & 35 – 4D 146
Water Orton, BIRMINGHAM, B46 – 2A 64
WEDNESBURY, WS10 – 2C 44
Wednesfield, WOLVERHAMPTON, WV11 – 4E 21
WEST BROMWICH, B70 & 71 – 2E 57
West Smethwick, WARLEY, B66 & 67 – 5G 57
WILLENHALL, WV12 & 13 – 2H 31
Willenhall, COVENTRY, CV3 – 4G 133
Winson Green, BIRMINGHAM, B18 – 1E 73
Winyates, REDDITCH, B98 – 3H 145
Wollaston, STOURBRIDGE, DY8 – 2D 82
Wollescote, STOURBRIDGE, DY9 – 2B 84
WOLVERHAMPTON, WV1 to 11 – 1A 30
Wombourne, WOLVERHAMPTON, WV5 – 4B 40
Wordsley, STOURBRIDGE, DY8 – 3D 66
Wylde Green, SUTTON COLDFIELD, B72 & 73 – 3H 49
Yardley, BIRMINGHAM, B25 – 5B 76

Aaron Manby Ct.—Allendale Rd.

Aaron Manby Ct. Tip DY4 – 3G 43
Abberley. Tam B77 – 3A 135
Abberley Clo. Hal B63 – 4G 85
Abberley Clo. Red B98 – 1F 145
Abberley Ind. Centre. War B66 – 2C 72
Abberley Rd. DY3 – 1H 53
Abberley Rd. War B68 – 5E 71
Abberley St. DY2 – 4D 54
Abberley St. War B66 & B18 – 2C 72
Abberton Clo. Hal B63 – 3A 86
Abberton Gro. Sol B90 – 2E 125
Abberton Way. CV4 – 5F 131
Abbess Gro. B25 – 4B 76
Abbey Clo. Sol B91 – 3F 109
Abbey Ct. Ken CV8 – 3B 150
Abbey Ct. War B68 – 2E 71
Abbey Cres. Hal B63 – 2E 85
Abbey Cres. War B68 – 5F 71
Abbeydale Clo. CV3 – 5H 117
Abbeydale Rd. B31 – 5A 104
Abbey Dri. WS3 – 4A 16
Abbey End. Ken CV8 – 3B 150
Abbeyfield Rd. B23 – 4E 49
Abbeyfield Rd. WV10 – 4B 12
Abbey Gdns. War B67 – 4G 71
Abbey Grn. Nun CV11 – 2E 137
Abbey Hill. Ken CV8 – 3B 150
Abbey Rd. B17 – 2C 88
Abbey Rd. B23 – 2E 61
Abbey Rd. CV3 – 3D 132
Abbey Rd. DY2 – 5E 55
Abbey Rd. DY3 – 2H 53
Abbey Rd. Hal B63 – 3E 85
Abbey Rd. Kid DY11 – 2A 140
Abbey Rd. Red B97 – 2C 144
Abbey Rd. War B67 – 4G 71
Abbey Sq. WS3 – 1C 22
Abbey St. B18 – 1F 73
Abbey St. DY3 – 2H 53
Abbey St. Can WS12 – 1E 5
Abbey St. Nun CV11 – 3F 137
Abbey St. N. B18 – 1F 73
Abbey Trading Est. Red B97 – 1C 144
Abbey Way. CV3 – 3D 132
Abbot La. Hal B63 – 5E 85
Abbots Clo. WS4 – 3B 24
Abbots Clo. Sol B93 – 2A 126
Abbots Field. Can WS11 – 2B 4
Abbotsford Av. B43 – 2E 47
Abbotsford Dri. DY1 – 5B 54
Abbotsford Rd. B11 – 1D 90
Abbotsford Rd. Lich WS14 – 3H 151
Abbotsford Rd. Nun CV11 – 5H 137
Abbots M. Bri H DY5 – 4H 67
Abbots Rd. B14 – 1A 106
Abbots Way. B18 – 5F 59
Abbots Way. WV3 – 2E 29
Abbotts Grn. Hin LE10 – 4G 139
Abbotts La. CV1 – 4A 116
Abbotts Pl. WS3 – 1G 23
Abbotts Rd. B24 – 4F 61
Abbotts St. WS3 – 1G 23
Abbott St. L Spa CV31 – 5B 149
Abbotts Way. Warw CV34 – 4D 146
Abdon Av. B29 – 1B 104
Abelia. Tam B77 – 2G 135
Abercorn Rd. CV5 – 5G 115
Aberdeen Clo. CV5 – 3D 114
Aberdeen St. B18 – 2D 72
Aberford Clo. Wil WV12 – 5B 22
Abergavenny Wlk. CV3 2H 133
Abigails Clo. B26 – 1E 93
Abingdon Clo. WV1 – 1D 30
Abingdon Rd. B23 – 4C 48
Abingdon Rd. DY2 – 3E 69
Abingdon Rd. WS3 – 5D 14
Abingdon Rd. WV1 – 1D 30
Abingdon Tower. B35 – 2D 62
Abingdon Way. WS3 – 1D 22
Abingdon Way. Nun CV11 – 1H 137
Ablewell St. WS1 – 2H 33
Ablow St. WV2 – 3H 29
Abnalls Croft. Lich WS13 – 2E 151
Abnalls La. Lich WS13 – 2E 151 (in two parts)
Abney Dri. Bil WV14 – 3B 42
Abney Gro. B44 – 2C 48
Aboyne Clo. B5 – 1H 89
A.B. Row. B4 – 3B 74
Acacia Av. B37 – 1H 77
Acacia Av. CV1 – 5C 116
Acacia Av. WS5 – 1A 46
Acacia Clo. B37 – 1H 77
Acacia Clo. War B69 – 3A 56
Acacia Cres. WV8 – 4B 10
Acacia Cres. Nun CV12 – 2G 81
Acacia Dri. Bil WV14 – 4C 42
Acacia Gro. Can WS12 – 3H 5
Acacia Rd. B30 – 1D 104
Acacia Rd. L Spa CV32 – 2H 147
Acacia Rd. Nun CV10 – 2C 136
Acfold Rd. B20 – 5D 46
Acheson Rd. Sol B90 & B28 – 5F 107
Achilles Clo. WS6 – 5D 6 & 1D 14
Ackleton Gdns. WV3 – 3E 29
Ackleton Gro. B29 – 5H 87
Acorn Clo. B30 – 1D 140
Acorn Clo. WS6 – 5D 6
Acorn Clo. W Bro B70 – 2E 57
Acorn Ct. L Spa CV32 – 3C 148
Acorn Gro. Bl – 3G 73
Acorn Gro. Sto DY8 – 4E 67
Acorn Rd. WV11 – 1H 21
Acorn Rd. Hal B62 – 5A 70
Acorn St. CV3 – 1F 133
Acorn St. Wil WV13 – 1A 32
Acre Clo. L Spa CV31 – 8C 149
Acre Rise. Wil WV12 – 4A 22
Acres Rd. Bri H DY5 – 5A 68 (in two parts)
Acton Clo. Red B98 – 1G 145
Acton Dri. DY3 – 2G 53
Acton Gro. B44 – 2C 48
Adam Ct. Can WS11 – 5B 4
Adam Rd. CV6 – 2D 116
Adams Brook Dri. B32 – 5E 87
Adams Clo. Tip DY4 – 3G 43
Adams Clo. War B66 – 5G 57
Adams Clo. War B66 – 5G 57
Adams Hill. B32 – 5E 87
Adamson Clo. Can WS11 – 4A 4
Adams Rd. WS8 – 3F 17
Adams Rd. WV3 – 3C 28
Adams St. B7 – 2B 74
Adams St. WS2 – 1F 33
Adams St. W Bro B70 – 2E 57
Adam St. Kid DY11 – 3C 140
Adare Dri. CV3 – 1A 132
Ada Rd. B9 – 4C 74
Ada Rd. B25 – 1H 91
Ada Rd. War B66 – 3B 72
Ada Wrighton Clo. Wil WV12 – 2A 22
Adcock Dri. Ken CV8 – 2C 150
Addenbrooke Cres. Kid DY11 – 5B 140 (in two parts)
Addenbrooke Dri. Sut C B73 – 2H 49
Addenbrooke Rd. CV7 – 1H 99
Addenbrooke Rd. War B67 – 3H 71
Addenbrooke St. WS3 – 3F 23
Addenbrooke St. Wed WS10 – 3B 32
Adderley Gdns. B8 – 2E 75
Adderley Rd. B8 – 3D 74
Adderley Rd. S. B8 – 3D 74
Adderley St. B9 – 4B 74
Adderley St. CV1 – 3D 116
Addingham Clo. Warw CV34 – 2E 147
Addison Clo. Can WS11 – 2C 4
Addison Clo. Wed WS10 – 2H 45
Addison Croft. DY3 – 1G 53
Addison Gro. WV11 – 1D 20
Addison Pl. Bil WV14 – 3G 31
Addison Rd. B7 – 4D 60
Addison Rd. B14 – 1A 106
Addison Rd. CV6 – 5H 99
Addison Rd. WV3 – 3E 29
Addison Rd. Bri H DY5 – 3G & 4G 67
Addison Rd. Wed WS10 – 2H 45
Addison St. Wed WS10 – 2D 44
Addison Ter. Wed WS10 – 2D 44
Adelaide Av. W Bro B70 – 4D 44
Adelaide Rd. L Spa CV32 & CV31 – 5A 149
Adelaide St. B12 – 5B 74
Adelaide St. CV1 – 4C 116
Adelaide St. Red B97 – 2C 144
Adelaide St. WV2 – 3A 30
Adelaide St. Bri H DY5 – 3H 67
Adey Rd. WV11 – 2G 21
Adkins La. War B67 – 4A 72
Admington Rd. B33 – 5E 77
Adonis Clo. Tam B79 – 1D 134
Adrian Croft. B13 – 5D 90
Adria Rd. B11 – 3C 90
Adshead Rd. DY2 – 5E 55
Adstone Gro. B31 – 5A 104
Adwalton Rd. WV6 – 5A 18
Aggborough Cres. Kid DY10 – 4E 141
Agincourt Rd. CV3 – 2C 132
Aiken Ho. War B66 – 2C 72
Ainsbury Rd. CV5 – 2F 131
Ainsdale Clo. CV6 – 2F 101
Ainsdale Gdns. B24 – 1A 62
Ainsdale Gdns. Hal B63 – 4F 85
Ainsworth Rd. WV10 – 4A 12
Aintree Clo. CV6 – 3D 116
Aintree Clo. Can WS12 – 2H 5
Aintree Clo. Kid DY11 – 1D 140
Aintree Clo. Nun CV12 – 2E 81
Aintree Dri. L Spa CV32 – 2D 148
Aintree Gro. B34 – 5G 63
Aintree Rd. WV10 – 4A 12
Aintree Way. DY1– 2A 54
Aire Croft. B31 – 1B 120
Aitken Clo. Tam B78 – 5C 134
Ajax Clo. WS6 – 1D 14
Akrill Clo. W Bro B70 – 1E 57
Alamein Av. CV3 – 3B 132
Alamein Rd. Wil WV13 – 2F 31
Alandale Av. CV5 – 4B 114
Albany Clo. Kid DY10 – 2G 141
Albany Cres. Bil WV14 – 4D 30
Albany Gdns. Sol B91 – 4G 109
Albany Gro. WV11 – 1A 22
Albany Gro. King DY6 – 5E 53
Albany Rd. B17 – 2C 88
Albany Rd. CV5 & CV1 – 1H 131
Albany Rd. WV1 – 1G 29
Albany Ter. L Spa CV32 – 4A 148
Albany Way. B5 – 4H 73
Albemarle Dri. Sto DY8 – 4F 83
Albermarle Rd. King DY6 – 1F 67
Albert Clarke Dri. Wil WV12 – 2A 22
Albert Cres. CV6 – 3A 100
Albert Dri. DY3 – 2A 52
Albert Dri. Hal B63 – 4G 85
Albert Pl. B12 – 2A 90
Albert Rd. B6 – 4A & 5A 60
Albert Rd. B14 – 1A 106
Albert Rd. B17 – 2B 88
Albert Rd. B21 – 4D 58
Albert Rd. B23 – 2E 61
Albert Rd. B33 – 3B 76
Albert Rd. CV5 – 1G 113
Albert Rd. WV6 – 1F 29
Albert Rd. Brom B61 – 5C 142
Albert Rd. Hal B63 – 4G 85
Albert Rd. Hin LE10 – 2E 139
Albert Rd. Kid DY10 – 2F 141
Albert Rd. Tam B78 – 5B 134
Albert Rd. Tam B79 – 2D 134
Albert Rd. War B68 – 5F 71
Albert Smith Pl. War B65 – 2G 69
Albert St. B4 & B5 – 3A 74
Albert St. CV1 – 4C 116
Albert St. DY1 – 4D 54
Albert St. WS1 – 1H 33
Albert St. Bri H DY5 – 5H 53
Albert St. Can WS11 – 3C 4
Albert St. Can WS12 – 2F 5
Albert St. King DY6 – 4B 52
Albert St. L Spa CV32 – 2H 147
Albert St. Nun CV10 – 4C 136
Albert St. Red B97 – 1C 144
Albert St. Sto DY8 – 2E 83
Albert St. Sto DY9 – 2A 84
Albert St. Tip DY4 – 3G 43
Albert St. War B69 – 4D 56
Albert St. Warw CV34 – 3D 146
Albert St. Wed WS10 – 2C 44
Albert St. W Bro B70 – 3F 57
Albert St. E. War B69 – 5E 57
Albert Wlk. B17 – 2B 88
Albion Av. Wil WV13 – 1A 32
Albion Field Dri. W Bro B71 – 1G 57
Albion Ho. W Bro B70 – 2F 57
Albion Ind. Est. W Bro B70 – 3D 56
Albion Ind. Est. Rd. W Bro B70 – 3D 56
Albion Motorway Industrial Pk. War B66 – 4F 57
Albion Pl. Can WS11 – 3C 4
Albion Rd. B11 – 2E 91
Albion Rd. B21 – 3D 58
Albion Rd. WS8 – 1D 16
Albion Rd. W Bro B70 – 3D 56 (in two parts)
Albion Rd. W Bro B71 – 4A 58
Albion Rd. Wil WV13 – 1A 32
Albion St. B1 – 3G 73
Albion St. WV1 – 1A 30
Albion St. Bri H DY5 – 3A 68
Albion St. Ken CV8 – 3B 150
Albion St. King DY6 – 4B 52
Albion St. Tam B79 – 3D 134
Albion St. Tip DY4 – 5G 43
Albion St. War B69 – 3C 56
Albion St. Wil WV13 – 1A 32
Albion Way. WS7 – 1E 9
Alborn Cres. B38 – 1C 120
Albrighton Rd. Hal B63 – 4F 85
Albright Rd. War B68 – 2F 71
Albury Wlk. B11 – 1B 90
Albutts Rd. Can WS11 & WS8 – 4A 8
Alcester Dri. Sut C B73 – 1E 49
Alcester Dri. Wil WV13 – 2E 31
Alcester Gdns. B14 – 1A 106
Alcester Highway. Red B98 – 5C 144
Alcester Rd. B13 – 4A 90 (Moseley)
Alcester Rd. B47 – 5B 106 to 2B 122 (Hollywood)
Alcester Rd. B47 – 5B to 3B 122 (Wythall)
Alcester Rd. B48 – 5B 122 (Portway)
Alcester Rd. Brom B60 – 4G 143 (Finstall)
Alcester Rd. Brom B60 – 1F 143 (Lickey End)
Alcester St. B12 – 5B 74 (in two parts)
Alcester St. Red B98 – 2C 144
Alcombe Gro. B33 – 4B 76
Alcott Clo. Sol B93 – 5H 125
Alcott Gro. B33 – 3G 77
Alcott La. B37 – 5H 77
Alcove, The. WS3 – 5F 15
Aldbourne Rd. CV1 – 3B 116
Aldbourne Way. B38 – 2D 120
Aldbury Rise CV5 – 3E 115
Aldbury Rd. B14 – 5C 106
Aldeford Dri. Bri H DY5 – 5H 67
Alden Hurst. WS7 – 1E 9
Alderbrook Clo. DY3 – 2G 41
Alderbrook Rd. Sol B91 – 5C 108
Alder Clo. B47 – 3C 122
Alder Clo. Sut C B76 – 4B 50
Alder Coppice. DY3 – 2H 41
Alder Cres. WS5 – 5B 34
Alder Dale. WV3 – 2E 29
Alderdale Av. DY3 – 2H 41
Alderdale Cres. Sol B92 – 1G 109
Alder Dri. B37 – 4B 78
Alderford Clo. WV8 – 2E 19
Aldergate. Tam B79 – 3C 134
Alder Gro. Hal B62 – 1C 86
Alderham Clo. Sol B91 – 4G 109
Alderhythe Gro. Sut C B74 – 5C 26
Alder La. B30 – 2C 104
Alder La. CV7 – 3C 128
Alderlea Clo. Sto DY8 – 4F 83
Alderley Rd. Brom B61 – 5C 142
Alderman's Grn. Ind. Est. CV2 – 4G 101
Alderman's Grn. Rd. CV2 – 4F & 3F 101 (in two parts)
Aldermere Rd. Kid DY11 – 1C 140
Alderminster Rd. CV5 – 3C 114
Alderminster Rd. Sol B91 – 1E 125
Aldermoor La. CV3 – 1E 133
Alderney Gdns. B38 – 1D 120
Alderpark Rd. Sol B91 – 5C 108
Alderpits. B34 – 5F 63
Alderpits Rd. B34 – 5F 63
Alder Rd. B12 – 3C 90
Alder Rd. CV6 – 4E 101
Alder Rd. King DY6 – 1F 67
Alder Rd. Wed WS10 – 4D 32
Alder's Clo. Red B98 – 3D 144
Alders Dri. Red B98 – 2H to 3H 145
Aldersea Dri. B6 – 5A 60
Aldershaw Rd. B26 – 2B 92
Alders La. Tam B79 – 2A 134
Aldersley Av. WV6 – 3E 19
Aldersley Clo. WV6 – 3F 19
Aldersley Rd. WV6 – 4E to 2H 19
Aldersmead Rd. B31 – 5B 104
Alderson Rd. B8 – 2F 75
Alders Rd. Warw CV34 – 5D 146
Alders, The. Nun CV12 – 3C 80
Alderton Dri. WV3 – 3E 29
Alderton M. L Spa CV31 – 6D 149
Alder Way. Sut C B74 – 3A 36
Alderwood Pl. Sol B91 – 4E 109
Alderwood Precinct. DY3 – 2H 41
Alderwood Rise. DY3 – 1A 54
Aldgate Dri. Bri H DY5 – 1G 83
Aldgate Gro. B19 – 1H 73
Aldin Clo. Tam B78 – 5A 134
Aldington Clo. Red B98 – 4C 144
Aldis Clo. WS2 – 4E 33
Aldis Rd. WS2 – 4E 33
Aldrich Av. CV4 – 5B 114
Aldridge By-Pass. – 4F 25
Aldridge Clo. Sto DY8 – 5D 66
Aldridge Clo. War B68 – 2F 71
Aldridge Rd. B44 & B42 – 2H 47 to 2H 59
Aldridge Rd. WS4 – 5B 24
Aldridge Rd. WS9 & Sut C B74 – 4B 26
Aldridge Rd. Hin LE10 – 4E 139
Aldridge Rd. Sut C B74 – 2H 35
Aldridge Rd. War B68 – 5E 71
Aldridge St. Wed WS10 – 3B 32
Aldrin Way. CV4 – 4F 131
Aldwick Clo. L Spa CV32 – 1B 148
Aldwych Clo. WS9 – 2G 25
Aldwyck Dri. WV3 – 3B 28
Aldwyn Av. B13 – 4A 90
Alesworth Dri. Hin LE10 – 5G 139
Alexander Gdns. Hin LE10 – 1E 139
Alexander Hill. Bri H DY5 – 5B 68
Alexander Rd. B27 – 3H 91
Alexander Rd. WS2 – 1C 32
Alexander Rd. WV8 – 5C 10
Alexander Rd. Nun CV12 – 2F 81
Alexander Rd. War B67 – 3G 71
Alexandra Av. B21 – 5D 58
Alexandra Cres. W Bro B71 – 4G 45
Alexandra Ho. Lich WS13 – 3F 151
Alexandra Pl. DY1 – 1D 54
Alexandra Pl. Bil WV14 – 4E 31
Alexandra Rd. B5 – 1A 90
Alexandra Rd. B21 – 5D 58
Alexandra Rd. B30 – 2F 105
Alexandra Rd. CV1 – 4D 116
Alexandra Rd. WS1 – 4G 33 (in two parts)
Alexandra Rd. WV4 – 5F 29
Alexandra Rd. Hal B63 – 3G 85
Alexandra Rd. L Spa CV31 – 6C 149
Alexandra Rd. Tip DY4 – 5G 43 to 5A 44
Alexandra Rd. Wed WS10 – 4C 32
Alexandra St. DY1 – 3D 54
Alexandra St. WV3 – 2G 29
Alexandra St. Nun CV11 – 3F 137
Alexandra Ter. CV6 – 4D 100
Alexandra Ter. War B67 – 1H 71
Alexandra Way. WS9 – 4G 25
Alex Grierson Clo. CV3 – 2H 133
Alfall Rd. CV2 – 3E 117
Alford Clo. B45 – 2F 119
Alfreda Av. B47 – 2B 122
Alfred Gunn Ho. War B68 – 2E 71
Alfred Rd. B11 – 2C 90
Alfred Rd. B21 – 4D 58
Alfred Rd. CV1 – 4D 116
Alfred Squire Rd. WV11 – 4E 21
Alfred St. B6 – 4C 60
Alfred St. B12 – 2C 90
Alfred St. B14 – 2A 106
Alfred St. WS3 – 1E 23
Alfred St. Tam B79 – 3C 134
Alfred St. War B66 – 5B 58
Alfred St. Wed WS10 – 4B 32
Alfred St. W Bro B70 – 2G 57
Alfreds Well. Brom B61 – 1A 142
Alfreton Clo. Hin LE10 – 4G 139
Alfriston Rd. CV3 – 4B to 5B 132
Algernon Rd. B16 – 2C 72
Algernon St. WS2 – 1G 33
Alice Clo. Nun CV12 – 4D 80
Alice St. Bil WV14 – 4E 31
Alice Wlk. Bil WV14 – 4E 31
Alison Clo. Tip DY4 – 2H 43
Alison Dri. Sto DY8 – 4E 83
Alison Rd. Hal B62 – 3C 86
Alison Sq. CV2 – 3E 101
Allan Clo. Sto DY8 – 5E 67
Allan Clo. War B66 – 1B72
All Angels Wlk. War B68 – 2E 71
Allan Rd. CV6 – 3H 115
Allard. Tam B77 – 3F 135
Allard Way. CV3 – 2E 133
Allbut St. War B64 – 4E 69
Allcock St. B9 – 4B 74
Allcock St. Tip DY4 – 3A 44
Allcroft Rd. B11 – 4F 91
Allenby Clo. King DY6 – 1F 67
Allen Clo. B43 – 4D 46
Allendale Gro. B43 – 3D 46
Allendale Rd. B25 – 5H 75

Allendale Rd.—Arlington Way.

Allendale Rd. Sut C B76 – 3C 50
Allen Dri. Wed WS10 – 4A 32
Allen Dri. W Bro B70 – 3H 57
Allen Rd. WV6 – 5F 19
Allen Rd. Tip DY4 – 3G 43
Allen Rd. Wed WS10 – 5D 32
Allen's Av. B18 – 5E 59
Allens Av. W Bro B71 – 4E 45
Allen's Clo. Wil WV12 – 4H 21
Allens Croft Rd. B14 – 3G 105
Allens Farm Rd. B31 – 4G 103
Allen's La. WS3 – 5H 15
Allensmead. Tam B77 – 5D 134
Allensmore Clo. Red B98 – 4H 145
Allen's Rd. B18 – 5E 59
Allen St. Tam B77 – 5D 134
Allen St. W Bro B70 – 2E 57
Allerton Clo. CV2 – 5H 117
Allerton Ct. W Bro B71 – 3F 45
Allerton La. W Bro B71 – 3F 45
Allerton Rd. B25 – 1H 91
Allesley By-Pass. – 2D 114
Allesley Clo. Sut C B74 – 4A 38
Allesley Croft. CV5 – 2D 114
Allesley Hall Dri. CV5 – 3E 115
Allesley Old Rd. CV5 – 3E to 5H 115
Allesley Rd. Sol B92 – 1B 108
Allesley St. B6 – 1A 74
Alleston Rd. WV10 – 1A 20
Alleston Wlk. WV10 – 1A 20
Alleyne Gro. B24 – 3G 61
Alleyne Rd. B24 – 3G 61
Alley, The. DY3 – 2G 53
Alliance Way. CV2 – 3E 117
Allied Clo. CV6 – 4C 100
Allingham Gro. B43 – 1H 47
Allington Clo. WS5 – 3D 34
Allison St. B5 – 4A 74
Allman Rd. B24 – 2H 61
Allmyn Dri. Sut C B74 – 4B 36
Allport Rd. Can WS11 – 5C 4
Allport St. Can WS11 – 4C 4
All Saints Dri. Sut C B74 – 1G 37
All Saint's Rd. B18 – 1F 73
All Saints La. CV1 – 5C 116
All Saint's Rd. B14 – 2A 106
All Saints' Rd. WV2 – 3A 30
All Saints Rd. Brom B61 – 2E 143
All Saints Rd. Nun CV12 – 4D 80
All Saints Rd. Warw CV34 – 2F 147
All Saints Rd. Wed WS10 – 4C 32
All Saints Sq. Nun CV12 – 3F 81
All Saint's St. B18 – 1F 73
All Saints Way. W Bro B71 – 1G 57
Allwell Dri. B14 – 5B 106
Allwood Gdns. B32 – 5D 86
Alma Av. Tip DY4 – 4G 43
Alma Cres. B7 – 2C 74
Alma Pas. B17 – 1D 88
Alma Pl. B12 – 2C 90
Alma Pl. DY2 – 4E 55
Almar Ct. WV8 – 1E 19
Alma Rd. Hin LE10 – 2F 139
Alma St. B19 – 5A 60
(in two parts)
Alma St. CV1 – 4C 116
Alma St. WS2 – 5G 23
Alma St. WV10 – 1B 30
Alma St. Hal B63 – 2E 85
Alma St. War B66 – 1C 72
Alma St. Wed WS10 – 1E 45
Alma St. Wed WS10 – 4A 32
(Darlaston)
Alma Way. B19 – 5H 59
Almond Av. WS2 – 5C 22
Almond Av. WS5 – 5A 34
Almond Av. Kid DY11 – 1B 140
Almond Av. L Spa CV32 – 2B 148
Almond Av. Nun CV10 – 1A 136
Almond Clo. B29 – 2A 104
Almond Clo. WS3 – 5A 16
Almond Croft. B42 – 5E 47
Almond Gro. WV6 – 5H 19
Almond Gro. Warw CV34 – 2F 147
Almond Rd. King DY6 – 4D 52
Almond Tree Av. CV2 – 4F 101
Almond Way. Can WS11 – 3D 6
Alnwick Ho. B23 – 5F 49
Alnwick Clo. Can WS12 – 4G 5
Alnwick Rd. WS3 – 4E 15
Alperton Dri. Sto DY9 – 4B 84
Alpha Clo. B12 – 1A 90
Alpha Ho. CV2 – 3E 117
Alpha Way. WS6 – 1D 14
Alpine Ct. Ken CV8 – 2B 150
Alpine Dri. DY2 – 2D 68
Alpine Dri. Can WS12 – 3G 5
Alpine Rise. CV3 – 3H 131
Alpine Way. WV3 – 1C 28
Alspath La. CV5 – 3C 114
Alspath Rd. CV7 – 5C 96
Alston Clo. Can WS12 – 4G 5
Alston Clo. Sol B91 – 2F 109
Alston Clo. Sut C B74 – 1G 37
Alston Gro. B9 – 3H 75
Alston Ho. War B69 – 1B 70
Alston Rd. B9 – 3H 75
Alston Rd. Sol B91 – 2F 109
Alston Rd. War B69 – 5C 56
Alston St. B16 – 4E 73
Althorpe St. L Spa CV31 – 6C 149
Alton Av. Wil WV12 – 5H 21
Alton Clo. WV10 – 5B 12
Alton Clo. Red B97 – 4A 144
Alton Gro. DY2 – 4F 55
Alton Gro. W Bro B71 – 4G 45
Alton Rd. B29 – 4E 89
Alum Dri. B9 – 3G 75
Alumhurst Av. B8 – 2H 75
Alum Rock Rd. B8 – 1E to 1H 75
Alumwell Clo. WS2 – 2E 33
Alumwell Rd. WS2 – 2E 33
Alvaston Clo. WS3 – 5F 15
Alvechurch Highway. Brom B60 – 5A 118
Alvechurch Highway. Red B97 & B98 – 1C to 4C 144
Alvechurch La. Brom B60 – 2H 143
Alvechurch Rd. B31 – 1B 120
Alvechurch Rd. Hal B63 – 4G 85
Alvecote Clo. Sol B91 – 3F 109
Alveley Clo. Red B98 – 2G 145
Alverley Clo. King DY6 – 4B 52
Alverstoke Clo. WV9 – 1F 19
Alverstone Rd. CV2 – 3E 117
Alveston Clo. Red B98 – 3F 145
Alveston Gro. B9 – 4H 75
Alveston Gro. Sol B93 – 2B 126
Alveston Rd. B47 – 2B 122
Alvin Clo. Hal B62 – 4D 70
Alvington Clo. Wil WV12 – 5B 22
Alvis Clo. Tam B79 – 1B 134
Alvis Wlk. B36 – 3H 63
Alwen St. Sto DY8 – 4E 67
Alwin Rd. War B65 – 4H 69
Alwold Rd. B29 – 4H 87
Alwyn. Tam B77 – 5F 135
Alwyn Clo. WS6 – 4D 6
Alwynn Wlk. B23 – 2D 60
Amal Way. B42 & B6 – 2B 60
Amanda Dri. B26 – 4D 76
Ambassador Ct. L Spa CV32 – 2B 148
Ambell Clo. War B65 – 2G 69
Amber Clo. Tam B77 – 2H 135
Amber Dri. War B69 – 2D 70
Ambergate Clo. WS3 – 5F 15
Ambergate Dri. King DY6 – 4C 52
Amberley Av. Nun CV12 – 1B 80
Amberley Grn. B43 – 5D 46
Amberley Gro. B6 – 2C 60
Amberley Rd. Sol B92 – 3C 92
Amberley Way. Sut C B74 – 2A 36
Amber Way. Hal B62 – 1A 86
Amberwood Clo. WS2 – 5B 22
Amblecote Av. B44 – 2A 48
Amblecote Rd. Bri H DY5 – 5H 67 to 5A 68
Amblecote Rd. Kid DY10 – 3G 141
Ambler Gro. CV2 – 5G 117
Ambleside. B32 – 5F 87
Ambleside. CV2 – 4H 101
Ambleside Dri. Bri H DY5 – 5G 67
Ambleside Rd. Nun CV12 – 3E 81
Ambleside Way. Brom B60 – 4E 143
Ambleside Way. King DY6 – 1D 66
Ambleside Way. Nun CV11 – 1H 137
Ambrose Clo. Wil WV13 – 1F 31
Ambrose Cres. King DY6 – 4D 52
Ambury Way. B43 – 3D 46
Amersham Clo. B32 – 2G 87
Amersham Clo. CV5 – 4D 114
Amesbury Rd. B13 – 4A 90
Ames Rd. Wed WS10 – 3A 32
Amherst Av. B20 – 2F 59
Amherst Rd. Ken CV8 – 1A 150
Amicombe. Tam B77 – 3H 135
Amington Clo. Sut C B75 – 1A 38
Amington Ind. Est. Tam B77 – 2H 135
Amington Rd. B25 – 2H 91
Amington Rd. Sol B90 – 1G 123
Amington Rd. Tam B77 – 3D 134
Amiss Gdns. B10 – 5D 74
Amos Av. WV11 – 3D 20
Amos Av. Nun CV10 – 4F 137
Amos Jacques Rd. Nun CV12 – 2E 81
Amos La. WV11 – 3D 20
Amos Rd. Sto DY9 – 4B 84
Ampton Rd. B15 – 1F 89
Amroth Clo. B45 – 2E 119
Amroth M. L Spa CV31 – 6D 149
Amwell Gro. B14 – 5B 106
Anchorage Rd. B23 – 2E 61
Anchorage Rd. Sut C B74 – 4H 37
Anchor Clo. Tam B77 – 1F 135
Anchorfields. Kid DY10 – 3E 141
Anchor Hill. Bri H DY5 – 4H 67
Anchor La. Bil WV14 – 2D 42
(in two parts)
Anchor Pde. WS9 – 3F 25
Anchor Rd. WS9 – 4F 25
Anchor Rd. Bil WV14 – 2D 42
Anchor Rd. By-Pass. WS9 – 4F 25
Anchor Sq. WS9 – 3G 25
Anchorway Rd. CV3 – 4A 132
Anders. Tam B79 – 2B 134
Anderson Cres. B43 – 2D 46
Anderson Gdns. Tip DY4 – 1H 55
Anderson Rd. B23 – 5F 49
Anderson Rd. Tip DY4 – 1G 55
Anderson Rd. War B67 & B66 – 4A 72
Anders Sq. WV6 – 1A 18
Anderton Clo. Sut C B74 – 3G 37
Anderton Pk. Rd. B13 – 4B 90
Anderton Rd. B11 – 1D 90
Anderton Rd. CV6 & CV2 – 2F & 3F 101
Anderton Rd. Nun CV12 – 4B 80
Anderton St. B1 – 3F 73
Andover Cres. King DY6 – 2F 67
Andover Pl. Can WS11 – 3E 5
Andover St. B5 – 3B 74
Andrew Clo. Wil WV12 – 3B 22
Andrew Dri. Wil WV12 – 3B 22
Andrew Gdns. B21 – 3D 58
Andrew Rd. Hal B63 – 3H 85
Andrew Rd. Tip DY4 – 3G 43
Andrew Rd. W Bro B71 – 2A 46
Andrews Clo. Bri H DY5 – 5A 68
Anerley Gro. B44 – 1B 48
Anerley Rd. B44 – 1B 48
Angela Av. CV2 – 5H 101
Angela Av. War B65 – 2B 70
Angela Pl. Bil WV14 – 4F 31
Angelica. Tam B77 – 1G 135
Angelina St. B12 – 5A 74
Angel Pas. Sto DY8 – 2F 83
Angel St. DY1 – 4D 54
Anglesey Av. B36 – 5A 64
(in two parts)
Anglesey Clo. CV5 – 2D 114
Anglesey Clo. WS7 – 3E 9
Anglesey Cres. WS8 – 5E 9
Anglesey Rd. WS8 – 5E 9
Anglesey Rd. Lich WS13 – 1F 151
Anglesey St. B19 – 5G 59
Anglesey St. Can WS12 – 2E 5
Angless Way. Ken CV8 – 4A 150
Anglian Rd. WS9 – 4D 24
Anglia Rd. Can WS11 – 3B 4
Angorfa Clo. Lich WS13 – 3E 151
Angus Clo. CV5 – 3C 114
Angus Clo. W Bro B71 – 5F 45
Anita Croft. B23 – 3E 61
Ankadine Rd. Sto DY8 – 2G 83
Anker Clo. WS7 – 2H 9
Ankerdine Ct. Hal B63 – 3H 85
Ankerdrive. Tam B77 & B79 – 3D 134
Ankermore Clo. B34 – 1E 77
Ankerside Shopping Centre. Tam B79 – 3F 135
Anker St. Nun CV11 – 3G 137
Anker View. Tam B77 – 4D 134
Annan Av. WV10 – 2B 20
Ann Croft. B26 – 2F 93
Anne Clo. W Bro B70 – 2B 56
Anne Cres. CV3 – 3G 133
Anne Cres. Can WS11 – 1C 4
Anne Gro. Tip DY4 – 3A 44
Anne Rd. WV4 – 5G 29
Anne Rd. Bri H DY5 – 4C 68
Anne Rd. War B66 – 5C 58
Annesley Rd. War B66 – 1B 72
Ann Rd. B47 – 5B 122
Ansbro Clo. B18 – 2E 73
Annscroft. B38 – 5D 104
Ann St. Wil WV13 – 5H 21
Ansell Rd. B11 – 2D 90
Ansell Rd. B24 – 4F 61
Ansell Way. Warw CV34 – 3D 146
Ansley Clo. Red B98 – 4H 145
Ansley Rd. Nun CV10 – 4A 136
Ansley Way. Sol B92 – 2G 109
Anslow Rd. B23 – 1D 60
Anson Av. Lich WS13 – 2F 151
Anson Clo. WS6 – 5D 6
Anson Clo. WS7 – 1G 9
Anson Clo. WV6 – 1A 18
Anson Ct. Tam B78 – 5C 134
Anson Ct. W Bro B70 – 4C 44
Anson Gro. B27 – 4A 92
Anson Rd. WS2 – 2C 32
Anson Rd. WS6 – 5D 6 & 1D 14
Anson Rd. W Bro B70 – 5C 44
Anstey Gro. B27 – 5H 91
Anstey Rd. B44 – 5A 48
Anstruther Rd. B15 – 5D 72
Ansty Dri. Can WS12 – 4G 5
Ansty Rd. CV2 – 3G 117
Antelope Gdns. Warw CV34 – 3C 146
Anthony Rd. B8 – 2F 75
Anthony Way. CV2 – 5F 117
Anton Dri. Sut C B76 – 5D 50
Antony Rd. Sol B90 – 5H 107
Antrim Clo. CV5 – 2D 114
Antringham Gdns. B15 – 5C 72
Antrobus Rd. B21 – 3D 58
Antrobus Rd. Sut C B73 – 3F 49
Anvil Wlk. W Bro B70 – 1D 56
Apex Rd. WS8 – 2C 16
Apley Rd. Sto DY8 – 1E 83
Apollo. Tam B79 – 2B 134
Apollo Clo. Can WS11 – 2D 4
Apollo Rd. Sto DY9 – 2C 84
Apollo Rd. War B68 – 1F 71
Apollo Row. B12 – 5A 74
Apollo Way. B20 – 3H 59
Apollo Way. War B66 – 1C 72
Apperley Way. Hal B63 – 1C 84
Appian Clo. B14 – 3A 106
Appian Clo. Tam B77 – 4E 135
Appian Way. Sol B90 – 4B 124
Applebee Rd. Hin LE10 – 4E 139
Appleby Clo. B14 – 3H 105
Appleby Gro. Sol B90 – 3E 125
Applecross. Sut C B74 – 2G 37
Appledore Clo. WS6 – 4D 6
Appledore Clo. Can WS12 – 3H 5
Appledore Dri. CV5 – 3C 114
Appledore Rd. WS5 – 3D 34
Appledorne Gdns. B34 – 1E 77
Applesham Clo. B11 – 2E 91
Appleton Av. B43 – 3D & 4D 46
Appleton Av. Sto DY8 – 4F 83
Appleton Clo. B30 – 1D 104
Appleton Cres. WV4 – 5F 29
Apple Tree Clo. Kid DY10 – 1G 141
Appletree Gro. WV6 – 4H 19
Approach, The. L Spa CV31 – 6B 149
April Croft. B13 – 4C 90
Apse Clo. WV5 – 4A 40
Apsley Clo. War B68 – 1D 86
Apsley Ct. DY1 – 4C 54
Apsley Croft. B38 – 5G 105
Apsley Gro. B24 – 3H 61
Apsley Gro. Sol B93 – 5H 125
Apsley Rd. War B68 – 1D 86
Aqueduct Rd. Sol B90 – 1F 123
Aragon Dri. Sut C B73 – 4H 37
Aragon Dri. Warw CV34 – 4H 147
Arbor Clo. Tam B77 – 2E 135
Arboretum Rd. WS1 – 1A 34
Arbor Way. B37 – 4B 78
Arbour Clo. Ken CV8 – 4D 150
Arbury Av. CV6 – 4D 100
Arbury Av. Nun CV12 – 3E 81
Arbury Clo. L Spa CV32 – 2B 148
Arbury Dri. Sto DY8 – 3C 66
Arbury Hall Rd. Sol B90 – 1B 124
Arbury Rd. Nun CV10 – 4B 136
Arbury Wlk. Sut C B76 – 5F 51
Arcade. WS1 – 2H 33
Arcade, The. DY3 – 1A 54
Arcade, The. Can WS11 – 5B 4
Arcal St. DY3 – 4A 42
Archer Clo. Wed WS10 – 1C 44
Archer Ct. Sto DY9 – 4B 84
Archer Rd. B14 – 3D 106
Archer Rd. WS3 – 3G 23
Archer Rd. Ken CV8 – 4A 150
Archer Rd. Red B98 – 2C 144
Archers Clo. B23 – 3D 48
Archery Fields. Warw CV34 – 4E 147
Archery Rd. CV7 – 5C 96
Archery Rd. L Spa CV31 – 5A 149
Arch Hill. Kid DY10 – 2D 140
Arch Hill St. DY2 – 1E 69
Archibald Rd. B19 – 4G 59
Arch Rd. CV2 – 3H 117
Arcot Rd. B28 – 4F 91
Ardath Rd. B38 – 5F 105
Ardav Rd. W Bro B70 – 3D & 4D 44
Arden Clo. CV7 – 5C 96
(Meriden)
Arden Clo. CV7 – 2C 128
(Needlers End)
Arden Clo. L Spa CV31 – 7C 149
Arden Clo. Sto DY8 – 1E 83
(Wollaston)
Arden Clo. Sto DY8 – 2C 66
(Wordsley)
Arden Clo. Tam B77 – 1F 135
Arden Clo. Warw CV34 – 2F 147
Ardencote Rd. B13 – 2B 106
Arden Ct. Sol B92 – 2F 111
Arden Croft. B46 – 4D 64
Arden Croft. Sol B92 – 3E 93
Arden Dri. B26 – 1C 92
Arden Dri. Sol B93 – 5H 125
(in two parts)
Arden Dri. Sut C B73 – 3H 49
Arden Dri. Sut C B75 – 5D 38 & 5E 39
Arden Gro. B16 – 4F 73
Arden Gro. War B69 – 2D 70
Arden Meades. Sol B94 – 5C 124
Arden Oak Rd. B26 – 2F 93
Arden Pl. Bil WV14 – 1H 43
Arden Rd. B6 – 4H 59
Arden Rd. B8 – 3D 74
Arden Rd. B27 – 3H 91
Arden Rd. B45 – 1D 118
Arden Rd. B47 – 3B 122
Arden Rd. Ken CV8 – 4C 150
Arden Rd. Nun CV12 – 1B 80
Arden Rd. Sol B93 – 5H 125
Arden Rd. War B62 – 2A 72
Arden St. CV5 – 1G 131
Arden Vale Rd. Sol B93 – 2B 126
Arderne Dri. B37 – 4H 77
Ardgay Dri. Can WS12 – 1C 4
Ardingley Wlk. Bri H DY5 – 1G 83
Ardley Clo. DY2 – 4F 55
Ardley Rd. B14 – 3B 106
Aretha Clo. King DY6 – 1F 67
Argent's Mead. Hin LE10 – 3F 139
Argent's Mead Wlk. Hin LE10 – 2F 139
Argus Clo. Sut C B76 – 1C 50
Argyle Av. Tam B77 – 1E 135
Argyle Clo. WS4 – 1B 34
Argyle Clo. Sto DY8 – 4E 67
Argyle Rd. WS4 – 1B 34
Argyle Rd. WV2 – 4G 29
Argyle St. B7 – 4D 60
Argyle St. Tam B77 – 2F 135
Argyll St. CV2 – 4E 117
Arian Clo. Tam B77 – 1E 135
Ariane. Tam B79 – 1A 134
Arkall Clo. Tam B79 – 1D 134
Arkle Croft. B36 – 4A 62
Arkle Dri. CV2 – 2H 117
Arkley Gro. B28 – 2H 107
Arkley Rd. B28 – 1H 107
Arkwright Rd. B32 – 2F 87
Arkwright Rd. WS2 – 4E 23
Arlen Dri. B43 – 3C 46
Arlescote Clo. Sut C B75 – 1A 38
Arlescote Rd. Sol B92 – 4E 93
Arless Way. B17 – 3A 88
Arley Clo. Bil WV14 – 3D 42
Arley Clo. Kid DY11 – 5B 140
Arley Clo. Red B98 – 1G 145
Arley Clo. War B69 – 1B 70
Arley Ct. DY2 – 1E 69
Arley Dri. Sto DY8 – 4E 83
Arley Gro. WV4 – 5D 28
Arley M. L Spa CV32 – 4A 148
Arley Rd. B8 – 1E 75
Arley Rd. B29 – 4E 89
Arley Rd. Sol B91 – 4D 108
Arlidge Clo. Bil WV14 – 1F 43
Arlidge Cres. Ken CV8 – 3D 150
Arlington Av. L Spa CV32 – 3B 148
Arlington Clo. King DY6 – 2D 66
Arlington Ct. L Spa CV32 – 3B 148
Arlington Ct. Sto DY8 – 3G 83
Arlington Gro. B14 – 5C 106
Arlington M. L Spa CV32 – 3B 148
Arlington Rd. B14 – 5C 106
Arlington Rd. W Bro B71 – 5G 45
Arlington Way. Nun CV11 – 4H 137

Arlon Av.—Avon Gro.

Arlon Av. Nun CV10 – 1B 136
Armada Clo. B23 – 3E 61
Armarna Dri. CV5 – 1H 113
Armfield St. CV6 – 5E 101
Armorial Rd. CV3 – 3A 132
Armour Clo. Hin LE10 – 5F 139
Armoury Clo. B9 – 4E 75
Armoury Rd. B11 – 1E 91
Armscott Rd. CV2 – 2F 117 (in two parts)
Armside Clo. WS3 – 4A 16
Armson Rd. CV7 – 5E 81
Armson Way. War B66 – 1C 72
Armstrong. Tam B79 – 2B 134
Armstrong Av. CV3 – 1E 133
Armstrong Dri. B36 – 3H 63
Armstrong Dri. WS2 – 5D 22
Arncliffe Way. Warw CV34 – 2E 147
Arnhem Clo. WV11 – 2D 20
Arnhem Corner. CV3 – 3G 133
Arnhem Rd. Wil WV13 – 2F 31
Arnold Av. CV3 – 3B 132
Arnold Clo. WS2 – 5D 22
Arnold Clo. Tam B79 – 2B 134
Arnold Cotts. CV4 – 1A 130
Arnold Gro. B30 – 4D 104
Arnold Gro. Sol B90 – 3H 107
Arnold Rd. Sol B90 – 3H 107
Arnolds La. B46 – 2H 79
Arnotdale Dri. Can WS12 – 1D 4
Arnside Clo. CV1 – 3C 116
Arnwood Clo. WS2 – 2D 32
Arosa Dri. B17 – 4B 88
Arps Rd. WV8 – 5A 10
Arran Clo. B43 – 2D 46
Arran Clo. Can WS11 – 3D 4
Arran Clo. Nun CV10 – 4D 136
Arran Rd. B34 – 1C 76
Arran Way. B36 – 5A 64
Arran Way. Hin LE10 – 2D 138
Arras Boulevd. Warw CV35 – 4A 146
Arras Rd. DY2 – 3F 55
Arrow Clo. Sol B93 – 3A 126
Arrowdale Rd. Red B98 – 3E 145
Arrowfield Grn. B38 – 2D 120
Arrow Rd. WS3 – 3G 23
Arrow Rd. N. Red B98 – 2D 144
Arrow Rd. S. Red B98 – 2D 144
Arrow Wlk. B38 – 1F 121
Arsenal St. B9 – 4D 74
Arter St. B12 – 1B 90
Arthingworth Clo. CV3 – 1H 133
Arthur Dri. Kid DY11 – 5E 141
Arthur Gunby Clo. Sut C B75 – 3C 38
Arthur Pl. B1 – 3G 73
Arthur Rd. B15 – 1F 89
Arthur Rd. B21 – 4E 59
Arthur Rd. B24 – 1H 61
Arthur Rd. B25 – 1H 91
Arthur Rd. Tip DY4 – 5H 43
Arthur St. B10 – 4D 74
Arthur St. CV1 – 3C 116
Arthur St. WS2 – 3E 33
Arthur St. WV2 – 4A 30
Arthur St. Bil WV14 – 4E 31
Arthur St. Can WS11 – 3D 4
Arthur St. Can WS12 – 3H 5
Arthur St. Ken CV8 – 3C & 2C 150
Arthur St. Red B98 – 3D 144
Arthur St. W Bro B70 – 3G 57
Arthur St. Central. Red B98 – 3E 145
Arthur Ter. B25 – 1H 91
Artillery St. B9 – 3D 74
Arton Croft. B24 – 2G 61
Arundel Av. Wed WS10 – 1D 44
Arundel Clo. Warw CV34 – 2E 147
Arundel Cres. Sol B92 – 5D 92
Arundel Dri. War B69 – 4G 55
Arundel Gro. WV6 – 5A 18
Arundel Ho. B23 – 5F 49
Arundel Pl. B11 – 1C 90
Arundel Rd. B14 – 1B 122
Arundel Rd. CV3 – 3C 132
Arundel Rd. WV10 – 1G 19
Arundel Rd. Nun CV12 – 1B 80
Arundel Rd. Brom B60 – 4E 143
Arundel Rd. Sto DY8 – 3C 66
Arundel Rd. Wil WV12 – 3A 22
Arundel St. WS1 – 3H 33
Asbury Rd. CV7 – 3C 128
Asbury Rd. Wed WS10 – 2G 45
Ascot Clo. B16 – 4E 73
Ascot Clo. CV3 – 3G 133
Ascot Clo. Lich WS14 – 3H 151
Ascot Clo. Nun CV12 – 2F 81
Ascot Clo. War B69 – 5C 56
Ascot Dri. DY1 – 3B 54
Ascot Dri. WV4 – 5G 29
Ascot Dri. Can WS11 – 5A 4
Ascot Gdns. Sto DY8 – 4D 66
Ascot Ride. L Spa CV32 – 2D 148
Ascot Rd. B13 – 4B 90
Ascot Wlk. War B69 – 5C 56
Ash Av. B12 – 2B 90
Ashborough Dri. Sol B91 – 2E 125
Ashbourne Clo. Can WS11 – 3D 4
Ashbourne Rd. WS3 – 5F 15
Ashbourne Gro. B6 – 4A 60
Ashbourne Rd. B16 – 3C 72
Ashbourne Rd. WV1 – 1C 30
Ashbourne Rd. WV4 – 1A 42
Ashbridge Rd. CV5 – 4E 115
Ashbrook Gro. B30 – 1G 105
Ashbrook Rd. B30 – 5G 89
Ashburton Clo. Hin LE10 – 4H 139
Ashburton Rd. B14 – 3H 105
Ashburton Rd. CV2 – 1H 117
Ashbury Covert. B30 – 5G 105
Ashby Clo. B36 – 5A 62
Ashby Clo. CV3 – 2H 133
Ashby Ct. Nun CV11 – 4G 137
Ashby Rd. Hin LE10 – 1F 139
Ashby Rd. Tam B79 – 1D 134
Ash Clo. CV7 – 1B 100
Ash Clo. WV8 – 5B 10
Ashcombe Av. B20 – 2D 58
Ashcombe Dri. CV4 – 4C 114
Ashcott Clo. B38 – 5D 104
Ash Ct. Sto DY8 – 3F 83
Ash Ct. War B66 – 4F 57
Ash Cres. B37 – 1H 77
Ash Cres. King DY6 – 5E 53
Ashcroft. War B66 – 1C 72
Ashcroft Gro. B20 – 3H 59
Ashdale Clo. King DY6 – 4D 52
Ashdale Dri. B14 – 5C 106
Ashdale Gro. B26 – 5D 76
Ashdale Rd. Tam B77 – 1E 135
Ashdene Clo. Kid DY10 – 3H 141
Ashdene Clo. Sut C B73 – 1H 49
Ashdene Gdns. Sto DY8 – 4C 66
Ashdown Clo. B13 – 5B 90
Ashdown Clo. B45 – 5E 103
Ashdown Clo. CV3 – 1G 133
Ashdown Dri. Nun CV10 – 4D 136
Ashdown Dri. Sto DY8 – 3D 66
Ash Dri. Ken CV8 – 4C 150
Ash Dri. W Bro B71 – 5F 45
Ashen Clo. DY3 – 1H 41
Ashenden Rise. WV3 – 2A 28
Ashenhurst Rd. DY1 – 4B 54
Ashenhurst Wlk. DY1 – 4C 54
Ashe Rd. Nun CV10 – 4A 136
Ashes Rd. War B69 – 2C 70
Ashfern Dri. Sut C B76 – 4C 50
Ashfield Av. B14 – 5A 90
Ashfield Clo. WS3 – 5H 23
Ashfield Cres. DY2 – 3D 68
Ashfield Cres. Sto DY9 – 4B 84
Ashfield Gro. WV10 – 5H 11
Ashfield Gro. Hal B63 – 4F 85
Ashfield Rd. B14 – 5A 90
Ashfield Rd. WV3 – 1D 28
Ashfield Rd. WV10 – 5H 11
Ashfield Rd. Bil WV14 – 2G 43
Ashfield Rd. Ken CV8 – 4C 150
Ashford Dri. DY3 – 4A 42
Ashford Dri. Nun CV12 – 3E 81
Ashford Dri. Sut C B76 – 5C 50
Ashford Gdns. L Spa CV31 – 8B 149
Ashford Rd. Hin LE10 – 3D 138
Ashford St. B6 – 1A 74
Ash Furlong Clo. CV7 – 3C 128
Ashfurlong Cres. Sut C B75 – 3B 38
Ash Grn. DY1 – 1C 54
Ash Grn La. CV7 – 1B 100
Ash Gro. CV7 – 1B 100
Ash Gro. DY3 – 3H 53
Ashgrove. WS7 – 2E 9
Ash Gro. Can WS11 – 3D 4
Ash Gro. Kid DY11 – 1B 140
Ash Gro. Lich WS13 – 2H 151
Ash Gro. Sto DY9 – 3A 84
Ashgrove Clo. Brom B60 – 5B 118
Ashgrove Pl. L Spa CV31 – 6C 149
Ashgrove Rd. B44 – 2H 47
Ash Hill. WV3 – 2D 28
Ashill Rd. B45 – 2E 119
Ashington Gro. CV3 – 3E 133
Ashington Rd. Nun CV12 – 4A 80
Ashlands Clo. Tam B79 – 1D 134
Ashland St. WV3 – 2G 29
Ash La. B48 – 5C 120
Ash La. WS6 – 4D 6
Ashlawn Cres. Sol B91 – 3B 108
Ashleigh Dri. B20 – 3G 59
Ashleigh Dri. Nun CV11 – 5H 137
Ashleigh Dri. Tam B77 – 4F 135
Ashleigh Gro. B13 – 5D 90
Ashleigh Rd. Sol B91 – 3D 108
Ashleigh Rd. War B69 – 4A 56
Ashley Clo. B15 – 1G 89
Ashley Clo. King DY6 – 2C 66
Ashley Clo. Sto DY8 – 4D 82
Ashley Cres. Warw CV34 – 4G 147
Ashley Gdns. WV8 – 4A 10
Ashley Mt. WV6 – 4D 18
Ashley Rd. B23 – 2E 61
Ashley Rd. WS3 – 2D 22
Ashley Rd. WS7 – 1D 8
Ashley Rd. WV4 – 5E 29
Ashley Rd. Kid DY10 – 1G 141
Ashley St. Bil WV14 – 4F 31
Ashley St. War B65 – 4B 70
Ashley Ter. B29 – 5D 88
Ashmead Dri. B45 – 4F 119
Ashmead Gro. B24 – 3G 61
Ashmead Rise. B45 – 4F 119
Ashmead Rd. WS7 – 1F 9
Ashmole Ho. Lich WS13 – 1F 151
Ashmole Rd. W Bro B70 – 4C 44
Ashmore Av. WV11 – 2H 21
Ashmore Lake Ind. Est. Wil WV12 – 5H 21
Ashmore Lake Rd. Wil WV12 – 5H 21
Ashmore Lake Way. Wil WV12 – 5H 21
Ashmore Rd. B30 – 3E 105
Ashmore Rd. CV6 – 3A 116
Ashold Farm Rd. B24 – 3A 62
Asholme Clo. B36 – 5A 62
Ashorne Clo. B28 – 1H 107
Ashorne Clo. CV2 – 4G 101 (in two parts)
Ashorne Clo. Red B98 – 5G 145
Ashover Rd. B44 – 1H 47
Ashow Clo. Ken CV8 – 4D 150
Ashperton Clo. Red B98 – 4C 144
Ash Priors Clo. CV4 – 5D 114
Ash Rd. B8 – 2D 74
Ash Rd. DY1 – 2C 54
Ash Rd. Tip DY4 – 1F 55
Ash Rd. Wed WS10 – 5D 32
Ash St. WS3 – 1F 23
Ash St. WV3 – 2F 29
Ash St. Bil WV14 – 1F 43
Ash St. War B64 – 4F 69
Ashtead Clo. Sut C B76 – 5D 50
Ashted Circle. B7 – 2B 74
Ashted Wlk. B7 – 2C 74
Ash Ter. B8 – 1F 75
Ash Ter. War B69 – 4A 56
Ashton Clo. Red B97 – 4A 144
Ashton Ct. L Spa CV32 – 2D 148
Ashton Dri. WS4 – 5C 16
Ashton Pk. Dri. Bri H DY5 – 5H 67
Ashton Rd. B25 – 5H 75
Ash Tree Av. CV4 – 5D 114
Ashtree Gro. Bil WV14 – 1H 43
Ashtree Rd. B30 – 2F 105
Ashtree Rd. WS3 – 5A 16
Ash Tree Rd. Red B97 – 2A 144
Ashtree Rd. War B64 – 3F 69
Ashtree Rd. War B69 – 4B 56
Ashurst Rd. Sut C B76 – 5C 50
Ashville Av. B34 – 5C 62
Ashville Dri. Hal B63 – 2G 85 (in two parts)
Ashwater Dri. B14 – 5H 105
Ash Way. B23 – 4D 48
Ashwells Gro. WV9 – 1F 19
Ashwin Rd. B21 – 5E 59
Ashwood Av. CV6 – 3H 115
Ashwood Av. Sto DY8 – 4C 66
Ashwood Clo. Sut C B74 – 3A 36
Ashwood Dri. B37 – 3C 78
Ashwood Gro. WV4 – 5F 29
Ashwood Rd. Nun CV10 – 2C 136
Ashworth Ho. Can WS11 – 3D4
Ashworth Rd. B42 – 3G 47
Askew Bri Rd. DY3 – 2G 53
Askew Clo. DY3 – 1A 54
Aspbury Ct. B36 – 3F 63
Aspen Clo. B27 – 4H 91
Aspen Dri. B37 – 5B 78
Aspen Gro. WS7 – 1E 9
Aspen Gro. Wil WV12 – 3C 22
Aspen Way. WV3 – 2F 29
Asplen Ct. Ken CV8 – 3D 150
Asquith Dri. War B69 – 3B 56
Asquith Rd. B8 – 1H 75
Astbury Av. War B67 – 3H 71
Astbury Clo. WV1 – 2C 30
Astbury Ct. War B68 – 5E 71
Astbury Dri. Can WS11 – 3B 6
Aster Av. Kid DY11 – 1D 140
Aster Clo. Hin LE10 – 4F 139
Aster Way. Hin LE10 – 4F 139
Asthill Croft. CV3 – 1B 132
Asthill Gro. CV3 – 1A 132
Astley Av. CV6 – 4D 100
Astley Av. Hal B62 – 2C 86
Astley Clo. L Spa CV32 – 3A 148
Astley Clo. Red B98 – 5E 145
Astley Cres. Hal B62 – 2C 86
Astley La. Nun CV10 – 4A 136
Astley La. Nun CV12 – 2A to 4B 80
Astley Pl. WV2 – 4A 30
Astley Rd. B21 – 3C 58
Astley Wlk. Sol B90 – 3H 107
Aston Bri. B6 – 1B 74
Aston Brook Grn. B6 – 1B 74
Aston Brook St. B6 – 1A 74
Aston Brook St. E. B6 – 1B 74
Aston Bury. B15 – 5D 72
Aston Church Rd. B7 & B8 – 5D 60
Aston Clo. Bil WV14 – 1H 43
Aston Cross. B6 – 5B 60
Aston Expressway – 1B 74 to 4C 60
Aston Hall Rd. B6 – 4C 60
Aston La. B20 & B6 – 3A 60
Aston La. Hin LE10 – 4H 139
Aston Rd. B6 – 2A & 2B 74
Aston Rd. CV5 – 1G 131
Aston Rd. DY2 – 4D 54
Aston Rd. Brom B60 – 5D 142
Aston Rd. Nun CV11 – 2E 137
Aston Rd. War B69 – 4H 55
Aston Rd. Wil WV13 – 1F 31
Aston Rd. N. B6 – 1B 74 (in two parts)
Aston's Clo. Bri H DY5 – 1H 83
Aston's Fold. Bri H DY5 – 1H 83
Aston St. B4 – 2A 74
Aston St. WV3 – 3F 29
Aston St. Tip DY4 – 4A 44
Astor Dri. B13 – 5D 90
Astoria Clo. Wil WV12 – 1B 22
Astoria Gdns. Wil WV12 – 1B 22
Astor Rd. King DY6 – 1E 67
Astor Rd. Sut C B74 – 2B 36
Atcham Clo. Red B98 – 3H 145
Athelney Ct. WS3 – 5A 16
Athelstan Gro. WV6 – 4A 18
Athelstan Way. Tam B79 – 1B 134
Atherstone Clo. Red B98 – 4H 145
Atherstone Clo. Sol B90 – 5F 107
Atherstone Rd. WV1 – 1D 30
Atherston Pl. CV4 – 3F 131
Athlone Rd. WS5 – 3B 34
Athol Clo. B32 – 1G 103
Athole St. B12 – 1B 90
Atholl Cres. Nun CV10 – 4C 136
Atkins Way. Hin LE10 – 3F 139
Atlantic Rd. B44 – 3B 48
Atlas Croft. WV10 – 3H 19
Atlas Gro. W Bro B70 – 2C 56
Attenborough Clo. B19 – 1A 74
Attingham Dri. B43 – 2C 46
Attingham Dri. Can WS12 – 4E 5
Attleboro' La. B46 – 3A 64
Attleborough By-Pass. Nun CV11 – 4G 137
Attleborough Fields Ind. Est. Nun CV11 – 4H 137
Attleborough Rd. Nun CV11 – 4G 137
Attlee Clo. War B69 – 3B 56
Attlee Cres. Bil WV14 – 2F 43
Attlee Rd. WS2 – 5C 22
Attoxhall Rd. CV2 – 4H 117
Attwell Pk. WV3 – 4D 28
Attwell Rd. Tip DY4 – 3G 43
Attwood Cres. CV2 – 2G 117
Attwood St. Hal B63 – 2G 85
Attwood St. Sto DY9 – 2B 84
Aubrey Rd. B10 – 5F 75
Aubrey Rd. B32 – 1G 87
Auchinleck Dri. Lich WS13 – 2G 151
Auckland Dri. B36 – 4H 63 to 1B 78
Auckland Ho. B32 – 3H 87
Auckland Rd. B11 – 1C 90
Auckland Rd. King DY6 – 2D 66
Auckland Rd. War B67 – 1H 71
Auden Ct. WV6 – 5A 18
Audlem Wlk. WV10 – 4C 20
Audley Dri. Kid DY11 – 1B 140
Audley Rd. B33 – 2C 76
Audnam. Sto DY8 – 4E 67
Augusta Pl. L Spa CV32 – 4B 148 & 5B 149
Augusta Rd. B13 – 3A 90
Augusta Rd. B27 – 2A 92
Augusta Rd. E. B13 – 3A 90
Augusta St. B18 – 2G 73
Augustine Gro. B18 – 1E 73
Augustine Gro. Sut C B74 – 4F 27
Augustus Clo. B46 – 3D 64
Augustus Ct. B15 – 5E 73
Augustus Rd. B15 – 5C 72
Augustus Rd. CV1 – 4D 116
Augustus St. WS2 – 2G 33
Aulton Cres. Hin LE10 – 2D 138
Aulton Rd. Sut C B75 – 1B 38
Aulton Way. Hin LE10 – 2D 138
Ault St. W Bro B70 – 4F 57
Austcliff Dri. Sol B91 – 1F 125
Austen Pl. B15 – 5F 73
Austen Wlk. W Bro B71 – 5F 45
Austin Clo. DY1 – 3B 54
Austin Croft. B36 – 4G 63
Austin Edwards Dri. Warw CV34 – 3G 147
Austin Rise. B31 – 2H 119
Austin Rd. B21 – 4C 58
Austin Rd. Brom B60 – 5C 142
Austin St. WV6 – 5G 19
Austin Way. B42 – 1E 59
Austrey Clo. Sol B93 – 3A 126
Austrey Gro. B29 – 1A 104
Austrey Rd. King DY6 – 1F 67
Austwick Clo. Warw CV34 – 2E 147
Autumn Clo. WS4 – 1B 24
Autumn Dri. DY3 – 2H 53
Autumn Dri. WS4 – 1B 24
Autumn Dri. Lich WS13 – 1H 151
Auxerre Av. Red B98 – 5E 145
Avalon Clo. B24 – 1H 61
Avebury Clo. Nun CV11 – 5H 137
Avebury Gro. B30 – 1G 105
Avebury Rd. B30 – 1G 105
Ave Maria Clo. War B64 – 4F 69
Avenbury Clo. Red B98 – 4H 145
Avenue Clo. B7 – 1C 74
Avenue Clo. Sol B93 – 5H 125
Avenue Rd. B6 & B7 – 1B 74
Avenue Rd. B14 – 1H 105
Avenue Rd. B21 – 3D 58
Avenue Rd. B23 – 1F 61
Avenue Rd. DY2 – 1B 68
Avenue Rd. WV3 – 1E 29
Avenue Rd. Bil WV14 – 3D 42
Avenue Rd. Can WS12 – 4G 5
Avenue Rd. Ken CV8 – 2A 150
Avenue Rd. L Spa CV31 – 5A 149
Avenue Rd. Nun CV11 – 4F 137
Avenue Rd. Sol B93 – 5H 125
Avenue Rd. War B65 – 4B 70
Avenue Rd. Wed WS10 – 4B 32
Avenue, The. B27 – 4B 92 (in two parts)
Avenue, The. B45 – 2C 118
Avenue, The. CV3 – 3E 133
Avenue, The. WS3 – 3C 28
Avenue, The. WV4 – 1E 41
Avenue, The. WV10 – 4C 20 (Fallings Park)
Avenue, The. WV10 – 2D 12 (Featherstone)
Avenue, The. War B65 – 2H 69
Averill Rd. B26 – 4D 76
Aversley Rd. B38 – 1D 120
Avery Ct. War B68 – 1E 87
Avery Croft. B35 – 3C 62
Avery Dri. B27 – 3A 92
Avery Rd. Sut C B73 – 2D 48
Avery Rd. War B66 – 1C 72
Aviemore Clo. Nun CV10 – 4E 137
Aviemore Cres. B43 – 1F 47
Avill Gro. Kid DY11 – 1C 140
Avington Clo. DY3 – 4H 41
Avion Clo. WS1 – 3H 33
Avocet Dri. Kid DY10 – 5F 141
Avon Clo. WV6 – 5A 18
Avon Clo. Bri H DY5 – 5G 53
Avon Clo. Brom B60 – 5D 142
Avon Ct. War B66 – 4G 57
Avon Cres. WS3 – 1A 24
Avondale Clo. King DY6 – 4E 53
Avondale Rd. B11 – 3D 90
Avondale Rd. CV5 – 1H 131
Avondale Rd. WV6 – 5F 19
Avondale Rd. L Spa CV32 – 1D 148
Avon Dri. B13 – 4C 90
Avon Dri. B36 – 4H 63
Avon Gro. WS5 – 1A 46

Avonlea Rise.—Barton Rd.

Avonlea Rise. L Spa CV32 – 1H 147
Avon M. Sto DY8 – 3C 66
Avon Rd. WS3 – 2H 23
Avon Rd. WS7 – 3E 9
Avon Rd. Can WS11 – 1A 6 to 5C 4
Avon Rd. Hal B63 – 2D 84
Avon Rd. Ken CV8 – 4A 150
Avon Rd. Kid DY11 – 5B 140
Avon Rd. L Spa CV31 – 8C 149
Avon Rd. Sol B90 – 1B 124
Avon Rd. Sto DY8 – 4E 83
Avon St. B11 – 2D 90
Avon St. CV2 – 3E 117
Avon St. Warw CV34 – 3F 147
Avon Wlk. Hin LE10 – 3C 138
Awbridge Rd. DY2 – 3D 68
Awefields Cres. War B67 – 2G 71
Awson St. CV6 – 2D 116
Axholme Rd. CV2 – 3H 117
Axminster Clo. Nun CV11 – 2H 137
Ayala Croft. B36 – 4B 62
Aylesbury Av. Sol B94 – 5C 124
Aylesbury Cres. B44 – 3B 48
Aylesbury Rd. Sol B94 – 5C 124
Aylesford Clo. DY3 – 2G 41
Aylesford Dri. B37 – 1A 94
Aylesford Dri. Sut C B74 – 4F 27
Aylesford Rd. B21 – 3D 58
Aylesford St. CV1 – 3C 116
Aylesford St. L Spa CV31 – 6C 149
Aylesmore Clo. B32 – 5F 87
Aylesmore Clo. Sol B92 – 1B 108
Aynho Clo. CV5 – 4D 114
Ayre Rd. B24 – 1H 61
Ayrshire Clo. B36 – 4A 62
Ayrton Clo. WV6 – 5A 18
Azalea Clo. WV8 – 5B 10
Azalea Clo. Hin LE10 – 5F 139
Azalea Dri. Hin LE10 – 4F 139
Azalea Wlk. Hin LE10 – 5F 139

Babbacombe Rd. CV3 – 3B 132
Babington Rd. B21 – 5D 58
Bablake Clo. CV6 – 1G 115
Bablake Croft. Sol B92 – 5D 92
Babors Field. Bil WV14 – 1C 42
Babworth Clo. WV9 – 5F 11
Baccabox La. B47 – 2A 122
Bacchus Rd. B18 – 1E 73
Bache St. W Bro B70 – 3F 57
Bach Mill Dri. B28 – 4E 107
Backcester La. Lich WS13 – 3G 151
Backcrofts. Can WS11 – 5B 4
Backhouse La. WV11 – 5D 20
Back La. CV7 & CV5 – 2D 112 to 3H 113
Back La. WS9 – 3A 26
Back La. Lich WS14 – 1E 27
Back La. War B64 – 4D 68
Back La. Warw CV34 – 4D 146
Back Rd. B38 – 5E 105
Back Rd. King DY6 – 5D 52
Back St. Nun CV11 – 2F 137
Bacon's Yd. CV6 – 4D 100
Baddesley Rd. Sol B92 – 4C 92
Bader Rd. WS2 – 1C 32
Bader Rd. WV6 – 2A 18
Bader Wlk. B35 – 3C 62
Badger Clo. Red B98 – 2G 145
Badger Clo. Sol B90 – 4B 124
Badger Dri. WV10 – 5A 20
Badger Rd. CV3 – 1G 133
Badgers Bank Rd. Sut C B74 – 4G 27
Badgers Clo. WS3 – 3A 16
Badgers Croft. Hal B62 – 1H 85
Badger St. DY3 – 1B 54
Badger St. Sto DY9 – 1A 84
Badgers Way. B34 – 1D 76
Badgers Way. Can WS12 – 4G 5
Badland Av. Kid DY10 – 1E 141
Badminton Clo. DY1 – 2B 54
Badon Covert. B14 – 5H 105
Badsey Clo. B31 – 3C 104
Badsey Rd. War B69 – 1B 70
Baggeridge Clo. DY3 – 4F 41
Baggott St. WV2 – 3H 29
Baginton Clo. Sol B91 – 3E 109
Baginton Rd. B35 – 1D 62
Baginton Rd. CV3 – 3A 132
Bagleys Rd. Bri H DY5 – 1H 83
Bagley St. Sto DY9 – 2H 83
Bagnall Rd. Bil WV14 – 5D 30
Bagnall St. WS3 – 3F 23
Bagnall St. Tip DY4 – 3A 44
Bagnall St. Tip DY4 & W Bro B70 – 4B 44
Bagnall St. W Bro B70 – 3H 57
Bagnall Wlk. Bri H DY5 – 4A 68
Bagnell Rd. B13 – 1B 106
Bagot St. B4 – 2A 74
Bagridge Clo. WV3 – 3B 28
Bagridge Rd. WV3 – 3B 28
Bagshaw Rd. B33 – 3C 76
Bailey Clo. Can WS11 – 2D 4
Bailey Rd. Bil WV14 – 4D 30
(in two parts)
Baileys Ct. War B65 – 3A 70
Bailey St. WV10 – 1A 30
Bailey St. W Bro B70 – 2D 56
Baines La. Hin LE10 – 2E 139
Baker Av. Bil WV14 – 2B 42
Baker Av. L Spa CV31 – 6B 149
Baker Ho. Gro. B43 – 4C 46
Baker Rd. Bil WV14 – 2F 43
Bakers Gdns. WV8 – 4A 10
Bakers La. WS9 – 3G 25
Baker's La. Lich WS13 – 3G 151
Bakers La. Sut C B74 & B73 – 5B 36
Baker St. B10 – 4E 75
Baker St. B11 – 2D 90
Baker St. B21 – 4E 59
Baker St. CV6 – 2F 101
Baker St. WS7 – 2E 9
Baker St. Tip DY4 – 1F 55
(in two parts)
Baker St. W Bro B70 – 2E 57
Bakers Way. WV8 – 4A 10
Baker Wlk. Tam B77 – 5G 135
Bakewell Clo. CV3 – 1H 133
Bakewell Clo. WS3 – 5F 15
Balaclava Rd. B14 – 1A 106
Balcaskie Clo. B15 – 1D 88
Balden Rd. B32 – 1H 87
Baldmoor Lake Rd. B23 – 4F 49
(in two parts)
Bald's La. Sto DY9 – 2B 84
Baldwin Clo. War B69 – 3B 56
Baldwin Rd. B30 – 5F 105
Baldwin Rd. Kid DY10 – 1G 141
Baldwins La. B28 – 4F to 3G 107
Baldwin St. Bil WV14 – 1F 43
Baldwin St. War B66 – 1B 72
Balfour Clo. Hin LE10 – 3F 139
Balfour Cres. WV6 – 5E 19
Balfour Dri. War B69 – 3B 56
Balfour New St. Tam B79 – 3C 134
Balfour Rd. King DY6 – 4D 52
Balfour St. B12 – 2A 90
Balham Gro. B44 – 2B 48
Balking Clo. Bil WV14 – 1C 42
Ballantine Rd. CV6 – 2A 116
Ballard Cres. DY2 – 2E 69
Ballard Rd. DY2 – 2E 69
Ballard Wlk. B37 – 1A 78
Ballart Wlk. Sto DY8 – 2E 83
Ballfields. Tip DY4 – 5B 44
Ballingham Clo. CV4 – 5C 114
Balliol Rd. CV2 – 3F 117
Balliol Rd. Hin LE10 – 4G 139
Ball La. WV9 & WV10 – 2G 11
Ballot St. War B66 – 2B 72
Balls Hill. WS1 – 2H 33
Balls St. WS1 – 2H 33
Balmain Cres. WV11 – 2D 20
Balmoral Clo. CV2 – 2H 117
Balmoral Clo. WS4 – 3D 24
Balmoral Clo. Hal B62 – 1H 85
Balmoral Clo. Lich WS14 – 4H 151
Balmoral Ct. Kid DY10 – 3F 141
Balmoral Dri. WV5 – 3A 40
Balmoral Dri. Can WS12 – 1D 4
Balmoral Dri. Wil WV12 – 3A 22
Balmoral Rd. B23 – 1F 61
Balmoral Rd. B32 – 1E 103
Balmoral Rd. B36 – 5H 63
Balmoral Rd. WV4 – 5G 29
Balmoral Rd. Sto DY8 – 3C 66
Balmoral Rd. Sut C B74 – 4F 27
Balmoral View. DY1 – 3A 54
Balmoral Way. War B65 – 2B 70
Balsall Heath Rd. B5 & B12 – 1A 90
Balsall St. Sol B93, Ken CV8 & CV7 – 4E 127 to 3B 128
Balsall St. E. CV7 – 3B 128
Baltic Clo. Can WS11 – 4B 4
Baltimore Rd. B42 – 5F 47
Bamber Clo. WV3 – 3E 29
Bamford Clo. WS3 – 5F 15
Bamford Ho. WS3 – 5F 15
Bamford Rd. WS3 – 5F 15
Bamford Rd. WV3 – 3F 29
Bamford St. Tam B77 – 2E 135
Bampton Av. WS7 – 1F 9
Bamville Rd. B8 – 1H 75
Banberry Dri. WV5 – 1A 52
Banbrook Clo. Sol B92 – 1F 109
Banbury Croft. B37 – 3H 77
Banbury Ho. B33 – 3G 77
Banbury Rd. Can WS11 – 5A 4
Banbury Rd. Warw CV34 – 4E 147
Banbury Rd. Hill. Warw CV34 – 5F 147
Banbury St. B5 – 3B 74
Bancroft. Tam B77 – 2F 135
Bandywood Cres. B44 – 1A 48
Bandywood Rd. B44 – 1A 48
Baneberry Dri. WV10 – 2D 12
Banfield Rd. Wed WS10 – 1A 44
Banford Av. B8 – 2G 75
Banford Rd. B8 – 2G 75
Bangham Pit Rd. B31 – 2G 103
Bangor Rd. B9 – 4E 75
Bangor St. CV1 – 4A 116
Bank Cres. WS7 – 2E 9
Bankcroft. L Spa CV31 – 7D 149
Bankdale Rd. B8 – 2H 75
Bankes Rd. B10 – 4F 75
Bank Farm Clo. Sto DY9 – 5H 83
Bankfield Dri. L Spa CV32 – 2H 147
Bankfield Ho. WV1 – 1G 29
Bankfield Rd. Bil WV14 – 5F 31
Bankfield Rd. Tip DY4 – 4B 44
Banklands Rd. DY2 – 1F 69
Bank Rd. DY2 – 1E 69
Bank Rd. DY3 – 2H & 3H 53
(in three parts)
Bankside. B13 – 4E 91
Bankside. B43 – 4D 46
Bankside Clo. CV3 – 3D 132
Bankside Cres. Sut C B74 – 3A 36
Bankside Way. WS9 – 1G 25
Banks Rd. CV6 – 3H 115
Banks St. Wil WV13 – 1G 31
Bank St. B14 – 5A 90
Bank St. WS1 – 2A 34
Bank St. WV10 – 4B 20
Bank St. Bil WV14 – 1F 43
(Bradley)
Bank St. Bil WV14 – 3D 42
(Coseley)
Bank St. Bri H DY5 – 2H 67
Bank St. Can WS12 – 5H 5
Bank St. Sto DY9 – 2B 84
Bank St. War B64 – 4E 69
Bank St. W Bro B71 – 5F 45
Bankwell St. Bri H DY5 – 2H 67
Banky Meadow. Hin LE10 – 3H 139
Banner La. CV4 – 4A 114
Bannerlea Rd. B37 – 1H 77
Bannerley Rd. B33 – 4E 77
Banner's Ga. Rd. Sut C B73 – 1C 48
Banners Gro. B23 – 5G 49
Banner's La. Hal B63 – 1F 85
Banner's St. Hal B63 – 1E 85
Banners Wlk. B44 – 2C 48
Bannister Rd. Wed WS10 – 2B 44
Bannister St. War B64 – 4E 69
Banstead Clo. WV2 – 3A 30
Bantam Gro. CV6 – 3H 99
Bant Mill Rd. Brom B60 – 4E 143
Bantock Av. WV3 – 3E 29
Bantock Gdns. WV3 – 2E 29
Bantock Rd. CV4 – 5B 114
Bantock Way. B17 – 2C 88
(in three parts)
Banton Clo. B23 – 3E 49
Bantry Clo. B26 – 3F 93
Baptist End Rd. DY2 – 1E 69
Baptist Wlk. Hin LE10 – 2F 139
Barbara Rd. B28 – 4F 107
Barbara St. Tam B79 – 2C 134
Barber Clo. Can WS12 – 4G 5
Barberry Ct. War B66 – 5G 57
Barbican Rise. CV2 – 5H 117
Barbourne Clo. Sol B91 – 2E 125
Barbridge Rd. Nun CV12 – 1A 80
Barbrook Dri. Bri H DY5 – 1G 83
Barcheston Rd. B29 – 5A 88
Barcheston Rd. Sol B93 – 4A 126
Barclay Ct. WV3 – 1F 29
Barclay Rd. War B67 – 4H 71
Barcliffe Av. Tam B77 – 2F 135
Barcroft. Wil WV13 – 1A 32
Bardfield Clo. B42 – 4E 47
Bardon Dri. Sol B90 – 5A 108
Bardsey Clo. Hin LE10 – 2D 138
Bardsey Ct. War B66 – 4G 57
Bard St. B11 – 2D 90
Bardwell Clo. WV8 – 2E 19
Barford Clo. CV3 – 2G 133
Barford Clo. Red B98 – 4H 145
Barford Clo. Sut C B76 – 1C 50
Barford Cres. B38 – 5G 105
Barford M. Ken CV8 – 4D 150
Barford Rd. B16 – 2E 73
Barford Rd. Ken CV8 – 4D 150
Barford Rd. Sol B90 – 3G 77
Barford St. B5 – 5A & 4A 74
Bargate Dri. WV6 – 5F 19
Bargehouse Wlk. B38 – 2D 120
Bargery Rd. WV11 – 1H 21
Barham Clo. Sol B90 – 3D 124
Barker Butts La. CV6 – 3G 115 to 4A 116
Barker Ho. War B69 – 4C 56
Barker Rd. Sut C B74 – 3H 37
Barker St. B19 – 5G 59
Barker St. War B68 – 1F 71
Bark Piece. B32 – 4F 87
Barlands Croft. B34 – 1E 77
Barle Gro. B36 – 5H 63
Barleston Dri. Hin LE10 – 2C 138
Barley Clo. WS9 – 1A 36
Barley Clo. WV8 – 1E 19
Barley Ct. L Spa CV32 – 3B 148
Barley Croft. WV6 – 2A 18
Barley Croft. Brom B60 – 5C 142
Barleyfield Rise. King DY6 – 4B 52
Barleyfield Row. WS1 – 2H 33
Barley Lea, The. CV3 – 1F & 2F 133
Barlich Way. Red B98 – 3D 144
Barlow Clo. B45 – 5B 102
Barlow Clo. Tam B77 – 1F 135
Barlow Clo. War B68 – 3D 70
Barlow Dri. W Bro B70 – 3H 57
Barlow Rd. CV2 – 4G 101
Barlow Rd. Wed WS10 – 5D 32
Barlow's Rd. B15 – 2D 88
Barlow St. WV4 – 5C 30
Barmouth Clo. Wil WV12 – 3A 22
Barnabas Rd. B23 – 1G 61
Barnaby Sq. WV10 – 4B 12
Barnack Av. CV3 – 3A 132
Barnack Dri. Warw CV34 – 2D 146
Barnacle La. Nun CV12 – 2B 80
Barnard Clo. B37 – 4C 78
Barnard Clo. L Spa CV32 – 2D 148
Barnard Pl. WV2 – 4A 30
Barnard Rd. WV11 – 2G 21
Barnard Rd. Sut C B75 – 4B 38
Barnard Way. Can WS11 – 4D 4
Barn Av. DY3 – 4H 41
Barnbridge. Tam B77 – 5D 134
Barnbrook Rd. Sol B93 – 2A 126
Barn Clo. B30 – 2G 105
Barn Clo. CV5 – 3E 115
Barn Clo. Hal B63 – 4F 85
Barn Clo. L Spa CV31 – 8C 149
Barn Clo. Sto DY9 – 3H 83
Barn Clo. War B64 – 1F 85
Barn Croft. B32 – 5H 87
Barncroft. WS7 – 3F 9
Barncroft Rd. War B69 – 4G 55
Barncroft St. W Bro B70 – 3D 44
Barnes Clo. B37 – 4G 77
Barnes Hill. B29 – 4H 87
Barnet Rd. B23 – 1E 61
Barnet St. Tip DY4 – 1H 55
Barnett Clo. Bil WV14 – 1F 43
Barnett Clo. King DY6 – 2D 66
Barnett Grn. King DY6 – 2D 66
Barnett La. King DY6 & Sto DY8 – 1C 66
Barnett Rd. Wil WV13 – 2F 31
Barnetts Clo. Kid DY10 – 4G 141
Barnetts Gro. Kid DY10 – 4F 141
Barnetts La. WS8 – 1E 17
Barnett's La. Kid DY10 – 4F 141
Barnett St. Sto DY8 – 3D 66
Barnett St. War B69 – 3G 55
Barnfield Av. CV5 – 2D 114
Barnfield Av. Wed WS10 – 3A 32
Barnfield Clo. Bil WV14 – 3B 42
Barnfield Dri. Sol B92 – 2G 109
Barnfield Gro. B20 – 5D 46
Barnfield Rd. WV1 – 1C 30
Barnfield Rd. Brom B61 – 4C 142
Barnfield Rd. Hal B62 – 1B 86
Barnfield Rd. Tip DY4 – 4F 43
Barnfield Trading Est. Tip DY4 – 5F 43
Barnford Clo. B10 – 4D 74
Barnford Cres. War B68 – 3E 71
Barnfordhill Clo. War B68 – 2E 71
Barn Grn. WV3 – 3F 29
Barnhurst La. WV8 – 5D 10
Barn La. B13 – 1B 106
Barn La. B21 – 5D 58
Barn La. Sol B92 – 3B 92
Barn Meadow. B25 – 4B 76
Barnmoor Rise. Sol B91 – 1F 109
Barn Owl Wlk. Bri H DY5 – 1H 83
Barnpark Covert. B14 – 5H 105
Barn Piece. B32 – 3E 87
Barnsbury Av. Sut C B72 – 5A 50
Barns Clo. WS9 – 4E 17
Barns Clo. Lich WS13 – 1G 151
Barns Croft. Sut C B74 – 5C 26
Barnsdale Cres. B31 – 4G 103
Barns La. WS4 & WS9 – 2B to 2D 24
Barnsley Rd. B17 – 4A 72
Barnsley Rd. Bil WV14 – 2F 43
Barnsley Rd. Brom B61 – 2E 143
Barnstaple Clo. CV5 – 3C 114
Barnstaple Rd. War B66 – 1B 72
Barn St. B5 – 4B 74
Barnswood Clo. Can WS11 – 5A 4
Barnt Grn. Rd. B45 – 4F 119
Barnwood Clo. Red B98 – 1G 145
Barnwood Rd. B32 – 3H 87
Barnwood Rd. WV8 – 1E 19
Barons Clo. B17 – 2A 88
Barons Ct. Trading Est. WS9 – 5D 16
Baron's Croft. CV3 – 2C 132
Baron's Field Rd. CV3 – 2C 132
Barpool Rd. Nun CV10 – 3D 136
Barrack La. Hal B63 – 1D 84
Barracks Clo. WS3 – 2G 23
Barracks La. WS3 – 2G 23
Barracks La. WS8 – 5G 9 to 2H 17
Barracks Pl. WS3 – 2G 23
Barrack St. B7 – 2C 74
Barrack St. Warw CV34 – 4D 146
Barrack St. W Bro B70 – 4D 44
Barracks Way. CV1 – 5B 116
Barra Croft. B35 – 1E 63
Barras Grn. CV2 – 3E 117
Barras La. CV1 – 4A 116
Barratts Croft. Bri H DY5 – 3H 53
Barratt's La. CV7 – 2C 100
Barratts Rd. B38 – 1F 121
Barr Comn. Clo. WS9 – 1G 35
Barr Comn. Rd. WS9 – 5F 25
Barrett Clo. Kid DY10 – 2G 141
Barretts La. CV7 – 2D 128
Barrhill Clo. B43 – 2D 46
Barrie Av. Kid DY10 – 2G 141
Barrie Rd. Hin LE10 – 1E 139
Barrington Clo. WS5 – 1A 46
Barrington Clo. WV10 – 1H 19
Barrington Rd. B45 – 2B 118
Barrington Rd. Sol B92 – 4C 92
Barr Lakes La. WS9 – 3E 35
Bar Rd. CV3 – 1D 132
Barron Rd. B31 – 4B 104
Barrow Clo. Red B98 – 3H 145
Barrowfield Ct. Ken CV8 – 3B 150
Barrowfield La. Ken CV8 – 3A 150
Barrow Hill Rd. Bri H DY5 – 3H 53
Barrow Rd. Ken CV8 – 4A 150
Barrows La. B26 – 5C 76 to 2D 92
Barrows Rd. B11 – 1D 90
Barrows St. W Bro B70 – 2G 57
Barrow Wlk. B5 – 5A 74
Barrs Cres. War B64 – 5G 69
Barrs Rd. War B64 – 5F 69
Barrs St. War B68 – 2E 71
Barr St. B19 – 1G 73
Barr St. DY3 – 2G 53
Barry Rd. WS5 – 4C 34
Barsham Clo. B5 – 2H 89
Barsham Dri. Bri H DY5 – 5H 67
Barston Clo. CV6 – 4E 101
Barston La. Sol B91 – 5H 109
Barston La. Sol B91 & B92 – 5A & 5B 110
Barston La. Sol B92 & B93 – 4D 110 to 2H 127
Barston Rd. War B68 – 1E 87
Bartestree Clo. Red B98 – 4H 145
Bartholomew Row. B5 – 3B 74
Bartholomew St. B5 – 3B 74
Bartic Av. King DY6 – 2E 67
Bartleet Rd. Red B98 – 5G 145
Bartlett Clo. CV6 – 4C 100
Bartlett Clo. Tip DY4 – 2H 43
Bartlett Clo. Warw CV34 – 4E 147
Bartley Clo. Sol B92 – 4C 92
Bartley Dri. B31 – 1G 103
Barton Cres. L Spa CV31 – 6D 149
(in two parts)
Barton Croft. B28 – 4F 107
Barton La. King DY6 – 4C & 5C 52
Barton Lodge Rd. B28 – 3F 107
Barton Rd. CV6 – 4D 100
Barton Rd. WV4 – 5B 30
Barton Rd. Nun CV10 – 5F 137

Barton Rd.—Belle Vue Dri.

Barton Rd. Nun CV12 – 2E 81
Bartons Bank. B6 – 5A 60
Barton's Meadow. CV2 – 2E 117
Barton St. B6 – 5A 60
Barton St. W Bro B70 – 3E 57
Bar Wlk. WS9 – 1G 25
Barwell Clo. L Spa CV32 – 2B 148
Barwell La. Hin LE10 – 1F 139
Barwell Path. Hin LE10 – 1F 139
Barwell Rd. B9 – 3C 74
Barwick St. B3 – 3H 73
Bascote Clo. Red B97 – 4A 144
Basford Brook Dri. CV6 – 2D 100
Basil Gro. B31 – 4G 103
Basil Rd. B31 – 4G 103
Basin Bri. La. Hin LE10 – 1A 138
Basin La. Tam B77 – 2E 135
Baskerville Pl. B1 – 3G 73
Baskerville Rd. Kid DY10 – 1F 141
Baskeyfield Clo. Lich WS14 – 3H 151
Baslow Clo. B33 – 2C 76
Baslow Clo. WS3 – 5E 15
Baslow Rd. WS3 – 5E 15
Bason's La. War B68 – 2F 71
Bassano Rd. War B65 – 4A 70
Bassenthwaite Dri. King DY6 – 1D 66
Bassett Clo. WV4 – 4C 28
Bassett Clo. Sut C B76 – 1B 50
Bassett Clo. Wil WV12 – 5B 22
Bassett Croft. B10 – 5D 74
Bassett Rd. CV6 – 3H 115
Bassett Rd. Hal B63 – 1C 84
Bassett Rd. Wed WS10 – 2F 45
Bassetts Gro. B37 – 1G 77
Bassett St. WS2 – 2E 33
Bassnage Rd. Hal B63 – 4F 85
Batch Croft. Bil WV14 – 5E 31
Batchley Rd. Red B97 – 2A 144
Bateman Dri. Sut C B73 – 2H 49
Bateman Rd. B46 – 4E 65
Batemans Acre S. CV6 – 3H 115
Batemans La. B47 – 4A 122
Bates Clo. Sut C B76 – 4D 50
Bates Gro. WV10 – 4C 20
Bates Hill. Red B97 – 2B 144
Bates Rd. CV5 – 2G 131
Bate St. WV4 – 2C 42
Batham Rd. Kid DY10 – 1F 141
Bath Av. WV1 – 1G 29 (in two parts)
Bath Ct. B29 – 1B 104
Batheaston Clo. B38 – 2D 120
Bath Meadow. Hal B63 – 2F 85
Bath Pas. B5 – 4A 74
Bath Pl. L Spa CV31 – 5B 149
Bath Rd. WS1 – 3H 33
Bath Rd. WV1 – 1G 29
Bath Rd. Bri H DY5 – 4C 68
Bath Rd. Can WS11 – 2C 4
Bath Rd. Nun CV11 – 2F 137
Bath Rd. Sto DY8 – 2F 83
Bath Rd. Tip DY4 – 1H 55
Bath Row. B15 – 4G 73 (in two parts)
Bath Row. War B69 – 4B 56
Bath St. B4 – 2A 74
Bath St. CV1 – 4C 116
Bath St. DY2 – 4E 55
Bath St. DY3 – 3B 42
Bath St. WS1 – 2H 33
Bath St. WV1 – 2A 30
Bath St. Bil WV14 – 5F 31
Bath St. L Spa CV31 – 5B 149
Bath St. Wil WV13 – 2H 31
Bathurst Rd. CV6 – 2H 115
Bath Wlk. B12 – 2A 90
Bathway Rd. CV3 – 4H 131
Batmanshill Rd. Bil WV14 & Tip DY4 – 2F 43
Batsford Rd. CV6 – 3H 115
Battenhall Rd. B17 – 2A 88
Battens Clo. Red B98 – 3D 144
Batten's Dri. Red B98 – 2G 145
Battledown Clo. Hin LE10 – 1D 138
Battlefield La. WV5 – 5C 40
Baulk La. CV7 – 1D 128
Baverstock Rd. B14 – 5A 106
Baxter Av. Kid DY10 – 2E 141
Baxter Clo. CV4 – 5C 114
Baxter Gdns. Kid DY10 – 2E 141
Baxterley Grn. Sol B91 – 3B 108
Baxterley Grn. Sut C B76 – 3C 50
Baxter Rd. Bri H DY5 – 3H 67
Baxters Grn. Sol B90 – 1G & 2G 123
Baxters Rd. Sol B90 – 2H 123
Bayer St. Bil WV14 – 3D 42
Bayford Av. B26 – 2E 93
Bayford Av. B31 – 3G 119
Bayley Cres. Wed WS10 – 3A 32
Bayley La. CV1 – 5B 116
Bayleys La. Tip DY4 – 4B 44
Bayley Tower. B36 – 4B 62
Baylie St. Sto DY8 – 3F 83
Baylis Av. WV11 – 2G 21
Bayliss Av. WV4 – 2C 42
Bayliss Clo. B31 – 3B 104
Bayliss Clo. Bil WV14 – 3E 31
Baynton Rd. Wil WV12 – 2A 22
Bayston Av. WV3 – 3E 29
Bayston Rd. B14 – 4A 106
Bayswater Rd. B20 – 3H 59
Bayswater Rd. DY3 – 2A 54
Bayton Rd. CV7 – 4F 81 to 1F 101
Bayton Way. CV7 – 5F 81
Bay Tree Clo. B38 – 2D 120
Baytree Clo. WS3 – 5D 14
Baytree Rd. WS3 – 1D 22
Baywell Clo. Sol B90 – 2D 124
Beach Av. Bil WV14 – 2B 42
Beachburn Way. B20 – 2F 59
Beachcroft Rd. King DY6 – 3C 52
Beach Dri. Hal B63 – 2G 85
Beach Rd. B11 – 2C 90
Beach Rd. Bil WV14 – 3E 31
Beach St. Hal B63 – 2G 85
Beachwood Av. King DY6 – 4C 52
Beacon Clo. B43 – 3E 47
Beacon Clo. B45 – 3D 118
Beacon Ct. B43 – 3E 47
Beacon Ct. Sut C B74 – 3B 36
Beacon Dri. WS1 – 3A 34
Beaconfields. Lich WS13 – 2F 151
Beacon Gdns. Lich WS13 – 2E 151
Beacon Hill. B6 – 4A 60
Beacon Hill. B45 – 3C 118
Beacon Hill. WS9 – 2G 35
Beacon La. DY3 – 3A 42
Beacon La. Brom B60 & B45 – 5B 118
Beacon M. B43 – 3E 47
Beacon Pas. DY3 – 3A 42
Beacon Rise. DY3 – 3A 42
Beacon Rise. WS9 – 5G 25
Beacon Rise. Sto DY9 – 3A 84
Beacon Rd. B44 – 1B 48
Beacon Rd. CV6 – 4B 100
Beacon Rd. WS5 – 5D 34
Beacon Rd. WS9 & B43 – 2G 35 to 2G 47
Beacon Rd. Sut C B73 – 3G 49
Beacon Rd. Wil WV12 – 2A 22
Beaconsfield Av. WV4 – 4A 30
Beaconsfield Ct. WS1 – 2B 34
Beaconsfield Ct. Nun CV10 – 2G 137
Beaconsfield Dri. WV4 – 4A 30
Beaconsfield Rd. B12 – 2A 90
Beaconsfield Rd. CV2 – 5F 117
Beaconsfield Rd. Sut C B74 – 3H 37
Beaconsfield St. L Spa CV31 – 5C 149
Beaconsfield St. W Bro B71 – 5F 45
Beacon St. WS1 – 2A 34
Beacon St. Bil WV14 – 2B 42
Beacon St. Lich WS13 – 2E 151
Beacon View. B45 – 3D 118
Beacon View Dri. Sut C B74 – 5A 36
Beaconview Ho. W Bro B71 – 2A 46
Beacon View Rd. W Bro B71 – 2H to 3H 45
Beacon Way. WS9 – 5F 17
Beacon Way. Can WS12 – 3H 5
Beake Av. CV6 – 2A 116 to 4A 100
Beakes Rd. War B67 – 3H 71
Beaks Farm Gdns. B16 – 3C 72
Beaks Hill Rd. B38 – 5D 104
Beak St. B1 – 4H 73
Beale Clo. B35 – 3D 62
Beales St. B6 – 4C 60
Beale St. Sto DY8 – 2E 83
Bealeys Av. WV11 – 2D 20
Bealeys Fold. WV11 – 4E 21
Bealeys La. WS3 – 4D 14
Beamans Clo. Sol B92 – 3D 92
Beaminster Rd. Sol B91 – 4C 108
Bean Ct. Can WS11 – 5C 4
Bean Croft. B32 – 4F 87
Beanfield Av. CV3 – 4G 131
Bean Rd. DY2 – 4F 55
Bean Rd. Tip DY4 – 5E 43
Beardmore Rd. Sut C B72 – 3H 49
Bearley Croft. Sol B90 – 1A 124
Bearmore Rd. War B64 – 4F 69
Bearnett La. WV4 – 3B & 2B 40
Bearsden Cres. Hin LE10 – 1D 138
Bearwood Ho. War B67 – 2A 72
Bearwood Rd. War B66 – 4A 72
Beasley Gro. B43 – 2G 47
Beatie Clo. Hin LE10 – 1F 139
Beaton Clo. Wil WV13 – 1F 31
Beaton Rd. Sut C B74 – 5G 27
Beatrice St. WS3 – 3F 23
Beau Av. B12 – 2C 90
Beauchamp Av. B20 – 5E 47
Beauchamp Av. Kid DY11 – 5C 140
Beauchamp Av. L Spa CV32 – 4B 148
Beauchamp Clo. B37 – 3A 78
Beauchamp Clo. Sut C B76 – 4D 50
Beauchamp Ct. Kid DY11 – 5D 140
Beauchamp Hill L Spa CV32 – 4A 148
Beauchamp Ind. Pk. Tan B77 – 4E 135
Beauchamp Rd. B13 – 3D 106
Beauchamp Rd. Ken CV8 – 4A 150
Beauchamp Rd. L Spa CV32 – 3B 148
Beauchamp Rd. Sol B91 – 3D 108
Beauchamp Rd. Warw CV34 – 3G 147
Beaudesert Clo. B47 – 3C 122
Beaudesert Rd. B20 – 4F 59
Beaudesert Rd. B47 – 3B 122
Beaudesert Rd. CV5 – 5H 115
Beaudesert View. Can WS12 – 2H 5
Beaufell Clo. Warw CV34 – 2E 147
Beaufort Av. B34 – 1B 76
Beaufort Av. Kid DY11 – 1A 140
Beaufort Av. L Spa CV32 – 1D 148
Beaufort Dri. CV3 – 2H 133
Beaufort Rd. B16 – 4E 73
Beaufort Rd. B23 – 2F 61
Beaufort St. Red B98 – 3C 144
Beaufort Way. WS9 – 5F 25
Beaulieu Av. King DY6 – 2E 67
Beaulieu Clo. Kid DY11 – 1C 140
Beaulieu Pk. L Spa CV31 – 6D 149
Beaumaris Clo. CV5 – 3C 114
Beaumont Av. Hin LE10 – 3C 138
Beaumont Clo. WS6 – 5D 6
Beaumont Cres. CV6 – 4H 115
Beaumont Dri. B17 – 3B 88
Beaumont Dri. WS6 – 5D 6
Beaumont Dri. Bri H DY5 – 1G 83
Beaumont Gdns. B18 – 1E 73
Beaumont Gro. Sol B91 – 3C 108
Beaumont Pl. Nun CV11 – 3D 136
Beaumont Rd. B30 – 2D 104
Beaumont Rd. CV7 – 1H 99
Beaumont Rd. Hal B62 – 5C 70
Beaumont Rd. Nun CV11 – 3D 136
Beaumont Rd. Wed WS10 – 1D 44
Beausale Croft. CV5 – 4D 114
Beausale Dri. Sol B93 – 2B 126
Beauty Bank. War B64 – 5G 69
Beauty Bank Cres. Sto DY8 – 2E 83
Beaver Clo. WV11 – 4G 21
Bebington Clo. WV8 – 2E 19
Beccles Dri. Wil WV13 – 3G 31
Beche Way. CV5 – 3E 115
Beckbury Av. WV4 – 5C 28
Beckbury Rd. B29 – 5A 88
Beck Clo. War B67 – 2A 72
Beckenham Av. B44 – 3C 48
Beckett Clo. Sut C B74 – 4G 27
Beckett St. Bil WV14 – 4F 31
Beckfield Rd. B14 – 5H 105
Beckman Rd. Sto. DY9 – 4H 83
Beckminster Rd. WV3 – 4F 29
Becks La. CV7 – 2F 97
Beconsfield Clo. Sol B93 – 5H 125
Becton Gro. B42 – 4H 47
Bedale Av. Hin LE10 – 1G 139
Bedcote Pl. Sto DY8 – 2G 83
Beddow Av. Bil WV14 – 4D 42
Beddows Rd. WS3 – 4G 23
Bede Rd. CV6 – 2A 116
Bede Rd. Nun CV10 – 3B 136
Bede Rd. Nun CV12 – 2E 81
Bedford Clo. Hin LE10 – 1F 139
Bedford Dri. Sut C B75 – 4B 38
Bedford Pl. Can WS12 – 2E 5
Bedford Pl. L Spa CV32 – 5B 149
Bedford Rd. B11 – 5C 74
Bedford Rd. Sut C B75 – 4B 38
Bedford Rd. W Bro B71 – 4E 45
Bedford St. CV1 – 5H 115
Bedford St. WV1 – 3C 30
Bedford St. L Spa CV32 – 4B 148
Bedford St. Tip DY4 – 1A 56
Bedlam La. CV6 – 3C 100
Bedworth Clo. Nun CV12 – 1A 80
Bedworth Gro. B9 – 4H 75
Bedworth La. Nun CV12 – 2B 80
Bedworth Rd. CV6 – 2E 101
Bedworth Rd. Nun CV12 – 1A 80
Beebee Rd. Wed WS10 – 4D 32
Beecham Clo. WS9 – 2E 25
Beech Av. B12 – 2B 90
Beech Av. B32 – 1G 87
Beech Av. B37 – 4A 78
Beech Av. Hal B62 – 5A 70
Beech Av. Tam B77 – 2E 135
Beech Clo. DY3 – 3A 42
Beech Clo. WV10 – 2G 19
Beech Clo. Tam B79 – 1C 134
Beech Ct. Sto DY8 – 3G 83
Beech Cres. WS7 – 2E 9
Beech Cres. Tip DY4 – 4A 44
Beech Cres. Wed WS10 – 5D 32
Beechcroft Av. B28 – 2G 107
Beechcroft Av. Lich WS13 – 2F 151
Beechcroft Cres. Sut C B74 – 2H 35
Beechcroft Dri. Brom B60 – 2F 143
Beechcroft Est. Hal B63 – 1E 85
Beechcroft Pl. WV10 – 3H 19
Beechcroft Rd. B36 – 4E 63
Beechcroft Rd. Kid DY11 – 1A 140
Beechcroft Rd. War B64 – 4F 69
Beechdale Av. B44 – 2A 48
Beechdene Gro. B23 – 1F 61
Beech Dri. Ken CV8 – 2C 150
Beechen Gro. WS7 – 1E 9
Beecher Pl. Hal B63 – 2E 85
Beecher Rd. Hal B63 – 2E 85
Beecher Rd. E. Hal B63 – 2E 85
Beecher St. Hal B63 – 2E 85
Beeches Av. B27 – 3A 92
Beeches Clo. B45 – 2B 118
Beeches Clo. King DY6 – 1D 66
Beeches Dri. B24 – 1A 62
Beeches Farm Dri. B31 – 2A 120
Beeches Pl. WS3 – 3G 23
Beeches Rd. B42 – 4G 47 (in two parts)
Beeches Rd. WS3 – 3G 23
Beeches Rd. Kid DY11 – 1C 140
Beeches Rd. War B65 – 4A 70
Beeches Rd. War B68 – 3F 71
Beeches Rd. W Bro B70 – 2G 57
Beeches, The. Nun CV12 – 4D 80
Beeches View Av. Hal B63 – 3D 84
Beeches Wlk. Sut C B73 – 1H 49
Beeches Way. B31 – 2A 120
Beechey Clo. B43 – 5H 35
Beech Farm Croft. B31 – 4A 104
Beechfield Av. B12 – 1C 90
Beechfield Clo. Hal B62 – 5A 70
Beechfield Dri. Kid DY11 – 1C 140
Beechfield Gro. Bil WV14 – 4C 42
Beechfield Rise. Lich WS13 – 3H 151
Beechfield Rd. B12 – 1C 90
Beechfield Rd. War B67 – 2H 71
Beech Gdns. WV8 – 5A 10
Beech Gdns. Lich WS14 – 4G 151
Beechgate. Sut C B74 – 4D 26
Beechglade. B20 – 2E 59
Beech Grn. DY1 – 1C 54
Beech Gro. B14 – 3B 106
Beech Gro. Warw CV34 – 2G 147
Beech Hill Rd. Sut C B72 – 4A 50
Beech Hurst. B38 – 1D 120
Beechmore Rd. B26 – 2D 92
Beechmount Dri. B23 – 5G 49
Beechnut Clo. Sol B91 3G 109
Beechnut La. Sol B91 – 3G 109 (in two parts)
Beech Rd. B23 – 4F 49
Beech Rd. B30 – 2D 104
Beech Rd. B47 – 3C 122
Beech Rd. CV6 – 2A 116
Beech Rd. DY1 – 2E 55
Beech Rd. WV10 – 2G 19
Beech Rd. Brom B61 – 2D 142
Beech Rd. King DY6 – 1D 66
Beech Rd. Sto DY8 – 4E 83
Beech Rd. Tam B79 – 1C 134
Beech Rd. War B69 – 4H 55
Beech Rd. Wed WS10 – 5C 32
Beech Rd. Wil WV13 – 1F 31
Beech St. Bil WV14 – 3D 42
Beech Tree Av. CV4 – 5D 114
Beech Tree Av. WV11 – 2D 20
Beech Tree Clo. King DY6 – 4E 53
Beech Tree La. Can WS11 – 5B 4
Beechtree Rd. WS9 – 5E 17
Beech Way. War B66 – 1B 72
Beechwood Av. CV5 – 5F 115 to 2H 131
Beechwood Av. WV11 – 2C 20
Beechwood Av. Hin LE10 – 5F 139
Beechwood Clo. WS3 – 5E 15
Beechwood Clo. Sol B90 – 4B 124
Beechwood Ct. B30 – 4G 105
Beechwood Cres. Tam B77 – 1F 135
Beechwood Croft. Ken CV8 – 5A 150
Beechwood Croft Sut C B74 – 4E 27
Beechwood Dri. WV6 – 1B 28
Beechwood Pk. Rd. Sol B91 – 2B 108
Beechwood Rd. B14 – 3B 106
Beechwood Rd. B43 – 2E 47
Beechwood Rd. DY2 – 3F 55
Beechwood Rd. Nun CV10 – 2B 136
Beechwood Rd. Nun CV12 – 2G 81
Beechwood Rd. War B67 – 5H 71
Beechwood Rd. W Bro B70 – 2E 57
Beecroft Rd. Can WS11 – 5B 4
Beehive Hill. Ken CV8 – 1A 150
Beehive Wlk. Tip DY4 – 1F 55
Bee La. WV10 – 5H 11
Beeston Clo. B6 – 5C 60
Beeston Clo. CV3 – 2H 133
Beeston Clo. Bri H DY5 – 5H 67
Beeton Rd. B18 – 1D 72
Beever Rd. Tip DY4 – 4B 44
Beggars Bush La. WV5 – 5B 40
Begonia Clo. Hin LE10 – 4F 139
Begonia Dri. Hin LE10 – 4F 139
Beighton Clo. Sut C B74 – 3F 27
Beilby Rd. B30 – 2F 105
Belbroughton Clo. Red B98 – 4D 144
Belbroughton Rd. Hal B63 – 4G 85
Belbroughton Rd. Sto DY8 – 3E 83
Belchers La. B9 & B8 – 4G 75
Beldray Rd. Bil WV14 – 4F 31
Belfry, The. WV6 – 1A 18
Belgrade Rd. WV10 – 1G 19
Belgrave Ct. King DY6 – 2F 67
Belgrave Rd. B5 & B12 – 1A 90
Belgrave Rd. CV2 – 4H 117
Belgrave Rd. Hal B62 – 5B 70
Belgrave Rd. Tam B77 – 4E 135
Belgrave Sq. CV2 – 4H 117
Belgrave Ter. B21 – 5E 59
Belgrave Wlk. WS2 – 1E 33
Belgravia Clo. B5 – 1H 89
Belinda Clo. Wil WV13 – 1G 31
Bellairs Av. Nun CV12 – 4C 80
Bell All. Wil WV13 – 2H 31
Bellam Rd. Warw CV35 – 4A 146
Bellamy Clo. Sol B90 – 5B 108
Bellamy Farm Rd. Sol B90 – 5B 108
Bellamy La. WV11 – 3D 20
Bell Barn Clo. B15 – 5G 73
Bell Barn Rd. B15 – 5H 73
Bell Barn Shopping Centre. B15 – 5G 73
Bell Clo. B36 – 5A 64
Bell Clo. Wed WS10 – 3B 32
Bell Ct. L Spa. CV32 – 3B 148
Bellcroft. B16 – 4F 73
Bell Dri. CV7 – 1C 100
Bell Dri. WS5 – 5A 34
Bell Dri. Can WS12 – 1F 5
Bellefield Rd. B18 – 2D 72
Belle Isle. Bri H DY5 – 3H 67
Bellemere Rd. Sol B92 – 2F 111
Bellencroft Gdns. WV3 – 3C 28
Bell End. War B65 – 3A 70
Belle Orchard. Kid DY11 – 3B 140
Bellevale. Hal B63 – 2F 85
Bellevue. B5 – 1H 89
Belle Vue. Sto DY8 – 3C 66
Belle Vue Dri. Hal B62 – 1B 86

Bellevue Rd.—Birch Rd.

Bellevue Rd. B26 – 1D 92
Bellevue Rd. Bil WV14 – 2G 43
Bellevue Rd. Bri H DY5 – 4C 68
Bellevue Rd. War B65 – 3A 70
Bellevue St. Bil WV14 – 2B 42
Belle Vue Ter. Sol B92 – 2E 111
Belle Wlk. B13 – 4C 90
Bellfield Av. B18 – 2D 72
Bellfield Row. WS3 – 1E 23
Bell Fold. War B68 – 1F 71
Bell Grn. La. B38 – 4F 121
Bell Grn. Rd. CV6 – 1E 117
Bell Hill. B31 – 3A 104
Bell Holloway. B31 – 3H 103
Bellington Croft. Sol B90 – 3D 124
Bellis St. B16 – 4E 73
Bell La. B31 – 3A 104
Bell La. B33 – 4G 77
Bell La. WS3 – 1E 23
Bell La. WS5 – 5A 34
Bellman Clo. Wed WS10 – 4B 32
Bell Meadow Way. B14 – 5A 106
Bell Pl. WV2 – 3H 29
(in two parts)
Bell Rd. DY2 – 2D 68
Bell Rd. WS5 – 4C 34
Bells Farm Clo. B14 – 5H 105
Bellsize Clo. Can WS11 – 3A 8
Bell's La. B14 – 5G 105
Bells La. Sto DY8 – 4D & 3D 66
Bells Moor Rd. W Bro B70 – 5D 44
Bell St. WV1 – 2H 29
Bell St. Bil WV14 – 4D 30
Bell St. Bil WV14 – 2E 43
(Coseley)
Bell St. Bri H DY5 – 3H 67
Bell St. Bri H DY5 – 5H 53
(Pensnett)
Bell St. Sto DY8 – 2F 83
Bell St. Tip DY4 – 1F 55
Bell St. Wed WS10 – 4B 32
Bell St. W Bro B70 – 3F 57
Bell St. S. Bri H DY5 – 3H 67
Bell Wlk. B37 – 4H 77
Bellwood Rd. B31 – 4H 103
Belmont Av. Can WS11 – 4A 4
Belmont Clo. WS9 – 3F 25
Belmont Clo. Red B97 – 4A 144
Belmont Clo. Tip DY4 – 5G 43
Belmont Ct. Can WS11 – 3D 6
Belmont Dri. L Spa CV32 – 2B 148
Belmont Gdns. Bil WV14 – 1H 43
Belmont Pas. B4 – 3C 74
Belmont Rd. B21 – 4B 58
Belmont Rd. B45 – 3D 118
Belmont Rd. CV6 – 1D 116
Belmont Rd. WV4 – 5F 29
Belmont Rd. Bri H DY5 – 5H 53
Belmont Rd. Sto DY9 – 2B 84
Belmont Rd. Tam B77 – 5F 135
Belmont Rd. War B66 – 3A 72
Belmont Rd. E. B21 – 4B 58
Belmont Row. B4 – 3B 74
Belmont St. Bil WV14 – 1H 43
Belper Rd. WS3 – 5F 15
Belper Rd. W Bro B70 – 2D 56
Belper Row. DY2 – 2F 69
Belper, The. DY1 – 3D 54
Belsize. Tam B77 – 3F 135
Belstone Clo. B14 – 2H 105
Belton Av. WV11 – 1D 20
Belton Clo. Sol B94 – 5C 124
Belton Gro. B45 – 2F 119
Belt Rd. Can WS12 – 1C 4
Belvedere Av. WV4 – 5G 29
Belvedere Clo. WS7 – 3E 9
Belvedere Clo. Kid DY10 – 3G 141
Belvedere Clo. King DY6 – 2F 67
Belvedere Clo. Tam B79 – 1D 134
Belvedere Dri. Brom B61 – 2E 143
Belvedere Gdns. WV6 – 2D 18
Belvedere Rd. B24 – 3G 61
Belvedere Rd. CV5 – 1H 131
Belvide Gdns. WV8 – 4A 10
Belvide Gro. B29 – 5B 88
Belvidere Gdns. B11 – 3D 90
Belvidere Rd. WS1 – 3H 33
Belvoir Clo. DY1 – 3A 54
Belwell Dri. Sut C B74 – 1G 37
Belwell La. Sut C B74 – 1G 37
Bembridge Clo. WV11 – 2H 21
Bembridge Rd. B33 – 3D 76
Benacre Dri. B5 – 3B 74
Benbeck Gro. Tip DY4 – 5E 43
Bendall Rd. B44 – 2C 48
Benedictine Rd. CV3 – 2B 132
Benedict Sq. CV2 – 5F 101
Benedon Rd. B26 – 1D 92
Benion Rd. Can WS11 – 2C 4
Benmore Av. B5 – 1H 89
Bennett Av. DY1 – 5D 42
Bennett Dri. Warw CV34 – 4G 147
Bennett Rd. Sut C B74 – 1E 37
Bennett's Hill. B2 – 3H 73
Bennett's Hill. DY2 – 4F 55
Bennett's Rd. B8 – 1E 75
Bennett's Rd. CV7 & CV6 – 2G 99
Bennett's Rd. N. CV7 – 1F 99
Bennett's Rd. S. CV7 & CV6 – 3H 99
Bennett St. B19 – 4H 59
Bennett St. Kid DY11 – 2C 140
Ben Nevis Way. Sto DY8 – 2F 83
Bennitt Clo. W Bro B70 – 3F 57
Benn Rd. Nun CV12 – 1A 80
Benson Av. WV4 – 5H 29
Benson Clo. WV6 – 1A 18
Benson Clo. Lich WS13 – 2H 151
Benson Rd. B14 – 5C 106
Benson Rd. B18 – 1E 73
Benson Rd. CV6 – 5H 99
Benson View. Tam B79 – 1D 134
Bent Av. B32 – 2G 87
Benthall Rd. CV6 – 4D 100
Bentham Ct. B31 – 3H 103
Bentley Clo. L Spa CV32 – 2C 148
Bentley Clo. Red B97 – 3B 144
Bentley Dri. WS2 – 1E 33
Bentley Dri. WV8 – 4A 10
Bentley Farm Clo. Sol B93 – 4G 125
Bentley Gro. B29 – 5A 88
Bentley La. WS2 – 5D 22 to 5F 23
Bentley La. Wil WV12 – 4B 22
Bentley Mill Clo. WS2 – 2D 32
Bentley Mill La. WS2 – 2D 32
Bentley Mill Way. WS2 – 2C to 3D 32
Bentley New Dri. WS2 – 1E 33
Bentley Pl. WS2 – 1E 33
Bentley Rd. B36 – 5F 63
Bentley Rd. CV7 – 4E 81
Bentley Rd. WV10 – 5A 12
Bentley Rd. Nun CV11 – 3E 137
Bentley Rd. N. WS2 – 2C 32
Bentley Rd. S. Wed WS10 – 3B 32
Bentley Wy. Tam B79 – 1A 134
Bentmead Gro. B38 – 1E 121
Benton Av. B11 – 2D 90
Benton Clo. Wil WV12 – 5B 22
Benton Cres. WS3 – 1F 23
Benton Grn. La. CV7 – 4F 113
Benton Rd. B11 – 2D 90
Bentons La. WS6 – 5D 6
Bentons Mill Croft. B7 – 4D 60
Bentree, The. CV3 – 1F 133
Bent St. Bri H DY5 – 2H 67
Ben Willetts Wlk. War B65 – 4A 70
Beoley Clo. Sut C B72 – 3A 50
Beoley Rd. E. Red B98 – 2D 144
Beoley Rd. W. Red B98 – 2D 144
Berberry Clo. B30 – 2C 104
Berenska Dri. L Spa CV32 – 3C 148
Beresford Av. CV6 – 5C 100
Beresford Cres. W Bro. B70 – 2E 57
Beresford Dri. Sut C B73 – 3G 49
Beresford Rd. WS3 – 2H 23
Beresford Rd. War B69 – 5F 57
Bergen Croft. B13 – 4B 90
Bericote Croft. B27 – 4A 92
Berkeley Clo. WV6 – 1A 28
Berkeley Clo. Brom B60 – 4F 143
Berkeley Dri. King DY6 – 5C 52
Berkeley Precinct. B14 – 5B 106
Berkeley Rd. B25 – 1G 91
Berkeley Rd. Ken CV8 – 2A 150
Berkeley Rd. Sol B90 – 5F 107
Berkeley Rd. E. B25 – 1H 91
Berkeley Rd. N. CV5 – 1H 131
Berkeley Rd. S. CV5 – 1H 131
Berkeley St. WS2 – 3E 33
Berkett Rd. CV6 – 4A 100
Berkley Clo. WS2 – 5C 22
Berkley Cres. B13 – 5D 90
Berkley Ho. B23 – 5F 49
Berkley St. B1 – 4G 73
Berkshire Clo. Nun CV10 – 3C 136
Berkshire Clo. W Bro B71 – 4E 45
Berkshire Cres. Wed WS10 – 1F 45
Berkswell Clo. Sol B91 – 1D 108
Berkswell Clo. Sut C B74 – 5E 27
Berkswell Rd. B24 – 2H 61
Berkswell Rd. CV6 – 4E 101
Berkswell Rd. CV7 – 2D 112
Bermuda Clo. DY1 – 5D 42
Bermuda Ind. Est. Nun CV10 – 5E 137
Bermuda Mans. WS5 – 1B 46
Bermuda Rd. Nun CV10 – 5D 136
(Bermuda)
Bermuda Rd. Nun CV10 – 1E 81
(Griff)
Bernard Rd. B17 – 4B 72
Bernard Rd. Tip DY4 – 4H 43
Bernard Rd. War B68 – 4F 71
Bernard St. WS1 – 2A 34
Bernard St. W Bro B71 – 1F 57
Berners Clo. CV4 – 5B 114
(in two parts)
Berners St. B19 – 5H 59 & 1H 73
Bernhard Dri. B21 – 4D 58
Bernwall Clo. Sto DY8 – 3E 83
Berrandale Rd. B36 – 4C 62
(in two parts)
Berrington Clo. Red B98 – 3F 145
Berrington Rd. L Spa CV31 – 6C 149
Berrington Rd. Nun CV10 – 1B 136
Berrington Wlk. B5 – 5A 74
Berrow Dri. B15 – 5D 72
Berrow Hill Rd. Kid DY11 – 1B 140
Berrowside Rd. B34 – 5G 63
Berry Av. Wed WS10 – 5A 32
Berry Cres. WS5 – 5B 34
Berry Dri. WS9 – 4D 24
Berryfield Rd. B26 – 2F 93
Berryfields. WS9 – 4D 24
(Aldridge)
Berryfields. WS9 – 4H 17
(Upper Stonnall)
Berryfields Rd. Sut C B76 – 1C 50
Berry Hall La. Sol B91 – 3A 110
Berryhill. Can WS12 – 3F 5
Berrymound View. B47 – 2D 122
Berry Rd. B8 – 1E 75
Berry Rd. DY1 – 1D 54
Berry St. B18 – 5E 59
Berry St. CV1 – 4D 116
Berry St. WV1 – 1H 29
Bertha Rd. B11 – 2E 91
Bertie Rd. Ken CV8 – 3B 150
Bertram Clo. Tip DY4 – 3A 44
Bertram Rd. B10 – 4E 75
Bertram Rd. War B67 – 5H 57
Berwick Clo. CV5 – 4D 114
Berwick Clo. Warw CV34 – 2E 147
Berwick Dri. Can WS11 – 1A 6
Berwick Gro. B31 – 4F 103
Berwick Gro. B43 – 1G 47
Berwicks La. B37 – 4A 78
Berwood Farm Rd. Sut C B72 – 5A 50
Berwood Gdns. B24 – 5A 50
Berwood Gro. Sol B92 – 5D 92
Berwood La. B24 – 2B 62
Berwood Rd. Sut C B72 – 5A 50
Berwyn Av. CV6 – 5H 99
Berwyn Gro. WS6 – 4C 6
Berwyn Way. Nun CV10 – 3A 136
Beryl Av. Hin LE10 – 1C 138
Besant Gro. B27 – 5G 91
Besbury Clo. Sol B93 – 5G 125
Bescot Cres. WS1 – 4F & 5F 33
Bescot Croft. B42 – 5F 47
Bescot Dri. WS2 – 4E 33
Bescot Ind. Est. Wed WS10 – 1B 44
Bescot Rd. WS2 – 4E 33
Bescot St. WS1 – 3G 33
Besford Gro. B31 – 4G 103
Besford Gro. Sol B90 – 3E 125
Bessborough Rd. B25 – 5A 76
Best Rd. Bil WV14 – 3E 31
Best St. War B64 – 3G 69
Beswick Gro. B33 – 2D 76
Beta Gro. B14 – 3D 106
Betley Gro. B33 – 2D 76
Betsham Clo. B44 – 3C 48
Bettany Glade. WV10 – 4B 12
Betteridge Dri. Sut C B76 – 1B 50
Bettina Clo. Nun CV10 – 2A 136
Bettman Clo. CV3 – 3C 132
Betton Rd. B14 – 3A 106
Bett Rd. B20 – 2E 59
Betty's La. Can WS11 – 4A 8
Beulah Ct. Hal B63 – 3H 85
Bevan Av. WV4 – 5A 30
Bevan Clo. WS4 – 1C 24
Bevan Clo. Bil WV14 – 4F 31
Bevan Lee Rd. Can WS11 – 3B 4
Bevan Rd. Bri H DY5 – 3F 67
Bevan Rd. Tip DY4 – 1A 56
Beverley Av. Nun CV10 – 3A 136
(in two parts)
Beverley Clo. CV7 – 2D 128
Beverley Clo. Kid DY11 – 2A 140
Beverley Clo. Sut C B72 – 4A 50
Beverley Ct. Rd. B32 – 1F 87
Beverley Cres. WV4 – 1B 42
Beverley Croft. B23 – 3E 61
Beverley Dri. CV4 – 5F 131
Beverley Dri. King DY6 – 5C 52
Beverley Gro. B26 – 2E 93
Beverley Hill. Can WS12 – 1F 5
Beverley Rd. B45 – 2D 118
Beverley Rd. L Spa CV32 – 2H 147
Beverley Rd. W Bro B71 – 3F 45
Beverston Rd. WV6 – 5A 18
Beverston Rd. Tip DY4 – 2H 43
Bevington Cres. CV6 – 3F 115
Bevington Rd. B6 – 4A 60
Bevin Rd. WS2 – 5C 22
Bevis Gro. B44 – 1A 48
Bewdley Dri. WV1 – 1D 30
Bewdley Hill. Kid DY11 – 3A 140
Bewdley Rd. B30 – 1F 105
Bewdley Rd. Kid DY11 – 3C 140
Bewell Head. Brom B61 – 2D 142
Bewlay Clo. Bri H DY5 – 5G 67
Bewley Rd. Wil WV12 – 5B 22
Bewlys Av. B20 – 1D 58
Bexfield Clo. CV5 – 2D 114
Bexhill Gro. B15 – 4G 73
Bexley Gro. W Bro B71 – 4G 45
Bexley Rd. B44 – 3C 48
Beyer Clo. Tam B77 – 2G 135
Bhylls Cres. WV3 – 3C 28
Bhylls La. WV3 – 3B 28
Bibbey's Grn. WV10 – 4B 12
Bibsworth Av. B13 – 1E 107
Bibury Rd. B28 – 2F 107
Bicester Sq. B35 – 1D 62
Bickenhill La. B37 & Sol B92 – 1B to 3C 94
Bickenhill La. Sol B92 – 2B 110
Bickenhill Pk. Rd. Sol B92 – 5B 92
Bickenhill Rd. B37 – 1A 94
Bickford Rd. B6 – 3C 60
Bickford Rd. WV10 – 4B 20
Bickington Rd. B32 – 5G 87
Bickley Av. Sut C B74 – 4E 27
Bickley Gro. B26 – 2E 93
Bickley Rd. WS4 – 3C 24
Bicknell Croft. B14 – 5A 106
Bickton Clo. B24 – 5A 50
Biddings La. Bil WV14 – 2D 42
Biddlestone Pl. Wed WS10 – 3A 32
Biddleston Gro. WS5 – 1C 46
Biddulph Mobile Homes Pk. WS7 – 1D 8
Bideford Dri. B29 – 5C 88
Bideford Rd. CV2 – 1F 117
Bideford Rd. War B66 – 1B 72
Bideford Way. Can WS11 – 5A 4
Bidford Clo. Sol B90 – 5A 108
Bidford Rd. B31 – 4G 103
Bierton Rd. B25 – 5A 76
Bigbury Clo. CV3 – 4C 132
Biggin Clo. B35 – 2D 62
Biggin Clo. WV6 – 1A 18
Biggin Hall Cres. CV3 – 5F 117
Bigwood Dri. B32 – 5F 87
Bigwood Dri. Sut C B75 – 4D 38
Bilberry Bank. Can WS11 – 1B 4
Bilberry Cres. Can WS12 – 2B 4
Bilberry Dri. B45 – 3D 118
Bilberry Rd. B14 – 2G 105
Bilberry Rd. CV2 – 4G 101
Bilboe Rd. Bil WV14 – 1G 43
Bilbrook Gro. B29 – 4A 88
Bilbrook Gro. WV8 – 5B 10
Bilbrook Rd. WV8 – 4B 10
Bilhay La. W Bro B70 – 1E 57
Bilhay St. W Bro B70 – 1E 57
Billau Rd. Bil WV14 – 2E 43
Billesden Clo. CV3 – 1H 133
Billesley La. B13 – 5B 90
Billingham Clo. Sol B91 – 2E 125
Billing Rd. CV5 – 5F 115
Billingsley Rd. B26 – 5D 76
Billinton Clo. CV2 – 5H 117
Bills La. Sol B90 – 1F 123 to 5H 107
Billsmore Grn. Sol B92 – 1F 109
Bills St. Wed WS10 – 4C 32
Billy Buns La. WV5 – 4B 40
Billy La. Brom B60 – 1H 143
Bilport La. Wed WS10 – 3D 44
Bilston La. Wil WV13 – 3H 31
Bilston Rd. WV2 – 2A to 3C 30
Bilston Rd. Tip DY4 – 2H 43
Bilston Rd. Wed WS10 – 1B 44
Bilston Rd. Wil WV13 – 3G 31
Bilston St. DY3 – 3A 42
Bilston St. WV1 – 2H 29
(in two parts)
Bilston St. Wed WS10 – 4B 32
Bilston St. Wil WV13 – 2H 31
Bilton Grange Rd. B26 – 5C 76
Binbrook Rd. Wil WV12 – 5B 22
Bincomb Av. B26 – 1E 93
Binfield St. Tip DY4 – 1G 55
Bingley Av. B8 – 2H 75
Bingley St. WV3 – 3F 29
Binley Clo. Sol B90 – 1G 123
Binley Rd. CV1 & CV3 – 5D 116 to 5H 117
Binns Clo. CV4 – 1B 130
Binstead Rd. B44 – 2B 48
Binswood Av. L Spa CV32 – 3B 148
Binswood Clo. CV2 – 4G 101
Binswood Mans. L Spa CV32 – 3B 148
Binswood Rd. Hal B62 – 1D 86
Binswood St. L Spa CV32 – 3A 148
Binton Clo. CV2 – 5G 101
Binton Clo. Red B98 – 4H 145
Binton Croft. B13 – 5B 90
Binton Rd. CV2 – 5G 101
Binton Rd. Sol B90 – 5G 107
Birbeck Pl. Bri H DY5 – 1G 67
Birchall St. B12 – 4B 74
Birch Av. WS7 – 2E 9
Birch Av. WS8 – 1D 16
Birch Av. Bri H. DY5 – 4C 68
Birch Av. Can WS11 – 5A 4
Birch Clo. B30 – 2D 104
Birch Clo. CV5 – 2C 114
Birch Clo. Nun CV12 – 2G 81
Birch Coppice. Bri H DY5 – 4C 68
(in two parts)
Birch Coppice Gdns. Wil WV12 – 5C 22
Birch Ct. War B66 – 4F 57
Birch Cres. War B69 – 4H 55
Birch Croft. B24 – 5A 50
Birch Croft. B37 – 4B 78
Birch Croft. WS9 – 2G 25
Birchcroft. War B66 – 1B 72
Birch Croft Rd. Sut C B75 – 3B 38
Birchdale. Bil WV14 – 3F 31
Birchdale Rd. B23 – 1E 61
Birch Dri. Hal B62 – 4C 70
Birch Dri. Sto DY8 – 2E 83
Birch Dri. Sut C B74 – 4E 27
Birch Dri. Sut C B75 – 3C 38
Birchensale Rd. Red B97 – 1A 144
Birches Av. WV8 – 1C 18
Birches Barn Av. WV3 – 3E 29
Birches Barn Rd. WV3 – 3E 29
Birches Clo. B13 – 5B 90
Birches Grn. Rd. B24 – 2H 61
Birches La. Ken CV8 – 4C 150
Birches Pk. Rd. WV8 – 1B 18
Birches Rise. Wil WV13 – 2G 31
Birches Rd. WV8 – 5B 10
Birches, The. Red B97 – 4A 144
Birchfield. Can WS12 – 5G 5
Birchfield Av. WV6 – 4B 18
Birchfield Clo. Hal B63 – 4F 85
Birchfield Ct. Red B97 – 4A 144
Birchfield Cres. Sto DY9 – 4B 84
Birchfield Gdns. B6 – 4A 60
Birchfield Gdns. WS5 – 1B 46
Birchfield La. War B69 – 2C & 1C 70
Birchfield Rd. B19 & B20 – 4H & 3H 59
Birchfield Rd. CV6 – 1G 115
Birchfield Rd. Kid DY11 – 3B 140
Birchfield Rd. Red B97 – 4A to 4B 144
Birchfield Rd. Sto DY9 – 4B 84
Birchfields Dri. Can WS12 – 5G 5
Birchfields Rd. Wil WV12 – 4G 21
Birchfield Way. WS5 – 5B 34 to 1C 46
Birch Ga. Sto DY9 – 3B 84
Birch Glade. WV3 – 2D 28
Birch Gro. Lich WS13 – 3H 151
Birch Gro. War B68 – 5F 71
Birch Hill Av. WV5 – 5A 40
Birch Hollow. B15 – 2E 89
Birch Hollow. War B68 – 5G 71
Birchills. WS2 – 5F 23
Birchills St. WS2 – 1F 33
Birch La. WS4 – 1C 24
Birch La. WS9 – 1H 25
Birch La. War B68 – 5G 71
Birchley Ho. War B69 – 1B 70
Birchley Rise. Sol B92 – 2C 92
Birchmoor Clo. B28 – 2H 107
Birchover Rd. WS2 5E 23
Birch Rd. B6 – 3C 60

Birch Rd.—Borden Clo.

Birch Rd. B45 – 3C 118
Birch Rd. DY3 – 3B 42
Birch Rd. WV11 – 2G 21
Birch Rd. War B68 – 5F 71
Birch Rd. E. B6 – 2C 60
Birch St. WS2 – 1G 33
Birch St. WV1 – 1G 29
Birch St. Tip DY4 – 1G 55
Birch St. War B68 – 1F 71
Birch Ter. DY2 – 2E 69
Birchtree Gdns. Bri H DY5 – 4C 68
Birch Tree Gro. Sol B91 – 3C 108
Birchtree Hollow. Wil WV12 – 4B 22
Birch Tree Rd. Nun CV10 – 1A 136
Birch Wlk. War B68 – 5F 71
Birchway Clo. L Spa CV32 – 2H 147
Birchwood Clo. Kid DY11 – 1A 140
Birchwood Cres. B12 – 3C 90
Birchwood Rd. B12 – 3C 90
Birchwood Rd. WV4 – 5F 29
Birchwood Wlk. King DY6 – 4D 52
Birchy Clo. Sol B90 – 3F 123
Birchy Leasowes La. Sol B90 – 3F 123
Birdbrook Rd. B44 – 3A to 4A 48
Birdcage Wlk. B38 – 5E 105
Birdcage Wlk. DY2 – 3E 55
Bird End. W Bro B71 – 3H 45
Bird Gro. Ct. CV1 – 3C 116
Birdie Clo. B38 – 1C 120
Birdlip Gro. B32 – 1F 87
Bird Rd. Warw CV34 – 5H 147
Birds Bush Rd. Tam B77 – 4F 135
Birds Meadow. Bri H DY5 – 5G 53
Bird St. CV1 – 4B 116
Bird St. DY3 – 2H 53
Bird St. Lich WS13 – 3F 151
Birdwell Croft. B13 – 2A 106
Birkdale Av. B29 – 5E 89
Birkdale Clo. WV1 – 1C 30
Birkdale Dri. War B69 – 5H 55
Birkdale Gro. B29 – 1F 105
Birkenshaw Rd. B44 – 3A 48
Birley Gro. Hal B63 – 5E 85
Birmingham-Alcester Rd. Red B98 – 5H 145
Birmingham Business Pk. B37 – 5D 78
Birmingham International Airport. B26 – 3H 93
Birmingham New Rd. – 5A 30 to 5E 43
WV4 – 5A 30
Bil WV14 – 2C 42
DY1 – 5D 42
Tip DY4 – 5E 43
Birmingham Rd. B36 – 4D 62
Birmingham Rd. B46 – 1B 78 to 5E 65 (Coleshill)
Birmingham Rd. B46 – 2H 63 (Water Orton)
Birmingham Rd. B48 – 3B 120
Birmingham Rd. CV7 & CV5 – 4H 95 & 4B 96 to 2C 114
Birmingham Rd. DY1 – 3F 55
Birmingham Rd. WS1, WS5 & B43 – 2H 33 to 3E 47
Birmingham Rd. WS9 – 4F 25
Birmingham Rd. WV2 – 3H 29
Birmingham Rd. Brom B61 – 3E 143
Birmingham Rd. Brom B61 & B45 – 5A to 3C 118 (Lydiate Ash)
Birmingham Rd. Hal B63 – 3H 85
Birmingham Rd. Ken CV8 – 1A 150
Birmingham Rd. Kid DY10 – 2F 141
Birmingham Rd. Lich WS14 – 3G to 1G 27
Birmingham Rd. Lich WS14 & WS13 – 5F to 3G 151
Birmingham Rd. Red B97 – 1B & 2C 144
Birmingham Rd. Sut C B72 – 4H 49
Birmingham Rd. War B65 – 3A 70
Birmingham Rd. War B69 – 5E 57
Birmingham Rd. Warw CV35 & CV34 – 2A 146
Birmingham Rd. W Bro B70 – 3H 57
Birmingham Rd. W Bro B71 – 3A 58
Birmingham St. DY2 – 3E 55
Birmingham St. WS1 – 2H 33
Birmingham St. Hal B63 – 3H 85
Birmingham St. Sto DY8 & DY9 – 2F 83
Birmingham St. War B69 – 5D 56
Birmingham St. Wed WS10 – 4B 32
Birmingham St. Wil WV13 – 2A 32
Birstall Way. B38 – 1B 120
Bisell Way. Bri H DY5 – 1H 83
Biset Av. Kid DY10 – 3G 141
Bishbury Clo. B15 – 5D 72
Bishop Asbury Cres. B43 – 3B 46
Bishop Clo. B45 – 5C 102
Bishop Hall Cres. Brom B60 – 5C 142
Bishop Rd. Wed WS10 – 2F 45
Bishops Clo. DY2 – 4F 55
Bishopsgate St. B15 – 4G 73
Bishops Rd. Sut C B73 – 1H 49
Bishopston Clo. CV5 – 4D 114
Bishopstone Clo. Red B98 – 4H 145
Bishop St. B5 – 5A 74
Bishop St. CV1 – 4B 116
Bishop's Wlk. CV5 – 1A 132
Bishops Way. Sut C B74 – 4F 27
Bishopton Clo. Sol B90 – 1A 124
Bishopton Rd. War B67 – 4H 71
Bisley Gro. B24 – 3H 61
Bissell Clo. B28 – 2F 107
Bissell Dri. Wed WS10 – 1E 45
Bissell St. B5 – 5A 74
Bissell St. B32 – 1D 86
Bissell St. Bil WV14 – 5G 31
Bisset Cres. L Spa CV31 – 6D 149
Biton Clo. B17 – 2B 88
Bittell Clo. B31 – 2H 119
Bittell Clo. WV10 – 4A 12
Bitterne Dri. WV6 – 5F 19
Bittern Wlk. CV2 – 5G 101
Bittern Wlk. Bri H DY5 – 1H 83
Bittern Wood Rd. Kid DY10 – 5G 141
Bitterscote La. Tam B78 – 4B 134
Blackacre Rd. DY2 – 4E 55
Blackall Clo. Wed WS10 – 4B 32
Black-a-Tree Pl. Nun CV10 – 3C 136
Black-a-Tree Rd. Nun CV10 – 3C 136
Black Bank. CV7 – 4E 81
Blackberry La. CV2 – 2E 117
Blackberry La. CV7 – 2A 100
Blackberry La. Hal B63 – 4H 85
Blackberry La. Sut C B74 – 4E 27
Blackberry La. War B65 – 1G 69
Blackbird Croft. B36 – 5A 64
Blackbrook Clo. DY2 – 3C 68
Blackbrook Rd. DY2 – 1C 68
Blackbrook Way. WV10 – 4A 12
Blackburn Av. WV6 – 3E 19
Blackburne Rd. B28 – 2F 107
Blackburn Rd. CV6 – 3D 100
Blackbushe Clo. B17 – 1H 87
Blackcat Clo. B37 – 3A 78
Black Country Route. Bil WV14 & Wed WS10 – 2C 42 & 3A 32
Blackdown. Tam B77 – 3H 135
Blackdown Clo. B45 – 5E 103
Blackdown Rd. Sol B93 – 2A 126
Blackfirs La. B37 – 1C 94
Blackford Clo. Hal B63 – 4E 85
Blackford Rd. B11 – 2D 90
Blackford Rd. Sol B90 – 2A 124
Blackford St. B18 – 2D 72
Blackhalve La. WV11 – 2D 20
Blackham Dri. Sut C B73 – 4G 49
Blackham Rd. WV11 – 2G 21
Black Haynes Rd. B29 – 2A 104
Blackheath By-Pass. War B65 – 4A 70
Blackhorse La. Bri H DY5 – 4A 68
Black Horse Rd. CV6 – 1E to 2F 101
Black Lake. W Bro B70 – 5E 45
Black La. L Spa CV32 – 3D 148
Blacklea Clo. B25 – 4B 76
Blacklow Rd. Warw CV34 – 2F 147
Blackmoor Croft. B33 – 4F 77
Blackmore La. Brom B60 – 2E 143
Black Pad. CV6 – 1B 116
Black Prince Av. CV3 – 2C 132
Blackrock Rd. B23 – 5C 48
Blackroot Rd. Sut C B74 – 3G 37
Blacksmith La. Sol B94 – 5C 124
Blackthorn Clo. B30 – 2C 104
Blackthorn Clo. CV4 – 3F 131
Blackthorn Ct. Red B98 – 4G 145
Blackthorne Av. WS7 – 3E9
Blackthorne Clo. DY1 – 1B 54
Blackthorne Clo. Sol B91 – 4B 108
Blackthorne Rd. DY1 – 1B 54
Blackthorne Rd. Lich WS14 – 3H 151
Blackthorne Rd. War B67 – 2G 71
Blackthorn Gro. Nun CV11 – 4H 137
Blackthorn Rd. B 30 – 2C 104
Blackthorn Rd. B36 – 4F 63
Blackthorn Rd. WS5 – 5H 33
Blackthorn Rd. Ken CV8 – 4C 150
Blackthorn Rd. Sto DY8 – 4F 67
Blackwatch Rd. CV6 – 1B 116
Blackwater Clo. Bri H DY5 – 1F 67
Blackwell Rd. CV6 – 1C 116
Blackwell Rd. Sut C B72 – 3A 50
Blackwell St. Kid DY10 – 2E 141 (in two parts)
Blackwood Av. WV11 – 2D 20
Blackwood Dri. Sut C B74 – 3A 36
Blackwood Rd. Sut C B74 – 2A 36
Blackwood Rd. Tam B77 – 5E 135
Blades Rd. W Bro B70 – 1B 56
Bladon Clo. Nun CV11 – 1H 137
Bladon Wlk. L Spa CV31 – 6D 149
Blaenwern Dri. Hal B63 – 5C 68
Blagdon Rd. Hal B63 – 1H 85
Blair Dri. Nun CV12 – 4B 80
Blair Gro. B37 – 4C 78
Blakebrook. Kid DY11 – 2C & 3C 140
Blakebrook Clo. Kid DY11 – 2C 140
Blakebrook Gdns. Kid DY11 – 3C 140
Blakedon Rd. Wed WS10 – 1C 44
Blakedown Rd. Hal B63 – 5F to 4G 85
Blakedown Way. War B69 – 2C 70
Blake Hall Clo. Bri H DY5 – 5G 67
Blakeland Rd. B44 – 5A 48
Blakelands Av. L Spa CV31 – 6D 149
Blakeland St. B9 – 4G 75
Blake La. B9 – 4F 75
Blakeley Av. WV6 – 2E 19
Blakeley Hall Rd. War B69 – 5E 57
Blakeley Heath Dri. WV5 – 5A 40
Blakeley Rise. WV6 – 2E 19
Blakeley Wlk. DY2 – 2E 69
Blakemere Av. B25 – 5B 76
Blakemere Clo. Red B98 – 3H 145
Blakemore Clo. B32 – 4A 88
Blakemore Dri. Sut C B75 – 4C 38
Blakemore Rd. WS9 – 5F 17
Blakemore Rd. W Bro B70 – 3D 56
Blakenall Clo. WS3 – 2G 33
Blakenall Heath. WS3 – 2G 23
Blakenall La. WS3 – 2F 23
Blakenall Row. WS3 – 2G 23
Blakeney Av. B17 – 5A 72
Blakeney Av. Sto DY8 – 1D 82
Blakeney Clo. DY3 – 4H 41
Blakenhale Rd. B33 – 4E 77
Blakenhall Gdns. WV2 – 4H 29
Blake Pl. B9 – 4G 75
Blakesley Clo. Sut C B76 – 1C 62
Blakesley Gro. B25 – 4A 76
Blakesley Rd. B25 – 4A 76
Blake St. Sut C B74 – 4E 27
Blakewood Clo. B34 – 1E 77
Blandford Av. B36 – 4G 63
Blandford Dri. Sto DY8 – 3D 66
Blandford Gdns. WS7 – 2H 9
Blandford Rd. B32 – 2H 87
Blandford Rd. L Spa CV32 – 2H 147
Blandford Way. Warw CV35 – 3A 146
Blanefield. WV8 – 1E 19
Blay Av. WS2 – 1E 33
Blaydon Rd. WV9 & WV10 – 5F 11
Blaythorn Av. Sol B92 – 4D 92
Blaze Hill Rd. King DY6 – 4B 52
Blaze Pk. King DY6 – 4B 52
Bleak Hill Rd. B23 – 1D 60
Bleakhouse Rd. War B68 – 4F & 5F 71
Bleak St. War B67 – 1H 71
Blenheim Av. CV6 – 4B 100
Blenheim Clo. WS4 – 3D 24
Blenheim Clo. Hin LE10 – 1G 139
Blenheim Clo. Nun CV11 – 4H 137
Blenheim Clo. Tam B77 – 4D 134
Blenheim Cres. Brom B60 – 5E 143
Bleinheim Cres. L Spa CV31 – 7D 149
Blenheim Dri. B43 – 4C 46
Blenheim Rd. B13 – 5B 90
Blenheim Rd. WS7 – 1F 9
Blenheim Rd. Can WS11 – 3B 8
Blenheim Rd. King DY6 – 1F 67
Blenheim Rd. Sol B90 – 5A 108
Blenheim Rd. Wil WV12 – 3A 22
Blenheim Way. B44 – 3B 48
Bleinheim Way. DY1 – 3B 54
Bletchley Dri. CV5 – 3D 114
Bletchley Rd. B24 – 1C 62
Blewitt Clo. B36 – 3F 63
Blewitt St. Bri H DY5 – 1H 67
Blewitt St. Can WS12 – 1E 5
Blews St. B6 – 2A 74
Blick Rd. Warw CV34 – 5H 147
Blind La. CV7 – 4D 112
Blindpit La. Sut C B76 – 3H 51
Bliss Clo. CV4 – 4B 114
Blithe Clo. Sto DY8 – 5F 67
Blithfield Dri. Bri H DY5 – 1G 83
Blithfield Gro. B24 – 5A 50
Blithfield Pl. Can WS11 – 4E 5
Blockall. Wed WS10 – 4B 32
Blockley Rd. Nun CV12 – 2F 81
Blockleys Yd. Hin LE10 – 2E 139
Blondvil St. CV3 – 2B 132
Bloomfield Cres. Lich WS13 – 1F 151
Bloomfield Dri. Wil WV12 – 1B 22
Bloomfield Rise. Nun CV10 – 4D 136
Bloomfield Rd. B13 – 3C 90
Bloomfield Rd. Tip DY4 – 5F 43
Bloomfield St. N. Hal B63 – 2G 85
Bloomfield St. W. Hal B63 – 2G 85
Bloomfield Ter. Tip DY4 – 5F 43
Bloomfield Way. Tam B79 – 1B 134
Bloomsbury Gro. B14 – 1G 105
Bloomsbury St. B7 – 1C 74
Bloomsbury St. WV2 – 2H 29
Bloomsbury Wlk. B7 – 1C 74
Blossomfield Clo. B38 – 1C 120
Blossomfield Clo. King DY6 – 4E 53
Blossomfield Rd. Sol B91 – 5B 108
Blossom Gro. B36 – 4B 62
Blossom Gro. War B64 – 4G 69
Blossom Hill. B24 – 2H 61
Blossoms Fold. WV1 – 1H 29
Blossom Ter. B29 – 4E 89
Blount Ho. Kid DY11 – 1B 140
Blounts Rd. B23 – 1D 60
Blount Ter. Kid DY11 – 5D 140
Blower's Grn. Cres. DY2 – 5D 54
Blower's Grn. Pl. DY2 – 5D 54
Blower's Grn. Rd. DY2 – 5D 54
Bloxcidge St. War B68 – 2E 71
Bloxwich La. WS2 – 4D & 5D 22
Bloxwich Rd. WS3 & WS2 – 3F 23
Bloxwich Rd. N. Wil WV12 – 4B 22
Bloxwich Rd. S. Wil WV13 – 1H 31
Blucher St. B1 – 4H 73
Blue Ball La. Hal B63 – 1D 84
Bluebell Clo. Sto DY8 – 3C 66
Bluebell Dri. B37 – 4C 78 (in two parts)
Bluebell La. WS6 – 1D 14
Bluebell Rd. DY1 – 2D 54
Bluebell Rd. WS9 – 5G 17
Bluebell Rd. War B64 – 3F 69
Bluebellwood Clo. Sut C B76 – 1D 50
Blue Bird Centre Ind. Est. WV10 – 4B 20
Bluebird Clo. Lich WS14 – 3H 151
Blue Lake Rd. Sol B93 – 5A 126
Blue La. E. WS2 – 1G 33
Blue La. W. WS2 – 1G 33
Blue Rock Pl. War B69 – 5A 56
Blue Stone Wlk. War B65 – 1A 70
Blundell Rd. B11 – 2F 91
Blundells, The. Ken CV8 – 3B 150
Blyth Av. CV7 – 3D 128
Blyth Clo. Nun CV12 – 4A 80
Blythe Clo. WS7 – 2H 9
Blythe Clo. Red B97 – 5B 144
Blythe Ct. B46 – 5E 65
Blythefield Av. B43 – 2C 46
Blythe Gdns. WV8 – 4A 10
Blythe Gro. B44 – 1A 48
Blythe Rd. CV1 – 3D 116
Blythe St. Tam B77 – 4D 134
Blythe Way. Sol B91 – 4G 109
Blythewood Clo. Sol B91 – 5H 109
Blyth Rd. B46 – 5E 65
Blythsford Rd. B28 – 4G 107
Blythswood Rd. B11 – 2G 91
Blyton Clo. B16 – 2E 73
Boar Croft. CV4 – 5C 114
Boar Hound Clo. B18 – 2F 73
Boatmans La. WS9 – 5D 16
Bobington Way. DY2 – 2F 69
Bob's Coppice Wlk. Bri H DY5 – 1B 84
Bockendon Rd. CV4 – 4A 130
Boddington Clo. L Spa CV32 – 1E 148
Bodenham Clo. Red B98 – 3G 145
Bodenham Rd. B31 – 5G 103
Bodenham Rd. War B68 – 5E 71
Boden Rd. B28 – 1G 107
Bodens La. WS9 – 3F 35
Bodiam Ct. WV6 – 1A 28
Bodington Rd. Sut C B75 – 1H 37
Bodmin Clo. WS5 – 4C 34
Bodmin Gro. B7 – 1C 74
Bodmin Rise. WS5 – 3C 34
Bodmin Rd. CV2 – 3H 117
Bodmin Rd. DY2 – 3E 69
Bodnant Way. Ken CV8 – 2D 150
Bognop Rd. WV11 – 4D 12 to 4G 13
Bohun St. CV4 – 5B 114
Boldmere Clo. Sut C B73 – 4G 49
Boldmere Dri. Sut C B73 – 4G 49
Boldmere Gdns. Sut C B73 – 3G 49
Boldmere Rd. Sut C B73 – 2G 49
Boldmere Ter. B29 – 5D 88
Bolebridge St. Tam B79 – 3D 134
Boley Clo. Lich WS14 – 3H 151
Boley Cottage La. Lich WS14 – 3H 151
Boley La. Lich WS14 – 3H 151
Boleyn Clo. WS6 – 5B 6
Boleyn Clo. Warw CV34 – 4H 147
Boleyn Manor Dri. B45 – 1E 119
Boleyn Rd. B45 – 1B 118
Bolingbroke Rd. CV3 – 5E 117
Bolney Rd. B32 – 2G 87
Bolton Clo. CV3 – 3C 132
Bolton Ct. Tip DY4 – 3A 44
Bolton Rd. B10 – 5C 74 to 1E 91
Bolton Rd. WV11 – 4E 21
Bolton St. B9 – 4C 74
Bolton Way. WS3 – 5C 14
Bomers Field. B45 – 2F 119
Bond Dri. B35 – 2D 62
Bondfield Rd. B13 – 2C 106
Bond Ga. Nun CV11 – 3F 137
Bond Sq. B18 – 2F 73
Bond St. B19 – 2H 73
Bond St. B30 – 1F 105
Bond St. CV1 – 4A 116
Bond St. WV2 – 2H 29
Bond St. Bil WV14 – 4C 42
Bond St. Nun CV11 – 3F 137
Bond St. War B65 – 3B 70
Bond St. W Bro B70 – 3F 57
Bond Way. Can WS12 – 1D 4
Bonehill Rd. Tam B78 – 4A 134
Bone Mill La. WV1 – 5H 19
Boney Hay Rd. WS7 – 1F 9
Bonham Gro. B25 – 4A 76
Bonington Dri. Nun CV12 – 2E 81
Bonner Dri. Sut C B76 – 5C 50
Bonner Gro. WS9 – 4E 25
Bonneville Clo. CV5 – 1G 113
Bonnington Way. B43 – 5H 35
Bonny Stile La. WV11 – 3D 20
Bonsall Rd. B23 – 5G 49
Bonville Gdns. WV10 – 4B 12
Booth Clo. WS3 – 2G 23
Booth Clo. King DY6 – 1F 67
Booth Rd. Wed WS10 – 2F 45
Booth's Farm Rd. B42 – 4F 47
Booths Fields. CV6 – 4D 100
Booth's La. B42 – 3G 47
Booth St. B21 & War B66 – 5C 58
Booth St. WS3 – 2F 23
Booth St. Can WS12 – 1E 5
Booth St. Wed WS10 – 3B 32
Bordeaux Clo. DY1 – 2B 54
Borden Clo. WV8 – 2E 19

Bordesley Clo.—Brewster Clo.

Bordesley Clo. B9 – 3G 75
Bordesley Ct. L Spa CV32 – 2C 148
Bordesley Grn. B9 – 4E 75
Bordesley Grn. E. B9 – 3H 75
Bordesley Grn. E. B33 – 3A to 4C 76
Bordesley Grn. Rd. B9 & B8 – 4E 75
Bordesley La. Red B97 – 1C 144
Bordesley St. B5 – 3A 74
Bore St. Lich WS13 – 3G 151
Borman. Tam B79 – 2B 134
Borneo St. WS4 – 5H 23
Borough Cres. Sto DY8 – 2E 83
Borough Cres. War B69 – 2C 70
Borough Rd. Tam B79 – 1D 134
Borough, The. Hin LE10 – 2E 139
Borrington Rd. Kid DY10 – 4G 141
Borrowcop La. Lich WS14 – 4G 151
Borrowdale Clo. CV6 – 5A 100
Borrowdale Clo. Bri H DY5 – 5G 67
Borrowdale Dri. L Spa CV32 – 1H 147
Borrowdale Gro. B31 – 4F 103
Borrowdale Rd. B31 – 4F 103
Borrowell La. Ken CV8 – 3A 150
Borrow St. Wil WV13 – 5H 21
Borwick Av. W Bro B70 – 2D 56
Boscastle Ho. Nun CV12 – 4B 80
Boscobel Av. Tip DY4 – 1G 55
Boscobel Cres. WV1 – 5H 19
Boscobel Rd. B43 – 2C 46
Boscobel Rd. WS1 – 2B 34
Boscobel Rd. Sol B90 – 4B 124
Boscobel St. Tip DY4 – 1G 55
Boscombe Rd. B11 – 3F 91
Bossgate Clo. WV5 – 1A 52
Boston Clo. Can WS12 – 5G 5
Boston Gro. B44 – 4C 48
Boston Pl. CV6 – 1C 116
Bosty La. WS9 – 4C 24 to 5F 25
Boswell Clo. Wed WS10 – 3A 44
Boswell Clo. Wed WS10 – 5B 32 (Darlaston)
Boswell Gro. Warw CV34 – 2D 146
Boswell Ho. Lich WS13 – 1F 151
Boswell Rd. B44 – 5B 48
Boswell Rd. Bil WV14 – 4G 31
Boswell Rd. Can WS11 – 3B 4
Boswell Rd. Sut C B74 – 4A 38
Bosworth Clo. DY3 – 5B 42
Bosworth Clo. Hin LE10 – 2C 138
Bosworth Ct. B26 – 2D 92
Bosworth Dri. B37 – 4G 77
Bosworth Rd. B26 – 3B 92
Botany Rd. WS5 – 5H 33
Botany Wlk. B16 – 3F 73
Botha Rd. B9 – 3F 75
Botley Clo. WV2 – 4C 30
Botoner Rd. CV1 – 5D 116
Botteley Rd. W Bro B70 – 5D 44
Botterham La. DY3 – 1A 52
Bottetourt Rd. B29 – 4A 88
Botteville Rd. B27 – 4A 92
Bott La. WS1 – 2H 33
Bott La. Sto DY9 – 1A 84
Bottrill St. Nun CV11 – 2E 137
Bott Rd. CV5 – 1F 131
Boughton Rd. B25 – 1A 92
Boulevard, The. Bri H DY5 – 3A 68
Boulevard, The. Sut C B73 – 3H 49
Boultbee Rd. Sut C B72 – 4H 49
Boulton Clo. WS7 – 1G 9
Boulton Ho. W Bro B70 – 3G 57
Boulton Pl. War B66 – 2B 72
Boulton Retreat. B21 – 5D 58
Boulton Rd. B21 – 5D 58
Boulton Rd. Sol B91 – 2F 109
Boulton Rd. War B66 – 1C 72
Boulton Rd. W Bro B70 – 3G 57
Boulton Sq. W Bro B70 – 3G 57
Boulton Ter. B21 – 5D 58
Boulton Wlk. B23 – 1C 60
Boundary Av. War B65 – 3B 70
Boundary Clo. Wil WV13 – 2E 31
Boundary Cres. DY3 – 2H 53
Boundary Hill. DY3 – 2H 53
Boundary Rd. Sut C B74 – 4B 36
Boundary Way. WV4 – 5C 28
Boundary Way. WV6 – 1A 28
Bourlay Clo. B45 – 5C 102
Bournbrook Rd. B29 – 4E 89
Bourne Av. Hal B62 – 3D 86
Bourne Av. Tam B78 – 5A 134
Bourne Av. Tip DY4 – 4A 44
Bournebrook Clo. DY2 – 1D 68
Bournebrook Cres. Hal B62 – 3D 86
Bourne Clo. B13 – 2D 106
Bourne Clo. Can WS12 – 4G 5
Bourne Clo. Sol B91 – 2G 109
Bourne Grn. B32 – 2G 87
Bourne Hill Clo. DY2 – 2F 69
Bourne Rd. B6 – 5C 60
Bourne Rd. CV3 – 5G 117
Bournes Clo. Hal B63 – 3G 85
Bournes Cres. Hal B63 – 3F 85
Bournes Hill. Hal B63 – 2F 85
BourneSSt.DY2 –3E 55
Bourne St. DY3 & Bil WV14 – 4C 42
Bourne Vale. WS9 – 1H 35
Bourne Wlk. War B65 – 1G 69
Bourne Way Gdns. B29 – 1F 105
Bourn Mill Dri. B6 – 5A 60
Bournvale Wlk. B32 – 3H 87
Bournville La. B30 – 1C 104 to 1F 105
Bourton Clo. WS5 – 1A 46
Bourton Dri. L Spa CV31 – 7C 149
Bourton Rd. Sol B92 – 1C 108
Bovey Croft. Sut C B76 – 4D 50
Bovingdon Tower. B35 – 2D 62
Bowater Av. B33 – 4B 76
Bowater Ho. W Bro B70 – 2F 57
Bowater St. W Bro B70 – 2F 57
Bowbrook Av. Sol B90 – 4D 124
Bowcroft Gro. B24 – 5A 50
Bowden Rd. War B67 – 1H 71
Bowden Way. CV3 – 1H 133
Bowdler Rd. WV2 – 3A 30
Bowen Av. WV4 – 1C 42
Bowen St. WV4 – 5B 30 (in two parts)
Bower Clo. Lich WS13 – 1H 151
Bowercourt Clo. Sol B91 – 5E 109
Bower La. Bri H DY5 – 5B & 5C 68
Bowers Croft. L Spa CV32 – 1B 148
Bowes Dri. Can WS11 – 3C 4
Bowes Rd. B45 – 2B 118
Bowfell Clo. CV5 – 4D 114
Bowker St. Wil WV13 – 2E 31
Bowlas Av. Sut C B74 – 3H 37
Bowling Grn. All. Tam B77 – 5F 135
Bowling Grn. Clo. B23 – 4F 49
Bowling Grn. Clo. Wed WS10 – 3B 32
Bowling Grn. La. Nun CV12 – 5C 80
Bowling Grn. Rd. B10 – 4D 74
Bowling Grn. Rd. DY2 – 3F 69
Bowling Grn. Rd. Hin LE10 – 2F 139
Bowling Grn. Rd. Sto DY8 – 2E 83
Bowling Grn. St. Warw CV34 – 4D 146
Bowman Grn. Hin LE10 – 4G 139
Bowman Rd. B42 – 3G 47
Bowmans Rise. WV1 – 1C 30
Bowmore Rd. Brom B60 – 4F 143
Bowness Clo. CV6 – 5H 99
Bowood Cres. B31 – 5A 104
Bowood Dri. WV6 – 4D 18
Bowood End. Sut C B76 – 1B 50
Bowshot Clo. B36 – 3F 63
Bow St. Bil WV14 – 4F 31
Bowstoke Rd. B43 – 4B 46
Bow St. B1 – 4H 73
Bow St. Wil WV13 – 2H 31
Bowyer Rd. B8 – 2E 75
Bowyer St. B10 – 4C 74
Box Clo. L Spa CV31 – 8D 149
Boxhill Clo. B6 – 1A 74
Boxhill, The. CV3 – 1F 133
Box Rd. B37 – 5B 78
Box St. WS1 – 2A 34
Box Trees Rd. Sol B94 & B93 – 5F 125
Boyd Gro. B27 – 4H 91
Boydon Clo. WV2 – 4C 30
Boydon Clo. Can WS11 – 5A 4
Boyleston Rd. B28 – 2G 107
Boyne Rd. B26 – 5D 76 to 1E 93
Boyslade Rd. Hin LE10 – 5G 139
Boyslade Rd. E. Hin LE10 – 5G 139
Boyton Gro. B44 – 1A 48
Brabazon Gro. B35 – 2C 62
Brabham Clo. Kid DY11 – 1D 140
Brabham Cres. Sut C B74 – 4B 36
Bracadale Av. B24 – 1G 61
Bracebridge Clo. CV7 – 3C 128
Bracebridge Rd. B24 – 3G 61
Bracebridge Rd. Sut C B74 – 3G 37
Bracebridge St. B6 – 1A 74
Bracebridge St. Nun CV11 – 3E 137
Braceby Av. B13 – 2D 106
Brace St. WS1 – 3G 33 (in two parts)
Brackenbury Rd. B44 – 3C 48
Bracken Clo. WS7 – 1G 9
Bracken Clo. WV8 – 1E 19
Bracken Clo. Lich WS14 – 4H 151
Bracken Croft. B37 – 3C 78 (in two parts)
Brackendale Dri. WS5 – 1B 46
Brackendale Dri. Nun CV10 – 4D 136
Brackendale Way. Sto DY9 – 3H 83
Bracken Dri. Sut C B75 – 5D 38
Brackenfield Rd. B44 – 2H 47
Brackenfield Rd. Hal B63 – 4F 85
Brackenhill Rd. WS7 – 1F 9
Brackenhurst Rd. CV6 – 1H 115
Bracken Rd. B24 – 2H 61
Bracken Rd. Can WS12 – 2B 4
Bracken Way. B38 – 2D 120
Bracken Way. Sut C B74 – 2A 36
Brackenwood. WS5 – 5D 34
Brackenwood Dri. WV11 – 4G 21
Brackley Av. B20 – 3G 59
Brackley Clo. CV6 – 1G 115
Brackleys Way. Sol B92 – 4C & 4D 92
Bradburne Way. B7 – 1C 74
Bradburn Rd. WV11 – 2D 20
Bradbury Clo. WS8 – 3E 17
Bradbury La. Can WS12 – 1E 5
Bradbury Rd. Sol B92 – 5C 92
Braden Rd. WV4 – 1D 40
Brades Clo. Hal B63 – 1D 84
Brades Rise. War B69 – 4B 56
Brades Rd. War B69 – 4C 56
Bradestone Rd. Nun CV11 – 5G 137
Bradewell Rd. B36 – 3F 63
Bradfield Clo. CV5 – 3E 115
Bradfield Rd. B42 – 4H 47
Bradford Clo. B43 – 4E 47
Bradford Cotts. Tip DY4 – 2H 55
Bradford Mall. WS1 – 2G 33
Bradford La. WS1 – 2G 33
Bradford Pl. B11 – 1C 90
Bradford Pl. WS1 – 2G 33
Bradford Pl. War B66 – 4H 57
Bradford Rd. B36 – 4D 62
Bradford Rd. DY2 – 1B 68
Bradford Rd. WS8 – 1D 16
Bradford St. B5 & B12 4B 74
Bradford St. B42 5E 47
Bradford St. WS1 2G 33
Bradford St. Can WS11 – 2D 4
Bradford St. Tam B79 – 3B 134
Bradgate Clo. Wil WV12 – 3B 22
Bradgate Dri. Sut C B74 – 4F 27
Bradgate Rd. Hin LE10 1G 139
Brading Rd. Nun CV10 – 1G 137
Bradley Croft. CV7 – 3C 128
Bradley La. Bil WV14 – 2G 43
Bradleymore Rd. Bri H DY5 – 2H 67
Bradley Rd. B34 – 5F 63
Bradley Rd. WV2 – 3A 30
Bradley Rd. Sto DY8 – 1E 83
Bradley's La. Bil WV14 & Tip DY4 3F 43
Bradley St. Bil WV14 – 5G 31
Bradley St. Bri H DY5 – 5G 53
Bradley St. Tip DY4 – 3G 55
Bradmore Gro. B29 – 1A 104
Bradmore Rd. WV3 – 3E 29
Bradney Grn. CV4 – 2B 130
Bradnick Pl. CV4 – 1B 130
Bradnock Clo. B13 – 1D 106
Bradnock's Marsh La. Sol B92 – 5H 111
Bradshaw Av. B38 – 1C 120
Bradshaw Av. Wed WS10 – 5A 32
Bradshawe Clo. B28 – 4E 107
Bradstock Rd. B30 – 4G 105
Braemar Av. Sto DY8 – 4C 66
Braemar Clo. CV2 – 2H 117
Braemar Clo. DY3 – 2H 41
Braemar Clo. Wil WV12 – 4H 21
Braemar Dri. B23 – 1D 60
Braemar Gdns. Can WS12 – 1C 4
Braemar Rd. Can WS11 – 3A 8
Braemar Rd. L Spa CV32 – 1C 148
Braemar Rd. Sol B92 – 5C 92
Braemar Rd. Sut C B73 – 2G 49
Braemar Way. Nun CV10 – 4E 137
Braeside Croft. B37 – 4C 78
Braeside Way. WS3 – 5H 15
Bragg Rd. B20 – 3H 59
Braggs Farm La. Sol B90 – 4G 123
Braid Clo. B38 – 1C 120
Brailes Clo. Sol B92 – 1G 109
Brailes Dri. Sut C B76 – 1C 50
Brailes Gro. B9 – 4H 75
Brailsford Clo. WV11 – 2F 21
Brailsford Dri. War B66 – 1A 72
Brain St. Tam B77 – 3G 135
Braithwaite Dri. King DY6 – 1D 66
Braithwaite Rd. B11 – 1C 90
Bramber. Tam B77 – 3E 135
Bramber Dri. WV5 – 5A 40
Bramber Way. Sto DY8 – 4F 83
Bramble Clo. B31 – 2H 103
Bramble Clo. B46 – 5E 65
Bramble Clo. WS8 – 3D 16
Bramble Clo. Wil WV12 – 2A 22
Bramble Dri. Can WS12 – 1F 5
Bramble Grn. DY1 – 1B 54
Brambleside Av. Sto DY8 – 4F 67
Brambles, The. Lich WS14 – 4H 151
Brambles, The. Sto DY9 – 3A 84
Brambles, The. Sut C B76 – 3D 50
Bramble St. CV1 – 5D 116
Bramblewood Dri. WV3 – 3D 28
Bramblewoods. B34 – 2E 77
Brambling. Tam B77 – 5G 135
Brambling Rise. Kid DY10 – 5G 141
Brambling Wlk. B15 – 5H 73
Brambling Wlk. Bri H DY5 – 1H 83
Bramcote Clo. Hin LE10 – 1G 139
Bramcote Clo. Nun CV12 – 1C 80
Bramcote Dri. Sol B91 – 1E 109
Bramcote Rise. Sut C B75 – 4A 38
Bramcote Rd. B32 – 2F 87
Bramdean Wlk. WV4 – 4C 28
Bramdene Av. Nun CV10 – 1F 137
Brame Rd. Hin LE10 – 1E 139
Bramerton Clo. WV11 – 4C 20
Bramford Dri. DY1 – 5D 42
Bramley Clo. B43 – 1H 47
Bramley Clo. WS5 – 3D 34
Bramley Croft. Sol B90 – 5A 108
Bramley Rd. B27 – 2H 91
Bramley Rd. WS5 – 5B 34
Brampton Av. B28 – 2G 107
Brampton Dri. Can WS12 – 4G 5
Brampton Way. Nun CV12 – 1A 80
Bramshaw Clo. B14 – 5A 106
Bramstead Av. WV6 – 1B 28
Bramston Cres. CV4 – 1C 130
Bramwell Gdns. CV6 – 2D 100
Branchal Rd. WS9 – 1G 25
Branch Rd. B38 – 1D 120
Brandfield Rd. CV6 – 5G 99
Brandhall Ct. War B68 – 4E 71
Brandhall La. War B68 – 4E 71
Brandhall Rd. War B68 – 4E 71
Brandon Clo. DY3 – 4A 42
Brandon Clo. WS9 – 1B 36
Brandon Clo. W Bro B70 – 3D 56
Brandon Gro. B31 – 2H 119
Brandon La. CV3 – 4G 133
Brandon Pde. L Spa CV32 – 4B 148
Brandon Pk. WV3 – 3D 28
Brandon Pas. B16 – 2E 73
Brandon Rd. B28 – 4E 91
Brandon Rd. Hal B62 – 4C 70
Brandon Rd. Hin LE10 – 3D 138
Brandon Rd. Sol B91 – 1E 109
Brandon Way. Bri H DY5 – 5A 68
Brandon Way. W Bro B70 – 2D 56
Brandwood Gro. B14 – 3H 105
Brandwood Pk. Rd. B14 – 3G 105 (in two parts)
Brandwood Rd. B14 – 4H 105
Branksome Av. B21 – 4E 59
Branksome Rd. CV6 – 2F 115
Branscombe Clo. B14 – 3H 105
Bransdale Av. CV6 – 3C 100
Bransdale Clo. WV6 – 4F 19
Bransford Av. CV4 – 3F 131
Bransford Rise. Sol B91 – 3B 110
Branston St. B18 – 2G 73
Branstree Dri. CV6 – 4C 100
Brantford Rd. B25 – 5A 76
Branthill Croft. Sol B91 – 1E 125
Brantley Av. WV3 – 2C 28
Brantley Rd. B6 – 3C 60
Branton Hill La. WS9 – 4H 25
Brantwood Av. WS7 – 3F 9
Brascote Rd. Hin LE10 – 2B 138
Brasshouse La. War B66 – 5A 58
Brassie Clo. B38 – 1C 120
Brassington Av. Sut C B73 – 5H 37
Bratch Clo. DY2 – 3D 68
Bratch Comn. Rd. WV5 – 4A 40
Bratch La. WV5 – 3A 40
Bratch Pk. WV5 – 4A 40
Brathay Clo. CV3 – 3C 132
Bratt St. W Bro B70 – 1F 57
Brawnes Hurst. B26 – 4D 76
Brayford Av. CV3 – 3B 132
Brayford Av. Bri H DY5 – 1G 83
Braymoor Rd. B33 – 4G 77
Bray's La. CV2 – 4E 117
Brays Rd. B26 – 2D 92
Bray St. Wil WV13 – 1A 32
Braytoft Clo. CV6 – 4A 100
Brazil St. CV4 – 5B 114
Breaches La. Red B98 – 5G 145
Breadmarket St. Lich WS13 – 3G 151
Breakback Rd. Brom B61 – 5C 142
Bream. Tam B77 – 5E 135
Brean Av. B26 – 2C 92
Brearley Clo. B19 – 1A 74
Brearley St. B19 – 1H 73
Brearley St. B21 – 5C 58 (in two parts)
Breaside Wlk. B37 – 3B 78
Brechin Clo. Hin LE10 – 2C 138
Brecknell Rise. Kid DY10 – 1F 141
Brecknock Rd. W Bro B71 – 5E 45
Brecon Av. Brom B61 – 1E 143
Brecon Dri. Sto DY8 – 1G 83
Brecon Rd. B20 – 4G 59
Brecon Tower. B16 – 3F 73
Bredon Av. CV3 – 2H 133
Bredon Av. Sto DY9 – 2H 83
Bredon Ct. Hal B63 – 3H 85
Bredon Croft. B18 – 1F 73
Bredon Rd. Sto DY8 – 1F 83
Bredon Rd. War B69 – 1B 70
Bredon View. Red B97 – 5B 144
Bredon Way. WS4 – 1C 24
Breech Clo. Sut C B74 – 4A 36
Bree Clo. CV5 – 1D 114
Breedon Rd. B30 – 3F 105
Breen Rydding Dri. Bil WV14 – 3D 42
Breeze Av. Can WS11 – 3B 8
Brelades Clo. DY1 – 2B 54
Brendan Clo. B46 – 2E 79
Brendon. Tam B77 – 3H 135
Brenfield Dri. Hin LE10 – 2C 138
Brennand Clo. War B68 – 5F 71
Brennand Rd. War B68 – 4E 71
Brent. Tam B77 – 5E 135
Brentford Rd. B14 – 3B 106
Brentford Rd. Sol B91 – 4B 108
Brentmill Clo. WV10 – 4B 12
Brentnall Dri. Sut C B75 – 1H 37
Brenton Rd. WV4 – 1E 41
Brent Rd. B30 – 1H 105
Brentwood Av. CV3 – 5B 132
Brentwood Clo. Sol B91 – 4B 108
Brentwood Gro. B44 – 3A 48
Brenwood Clo. King DY6 – 5B 52
Brereton Clo. DY2 – 4F 55
Brereton Rd. Wil WV12 – 3A 22
Brese Av. Warw CV34 – 2E 147
Bretby Gro. B23 – 5G 49
Bretford Rd. CV2 – 5G 101
Bretshall Clo. Sol B90 – 3C 124
Brett Dri. B32 – 1F 103
Brettell La. Sto DY8 & Bri H DY5 – 5E 67
Brettell St. DY2 – 4D 54
Bretton Rd. B27 – 4A 92
Brett St. W Bro B71 – 5E 45
Brett Young Clo. Kid DY10 – 3G 141
Brevitt Rd. WV2 – 4H 29
Brewer Rd. Nun CV12 – 2B 80
Brewer's Dri. WS3 – 1A 24
Brewers Ter. WS3 – 1A 24
Brewer St. WS2 – 5H 23
Brewery St. B6 – 2A 74
Brewery St. B21 – 4C 58
Brewery St. DY2 – 4F 55
Brewery St. Tip DY4 – 1G 55
Brewery St. War B67 – 1A 72
Brewood Rd. WV9 & WV10 – 1H 11
Brewster Clo. CV2 – 5H 117

Brewster St.—Brooklyn Rd.

Brewster St. DY2 – 1D 68
Breydon Gro. Wil WV13 – 3G 31
Brian Rd. War B67 – 1G 71
Brians Way. CV6 – 4C 100
Briar. Tam B77 – 2G 135
Briar Av. Sut C B74 – 2B 36
Briar Clo. B24 – 2G 61
Briar Clo. L Spa CV32 – 3D 148
Briar Clo. Hin LE10 – 4G 139
Briardene Av. Nun CV12 – 4E 81
Briarfield Rd. B11 – 4G 91
Briar Rd. DY1 – 1B 54
Briars Clo. CV2 – 5G 117
Briars Clo. Nun CV11 – 2H 137
Briars, The. B23 – 5E 49
Briarwood Clo. Sol B90 – 4B 124
Brickbridge La. WV5 – 1A 52
Brickfield Rd. B25 – 1H 91
Brickheath Rd. WV1 – 1C 30
Brickhill Dri. B37 – 3H 77
Brickhill La. CV5 – 1B 114
Brickhouse La. Tip DY4 & W Bro B70 – 5B 44 (in two parts)
Brickhouse Rd. War B65 – 2H 69
Brickiln St. WS8 – 2E 17
Brick Kiln La. B44 – 5A 48
Brick Kiln La. B47 – 5A & 4B 122
Brick Kiln La. DY3 – 2G 53
Brick Kiln La. Sol B91 – 1C 124
Brick Kiln St. Bri H DY5 – 1B 68 (Hart's Hill)
Brick Kiln St. Bri H DY5 – 5C 68 (Quarry Bank)
Brick Kiln St. Hin LE10 – 3E 139
Brick Kiln St. Tip DY4 – 5F 43
Brickkiln St. Wil WV13 – 2G 31
Bricklin Ct. Bri H DY5 – 3A 68
Brick St. DY3 – 3A 42
Brickyard Rd. WS9 – 1E to 3E 25
Brickyard Rd. Tip DY4 – 3G 43
Bridal Rd. Brom B61 – 1B 142
Briddsland Rd. B33 – 3G 77
Brides Row. Bil WV14 – 4F 31
Bridgeacre Gdns. CV3 – 5H 117
Bridge Av. WS6 – 3C 6
Bridge Av. Tip DY4 – 4A 44
Bridgeburn Rd. B31 – 1G 103
Bridge Clo. B11 – 3D 90
Bridge Clo. WS8 – 3D 16
Bridgecote. CV3 – 3H 133
Bridge Croft. B12 – 1A 90
Bridge Cross Rd. WS7 – 1E 9
Bridge End. Warw CV34 – 4E 147
Bridgefield Wlk. War B65 – 2G 69
Bridgefoot Wlk. WV8 – 1E 19
Bridgeford Rd. B34 – 5D 62
Bridgelands Way. B20 – 3H 59
Bridgeman Croft. B36 – 4F 63
Bridgeman Rd. CV6 – 3A 116 (in two parts)
Bridgeman St. WS2 – 2F 33
Bridgemary Clo. WV10 – 4B 12
Bridge Meadow Dri. Sol B93 – 3H 125
Bridgemeadow Ho. B36 – 4B 62
Bridge Piece. B31 – 5B 104
Bridge Rd. B8 – 2E 75
Bridge Rd. B11 – 3E 91
Bridge Rd. WS4 – 1B 24
Bridge Rd. Hin LE10 – 3F 139
Bridge Rd. Tip DY4 – 5A 44
Bridges Cres. Can WS11 – 3H 7
Bridges Rd. Can WS11 – 3H 7
Bridge St. B1 – 4G 73
Bridge St. CV6 – 1D 116
Bridge St. WS1 – 2H 33 (in two parts)
Bridge St. WS8 – 3D 16
Bridge St. WV10 – 4B 20
Bridge St. Bil WV14 – 5F 31 (Bilston)
Bridge St. Bil WV14 – 4E 43 (Wallbrook)
Bridge St. Can WS11 – 2C 6
Bridge St. Hal B63 – 5D 68
Bridge St. Ken CV8 – 2B 150
Bridge St. Kid DY10 – 3E 141
Bridge St. Nun CV11 – 3F 137
Bridge St. Nun CV11 – 4F 137 (Chilvers Coton)
Bridge St. Red B97 – 2B 144
Bridge St. Sto DY8 – 4E 67
Bridge St. Tam B77 – 1F 135
Bridge St. War B66 – 5B 58
Bridge St. War B69 – 5E 57
Bridge St. Warw CV34 – 3G 147
Bridge St. Wed WS10 – 2D 44
Bridge St. W Bro B70 – 1E 57
Bridge St. W. B19 – 1H 73 (in two parts)
Bridges Wlk. B38 – 2D 120
Bridge, The. WS1 – 2H 33
Bridge Trading Est., The. War B66 – 5B 58
Bridge Wlk. B27 – 3B 92
Bridgewater Clo. WS9 – 3E 17
Bridgewater St. Tam B77 – 1E 135
Bridgnorth Av. WV5 – 1A 52
Bridgnorth Gro. Wil WV12 – 3H 21
Bridgnorth Rd. WV5 & DY3 – 1A 52
Bridgnorth Rd. WV6 – 2A 28
Bridgnorth Rd. Kid DY11 – 1B 140
Bridgnorth Rd. Sto DY7 & DY8 – 1A 82 to 2E 83
Bridgwater Cres. DY2 – 4F 55
Bridle Brook La. CV7 & CV5 – 3C 98
Bridle La. WS9 & Sut C B74 – 4G 35 to 3B 36
Bridle Mead. B38 – 2D 120
Bridle Path, The. B28 – 3H 107
Bridlepath, The. CV5 – 2D 114
Bridle Rd. Sto DY8 – 1C 82
Bridle Ter. B21 – 4D 58
Bridlewood. Sut C B74 – 3B 36
Bridley Moor Rd. Red B97 – 2B 144
Brierley Hill Rd. Sto DY8 & Bri H DY5 – 3E 67
Brierley La. Bil WV14 – 2F 43
Brierley Rd. CV2 – 1G 117
Brier Mill Rd. Hal B63 – 4A 86
Briery Clo. War B64 – 1G 85
Briery Rd. Hal B63 – 3F 85
Brigfield Cres. B13 – 3C 106
Brigfield Rd. B13 – 3C 106
Bright Cres. Tam B77 – 5D 134
Brightmere Rd. CV6 – 3A 116
Brighton Pl. WV3 – 2F 29
Brighton Rd. B12 – 2B 90
Brighton St. CV2 – 4D 116
Bright Rd. War B68 – 1E 71
Brightstone Clo. WV10 – 4B 12
Brightstone Rd. B45 – 5E 103
Bright St. CV6 – 2D 116
Bright St. WV1 – 5G 19
Bright St. Sto DY8 – 2D 82
Bright St. Wed WS10 – 5B 32
Bright Ter. B21 – 5E 59
Brightwalton Rd. CV3 – 2B 132
Brill Clo. CV4 – 3E 131
Brindle Av. CV3 – 5G 117
Brindle Rd. WS5 – 1B 46
Brindley Av. WV11 – 1H 21
Brindley Clo. WS2 – 4D 22
Brindley Clo. Sto DY8 – 4D 66
Brindley Ct. Tip DY4 – 1F 55
Brindley Ct. War B68 – 5E 71
Brindley Cres. Can WS12 – 1F 5
Brindley Dri. B1 – 3G 73
Brindley Heath Rd. Can WS12 – 1F 5
Brindley Rd. CV7 – 5F 81
Brindley Rd. Hin LE10 – 3B 138
Brindley Rd. W Bro B71 – 3D 44
Brindley Way. War B66 – 2B 72
Brineton Gro. B29 – 5A 88
Brineton St. WS2 – 2F 33
Bringewood Gro. B32 – 1E 103
Brinklow Clo. Red B98 – 5G 145
Brinklow Rd. B29 – 4A 88
Brinley Way. King DY6 – 5C 52
Brinsford La. WV10 – 2H 11 & 2A 12
Brinsford Rd. WV10 – 5G 11
Brinsley Rd. B26 – 5E 77
Brinton Clo. Kid DY11 – 4C 140
Brinton Cres. Kid DY11 – 4C 140
Brisbane Clo. CV3 – 3C 132
Brisbane Rd. War B67 – 1H 71
Briscoe Rd. CV6 – 3B 100
Briseley Clo. Bri H DY5 – 5H 67
Bristnall Hall Cres. War B68 – 3F 71
Bristnall Hall La. War B68 – 3F 71
Bristnall Hall Rd. War B68 – 3E 71
Bristnall Ho. War B67 – 2G 71
Bristol Clo. Can WS12 – 5E 5
Bristol Pas. B5 – 5H 73
Bristol Rd. B23 – 2F 61
Bristol Rd. B29 & B5 – 1C 104 to 1H 89
Bristol Rd. CV5 – 5G 115
Bristol Rd. DY2 – 4E 69
Bristol Rd. S. B45 & B31 – 2D 118 to 1C 104
Bristol St. B5 – 5H 73
Bristol St. WV3 – 3G 29
Bristol St. Bil WV14 – 5F 31
Briston Clo. Bri H DY5 – 5H 67
Britannia Rd. Bil WV14 – 1G 43
Britannia Rd. War B65 – 3A 70
Britannia Shopping Centre. Hin LE10 – 2E 139
Britannia St. CV2 – 4D 116
Britannia St. War B69 – 3A 56
Britford Clo. B14 – 4A 106
Briton Rd. CV2 – 4E 117
Brittan Clo. B34 – 1G 77
Brittania Rd. Hin LE10 – 5H 139
Britten St. Red B97 – 2B 144
Britton Dri. Sut C B72 – 3A 50
Britwell Rd. Sut C B73 – 2G 49
Brixham Clo. Nun CV11 – 2H 137
Brixham Dri. CV2 – 2F 117
Brixham Rd. B16 – 2C 72
Brixworth Clo. CV3 – 1H 133
Broad Acres. B31 – 2G 103
Broadfern Rd. Sol B93 – 2A 126
Broadfield Clo. King DY6 – 1D 66
Broadfield Clo. W Bro B71 – 3H 45
Broadfields Rd. B23 – 4H 49
Broadfield Wlk. B16 – 4G 73
Broadgate. CV1 – 5B 116
Broad Ground Rd. Red B98 – 3E 145
Broadhaven Clo. L Spa CV31 – 6D 149
Broadhidley Dri. B32 – 5E 87
Broadlands Clo. CV5 – 5E 115
Broadlands Dri. Bri H DY5 – 1A 68
Broadlands Rise. Lich WS14 – 3H 151
Broad La. B14 – 4H 105
Broad La. CV7 & CV5 – 3G 113 to 5F 115
Broad La. WS4 – 1C 24
Broad La. WV3 – 2D 28
Broad La. WV11 & WS3 – 3A to 5D 14
Broad La. Lich WS14 – 4H 151
Broad La. Gdns. WS3 – 5D 14
Broad La. N. Wil WV12 – 3H 21
Broad Lanes. Bil WV14 – 1E 43
Broad La. S. WV11 – 4G 21
Broadmeadow. WS9 – 2F 25
Broadmeadow. King DY6 – 4D 52
Broadmeadow Clo. B30 – 4G 105
Broad Meadow Grn. Bil WV14 – 3D 30
Broad Meadow La. B30 – 4F 105
Broadmeadow La. WS6 – 5D 6
Broadmeadows Clo. Wil WV12 – 2C 22
Broadmeadows Rd. Wil WV12 – 2C 22
Broadmere Rise. CV5 – 5D 114
Broadmoor Av. War B68 & B67 – 4F 71
Broadmoor Clo. Bil WV14 – 1E 43
Broadmoor Rd. Bil WV14 – 1E 43
Broadoaks. Sut C B76 – 3D 50
Broadoaks Clo. Can WS11 – 2H 7
Broad Oaks Rd. Sol B91 – 2C 108
Broad Pk. Rd. CV2 – 1H 117
Broad Rd. B27 – 4H 91
Broadsmeath. Tam B77 – 5D 134
Broadstone Av. WS3 – 3G 23
Broadstone Av. Hal B63 – 2D 84
Broadstone Clo. WV4 – 5A 30
Broadstone Rd. B26 – 4C 76
Broad St. B15 & B1 – 4G 73
Broad St. CV6 – 2C 116
Broad St. WV1 – 1H 29
Broad St. Bil WV14 – 4E 31 (Bilston)
Broad St. Bil WV14 – 3E 43 (Wallbrook)
Broad St. Bri H DY5 – 5G 53
Broad St. Brom B61 – 2D 142
Broad St. Can WS11 – 2C 6
Broad St. Kid DY10 – 2D 140
Broad St. King DY6 – 1C 66
Broad St. War B69 – 1D 70
Broad St. Warw CV34 – 3F 147
Broad St. Jetty. CV6 – 2C 116
Broadsword Way. Hin LE10 – 5F 139
Broadwas Clo. Red B98 – 1F 145
Broadwater. CV5 – 2H 131
Broadwaters Av. Wed WS10 – 5A 32
Broadwaters Dri. Kid DY10 – 1F 141
Broadwaters Rd. Wed WS10 – 5A 32
Broadway. CV5 – 1H 131
Broadway. WS1 – 4H 33
Broad Way. WS4 – 5C 16
Broadway. WV3 – 2C 28
Broadway. WV8 – 5A 10
Broadway. WV10 – 5A 12
Broadway. Can WS12 – 1C 4
Broadway. L Spa CV32 – 1E 148
Broadway. Sol B90 – 3H 107
Broadway. War B68 – 4F 71
Broadway Av. B9 – 3G 75
Broadway Av. Hal B63 – 4G 85
Broadway Croft. B26 – 1D 92
Broadway Croft. War B68 – 4F 71
Broadway Ho. B31 – 5C 104
Broadway N. WS1 – 1A to 3B 34
Broadway, The. B20 – 3A 60
Broadway, The. DY1 – 2C 54 to 3E 55
Broadway, The. WV5 – 5B 40
Broadway, The. Sto DY8 – 4D to 3D 82
Broadway, The. W Bro B71 – 4E 45
Broadway W. WS1 – 4F 33
Broadwell Rd. Sol B92 – 4D 92
Broadwell Rd. War B69 – 4D 56
Broadwells Cres. CV4 – 3C 130
Broadwyn Trading Est. War B64 – 4G 69
Broadyates Gro. B25 – 1A 92
Broadyates Rd. B25 – 1A 92
Brockfield Ho. WV10 – 5B 20
Brockhall Gro. B37 – 1H 77
Brockhill La. B48 – 5F 121
Brockhill La. Red B97 – 1A 144
Brockhurst Av. Hin LE10 – 5F 139
Brockhurst Clo. WS5 – 5H 33
Brockhurst Cres. WS5 – 5G 33
Brockhurst Dri. WV6 – 5G 19
Brockhurst Rd. B36 – 1A 76
Brockhurst Rd. Sut C B75 – 2B 38
Brockhurst St. WS1 – 4H 33
Brockley Clo. Bri H DY5 – 3H 67
Brockley Gro. B13 – 5G 89
Brockley Pl. B7 – 5D 60
Brockmoor Clo. Sto DY9 – 4H 83
Brockridge Clo. Wil WV12 – 1A 22
Brock Rd. Tip DY4 – 1A 56
Brockton Rd. B29 – 5A 88
Brockwell Gro. B44 – 5A 36
Brockwell Rd. B44 – 1A 48
Brockworth Rd. B14 – 5G 105
Brocton Clo. WS3 – 2D 22
Brocton Clo. Bil WV14 – 1C 42
Brodick Clo. Hin LE10 – 2C 138
Brodick Rd. Hin LE10 – 3C 138
Brodick Way. Nun CV10 – 4D 136
Brogden Clo. W Bro B71 – 3A 46
Bromfield Clo. B6 – 5A 60
Bromfield Ct. WV6 – 1B 28
Bromfield Cres. Wed WS10 – 1F 45
Bromfield Rd. Red B97 – 4B & 3B 144
Bromfield Rd. Wed WS10 – 1F 45
Bromford Clo. B23 – 5F 49
Bromford Ct. B8 – 5H 61
Bromford Ct. War B69 – 5D 56
Bromford Cres. B24 – 3G 61
Bromford Dri. B36 – 4H 61
Bromford Hill. B20 – 2G 59
Bromford La. B24 & B8 – 3G 61 to 1A 76
Bromford La. W Bro B70 – 3E 57
Bromford Rise. WV3 – 3G 29
Bromford Rd. B36 – 5H 61
Bromford Rd. DY2 – 5C 54
Bromford Rd. War B69 & W Bro B70 – 4D 56
Bromford Wlk. B43 – 3E 47
Bromleigh Dri. CV2 – 5G 117
Bromley. DY5 – 1G 67
Bromley. Bri H DY5 – 2G 67
Bromley Clo. Ken CV8 – 2A 150
Bromley Gdns. WV8 – 4A 10
Bromley Ho. WS5 – 1B 46
Bromley La. King DY6 – 2E & 2F 67
Bromley St. B9 – 4B 74
Bromley St. WV2 – 3H 29
Bromley St. Sto DY9 – 1B 84
Brompton Dri. Bri H DY5 – 5G 67 & 1G 83
Brompton Lawns. WV6 – 5B 18
Brompton Pool Rd. B28 – 4E 107
Brompton Rd. B44 – 1A 48
Bromsgrove Eastern By-Pass. – 5E to 1F 143
Bromsgrove Highway. Brom B60 – 3G 143
Bromsgrove Highway. Red
Bromsgrove Rd. Brom B61 – 1C 142
Bromsgrove Rd. Hal B62 – 1A 102
Bromsgrove Rd. Hal B63 – 3A 86
Bromsgrove Rd. Red B97 – 3A 144
Bromsgrove St. B5 – 4A 74
Bromsgrove St. Hal B63 – 3A 86
Bromsgrove St. Kid DY10 – 2E 141
Bromwall Rd. B13 – 2C 106
Bromwich Clo. CV3 – 2H 133
Bromwich Dri. Sut C B75 – 3A 38
Bromwich La. Sto DY9 – 5G 83
Bromwich Wlk. B9 – 3G 75
Bromwynd Clo. WV2 – 4G 29
Bromyard Av. Sut C B76 – 3D 50
Bromyard Rd. B11 – 4E 91
Bronte Clo. Sol B90 – 5A 108
Bront;xae Dri. Kid DY10 – 2G 141
Bronte Farm Rd. Sol B90 – 5A 108
Bronte Rd. WV2 – 4B 30
Bronwen Rd. Bil WV14 – 4D 42
Brook Av. Tam B77 – 5G 135
Brookbank Av. B34 – 5F 63
Brookbank Gdns. DY3 – 3G 53
Brookbank Rd. DY3 – 3G 53
Brook Clo. CV1 – 4D 116
Brook Clo. WS9 – 4F 17
Brook Clo. Lich WS13 – 2F 151
Brook Clo. Sol B90 – 5F 107
Brook Cres. King DY6 – 5C 52
Brook Cres. Sto DY9 – 3B 84
Brook Croft. B26 – 1E 93
Brook Croft. B37 – 5A 78
Brookdale. DY3 – 2H 53
Brookdale. Hin LE10 – 3D 138
Brook Dale. Kid DY10 – 1E 141
Brookdale Dri. WV4 – 4D 28
Brookdale Rd. Nun CV10 – 1G 137
Brooke Clo. Warw CV34 – 5E 147
Brook End. WS7 – 3F 9
Brookend Dri. B45 – 2D 118
Brooke Rd. Can WS12 – 1C 4
Brooke Rd. Ken CV8 – 3C 150
Brooke St. DY2 – 4D 54
Brook Farm Wlk. B37 – 3C 78 (in two parts)
Brookfield Clo. WS9 – 1F 25
Brookfield Precinct. B18 – 2F 73
Brookfield Rd. B18 – 1E 73
Brookfield Rd. WS9 – 1F 25
Brookfield Rd. WV8 – 5B 10
Brookfield Rd. Hin LE10 – 4E 139
Brookfield Rd. L Spa CV32 – 1E 148
Brookfields Rd. War B68 – 2F 71
Brookfield Way. Sol B92 – 1A 108
Brookford Av. CV6 – 3H 99
Brook Grn. La. Sol B93 – 1E 127
Brook Gro. WV8 – 5B 10
Brookhill Clo. Wil WV12 – 1B 22
Brook Hill Rd. B8 – 2G 75
Brookhill Way. Wil WV12 – 2B 22
Brook Holloway. Sto DY9 – 3B 84
Brook Ho. Clo. WV10 – 2C 12
Brook Ho. La. WV10 – 2C 12
Brookhouse Rd. WS5 – 3B 34
Brookhus Farm Rd. Sut C B76 – 4D 50
Brooking Clo. B43 – 5H 35
Brooklands. WS5 – 1B 46
Brooklands. Sto DY8 – 4E 67 (in two parts)
Brooklands Av. WS6 – 3C 6 (in two parts)
Brooklands Clo. B28 – 5F 91
Brooklands Dri. B14 – 3A 106
Brooklands Dri. Kid DY11 – 1D 140
Brooklands La. Red B98 – 1E 145
Brooklands Pde. WV1 – 2C 30
Brooklands Rd. B28 – 5F 91
Brooklands Rd. WS9 – 5E 17
Brooklands Rd. Can WS11 – 3E 5
Brook La. B13 – 1B 106 to 1E 107
Brook La. WS6 – 4D 6
Brook La. WS9 – 5E 17
Brook La. Nun CV10 – 1F 137
Brook La. Sol B92 – 1A 108
Brook La. War B64 – 4F 69
Brooklea Gro. B38 – 5F 105
Brooklyn Av. B6 – 5A 60
Brooklyn Gro. Bil WV14 – 3E 43
Brooklyn Gro. King DY6 – 4B 52
Brooklyn Rd. CV1 – 2B 116
Brooklyn Rd. WS7 – 3F 9

Brookmans Av.—Butcroft Ho.

Brookmans Av. B32 – 2G 87
Brook Meadow Rd. B34 – 1D 76
Brook Piece Wlk. B35 – 2D 62
Brook Rd. B15 – 1E 89
Brook Rd. B45 – 2C 118
Brook Rd. WS6 – 3C 6
Brook Rd. WV5 – 5A 40
Brook Rd. Brom B61 – 4C 142
Brook Rd. Sto DY8 – 3G 83
Brook Rd. War B68 – 3D 70
Brook Rd. Wil WV13 – 2F 31
Brooks Croft. B35 – 3D 62
Brookside. B31 – 3H 103
Brookside. B43 – 4D 46
Brookside. DY3 – 3H 53
Brookside. Hin LE10 – 4E to 3G 139
Brookside. Sol B90 – 5A 124
Brookside. Wed WS10 – 1E 45
Brookside Av. B13 – 1C 106
Brookside Av. CV5 – 4E 115
Brookside Av. Ken CV8 – 3A 150
Brookside Clo. B23 – 4D 48
Brookside Clo. Hal B63 – 3E 85
Brookside Rd. Tam B78 – 5A 134
Brookside Way. King DY6 – 5C 52
Brookside Way. Tam B77 – 5G 135
Brooks Rd. Sut C B72 – 3A 50
Brook St. B3 – 2H 73
Brook St. DY3 – 2H 53 (Gornalwood)
Brook St. DY3 – 4C 42 (Woodsetton)
Brook St. WS2 – 2G 33
Brook St. Bil WV14 – 5F 31
Brook St. Bri H DY5 – 5C 68
Brook St. Kid DY11 – 3C 140
Brook St. King DY6 – 4B 52
Brook St. Nun CV12 – 1E 81
Brook St. Red B98 – 2D 144
Brook St. Sto DY8 – 2E 83
Brook St. Sto DY8 – 4E 67 (Audnam)
Brook St. Sto DY9 – 2B 84
Brook St. Tip DY4 – 5F 43
Brook St. War B66 – 1A 72
Brook St. Warw CV34 – 4D 146
Brook St. W Bro B70 – 2E 57
Brook Ter. Bil WV14 – 5F 31
Brookthorpe Dri. Wil WV12 – 5B 22
Brookvale Av. CV3 – 5H 117
Brookvale Clo. Brom B60 – 2F 143
Brookvale Gro. Sol B92 – 5B 92
Brookvale Pk. Rd. B23 – 1C 60
Brookvale Rd. B6 & B23 – 3B 60
Brookvale Rd. Sol B92 – 5B 92
Brook View. War B67 – 3H 71
Brook Wlk. B32 – 4F 87
Brookweed. Tam B77 – 2G 135
Brookwillow Rd. Hal B63 – 5F 85
Brookwood Av. B28 – 3E 107
Broom Clo. Brom B60 – 3E 143
Broom Cres. Kid DY10 – 3F 141
Broomcroft Rd. B37 – 1H 77
Broomdene Av. B34 – 5D 62
Broom Dri. B14 – 4A 106
Broome Av. B43 – 4C 46
Broome Clo. Hal B63 – 4H 85
Broome Croft. CV6 – 3A 100
Broomehill Clo. Bri H DY5 – 1H 83
Broome Rd. WV10 – 3A 20
Broomfield. War B67 – 1H 71
Broomfield Av. Tam B78 – 5B 134
Broomfield Clo. Kid DY11 – 2C 140
Broomfield Grn. Kid DY11 – 2C 140
Broomfield Pl. CV5 & CV1 – 5H 115
Broomfield Rd. B23 – 3E 61
Broomfield Rd. CV5 – 5H 115
Broomfield Rd. Kid DY11 – 2C 140
Broomfields Av. Sol B91 – 3F 109
Broomfields Clo. Sol B91 – 3F 109
Broomfields Farm Rd. Sol B91 – 3F 109
Broomhall Av. WV11 – 3E 21
Broom Hall Cres. B27 – 1H 107
Broom Hall Gro. B27 – 1H 107
Broomhill Clo. B43 – 3C 46
Broomhill Clo. Can WS11 – 3C 4
Broomhill La. B43 – 3C 46
Broomhill Rd. B23 – 4C 48
Broom Ho. W Bro B71 – 2A 46
Broomhurst. B15 – 5D 72
Broomie Clo. Sut C B75 – 5B 38
Broomlea Clo. Sut C B74 – 3A 36
Broom Rd. DY1 – 1C 54
Broom Rd. WS5 – 1B 46
Broom St. B12 – 5B 74
Broomy Bank. Ken CV8 – 2C 150
Broomy Clo. B33 – 1D 76
Broseley Av. B31 – 1B 120
Brosil Av. B20 – 2D 58
Brougham St. B19 – 5G 59 (in two parts)
Brough Clo. B7 – 1C 74
Brough Clo. WV4 – 1B 42
Broughton Ct. WV6 – 1A 28
Broughton Cres. B31 – 1G 119
Broughton Rd. B20 – 4F 59
Broughton Rd. WV3 – 2C 28
Broughton Rd. Sto DY9 – 4A 84
Browett Rd. CV6 – 3H 115
Brownfield Rd. B34 – 5E 63
Brownhills Rd. WS8 – 4E 17
Brownhills Rd. Can WS11 & WS8 – 2A 8
Browning Av. Warw CV34 – 5C 146
Browning Clo. Kid DY10 – 3G 141
Browning Clo. Tam B79 – 1A 134
Browning Clo. Wil WV12 – 2C 22
Browning Cres. WV10 – 1H 19
Browning Dri. Hin LE10 – 2E 139
Browning Gro. WV6 – 1A 18
Browning Rd. CV2 – 4F 117
Browning Rd. DY3 – 1F 53
Browning Rd. WS7 – 1G 9
Browning St. B16 – 4F 73
Browning Tower. B31 – 4B 104
Brownley Rd. Sol B90 – 2B 124
Brown Lion St. Tip DY4 – 4F 43
Brownlow St. L Spa CV32 – 3C 148
Brown Rd. Wed WS10 – 3A 32
Brown's Coppice Av. Sol B91 – 3B 108
Brown's Dri. Sut C B73 – 3F 49
Brownsea Clo. B45 – 1C 118
Brownsea Dri. B1 – 4H 73
Brownsfield Rd. Lich WS13 – 1H & 2H 151
Browns Grn. B20 – 2E 59
Brownshill Ct. CV6 – 5G 99
Brownshill Grn. Rd. CV6 – 5F 99
Brownshoe La. WV11 – 4G to 5H 13
Brown's La. CV5 – 1D 114
Browns La. Sol B93 – 3G 125
Browns La. Tam B79 – 1D 134
Brownsover Clo. B36 – 4E 63
Brown St. WV1 – 1A 30
Brown St. WV2 – 3A 30
Brown St. Tip DY4 – 1G 55
Brownswall Est. DY3 – 4G 41
Brownswall Rd. DY3 – 4G 41
Browsholme. Tam B79 – 2A 134
Broxell Clo. Warw CV34 – 2C 146
Broxwood Pk. WV6 – 1C 28
Bruce Rd. CV6 – 1H 115
Bruce Rd. CV7 – 5D 80
Bruce Rd. Kid DY10 – 1G 141
Brueton Av. Brom B60 – 5E 143
Brueton Av. Sol B91 – 4G 109
Brueton Dri. Red B98 – 3D 144
Brueton Rd. Bil WV14 – 3G 31
Brueton St. B4 – 2B 74
Bruford Rd. WV3 – 3F 29
Brunel Clo. WS7 – 1F 9
Brunel Clo. L Spa CV31 – 8D 149
Brunel Clo. Tam B79 – 2C 134
Brunel Ct. Bil WV14 – 4F 43
Brunel Ct. Wed WS10 – 4C 32
Brunel Rd. Hin LE10 – 3E 139
Brunel Rd. War B69 – 1B 70
Brunel St. B2 – 4H 73
Brunel Wlk. Wed WS10 – 4C 32
Brunslow Clo. WV10 – 1G 19
Brunslow Clo. Wil WV13 – 2A 32
Brunswick Gdns. B21 – 4E 59
Brunswick Pk. Rd. Wed WS10 – 1D 44
Brunswick Rd. B12 – 2B 90
Brunswick Rd. B21 – 4E 59
Brunswick Rd. CV1 – 5A 116
Brunswick Rd. Can WS11 – 4C 4
Brunswick St. WS2 – 3F 33
Brunswick St. L Spa CV31 – 6B 149
Brunswick Ter. Wed WS10 – 1D 44
Bruntingthorpe Way. CV3 – 1H 133
Brunton Rd. B10 – 5G 75
Brushfield Rd. B42 – 4H 47
Brutus Dri. B46 – 3D 64
Bryan Av. WV4 – 1D 40
Bryan Rd. WS2 – 4F 33
Bryanston Rd. Sol B91 – 2C & 3C 108
Bryant Rd. CV7 – 1E 101
Bryant St. B18 – 2D 72
Bryce Rd. Bri H DY5 – 1F & 2G 67
Bryher Wlk. B45 – 1C 118
Brylan Croft. B44 – 5B 48
Brymawr Rd. Bil WV14 – 1C 42
Brymer Pl. B7 – 1C 74
Brympton Rd. CV3 – 5F 117
Bryn Arden Rd. B26 – 2B 92
Bryndale Av. B14 – 3G 105
Bryn Jones Clo. CV3 – 2H 133
Bryn Rd. CV6 – 1D 116
Brynside Clo. B14 – 5H 105
Bryony Rd. B29 – 1B 104
Buchanan Av. WS4 – 5A 24
Buchanan Clo. WS4 – 5A 24
Buchanan Rd. WS4 – 1A 34
Buckbury Clo. Sto DY9 – 5H 83
Buckbury Croft. Sol B90 – 2E 125
Buckden. Tam B77 – 3H 135
Buckden Clo. Warw CV34 – 2E 147
Buckfast Clo. CV3 – 4C 132
Buckfast Clo. Brom B61 – 4C 142
Buckhold Dri. CV5 – 3D 114
Buckingham Clo. Hin LE10 – 1G 139
Buckingham Clo. Wed WS10 – 5F 33
Buckingham Dri. Wil WV12 – 3A 22
Buckingham Gdns. Lich WS14 – 4G 151
Buckingham Gro. King DY6 – 5C 52
Buckingham M. Sut C B73 – 2G 49
Buckingham Pl. Can WS12 – 5F 5
Buckingham Rise. CV5 – 4D 114
Buckingham Rise. DY1 – 3A 54
Buckingham Rd. B36 – 5H 63
Buckingham Rd. WV4 – 5F 29
Buckingham Rd. Tam B79 – 1A 134
Buckingham Rd. War B65 – 2B 70
Buckingham St. B19 – 2H 73
Buckland Clo. Can WS12 – 5G 5
Buckland End. B34 – 5D 62
Buckland Rd. CV6 – 4A 100
Bucklands End La. B34 – 5C 62
Buckley Rd. WV4 – 5D 28
Buckley Rd. L Spa CV32 – 3C 148
Bucklow Wlk. B33 – 2C 76
Bucknall Cres. B32 – 1D 102
Bucknall Rd. WV11 – 1H 21
Buckridge Clo. B38 – 2C 120
Bucks Hill. Nun CV10 – 1A 136
Budbrooke Rd. Warw CV34 – 3B 146
Budbrook Gro. B34 – 1G 77
Budden Rd. Bil WV14 – 4E 43
Bude Rd. WS5 – 3D 34
Buffery Rd. DY2 – 5E 55
Bufferys Clo. Sol B91 – 1E 125
Buildwas Clo. WS3 – 1D 22
Bulford Clo. B14 – 5B 106
Bulger Rd. Bil WV14 – 4D 30
Bulkington Rd. Nun CV12 – 3G 81
Bullace Croft. B15 – 3D 88
Bulldog La. Lich WS13 – 2G 151
Buller St. WV4 – 5A 30
Bullfield Av. CV4 – 1B 130
Bullfields Clo. War B65 – 1G 69
Bullfurlong La. Hin LE10 – 5G 139
Bullimore Gro. Ken CV8 – 5C 150
Bullivents Clo. Sol B93 – 3H 125
Bull La. WV5 – 4B 40
Bull La. Bil WV14 & Wed WS10 – 1H 43
Bull La. W Bro B70 – 2D 56
Bull Meadow La. WV5 – 4B 40
Bullock Row. WS1 – 2H 33
Bullock St. B7 – 2B 74
Bullock St. W Bro B70 – 4F 57
Bullows Rd. WS8 – 2C 16
Bull Ring. B5 – 4A 74
Bull Ring. DY3 – 4A 42
Bull Ring. Hal B63 – 3H 85
Bull Ring. Kid DY10 – 2D 140
Bull Ring. Nun CV10 – 4E 137
Bull Ring Shopping Centre. B5 – 4A 74
Bull Ring Trading Est. B12 – 4B 74
Bull's Head La. CV3 – 5E 117 (in two parts)
Bull's La. Sut C B76 – 2E & 2F 51
Bull St. B4 – 3A 74
Bull St. B17 – 2C 88
Bull St. DY1 – 4C 54
Bull St. DY3 – 3H 53
Bull St. Bri H DY5 – 4F & 4G 67
Bull St. Nun CV11 – 4G 137
Bull St. Wed WS10 – 4C 32
Bull Yd. CV1 – 5B 116
Bulwell Clo. B6 – 5C 60
Bulwer Rd. CV6 – 2H 115
Bulwer St. WV10 – 5A 20
Bumble Hole La. Brom B61 – 1C 142
Bunbury Gdns. B30 – 4C 104
Bunbury Rd. B31 – 4B 104
Bundle Hill. Hal B63 – 3H 85
Bunkers Hill La. Bil WV14 – 3F 31
Bunn's La. DY2 – 3G 55
Bunyan Pl. Can WS11 – 3C 4
Burbage Rd. Hin LE10 – 3G 139
Burbages La. CV6 – 2C 100
Burberville Rd. WV2 – 4B 30
Burbidge Rd. B9 – 3E 75
Burbury Clo. L Spa CV32 – 3D 148
Burbury Clo. Nun CV12 – 2F 81
Burbury St. B19 – 5G 59
Burbury St. S. B19 – 1H 73
Burcher Grn. Kid DY10 – 3G 141
Burcombe Tower. B23 – 5H 49
Burcot Av. WV1 – 1C 30
Burcot Av. Brom B60 – 2E 143
Burcote Rd. B24 – 2A 62
Burcot La. Brom B60 – 2E 143 (in two parts)
Burcot Wlk. WV1 – 1C 30
Burdock Rd. B29 – 2A 104
Burdons Clo. B33 – 1D 76
Burfield Rd. Hal B63 – 1D 84
Burford Clo. WS5 – 1A 46
Burford Clo. Sol B92 – 4D 92
Burford M. L Spa CV31 – 6D 149
Burford Pk. Rd. B38 – 1D 120
Burford Rd. B44 – 4B 48
Burford Rd. B47 – 3B 122
Burgage Pl. Nun CV11 – 3F 137
Burgage Wlk. Nun CV11 – 2F & 3F 137
Burges. CV1 – 4B 116
Burges Gro. Warw CV34 – 2E 147
Burgess Croft. Sol B92 – 1G 109
Burghley Clo. Nun CV11 – 3B 148
5H 137
Burghley Dri. Kid DY11 – 3C 140
Burghley Dri. W Bro B71 – 2H 45
Burghley Wlk. Bri H DY5 – 5G 67
Burgoyne St. Can WS11 – 2D 4
Burke Av. B13 – 5E 91
Burland Av. WV6 – 3E 19
Burleigh Clo. CV7 – 2C 128
Burleigh Clo. Wil WV12 – 3A 22
Burleigh Croft. WS7 – 3F 9
Burleigh Rd. WV3 – 3F 29
Burleigh Rd. Hin LE10 – 1D 138
Burleigh St. WS1 – 2A 34
Burleton Rd. B33 – 4G 77
Burley Way. B38 – 2B 120
Burlington Av. W Bro B70 – 3G 57
Burlington Clo. Kid DY10 – 4G 141
Burlington Ct. Tam B78 – 5C 134
Burlington Rd. B10 – 4F 75
Burlington Rd. CV2 – 3D 116
Burlington Rd. Nun CV10 – 5E 137
Burlington Rd. W Bro B70 – 3G 57
Burlington St. B6 – 5A 60
Burman Clo. Sol B90 – 5G 107
Burman Dri. B46 – 1E 79
Burman Rd. Sol B90 – 5G 107
Burmarsh Wlk. WV8 – 2E 19
Burnaby Clo. Nun CV10 – 2A 136
Burnaby Rd. CV6 – 5A 100
Burnaston Cres. Sol B90 – 2E 125
Burnaston Rd. B28 – 5E 91
Burnbank Gro. B24 – 1H 61
Burn Clo. War B67 – 2A 72
Burnell Gdns. WV3 – 3E 29
Burnel Rd. B29 – 4A 88
Burnet Gro. WV10 – 2D 12
Burnett Ho. War B69 – 2B 70
Burnett Rd. Sut C B74 – 1C 36
Burney La. B8 – 2A 76
Burnfields Clo. WS9 – 3F 25
Burnham Av. B25 – 1A 92
Burnham Av. WV10 – 2G 19
Burnham Clo. King DY6 – 2E 67
Burnham Clo. Tip DY4 – 1E 55
Burnham Grn. Can WS11 – 5A 4
Burnham Meadow. B28 – 2G 107
Burnham Rise. Nun CV11 – 5B 136
Burnham Rd. B44 – 4A 48
Burnham Rd. CV3 – 3E 133
Burnhill Gro. B29 – 1A 104
Burnlea Gro. B31 – 1B 120
Burnsall Clo. B37 – 4H 77
Burnsall Gro. CV5 – 2F 131
Burnsall Rd. CV5 – 2E 131
Burns Av. WV10 1H 19
Burns Av. Tip DY4 – 4H 43
Burns Av. Warw CV34 – 5C 146
Burns Clo. Kid DY10 – 3G 141
Burns Clo. Lich WS14 – 4F 151
Burns Clo. Red B97 – 5A 144
Burns Clo. Sto DY8 – 5F 67
Burns Dri. WS7 – 1G 9
Burns Gro. DY3 – 1F 53
Burnside Gdns. WS5 – 4D 34
Burnside Way. B31 – 2H 119
Burns Pl. Wed WS10 – 5H 31
Burns Rd. CV2 – 4F 117
Burns Rd. L Spa CV32 – 1C 148
Burns Rd. Tam B79 – 2C 134
Burns Rd. Wed WS10 – 5H 31
Burns St. Can WS11 – 3D 4
Burns Wlk. Nun CV12 – 4G 81
Burnsway. Hin LE10 – 2D 138
Burnthurst Cres. Sol B90 – 2D 124
Burnt Meadow Rd. Red B98 – 1H 145
Burnt Oak Dri. Sto DY8 – 2G 83
Burnt Tree. Tip DY4 – 3G 55
Burntwood Rd. WS7 – 3H 9
Burntwood Rd. Can WS11 – 2A to 1B 8
Burrelton Way. B43 – 3D 46
Burrington Rd. B32 – 1E 103
Burrowes St. WS2 – 1G 33
Burrow Hill Clo. B36 – 4E 63
Burrow Hill La. CV7 – 1E to 1G 99
Burrows Clo. L Spa CV31 – 8C 149
Burrows Rd. King DY6 – 2E 67
Bursledon Wlk. WV1 – 3D 30
Bursnips Rd. WV11 – 5A 14
Burton Av. WS4 – 2B 24
Burton Clo. CV5 – 5E 99
Burton Clo. Tam B79 – 1D 134
Burton Cres. WV10 – 5A 20
Burton Farm Rd. WS4 – 5B 24
Burton La. Red B98 – 3D 144
Burton Old Rd. Lich WS13 – 3H 151
Burton Rd. DY1 – 1B 54
Burton Rd. WV10 – 5A 20
Burton Wood Dri. B20 – 3H 59
Buryfield Rd. Sol B91 – 2D 108 & 2E 109
Bury Hill Rd. War B69 – 5B 56
Bury Rd. L Spa CV31 – 6A 149
Busby Clo. CV3 – 2H 133
Bushbery Av. CV4 – 5B 114
Bushbury Croft. B37 – 3B 78
Bushbury La. WV10 – 3H 19 to 1A 20
Bushbury Rd. B33 – 2D 76
Bushbury Rd. WV10 – 4C 20
Bush Clo. CV4 – 4C 114
Bushell Dri. Sol B91 – 3F 109
Bushey Clo. Sut C B74 – 1B 36
Bushey Croft. Sol B91 – 2E 125
Bushey Fields Rd. DY1 – 4A 54
Bush Gro. B21 – 3C 58
Bush Gro. WS3 – 1A 24
Bushley Clo. Red B98 – 5E 145
Bushman Way. B34 – 1G 77
Bushmore Rd. B28 – 2G 107
Bush Rd. DY2 – 3D 68
Bush Rd. Tip DY4 – 1F 55
Bush St. Wed WS10 – 3B 32
Bushway Clo. Bri H DY5 – 3F 67
Bushwood Dri. Sol B93 – 5A 126
Bushwood Rd. B29 – 5B 88
Bustleholme Av. W Bro B71 – 3H 45
Bustleholme Cres. W Bro B71 – 3H 45
Bustleholme La. W Bro B71 – 3H to 2H 45
Butchers La. CV5 – 2E 115
Butchers La. Hal B63 – 1E 85
Butchers Rd. Sol B92 – 2E 111
Butcroft Gdns. Wed WS10 – 4B 32
Butcroft Ho. Wed WS10 – 4C 32

Bute Clo.—Carter Rd.

Bute Clo. B45 – 1C 118
Bute Clo. Hin LE10 – 2D 138
Bute Clo. Wil WV12 – 4H 21
Bute Ct. War B66 – 5G 57
Butler Rd. Sol B92 – 3C 92
Butlers Clo. B23 – 3E 49
Butlers Cres. CV7 – 4E 81
Butlers La. Sut C B74 & B75 – 5G 27
Butlers Precinct. WS1 – 1G 33
Butler's Rd. B20 – 2F 59
Butler St. B10 – 5D 74
Butler St. W Bro B70 – 1E 57
Butlin Rd. CV6 – 3B 100
Butlin St. B7 – 5D 60
Butterfield Clo. WV6 – 2A 18
Butterfield Ct. DY1 – 3C 54
Butterfly Way. War B64 – 4G 69
Buttermere Av. Nun CV11 – 5B 136
Buttermere Clo. CV3 – 2H 133
Buttermere Clo. WV6 – 2D 18
Buttermere Clo. Bri H DY5 – 5G 67
Buttermere Clo. Can WS11 – 3D 4
Buttermere Ct. WV6 – 5A 18
Buttermere Dri. B32 – 4H 87
Butter Wlk. B38 – 1B 120
Butterworth Clo. Bil WV14 – 3C 42
Buttery Rd. War B67 – 1G 71
Butt La. CV5 – 1D 114
Butt La. Hin LE10 – 2F 139
Butt La. Clo. Hin LE10 – 2G 139
Buttons Rd. WV4 – 1D 40
Buttress Way. War B66 – 1A 72
Butts. CV1 – 5H 115 & 5A 116
Butts Clo. Can WS11 – 3H 7
Butts La. Can WS11 – 3H 7
Butts Rd. CV1 – 5A 116
Butts Rd. WS4 – 5H 23
Butts Rd. WV4 – 1E 41
Butts St. WS4 – 5H 23
Butts, The. WS4 – 5H 23
Butts, The. Warw CV34 – 4E 147
Butts Way. Can WS11 – 3H 7
Buxton Clo. WS3 – 5F 15
Buxton Rd. B23 – 5D 48
Buxton Rd. DY2 – 1B 68
Buxton Rd. WS3 – 5F 15
Buxton Rd. Sut C B73 – 3G 49
Byfield Clo. B33 – 5G 77
Byfield Pas. B9 – 4E 75
Byfield Rd. CV6 – 3F 115
Byford Clo. Red B98 – 4C 144
Byford Ct. Nun CV10 – 3D 136
Byford St. Nun CV10 – 3D 136
Bylands Clo. Brom B61 – 4C 142
Byland Way. WS3 – 5D 14
Byrne Rd. WV2 – 4H 29
Byron Av. Lich WS14 – 5G 151
Byron Av. Nun CV12 – 4G 81
Byron Av. Warw CV34 – 5C 146
Byron Clo. Kid DY10 – 3G 141
Byron Ct. Sol B93 – 3H 125
Byron Cres. DY1 – 5D 42
Byron Croft. DY3 – 1F 53
Byron Croft. Sut C B74 – 3F 27
Byron Gdns. W Bro B71 – 5E 45
Byron Ho. Hal B63 – 2D 84
Byron Pl. Can WS11 – 2C 4
Byron Rd. B10 – 1E 91
Byron Rd. WV10 – 2C 20
Byron Rd. Red B97 – 5B 144
Byron Rd. Tam B79 – 1B 134
Byron Rd. Wil WV12 – 2B 22
Byron St. CV1 – 4B 116
Byron St. Bri H DY5 – 5A 54
Byron St. W Bro B71 – 5E 45
Bywater Clo. CV3 – 4A 132
Byways. WS3 – 5F 15

Caban Clo. B31 – 3G 103
Cable Dri. WS2 – 4F 23
Cable St. WV2 – 3B 30
Cabot Gro. WV6 – 1A 18
Cadbury Dri. B35 – 3D 62
Cadbury Rd. B13 – 3C 90
Cadbury Way. B17 – 2B 88
Cadden Dri. CV4 – 5D 114
Caddick Cres. W Bro B71 – 4F 45
Caddick Rd. B42 – 3G 47
Caddick St. Bil WV14 – 3C & 4C 42
Cadec Trading Est. War B67 – 3H 71
Cadine Gdns. B13 – 5H 89
Cadleigh Gdns. B17 – 3B 88
Cadle Rd. WV10 – 3A 20
Cadman Clo. Nun CV12 – 3F 81
Cadman Cres. WV10 – 3C 20
Cadman's La. WS6 & WS3 – 1F 15
Cadnam Clo. B17 – 3B 88
Cadnam Clo. Wil WV13 – 3H 31
Caen Clo. Warw CV35 – 4A 146
Caernarvon Clo. Wil WV12 – 3A 22
Caernarvon Way. DY1 – 3A 54
Caernarvon Way. War B66 – 1B 72
Caesar Rd. Ken CV8 – 4A 150
Caesar Way. B46 – 3D 64
Cahill Av. WV10 – 5C 20
Cairndhu Dri. Kid DY10 – 2G 141
Cairn Dri. WS2 – 1C 32
Cairns St. WS2 – 1F 33
Caister Dri. Wil WV13 – 3G 31
Caithness Clo. CV5 – 3C 114
Cakemore La. War B65 – 4C 70
Cakemore Rd. War B65 – 4C 70
Cala Dri. B15 – 1F 89
Calcot Dri. WV6 – 2E 19
Caldecote Clo. Nun CV10 – 1F 137
Caldecote Gro. B9 – 4H 75
Caldecote Rd. CV6 – 3B 116
Caldeford Av. Sol B90 – 2D 124
Calder. Tam B77 – 3H 135
Calder Av. WS1 – 1A 34
Calder Clo. Nun CV12 – 1A 80
Calder Dri. Sut C B76 – 4C 50
Calderfields Clo. WS4 – 5A 24
Calder Gro. B20 – 3E 59
Calder Rise. DY3 – 5B 42
Calder Wlk. L Spa CV31 – 6D 149
Caldmore Grn. WS1 – 3H 33
Caldmore Rd. WS1 – 2G to 3H 33
Caldon Clo. Hin LE10 – 3D 138
Caldwell Ct. Nun CV11 – 5G 137
Caldwell Cres. Kid DY11 – 3D 140
Caldwell Gro. Sol B91 – 3F 109
Caldwell Ho. W Bro B70 – 3F 57
Caldwell Rd. B9 – 3H 75
Caldwell Rd. Nun CV11 – 4G 137
Caldwell St. W Bro B71 – 3G 45
Caldy Wlk. B45 – 1C 118
Cale Clo. Tam B77 – 3E 135
Caledonia. Bri H DY5 – 1A 84
Caledonian. Tam B77 – 3G 135
Caledonia Rd. WV2 – 3A 30
Caledonia St. Bil WV14 – 4F 31
Caledon Pl. WS2 – 3F 33
Caledon St. WS2 – 3F 33 (in two parts)
Calewood Rd. Bri H DY5 – 5A 68
Californian Gro. WS7 – 1E 9
California Rd. War B69 – 4H 55
California Way. B32 – 4H 87
Callcott Dri. Bri H DY5 – 1A 84
Callear Rd. Wed WS10 – 2B 44
Callis Wlk. Tam B77 – 5G 135
Callow Bri. Rd. B45 – 2D 118
Callowbrook La. B45 – 2C to 1C 118
Callows La. Kid DY10 – 2D 140
Calshot Rd. B42 – 3E 47
Calstock Rd. Wil WV12 – 5B 22
Calthorpe Clo. WS5 – 4D 34
Calthorpe Rd. B15 – 5F 73
Calthorpe Rd. B20 – 3G 59
Calthorpe Rd. WS5 – 4D 34
Caludon Pk. Av. CV2 – 3H 117
Caludon Rd. CV2 – 4D 116
Calver Gro. B44 – 2H 47
Calverley Dri. WV4 – 1D 28
Calverley Rd. B38 – 1D 120
Calvert Clo. CV3 – 3B 132
Calverton Gro. B43 – 3D 46
Calverton Wlk. WV6 – 4G 19
Calves Croft. Wil WV13 – 1H 31
Calvin Clo. WV5 – 1A 52
Calvin Clo. WV10 – 5A 12
Calving Hill. Can WS11 – 4C 4
Camberley Cres. WV4 – 2A 42
Camberley Dri. WV4 – 1F 41
Camberley Gro. B23 – 5E 49
Camberley Rd. King DY6 – 2F 67
Camberwell Ter. L Spa CV31 – 5C 149
Camborne Clo. B6 – 5A 60
Camborne Ct. WS5 – 4C 34
Camborne Dri. Nun CV11 – 2H 137
Camborne Rd. WS5 – 4C 34
Cambourne Ho. Nun CV12 – 4B 80
Cambourne Rd. Hin LE10 – 4H 139
Cambourne Rd. War B65 – 3A 70
Cambrai Dri. B28 – 1F 107
Cambria Clo. Sol B90 – 2F 123
Cambrian. Tam B77 – 3G 135
Cambria St. Can WS11 – 3B 4
Cambridge Av. Sol B91 – 4C 108
Cambridge Av. Sut C B73 – 4H 49
Cambridge Clo. WS9 – 2F 25
Cambridge Cres. B15 – 1H 89
Cambridge Dri. B37 – 5H 77
Cambridge Dri. Nun CV10 – 4C 136
Cambridge Rd. B13 – 5B 90
Cambridge Rd. DY2 – 5C 54
Cambridge Rd. War B66 – 5A 58
Cambridge St. B1 – 3G 73
Cambridge St. CV1 – 3C 116
Cambridge St. WS1 – 3H 33
Cambridge St. WV10 – 5A 20
Cambridge St. W Bro B70 – 3E 57
Cambridge Tower. B1 – 3G 73
Camden Clo. B36 – 4D 62
Camden Clo. WS5 – 1A 46
Camden Dri. B1 – 3G 73
Camden Gro. B1 – 3G 73
Camden St. B18 & B1 – 2F 73
Camden St. CV2 – 3E 117
Camden St. WS1 – 3G 33
Camden St. WS9 – 4E 17
Camden Way. King DY6 – 3D 52
Camelia Rd. CV2 – 4F 101
Camelot Clo. Can WS11 – 3D 4
Camelot Gro. Ken CV8 – 3D 150
Camelot Way. B10 – 5D 74
Cameron Clo. CV5 – 1C 114
Cameron Clo. L Spa CV32 – 1C 148
Cameronian Croft. B36 – 4A 62
Cameron Rd. WS4 – 1A 34
Camford Gro. B14 – 4B 106
Cam Gdns. Bri H DY5 – 5G 53
Camino Rd. B32 – 4H 87
Campbell Clo. WS4 – 5A 24
Campbell Clo. Tam B79 – 1B 134
Campbell Pl. Wed WS10 – 4B 32
Campbells Grn. B26 – 2E 93
Campbell St. DY2 – 4E 55
Campbell St. Bri H DY5 – 2H 67
Campden Grn. Sol B92 – 3D 92
Camp Hill. B12 – 5C 74
Camp Hill. Sto DY8 – 4E 67
Camp Hill Dri. Nun CV10 – 1B 136
Camphill Ind. Est. Nun CV10 – 2D 136
Camp Hill La. Wed WS10 – 2C 44
Camp Hill Middleway. B12 – 5B 74
Camphill Precinct. Wed WS10 – 2C 44
Camp Hill Rd. Nun CV10 – 1A 136
Campion Clo. B34 – 1D 76
Campion Clo. B38 – 1E 121
Campion Clo. CV3 – 3C 132
Campion Grn. L Spa CV32 – 3C 148
Campion Gro. Hal B63 – 4E 85
Campion Ho. WV10 – 5B 20
Campion Rd. L Spa CV32 – 3B 148
Campions Av. WS6 – 5B 6
Campion Ter. L Spa CV32 – 4C 148
Camp La. B21 – 3B 58
Camp La. B38 – 4E 105
Camplea Croft. B37 – 3A 78
Camplin Cres. B20 – 1D 58
Campling Clo. Nun CV12 – 1A 80
Camp St. B9 – 4D 74
Camp St. WV1 – 5H 19
Camp St. Wed WS10 – 2C 44 (in two parts)
Campton Clo. Hin LE10 – 3G 139
Campville Cres. W Bro B71 – 3G 45
Campville Gro. B37 – 1H 77
Campwood Clo. B30 – 1E 105
Camrose Croft. B12 – 2A 90
Camrose Croft. B34 – 1E 77
Camrose Tower. B7 – 1C 74
Canal La. B24 – 3G 61
Canal Rd. CV6 – 1D 116
Canal Side. DY2 – 2F 69
Canal Side. War B69 – 4D & 5D 56
Canalside Clo. Wed WS10 – 2G 45
Canal St. B4 – 2A 74
Canal St. WS2 – 1F 33
Canal St. Bil WV14 – 4D 42
Canal St. Bri H DY5 – 1A 68
Canal St. Sto DY8 – 1E 83
Canal St. War B69 – 5D 56
Canberra Rd. CV2 – 3F 101
Canberra Rd. WS5 – 5C 34
Canberra Way. B12 – 5B 74
Canford Clo. B12 – 5B 74
Canley Ford. CV5 – 2G 131
Canley Rd. CV5 – 2F 131
Cannel Rd. WS7 – 2D 8
Canning Clo. WS5 – 4C 34
Canning Gdns. B18 – 2D 72
Canning Rd. WS5 – 4C 34
Canning Rd. Tam B77 – 1F 135
Canning St. Hin LE10 – 2E 139
Cannock Rd. WS7 & Can WS12 – 1F 9 & 1A to 1D 8
Cannock Rd. WV1 & WV10 – 5A 20 to 1F 13
Cannock Rd. Can WS11 & WS12 – 4C 4 to 2E 5
Cannock Rd. Can WS12 – 5F 5 (Heath Hayes)
Cannock Rd. Wil WV12 – 3A 22
Cannocks La. CV4 – 3F 131
Cannon Clo. CV4 – 3G 131
Cannon Hill Gro. B12 – 2A 90
Cannon Hill Rd. B12 – 2A 90
Cannon Hill Rd. CV4 – 3F 131
Cannon Pk. Rd. CV4 – 3G 131
Cannon Pas. B2 – 3A 74
Cannon Rd. WV5 – 5A 40
Cannon St. B2 – 3A 74
Cannon St. WS2 – 5H 23
Cannon St. Wil WV13 – 1H 31
Cannon St. N. WS2 – 5G 23
Canon Dri. CV7 – 1B 100
Canon Young Rd. L Spa CV31 – 8D 149
Canterbury Av. Wil WV13 – 1B 32
Canterbury Clo. WS3 – 4A 16
Canterbury Clo. Ken CV8 – 4D 150
Canterbury Clo. Lich WS13 – 1H 151
Canterbury Clo. W Bro B71 – 3G 45
Canterbury Dri. B37 – 1H 93
Canterbury Dri. WS7 – 2H 9
Canterbury Dri. WV6 – 2A 18
Canterbury Rd. B20 – 3H 59
Canterbury Rd. WV4 – 5D 28
Canterbury Rd. Kid DY11 – 2A 140
Canterbury Rd. W Bro B71 – 3F 45
Canterbury St. CV1 – 4C 116
Canterbury Way. Can WS12 – 5 E5
Cantilow Clo. CV5 – 4D 114
Cantlow Rd. B13 – 2B 106
Canute Clo. WS1 – 3H 33
Canvey Clo. B45 – 5C 102
Canwell Av. B37 – 1H 77
Capcroft Rd. B13 – 2D 106
Cape Clo. WS8 – 3E 17
Cape Hill. War B66 – 2B 72
Capener Rd. B43 – 2E 47
Capern Gro. B32 – 2A 88
Cape Rd. Warw CV34 – 3D 146
Cape St. B18 – 2D 72
Cape St. W Bro B70 – 2C 56
Capethorn Rd. War B66 – 3A 72
Capilano Rd. B23 – 4D 48
Capmartin Rd. CV6 – 1A 116
Capponfield Clo. Bil WV14 – 1D 42
Capstone Av. B18 – 2F 73
Capstone Av. WV10 – 2G 19
Captain's Clo. WV3 – 1D 28
Captain's Pool Rd. Kid DY10 – 5F 141
Capulet Clo. CV3 – 3F 133
Caradoc. Tam B77 – 3H 135
Caradoc Clo. CV2 – 1H 117
Carberry Ter. B7 – 1C 74
Carcroft Rd. B25 – 5A 76
Cardale St. War B65 – 4B 70
Carden Clo. W Bro B70 – 1D 56
Carder Cres. Bil WV14 – 1E 43
Cardiff Clo. CV3 – 3G 133
Cardiff St. WV3 – 3G 29
Cardigan Clo. W Bro B71 – 4F 45
Cardigan Dri. Wil WV12 – 3A 22
Cardigan Pl. Can WS12 – 2F 5
Cardigan Rd. Nun CV12 – 4A 80
Cardigan St. B4 – 3B 74
Cardinal Cres. Brom B61 – 4C 142
Cardinal Dri. Kid DY10 – 5G 141
Cardinal Way. Can WS11 – 4B 4
Carding Clo. CV5 – 4C 114
Cardington Av. B42 – 3F 47
Cardington Clo. Red B98 – 3H 145
Careless Grn. Sto DY9 – 3B 84
Carey St. CV6 – 5F 101
Carfax. Can WS11 – 1C 6
Cargill Clo. CV6 – 2D 100
Carhampton Rd. Sut C B75 – 4D 38
Carisbrooke. Tam B77 – 3G 135
Carisbrooke Av. B37 – 4B 78
Carisbrooke Clo. Wed WS10 – 2G 45
Carisbrooke Cres. Wed WS10 – 2G 45
Carisbrooke Dri. Hal B62 – 3B 86
Carisbrooke Gdns. WV10 – 5A 12
Carisbrooke Rd. B17 – 4B 72
Carisbrooke Rd. WV6 – 1A 28
Carisbrooke Rd. WV10 – 5A 12
Carisbrooke Rd. Nun CV10 – 1G 137
Carisbrooke Rd. Wed WS10 – 2G 45
Carlcroft. Tam B77 – 3H 135
Carless Av. B17 – 1B 88
Carless St. WS1 – 3H 33
Carlisle Rd. Can WS11 – 1A 6
Carlisle St. B18 – 2E 73
Carl St. WS2 – 4G 23
Carlton Av. B21 – 4D 58
Carlton Av. WV10 – 3C 20
Carlton Av. Bil WV14 – 3G 31
Carlton Av. Sto DY9 – 4A 84
Carlton Av. Sut C B74 – 1B 36
Carlton Clo. DY1 – 5D 42
Carlton Clo. Can WS12 – 4G 5
Carlton Clo. Kid DY11 – 1A 140
Carlton Clo. Nun CV12 – 1A80
Carlton Clo. Red B97 – 4A 144
Carlton Clo. Sut C B75 – 3B 38
Carlton Cres. WS7 – 1F 9
Carlton Cres. Tam B79 – 1B 134
Carlton Croft. Sut C B74 – 1B 36
Carlton Gro. B11 – 2D 90
Carlton M. B36 – 4F 63
Carlton Rd. B9 – 4E 75
Carlton Rd. CV6 – 5D 100
Carlton Rd. WV3 – 3F 29
Carlton Rd. War B66 – 4A 58
Carlyle Av. Kid DY10 – 2G 141
Carlyle Gro. WV10 – 2C 20
Carlyle Rd. B16 – 4E 73
Carlyle Rd. B19 – 4H 59
Carlyle Rd. WV10 – 2C 20
Carlyle Rd. Brom B60 – 5E 143
Carlyle Rd. War B65 – 3B 70
Carmel Clo. Can WS12 – 2F 5
Carmel Gro. B32 – 5E 87
Carmelite Rd. CV1 – 5D 116
Carmichael Clo. Lich WS14 – 3H 151
Carmodale Av. B42 – 5F 47
Carnarvon Rd. B9 – 4E 75
Carnbroe Av. CV3 – 2H 133
Carnegie Av. Tip DY4 – 1H 55
Carnegie Clo. CV3 – 4F 133
Carnegie Rd. War B65 – 4H 69
Carnford Rd. B26 – 1E 93
Carnforth Clo. King DY6 – 5B 52
Carnforth Rd. Brom B60 – 4F 143
Carnoustie. Tam B77 – 1H 135
Carnoustie Clo. Sut C B75 – 3A 38
Carnwath Rd. Sut C B73 – 2F 49
Carol Av. Brom B61 – 3C 142
Carol Cres. WV11 – 3F 21
Carol Cres. Hal B63 – 2G 85
Caroline Rd. B13 – 2A 90
Caroline St. B3 – 2G 73
Caroline St. DY2 – 4F 55
Caroline St. W Bro B70 – 3E 57
Carpenter Rd. B15 – 1F 89
Carpenters Clo. Hin LE10 – 4G 139
Carpenter's Rd. B19 – 5G 59
Carrick Clo. WS3 – 3A 16
Carriers Clo. Wed WS10 – 2D 32
Carrington Rd. B10 – 5D 74
Carrington Rd. Wed WS10 – 2G 45
Carroll Wlk. Kid DY10 – 3G 141
Carroway Head Hill – Sut C B75 & Tam B78 – 1E 39
Carrs La. B4 – 3A 74
Carsal Clo. CV7 – 2B 100
Carshalton Gro. WV2 – 3A 30
Carshalton Rd. B44 – 2B 48
Cartbridge Clo. WS3 – 4A 24
Cartbridge Cres. WS3 – 4A 24
Cartbridge La. WS4 – 4A 24
Cartbridge Wlk. WS3 – 4A 24
Carter Av. WV8 – 5B 10
Carter Av. Kid DY11 – 4C 140
Carter Ct. Kid DY11 – 4C 140
Carter Rd. B43 – 2E 47

Carter Rd.—Charlecote Dri.

Carter Rd. CV3 – 1E 133
Carter Rd. WV6 – 4G 19
Carters Clo. Sut C B76 – 1C 50
Cartersfield La. WS9 – 2H 17
Carters Grn. W Bro B70 – 1E 57
Carters Grn. Pas. W Bro B70 – 1A 57
Carters Grn. Rd. W Bro B70 – 1E 57
Carter's Hurst. B33 – 5E 77
Carter's La. Hal B62 – 2C 86
Carthusian Rd. CV3 – 2B 132
Cartland Rd. B11 – 1D 90
Cartland Rd. B30 & B14 – 1F 105
Cartmel Clo. CV5 – 4D 114
Cartway, The. WV6 – 2A 18
Cartwright Gdns. War B69 – 3A 56
Cartwright Rd. Sut C B75 – 1A 38
Cartwright St. WV2 – 3H 29
Carver Clo. CV2 – 5H 117
Carver Gdns. Sto DY8 – 4E 83
Carver St. B1 – 2G 73
Cascade Clo. CV3 – 3C 132
Casewell Rd. King DY6 – 4C 52
Casey Av. B23 – 3E 49
Cash-Joynson Av. Wed WS10 – 3A 32
Cashmore Av. L Spa CV31 – 7B 149
Cashmore Rd. Ken CV8 – 3D 150
Cashmore Rd. Nun CV12 – 4C 80
Cash's La. CV1 – 2B 116
Caslon Cres. Sto DY8 – 3D 82
Caslon Rd. Hal B63 – 1E 85
Cassandra Clo. CV4 – 5F 131
Cassandra Clo. Bri H DY5 – 4H 53
Cassino Dri. CV3 – 3C 132
Cassowary Rd. B20 – 2E 59
Castello Dri. B36 – 3F 63
Castia Gro. Ken CV8 – 3D 150
Castlebridge Gdns. WV11 – 3G 21
Castlebridge Rd. WV11 – 3G 21
Castle Clo. CV3 – 3C 132
Castle Clo. WS8 – 5E 9
Castle Clo. Sol B92 – 5D 92
Castle Clo. Tam B77 – 1E 135
Castle Clo. War B64 – 4H 69
Castle Clo. Warw CV34 – 4D 146
Castle Ct. B34 – 5G 63
Castle Ct. Hin LE10 – 4F 139
Castle Ct. Warw CV34 – 4D 146
Castle Cres. B36 – 4E 63
Castle Croft. War B68 – 5G 71
Castlecroft Av. WV3 – 3A 28
Castlecroft Gdns. WV3 – 3C 28
Castlecroft La. WV3 – 2A 28
Castlecroft Rd. WV3 – 3A 28
Castle Croft Rd. Bil WV14 – 3F 31
Castleditch La. Red B98 – 5C 144
Castle Dri. B46 – 1E 79
Castle Dri. Wil WV12 – 4H 21
Castle Dyke. Lich WS13 – 3G 151
Castleford Rd. B11 – 3D 90
Castlefort Rd. WS9 – 5F 17
Castle Ga. M. Warw CV34 – 4E 147
Castle Gro. Ken CV8 – 3A 150
Castle Gro. Sto DY8 – 3G 83
Castlehall. Tam B77 – 3G 135
Castle Hill. DY1 – 3E 55
Castle Hill. Ken CV8 – 2A 150
Castle Hill. Warw CV34 – 4E 147
Castlehill Rd. WS9 – 5G 17
Castle La. Sol B92 – 5C 92 to 5E 93
Castle La. Warw CV34 – 4D 146
Castlemaine Dri. Hin LE10 – 1F 139
Castle Mill. DY1 – 1E 55
Castle Mill Rd. DY1 – 1D 54
Castle Rd. B29 – 4A 88
Castle Rd. WS9 – 5F 17
Castle Rd. Ken CV8 – 3A 150
Castle Rd. Kid DY11 & DY10 – 3D 140
Castle Rd. Nun CV10 – 1F 137
Castle Rd. Tip DY4 – 1E 55
Castle Rd. E. War B68 – 5G 71
Castle Rd. W. War B68 – 5F 71
Castle Sq. B29 – 5A 88
Castle St. B4 – 3A 74
Castle St. CV1 – 4C 116
Castle St. DY1 – 3E 55
Castle St. DY3 – 3A 42
Castle St. WS8 – 5E 9
Castle St. WV1 – 1H 29
Castle St. Bil WV14 – 4D 42
Castle St. Hin LE10 – 2E & 2F 139
Castle St. Tip DY4 – 1F 55
Castle St. Warw CV34 – 4E 147
Castle St. Wed WS10 – 3B 32
Castle St. W Bro B70 – 4D 44
Castleton Rd. B42 – 4H 47
Castleton Rd. WS3 – 5F 15
Castleton St. DY2 – 2E 69
Castle Vale Ind. Est. Sut C B76 – 5D 50
Castle Vale Shopping Centre. B35 – 3C 62
Castle View. DY1 – 3D 54
Castle View. Tam B77 – 4D 134
Castle View Clo. Wed WS10 – 5H 31
Castle View Ind. Est. Tip DY4 – 2G 55
Castle View Rd. Bil WV14 – 1H 43
Castle View Ter. Bil WV14 – 4D 42
Castle Yd. WV1 – 2H 29
Castner Dri. War B69 – 5E 57
Caswell Rd. DY3 – 4H 41
Caswell Rd. L Spa CV31 – 6C 149
Cat & Kittens La. WV10 – 2A 12
Cater Dri. Sut C B76 – 2C 50
Catesby Dri. King DY6 – 4D 52
Catesby Rd. CV6 – 1A 116
Catesby Rd. Sol B90 – 1H 123
Cateswell Rd. B28 & B11 – 5F to 4G 91
Cathcart Rd. Sto DY8 – 2E 83
Cathedral Av. Kid DY11 – 3A 140
Cathedral Rise. Lich WS13 – 2F 151
Cathel Dri. B42 – 4F 47
Catherine Clo. Brom B60 – 5D 142
Catherine de Barnes La. Sol B92 – 2B 110
Catherine Dri. Sut C B73 – 4G 37
Catherine Rd. Bil WV14 – 3C 42
Catherine's Clo. Sol B91 – 4B 110
Catherine's Cross. Wed WS10 – 4A 32
Catherine St. B6 – 5B 60
Catherine St. CV2 – 4D 116
Catherton Clo. Tip DY4 – 2A 44
Catholic La. DY3 – 4H 41
Catisfield Cres. WV8 – 1E 19
Cat La. B34 – 5D 62
Caton Gro. B28 – 1G 107
Cato St. B7 – 2D 74
Cato St. N. B7 – 1D 74
Catshill Rd. WS8 – 2F 17
Cattell Dri. Sut C B75 – 5D 38
Cattell Rd. B9 – 4D 74
Cattell Rd. Warw CV34 – 3D 146
Cattells Gro. B7 – 5D 60
Cattermole Gro. B43 – 1H 47
Cattock Hurst Dri. Sut C B72 – 4A 50
Causeway. War B65 – 4A 70
Causeway Grn. Rd. War B68 – 3D 70
Causeway Rd. Bil WV14 – 3E 43
Causeway, The. B25 – 1A 92
Causey Farm Rd. Hal B63 – 5E 85
Cavandale Av. B44 – 3A 48
Cavans Clo. Can WS11 – 2C 4
Cavalier Cir. WV10 – 4A 12
Cavan's Wood Caravan Pk. Can WS12 – 2B 4
Cavell Rd. DY2 – 3G 55
Cavendish. Tam B79 – 1A 134
Cavendish Clo. King DY6 – 2D 66
Cavendish Cres. Kid DY10 – 1G 141
Cavendish Gdns. WS2 – 5D 22
Cavendish Gdns. WV1 – 2D 30
Cavendish Ho. DY2 – 3E 55
Cavendish Rd. B16 – 2C 72
Cavendish Rd. CV4 – 5B 114
Cavendish Rd. WS2 – 4D 22
Cavendish Rd. WV1 – 2D 30
Cavendish Rd. Hal B62 – 3C 86
Cavendish Way. WS9 – 4G 25
Caversham Rd. B44 – 2B 48
Cawdon Gro. Sol B93 – 5H 125
Cawdor Cres. B16 – 4E 73
Cawney Hill. DY2 – 4F 55
Cawnpore Rd. CV6 – 4A 100
Cawthorn Clo. CV1 – 3C 116
Caxton Gro. B44 – 3D 48
Caxton St. Can WS11 – 5C 4
Caynham Clo. Red B98 – 2G 145
Caynham Rd. B32 – 1E 103
Cayton Gro. B23 – 4F 49
Cecil Dri. War B69 – 3B 56
Cecil Rd. B24 – 2F 61
Cecil Rd. B29 – 5G 89
Cecil St. B19 – 2A 74
Cecil St. WS4 – 5H 23
Cecil St. Can WS11 – 2D 4
Cecil St. Sto DY8 – 2E 83
Cecily Rd. CV3 – 2C 132
Cedar Av. B36 – 5E 63
Cedar Av. WS8 – 1F 17
Cedar Av. Bil WV14 – 4C 42
Cedar Bri. Croft. Sut C B74 – 3H 37
Cedar Clo. B30 – 2D 104
Cedar Clo. WS5 – 5B 34
Cedar Clo. WS7 – 2F 9
Cedar Clo. L Spa CV32 – 1C 148
Cedar Clo. Sto DY8 – 4C 82
Cedar Clo. War B68 – 5F 71
Cedar Ct. Hin LE10 – 4H 139
Cedar Ct. War B66 – 5H 57
Cedar Cres. Kid DY11 – 2C 140
Cedar Dri. B24 – 1A 62
Cedar Dri. Brom B60 – 4E 143
Cedar Dri. Kid DY11 – 2C 140
Cedar Dri. Sut C B74 – 2A 36
Cedar Dri. Tam B79 – 1C 134
Cedar Gro. WV3 – 4E 29
Cedar Gro. WV8 – 5B 10
Cedar Gro. Bil WV14 – 3G 31
Cedar Gro. Warw CV34 – 2F 147
Cedar Hill Dri. Can WS11 – 4D 4
Cedar Ho. B36 – 5C 62
Cedarhurst. B32 – 2A 88
Cedar Pk. Rd. Red B97 – 2B 144
Cedar Pk. Rd. Wil WV12 – 1A 22
Cedar Rd. B30 – 2D 104
Cedar Rd. DY1 – 2D 54 (in two parts)
Cedar Rd. WS7 – 2F 9
Cedar Rd. Nun CV10 – 1B 136
Cedar Rd. Red B97 – 2B 144
Cedar Rd. Tip DY4 – 1E 55
Cedar Rd. Wed WS10 – 2D 44
Cedar Rd. Wil WV13 – 1F 31
Cedars Av. B27 – 3A 92
Cedars Av. CV6 – 3G 115
Cedars Av. WV5 – 1A 52
Cedars Av. King DY6 – 2D 66
Cedars Rd. CV7 – 4E 81
Cedars, The. CV7 – 5E 81
Cedars, The. WV6 – 4D 18
Cedars, The. L Spa CV32 – 4A 148
Cedar Ter. Brom B60 – 4E 143
Cedar View. Red B97 – 2B 144
Cedar Wlk. B37 – 3A 78
Cedar Way. B31 – 1A 120
Cedar Way. WV11 – 3D 20
Cedarwood Croft. B42 – 4E 47
Cedarwood Dri. CV7 – 3C 128
Cedarwood Rd. DY3 – 1H 53
Cedric Clo. CV3 – 3G 133
Celandine Clo. King DY6 – 2C 66
Celandine Rd. CV2 – 4G 101
Celandine Rd. DY1 – 2C 54
Celbury Way. B43 – 3D 46
Celtic Rd. Can WS11 – 3B 4
Celts Clo. War B65 – 2A 70
Cemetery La. B18 – 1G 73
Cemetery La. Red B97 – 3B 144
Cemetery Rd. WS6 – 5A 6
Cemetery Rd. Can WS11 – 3B 4
Cemetery Rd. Sto DY9 – 2A 84 (in two parts)
Cemetery Rd. Sut C B75 – 4A 38
Cemetery Rd. War B67 – 2H 71
Cemetery Rd. War B68 – 5F 57
Cemetery Rd. Wed WS10 – 3D 32
Cemetery Rd. Wil WV13 – 1H 31
Cemetery St. Bil WV14 – 4E 31
Cemetery Way. WS3 – 1E 23
Centaur Rd. CV5 – 5H 115
Centenary Clo. B31 – 5A 104
Centenary Rd. CV4 – 2E 131
Central Arc. WV1 – 2H 29
Central Av. B31 – 2H 119
Central Av. CV2 – 5E 117
Central Av. Bil WV14 – 3F 31
Central Av. Can WS11 – 2C 4
Central Av. L Spa CV31 – 6B 149
Central Av. Nun CV11 – 2F 137
Central Av. Sto DY9 – 3B 84
Central Av. Tip DY4 – 4G 43
Central Av. War B64 – 5E 69
Central Av. War B65 – 4A 70
Central Clo. WS3 – 1D 22
Central Dri. DY3 – 3H 53
Central Dri. WS3 – 2D 22
Central Dri. Bil WV14 – 4E 43
Central Gro. B27 – 4A 92
Central Rd. Brom B60 – 4E 143
Centre La. Hal B63 – 3A 86
Centre Row. B5 – 4A 74
Centreway, The. B14 – 4E 107
Centurion Clo. B46 – 3D 64
Century Ho. War B69 – 1B 70
Century Rd. War B69 – 4D 56
Ceolmund Cres. B37 – 3A 78
Chace Av. CV3 – 3F 133
Chaceley Gro. B23 – 4E 49
Chadbury Croft. Sol B91 – 1E 125
Chadbury Rd. Hal B63 – 4A 86
Chaddesley Clo. Red B98 – 4D 144
Chaddesley Clo. War B69 – 1B 70
Chaddesley Dri. Sto DY9 – 5G 83
Chaddesley Gdns. Kid DY10 – 3F 141
Chaddesley Rd. B31 – 5C 104
Chaddesley Rd. Hal B63 – 4G 85
Chaddesley Rd. Kid DY10 – 3F 141
Chadley Clo. Sol B91 – 2D 108
Chad Rd. B15 – 5E 73
Chad Rd. Bil WV14 – 4C 42
Chadshunt Clo. B36 – 3F 63
Chad Sq. B15 – 5E 73
Chadsmoor Ter. B7 – 1C 74
Chadstone Clo. Sol B90 – 3E 125
Chadswell Heights. Lich WS13 – 1H 151
Chad Valley Clo. B17 – 1C 88
Chadwell Gdns. WV8 – 4A 10
Chadwich Av. B45 – 3E 119
Chadwick Clo. CV5 – 4E 115
Chadwick Clo. WV4 – 4C 28
Chadwick La. Sol B93 – 5E 127
Chadwick Rd. Sut C B75 – 4C & 5C 38
Chaffcombe Rd. B26 – 1F 93
Chaffinch Clo. DY3 – 2H 41
Chaffinch Clo. Can WS12 – 3E 5
Chaffinch Dri. B36 – 5A 64
Chaffinch Dri. Kid DY10 – 5F 141
Chaffinch Rd. Sto DY9 – 3H 83
Chain Wlk. B19 – 5H 59
Chalcot Dri. Can WS12 – 1D 4 (in two parts)
Chalcot Gro. B20 – 5D 46
Chaldon Clo. WV9 – 1F 19
Chale Gro. B14 – 4C 106
Chalfield. Tam B79 – 2A 134
Chalfont Av. Can WS11 – 1A 6
Chalfont Clo. CV5 – 4D 114
Chalfont Clo. Nun CV12 – 2E 81
Chalfont Pl. Sto DY9 – 4B 84
Chalfont Rd. B20 – 3G 59
Chalford Rd. B23 – 4D 48
Chalgrove Av. B38 – 5D 104
Challenge Clo. CV1 – 3B 116
Challenor Av. Wil WV13 – 2E 31
Chalybeate Clo. B45 – 1D 118
Chamberlain Clo. War B69 – 3B 56
Chamberlain Cres. Sol B90 – 5G 107
Chamberlaine St. Nun CV12 – 3F 81
Chamberlain Rd. B13 – 2B 106
Chamberlains Grn. CV6 – 2H 115
Chamberlains La. WV4 – 1E 41
Chamberlain Sq. B3 – 3H 73
Chamberlain Wlk. War B66 – 1A 72
Chance Fields. L Spa CV31 – 6E 149
Chancel Ind. Est. Wil WV13 – 1H 31
Chancellors Clo. B15 – 5D 72
Chancellors Clo. CV4 – 4F 131
Chancel Way. B23 – 1B 60
Chancel Way. Hal B62 – 1A 86
Chancery Dri. Can WS12 – 1F 5
Chancery La. Nun CV10 – 1A 136
Chancery Way. Bri H DY5 – 4B 68
Chanders Rd. Warw CV34 – 2D 146
Chandler Ho. War B69 – 2B 70
Chandlers Clo. WV9 – 1F 19
Chandlers Clo. Red B97 – 5B 144
Chandlers Dri. Tam B77 – 1H 135
Chandlers Rd. L Spa CV31 – 8C 149
Chandos Av. B13 – 4B 90
Chandos Rd. B12 – 5B 74
Chandos St. CV2 – 4E 117
Chandos St. L Spa CV32 – 4B 148
Chandos St. Nun CV11 – 3E 137
Channon Dri. Bri H DY5 – 5H 67
Chanston Av. B14 – 4A 106
Chanterelle Gdns. WV4 – 1G 41
Chantrey Cres. B43 – 1H 47
Chantries, The. CV1 – 3D 116
Chantry Av. WS3 – 2F 23
Chantry Clo. B47 – 2B 122
Chantry Cres. Bil WV14 – 4G 31
Chantry Dri. Hal B62 – 1D 86
Chantry Heath Cres. Sol B93 – 2B 126
Chantry Rd. B13 – 3A 90
Chantry Rd. B21 – 4E 59
Chantry Rd. Sto DY7 – 1C 82
Chantry, The. Warw CV34 – 2F 147
Chapel Ash. WV3 – 1G 29
Chapel Av. WS8 – 5D 8 & 5E 9
Chapel Clo. WV5 – 1A 52
Chapel Clo. War B64 – 5H 69
Chapel Dri. B47 – 5B 122
Chapel Dri. CV7 – 2C 128
Chapel Dri. WS8 – 5D 8
Chapelfield Rd. B45 – 2E 119
Chapel Fields Rd. Sol B92 – 4C 92
Chapel Grn. Wil WV13 – 1A 32
Chapel Hill. Kid DY10 – 1F 141
Chapel Ho. La. Hal B63 – 2D 84
Chapelhouse Rd. B37 – 4H 77
Chapel Ho. St. B12 – 4B 74
Chapel La. B29 – 4D 88
Chapel La. B43 & WS9 – 1E 47
Chapel La. B47 – 5A 122
Chapel La. CV1 – 4H 115
Chapel La. WV8 – 5A 10
Chapel La. Lich WS14 – 4G 151
Chapelon. Tam B77 – 3G 135
Chapel Pas. War B69 – 2E 71
Chapel Row. Warw CV34 – 4E 147
Chapel Sq. CV6 – 5D 100
Chapel Sq. WS6 – 4B 6
Chapel St. B4 – 3A 74
Chapel St. B21 – 5C 58
Chapel St. CV1 – 4B 116
Chapel St. DY2 – 2E 69
Chapel St. WS3 – 2G 23 (Bloxwich)
Chapel St. WS3 – 5A 16 (Pelsall)
Chapel St. WS7 – 1D 8
Chapel St. WS8 – 5D 8
Chapel St. WV2 – 4H 29
Chapel St. WV5 – 1A 52
Chapel St. Bil WV14 – 5G 31
Chapel St. Bri H DY5 – 3A 68
Chapel St. Bri H DY5 – 5H 53 (Pensnett)
Chapel St. Bri H DY5 – 5C 68 (Quarry Bank)
Chapel St. Brom B60 – 3E 143
Chapel St. Can WS11 – 3H 7
Chapel St. Can WS12 – 5G 5
Chapel St. Hal B63 – 4G 85
Chapel St. Kid DY11 – 3D 140
Chapel St. King DY6 – 4B 52
Chapel St. L Spa CV31 – 5B 149
Chapel St. Nun CV11 – 3F 137
Chapel St. Nun CV12 – 3F 81
Chapel St. Red B97 – 4B 144
Chapel St. Sto DY8 – 2F 83
Chapel St. Sto DY8 – 3D 66 (Wordsley)
Chapel St. Sto DY9 – 2A 84
Chapel St. Tip DY4 – 1F 55 (in two parts)
Chapel St. War B69 – 5C 56
Chapel St. Warw CV34 – 4E 147
Chapel St. Wed WS10 – 2C 44
Chapel St. W Bro B70 – 1E 57
Chapel View. War B67 – 2A 72
Chapel Wlk. B30 – 5F 105
Chapel Wlk. DY3 – 3G 53
Chapel Wlk. Brom B60 – 3E 143
Chapelwood Gro. B42 – 1H 59
Chapel Yd. CV1 – 4A 116
Chapel Yd. Hin LE10 – 2F 139
Chaplain Rd. Can WS12 – 4G 5
Chapman Clo. L Spa CV31 – 7E 149
Chapman Rd. B10 – 5D 74
Chapman's Hill. Hal B62 – 1A 118
Chapmans Pas. B1 – 4H 73
Chapman St. W Bro B70 – 2E 57
Chard Rd. CV3 – 2G 133
Charfield Clo. B30 – 2C 104
Charford Rd. Brom B60 – 5D 142
Charingworth Rd. Sol B92 – 4E 93
Charity Rd. CV7 – 1H 99
Charlbury Av. B37 – 3G 77
Charlbury Cres. B26 – 5C 76
Charlbury M. L Spa CV31 – 6D 149
Charlcote Rd. CV6 – 4H 99
Charlecote Clo. Red B98 – 3G 145
Charlecote Croft. Sol B90 – 1A 124
Charlecote Dri. B23 – 4F 49

Charlecote Gdns.—Chiltern Rd.

Charlecote Gdns. Sut C B73 – 4G 49
Charlecote Rise. Wil WV13 – 2G 31
Charlecott Clo. B13 – 1E 107
Charlemont Av. W Bro B71 – 3H 45
Charlemont Clo. WS5 – 4B 34
Charlemont Clo. Can WS12 – 3F 5
Charlemont Cres. W Bro B71 – 3H 45
Charlemont Gdns. WS5 – 4B 34
Charlemont Rd. WS5 – 4B 34
Charlemont Rd. W Bro B71 – 3H 45
Charles Av. WV4 – 5G 29
Charles Av. WV11 – 4G 13
Charles Av. Kid DY10 – 1F 141
Charles Av. War B65 – 2A 70
Charles Cres. WS3 – 4A 16
Charlesdale Dri. WS9 – 5G 25
Charles Dri. B7 – 1C 74
Charles Eaton Rd. Nun CV12 – 3D 80
Charles Edward Rd. B26 – 1A 92
Charles Foster St. Wed WS10 – 4A 32
Charles Gardner Rd. L Spa CV31 – 6B 149
Charles Henry St. B12 – 5A 74
Charles Holland St. Wil WV13 – 1A 32
Charles Rd. B6 – 4B 60
Charles Rd. B9 & B10 – 4E to 5E 75
Charles Rd. B20 – 4G 59
Charles Rd. Bri H DY5 – 4C 68
Charles Rd. Hal B63 – 3G 85
Charles Rd. Sol B91 – 5B 108
Charles Rd. Sto DY8 – 2D 82
Charles Rd. Tip DY4 – 4H 43
Charles Spragg Ho. War B66 – 1B 72
Charles St. CV1 – 4C 116
Charles St. WS2 – 2G 33
Charles St. Hin LE10 – 2F 139
Charles St. Kid DY10 – 3E 141
Charles St. Nun CV11 – 2E 137
Charles St. Red B97 – 4A 144
Charles St. War B66 – 5B 58
Charles St. Warw CV34 – 3F 147
Charles St. W Bro B70 – 1C 56
Charles St. Wil WV13 – 5A 22
Charles Wlk. War B65 – 2A 70
Charles Watson Ct. L Spa CV32 – 3C 148
Charlesworth Av. Sol B90 – 3E 125
Charleville Rd. B19 – 5F 59
Charlewood Rd. CV6 – 4A 100
Charlotte Rd. B15 – 5G 73
Charlotte Rd. B30 – 2F 105
Charlotte Rd. Wed WS10 – 2A 44
Charlotte St. B3 – 3G 73
Charlotte St. DY1 – 4D 54
Charlotte St. WS1 – 1A 34
Charlotte St. L Spa CV31 – 6B 149
Charlton Dri. War B64 – 5E 69
Charlton Pl. B8 – 2E 75
Charlton Rd. B44 – 4B 48
Charlton St. DY1 – 3D 54
Charlton St. Bri H DY5 – 3F 67
Charminster Av. B25 – 5B 76
Charminster Dri. CV3 – 4C 132
Charnley Dri. Sut C B75 – 1B 38
Charnwood Av. DY3 – 2H 41
Charnwood Av. Nun CV10 – 4C 136
Charnwood Clo. B45 – 4E 103
Charnwood Clo. Bil WV14 – 1H 43
Charnwood Clo. Bri H DY5 – 5G 67
Charnwood Clo. Can WS12 – 3F 5
Charnwood Clo. Hin LE10 – 1F 139
Charnwood Clo. Lich WS13 – 2H 151
Charnwood Ct. Sto. DY9 – 4A 84
Charnwood Ho. Lich WS13 – 1F 151
Charnwood Rd. B42 – 4E 47
Charnwood Rd. WS5 – 1A 46
Charnwood Rd. Hin LE10 – 1F 139
Charnwood Way. L Spa CV32 – 2D 148
Charter Av. CV4 – 2A 130 to 2F 131
Charter Clo. Can WS11 – 3H 7
Charter Cres. War B64 – 5H 69
Charterfield Clo. Can WS12 – 4G 5
Charterfield Dri. King DY6 – 4D 52
Charterhouse Rd. CV1 – 5D 116
Charters Av. WV8 – 1B 18
Charters, The. Lich WS13 – 2G 151
Charter St. Bri H DY5 – 1B 68
Chartist Rd. B8 – 1E 75
Chartley Clo. WV6 – 5A 18
Chartley Rd. B23 – 3D 60
Chartley Rd. W Bro B71 – 5G 45
Chartway, The WS3 – 4A 16
Chartwell. Tam B79 – 1A 134
Chartwell Clo. DY1 – 5D 42
Chartwell Clo. Nun CV11 – 5H 137
Chartwell Dri. WV5 – 1A 52
Chartwell Dri. WV10 – 1A 20
Chartwell Dri. Sol B90 – 4B 124
Chartwell Dri. Sut C B74 – 5E 27
Chase Av. WS6 – 4C 6
Chase Clo. Nun CV11 – 2G 137
Chase Gro. B24 – 5A 50
Chase La. Ken CV8 – 1A 150
Chaseley Av. Can WS11 – 4A 4
Chaseley Croft. Can WS11 – 4A 4
Chaseley Gdns. WS7 – 1G 9
Chase Rd. DY3 & Bri H DY5 – 3G 53
Chase Rd. WS3 – 2D 22
Chase Rd. WS7 – 2F 9
Chase Rd. WS8 – 1F 17
(in two parts)
Chaseside Dri. Can WS12 – 3E 5
Chaseside Ind. Est. Can WS12 – 3E 5
Chase, The. Sut C B76 4B 50
Chase Vale. WS7 – 2D 8
Chase View WV4 – 2A 42
Chase Wlk. Can WS12 – 2A 4
Chasewater Way. Can WS11 – 2H 7
Chatham Rd. B31 – 4A 104
Chatsworth Av. B43 – 2C 46
Chatsworth Clo. Hin LE10 – 4G 139
Chatsworth Clo. Sol B90 – 4B 124
Chatsworth Clo. Sut C B72 – 4A 50
Chatsworth Clo. Wil WV12 – 4H 21
Chatsworth Cres. WS4 – 3C 24
Chatsworth Dri. Can WS11 – 2E 5
Chatsworth Dri. Nun CV11 – 5H 137
Chatsworth Gdns. L Spa CV31 – 6D 149
Chatsworth Gro. Ken CV8 – 2D 150
Chatsworth M. Sto DY8 – 3C 66
Chatsworth Rise. CV3 – 3C 132
Chatsworth Rd. Hal B62 – 5H 69 & 1H 85
Chattaway Dri. CV7 – 3C 128
Chattaway St. B7 – 5D 60
Chatterton Wlk. Kid DY10 – 3G 141
Chattock Clo. B36 – 5B 62
Chatwell Gro. B29 – 4B 88
Chatwin Pl. Bil WV14 – 1F 43
Chatwin St. War B66 – 5H 57
Chaucer Av. DY3 – 1F 53
Chaucer Av. Tip DY4 – 4H 43
Chaucer Av. Wil WV12 – 2B 22
Chaucer Clo. Bil WV14 – 3E 43
Chaucer Clo. Lich WS14 – 4G 151
Chaucer Clo. Sto DY8 – 5F 67
Chaucer Cres. Kid DY10 – 3H 141
Chaucer Dri. WS7 – 1F 9
Chaucer Gro. B27 – 4H 91
Chaucer Ho. Hal B63 – 2D 84
Chaucer Rd. WS3 – 2G 23
Chaucer Rd. Brom B60 – 5F 143
Chauntry Pl. CV1 – 4B 116
Chauson Gro. Sol B91 – 1D 124
Chavasse Rd. Sut C B72 – 1A 50
Chawn Hill. Sto DY9 – 3H 83
Chawn Hill Clo. Sto DY9 – 3H 83
Chawn Pk. Dri. Sto DY9 – 3H 83
Chaynes Gro. B33 – 3F 77
Cheadle Clo. CV2 – 3E 101
Cheam Clo. CV6 – 5E 101
Cheadle Dri. B23 – 4E 49
Cheam Gdns. WV6 – 2E 19
Cheapside. B5 & B12 – 4B 74
Cheapside. WV1 – 1H 29
Cheapside. Wil WV13 – 2H 31
Cheatham St. B7 – 5D 60
Checketts St. WS2 – 1F 33
Cheddar Rd. B12 – 2A 90
Chedworth Clo. B29 – 2A 104
Chedworth Clo. Red B98 – 1F 145
Cheedon Clo. Sol B93 – 5G 125
Chelford Cres. King DY6 – 3F 67
Chells Gro. B13 – 3C 106
Chelmar Dri. Bri H DY5 – 1F 67
Chelmarsh Av. WV3 – 2B 28
Chelmer Clo. B36 – 4H 63
Chelmorton Rd. B42 – 4H 47
Chelmscote Rd. Sol B92 – 5C 92
Chelmsley Av. B46 – 1E 79
Chelmsley Circle. B37 – 3A 78
Chelmsley Gro. B33 – 3G 77
Chelmsley La. B37 – 5H 77
Chelmsley Rd. B37 – 3H 77 to 4C 78
Chelsea Clo. B32 – 3H 87
Chelsea Clo. Nun CV11 – 1H 137
Chelsea Dri. Sut C B74 – 5F 27
Chelsea Trading Est. B7 – 1B 74
Chelsea Way. King DY6 – 5C 52
Chelsey Rd. CV2 – 1H 117
Chelston Dri. WV6 – 5D 18
Chelston Rd. B31 – 5H 103
Cheltenham Clo. Nun CV12 – 2E 81
Cheltenham Dri. B36 – 4B 62
Cheltenham Dri. King DY6 – 1B 66
Cheltondale Rd. Sol B91 – 2C 108
(in two parts)
Chelveston Cres. Sol B91 – 1D 124
Chelveston Rd. CV6 – 3F 115
Chelworth Rd. B38 – 5G 105
Chem Rd. Bil WV14 – 5D 30
Chenies Clo. CV5 – 4D 114
Cheniston Rd. Wil WV12 – 3B 22
Chepstow Clo. CV3 – 3F 133
Chepstow Clo. WV6 – 5A 18
Chepstow Gro. B45 – 3E 119
Chepstow Rd. WS3 – 1C 22
Chepstow Rd. WV10 – 4A 12
Chepstow Way. WS3 – 2D 22
Chequerfield Dri. WV3 – 4F 29
Chequers Av. WV5 – 3A 40
Chequers, The. Lich WS13 – 2G 151
Chequer St. WV3 – 4F 29
Chequer St. Nun CV12 – 1B 80
Chequers Wlk. B1 – 4G 73
Cherhill Covert. B14 – 5H 105
Cherington Clo. Red B98 – 4H 145
Cherington Rd. B29 – 5F 89
Cheriton Clo. CV5 – 4F 115
Cheriton Gro. WV6 – 2A 18
Cheriton Wlk. B23 – 2D 60
Cherrington Dri. WS6 – 3C 6
Cherrington Gdns. WV6 – 1B 28
Cherrington Gdns. Sto DY9 – 5H 83
Cherrybrook Way. CV2 – 5F 101
Cherry Clo. WS7 – 2E 9
Cherry Cres. Brom B61 – 3C 142
Cherry Dri. War B64 – 4G 69
Cherry Grn. DY1 – 1B 54
Cherry Gro. WV11 – 3E 21
Cherry Gro. Sto DY8 – 3D 82
Cherry La. DY3 – 2C 52
Cherry La. Warw CV35 – 4A 146
Cherry La. Wed WS10 – 2E 45
Cherry Lea. B34 – 1E 77
Cherry Orchard. Ken CV8 – 3C 150
Cherry Orchard. Kid DY10 – 3E 141
Cherry Orchard. Lich WS14 – 4G 151
Cherry Orchard. War B64 – 4G 69
Cherry Orchard Av. Hal B63 – 2G 85
Cherry Orchard Cres. Hal B63 – 2G 85
Cherry Orchard Dri. Brom B61 – 3C 142
Cherry Orchard Rd. B20 – 1E 59
Cherry Rd. Tip DY4 – 4G 43
Cherry St. B2 – 3A 74
Cherry St. WV3 – 2G 29
Cherry St. Hal B63 – 2G 85
Cherry St. Sto DY8 – 3D 82
Cherry St. Tam B79 – 2C 134
Cherry St. Warw CV34 – 3E 147
Cherry Tree Av. WS5 – 5A 34
Cherry Tree Av. Nun CV10 – 2C 136
Cherry Tree Ct. Sto DY9 – 4A 84
Cherry Tree Gdns. WV8 – 5B 10
Cherry Tree La. WV8 – 5B 10
Cherry Tree La. Hal B63 – 5E 85
Cherry Tree Rd. Can WS11 – 3B 8
Cherry Tree Rd. King DY6 – 4E 53
Cherry Tree Wlk. Red B97 – 2A 144
Cherry Tree Wlk. Tam B79 – 1C 134
Cherry Way. Ken CV8 – 3B 150
Cherrywood Cres. Sol B91 – 1E 125
Cherrywood Grn. Bil WV14 – 3E 31
Cherrywood Gro. CV5 – 3C 114
Cherrywood Rd. B9 – 4E 75
Cherry Wood Rd. Sut C B74 – 2H 35
Cherry Wood Way. Sut C B74 – 4E 27
Chervil Clo. B42 – 4H 47
Chervil Rise. WV10 – 5B 20
Cherwell. Tam B77 – 3E 135
Cherwell Clo. Hin LE10 – 3C 138
Cherwell Dri. B36 – 4H 63
Cherwell Dri. WS8 – 5B 8
Cherwell Gdns. B6 – 4H 59
Chesford Cres. CV6 – 4E 101
Chesford Cres. Warw CV34 – 2F 147
Chesham St. L Spa CV31 – 5C 149
Cheshire Av. Sol B90 – 5G 107
Cheshire Clo. Sto DY8 – 5D 66
Cheshire Gro. Kid DY11 – 2B 140
Cheshire Rd. B6 – 3C 60
Cheshire Rd. WS2 – 1C 32
Cheshire Rd. War B67 – 2A 72
Chesholme Rd. CV6 – 4A 100
Chesils, The. CV3 – 3B 132
Cheslyn Dri. WS6 – 4B 6
Cheslyn Gro. B14 – 4C 106
Chessetts Gro. B13 – 2C 106
Chessher St. Hin LE10 – 2E 139
Chester Av. WV6 – 3E 19
Chester Clo. B37 – 4A 78
Chester Clo. Can WS12 – 5E 5
Chester Clo. Lich WS13 – 1H 151
Chester Clo. Wil WV13 – 1B 32
Chesterfield Clo. B31 – 5B 104
Chesterfield Ct. WS9 – 4E 17
Chesterfield Rd. Lich WS14 & WS13 – 5F 151
Chestergate Croft. B24 – 1B 62
Chester Pl. WS2 – 2E 33
Chester Rise. War B68 – 5E 71
Chester Rd. DY2 – 3E 69
Chester Rd. WS8 & WS9 – 3F 17 to 4A 26
Chester Rd. – 3E 49 to 3G 95
Sut C B73 – 3E 49
B23 – 5H 49
B24 – 5H 49
B35 – 2C 62
B36 – 4D 62
B37 – 2B 78
CV7 – 3F 95
Chester Rd. Sut C B74 – 2B 36
Chester Rd. War B64 – 5D 68
Chester Rd. W Bro B71 – 3E 45
Chester Rd. N. WS8 – 5C 8
Chester Rd. N. Kid DY10 – 1F to 3F 141
Chester Rd. N. Sut C B73 – 5C 36 to 2E 49
Chester Rd. S. Kid DY10 – 5E 141
Chester St. B6 – 1B 74
Chester St. CV1 – 4A 116
Chester St. WV6 – 5G 19
Chesterton Av. B18 – 2D 72
Chesterton Clo. Sol B91 – 3C 108
Chesterton Dri. L Spa CV31 – 7D to 6D 149
Chesterton Rd. B12 – 2C 90
Chesterton Rd. CV6 – 1H 115
Chesterton Rd. WV10 – 2C 20
Chesterton Way. Tam B79 – 2C 134
Chesterwood. B47 – 3B 122
Chesterwood Rd. B13 – 2B 106
Chestnut Av. DY1 – 2D 54
Chestnut Av. Ken CV8 – 4A 150
Chestnut Av. Tam B79 – 1C 134
Chestnut Av. Tip DY4 – 4G 43
Chestnut Clo. WV5 – 1B 52
Chestnut Clo. WV8 – 5A 10
Chestnut Clo. Sol B92 – 1B 108
Chestnut Clo. Sto DY8 – 4C 82
Chestnut Clo. Sut C B74 – 1B 36
Chestnut Ct. War B66 – 5H 57
Chestnut Cres. Nun CV10 – 2C 136
Chestnut Dri. B24 – 1A 62
Chestnut Dri. B36 – 4D 62
Chestnut Dri. B45 – 4F 119
Chestnut Dri. WS4 – 2B 24
Chestnut Dri. WS6 – 4B 6
(Cheslyn Hay)
Chestnut Dri, WS6 – 4D 6
(Great Wyrley)
Chestnut Gro. B46 – 5E 65
Chestnut Gro. CV4 – 5D 114
Chestnut Gro. WV11 – 3E 21
Chestnut Gro. Kid DY11 – 1B 140
Chestnut Gro. King DY6 – 5E 53
Chestnut Pl. B12 – 1B 90
Chestnut Pl. WS3 – 3G 23
Chestnut Rd. B13 – 3B 90
Chestnut Rd. WS3 3G 23
Chestnut Rd. Brom B61 – 2D 142
Chestnut Rd. Nun CV12 – 2G 81
Chestnut Rd. War B68 – 5F 71
Chestnut Rd. Wed WS10 – 2D 44
Chestnuts Av. B26 – 5E 77
Chestnuts, The. B11 – 1E 91
Chestnuts, The. Nun CV12 – 4D 80
Chestnut Tree Av. CV4 – 5D 114
Chestnut Wlk. B37 – 3A 78
Chestnut Way. WV3 – 3D 28
Chestom Rd. Bil WV14 – 5D 30
Cheston Rd. B7 – 5C 60
Cheswell Clo. WV6 – 1C 28
Cheswick Clo. Wil WV13 – 3G 31
Cheswick Way. Sol B90 – 4B 124
Cheswood Dri. Sut C B76 – 5D 50
Chesworth Rd. Brom B60 – 4F 143
Chettle Rd. Bil WV14 – 1G 43
Chetton Grn. WV10 – 5G 11
Chetwode Clo. CV5 – 3D 114
Chetwood Clo. WV6 – 4F 19
Chetwynd Clo. WS2 – 1B 32
Chetwynd Gdns. Can WS11 – 4B 4
Chetwynd Rd. B8 – 1H 75
Chetwynd Rd. WV2 – 4G 29
Cheveley Av. B45 – 2E 119
Chevening Clo. DY3 – 4A 42
Cheveral Av. CV6 – 2A 116
Cheveral Rd. Nun CV12 – 2E 81
Cheverel Pl. Nun CV11 – 4F 137
Cheverel St. Nun CV11 – 4F 137
Cheverton Rd. B31 – 4H 103
Cheviot. Tam B77 – 3H 135
Cheviot Clo. Nun CV10 – 4A 136
Cheviot Ho. War B69 – 1C 70
Cheviot Rise. Can WS12 – 2F 5
Cheviot Rise. L Spa CV32 – 2D 148
Cheviot Rd. WV2 – 4B 30
Cheviot Rd. Sto DY8 – 1F 83
Cheviot Way. Hal B63 – 4E 85
Cheylesmore. CV1 – 5B 116
Cheylesmore Clo. Sut C B73 – 1H 49
Cheyne Wlk. B17 – 2C 88
Cheyne Wlk. Bri H DY5 – 5H 67
Cheyney Clo. WV6 – 4G 19
Chichester Av. DY2 – 2F 69
Chichester Av. Kid DY11 – 1C 140
Chichester Dri. B32 – 2D 86
Chichester Dri. Can WS12 – 5F 5
Chichester Gro. B37 – 4A 78
Chichester La. Warw CV35 – 4A 146
Chideock Hill. CV3 – 3H 131
Chiel Clo. CV5 – 3C 114
Chigwell Clo. B35 – 2D 62
Chilcote Clo. B28 – 3F 107
Childs Av. Bil WV14 – 2C & 3C 42
Childs Oak Clo. CV7 – 3B 128
Chilgrove Gdns. WV6 – 4C 18
Chilham Dri. B37 – 3B 78
Chillaton Rd. CV6 – 4A 100
Chillinghome Rd. B36 – 4B 62
Chillington Clo. WS6 – 1C 14
Chillington Dri. WV8 – 4A 10
Chillington Fields. WV1 – 2C 30
Chillington Pl. Bil WV14 – 5D 30
Chillington Rd. Tip DY4 – 3A 44
Chillington St. WV1 – 2B 30
Chillington Wlk. War B65 – 3B 70
Chiltern Clo. Hal B63 – 5E 85
Chiltern Croft. Brom B61 – 1E 143
Chiltern Dri. Wil WV13 – 2E 31
Chiltern Ho. War B69 – 1C 70
Chiltern Leys. CV6 – 3H 115
Chiltern Rd. Sto DY8 – 2G 83

Chiltern Rd.—Clifton Clo.

Chiltern Rd. Tam B77 – 3H 135
Chilterns, The. CV5 – 3D 114
Chilton Clo. DY3 – 2A 54
Chilton Rd. B14 – 3E 107
Chilvers Gro. B37 – 1H 77
Chilwell Croft. B19 – 1A 74
Chilworth Av. WV11 – 2G 21
Chilworth Clo. B6 – 5B 60
Chimes Clo. B33 – 4G 77
Chimney Rd. Tip DY4 – 4B 44
Chingford Clo. Sto DY8 – 2C 66
Chingford Rd. B44 – 4B 48
Chingford Rd. CV6 – 3E 101
Chinley Gro. B44 – 3D 48
Chinn Brook Rd. B13 – 3C 106
Chip Clo. B38 – 5C 104
Chipperfield Rd. B36 – 4B 62
Chipstead Rd. B23 – 4E 49
Chirbury Gro. B31 – 1A 120
Chirk Clo. Kid DY11 – 5E 141
Chirton Gro. B14 – 2H 105
Chiseldon Croft. B14 – 5B 106
Chisholm Gro. B27 – 1H 107
Chiswell Rd. B18 – 2D 72
Chiswick Wlk. B37 – 3C 78
Chivington Clo. Sol B90 – 3E 125
Chorley Av. B34 – 5C 62
Christchurch Clo. B15 – 5D 72
Christchurch Gdns. Lich WS13 – 3E 151
Christchurch La. Lich WS13 – 4E 151
Christchurch Rd. CV6 – 2H 115
Christine Clo. Tip DY4 – 2A 44
Christine Ledger Sq. L Spa CV31 – 6B 149
Christopher Rd. B29 – 5C 88
Christopher Rd. WV2 – 3A 30
Christopher Rd. Hal B62 – 3C 86
Christopher's Wlk. Lich WS13 – 1F 151
Chub. Tam B77 – 5E 135
Chubb St. WV1 – 1A 30
Chuckery Rd. WS1 – 2A 34
Chudleigh Av. B23 – 1E 61
Chudleigh Gro. B43 – 4C 46
Chudleigh Rd. B23 – 1E 61
Chudleigh Rd. CV2 – 1H 117
Churchacre. B23 – 4D 48
Church Av. B13 – 4B 90
Church Av. Sto DY8 – 1F 83
Churchbridge. War B69 – 5D 56 (in two parts)
Church Clo. B37 – 1H 77
Church Clo. Hin LE10 – 5H 139
Church Clo. L Spa CV31 – 8C 149
Church Ct. War B64 – 4F 69
Church Cres. WV11 – 5G 13
Churchcroft. B17 – 2B 88
Church Croft. Hal B63 – 3H 85
Churchdale Clo. Nun CV10 – 3B 136
Church Dale Rd. B44 – 2H 47
Church End. L Spa CV31 – 6E 149
Churchfield Av. Tip DY4 – 3G 43
Churchfield Clo. B7 – 5D 60
Churchfield Rd. WV10 – 2G 19
Churchfields. Brom B61 – 3D 142
Churchfields. Kid DY10 – 2D 140
Churchfields Clo. Brom B61 – 2D 142
Churchfields Rd. Brom B61 – 2D 142
Churchfields Rd. Wed WS10 – 1D 44
Churchfield St. DY2 – 4D 54
Church Gdns. War B67 – 2A 72
Church Grn. B20 – 3E 59
Church Grn. Bil WV14 – 3E 31
Church Grn. E. Red B98 – 2C 144
Church Grn. W. Red B97 – 2C 144
Church Gro. B13 – 3D 106
Church Hill. B31 – 4A 104
Church Hill. B32 – 2E 103
Church Hill. B46 – 5E 65
Church Hill. WS1 – 2H 33
Church Hill. WV4 – 1E 41
Church Hill. WV8 – 4A 10
Church Hill. Bri H DY5 – 3H 67
Church Hill. Can WS12 – 2F 5
Church Hill. L Spa CV32 – 4A 148
Church Hill. L Spa CV32 – 1E 148 (Cubbington)
Church Hill. Sut C B72 – 5A 38
Church Hill. Wed WS10 – 1D 44 (in two parts)
Church Hill Clo. Sol B91 – 5E 109
Church Hill Dri. WV6 – 4D 18
Church Hill Rd. B20 – 3F 59
Church Hill Rd. WV6 – 4D 18
Church Hill Rd. Sol B91 – 5E & 4E 109
Church Hill St. War B67 – 1A 72
Church Hill Way. Red B98 – 1F 145
Churchill Av. CV6 – 5C 100
Churchill Av. Ken CV8 – 2C 150
Churchill Clo. War B69 – 3A 56
Churchill Dri. Sto DY8 – 1F & 1G 83
Churchill Gdns. DY3 – 4H 41
Churchill Ho. WS5 – 1B 46
Churchill Pde. Sut C B75 – 5D 38
Churchill Pl. B33 – 4D 76
Churchill Precinct, The. DY2 – 3E 55
Churchill Rd. B9 – 3F 75
Churchill Rd. WS2 – 1B 32
Churchill Rd. Hal B63 – 4G 85
Churchill Rd. Sut C B75 – 5D 38
Churchill Wlk. Tip DY4 – 4H 43
Church La. B6 – 4C & 5C 60
Church La. B20 – 3E 59
Church La. B33 – 3C 76
Church La. CV2 – 4F 117
Church La. CV5 – 3H 113
Church La. CV7 – 4D 112 (Berkswell)
Church La. CV7 – 1C 98 (Corley)
Church La. CV7 – 1C 100 (Exhall)
Church La. CV7 – 5E 97 (Meriden)
Church La. WS7 – 4H 9
Church La. WV2 – 2H 29
Church La. WV8 – 4A 10
Church La. WV9 – 1H 11
Church La. Brom B61 – 3D 142
Church La. Hal B63 – 3H 85
Church La. L Spa CV31 – 8C 149
Church La. L Spa CV32 – 2C 148
Church La. L Spa CV32 – 1E 148 (Cubbington)
Church La. Nun CV10 – 1F 137
Church La. Sol B92 – 5C 94
Church La. Sut C B76 – 2H 51
Church La. Tam B79 – 3C 134
Church La. W Bro B71 – 5E 45
Church Pk. Clo. CV6 – 5G 99
Church Path. Warw CV35 – 4A 146
Church Pl. WS3 – 2G 23
Church Rd. B6 – 5C 60
Church Rd. B13 – 3B 90
Church Rd. B15 – 1F 89
Church Rd. B24 – 2G 61
Church Rd. B25 & B33 – 1A 92 to 3C 76
Church Rd. B26 – 2E 93
Church Rd. B31 – 4A 104 (in two parts)
Church Rd. B42 – 1H 59
Church Rd. CV8 – 5C 132
Church Rd. DY2 – 2D 68
Church Rd. WS3 – 5A 16
Church Rd. WS7 – 1H 9
Church Rd. WS8 – 2E 17 (in two parts)
Church Rd. WS9 – 1A 26
Church Rd. WV3 – 3E 29
Church Rd. WV5 – 4B 40
Church Rd. WV6 – 4D 18 (Tettenhall)
Church Rd. WV6 – 1B 28 (Tettenhall Wood)
Church Rd. WV8 – 4A 10
Church Rd. WV10 – 1H 19 (Oxley)
Church Rd. WV10 – 1E 13 (Shareshill)
Church Rd. Bil WV14 – 3E 43
Church Rd. Brom B61 – 3D 142
Church Rd. Can WS11 – 3G 7
Church Rd. Hal B63 – 1D 84
Church Rd. Nun CV10 – 1A 136 (Hartshill)
Church Rd. Nun CV10 – 4B 136 (Stockingford)
Church Rd. Red. B97 – 2C 144
Church Rd. Sol B90 – 5H 107
Church Rd. Sto DY8 – 3G 83
Church Rd. Sto DY8 – 4D 66 (Wordsley)
Church Rd. Sto DY9 – 2A 84
Church Rd. Sut C B73 – 4F 49 (Boldmere)
Church Rd. Sut C B73 – 1H 49 (Maney)
Church Rd. War B65 – 2A 70
Church Rd. War B67 – 2H 71
Church Rd. Wil WV12 – 3B 22
Churchside Way. WS9 – 1F 25
Church Sq. War B69 – 5D 56
Church St. B3 – 3H 73
Church St. B19 – 5G 59
Church St. CV1 – 3C 116
Church St. DY2 – 4E 55
Church St. DY3 – 2H 53
Church St. WS1 – 2H 33
Church St. WS3 – 2E 23
Church St. WS7 – 3D 8
Church St. WS8 – 3D 16
Church St. WV2 – 2H 29
Church St. WV10 – 5C 20
Church St. WV11 – 4E 21
Church St. Bil WV14 – 5E 31
Church St. Bri H DY5 – 4H 67
Church St. Bri H DY5 – 5H 53 (Pensnett)
Church St. Bri H DY5 – 4C 68 (Quarry Bank)
Church St. Brom B61 – 3D 142
Church St. Can WS11 – 5C 4 (in two parts)
Church St. Can WS11 – 2B 6 (Bridgtown)
Church St. Can WS11 – 3D 4 (Chadsmoor)
Church St. Hal B62 – 4B 70
Church St. Hin LE10 – 4H 139
Church St. Kid DY10 – 2D 140
Church St. L Spa CV31 – 5B 149
Church St. Lich WS13 – 3G 151 (in two parts)
Church St. Nun CV11 – 3F 137
Church St. Nun CV12 – 1B 80
Church St. Sto DY8 – 2F 83
Church St. Tam B79 – 3C 134
Church St. Tip DY4 – 3H 55
Church St. War B64 – 4F 69
Church St. War B69 – 4D 56
Church St. Warw CV34 – 4D 146
Church St. Wed WS10 – 4B 32 (Darlaston)
Church St. Wed WS10 – 5A 32 (Moxley)
Church St. W Bro B70 – 2F 57
Church St. Wil WV13 – 1H 31
Church Ter. L Spa CV31 – 5B 149
Church Ter. L Spa CV32 – 1E 148
Church Vale. B20 – 3G 59
Church Vale. Can WS11 – 3G 7
Church Vale. W Bro B71 – 5G 45
Church Wlk. B8 – 1G 75
Church Wlk. CV5 – 2E 115
Church Wlk. WS8 – 2E 17
Church Wlk. WV3 – 3E 29
Church Wlk. WV6 – 4E 19
Church Wlk. Hin LE10 – 2E 139
Church Wlk. Kid DY11 – 2C 140
Church Wlk. L Spa CV31 – 5B 149
Church Wlk. Nun CV11 – 4G 137
Church Wlk. Nun CV12 – 3F 81
Church Wlk. War B65 – 2A 70
Church Wlk. Wil WV13 – 2H 31
Churchward Gro. WV5 – 4A 40
Church Way. WS4 – 1B 24
Church Way. Nun CV12 – 3F 81
Churchwell Ct. Hal B63 – 4H 85
Churchyard Rd. Tip DY4 – 1H 55
Churnet Gro. WV6 – 5A 18
Churnhill Rd. WS9 – 5F 25
Churston Clo. WS3 – 5D 14
Chylds Ct. CV5 – 3D 114
Cider Av. Bri H DY5 – 5A 68
Cinder Bank. DY2 – 5D 54
Cinder Rd. DY3 – 3G 53
Cinder Rd. WS7 – 1D8
Circle, The. B17 – 1B 88
Circle, The. Nun CV10 – 3C 136
Circuit Clo. Wil WV13 – 1H 31
Circular Rd. B27 – 4A 92
Circus Av. B37 – 3B 78
City Arc. CV1 – 5B 116
City Est. War B64 – 5E 69
City Rd. B17 & B16 – 4B 72
City Rd. War B69 – 5H 55
City, The. Tip DY4 – 2G 55
City Wlk. B2 – 4A 74
Civic Clo. B1 – 3G 73
Claerwen Gro. B31 – 3G 103
Claines Cres. Kid DY10 – 3G 141
Claines Rd. B31 – 3C 104
Claines Rd. Hal B63 – 2F 85
Clandon Clo. B14 – 5G 105
Clanfield Av. WV11 – 2G 21
Clapgate La. B32 – 4E 87
Clapham Sq. L Spa CV31 – 6C 149
Clapham St. L Spa CV31 – 6C 149
Clapham Ter. L Spa CV31 – 5C 149
Clapton Gro. B44 – 3C 48
Clara St. CV2 – 5E 117
Clare Av. WV11 – 1G 21
Clare Clo. L Spa CV32 – 3D 148
Clare Cres. Bil WV14 – 2B 42
Clare Dri. B15 – 5E 73
Claremont Rd. B11 – 1C 90
Claremont Rd. B18 – 1F 73
Claremont Rd. DY3 – 3A 42
Claremont Rd. WV3 – 3G 29
Claremont Rd. L Spa CV31 – 6B 149
Claremont Rd. Tam B79 – 1B 134
Claremont Rd. War B66 – 2B 72
Claremont St. Bil WV14 – 4E 31
Claremont St. War DY4 – 4H 69
Claremont Wlk. CV5 – 2E 115
Claremont Way. Hal B63 – 4H 85
Clarence Av. B21 – 4C 58
Clarence Gdns. Sut C B74 – 1G 37
Clarence Rd. B11 – 3D 90
Clarence Rd. B13 – 5B 90
Clarence Rd. B17 – 1C 88
Clarence Rd. B21 – 4C 58
Clarence Rd. B23 – 2E 61
Clarence Rd. DY2 – 5E 55
Clarence Rd. WV1 – 1G 29
Clarence Rd. Bil WV14 – 3F 31
Clarence Rd. Hin LE10 – 3F 139
Clarence Rd. Sut C B74 – 4F 27
Clarence St. CV1 – 4C 116
Clarence St. DY3 – 5A 42
Clarence St. WV1 – 1G 29
Clarence St. Kid DY10 – 2F 141
Clarence St. L Spa CV31 – 6B 149
Clarence St. Nun CV11 – 3E 137
Clarendon Av. L Spa CV32 – 4B 148
Clarendon Cres. L Spa CV32 – 4A 148
Clarendon Pl. WS3 – 4H 15
Clarendon Pl. Hal B62 – 1D 86
Clarendon Pl. L Spa CV32 – 4A 148
Clarendon Rd. B16 – 4D 72
Clarendon Rd. WS4 – 1C 24
Clarendon Rd. Hin LE10 – 3E 139
Clarendon Rd. Ken CV8 – 4B 150
Clarendon Rd. Sut C B75 – 1A 38
Clarendon Rd. War B67 – 2H 71
Clarendon Sq. L Spa CV32 – 4B 148
Clarendon St. CV5 – 1G 131
Clarendon St. WS3 – 1E 23
Clarendon St. WV3 – 1F 29
Clarendon St. L Spa CV32 – 4B 148
Clare Rd. WS3 – 3A 24
Clare Rd. WV10 – 3A 20
Clarewell Av. Sol B91 – 1D 124
Clarion Way. Can WS11 – 2C 4
Clarke Ho. WS3 – 1E 23
Clarke's Av. Ken CV8 – 4B 150
Clarkes Gro. Tip DY4 – 5A 44
Clarke's La. W Bro B71 – 4F 45
Clarke's La. Wil WV13 – 5A 22
Clarke St. Red B97 – 2C 144
Clark Rd. WV3 – 1E 29
Clarkson Rd. Wed WS10 – 1D 44
Clark St. B16 – 4E 73
Clark St. CV6 – 5E 101
Clark St. Sto DY8 – 2E 83
Clarry Dri. Sut C B74 – 3F 37
Clarson St. Tam B79 – 3E 135
Claughton Rd. DY2 – 3F 55
Claughton St. Kid DY11 – 3C 140
Clausen Clo. B43 – 5A 36
Claverdon Clo. Sol B91 – 4B 108
Claverdon Dri. B43 – 4D 46
Claverdon Dri. Sut C B74 – 5D 26
Claverdon Rd. CV5 – 5D 114
Claverley Ct. DY1 – 4C 54
Claverley Dri. WV4 – 5D 28
Clay Av. Nun CV11 – 1H 137
Claybrook Dri. Red B98 – 5H 145
Claybrook St. B5 – 4A 74
Claycroft Pl. Sto DY9 – 2B 84
Claycroft Ter. DY1 – 5D 42
Claydon Gro. B14 – 4C 106
Claydon Rd. King DY6 – 4C 52
Clay Dri. B32 – 2D 86
Claygate Rd. Can WS12 – 3H 5
Clayhanger La. WS8 – 2C 16
Clayhanger Rd. WS8 – 3E 17
Clay La. B26 – 2B & 3B 92
Clay La. CV2 – 4E 117
Clay La. CV5 – 3B 98
Clay La. War B69 – 2D 70
Claymore. Tam B77 – 5E 135
Claypit La. Lich WS14 – 5E 151
Claypit La. W Bro B70 – 2D 56
Clayton Clo. WV2 – 3G 29
Clayton Dri. B36 – 4E 63
Clayton Rd. B8 – 1E 75
Clayton Rd. CV6 – 3G 115
Clayton Rd. Bil WV14 – 4C 42
Clayton Wlk. B35 – 3D 62
Clear View. King DY6 – 1C 66
Cleaver Gdns. Nun CV10 – 1F 137
Clee Av. Kid DY11 – 5C 140
Clee Hill Dri. WV3 – 2A 28
Clee Hill Rd. DY3 – 1H 53
Clee Rd. B31 – 2A 120
Clee Rd. DY2 – 5C 54
Clee Rd. Sto DY8 – 1F 83
Clee Rd. War B68 – 2F 71
Cleeton St. Can WS12 – 5G 5
Cleeve Clo. Red B98 – 1G 145
Cleeve Dri. Sut C B74 – 4F 27
Cleeve Ho. B24 – 3G 61
Cleeve Rd. B14 – 3D 106 (in two parts)
Cleeve Rd. WS3 – 5D 14
Cleeve Way. WS3 – 5C 14
Clee View Rd. WV5 – 1A 52
Clematis. Tam B77 – 2G 135
Clemens St. L Spa CV31 – 5B 149
Clement Pl. Bil WV14 – 3E 31
Clement Rd. Bil WV14 – 3E 31
Clement Rd. Hal B62 – 4B 70
Clements Clo. War B69 – 2D 70
Clements Rd. B25 – 5A 76
Clements St. CV2 – 4E 117
Clement St. B1 – 3G 73
Clement St. WS2 – 2G 33
Clement St. Nun CV11 – 4E 137
Clements Way. B38 – 2D 120
Clemson St. Wil WV13 – 2H 31
Clennon Rise. CV2 – 1G 117
Clensmore St. Kid DY10 – 2D 140
Clent Av. Kid DY11 – 5B 140
Clent Av. Red B97 – 5B 144
Clent Ct. DY1 – 4C 54
Clent Dri. Nun CV10 – 3A 136
Clent Rd. B21 – 3D 58
Clent Rd. B45 – 1C 118
Clent Rd. Sto DY8 – 1F 83
Clent Rd. War B68 – 5F 71
Clent View. War B66 – 3B 72
Clent View Rd. B32 – 5D 86
Clent View Rd. Hal B63 – 2D 84
Clent View Rd. Sto DY8 – 4C 82
Clent Way. B32 – 1D 102
Cleobury La. Sol B90 – 4F 123
Cleton St. Tip DY4 – 2H 55
Clevedon Av. B36 – 4G 63
Clevedon Rd. B12 – 1A 90
Cleveland Clo. WV11 – 1G 21
Cleveland Clo. Wil WV13 – 2E 31
Cleveland Dri. B45 – 5D 118
Cleveland Dri. Can WS11 – 2E 5
Cleveland Pas. WV1 – 2H 29
Cleveland Rd. CV2 – 3E 117
Cleveland Rd. WV2 – 2A 30
Cleveland Rd. Hin LE10 – 2E 139
Cleveland Rd. Nun CV12 – 1A 80
Cleveland St. DY1 – 4D 54
Cleveland St. WV2 – 2H 29
Cleveland St. Sto DY8 – 2E 83
Cleveley Dri. Nun CV10 – 1B 136
Cleves Av. Warw CV34 – 4H 147
Cleves Cres. WS6 – 5B 6
Cleves Dri. B45 – 2C 118
Cleves Rd. B45 – 2C 118
Clewley Dri. WV9 – 5F 11
Clewley Gro. B32 – 2E 87
Clews Clo. WS1 – 3G 33
Clewshaw La. B38 – 4G 121
Cley Clo. B5 – 1H 89
Cliffe Ct. L Spa CV32 – 4A 148
Cliffe Dri. B33 – 3E 77
Cliffe Rd. L Spa CV32 – 4A 148
Cliffe Way. Warw CV34 – 3F 147
Cliff Hill. Warw CV34 – 3E 147
Clifford Bri. Rd. CV2 – 3H 117
Clifford Ct. Tam B77 – 2F 135
Clifford Ct. War B66 – 5G 57
Clifford Rd. Sol B93 – 4H 125
Clifford Rd. War B67 – 4H 71
Clifford Rd. W Bro B70 – 3E 57
Clifford St. B19 – 5H 59
Clifford St. DY1 – 4D 54
Clifford St. WV6 – 5F 19
Clifford St. Tam B77 – 2F 135
Clifford Wlk. B19 – 5H 59
Cliff Rock Rd. B45 – 2E 119
Cliff, The. Sto DY8 – 2F 83
Clift Clo. Wil WV12 – 3A 22
Clifton Av. WS8 – 2C 16
Clifton Av. WS9 – 2G 25
Clifton Av. Can WS11 – 1A 6
Clifton Av. Tam B79 – 1B 134
Clifton Clo. B6 – 5B 60
Clifton Clo. Red B98 – 4G 145

Clifton Clo.—Connor Rd.

Clifton Clo. War B69 – 2D 70
Clifton Ct. Hin LE10 – 2D 138
Clifton Cres. Sol B91 – 1C 124
Clifton Dri. Sut C B73 – 4H 37
Clifton Grn. B28 – 3G 107
Clifton La. W Bro B71 – 3H 45
Clifton Rd. B6 – 5B 60
Clifton Rd. B12 – 2B 90
Clifton Rd. B36 – 4G 63
Clifton Rd. WV6 – 4D 18
Clifton Rd. Hal B62 – 5B 70
Clifton Rd. Nun CV10 – 3D 136
Clifton Rd. Sut C B73 – 5H 37
Clifton Rd. War B67 – 2H 71
Clifton St. CV1 – 3C 116
Clifton St. WV3 – 2G 29
Clifton St. Bil WV14 – 3B 42
Clifton St. Sto DY8 – 3E 83
Clifton St. Sut C B73 – 5H 37
Clifton St. War B64 – 4G 69
Clifton Ter. B23 – 1F 61
Clifton Way. Hin LE10 – 1C 138
Clinic Dri. Sto DY9 – 2A 84
Clinton Av. Ken CV8 – 2A 150
Clinton Av. Warw CV35 – 4B 146
Clinton Cres. WS7 – 1F 9
Clinton Gro. Sol B90 – 1B 124
Clinton La. Ken CV8 – 1A 150
Clinton Rd. B46 – 1D 78
Clinton Rd. CV6 – 4D 100
Clinton Rd. Bil WV14 – 4G 31
Clinton Rd. Sol B90 – 1B 124
Clinton St. B18 – 2D 72
Clinton St. L Spa CV31 – 5B 149
Clipstone Rd. CV6 – 2G 115
Clipston Rd. B8 – 2F 75
Clissold Clo. B12 – 1A 90
Clissold Pas. B18 – 2E 73
Clissold St. B18 – 2F 73
Clive Clo. Sut C B75 – 1B 38
Cliveden Av. B42 – 1H 59
Cliveden Coppice. Sut C B74 – 2G 37
Clivedon Av. WS9 – 1F 25
Clivedon Way. Hal B62 – 5H 69
Cliveland St. B19 – 2A 74
Clive Pl. B19 – 2H 73
Clive Rd. B32 – 1F 87
Clive Rd. CV7 – 3D 128
Clive Rd. WS7 – 1F 9
Clive Rd. Brom B60 – 4E 143
Clive Rd. Red B97 – 2B 144
Clive St. W Bro B71 – 1F 57
Clives Way. Hin LE10 – 1E 139
Clock La. Sol B92 – 4C 94
Clockmill Av. WS3 – 5H 15
Clockmill Pl. Ws3 – 5H 15
Clockmill Rd. WS3 – 5H 15
Clodeshall Rd. B8 – 2F 75
Cloister Croft. L Spa CV32 – 2B 148
Cloister Dri. Hal B62 – 3B 86
Cloisters, The. L Spa CV32 – 2B 148
Cloister Way. L Spa CV32 – 2B 148
Clonmel Rd. B30 – 2F 105
Clopton Cres. B37 – 2B 78
Clopton Rd. B33 – 5F 77
Close, The. B17 – 1H 87
Close, The. B29 – 1C 104
Close, The. B47 – 3B 122
Close, The. DY3 – 1H 53
Close, The. Hal B63 – 1E 85
Close, The. Ken CV8 – 2C 150
Close, The. L Spa CV31 – 6C 149
Close, The. Lich WS13 – 2F & 3F 151
Close, The. Sol B92 – 1C 108
Close, The. Wed WS10 – 1B 44
Clotheridge Clo. Sol B90 – 3E 125
Clothier Gdns. Wil WV13 – 1H 31
Clothier St. Wil WV13 – 1H 31
Cloud Grn. CV4 – 3F 131
Cloudsbridge Dri. Sol B92 – IH 109
Cloudsky Gro. Sol B92 – 4C 92
Clovelly Ho. B31 – 5E 103
Clovelly Rd. CV2 – 3F 117
Clovelly Way. Nun CV11 – 2H 137
Clover Av. B37 – 3C 78
Cloverdale. WV6 – 1A 18
Clover Dri. B32 – 5F 87
Clover Hill. WS5 – 3D 34
Clover La. King DY6 – 5B 52
Clover Lea Sq. B8 – 1G 75
Clover Ley. WV10 – 1B 30
Clover Meadows. Can WS12 – 5F 5
Clover Ridge. WS6 – 4B 6
Clover Rd. B29 – 1A 104
Club Row. DY3 – 1A 54
Club View. B38 – 5C 104
Clunbury Croft. B34 – 1E 77
Clunbury Rd. B31 – 1A 120
Clun Clo. War B69 – 4G 55
Clunes Av. Nun CV11 – 2H 137
Clun Rd. B31 – 2H 103
Clyde Av. Hal B62 – 5C 70
Clyde Ct. War B66 – 5G 57
Clyde M. Bri H DY5 – 5G 53
Clyde Rd. Nun CV12 – 1A 80
Clyde Rd. Sol B93 – 5A 126
Clydesdale. B26 – 2D 92
Clydesdale Rd. B32 – 1E 87
Clyde St. B12 – 4B 74
Clyde St. War B64 – 4F 69
Coach Ho. Rise. Tam B77 – 5F 135
Coalbourne Gdns. Hal B63 – 2D 84
Coalbourne Way. Bri H DY5 – 3F 67
Coalbourn La. Sto DY8 – 5E 67
Coalheath La. WS4 – 2B 24
Coalpit Fields Rd. Nun CV12 – 4G 81
Coalpool La. WS3 – 5H to 3H 23
Coalpool Pl. WS3 – 4H 23
Coalport Rd. WV1 – 2C 30
Coalway Av. B26 – 3E 93
Coalway Av. WV4 – 4F 29
Coalway Gdns. WV3 – 4D 28
Coalway Rd. WS3 – 2D 22
Coalway Rd. WV3 – 4D 28
Coates Rd. Kid DY10 – 2G 141
Coat of Arms Bri. Rd. CV3 – 3H 131
Coatsgate Wlk. WV8 – 1E 19
Cobble Wlk. B18 – 2F 73
Cobbs Rd. Ken CV8 – 2A 150
Cobbs Wlk. War B65 – 1G 69
Cobden Av. LSpa CV31 – 7D 149
Cobden Clo. Can WS12 – 1F 5
Cobden Clo. Tip DY4 – 3G 43
Cobden Clo. Wed WS10 – 4C 32
Cobden Gdns. B12 – 2A 90
Cobden St. CV6 – 3D 116
Cobden St. WS1 – 4G 33
Cobden St. Kid DY11 – 3C 140
Cobden St. Sto DY8 – 2D 82
Cobden St. Wed WS10 – 4C 32
Cobham Clo. B35 – 2C 62
Cobham Clo. Brom B60 – 5D 142
Cobham Rd. B9 – 3E 75
Cobham Rd. Hal B63 – 3A 86
Cobham Rd. Kid DY10 – 4D 140
Cobham Rd. Sto DY8 – 4F 83
(in two parts)
Cobham Rd. Wed WS10 – 2G 45
Cobia. Tam B77 – 5E 135
Cob La. B30 – 1C 104
Cobs Field. B30 – 2C 104
Coburn Dri. Sut C B75 – 1A 38
Cochrane Clo. Sto DY9 – 5H 83
Cochrane Rd. DY2 – 1B 68
Cock All. Lich WS13 – 3F 151
Cockermouth Clo. L Spa CV32 – 1H 147
Cock Hill La. B45 – 1D 118
Cockshed La. Hal B62 – 5A 70
Cockshut Hill. B26 – 5D 76
Cockshutt La. WV2 – 4A 30
Cockshutt La. Brom B61 – 1B 142
Cocksmead Croft. B14 – 3H 105
Cocksparrow La. Can WS12 – 1A 4
Cocksparrow St. Warw CV34 – 4D 146
Cockthorpe Clo. B17 – 1H 87
Cocton Clo. WV6 – 1A 18
Codsall Ho. WV8 – 4A 10
Codsall Rd. WV8 & WV6 – 2C 18 to 3E 19
Codsall Rd. War B64 – 5F 69
Cofield Rd. Sut C B73 – 3F 49
Cofton Church La. B45 – 5F 119
Cofton Gro. B31 – 3H 119
Cofton Lake Rd. B45 – 5F 119
Cofton Rd. B31 – 2A 120
Cokeland Pl. War B64 – 5E 69
Colbourne Gro. L Spa CV32 – 1H 147
Colbourne Rd. Tam B78 – 5C 134
Colbourne Rd. Tip DY4 – 1H 55
Colbrand Gro. B15 – 5H 73
Colbrook. Tam B77 – 3E 135
Colchester St. CV1 – 4C 116
Coldbath Rd. B13 – 1C 106
Coldfield Dri. Red B98 – 4C & 5C 144
Coldridge Clo. WV8 – 1E 19
Coldstream Dri. Sto DY8 – 3D 66
Coldstream Rd. Sut C B76 – 3C 50
Cole Bank Rd. B13 & B28 – 1E 107
Colebourne Rd. B13 – 2E 107
Colebridge Cres. B46 – 4E 65
Colebrook Croft. Sol B90 – 5F 107
Colebrook Rd. B11 – 2E 91
Colebrook Rd. Sol B90 – 5F 107
Cole Ct. B37 – 3A 78
Coleford Clo. Sto DY8 – 3C 66
Coleford Dri. B37 – 3A 78
Cole Grn. Sol B90 – 5F 107
Cole Hall La. B33 – 2D 76
Cole Hall La. B34 – 1D 76
(in two parts)
Colehill. Tam B79 – 3D 134
Cole Holloway. B31 – 1H 103
Colehurst Croft. Sol B90 – 3C 124
Coleman Rd. Wed WS10 – 5D 32
Coleman St. CV4 – 4B 114
Coleman St. WV6 – 5F 19
Colemeadow Rd. B13 – 3C 106
Colemeadow Rd. B46 – 5D 64
Colemeadow Rd. Red B98 – 1H 145
Colenso Rd. B16 – 2C 72
Coleraine Rd. B42 – 5E 47
Coleridge Clo. WS3 – 3A 16
Coleridge Clo. Red B97 – 5A 144
Coleridge Clo. Tam B79 – 2C 134
Coleridge Clo. Wil WV12 – 3C 22
Coleridge Dri. WV6 – 1A & 5A 18
Coleridge Pas. B4 – 3A 74
Coleridge Rise. DY3 – 1G 53
Coleridge Rd. B43 – 4D 46
Coleridge Rd. CV2 – 4F 117
Colesbourne Av. B14 – 5H 105
Colesbourne Rd. Sol B92 – 4D 92
Coles Cres. W Bro B71 – 4E 45
Colesden Wlk. WV4 – 4C 28
Coleshaven. B46 – 5E 65
Coleshill Heath Rd. B37 & B46 – 1B 94 to 3E 79
Coleshill Rd. B36 – 1B 76
Coleshill Rd. B37 – 5A 78
Coleshill Rd. B46 – 3H 65
(Blythe End)
Coleshill Rd. B46 – 1H 79
(Duke End)
Coleshill Rd. B46 – 2A to 3C 64
(Water Orton)
Coleshill Rd. Nun CV10 – 1A 136
Coleshill Rd. Sut C B75 – 5A 38
Coleshill Rd. Sut C B76 – 1B 64
Coleshill St. B4 – 3A 74
Coleshill St. Sut C B72 – 5A 38
Coleside Av. B28 – 2E 107
Coles La. Sut C B72 – 1A 50
Coles La. W Bro B71 – 4E 45
Colesleys, The. B46 – 1E 79
Cole St. DY2 – 2F 69
Cole Valley Rd. B28 – 2E 107
Coleview Cres. B33 – 3G 77
Coleville Rd. Sut C B76 – 5E 51
Coley Clo. Hin LE10 – 3E 139
Coley's La. B31 – 5A 104
Colgreave Av. B11 – 4E 91
Colina Clo. CV3 – 4G 133
Colindale Rd. B44 – 2B 48
Colinwood Clo. WS6 – 5D 6
Collector Rd. B36 & B37 – 4D 62 to 2B 78
Colledge Rd. CV6 – 5B 100
Colleen Av. B30 – 4G 105
College Clo. Wed WS10 – 2D 44
College Ct. WV6 – 4D 18
College Dri. B20 – 2E 59
College Farm Dri. B23 – 3E 49
College Hill. Sut C B73 – 1H 49
College La. Hin LE10 – 2G 139
College La. Tam B79 – 3C 134
College Rd. B8 – 2E 75
College Rd. B13 – 4D 90
College Rd. B20 – 2D 58
College Rd. B32 – 1D 86
College Rd. B44 & Sut C B73 – 5A 48 to 2E 49
College Rd. WV6 – 5D 18
College Rd. Brom B60 – 3E 143
College Rd. Kid DY10 – 4E 141
College Rd. Sto DY8 – 3F 83
College St. B18 – 2F 73
College St. Nun CV10 – 4F & 5F 137
College View. WV6 – 5D 18
College Wlk. B29 – 5D 88
College Wlk. Brom B60 – 3E 143
Collett. Tam B77 – 3G 135
Colletts Gro. B37 – 2H 77
Colley Av. WV10 – 2B 20
Colley Ga. Hal B63 – 1D 84
Colley La. Hal B63 – 1D 84
(in two parts)
Colley Orchard. Hal B63 – 2E 85
Colley St. W Bro B70 – 2G 57
Collier Clo. WS8 – 2C 16
Collier's Clo. Wil WV12 – 4H 21
Colliery La. CV7 – 4E 81
Colliery Rd. WV1 – 1B 30
Colliery Rd. W Bro B71 – 4A 58
Collindale Ct. King DY6 – 3D 52
Collingbourne Av. B36 – 5B 62
Collingdon Av. B26 – 1E 93
Colling Wlk. B37 – 1H 77
Collingwood Dri. B43 – 1G 47
Collingwood Rd. CV5 – 5H 115
Collingwood Rd. WV10 – 1A 20
Collins Clo. B32 – 2E 87
Collins Gro. CV4 – 4F 131
Collins Hill. Lich WS13 – 1F 151
Collinson Clo. Red B98 – 4D 114
Collins Rd. WS8 – 3F 17
Collins Rd. Warw CV34 – 5H 147
Collins Rd. Wed WS10 – 1F 45
Collins St. WS1 – 4H 33
Collins St. W Bro B70 – 2C 56
Collis Clo. Brom B60 – 5C 142
Collis St. Sto DY8 – 5E 67
Collister Clo. Sol B90 – 3H 107
Colman Av. WV11 – 3G 21
Colman Cres. War B68 – 4F 71
Colman Hill. Hal B63 – 2E 85
Colman Hill Av. Hal B63 – 1F 85
Colmers Wlk. B31 – 1G 119
Colmore Av. B14 – 2H 105
Colmore Cir. Queensway. B4 – 3A 74
Colmore Cres. B13 – 5C 90
Colmore Dri. Sut C B75 – 5D 38
Colmore Rd. B14 – 2H 105
Colmore Row. B3 – 3H 73
Coln Clo. B31 – 2H 103
Colonial Rd. B9 – 3F 75
Colshaw Rd. Sto DY8 – 3E 83
Colston Rd. B24 – 2H 61
Colt Clo. Sut C B74 – 4A 36
Coltham Rd. Wil WV12 – 3B 22
Coltishall Clo. B35 – 3C 62
Coltman Clo. Lich WS14 – 3H 151
Colts Clo. Hin LE10 – 5F 139
Coltsfoot View. WS6 – 5C 6
Colts La. Red B98 – 3G 145
Columbia Gdns. Nun CV12 – 4G 81
Columbian Cres. WS7 – 1E 9
Columbian Dri. Can WS11 – 4D 4
Columbian Way. Can WS11 – 4D 4
Colville Rd. B12 – 2C 90
Colville Wlk. B12 – 2C 90
Colwall Rd. DY3 – 1H 53
Colwall Wlk. B27 – 3A 92
Colworth Rd. B31 – 3H 103
Colyere Clo. CV7 – 1H 99
Colyns Gro. B33 – 2C 76
Comber Croft. B13 – 5E 91
Comber Dri. Bri H DY5 – 5G 53
Comberford Ct. Wed WS10 – 2D 44
Comberford Dri. Wed WS10 – 5F 33
Comberford Rd. Tam B79 – 1B 134
Comberton Av. Kid DY10 – 3G 141
Comberton Ct. Kid DY10 – 3F 141
Comberton Hill. Kid DY10 – 3E 141
Comberton Mans. Kid DY10 – 4F 141
Comberton Pk. Rd. Kid DY10 – 4G 141
Comberton Pl. Kid DY10 – 3E 141
Comberton Rd. B26 – 5E 77
Comberton Rd. Kid DY10 – 3F 141
Comberton Ter. Kid DY10 – 3E 141
Combrook Grn. B34 – 1F 77
Commainge Clo. Warw CV34 – 4D 146
Commercial Rd. WS2 – 3D 22
Commercial Rd. WV1 – 2A 30
Commercial St. B1 – 4H 73
Commonfield Croft. B8 – 2E 75
Common La. B8 – 5F 61
Common La. B26 – 2D 92
Common La. CV7 – 1B 98
Common La. Can WS11 – 3D 4
Common La. Ken CV8 – 1C 150
Common La. Tam B79 – 3D 134
Common Rd. WV5 – 1A 52 to 5B 40
Commonside. WS8 – 3E 17
Commonside. Bri H DY5 – 1G 67
Commonside Rd. WS3 – 1A 24
Common View. Can WS12 – 1E 5
Common Wlk. Can WS12 – 2A 4
Common Way. CV2 – 2E 117
Communication Row. B15 – 4G 73
Compass Ct. CV1 – 4A 116
Compton Clo. L Spa CV32 – 3D 148
Compton Clo. Red B98 – 4C 144
Compton Clo. Sol B91 – 3B 108
Compton Ct. DY2 – 1E 69
Compton Ct. WV3 – 1F 29
Compton Croft. B37 – 4C 78
Compton Dri. DY2 – 4G 55
Compton Dri. King DY6 – 1D 66
Compton Dri. Sut C B74 – 4A 36
Compton Gro. Hal B63 – 3D 84
Compton Gro. King DY6 – 1D 66
Compton Hill Dri. WV3 – 1D 28
Compton Pk. WV3 & WV6 – 1D 28
Compton Rd. B24 – 3E 61
Compton Rd. CV6 – 4C 100
Compton Rd. WV3 – 1E 29
Compton Rd. Hal B62 – 2C 86
Compton Rd. Sto DY9 – 4H & 5H 83
Compton Rd. Tam B79 – 1B 134
Compton Rd. War B64 – 4D 68
Compton Rd. W. WV3 – 1C 28
Comrie Clo. CV2 – 2H 117
Comsey Rd. B43 – 1G 47
Comwall Clo. WS3 – 3F 23
(in two parts)
Comyn St. L Spa CV32 – 4C 148
Conchar Clo. Sut C B72 – 2A 50
Conchar Rd. Sut C B72 – 2A 50
Concorde Tower. B35 – 3C 62
Concorde Way. War B66 – 1C 72
Condor Gro. Can WS12 – 5F 5
Condover Clo. WS2 – 5B 22
Condover Rd. B31 – 1B 120
Conduit Rd. Can WS11 – 3A 8
Conduit St. Lich WS13 – 3G 151
Coneybury Wlk. Sut C B76 – 5F 51
Coneyford Rd. B34 – 1F 77
(in two parts)
Coney Grn. Dri. B31 – 1H 119
Coney Grn. Sto DY8 – 2G 83
Coneygree Rd. Tip DY4 – 3G to 1H 55
Coneygre Ter. DY1 – 3G 55
Congleton Clo. CV6 – 4D 100
Congreve Clo. Warw CV34 – 1E 147
Congreve Wlk. Nun CV12 – 3F 81
Conifer Clo. Bri H DY5 – 5H 67
Coniston Clo. Nun CV12 – 1B 80
Conifer Ct. B13 – 4A 90
Conifer Dri. B31 – 4B 104
Conifer Paddock. CV3 – 5H 117
Conifer Rd. Sut C B74 – 2A 36
Coningsby Dri. Kid DY11 – 1A 140
Conington Gro. B17 – 2A 88
Coniston Av. Sol B92 – 3C 92
Coniston Clo. B28 – 1F 107
Coniston Clo. Brom B60 – 4F 143
Coniston Clo. Nun CV12 – 1B 80
Coniston Ct. Nun CV11 – 1H 137
Coniston Cres. B43 – 4E 47
Coniston Dri. CV5 – 3A 114
Coniston Dri. King DY6 – 5C 52
Coniston Ho. Kid DY10 – 2E 141
Coniston Ho. War B69 – 1B 70
Coniston Rd. B23 – 1E 61
Coniston Rd. CV5 – 1G 131
Coniston Rd. WV6 – 2D 18
Coniston Rd. L Spa CV32 – 2H 147
Coniston Rd. Sut C B74 – 1B 36
Coniston Way. Can WS11 – 5C 4
Coniston Way. Nun CV11 – 1H 137
Connaught Av. Kid DY11 – 4C 140
Connaught Av. Wed WS10 – 1F 45
Connaught Clo. WS5 – 3C 34
Connaught Dri. WV5 – 3A 40
Connaught Rd. WV1 – 1F 29
Connaught Rd. Bil WV14 – 3G 31
Conningsby Clo. L Spa CV31 – 6D 149
Connops Way. Sto DY9 – 2B 84
Connor Rd. W Bro B71 – 4H 45

Conrad Clo.—Crab La.

Conrad Clo. B11 – 1B 90
Conrad Rd. CV6 – 1H 115
Consort Cres. Bri H DY5 – 5G 53
Consort Rd. B30 – 4F 105
Constable Clo. B43 – 1H 47
Constable Clo. Nun CV12 – 2E 81
Constance Av. W Bro B70 – 4G 57
Constance Clo. Nun CV12 – 5D 80
Constance Rd. B5 – 2H 89
Constantine La. B46 – 3D 64
Constitution Hill. B19 – 2H 73
Constitution Hill. DY2 – 4E 55
Constitution Hill Ringway. Kid DY10 – 4E 141
Convent Clo. Can WS11 – 1B 6
Convent Clo. Ken CV8 – 1C 150
Conway Av. B32 – 1E 87
Conway Av. CV4 – 1A 130
Conway Av. War B68 – 3E 71
Conway Av. W Bro B71 – 3E 45
Conway Clo. DY1 – 5D 42
Conway Clo. King DY6 – 2E 67
Conway Clo. Sol B90 – 1B 124
Conway Cres. Wil WV12 – 3A 22
Conway Dri. War B66 – 5G 57
Conway Gro. B43 – 4D 46
Conway Rd. B11 – 1D 90
Conway Rd. B37 – 3A 78
Conway Rd. WV6 – 5A 18
Conway Rd. Brom B60 – 4D 142
Conway Rd. Can WS11 – 1A 6
Conway Rd. L Spa CV32 – 2H 147
Conway Rd. Sol B90 – 1B 124
Conybere St. B12 – 5A 74
Conyworth Clo. B27 – 3B 92
Cook Av. DY2 – 5E 55
Cook Clo. WV6 – 1A 18
Cooke Clo. Warw CV34 – 2E 147
Cookes Croft. B31 – 5B 104
Cookesley Clo. B43 – 1H 47
Cooke St. WV2 – 3H 29
Cookley Clo. Hal B63 – 4F 85
Cookley Way. War B69 – 1B 70
Cook Rd. WS3 – 5G 15
Cooks Clo. Sol B93 – 3B 126
Cooksey La. B44 – 5A 36
Cooksey Rd. B10 – 5D 74
Cooks La. B37 – 3G 77
Cookspiece Wlk. B33 – 3C 76
Cook St. B7 – 5D 60
Cook St. CV1 – 4B 116
Cook St. Wed WS10 – 4C 32
Coombe Av. CV3 – 2H 133
Coombe Hill Rd. War B64 – 5H 69
Coombe Pk. Sut C B74 – 3G 37
Coombe Rd. B20 – 3A 60
Coombe Rd. Sol B90 – 5A 108
Coombes La. B31 – 3H 119
Coombe St. CV3 – 5E 117
Coombs Rd. Hal B62 – 5A 70
Co-operative St. CV2 – 4F 101
Cooper Av. Bri H DY5 – 3F 67
Cooper Clo. Brom B60 – 5C 142
Cooper Clo. W Bro B70 – 3H 57
Cooper's Bank Rd. Bri H DY5 & DY3 – 4H 53
Cooper's La. War B67 – 1H 71
Coopers Rd. B20 – 2F 59
Cooper St. WV2 – 3B 30
Cooper St. Nun CV11 – 3G 137
Cooper St. W Bro B70 – 2G 57
Cope Arnolds Clo. CV6 – 2D 100
Copeley Hill. B23 – 3D 60
Copes Cres. WV10 – 3C 20
Cope's Dri. Tam B79 – 1C 134
Cope St. B18 – 3E 73
Cope St. CV1 – 4C 116
Cope St. WS3 – 3F 23
Cope St. Wed WS10 – 4C 32
Cophall St. Tip DY4 – 1B 56
Copham's Clo. Sol B92 – 4F 93
Copland Pl. CV4 – 1B 130
Coplow Clo. CV7 – 3B 128
Coplow St. B16 – 3E 73
Copnor Gro. B26 – 1B 92
Coppenhall Gro. B33 – 3D 76
Copperas St. CV2 – 4F 101
Copperbeech Clo. B32 – 2H 87
Copper Beech Clo. CV6 – 5C 100
Copper Beech Dri. WV5 – 5B 40
Copper Beech Dri. King DY6 – 3D 52
Copperfield Rd. CV2 – 5F 117
Copperkins Rd. Can WS12 – 3G 5
Coppermill Clo. Can WS12 – 1D 4
Coppice Ash Croft. B19 – 4H 59
Coppice Av. Sto DY9 – 4B 84
Coppice Clo. B45 – 2C 118
Coppice Clo. DY3 – 4G 41
Coppice Clo. WS6 – 4B 6
Coppice Clo. WS7 – 1E 9
Coppice Clo. WV11 – 1H 21
Coppice Clo. Bri H DY5 – 4B 68
Coppice Clo. Hin LE10 – 1G 139
Coppice Clo. Red B97 – 3A 144
Coppice Clo. Sol B90 – 4A 124
Coppice Cres. WS8 – 2C 16
Coppice Dri. B27 – 4H 91
Coppice Farm Way. Wil WV12 – 1H 21
Coppice Heights. Kid DY11 – 5B 140
Coppice Hollow. B32 – 5E 87
Coppice La. WS8 – 1C 16
Coppice La. WS9 – 1E 25
Coppice La. WV6 – 3C 18
Coppice La. Bri H DY5 – 4B 68
Coppice La. Can WS11 & WS6 – 3B 6
Coppice La. Tam B78 – 1E 39
Coppice La. Wil WV12 – 3A 22
Coppice Rise. Bri H DY5 – 4C 68
Coppice Rd. B13 – 3B 90
Coppice Rd. WS9 – 5E 17
Coppice Rd. WV3 – 3D 28
Coppice Rd. Bil WV14 – 4C 42
Coppice Rd. L Spa CV31 – 8C 149
Coppice Rd. Sol B92 – 1G 109
Coppice Rd. War B64 – 1F 85
Coppice Side. WS8 – 1C 16
Coppice St. Tip DY4 – 5F 43
Coppice St. W Bro B70 – 1D 56
Coppice, The. B20 – 3F 59
Coppice, The. CV3 – 2F 133
Coppice, The. Can WS12 – 5H 5
Coppice, The. Nun CV10 – 1F 137
Coppice, The. Tip DY4 – 3A 44
Coppice, The. Wil WV12 – 3A 22
Coppice View Rd. Sut C B73 – 5C 36
Coppice Wlk. Hin LE10 – 1G 139
Coppice Wlk. Sol B90 – 4A 124
Coppice Way. B37 – 3A 78
Copplestone Clo. B34 – 1E 77
Coppy Hall Gro. WS9 – 1G 25
Coppy Nook La. WS7 – 3G 9
Copse Clo. B31 – 5A 104
Copse Cres. WS3 – 4A 16
Copse Rd. DY2 – 3D 68
Copse, The. CV7 – 5E 81
Copsewood Ter. CV3 – 5F 117
Copstone Dri. Sol B93 – 5H 125
Copston Gro. B29 – 5B 88
Copthall Rd. B21 – 3C 58
Copt Heath Croft. Sol B93 – 2A 126
Copt Heath Dri. Sol B93 – 2H 125
Copthorne Av. WS7 – 3E 9
Copthorne Rd. B44 – 1A 48
Copthorne Rd. CV6 – 1H 115
Copthorne Rd. WV3 – 4F 29
Copt Oak Clo. CV4 – 2A 130
Coral Clo. CV5 – 5E 115
Coral Clo. Hin LE10 – 5G 139
Coralin Clo. B37 – 4B 78
Corbett Clo. Brom B60 – 5F 143
Corbett Cres. Sto DY8 – 1F 83
Corbett Rd. B47 – 2B 122
Corbett Rd. Bri H DY5 – 4A 68
Corbett Rd. Kid DY11 – 1B 140
Corbett St. War B66 – 2B 72
Corbison Clo. Warw CV34 – 2D 146
Corbridge Av. B44 – 3A 48
Corbridge Rd. Sut C B73 – 2F 49
Corbyn Rd. B9 – 3H 75
Corbyn Rd. DY1 – 4B 54
Corbyn's Clo. Bri H DY5 – 5G 53
Corbyn's Hall La. Bri H DY5 – 5G 53
Corbyn's Hall Rd. Bri H DY5 – 5G 53
Cordley St. W Bro B70 – 1E 57
Corfe Clo. B32 – 2H 87
Corfe Clo. WV6 – 5A 18
Corfe Dri. War B69 – 4G 55
Corfe Rd. Bil WV14 – 4C 42
Corfe View. DY3 – 3H 41
Corfton Dri. WV6 – 5C 18
Corinne Clo. B45 – 3E 119
Corinne Croft. B37 – 2H 77
Corinthian Pl. CV2 – 2G 117
Corisande Rd. B29 – 4B 88
Corley Av. B31 – 4B 104
Corley Clo. Sol B90 – 1F 123
Cormorant Gro. Kid DY10 – 5G 141
Cornbrook Rd. B29 – 2H 103
Corncrake Clo. Sut C B72 – 2A 50
Corncrake Dri. B36 – 4A 64
Corncrake Rd. DY1 – 2A 54
Corndon Clo. Kid DY11 – 5B 140
Cornel. Tam B77 – 2G 135
Cornel Clo. B37 – 5B 78
Cornelius St. CV3 – 2C 132
Cornets End La. CV7 – 1A to 2D 112
Cornfield WV8 – 1E 19
Cornfield Av. Brom B60 – 5C 142
Cornfield Croft. B37 – 3C 78
Cornfield Rd. B31 – 3B 104
Cornfield Rd. War B65 – 2G 69
Cornfield, The. CV3 – 1F 133
Cornflower Cres. DY2 – 4G 55
Corngreaves Rd. War B64 – 4E 69 to 1F 85
Corngreaves, The. B34 – 1E 77
Corngreaves Trading Est. War B64 – 1E 85
Corngreaves Wlk. War B64 – 1F 85
Corn Gro. WV5 – 1A 52
Corn Hill. WS5 – 2D 34
Corn Hill. WV1 – 1A 30
Cornhill. Can WS11 – 2B 4
Cornhill Gro. B30 – 2G 105
Cornhill Gro. Ken CV8 – 3D 150
Cornish Cres. Nun CV10 – 5E 137
Cornmill Clo. B32 – 5G 87
Cornmill Gro. WV6 – 2A 18
Cornorway. B38 – 2E 121
Cornovian Clo. WV6 – 1A 18
Corns St. Wed WS10 – 4B 32
Cornwall Av. Kid DY11 – 1C 140
Cornwall Av. War B68 – 5E 71
Cornwall Clo. WS9 – 1F 25
Cornwall Clo. King DY6 – 4D 52
Cornwall Clo. Warw CV34 – 2E 147
Cornwall Clo. Wed WS10 – 1F 45
Cornwall Ga. Wil WV12 – 4A 22
Cornwall Industrial Est. War B66 – 5B 58
Cornwallis Rd. W Bro B70 – 3D 56
Cornwall Pl. WS2 – 1C 32
Cornwall Pl. L Spa CV32 – 2H 147
Cornwall Rd. B20 – 3E 59
Cornwall Rd. B45 – 5C 102
Cornwall Rd. CV1 – 1C 132
Cornwall Rd. WS5 – 3B 34
Cornwall Rd. WV6 – 5C 18
Cornwall Rd. Can WS12 – 2E 5
Cornwall Rd. Sto DY8 – 5D 66
Cornwall Rd. War B66 – 5B 58
Cornwall St. B3 – 3H 73
Cornyx La. Sol B91 – 2F 109
Coronation Av. Tam B78 – 5A 134
Coronation Av. Wil WV13 – 1B 32
Coronation Rd. B8 – 1G 75
Coronation Rd. B29 – 4E 89
Coronation Rd. B43 – 1D 46
Coronation Rd. CV1 – 4D 116
Coronation Rd. WS4 – 5B 16
Coronation Rd. WS9 – 5E 17
Coronation Rd. WV10 – 4C 20
Coronation Rd. Bil WV14 – 4D 30
Coronation Rd. Tip DY4 – 3H 43
Coronation Rd. Wed WS10 – 1F 45
Coronation St. Tam B79 – 2C 134
Coronation Ter. Brom B60 – 5F 143
Coronation Way. Kid DY10 – 3G 141
Coronel Av. CV6 – 3C 100
Corporation Rd. DY2 – 3F 55
Corporation Sq. B4 – 3A 74
Corporation St. B2 & B4 – 3A & 2A 74
Corporation St. CV1 – 5A 116
Corporation St. WS1 – 3G 33
Corporation St. WV1 – 1H 29
Corporation St. Kid DY10 – 3D 140
Corporation St. Nun CV11 – 2F & 3F 137
Corporation St. Tam B79 – 3C 134
Corporation St. Wed WS10 – 2D 44
Corporation St. W. WS1 – 2G 33
Corrie Croft. B26 – 5D 76
Corrin Gro. King DY6 – 4C 52
Corser St. DY1 – 3B 54
Corser St. WV1 – 2B 30
Corser St. Sto DY8 – 3F 83
Corsican Clo. WS7 – 1E 9
Corsican Clo. Wil WV12 – 3C 22
Corvedale Rd. B29 – 2A 104
Corve Gdns. WV6 – 4E 19
Corville Gdns. B26 – 3E 93
Corville Rd. Hal B62 – 1C 86
Corwen Croft. B31 – 2G 103
Coseley Rd. Bil WV14 – 5E 31
Cosford Clo. L Spa CV32 – 2D 148
Cosford Clo. Red B98 – 4H 145
Cosford Ct. WV6 – 1A 18
Cosford Dri. DY2 – 2F 69
Cosford Tower. B35 – 2D 62
Cosgrove Wlk. WV8 – 2E 19
Cossington Rd. B23 – 4E 49
Costers La. Red B98 – 3H 145
Coten End. Warw CV34 – 3E 147
Cotes Rd. Hin LE10 – 5G 139
Cotford Rd. B14 – 5B 106
Cot La. King DY6 & Sto DY8 – 1C 66
Cotleigh Gro. B43 – 1H 47
Cotman Clo. B43 – 1G 47
Cotman Clo. Nun CV12 – 2E 81
Coton Grn. Precinct. Tam B79 – 1B 134
Coton Gro. Sol B90 – 5E 107
Coton La. B23 – 1F 61
Coton La. Tam B79 – 1A 134
Coton Rd. WV4 – 5G 29
Coton Rd. Nun CV11 – 4F 137
Cotsdale Rd. WV4 – 2E 41
Cotswold Av. WS6 – 4D 6
Cotswold Clo. B45 – 5E 103
Cotswold Clo. WS9 – 1G 25
Cotswold Clo. Kid DY11 – 5C 140
Cotswold Cres. Nun CV10 – 4A 136
Cotswold Croft. Hal B63 – 5E 85
Cotswold Dri. CV3 – 5B 132
Cotswold Ho. War B69 – 2C 70
Cotswold Rd. WV2 – 4B 30
Cotswold Rd. Sto DY8 – 1G 83
Cotswold Way. Brom B61 – 1E 143
Cottage Clo. WS7 – 3E 9
Cottage Clo. Can WS12 – 2F 5
Cottage Clo. L Spa CV31 – 6D 149
Cottage Farm Rd. CV6 – 5H 99
Cottage Farm Rd. Tam B77 – 5E 135
Cottage Gdns. B45 – 3D 118
Cottage La. B46 – 1H 65
Cottage La. WS7 – 2E 9
Cottage La. WV10 – 5H 11
Cottage La. Sut C B76 – 5F 51
Cottage St. Bri H DY5 – 3A 68
Cottage St. King DY6 – 5D 52
Cottage View. WV8 – 4B 10
Cottage Wlk. Tam B77 – 5G 135
Cottage Wlk. W Bro B70 – 3G 57
Cotteridge Rd. B30 – 3F 105
Cotterills Av. B8 – 2H 75
Cotterills Clo. L Spa CV31 – 8C 149
Cotterills La. B8 – 2H 75
Cotterills Rd. Tip DY4 – 4A 44
Cottesbrook Clo. CV3 – 1H 133
Cottesbrook Rd. B27 – 3A 92
Cottesfield Clo. B8 – 2H 75
Cottesmore Clo. W Bro B71 – 4H 45
Cottesmore Ho. B20 – 2E 59
Cottle Clo. WS2 – 5D 22
Cotton La. B13 – 5B 90
Cotton Pool Rd. Brom B61 – 3C 142
Cotton Way. WS7 – 1E 9
Cottrells Clo. B14 – 4D 106
Cottrell St. W Bro B71 – 1G 57
Cottsmeadow Dri. B8 – 2A 76
Cotwall End Rd. DY3 – 1G 53
Cotysmore Rd. Sut C B75 – 4B 38
Couchman Rd. B8 – 2F 75
Coulter Gro. WV6 – 1A 18
Coulter La. WS7 – 1H 9
Council Cres. Wil WV12 – 5A 22
Council Rd. Hin LE10 – 2E 139
Coundon Grn. CV6 – 1G 115
Coundon Rd. CV1 – 4A 116
Coundon St. CV1 – 4A 116
Counterfield Dri. War B65 – 1G 69
Countess Dri. WS4 – 3C 24
Countess Rd. Nun CV11 – 3E 137
Countess's Croft, The. CV3 – 2B 132
Countess St. WS1 – 3G 33
County Clo. B30 – 2G 105
County Clo. B32 – 4F 87
County Pk. Av. Hal B62 – 3B 86
Court Cres. King DY6 – 1B 66
Courtenay Rd. B44 – 4A 48
Court Farm Rd. B23 – 5E 49
Courthouse Croft. Ken CV8 – 3D 150
Courtland Av. CV6 – 3G 115
Courtland Rd. King DY6 – 4E 53
Courtlands, The. WV6 – 5E 19
Court La. B23 – 3F 49
Courtleet Rd. CV3 – 2C 132
Courtney Clo. Nun CV11 – 1H 137
Court Oak Gro. B32 – 1H 87
Court Oak Rd. B32 & B17 – 1H 87
Court Pde. WS9 – 4F 25
Court Pas. DY1 – 3E 55
Court Rd. B11 – 3D 90
Court Rd. B12 – 2A 90
Court Rd. WV4 – 1C 42
Court Rd. WV6 – 5E 19
Court St. L Spa CV31 – 5B 149
Court St. Sto DY8 – 2F 83
Court St. War B64 – 4F 69
Court Way. WS2 – 1G 33
Courtway Av. B14 – 1C 122
Cousins St. WV2 – 3H 29
Coveley Gro. B18 – 1F 73
Coven Clo. WS3 – 3A 16
Coven Gro. B29 – 4A 88
Coven La. WV9 – 3E 11
Coven St. WV10 – 5A 20
Coventry Eastern By-Pass. CV3 – 4G 113
Coventry Highway. Red B98 – 2D 144 to 1H 145
Coventry Rd. – 4C 74 to 4G 95
B10 – 4C 74 B25 – 1G 91 B26 – 1B 92 Sol B92 – 4A 94 CV7 – 4F 95
Coventry Rd. B46 – 3E & 2E 79
Coventry Rd. CV4 – 5F 131
Coventry Rd. CV7 – 4D 112
Coventry Rd. CV8 – 5C 132
Coventry Rd. Exhall. CV7 – 1E 101
Coventry Rd. Hin LE10 – 3B 138 to 3E 139
Coventry Rd. Hin LE10 – 5F 139 (Burbage)
Coventry Rd. Ken CV8 – 5B 150 (Bedworth)
Coventry Rd. Ken CV8 – 2B 150 (Griff)
Coventry Rd. Nun CV10 & CV11 – 5F 137
Coventry Rd. Nun CV10 – 1F 81 (Griff)
Coventry Rd. Nun CV12 – 4E 81 (Bedworth)
Coventry Rd. Nun CV12 – 2A 80 (Bulkington)
Coventry Rd. Warw CV34 & L Spa CV32 – 3E 147
Coventry St. B5 – 4A 74
Coventry St. CV2 – 3E 117
Coventry St. WV1 – 2C 30
Coventry St. Kid DY10 – 2E 141 (in two parts)
Coventry St. Nun CV11 – 3F 137
Coventry St. Sto DY8 – 2F 83
Cove Pl. CV2 – 2G 117
Coverdale Rd. Sol B92 – 3D 92
Covert La. Sto DY8 – 5D 82
Covert, The. WV8 – 1E 19
Cowdray Clo. L Spa CV31 – 5D 149
Cowles Croft. B25 – 4B 76
Cowley. Tam B77 – 3F 135
Cowley Clo. B36 – 3H 63
Cowley Dri. DY1 – 3B 54
Cowley Gro. B11 – 2F 91
Cowley Rd. B11 – 2F 91
Cowley Rd. CV2 – 3G 117
Cowper Clo. Warw CV34 – 2E 147
Cowper Clo. Wil WV12 – 2C 22
Cowper Rd. Hin LE10 – 4F 139
Cowper St. B19 – 1A 74
Cowper Wlk. Kid DY10 – 3H 141
Cowslip Clo. B29 – 1A 104
Cowslip Clo. B38 – 1E 121
Cowslip Wlk. Bri H. DY5 – 1H 83
Coxcroft Av. Bri H DY5 – 5B 68
Cox Rd. Bil WV14 – 3F 43
Coxs Clo. Nun CV10 – 4E 137
Cox's La. War B64 – 3G 69
Cox St. B3 – 2H 73
Cox St. CV1 – 4C & 5C 116
Coxwell Gdns. B16 – 4E 73
Coyne Clo. Tip DY4 – 5F 43
Coyne Rd. W Bro B70 – 3E 57
Cozens Clo. Nun CV12 – 2E 81
Crabbe St. Sto DY9 – 2B 84 (in two parts)
Crab La. Can WS11 – 3D 4

Crab La.—Cyril Rd.

Crab La. King DY6 – 2F 67
Crab La. Wil WV12 – 1B 22
Crabmill Clo. B38 – 2D 120
Crabmill Clo. Sol B93 – 2B 126
Crabmill La. B38 – 2G 121
Crabmill La. CV6 – 2D 116
Crabourne Rd. DY2 – 4D 68
Crabtree Clo. B31 – 5B 104
Crabtree Clo. Red B98 – 3D 144
Crabtree Clo. W Bro B71 – 3H 45
Crabtree Dri. B37 – 3H 77
Crabtree Dri. Brom B61 – 2D 142
Crabtree Gro. L Spa CV31 – 6D 149
Crab Tree Ho. B33 – 3C 76
Crabtree La. Brom B61 – 2C 142
Crabtree Rd. B18 – 2F 73
Crackley Cotts. Ken CV8 – 1C 150
Crackley Cres. Ken CV8 – 1C 150
Crackley La. Ken CV8 – 4A 130 & 1B 150
Crackley Way. DY2 – 1C 68
Craddock Ct. Nun CV10 – 1B 136
Craddock Dri. Nun CV10 – 1B 136
Craddock Rd. War B67 – 1H 71
Craddock St. WV6 – 5F 19
Cradley Clo. Red B98 – 4H 145
Cradley Croft. B21 – 2C 58
Cradley Fields. Hal B63 – 2E 85
Cradley Forge. Bri H DY5 – 5C 68
Cradley Heath Factory Centre. War B64 – 5D 68
Cradley Mill. Bri H DY5 – 1B 84
Cradley Pk. Rd. DY2 – 4E 69
Cradley Rd. DY2 – 2E 69
Cradley Rd. War B64 – 5E 69
Cradock Rd. B8 – 1E 75
Craig Clo. L Spa CV31 – 6D 149
Craig Croft. B37 – 3C 78
Craigends Av. CV3 – 3H 133
Crail Gro. B43 – 1G 47
Crakston Clo. CV2 – 5H 117
Cramhouses. Tam B77 – 3H 135
Cramlington Rd. B42 – 3F 47
Crammond Clo. Hin LE10 – 2D 138
Crampers Field. CV6 – 3H 115
Cramp Hill. Wed WS10 – 4B 32
Cranbourne Av. WV4 – 1A 42
Cranbourne Clo. B45 – 5E 103
Cranbourne Gro. B44 – 3B 48
Cranbourne Pl. W Bro B71 – 1G 57
Cranbourne Rd. B44 – 3B 48
Cranbourne Rd. Sto DY8 – 3G 83 (in two parts)
Cranbrook Gro. WV6 – 1A 28
Cranbrook Rd. B21 – 3C 58
Cranby St. B8 – 2D 74
Craneberry Rd. B37 – 3G 77
Crane Clo. Warw CV34 – 2D 146
Crane Dri. WS7 – 3F 9
Crane Fields. Lich WS13 – 2F 151
Cranemoor Clo. B7 – 5D 60
Crane Rd. Bil WV14 – 1G 43
Craner's Rd. CV1 – 3D 116
Cranesbill Clo. WV10 – 2D 12
Cranesbill Rd. B29 – 2A 104
Cranes Pk. Rd. B26 – 2E 93
Crane St. Kid DY11 – 2C 140
Crane Ter. WV6 – 4E 19
Cranfield Gro. B26 – 5C 76
Cranfield Pl. WS5 – 5H 33
Cranfield Rd. WS7 – 1F 9
Cranford Pl. Can WS11 – 5C 4
Cranford Rd. CV5 – 3F 115
Cranford Rd. WV3 – 3C 28
Cranford St. War B66 – 1C 72
Cranford Way. War B66 – 1C 72
Cranham Clo. Red B97 – 4A 144
Cranham Dri. King DY6 – 2D 66
Cranhill Clo. Sol B92 – 5D 92
Crankhall La. Wed WS10 & W Bro B71 – 1E 45
Cranleigh Clo. WS9 – 4G 25
Cranleigh Clo. Wil WV12 – 1A 22
Cranleigh Ho. B23 – 5F 49
Cranleigh Pl. B44 – 5A 48
Cranley Dri. WV8 – 4A 10
Cranliegh Way. Lich WS14 – 3H 151
Cranmer Av. Wil WV12 – 3B 22
Cranmere Av. WV6 – 3B 18
Cranmer Gro. Sut C B74 – 4G 27
Cranmoor Cres. Hal B63 – 2H 85
Cranmore Av. B21 – 5C 58
Cranmore Boulevd. Sol B90 – 2B 124
Cranmore Clo. Tip DY4 – 3G 43
Cranmore Dri. Sol B90 – 1B 124
Cranmore Rd. B36 – 3G 63
Cranmore Rd. WV3 – 1E 29
Cranmore Rd. Sol B90 – 1B 124
Crantock Clo. WV11 – 1A 22
Crantock Rd. B42 – 1G 59
Crantock Way. Nun CV11 – 3H 137
Cranwell Grn. WV5 – 5A 40
Cranwell Gro. B24 – 2A 62
Cranwell Tower. B35 – 2D 62
Crathie Clo. CV2 – 2H 117
Crathorne Av. WV10 – 1H 19
Craufurd St. Sto DY8 – 3F 83
Craven. Tam B77 – 3H 135
Craven Heights. Sol B92 – 2F 111
Craven St. CV5 – 5G 115
Craven St. WV2 – 4B 30
Crawford Av. WV4 – 1B 42
Crawford Av. War B67 – 2H 71
Crawford Av. Wed WS10 – 4A 32
Crawford Clo. L Spa CV32 – 1C 148
Crawford Rd. WV3 – 1F 29
Crawford Rd. Sut C B76 – 4C 50
Crawford St. B8 – 2D 74
Crawley Wlk. War B64 – 4E 69
Crawshaws Rd. B36 – 3F 63
Crayford Rd. B44 – 2B 48
Craythorne Av. B20 – 5D 46
Crecy Clo. Sut C B76 – 1B 50
Crecy Rd. CV3 – 2C 132
Credenda Rd. W Bro B70 – 3D 56
Credition Clo. Nun CV11 – 2H 137
Credon Gro. B15 – 2E 89
Cregoe St. B15 – 4H 73
Cremore Av. B8 – 2F 75
Cremorne Rd. Sut C B75 – 1H 37
Crendon Rd. War B65 – 1G 69
Crescent. WS6 – 5D 6
Crescent Av. B18 – 1F 73
Crescent Av. CV3 – 5F 117
Crescent Av. Bri H DY5 – 4G 67
Crescent Rd. DY2 – 1D 68
Crescent Rd. Kid DY11 – 3C 140
Crescent Rd. Wed WS10 – 4B 32
Crescent Rd. Wil WV13 – 1A 32
Crescent, The. B18 – 1F 73
Crescent, The. B43 – 3F 47 (Holly Wood)
Crescent, The. B43 – 1H 47 (Queslett)
Crescent, The. B46 – 2A 64
Crescent, The. CV7 – 1G 99
Crescent, The. DY1 – 2F 55
Crescent, The. WS1 – 2B 34
Crescent, The. WV6 – 5B 18
Crescent, The. Bil WV14 – 4E 31
Crescent, The. Brom B60 – 4D 142
Crescent, The. Sol B90 – 3G 107
Crescent, The. Sol B91 – 3E 109
Crescent, The. Sol B92 – 1F 111
Crescent, The. Sto DY9 – 3H 83
Crescent, The. War B64 – 1G 85
Crescent, The. War B65 – 4A 70
Crescent, The. Wed WS10 – 5E 33
Crescent, The. Wil WV13 – 2B 32
Cressage Av. B31 – 5A 104
Cressett Av. Bri H DY5 – 2G 67
Cressett La. Bri H DY5 – 2G 67
Cressington Dri. Sut C B74 – 2G 37
Cresswell Clo. Nun CV10 – 1F 137
Cresswell Cres. WS3 – 5C 14 & 1C 22
Crest, The. B31 – 2B 120
Crest, The. L Spa CV32 – 2D 148
Crest View. B14 – 4C 106
Crest View. Sut C B74 – 2B 36
Crestwood. Tam B77 – 1H 135
Crestwood Av. Kid DY11 – 3B 140
Crestwood Dri. B44 – 4A 48
Crestwood Glen. WV6 – 3D 18
Creswell Rd. B28 – 1H 107
Creswick Gro. B45 – 2F 119
Crewe La. Ken CV8 – 2D 150
Crew Rd. Wed WS10 – 5D 32
Creynolds Clo. Sol B90 – 4B 124
Creynolds La. Sol B90 – 5B 124
Cricket Clo. WS5 – 4B 34
Cricketers Meadow. War B64 – 5F 69
Cricket La. Lich WS14 – 5H 151
Cricket Meadow. DY3 – 1A 54
Cricket Meadow. WV10 – 4A 12
Cricket St. W Bro B70 – 4C 44
Crick La. B20 – 4F 59
Cricklewood Dri. Hal B62 – 3B 86
Crimmond Rise. Hal B63 – 2F 85
Crimscote Clo. Sol B90 – 3C 124
Cringlebrook. Tam B77 – 4E 135
Cripps Rd. WS2 – 1C 32
Crockett's La. War B66 – 1A 72
Crocketts Rd. B21 – 5C 58
Crockett St. DY1 – 3C 54
Crockford Dri. Sut C B75 – 5H 27
Crockford Rd. W Bro B71 – 3F 45
Croft Clo. B25 – 5B 76
Croft Clo. Red B98 – 3G 145
Croft Clo. Warw CV34 – 4H 147
Croft Cres. WS8 – 2D 16
Croftdown Rd. B17 – 1A 88
Croft Down Rd. Sol B92 – 3F 93
Croft Dri. B26 – 5C 76
Crofters Ct. B15 – 1D 88
Crofters Wlk. WV8 – 1E 19
Croft Fields. Nun CV12 – 3E 81
Croft La. WV10 – 3C 20
Croft Pde. WS9 – 3G 25
Croft Pool. Nun CV12 – 3D 80
Croft Rd. B26 – 5B 76
Croft Rd. CV1 – 5A 116
Croft Rd. Nun CV10 – 4C 136
Croft Rd. Nun CV12 – 3D 80
Crofts, The. Sut C B76 – 4D 50
Croft St. WS2 – 5G 23
Croft St. Tam B79 – 2D 134
Croft St. Wil WV13 – 1G 31
Croft, The. B31 – 5B 104
Croft, The. CV6 – 3D 100
Croft, The. CV7 – 5D 96
Croft, The. DY2 – 1B 68 (in two parts)
Croft, The. DY3 – 3B 42
Croft, The. WS5 – 2D 34
Croft, The. Nun CV12 – 1A 80
Croft, The. Wil WV12 – 3B 22
Croftway, The. B20 – 5D 46
Croftwood Rd. Sto DY9 – 3H 83
Cromane Sq. B43 – 4D 46
Cromarty Clo. CV5 – 3D 114
Cromdale Clo. Nun CV10 – 3A 136
Cromdale Dri. Hal B63 – 4E 85
Cromer Gdns. WV6 – 4E 19
Crome Rd. B43 – 1H 47
Cromer Rd. B12 – 2B 90
Cromer Rd. L Spa CV32 – 3C 148
Cromford Av. B18 – 1F 73
Crompton Clo. WS2 – 4D 22
Crompton Rd. B7 – 4D 60
Crompton Rd. B20 – 3G 59
Crompton Rd. B45 – 5B 102
Crompton Rd. Tip DY4 – 1H 55
Crompton St. Warw CV34 – 4D 146
Cromwell Clo. War B65 – 1G 69
Cromwell Clo. WS2 – 5C 22
Cromwell Dri. DY2 – 4G 55 (in two parts)
Cromwell La. B31 – 1G 103
Cromwell La. Ken CV8 & CV4 – 3H 129 to 2A 130
Cromwell Rd. WV10 – 5A 12
Cromwell Rd. Can WS12 – 5G 5
Cromwell Rd. Tam B79 – 1A 134
Cromwells Meadow. Lich WS14 – 5G 151
Cromwell St. B7 – 1C 74
Cromwell St. CV6 – 2D 116
Cromwell St. DY2 – 4F 55
Cromwell St. W Bro B71 – 1F 57
Crondal Pl. B15 – 5G 73
Crondal Rd. CV7 – 5F 81 (in two parts)
Cronehills Link Way. W Bro B70 – 2F 57
Cronehills St. W Bro B70 – 2G 57
Crookham Clo. B17 – 5H 71
Crookhay La. W Bro B71 – 3E 45
Crook La. WS9 – 4F 35
Croome Clo. B11 – 3C 90
Croome Clo. CV6 – 3G 115
Croome Clo. Red B98 – 4H 145
Cropredy Rd. B31 – 1A 120
Cropthorne Clo. Red B98 – 5E 145
Cropthorne Rd. Sol B90 – 4H 107
Crosbie Rd. B17 – 1B 88
Crosbie Rd. CV5 – 5F 115
Crosby Clo. B1 – 3F 73
Crosby Clo. WV6 – 4F 19
Cross Cheaping. CV1 – 4B 116
Cross Farm La. B45 – 1C 118
Cross Farm Rd. B17 – 3C 88
Cross Fell. Tam B77 – 3H 135
Crossfield Rd. B33 – 2D & 3D 76
Crossfields Rd. Warw CV34 – 2E 147
Crossgate Rd. DY2 – 1B 68
Crossgate Rd. Red B98 – 5F 145
Cross in Hand La. Lich WS13 – 2E 151
Crosskey Clo. B33 – 4G 77
Cross Keys. Lich WS13 – 3G 151
Crossland Cres. WV6 – 3E 19
Crossland Rd. B31 – 3H 103
Cross La. B43 – 2D 46
Cross La. DY3 – 3A 42
Cross La. L Spa CV32 – 1E 148
Cross La. Lich WS14 – 1F 27 (Shenstone Woodend)
Crossley St. DY2 – 2E 69
Crossley Wlk. Brom B60 – 5C 142
Cross Pl. DY3 – 3A 42
Cross Rd. CV6 – 1D 116
Cross Rd. CV7 – 1G 99
Cross Rd. L Spa CV32 – 4A 148
Cross Row. Can WS11 – 2D 4
Cross St. B21 – 4B 58
Cross St. DY1 – 3D 54
Cross St. WS3 – 1A 24
Cross St. WS6 – 4B 6
Cross St. WS7 – 1D 8
Cross St. WV1 – 2B 30
Cross St. Bil WV14 – 2F 43 (in two parts)
Cross St. Can WS11 – 2C 6
Cross St. Can WS12 – 4H 5
Cross St. Hal B63 – 4G 85
Cross St. King DY6 – 1C 66
Cross St. King DY6 – 4B 52 (Wall Heath)
Cross St. L Spa CV32 – 4B 148
Cross St. Nun CV10 – 4B 136
Cross St. Sto DY8 – 2E 83
Cross St. Sto DY8 – 3D 66 (Wordsley)
Cross St. Tam B77 – 4D 134
Cross St. Tam B79 – 2C 134
Cross St. War B65 – 4A 70
Cross St. War B66 – 1A 72
Cross St. War B68 – 2E 71
Cross St. Warw CV34 – 4E 147
Cross St. Wed WS10 – 2C 44
Cross St. Wed WS10 – 4B 32 (Darlaston)
Cross St. Wil WV13 – 2H 31
Cross St. N. WV1 – 5H 19
Cross St. S. WV2 – 4H 29
Cross Wlk. War B69 – 4A 56
Cross Walks Rd. Sto DY9 – 2B 84
Crossway La. B44 – 5B 48
Crossway Rd. CV3 – 4A 132
Crossways. Hin LE10 – 5G 139
Crosswells Rd. War B68 – 1E 71
Crowden Rd. Tam B77 – 3H 135
Crowhill Rd. Nun CV11 – 4H 137
Crowhurst Rd. B31 – 2H 119
Crowland Av. WV6 – 2A 18
Crow La. CV1 – 5A 116
Crowle Dri. Sto DY9 – 2H 83
Crowmere Rd. CV2 – 2H 117
Crown Av. B20 – 3H 59
Crown Centre, The. Sto DY8 – 2F 83
Crown Clo. DY3 – 3A 42
Crown Clo. Brom B61 – 3D 142 (in two parts)
Crown Clo. War B65 – 2B 70
Crown Ct. Hin LE10 – 2F 139
Crown La. Kid DY10 – 3D 140
Crown La. Sto DY8 – 2F 83
Crown La. Sut C B74 – 1F 37
Crown Rd. B9 – 4E 75
Crown Rd. B30 – 4F 105
Crown St. WV1 – 4H & 5H 19
Crown Wlk. Tip DY4 – 2G 55
Crown Way. L Spa CV32 – 2C 148
Crows Nest Clo. Sut C B76 – 1C 50
Crowther Gdns. Hal B63 – 1E 85
Crowther Gro. WV6 – 5E 19
Crowther Rd. B23 – 1D 60
Crowther Rd. WV6 – 5E 19
Crowther St. WV10 – 5A 20
Croxall Tower. War B66 – 1B 72
Croxdene Av. WS3 – 1D 22 (in two parts)
Croxhall St. Nun CV12 – 3F 81
Croxley Gdns. Wil WV13 – 3G 31
Croxstalls Av. WS3 – 2D 22
Croxstalls Clo. WS3 – 2D 22
Croxstalls Pl. WS3 – 2D 22
Croxstalls Rd. WS3 – 1E 23
Croxton Gro. B33 – 2D 76
Croyde Av. B42 – 4E 47
Croydon Clo. CV3 – 3C 132
Croydon Rd. B24 – 3G 61
Croydon Rd. B29 – 4E 89
Croy Dri. B35 – 1E 63
Crummock Clo. CV6 – 4C 100
Crusader Clo. War B69 – 1B 70
Crutchley Av. Tam B78 – 5C 134
Crychan Clo. B45 – 5E 103
Cryers Oak Clo. Sol B90 – 2D 124
Cryfield Grange Rd. CV4 – 5E 131
Crystal Av. Sto DY8 – 4E 67
Crystal Dri. War B66 – 4F 57
Crystal Ho. War B66 – 1B 72
Cubbington Rd. CV6 – 4E 101
Cubbington Rd. L Spa CV32 – 2C 148
Cubley Rd. B28 – 5E 91
Cuckoo La. CV1 – 5B 116
Cuckoo Rd. B6 & B7 – 4D 60
Cuin Dri. War B66 – 2B 72
Culey Gro. B33 – 3G 77
Culey Wlk. B37 – 3C 78
Culford Dri. B32 – 5F 87
Culham Clo. B27 – 4B 92
Cullwick St. WV1 – 3C 30
Culmington Rd. B31 – 2H 119
Culmore Clo. Wil WV12 – 5B 22
Culmore Rd. Hal B62 – 4C 70
Culpeper Clo. Nun CV10 – 3C 136
Culverley Cres. Sol B93 – 3H 125
Culwell St. WV10 – 1A 30
Culworth Clo. L Spa CV31 – 7B 149
Culworth Ct. L Spa CV31 – 7B 149
Culworth Ho. B31 – 5B 104
Culworth Row. CV6 – 1C 116
Cumberford Av. B33 – 4G 77
Cumberland Av. B5 – 5A 74
Cumberland Clo. King DY6 – 2D 66
Cumberland Cres. WS7 – 1F 9
Cumberland Cres. L Spa CV32 – 2D 148
Cumberland Dri. Nun CV10 – 4C 136
Cumberland Rd. Bil WV14 – 3F 31
Cumberland Rd. Can WS11 – 2E 5
Cumberland Rd. War B68 – 5E 71
Cumberland Rd. W Bro B71 – 5G 45
Cumberland Rd. Wil WV13 – 1B 32
Cumberland Wlk. Sut C B75 – 5D 38
Cumbrae Dri. Hin LE10 – 2D 138
Cumbrian Croft. Hal B63 4E 85
Cundall Clo. L Spa CV31 – 6D 149
Cunningham Rd. WS2 – 1C 32
Cupfields Av. Tip DY4 – 4A 44
Cupfields Cres. Tip DY4 – 4A 44
Curbar Rd. B42 – 5G 47
Curborough Rd. Lich WS13 – 1F 151
Curdale Rd. B32 – 1E 103
Curdworth La. Sut C B76 – 3H 51
Curlew Clo. Kid DY10 – 5G 141
Curlew Hill. Can WS11 – 3E 5
Curlew. Tam B77 – 5G 135
Curlews Clo. B23 – 4D 48
Curlieu Clo. Warw CV35 – 4A 146
Currall Rd. War B65 – 3A 70
Curriers Clo. CV4 – 2A 130
Curston M. L Spa CV31 – 6D 149
Curtin Dri. Wed WS10 – 1H 43
Curtis Rd. CV2 – 2G 117
Curzon Av. CV6 – 5C 100
Curzon Clo. Hin LE10 – 4G 139
Curzon Gro. L Spa CV31 – 6D 149
Curzon St. B4 – 3B 74
Curzon St. WV2 – 3H 29
Cuthbert Rd. B18 – 2D 72
Cutlers Rough Clo. B31 – 3A 104
Cutler St. War B66 – 1B 72
Cutsdean Clo. B31 – 2H 103
Cutshill Clo. B36 – 4E 63
Cuttle Pool La. Sol B93 – 4D 126
Cutworth Clo. Sut C B76 – 1D 50
Cygnet Ct. Kid DY10 – 5F 141
Cygnet La. Bri H DY5 – 5H 53
Cygnet Rd. W Bro B70 – 5E 45
Cypress Av. DY3 – 1A 54
Cypress Ct. Kid DY10 – 4F 141
Cypress Croft. CV3 – 1H 133
Cypress Gdns. WS5 – 5C 34
Cypress Gdns. Sto DY8 – 2C 66
Cypress La. L Spa CV31 – 8C 149
Cypress Rd. DY2 – 3G 55
Cypress Rd. WS5 – 5C 34
Cypress Way. B31 – 1H 119
Cyprus Clo. B29 – 1A 104
Cyprus St. WV2 – 4G 29
Cyprus St. War B69 – 4E 57
Cyril Rd. B10 – 5D 74

Dace.—Devereux Clo.

Dace. Tam B77 – 5E 135
Dachet Clo. CV5 – 3E 115
Dad's La. B13 – 5G 89
Daffern Rd. CV7 – 4E 81
Daffodil Pl. WS5 – 3D 34
Daffodil Rd. WS5 – 3D 34
Dagger La. W Bro B71 – 1G 57
Dagnall Rd. B27 – 3B 92
Dahlia Clo. Hin LE10 – 4F 139
Daimler Clo. B36 – 3H 63
Daimler Rd. B14 – 4E 107
Daimler Rd. CV6 – 3B 116
Dainton Gro. B32 – 5F 87
Daintree Croft. CV3 – 2B 132
Dairy Ct. War B68 – 1G 87
Daisy Bank Clo. WS4 – 5B 16
Daisy Bank Cres. WS5 – 3C 34
Daisy Farm Rd. B14 – 5C 106
Daisy Rd. B16 – 4E 73
Daisy St. Bil WV14 – 2F 43
Dalbeg Clo. WV8 – 2E 19
Dalbury Rd. B28 – 3F 107
Dalby Clo. CV3 – 2H 133
Dale Clo. B43 – 3C 46
Dale Clo. Tip DY4 – 1B 56
Dale Clo. War B66 – 3A 72
Dale Clo. Warw CV34 – 2F 147
Dalecote Av. Sol B92 – 1G 109
Dale Dri. WS7 – 1G 9
Dale End. B4 – 3A 74
Dale End. Nun CV10 – 2C 136
Dale End. Wed WS10 – 4B 32
(in two parts)
Dale End Clo. Hin LE10 – 3C 138
Dalehouse La. Ken CV8 – 2C 150
Dale Meadow Clo. CV7 – 3C 128
Dale Rd. B29 – 4E 89
Dale Rd. Hal B62 – 5C 70
Dale Rd. Red B98 – 1D 144
Dale Rd. Sto DY8 – 4E 83
Dales La. WS9 – 4C 24
Dalesman Clo. King DY6 – 5B 52
Dale St. WS1 – 3G & 4G 33
(in two parts)
Dale St. WV3 – 2G 29
Dale St. Bil WV14 – 5G 31
(in two parts)
Dale St. L Spa CV32 – 4A 148
Dale St. Tip DY4 – 5B 44
Dale St. War B66 – 3A 72
Dale St. Wed WS10 – 1C 44
Dale Ter. War B69 – 4A 56
Dale Wlk. B25 – 5H 75
Daleway Rd. CV3 – 5A 132
Dalewood Croft. B26 – 1C 92
Dalewood Rd. B37 – 1H 77
Daley Clo. B1 – 3F 73
Daley Rd. Bil WV14 – 2G 43
Dalkeith Rd. Sut C B73 – 2E 49
Dalkeith St. WS2 – 1F 33
Dallas Rd. B23 – 1D 60
Dallimore Clo. Sol B92 – 4C 92
Dallington Rd. CV6 – 2F 115
Dalloway Clo. B5 – 2H 89
Dallow St. War B64 – 4G 69
Dalmeny Rd. CV4 – 2A 130
Dalston Pl. DY2 – 1E 69
Dalston Rd. B27 – 3A 92
Dalton Rd. CV5 – 1A 132
Dalton Rd. WS2 – 1D 32
Dalton Rd. Nun CV12 – 4D 80
Dalton St. B4 – 3A 74
Dalton St. WV3 – 3G 29
Dalton Way. B4 – 3A 74
Dalvine Rd. DY2 – 4D 68
Dalwood Clo. Bil WV14 – 4C 42
Dalwood Way. CV6 – 2F 101
Daly Av. Warw CV35 – 4A 146
Damar Croft. B14 – 4H 105
Dame Agnes Gro. CV6 – 5F 101
Damian Clo. War B67 – 1H 71
Damson La. Sol B91 & B92 –
2G 109
Damson Parkway. Sol B91 &
B92 – 3G 109
Damson Rd. Warw CV35 –
4A 146
Dam St. Lich WS13 – 3F 151
Danbury Rd. Sol B90 – 5H 107
Danby Gro. B24 – 2H 61
Dando Rd. DY2 – 4E 55
Dandy Bank Rd. King DY6 –
4F 53
Dandy's Wlk. WS1 – 2H 33
Dane Gro. B13 – 5H 89
Danehill Wlk. WV8 – 2E 19
Danelagh Clo. Tam B79 – 1B 134
Dane Rd. CV2 – 4E 117
Danesbury Cres. B44 – 3B 48
Danesbury Cres. L Spa CV31 –
6D 149
Danescourt Rd. WV6 – 4C 18
Daneswood Dri. WS9 – 5E 17
Dane Ter. War B65 – 1A 70
Daneways Clo. Sut C B74 – 2C 36
Danford Clo. Sto DY8 – 3F 83
Danford Gdns. B10 – 5D 74
Danford La. Sol B91 – 4B 108
Danford Rd. B47 – 3B 122
Danford Way. B43 – 3D 46
Dangerfield Ho. W Bro B70 –
3H 57
Dangerfield La. Wed WS10 –
5A 32
Daniel Av. Nun CV10 – 3B 136
Daniels La. WS9 – 4G 25
Daniels Rd. B9 – 4G 75
Danilo Rd. Can WS11 – 5B 4
Danks St. Tip DY4 – 3G 55
Danzey Grn. Rd. B36 – 4E 63
Danzey Gro. B14 – 4G 105
Daphne Clo. CV2 – 4F 101
Darby Clo. Bil WV14 – 2C 42
Darby End Rd. DY2 – 2F 69
Darby Rd. War B68 – 1F 71
Darby Rd. Wed WS10 – 1E 45
Darby's Hill Rd. War B69 – 4H 55
Darby St. War B65 – 4A 70
Darell Croft. Sut C B76 – 1B 50
Daren Clo. B36 – 4H 63
Dare Rd. B23 – 1F 61
Dares Wlk. Hin LE10 – 2F 139
Darges La. WS6 – 3D 6
Darkhouse La. Bil WV14 – 2D 42
Darkies, The. B31 – 4B 104
Dark La. B38 & B47 – 2H 121
Dark La. CV1 – 3A 116
Dark La. WS6 – 1F 15
Dark La. WV10 – 1H 11
(Cross Green)
Dark La. WV10 – 2E 13
(Featherstone)
Dark La. Nun CV12 – 4C 80
Darlaston Central Trading Est.
Wed WS10 – 4C 32
Darlaston Ct. CV7 – 5D 96
Darlaston La. Bil WV14 – 3G 31
Darlaston Rd. WS2 – 3D 32
Darlaston Rd. Wed WS10 –
5B 32
Darley Av. B34 – 5C 62
Darleydale Av. B44 – 3A 48
Darley Ho. War B69 – 1B 70
Darley Rd. Hin LE10 – 4F 139
Darley Way. Sut C B74 – 4B 36
Darlington St. WV1 – 1G 29
Darlington St. Wed WS10 –
5B 32
Darlington Yd. WV1 – 1H 29
Darlston Row. CV7 – 5C 96
Darnel Croft. B10 – 5D 74
Darnel Hurst Rd. Sut C B75 –
1A 38
Darnford Clo. CV2 – 2H 117
Darnford Clo. Sut C B72 – 4A 50
Darnford View. Lich WS13 –
2H 151
Darnick Rd. Sut C B73 – 1E 49
Darnley Rd. B16 – 4E 73
Darrach Clo. CV2 – 5H 101
Darris Rd. B29 – 1F 105
Dartford Rd. WS3 – 1D 22
Dartmoor Clo. B45 – 5E 103
Dartmouth Av. WS3 – 4G 23
Dartmouth Av. Can WS11 – 5A 4
Dartmouth Av. Sto DY8 – 2D 66
Dartmouth Av. Wil WV13 –
1G 31
Dartmouth Cir. B6 – 1B 74
Dartmouth Clo. WS3 – 4H 23
Dartmouth Cres. Bil WV14 –
4G 31
Dartmouth Dri. WS9 – 4E 25
Dartmouth Middleway. B7 –
2B 74
Dartmouth Pl. WS3 – 3H 23
Dartmouth Rd. B29 – 4E 89
Dartmouth Rd. CV2 – 2G 117
Dartmouth Rd. Can WS11 – 5B 4
Dartmouth Rd. War B66 – 4H 57
Dartmouth Sq. W Bro B70 –
2G 57
Dartmouth St. WV2 – 2A 30
Dartmouth St. W Bro B70 –
2E 57
Dart St. B9 – 4C 74
Darvel Rd. Wil WV12 – 5B 22
Darwall St. WS1 – 1H 33
Darwin Clo. WS7 – 1G 9
Darwin Clo. Can WS12 – 4H 5
Darwin Clo. Hin LE10 – 1F 139
Darwin Clo. Lich WS13 – 2F 151
Darwin Ct. WV6 – 1A 18
Darwin Pl. WS2 – 4E 23
Darwin Rd. WS2 – 4E 23
Darwin St. B12 – 5B 74
(in two parts)
Dassett Gro. B9 – 3H 75
Dassett Rd. Sol B93 – 4H 125
Datteln Rd. Can WS11 – 2D 4
D'Aubney Rd. CV4 – 2E 131
Dauntsey Covert. B14 – 5H 105
Davena Dri. B29 – 5H 87
Davena Gro. Bil WV14 – 1E 43
Davenport Dri. B35 – 2E 63
Davenport Dri. Brom B60 –
4F 143
Davenport Rd. CV5 – 1A 132
Davenport Rd. WV6 – 4C 18
Davenport Rd. WV11 – 3F 21
Davenport Ter. Hin LE10 –
2F 139
Daventry Gro. B32 – 1F 87
Daventry Rd. CV3 – 2B 132
Davey Rd. B20 – 3A 60
Davey Rd. W Bro B70 – 1D 56
David Cox Tower. B31 – 1H 103
David Rd. B20 – 3G 59
David Rd. CV1 – 5D 116
David Rd. CV7 – 5D 80
David Rd. Tip DY4 – 4H 43
Davidson Rd. Lich WS14 –
3G 151
Davies Av. Bil WV14 – 1E 43
Davies Ho. War B69 – 5D 56
Davies Rd. CV7 – 5D 80
Davis Av. Tip DY4 – 1F 55
Davis Clo. L Spa CV32 – 1H 147
Davison Rd. War B67 – 3H 71
Davis Rd. Tam B77 – 1F 135
Davis Rd. Wil WV12 – 2B 22
Davis St. WV4 – 5C 30
Davy Rd. WS2 – 4D 22
Dawberry Fields Rd. B14 –
3H 105
Dawberry Rd. B14 – 2G 105
Daw End. WS4 – 4C 24
Daw End La. WS4 – 3B 24
Dawes Av. W Bro B70 – 4F 57
Dawes Clo. CV2 – 4E 117
Dawley Brook Rd. King DY6 –
5D 52
Dawley Clo. WS2 – 3E 33
Dawley Rd. King DY6 – 4C 52
Dawley Trading Est. King DY6 –
4D 52
Dawlish Clo. Nun CV11 – 2H 137
Dawlish Dri. CV3 – 4B 132
Dawlish Rd. B29 – 4E 89
Dawlish Rd. DY1 – 5D 42
Dawlish Rd. War B66 – 1B 72
Dawn Dri. Tip DY4 – 2A 44
Dawney Dri. Sut C B75 – 5G 27
Daws La. WS8 – 5E 9
Dawson Av. Bil WV14 – 2C 42
Dawson Rd. B21 – 4E 59
Dawson Rd. CV3 – 5E 117
Dawson Rd. Brom B61 – 3C 142
Dawson Sq. Bil WV14 – 5D 30
Dawson St. WS3 – 2G 23
Dawson St. War B66 – 3A 72
Day Av. WV11 – 3F 21
Day Ho. Tip DY4 – 3A 44
Daylesford Rd. Sol B92 – 3D 92
Day's Clo. CV1 – 4D 116
Day's La. CV1 – 4D 116
Day St. WS2 – 1G 33
Daytona Dri. CV5 – 1G 113
Deacon St. Nun CV11 – 4F 137
Deakin Av. WS8 – 5E 9
Deakin Rd. B24 – 2G 61
Deakin Rd. Sut C B75 – 4B 38
Deakins Rd. B25 – 1H 91
Deal Av. WS7 – 1F 9
Deal Dri. War B69 – 4G 55
Deal Gro. B31 – 4A 104
Deanbrook Clo. Sol B90 – 3D 124
Dean Clo. B44 – 4C 48
Dean Clo. Hin LE10 – 1F 139
Deanery Clo. WV10 – 1E 13
Deanery Row. WV1 – 1H 29
Dean Rd. B23 – 5G 49
Dean Rd. WS4 – 3C 24
Dean Rd. WV5 – 1A 52
Dean Rd. Hin LE10 – 1F 139
Dean Rd. W. Hin LE10 – 1F 139
Deans Clo. Red B98 – 1G 145
Deans Croft. Lich WS13 – 3G 151
Deansfield Rd. WV1 – 1C 30
Deans Pl. WS3 – 3A 24
Dean's Rd. WV1 – 5C 20
Dean St. B5 – 4A 74
Dean St. CV2 – 4E 117
Dean St. DY3 – 4A 42
Deansway. CV7 – 1B 100
Deansway. Brom B61 – 4C 142
Deansway. Warw CV34 – 2D 146
Deansway Ho. Kid DY10 – 1F 141
Deansway, The. Kid DY10 –
1F 141
Dearman Rd. B11 – 1C 90
Dearmont Rd. B31 – 2H 119
Dearne Ct. DY3 – 5C 42
Debdale Clo. Sol B91 – 3F 109
Debden Clo. Sol B93 – 5G 125
Debenham Cres. B25 – 4A 76
Debenham Rd. B25 – 4A 76
Deblen Dri. B16 – 4C 72
Deborah Clo. WV2 – 4H 29
De Compton Clo. CV7 – 1H 99
Deedmore Rd. CV2 – 1G 117 &
5G 101
Deegan Clo. CV2 – 3E 117
Dee Gro. B38 – 1D 120
Dee Gro. Can WS11 – 1B 6
Deelands Rd. B45 – 1D 118
(in two parts)
Deeley. Tam B77 – 3G 135
Deeley Clo. War B64 – 1F 85
Deeley Pl. WS3 – 2E 23
Deeley St. WS3 – 2E 23
Deeley St. Bri H DY5 – 4A 68
Deepdale Av. B26 – 2E 93
Deepdale La. DY3 – 2A 54
Deeplow Clo. Sut C B72 – 1A 50
Deepmoor Rd. B33 – 3C 76
Deepmore Av. WS2 – 1E 33
Deepwood Gro. B32 – 5E 87
Deer Barn Hill. Red B98 – 4D 144
Deer Clo. WS3 – 1F 23
Deer Clo. Can WS11 – 2A 8
Deerdale Way. CV3 – 1H 133
Deerfold Cres. WS7 – 1F 9
Deerham Clo. B23 – 4E 49
Deerhurst Rise. Can WS12 –
1H 5
Deerhurst Rd. B20 – 1E 59
Deerhurst Rd. CV6 – 4A 100
Deer Leap, The. Ken CV8 –
2C 150
Dee Rd. WS3 – 1G 23
Deerpark Dri. Warw CV34 –
3D 146
Deer Pk. Rd. Tam B78 – 5A 134
Deer Wlk. WV8 – 1E 19
Dee Wlk. B36 – 4H 63 to 5A 64
Defford Av. WS4 – 1C 24
Defford Dri. War B68 – 2E 71
Deighton Rd. WS5 – 5B 34
De-la-Bere Cres. Hin LE10 –
4H 139
Delage Clo. CV6 – 2F 101
Delamere Clo. B36 – 4F 63
Delamere Rd. B28 – 1F 107
Delamere Rd. Nun CV12 – 4D 80
Delamere Rd. Wil WV12 – 3A 22
Delamere Way. L Spa CV32 –
2D 148
Delaware Rd. CV3 – 4B 132
Delhi Av. CV6 – 5C 100
Delhurst Rd. B44 – 3H 47
Delhurst Rd. WV4 – 2A 42
Delius St. CV4 – 4B 114
Della Dri. B32 – 5G 87
Dell Clo. CV3 – 3F 133
Dellows Clo. B38 – 2D 120
Dell Rd. B30 – 3F 105
Dell Rd. Bri H DY5 – 1G 67
Dell, The. B31 – 2G 103
Dell, The. B36 – 3H 63
Dell, The. Can WS12 – 2H 5
Dell, The. Lich WS13 – 3E 151
Dell, The. Sol B92 – 5D 92
Dell, The. Sto DY8 – 2D 82
Dell, The. Tam B79 – 2C 134
Delmore Way. Sut C B76 – 5D 50
Delph Dri. Bri H DY5 – 1A 84
Delphinium Clo. Kid DY11 –
1C 140
Delph La. Bri H DY5 – 5A 68
Delph Rd. Bri H DY5 – 4H 67
Delrene Rd. B28 & Sol B90 –
4F 107
Delta Way. Can WS11 – 2B 6
Deltic. Tam B77 – 3G 135
Delves Cres. WS5 – 5A 34
Delves Grn. Rd. WS5 – 4A 34
Delves Rd. WS1 – 4H 33
Delville Clo. Wed WS10 – 1D 44
Delville Rd. Wed WS10 – 1D 44
Delville Ter. Wed WS10 – 1D 44
De Marnham Clo. W Bro B70 –
3H 57
De Montfort Rd. Hin LE10 –
1G 139
De Montfort Rd. Ken CV8 –
2A 150
De Montfort Way. CV4 – 3E 131
De Moram Gro. Sol B92 – 1H 109
Dempster Ct. Nun CV11 – 3G 137
Dempster Rd. Nun CV12 – 2E 81
Demuth Way. War B69 – 1D 70
Denaby Gro. B14 – 4E 107
Denbigh Cres. W Bro B71 –
5E 45
Denbigh Dri. Wed WS10 – 1G 45
Denbigh Dri. W Bro B71 – 5E 45
Denbigh Rd. CV6 – 2G 115
Denbigh Rd. Tip DY4 – 1A 56
Denbigh St. B9 – 4E 75
Denbury Clo. Can WS12 – 4G 5
Denby Clo. B7 – 1C 74
Denby Clo. L Spa CV32 – 3D 148
Denby Croft. Sol B90 – 3E 125
Dencer Clo. B45 – 2D 118
Dencer Dri. Ken CV8 – 3D 150
Dencil Clo. Hal B63 – 2E 85
Dene Av. King DY6 – 2C 66
Dene Ct. Rd. Sol B92 – 5C 92
Denegate Clo. Sut C B76 – 5D 50
Dene Hollow. B13 – 2D 106
Dene Rd. WV4 – 1A 40
Dene Rd. Sto DY8 – 4E 83
Denewood Av. B20 – 3F 59
Denewood Way. Ken CV8 –
2D 150
(in two parts)
Denford Gro. B14 – 3H 105
Denham Av. CV5 – 4E 115
Denham Gdns. WV3 – 3B 28
Denham Rd. B27 – 2H 91
Denholme Gro. B14 – 4B 106
Denholm Rd. Sut C B73 – 2E 49
Denise Dri. B17 – 3C 88
Denise Dri. B37 – 2H 77
Denise Dri. Bil WV14 – 4D 42
Denis Rd. Hin LE10 – 4E 139
Denleigh Rd. King DY6 – 2E 67
Denmark Rise. Can WS12 – 1G 5
Denmead Dri. WV11 – 2G 21
Denmore Gdns. WV1 – 1D 30
Dennett Clo. Warw CV34 –
2E 147
Dennis. Tam B77 – 2F 135
Dennis Hall Rd. Sto DY8 – 5F 67
Dennis Rd. B12 – 3C 90
Dennis Rd. CV2 – 3F 117
Dennis St. Sto DY8 – 5F 67
Denshaw Rd. B14 – 2H 105
Denton Clo. Ken CV8 – 2A 150
Denton Gro. B33 – 4B 76
Denton Gro. B43 – 4C 46
Denton Rd. Sto DY9 – 2C 84
Dent St. Tam B79 – 3D 134
Denver Rd. B14 – 5B 106
Denville Clo. Bil WV14 – 4F 31
Denville Cres. B9 – 3H 75
Denville Rd. L Spa CV32 – 2B 148
Derby Av. WV6 – 3E 19
Derby Dri. B37 – 3A 78
Derby La. CV1 – 5B 116
Derby Rd. Hin LE10 – 1F 139
Derby St. B9 – 3C 74
Derby St. WS2 – 5G 23
Derby St. WV1 – 5H 19
Dereham Ct. L Spa CV32 –
3B 148
Dereham Wlk. Bil WV14 – 2F 43
Dereton Clo. DY1 – 4B 54
Derick Burcher's Mall. Kid
DY10 – 2E 141
Dering Clo. CV2 – 5G 101
Deronda Clo. Nun CV12 – 3E 81
Derron Av. B26 – 2B 92
Derry Clo. B17 – 4A 88
Derrydown Rd. B42 – 1G 59
Derry St. WV2 – 3H 29
Derry St. Bri H DY5 – 4H 67
Dersingham Dri. CV6 – 4E 101
Derwent. Tam B77 – 3E 135
Derwent Clo. CV5 – 3B 114
Derwent Clo. Bri H DY5 – 1G 67
Derwent Clo. L Spa CV32 –
2H 147
Derwent Clo. Sut C B74 – 1B 36
Derwent Gro. B30 – 5G 89
Derwent Gro. WS7 – 2H 9
Derwent Gro. Can WS11 – 1B 6
Derwent Ho. Kid DY10 – 2E 141
Derwent Ho. War B69 – 1B 70
Derwent Rd. B30 – 1G 105
Derwent Rd. CV6 – 4H 99
Derwent Rd. WV6 – 2D 18
Derwent Rd. Nun CV12 – 3E 81
Derwent Way. Brom B60 –
4E 143
Derwent Way. Nun CV11 –
1H 137
Desford Av. B42 – 4G 47
Despard Rd. CV5 – 3A 114
Dettonford Rd. B32 – 1E 103
Devereaux Ho. Tam B79 –
3C 134
Devereux Clo. B36 – 4E 63

Devereux Rd.—Dudley Rd. E.

Devereux Rd. Sut C B75 – 2H 37
Devereux Rd. W Bro B70 – 3H 57
Deveron Ct. War B66 – 4G 57
Deveron Way. Hin LE10 – 2D 138
Deveux Clo. CV4 – 5A 114
Devil's Elbow La. WV11 – 2F 21
Devitts Clo. Sol B90 – 2C 124
Devon Clo. B20 – 2E 59
Devon Clo. Kid DY11 – 1C 140
Devon Clo. Nun CV10 – 3D 136
Devon Cres. DY2 – 5B 54
Devon Cres. WS9 – 1F 25
Devon Cres. W Bro B71 – 5F 45
Devon Flats. War B65 – 2C 70
Devon Grn. Can WS11 – 1D 6
Devon Gro. CV2 – 2E 117
Devon Ho. B31 – 5F 103
Devon Rd. B45 – 5C 102
Devon Rd. WV1 – 5G 19
Devon Rd. Can WS11 – 1D 6
Devon Rd. Sto DY8 – 5D 66
Devon Rd. War B67 – 5H 71
Devon Rd. Wed WS10 – 1F 45
Devon Rd. Wil WV13 – 2B 32
Devonshire Av. B18 – 1E 73
Devonshire Dri. W Bro B71 – 2G 57
Devonshire Rd. B20 – 2E 59
Devonshire Rd. War B67 – 5G 57
Devonshire St. B18 – 1E 73
Devon St. B7 – 2D 74
Devoran Clo. CV7 – 5F 81
Devoran Clo. WV6 – 5G 19
Dewberry Rd. Sto DY8 – 4F 67
Dewhurst Croft. B33 – 2D 76
Dewsbury Av. CV3 – 3A 132
Dewsbury Clo. Sto DY8 – 3E 67
Dewsbury Dri. WS7 – 2H 9
Dewsbury Dri. WV4 – 1F 41
Dewsbury Gro. B42 – 1G 59
Deykin Av. B6 – 3C 60
Deyncourt Rd. WV10 – 3C 20
Dial Clo. B14 – 5A 106
Dialhouse La. CV5 – 3C 114
Dial La. Sto DY8 – 5E 67
Dial La. W Bro B70 – 5C 44
Diamond Pl. B11 – 5C 74
Diana Clo. WS9 – 5G 17
Diana Clo. Tip DY4 – 2H 43
Diana Dri. CV2 – 5H 101
Dibble Clo. Wil WV12 – 4B 22
Dibble Rd. War B67 – 1H 71
Dibdale Rd. DY1 – 2A to 2C 54
Dibdale St. DY1 – 3B 54
Dice Pleck. B31 – 5C 104
Dickens Clo. DY3 – 1G 53
Dickens Gro. B14 – 4C 106
Dickens Heath Rd. Sol B90 – 4E to 2H 123
Dickens Rd. CV6 – 5H 99
Dickens Rd. WV10 – 2C 20
Dickens Rd. Bil WV14 – 2E 43
Dickens Rd. Warw CV34 – 2G 147
Dickinson Av. WV10 – 2B 20
Dickinson Dri. WS2 – 4F 33
Dickinson Dri. Sut C B76 – 1B 50
Dickinson Rd. WV5 – 1A 52
Dick Sheppard Av. Tip DY4 – 3H 43
Diddington Av. B28 – 3G 107
Diddington La. Sol B92 & CV7 – 1G 111
Didgley Gro. B37 – 1H 77
Didsbury Rd. CV7 – 4E 81
Digbeth. B5 – 4A 74
Digbeth. WS1 – 2H 33
(in two parts)
Digby Clo. CV5 – 2D 114
Digby Cres. B46 – 2A 64
Digby Dri. B37 – 1A 94
Digby Pl. CV7 – 5D 96
Digby Rd. B46 – 1E 79
Digby Rd. King DY6 – 4D 52
Digby Rd. Sut C B73 – 1H 49
Digby Wlk. B33 – 5E 77
Dilcock Way. CV4 – 2B 130
Dilke Rd. WS9 – 4E 25
Dillam Clo. CV6 – 3E 101
Dilliars Wlk. W Bro B70 – 1D 56
Dillon Ct. Nun CV11 – 2E 137
Dillotford Av. CV3 – 2B 132
Dilloway's La. Wil WV13 – 2F 31
(in two parts)
Dilwyn Clo. Red B98 – 4H 145
Dimbles Hill. Lich WS13 – 1F 151
Dimbles La. Lich WS13 – 1F to 2F 151
Dimbles, The. Lich WS13 – 1F 151
Dimmingsdale Bank. B32 – 3F 87
Dimminsdale. Wil WV13 – 2H 31
Dimmocks Av. Bil WV14 – 3E 43
Dimmock St. WV4 – 5A 30
Dimsdale Gro. B31 – 4G 103
Dimsdale Rd. B31 – 4G 103
Dinedor Clo. Red B98 – 2G 145
Dingle Av. War B64 – 5F 69
Dingle Clo. B30 – 2D 104
Dingle Clo. CV6 – 2H 115
Dingle Clo. DY2 – 5F 55
Dingle La. Sol B91 – 5C 108
Dingle La. Wil WV13 – 5G 21
Dingle Mead. B14 – 3G 105
Dingle Rd. DY2 – 5F 55
Dingle Rd. WS8 – 3D 16
Dingle Rd. WV5 – 5A 40
Dingle Rd. King DY6 – 2F 67
Dingle Rd. Sto DY9 – 4G 83
Dingle St. War B69 – 4B 56
Dingle, The. B29 – 4D 88
Dingle, The. WV3 – 2D 28
Dingle, The. Sol B90 – 4B 124
Dingle, The. Nun CV10 – 2C 136
Dingle, The. War B69 – 4B 56
Dingle View. DY3 – 5H 41
Dingley Rd. Nun CV12 – 1A 80
Dingley Rd. Wed WS10 – 5D 32
Dingleys Pas. B4 – 3A 74
Dinmore Av. B31 – 3B 104
Dinmore Clo. Red B98 – 3G 145
Dinsdale Wlk. WV6 – 4F 19
Dippons Dri. WV6 – 1B 28
Dippons La. WV6 – 4A 18
Dippons Mill Clo. WV6 – 1B 28
Ditch, The. WS1 – 2H 33
Ditton Gdns. B31 – 3H 119
Dixon Clo. B35 – 3D 62
Dixon Clo. Tip DY4 – 5A 44
Dixon Rd. B10 – 5D 74
Dixon's Grn. Rd. DY2 – 4F 55
Dixon St. WV2 – 4A 30
Dixon St. Kid DY10 – 3E 141
Dobbins Oak Rd. Sto DY9 – 5A 84
Dobbs Mill Clo. B29 – 4G 89
Dobbs St. WV2 – 3H 29
Dockar Rd. B31 – 5G 103
Dockers Clo. CV7 – 2C 128
Dock La. DY1 – 4D 54
Dock Meadow Dri. WV4 – 1C 42
Dock Rd. Sto DY8 – 4E 67
Dock, The. Sto DY9 – 2B 84
Doctors Hill. Sto DY9 – 4H 83
Doctor's Pl. Wil WV13 – 2H 31
Dodd Av. Warw CV34 – 4G 147
Doddington Gro. B32 – 1E 103
Dodwells Bri. Ind. Est. Hin LE10 – 3A 138
Dodwells Rd. Hin LE10 – 3A 138
Doe Bank La. CV1 – 4H 115
Doe Bank La. WS9 & B43 – 4H 35
Doe Bank Rd. Tip DY4 – 3B 44
Dogberry Clo. CV3 – 2F 133
Dogge La. Croft. B27 – 4H 91
Dogkennel La. Hal B63 – 4H 85
Dog Kennel La. Sol B90 – 2A 124
Dogkennel La. War B68 – 2F 71
Dog Kennel Wlk. WS1 – 1H 33
Doglands, The. L Spa CV31 8C 149
Dogpool La. B30 – 5G 89
Doidge Rd. B23 – 2D 60
Dolben La. Red B98 – 3G 145
Dollery Dri. B5 – 2G 89
Dollis Gro. B44 – 1A 48
Dollman St. B7 – 2C 74
Dolman Rd. B6 – 4A 60
Dolobran Rd. B11 – 1C 90
Dolphin Clo. WS3 – 2H 23
Dolphin La. B27 – 5H 91 & 4A 92
Dolphin Rd. B11 – 2D 90
Dolphin Rd. Red B98 – 1D 144
Domar Rd. Kid DY11 – 2B 140
Dominic Dri. B30 – 3D 104
Doncaster Clo. CV2 – 1G 117
Doncaster Way. B36 – 4A 62
(in two parts)
Don Clo. B15 – 5C 72
Donegal Clo. CV4 – 2C 130
Donegal Rd. Sut C B74 – 5B 36
Dongan Rd. Warw CV34 – 3D 146
Don Gro. Can WS11 – 1B 6
Donibristle Croft. B35 – 2D 62
Donnington Av. CV6 – 3F 115
Donnington Clo. Red B98 – 1F 145
Donnithorne Av. Nun CV10 & CV11 – 5F 137
Dooley Clo. Wil WV13 – 1F 31
Doone Clo. CV2 – 2H 117
Dorado. Tam B77 – 5E 135
Doran Clo. Hal B63 – 5E 85
Dorando Way. W Bro B71 – 4H 57
Dora Rd. B10 – 5F 75
Dora Rd. B21 – 5D 58
Dora Rd. W Bro B70 – 3F 57
Dora St. WS2 – 3E 33
Dorchester Av. Warw CV35 – 4A 146
Dorchester Clo. Wil WV12 – 2A 22
Dorchester Ct. Sol B91 – 4D 108
Dorchester Dri. B17 – 3B 88
Dorchester Rd. Can WS11 – 5A 4
Dorchester Rd. Hin LE10 – 3H 139
Dorchester Rd. Sol B91 – 3D 108
Dorchester Rd. Sto DY9 – 4A 84
Dorchester Rd. Wil WV12 – 2A 22
Dordon Clo. Sol B90 – 1F 123
Doreen Gro. B24 – 3H 61
Doris Rd. B9 – 4D 74
Doris Rd. B11 – 3C 90
Doris Rd. B46 – 4E 65
Dorking Gro. B15 – 5H 73
Dorlcote Rd. B8 – 2G 75
Dorlecote Pl. Nun CV10 – 5F 137
Dorlecote Rd. Nun CV10 – 5F 137
Dormer Av. Tam B77 – 1E 135
Dormer Harris Av. CV4 – 1B 130
Dormer Pl. L Spa CV32 – 5B 149
Dormie Clo. B38 – 5C 104
Dormington Rd. B44 – 1A 48
Dormston Clo. Red B98 – 4D 144
Dormston Clo. Sol B91 – 2E 125
Dormston Dri. B29 – 4H 87
Dormston Dri. DY3 – 3A 42
Dormy Dri. B31 – 2A 120
Dorncliffe Av. B33 – 1F 93
Dorney Clo. CV5 – 2G 131
Dornie Dri. B38 – 1E 121
Dornton Rd. B30 – 1G 105
Dorothy Rd. B11 – 2H 91
Dorothy Rd. War B67 – 2A 72
Dorothy St. WS1 – 4G 33
Dorridge Clo. Red B97 – 4A 144
Dorridge Croft. Sol B93 – 5H 125
Dorridge Rd. Sol B93 – 5A 126
Dorridge Sq. Sol B93 – 5H 125
Dorrington Grn. B42 – 5F 47
Dorrington Rd. B42 – 5F 47
Dorset Clo. B45 – 5C 102
Dorset Clo. Nun CV10 – 3D 136
Dorset Dri. WS9 – 2F 25
Dorset Flats. War B65 – 2C 70
Dorset Pl. WS3 – 3F 23
Dorset Rd. B17 – 3B 72
Dorset Rd. CV1 – 3B 116
Dorset Rd. Can WS12 – 5H 5
Dorset Rd. Sto DY8 – 5D 66
Dorsett Rd. Wed WS10 – 2G 45
Dorsett Rd. Wed WS10 – 4A 32
(Darlaston)
Dorsett Rd. Ter. Wed WS10 – 4A 32
Dorsheath Gdns. B23 – 1F 61
Dorsington Rd. B27 – 5A 92
Dorstone Covert. B14 – 5G 105
Dorville Clo. B38 – 1C 120
Dosthill Rd. Tam B77 – 4E 135
Douay Rd. B24 – 5H 49
Double Row. DY2 – 2F 69
Doughty St. Tip DY4 – 5A 44
Douglas Av. B36 – 5A 62
Douglas Av. War B68 – 2F 71
Douglas Davies Clo. Wil WV12 – 5A 22
Douglas Pl. WV10 – 3G 19
Douglas Rd. B21 – 4E 59
Douglas Rd. B27 – 3H 91
Douglas Rd. B47 – 2B 122
Douglas Rd. DY2 – 4E 55
Douglas Rd. Bil WV14 – 3E 43
Douglas Rd. Hal B62 – 4C 70
Douglas Rd. Sut C B72 – 1A 50
Douglas Rd. War B68 – 2F 71
Doulton Clo. B32 – 3H 87
Doulton Rd. War B64 & B65 – 2G 69
Doulton Trading Est. War B65 – 2G 69
Dovebridge Clo. Sut C B76 – 1C 50
Dove Clo. B25 – 5B 76
Dove Clo. WS7 – 2H 9
Dove Clo. Kid DY10 – 5G 141
Dove Clo. Wed WS10 – 5E 33
Dovecote Clo. CV6 – 3F 115
Dovecote Clo. WV6 – 5C 18
Dovecote Clo. Sol B91 – 1E 109
Dovecote Rd. Brom B61 – 4C 142
Dovedale. Can WS11 – 2D 4
Dovedale Av. CV6 – 4D 100
Dovedale Av. WS3 – 3A 16
Dovedale Av. Sol B90 – 1H 123
Dovedale Av. Wil WV12 – 4H 21
Dovedale Ct. WV4 – 2B 42
Dovedale Dri. B28 – 2F 107
Dovedale Rd. B23 – 4D to 5D 48
Dovedale Rd. WV4 & Bil WV14 – 1A 42
Dovedale Rd. King DY6 – 4E 53
Dove Dri. Sto DY8 – 5F 67
Dove Hollow. Can WS12 – 2G 5
Dovehouse Fields. Lich WS14 – 4F 151
Dove Ho. La. Sol B91 – 1C 108
Dovercourt Rd. B26 – 2F 93
Doverdale Av. Kid DY10 – 3D 141
Doverdale Clo. Hal B63 – 2F 85
Doverdale Clo. Red B98 – 5E 145
Dove Ridge. Sto DY8 – 5F 67
Doveridge Pl. WS1 – 3H 33
Doveridge Rd. B28 – 3F 107
Doversley Rd. B14 – 3H 105
Dover Clo. B32 – 1D 102
Dover St. B18 – 1E 73
Dover St. CV1 – 4A 116
Dover St. Bil WV14 – 4E 31
Dove Way. B36 – 4H 63
Dovey Dri. Sut C B76 – 4D 50
Dovey Rd. B13 – 4E 91
Dovey Rd. War B69 – 4B 56
Dovey Tower. B7 – 2C 74
Dowar Rd. B45 – 2F 119
Dowells Clo. B13 – 4A 90
Dowells Gdns. Sto DY8 – 3D 66
Doweries, The. B45 – 1D 118
Dower Rd. Sut C B75 – 2H 37
Dowlers Hill Cres. Red B98 – 5E 145
Dowles Clo. B29 – 2A 104
Dowles Rd. Kid DY11 – 5B 140
Downcroft Av. B38 – 5D 104
Downend Clo. WV10 – 4B 12
Downes Ct. Tip DY4 – 5F 43
Downes Way. Can WS11 – 4A 4
Downey Clo. B10 – 1C 90
Downham Clo. WS5 – 2D 34
Downham Pl. WV3 – 3F 29
Downie Rd. WV8 – 5C 10
Downing Clo. WV11 – 3H 21
Downing Clo. Sol B93 – 4A 126
Downing Clo. War B65 – 4A 70
Downing Ct. War B68 – 5E 71
Downing Cres. Nun CV12 – 2F 81
Downing St. Hal B63 – 2H 85
Downing St. War B66 – 5B 58
Downland Clo. B38 – 5E 105
Downsfield Rd. B26 – 1E 93
Downside Rd. B24 – 3F 61
Downs, The. WS9 – 1A 36
Downs, The. WV10 – 3G 19
Downton Cres. B33 – 3G 77
Dowty Av. Nun CV12 – 4B 80
Dowty Way. WV9 – 5G 11
Doyle Dri. CV6 – 3D100
Dragoon Fields. Brom B60 – 5F 143
Drake Clo. WS3 – 1E 23
Drake Cres. Kid DY11 – 2A 140
Drake Croft. Lich WS13 – 2G 151
Drake Ho. Tip DY4 – 4G 43
Drake Rd. B23 – 2D 60
Drake Rd. WS3 – 1E 23
Drakes Cross Pde. B47 – 3B 122
Drakes Gro. Bil WV14 – 1G 43
Drakes Hill Clo. Sto DY8 – 3C 82
Drake St. CV6 – 1C 116
Drake St. W Bro B71 – 5F 45
Drancy Av. Wil WV12 – 3B 22
Draper Clo. Ken CV8 – 4D 150
Draper's Fields. CV1 – 4B 116
Drawbridge Rd. Sol B90 – 1F 123
Draycote Clo. Sol B92 – 2F 109
Draycott Av. B23 – 1E 61
Draycott Clo. WV4 – 5C 28
Draycott Cres. Tam B77 – 3E 135
Draycott Rd. CV2 – 2F 117
Draycott Rd. War B66 – 5H 57
Drayton Clo. Red B98 – 5G 145
Drayton Clo. Sut C B75 – 1H 37
Drayton Ct. Nun CV10 – 1B 136
Drayton Ct. Warw CV34 – 1E 147
Drayton Cres. CV5 – 3A 114
Drayton Mnr. Rd. Tam B78 – 5B 134
Drayton Rd. B14 – 1A 106
Drayton Rd. Nun CV12 – 4G 81
Drayton Rd. Sol B90 – 1C 124
Drayton Rd. War B66 – 4A 72
Drayton St. WS2 – 1F 33
Drayton St. WV2 – 3H 29
Drayton St. E. WS2 – 1F 33
Drayton Way. Nun CV10 – 1A 136
Dreadnought Rd. Bri H DY5 – 5G 53
Dreel, The. B15 – 5D 72
Dreghorn Rd. B36 – 4C 62
Drem Croft. B35 – 2D 62
Dresden Clo. WV4 – 1C 42
Drew Cres. Ken CV8 – 4B 150
Drew Cres. Sto DY9 – 4A 84
Drew Rd. Sto DY9 – 4H 83
Drew's Holloway. Hal B63 – 2E 85
Drew's Holloway S. Hal B63 – 2E 85
Drews La. B8 – 5G 61
Drews Meadow Clo. B14 – 5H 105
Driffield Clo. Red B98 – 3G 145
Driffold, The. Sut C B73 – 1H 49
Driftwood Clo. B38 – 2D 120
Dri. Fields, The. WV4 – 4B 28
Drive, The. B15 – 5G 73
Drive, The. B20 – 3F 59
Drive, The. B23 – 3E 61
Drive, The. CV2 – 4H 117
Drive, The. WS3 – 1H 23
Drive, The. WS4 – 2C 24
Drive, The. WV6 – 4C 18
Drive, The. Bri H DY5 – 2H 67
Drive, The. Hal B63 – 4H 85
Drive, The. Hal B63 – 2E 85
(Drew's Holloway)
Drive, The. Red B98 – 3C 144
Drive, The. WV8 – 5A 10
Dronfield Rd. CV2 – 4E 117
Droveway, The. WV8 & WV9 – 5F11
Droxford Wlk. WV8 – 2E 19
Droylsdon Pk. Rd. CV3 – 5A 132
Druid Pk. Rd. Wil WV12 – 1A 22
Druid Rd. CV2 – 4F 117
Druids Av. WS9 – 2G 25
Druids Av. War B65 – 2B 70
Druids La. B14 – 5G 105
Druids Pl. Hin LE10 – 2E 139
Druid St. Hin LE10 – 2E 139
Druids Wlk. WS9 – 5F 17
Drummond Clo. CV6 – 1G 115
Drummond Clo. WV11 – 1G 21
Drummond Gro. B43 – 1G 47
Drummond Rd. B9 – 4G 75
Drummond Rd. Brom B60 – 4F 143
Drummond Rd. Sto DY9 – 2B 84
Drummond St. WV1 – 1G 29
Drummond Way. B37 – 3B 78
Drury La. WV8 – 4A 10
Drury La. Sol B91 – 4F 109
(in two parts)
Drury La. Sto DY8 – 2F 83
Drybrook Clo. B38 – 2D 120
Drybrooks Clo. CV7 – 3C 128
Dryden Clo. Tip DY4 – 4H 43
Dryden Clo. Wil WV12 – 2C 22
Dryden Gro. B27 – 4H 91
Dryden Pl. WS3 – 3H 23
Dryden Rd. WS3 – 3H 23
Dryden Rd. WV10 – 2B 20
Dryden Rd. Tam B79 – 1C 134
Drylea Gro. B36 – 4C 62
Dubarry Av. King DY6 – 5C 52
Duchess Rd. B16 – 4F 73
Duckhouse Rd. WV11 – 2E 21
Duck La. WV8 – 5B 10
Duck La. Bil WV14 – 5F 31
Duddeston Manor Rd. B7 – 2C 74
Duddeston Mill Rd. B7 & B8 – 2C 74
Duddeston Mill Trading Est. B8 – 2D 74
Dudding Rd. WV4 – 5H 29
Dudhill Rd. War B65 – 3G 69
Dudhill Wlk. War B65 – 3G 69
Dudley Clo. War B65 – 1G 69
Dudley Cres. WV11 – 3F 21
Dudley Grn. L Spa CV32 – 3C 148
Dudley Pk. Rd. B27 – 3H 91
Dudley Port. Tip DY4 – 2H 55
Dudley Rd. B18 – 2C 72
Dudley Rd. DY3 – 2C 52
(Gornal)
Dudley Rd. DY3 – 4A 42
(Sedgley)
Dudley Rd. WV2 – 2H 29
Dudley Rd. Bri H DY5 – 2A 68
Dudley Rd. Hal B63 – 2H 85
Dudley Rd. Ken CV8 – 5A 150
Dudley Rd. King DY6 – 5E 53
Dudley Rd. King DY6 – 4C 52
(Wall Heath)
Dudley Rd. Sto DY9 – 2A 84
Dudley Rd. Tip DY4 – 1F 55
Dudley Rd. War B65 – 1G 69
Dudley Rd. War B69 – 4C 56
Dudley Rd. E. War B69 – 3B 56

Dudley Rd. W.—Edwards Gro.

Dudley Rd. W. Tip DY4 & War B69 – 3H 55
Dudley Row. DY2 – 4E 55
Dudley St. B5 – 4A 74
Dudley St. CV6 – 5E 101
Dudley St. DY3 – 4A 42
Dudley St. WS1 – 2H 33
Dudley St. WV1 – 1H 29
Dudley St. Bil WV14 – 5E 31
Dudley St. Kid DY10 – 2E 141
Dudley St. War B64 – 4F 69
Dudley St. Wed WS10 – 2C 44
Dudley St. W Bro B70 – 1D 56
Dudley Wlk. WV4 – 5H 29
Dudley Wood Av. DY2 – 4E 69
Dudley Wood Rd. DY2 – 4D 68
Dudnill Gro. B32 – 1D 102
Duffield Clo. WV8 – 1E 19
Dufton Rd. B32 – 2H 87
Dugdale Clo. Can WS12 – 3H 5
Dugdale Cres. Sut C B75 – 5H 27
Dugdale Rd. CV6 – 2A 116
Dugdale St. B18 – 2C 72
Dugdale St. Nun CV11 – 3F 137 (in two parts)
Duggins La. CV7 & CV4 – 2G 129 to 1A 130
Duke Barn Field. CV2 – 3E 117
Duke Pl. Kid DY10 – 2D 140
Dukes Rd. B30 – 4E 105
Duke St. B4 – 2B 74
Duke St. CV5 – 5H 115
Duke St. DY3 – 1A 54
Duke St. WV1 – 2A 30
Duke St. WV3 – 4F 29
Duke St. WV11 – 4E 21
Duke St. Kid DY10 – 2D 140
Duke St. L Spa CV32 – 4C 148
Duke St. Nun CV11 – 3E 137
Duke St. Sto DY8 – 2F 83
Duke St. Sut C B72 – 1H 49
Duke St. War B65 – 4H 69
Duke St. W Bro B70 – 2E 57
Dulais Clo. Red B98 – 4C 144
Dulvern Gro. B14 – 3H 105
Dulverton Av. CV5 – 3F 115
Dulverton Rd. B6 – 3C 60
Dulwich Gro. B44 – 4C 48
Dulwich Rd. B44 – 3B 48
Dumbleberry Av. DY3 – 4G 41
Dumblederry La. WS9 – 3E 25
Dumolos La. Tam B77 – 2F 135
Dunard Rd. Sol B90 – 4F 107
Dunbar Clo. B32 – 5F 87
Dunbar Clo. Kid DY10 – 2H 141
Dunbar Gro. B43 – 1G 47
Dunblane Dri. L Spa CV32 – 1D 148
Dunblane Way. Hin LE10 – 1C 138
Duncalfe Dri. Sut C B75 – 5H 27
Duncan St. WV2 – 3H 29
Dunchurch Clo. CV7 – 2C 128
Dunchurch Clo. Red B98 – 4H 145
Dunchurch Cres. Sut C B73 – 1D 48
Dunchurch Highway. CV5 – 2C 114
Dunclent Cres. Kid DY10 – 3G 141
Duncombe Grn. B46 – 5D 64
Duncombe Gro. B17 – 5A 72
Duncombe St. Sto DY8 – 2D 82
Duncroft Av. CV6 – 1G 115
Duncroft Rd. B26 – 5C 76
Duncroft Wlk. DY1 – 5D 42
Duncumb Rd. Sut C B75 – 5D 38
Dundalk La. WS6 – 5B 6
Dundas Av. DY2 – 4G 55
Dunedin. Tam B77 – 3G 135
Dunedin Ho. B32 – 3H 87
Dunedin Rd. B44 – 2A 48
Dunhampton Dri. Kid DY10 – 1G 141
Dunhill Av. CV4 – 4B 114
Dunkirk Av. W Bro B70 – 2B 56
Dunkley St. WV1 – 1G 29
Dunley Croft. Sol B90 – 3C 124
Dunlin Clo. B23 – 3D 60
Dunlin Clo. WV10 – 2C 12
Dunlin Clo. King DY6 – 5F 53
Dunlin Dri. Kid DY10 – 5E 141
Dunlop Way. B24 – 3B 62
Dunnigan Rd. B32 – 4H 87
Dunnington Av. Kid DY10 – 1F 141
Dunn's Bank. Bri H DY5 – 5B 68 & 1B 84
Dunrose Clo. CV2 – 5H 117
Dunsfold Clo. B6 – 5B 60
Dunsford Clo. Bil WV14 – 1C 42
Dunsford Clo. Bri H DY5 – 1G 83
Dunsford Rd. War B66 – 3A 72
Dunsink Rd. B6 – 3B 60
Dunslade Cres. Bri H DY5 – 5B 68
Dunslade Rd. B23 – 4E 49
Dunsley Dri. Sto DY8 – 3E 67
Dunsley Gro. WV4 – 1F 41
Dunsley Rd. Sto DY8 – 2C 82
Dunsmore Av. CV3 – 3F 133
Dunsmore Cres. Bri H DY5 – 5B 68
Dunsmore Gro. Sol B91 – 2C 108
Dunsmore Rd. B28 – 5E 91
Dunstall Av. WV6 – 4G 19
Dunstall Clo. Red B97 – 4A 144
Dunstall Gro. B29 – 1H 103
Dunstall Hill. WV10 & WV6 – 4H 19
Dunstall La. WV6 – 4G 19
Dunstall La. Tam B78 – 3A 134
Dunstall Rd. WV6 – 5G 19
Dunstall Rd. Hal B63 – 4F 85
Dunstan Croft. Sol B90 – 1A 124
Dunster Clo. B30 – 4G 105
Dunster Gro. WV6 – 1A 28
Dunster Pl. CV6 – 4C 100
Dunster Rd. B37 – 3B 78
Dunster Way. B37 – 3C 78
Dunston Clo. WS6 – 1C 14
Dunston Clo. King DY6 – 5D 52
Dunston Dri. WS7 – 1F 9
Dunsville Dri. CV2 – 1H 117
Dunton Clo. Sut C B75 – 5H 27
Dunton Hall Rd. Sol B90 – 1G 123
Dunton Rd. B37 – 2G 77
Dunvegan Clo. Ken CV8 – 3D 150
Dunvegan Rd. B24 – 1G 61
Duport Rd. Hin LE10 – 3G 139
Durant Clo. B45 – 5B 102
Durban Rd. War B66 – 2B 72
Durbar Av. CV6 – 1C 116
Durberville Rd. WV2 – 4B 30 (in two parts)
D'Urberville Wlk. Can WS11 – 4D 4
Durham Av. Wil WV13 – 1B 32
Durham Clo. CV7 – 3G 99
Durham Clo. Brom B61 – 2C 142
Durham Cres. CV5 – 2D 114
Durham Croft. B37 – 4A 78
Durham Dri. W Bro B71 – 4F 45
Durham Pl. WS2 – 2E 33
Durham Rd. B11 – 2C 90
Durham Rd. DY2 – 3E 69
Durham Rd. WS2 – 2E 33
Durham Rd. Sto. DY8 – 5D 66
Durham Rd. War B65 – 2C 70
Durham Rd. Wed WS10 – 1F 45
Durley Dean Rd. B29 – 4B 88
Durley Dri. Sut C B73 – 1D 48
Durley Rd. B25 – 1H 91
Durlston Gro. B28 – 1G 107
Durnford Croft. B14 – 5A 106
Dursley Clo. Sol B92 – 5D 92
Dursley Clo. Wil WV12 – 5B 22
Dursley Dri. Can WS11 – 4A 4
Dursley Rd. WS7 – 1F 9
Dusthouse La. Brom B60 – 5G to 5H 143
Dutton Rd. CV2 – 4G 101
Dutton's La. Sut C B75 – 1B 38
Duxford Clo. Red B97 5A 144
Duxford Rd. B42 – 4F 47
Dwarris Wlk. Warw CV34 – 1D 146
Dwellings La. B32 – 2E 87
Dyas Av. B42 – 4E 47
Dyas Rd. B44 – 3H 47
Dyas Rd. B47 – 2C 122
Dyce Clo. B35 – 1D 62
Dyce Rd. B35 – 1D 62
Dymoke St. B12 – 5B 74
Dymond Rd. CV6 – 3B 100
Dynes Wlk. War B67 – 1A 72
Dyott Rd. B13 – 5C 90
Dysart Clo. CV1 – 4C 116
Dyson Clo. WS2 – 5C 22
Dyson Gdns. B8 – 1F 75
Dyson St. CV4 – 4B 114

Eachelhurst Rd. B24 & Sut C B76 – 1B 62
Eachus Rd. Bil WV14 – 4E 43
Eachway. B45 – 3D 118
Eachway Farm Clo. B45 – 3D 118
Eachway La. B45 – 3E 119
Eacott Clo. CV6 – 4H 99
Eadgar Ct. B43 – 4C 46
Eadie St. Nun CV10 – 3B 136
Eagle Clo. DY1 – 4B 54
Eagle Clo. WS6 – 5B 6
Eagle Clo. War B65 – 2G 69
Eagle Croft. B14 – 5A 106
Eagle Dri. Tam B77 – 1H 135
Eagle Gro. B36 – 4A 64
Eagle Gro. Can WS12 – 5F 5
Eagle La. Ken CV8 – 4B 150
Eagle La. Tip DY4 – 5B 44
Eagle Pas. Tip DY4 – 5B 44
Eagle Rd. Red B98 – 1G 145
Eagle St. CV1 – 3B & 3C 116
Eagle St. E. CV1 – 3C 116
Eagle St. WV2 – 3A 30
Eagle St. WV3 – 4F 29
Eagle St. L Spa CV31 – 6C 149
Eagle St. Tip DY4 – 5A 44
Eales Yd. Hin LE10 – 2F 139
Ealing Gro. B44 – 2C 48
Ealingham. Tam B77 – 3H 135
Eardisley Clo. Red B98 – 4H 145
Earlsbury Gdns. B20 – 4H 59
Earls Ct. Rd. B17 – 1A 88
Earl's Croft, The. CV3 – 2B 132
Earlsdon Av. N. CV5 – 5G 115
Earlsdon Av. S. CV5 – 1H 131
Earlsdon St. CV5 – 1H 131
Earls Ferry Gdns. B32 – 1E 103
Earlsmead Rd. B21 – 5C 58
Earls Rd. WS4 – 3C 24
Earls Rd. Nun CV11 – 2E 137
Earlston Way. B43 – 3D 46
Earl St. CV1 – 5B 116
Earl St. WS1 – 3G 33
Earl St. Bil WV14 – 5E 31 (Bilston)
Earl St. Bil WV14 – 3E 43 (Wallbrook)
Earl St. King DY6 – 2C 66
Earl St. L Spa CV32 – 4C 148
Earl St. Nun CV12 – 3G 81
Earl St. W Bro B70 – 2E 57
Earls Way. Hal B63 – 3H 85
Earlswood Ct. B20 – 2F 59
Earlswood Dri. Sut C B74 – 4A 38
Earlswood Rd. King DY6 – 5E 53
Earlswood Rd. Sol B93 – 5F 125
Easby Way. B8 – 1E 75
Easby Way. WS3 – 1C 22
Easedale Clo. CV3 – 3A 132
Easedale Clo. Nun CV11 – 5B 136
Easemore Rd. Red B98 – 1D & 2C 144
Easenhall Clo. Sol B93 – 4H 125
Easenhall La. Red B98 – 4H 145
Easmore Clo. B14 – 5H 105
Eastacre. Wil WV13 – 2H 31
East Av. CV2 – 5E 117
East Av. WV11 – 4D 20
East Av. Nun CV12 – 3G 81
East Av. War B69 – 5A 56
Eastboro' Way. Nun CV11 – 5B 136 & 4H 137
Eastbourne Av. B34 – 1B 76
Eastbourne Clo. CV6 – 2F 115
Eastbourne St. WS4 – 5H 23
Eastbrook Clo. Sut C B76 – 1B 50
Eastbury Dri. Sol B92 – 4D 92
E. Cannock Rd. Can WS12 – 3E 5
East Clo. Hin LE10 – 3F 139
Eastcote Clo. Sol B90 – 4A 108
Eastcote Cres. WS7 – 3E 9
Eastcote La. Sol B92 – 4D 110
Eastcote Rd. B27 – 5G 91
Eastcote Rd. WV10 – 4B 20
Eastcotes. CV4 – 1D 130
E. Croft Rd. WV4 – 5C 28
Eastdean Clo. B23 – 5E 49
E. Dene. L Spa CV32 – 3D 148
East Dri. B5 – 2G 89
Eastern Av. Bri H DY5 – 4G 67
Eastern Av. Lich WS13 – 1E to 2H 151
Eastern Clo. Wed WS10 – 1A 44
Eastern Grn. Rd. CV5 – 4C 114
Eastern Rd. B29 – 3F 89
Eastern Rd. Sut C B73 – 2H 49
Eastern Way. Can WS11 – 5D 4
Easterton Croft. B14 – 5A 106
E. Farm Croft. B10 – 5E 75
Eastfield Dri. Sol B92 – 1G 109
Eastfield Gro. WV1 – 1B 30
Eastfield Retreat. WV1 – 1B 30
Eastfield Rd. B9 – 3A 76
Eastfield Rd. WV1 – 1B 30
Eastfield Rd. L Spa CV32 – 4C 148
Eastfield Rd. Nun CV10 – 2G 137
Eastfield Rd. Tip DY4 – 3G 43
East Ga. B16 – 3D 72
Eastgate. Can WS12 – 1H & 2H 5
Eastgate M. Warw CV34 – 4E 147
Eastgate St. WS7 – 1D 8
East Grn. WV4 – 4D 28
East Gro. L Spa CV31 – 6C 149
Eastham Rd. B13 – 2D 106
E. Holme. B9 – 4D 74
Easthope Rd. B33 – 2D 76
Eastlake Clo. B43 – 1H 47
Eastlands Gro. CV5 – 3G 115
Eastlands Rd. B13 – 5C 90
Eastleigh. DY3 – 3G 41
Eastleigh Av. CV5 – 2H 131
Eastleigh Croft. Sut C B76 – 4D 50
Eastleigh Gro. B25 – 5A 76
Eastley Cres. Warw CV34 – 3B 146
E. Meadway. B33 – 3F 77
East M. B44 – 2H 47
East Moons Moat Ind. Area. Red B98 – 2H 145
E. Moor Clo. Sut C B74 – 1C 36
Eastney Cres. WV8 – 2E 19 (in two parts)
Eastnor Clo. Kid DY11 – 5E 141
Eastnor Clo. Red B98 – 4C 144
Eastnor Gro. L Spa CV31 – 5D 149
Easton Gdns. WV11 – 4G 21
Easton Gro. B27 – 5A 92
Easton Gro. B47 – 2C 122
E. Park Way. WV1 – 2C 30
E. Pathway. B17 – 1C 88
E. Rise. Sut C B75 – 4A 38
East Rd. WV10 – 1B 12
East Rd. Brom B60 – 4E 143
East Rd. Tip DY4 – 3A 44
East St. CV1 – 4C 116
East St. DY2 – 4F 55
East St. DY3 – 2H 53
East St. WS1 – 4H 33
East St. WV1 – 2A 30
East St. Bri H DY5 – 5C 68
East St. Can WS11 – 2C 6
East St. Kid DY10 – 3E 141
E. View. Tam B77 – 2E 135
E. View Rd. Sut C B72 – 2A 50 (in two parts)
Eastville. B31 – 4B 104
Eastward Glen. WV8 – 1C 18
East Way. B17 – 1C 88
East Way. B40 & B37 – 3D 94
Eastwood Av. WS7 – 1F 9
Eastwood Clo. L Spa CV31 – 6D 149
Eastwood Dri. Kid DY10 – 4G 141
Eastwood Rd. B12 – 2H 89
Eastwood Rd. B43 – 4D 46
Eastwood Rd. DY2 – 1F 69
Eastwoods Rd. Hin LE10 – 1G 139
Eatesbrook Rd. B33 – 3F 77
Eathorpe Clo. Red B98 – 4G & 5G 145
Eaton Av. W Bro B70 – 2D 56
Eaton Clo. L Spa CV32 – 1H 147
Eaton Ct. Sut C B74 – 4H 37
Eaton Cres. DY3 – 2G 53
Eaton Pl. King DY6 – 1E 67
Eaton Rise. Wil WV12 – 4A 22
Eaton Rd. CV1 – 1B 132
Eaves Ct. Dri. DY3 – 2H 41
Eaves Grn. La. CV7 – 5E 97
Ebbw Vale Ter. CV3 – 2C 132
Ebenezer St. Bil WV14 – 4D 42
Ebenezer St. Can WS12 – 1E 5
Ebenezer St. W Bro B70 – 5D 44
Ebley Rd. B20 – 1F 59
Ebmore Dri. B14 – 5H 105
Eborall Clo. Warw CV34 – 1D 146
Ebourne Clo. Ken CV8 – 3C 150
Ebrington Av. Sol B92 – 4E 93
Ebrington Clo. B14 – 3H 105
Ebrington Rd. W Bro B71 – 5G 45
Ebro Cres. CV3 – 1H 133
Ebrook Rd. Sut C B72 – 1A 50
Eburne Rd. CV2 – 4F 101
Ebury Rd. B30 – 3F 105
Eccles Clo. CV2 – 1G 117
Eccleshall Av. WV10 – 2G 19
Eccleston Clo. Sut C B75 – 5C 38
Ecclestone Rd. WV11 – 2H 21
Echells Clo. Brom B61 – 3C 142
Eckersall Rd. B38 – 4D 104
Eckington Clo. Red B98 – 5E 145
Eckington Wlk. B38 – 2D 120
Edale. Tam B77 – 3H 135
Edale Clo. WV4 – 1A 42
Edale Clo. King DY6 – 5B 52
Edale Grn. Hin LE10 – 4G 139
Edale Rd. B42 – 4G 47
Eddie Miller Ct. Nun CV12 – 4E 81
Eddish Rd. B33 – 3D 76
Eddy Rd. Kid DY10 – 2E 141
Edenbridge Rd. B28 – 1G 107
Eden Clo. B31 – 2H 119
Eden Clo. Can WS12 – 4H 5
Eden Clo. War B69 – 3B 56
Eden Croft. Ken CV8 – 4C 150
Eden Ct. L Spa CV32 – 3D 148
Edendale Dri. Hin LE10 – 1F 139
Edendale Rd. B26 – 1E 93
Eden Gro. B37 – 4C 78
Eden Gro. W Bro B71 – 1F 57
Edenhall Rd. B32 – 1E 87
Edenhurst Rd. B31 – 3H 119
Eden Pl. B3 – 3H 73
Eden Rd. Sol B92 – 3F 93
Eden St. CV6 – 1D 116
Edgar Clo. Tam B79 – 1A 134
Edgbaston Pk. Rd. B15 – 2E & 2F 89
Edgbaston Rd. B5 & B12 – 2H 89 to 2A 90
Edgbaston Rd. War B66 – 2A 72
Edgbaston Rd. E. B12 – 2A 90
Edgbaston Shopping Centre. B15 – 5F 73
Edgbaston St. B5 – 4A 74
Edgcombe Rd. B28 – 5F 91
Edge Hill Av. WV10 – 1C 20
Edge Hill Dri. DY3 – 2H 41
Edge Hill Dri. WV6 – 2A 18
Edgehill Pl. CV4 – 1A 130
Edgehill Rd. B31 – 1A 120
Edge Hill Rd. Sut C B74 – 5E 27
Edgemond Av. B24 – 1C 62
Edgemoor Meadow. Can WS12 – 5F 5
Edge St. Bil WV14 – 4E 43
Edgewick Centre, The. CV6 – 1D 116
Edgewood Clo. War B64 – 5G 69
Edgewood Rd. B38 – 2D 120
Edgewood Rd. B45 – 2E 119
Edgeworth Clo. Red B98 – 1F 145
Edgeworth Clo. Wil WV12 – 5A 22
Edgeworth Ho. Lich WS13 – 1F 151
Edgmond Clo. Red B98 – 2G 145
Edgware Rd. B23 – 1E 61
Edgwick Rd. CV6 – 1D 116
Edinburgh Av. WS2 – 1C 32
Edinburgh Clo. Kid DY10 – 1E 141
Edinburgh Cres. L Spa CV31 – 6B 149
Edinburgh Cres. Sto DY8 – 4C 66
Edinburgh Dri. WS4 – 3C 24
Edinburgh Dri. Wil WV12 – 3A 22
Edinburgh Rd. DY2 – 1E 69
Edinburgh Rd. WS5 – 3B 34
Edinburgh Rd. Bil WV14 – 1G 43
Edinburgh Rd. Nun CV10 – 1A 136
Edinburgh Rd. War B68 – 5E 71
Edison Clo. Can WS12 – 1F 5
Edison Gro. B32 – 2G 87
Edison Rd. WS2 – 4E 23
Edison Wlk. WS2 – 4E 23
Edith Rd. War B66 – 2B 72
Edith St. W Bro B70 – 2E 57
Edmondes Clo. Warw CV34 – 2E 147
Edmondscote Rd. L Spa CV32 – 3H 147
Edmonds Rd. War B68 – 4F 71
Edmonton Av. B44 – 2C 48
Edmoor Clo. Wil WV12 – 3A 22
Edmund Rd. B8 – 2E 75
Edmund Rd. CV1 – 3B 116
Edmund Rd. DY3 – 5A 42
Edmund St. B3 – 3H 73
Ednall La. Brom B60 – 4D 142
Ednam Clo. W Bro B71 – 3A 46
Ednam Gro. WV5 – 3A 40
Ednam Rd. DY1 – 3E 55
Ednam Rd. WV4 – 4H 29
Edsome Way. B36 – 4C 62
Edstone Clo. Sol B93 – 5H 125
Edward Av. WS9 – 3F 25
Edward Bailey Clo. CV3 – 2H 133
Edward Clo. Bil WV14 – 2F 43
Edward Ct. WS1 – 3A 34
Edward Rd. B5 & B12 – 2H 89
Edward Rd. B14 – 5B 106
Edward Rd. B46 – 2B 64
Edward Rd. CV6 – 4H 99
Edward Rd. WV6 – 1A 18
Edward Rd. Hal B63 – 3G 85
Edward Rd. Nun CV12 – 3F81
Edward Rd. Tip DY4 – 4H 43
Edward Rd. War B67 – 2A 72
Edward Rd. War B68 – 5F 71
Edwards Gro. Ken CV8 – 3D 150

Edwards Rd.—Eva Rd.

Edwards Rd. B24 – 1G 61
Edwards Rd. DY2 – 2E 69
Edward's Rd. WS7 – 3E 9
Edwards Rd. Sut C B75 – 1A 38
Edward St. B1 – 3G 73
Edward St. CV6 – 3D 116
Edward St. DY1 – 3D 54
Edward St. WS2 – 1F 33
Edward St. WV1 – 5H 19
Edward St. WV4 – 5B 30
Edward St. Can WS11 – 2C 4
Edward St. Hin LE10 – 1E 139
Edward St. L Spa CV32 – 2H 147
Edward St. Nun CV11 – 3F 137
Edward St. Red B97 – 2B 144
Edward St. Tam B79 – 3C 134
Edward St. War B68 – 2E 71
Edward St. Warw CV34 – 3D 146
Edward St. Wed WS10 – 4C 32
Edward St. W Bro B70 – 2F 57
Edward Tyler Rd. CV7 – 4E 81
Edwin Av. Kid DY11 5E 141
Edwin Cres. Brom B60 – 5D 142
Edwin Rd. B30 – 2G 105
Edyth Rd. CV2 – 3H 117
Edyvean-Walker Ct. Nun CV11 – 2E 137
Eel St. War B69 – 5C 56
Effingham Rd. B13 – 2D 106
Egbert Clo. B6 – 4C 60
Egelwin Clo. WV6 – 1A 18
Egerton Rd. B24 – 2B 62
Egerton Rd. WV10 – 5B 12
Egerton Rd. Sut C B74 – 2A 36
Egghill La. B45 & B31 – 3D 102
Eggington Rd. B28 – 3F 107
Eggington Rd. Sto DY8 – 1D 82
Egmont Gdns. WV11 – 4G 21
Eider Clo. Kid DY10 – 5G 141
Eileen Gdns. B37 – 2H 77
Eileen Rd. B11 – 4D 90
Elan Clo. DY3 – 2A 54
Elan Clo. L Spa CV32 – 2D 148
Elan Ct. War B66 – 5G 57
Elan Rd. B31 – 5F 103
Elan Rd. DY3 – 3H 41
Elbow St. War B64 – 4G 69
(in two parts)
Elbury Croft. Sol B93 – 3H 125
Elcock Dri. B42 – 1H 59
Eldalade Way. Wed WS10 – 2F 45
Elderberry Clo. Sto DY8 – 4C 82
Elderberry Way. CV2 – 2F 117
Elderfield. B33 – 5E 77
Elderfield Rd. B30 – 4F 105
Elder Gro. WV5 – 5A 40
Elder La. WS7 – 1G 9
Eldersfield Gro. Sol B91 – 2E 125
Elderside Clo. WS8 – 1E 17
Elder Way. B23 – 3E 61
Eldon Dri. Sut C B76 – 4B 50
Eldon Rd. B16 – 4E 73
Eldon Rd. Hal B62 – 4D 86
Eldon St. WS1 – 2A 34
Eldonwall Trading Est. Wed WS10 – 5B 32
Eldridge Clo. WV9 – 1F 19
Eld Rd. CV6 – 1C 116
Eleanor Rd. Bil WV14 – 4E 31
Electric Av. B6 – 4C 60
Elford Rd. B17 – 4B 88
Elford Rd. W Bro B71 – 2G 45
Elgar Clo. Can WS11 – 2C 4
Elgar Clo. Lich WS13 – 1G 151
Elgar Cres. Bri H DY5 – 5H 53
Elgar Rd. CV6 – 1E 117
Elgin Clo. DY3 – 3A 42
Elgin Clo. Sto DY8 – 5F 67
Elgin Ct. WV6 – 1A 18
Elgin Gro. B25 – 5H 75
Eliot Clo. Tam B79 – 1C 134
Eliot Clo. Warw CV34 – 1E 147
Eliot St. B7 – 4D 60
Eliot Wlk. Kid DY10 – 2H 141
Elizabeth Av. WV4 – 5G 29
Elizabeth Av. Bil WV14 – 1G 43
Elizabeth Av. Wed WS10 – 1F 45
Elizabeth Ct. Warw CV34 – 4G 147
Elizabeth Cres. War B68 – 3F 71
Elizabeth Dri. Tam B79 – 2B 134
Elizabeth Gro. DY2 – 5G 55
Elizabeth Gro. Sol B90 – 5A 108
Elizabeth Ho. WS5 – 3C 34
Elizabeth Prout Gdns. War B65 – 4A 70
Elizabeth Rd. B13 – 4H 89
Elizabeth Rd. B33 – 3A 76
Elizabeth Rd. WS5 – 3B 34
Elizabeth Rd. Can WS11 – 1C 4
Elizabeth Rd. Hal B63 – 4G 85
Elizabeth Rd. Hin LE10 – 1F 139
Elizabeth Rd. L Spa CV31 – 6A 149
Elizabeth Rd. Sut C B73 – 2D 48
Elizabeth Rd. W Bro B70 – 1B 56
Elizabeth Wlk. Tip DY4 – 2H 43
Elizabeth Way. Ken CV8 – 2A 150
Elkington St. B6 – 1A 74
Elkington St. CV6 – 5D 100
Elkstone Clo. Sol B92 – 3D 92
Elkstone Covert. B14 – 5G 105
Ellacombe Rd. CV2 – 1G 117
Elland Gro. B27 – 5A 92
Ellards Rd. WV11 – 4G 21
Ellen St. B18 – 2F 73
(in two parts)
Ellerbeck. Tam B77 – 3H 135
Ellerby Gro. B24 – 1B 62
Ellerside Gro. B31 – 5H 103
Ellerslie Clo. Bri H DY5 – 5A 68
Ellerslie Rd. B13 – 1D 106
Ellerton Rd. B44 – 3C 48
Ellerton Wlk. WV10 – 4B 20
Ellesboro Rd. B17 – 5B 72
Ellesmere Ct. War B69 – 4B 56
Ellesmere Rd. B8 – 2E 75
Ellesmere Rd. Can WS11 – 1A 6
Ellesmere Rd. Nun CV12 – 4E 81
Ellice Dri. B36 – 5A 64
Elliott Gdns. B45 – 4F 119
Elliott Rd. B29 – 5D 88
Elliotts La. WV8 – 5A 10
Elliotts Rd. Tip DY4 – 1F 55
Ellis Av. Bri H DY5 – 3F 67
Ellison St. W Bro B70 – 3F 57
Ellis St. B1 – 4H 73
Elliston Av. B44 – 3A 48
Elliston Gro. L Spa CV31 – 6D 149
Ellowes Rd. DY3 – 2H 53
Ellowes Row. DY3 – 1A 54
Ellys Rd. CV1 – 3A 116
Elm Av. B12 – 2B 90
Elm Av. WV11 – 2C 20
Elm Av. Bil WV14 – 4E 31
Elm Av. Wed WS10 – 5C 32
Elmay Rd. B26 – 5D 76
Elm Bank Clo. L Spa CV32 – 2C 148
Elmbank Gro. B20 – 1D 58
Elmbank Rd. WS5 – 1B 46
Elmbank Rd. Ken CV8 – 2A 150
Elmbridge Clo. Hal B63 – 2F 85
Elmbridge Clo. Red B97 – 5A 144
Elmbridge Dri. Sol B90 – 3E 125
Elmbridge Ho. B31 – 5C 104
Elmbridge Rd. B44 – 5A 48
Elm Clo. DY3 – 3G 53
Elm Clo. Sto DY8 – 4C 82
Elm Ct. War B66 – 4F 57
Elm Cres. Tip DY4 – 5G 43
Elmcroft. War B66 – 1B 72
Elm Croft. War B68 – 1F 87
Elmcroft Av. B32 – 5D 86
Elmcroft Gdns. WV10 – 5A 12
Elmcroft Rd. B26 – 1C 92
Elmdale. Hal B62 – 1D 86
Elmdale Cres. B31 – 3H to 4G 103
Elmdale Dri. WS9 – 2G 25
Elmdale Dri. Kid DY10 – 3H 141
Elmdale Gro. B31 – 4H 103
Elmdale Rd. WV4 – 5F 29
Elmdale Rd. Bil WV14 – 4C 42
Elmdene Rd. Ken CV8 – 3C 150
Elmdon Clo. WV10 – 1G 19
Elmdon Clo. Sol B92 – 4F 93
Elmdon La. B26 – 3A 94
Elmdon La. B37 – 1H 93
Elmdon Pk. Rd. Sol B92 – 4F 93
Elmdon Rd. B27 – 3A 92
Elmdon Rd. B29 – 4F 89
Elmdon Rd. B37 – 5A 78
Elmdon Rd. WV10 – 1G 19
(in two parts)
Elmdon Trading Est. B37 – 2B 94
Elm Dri. B43 – 3C 46
Elm Dri. Hal B62 – 4C 70
Elm Farm Av. B37 – 5H 77
Elm Farm Rd. WV2 – 3H 29
Elmfield Av. B24 – 1C 62
Elmfield Cres. B13 – 4B 90
Elmfield Rd. B36 – 5G 63
Elmfield Rd. Nun CV10 – 1F 137
Elm Gdns. Lich WS14 – 3G 151
Elm Grn. DY1 – 5C 42
Elm Gro. B37 – 1H 77
Elm Gro. CV7 – 3C 128
Elm Gro. WV8 – 5B 10
Elm Gro. Brom B61 – 2E 143
Elmhurst Av. War B65 – 3A 70
Elmhurst Dri. WS7 – 3E 9
Elmhurst Dri. King DY6 – 2E 67
Elmhurst Rd. B21 – 3D 58
Elmhurst Rd. CV6 – 3E 101
Elmley Clo. Kid DY11 – 5B 140
Elmley Gro. B30 – 5F 105
Elmley Gro. WV6 – 1A 28
Elm Lodge. Sol B92 – 2F 111
Elmore Clo. CV3 – 2G 133
Elmore Grn. Clo. WS3 – 2E 23
Elmore Grn. Rd. WS3 – 1E 23
Elmore Rd. B33 – 3D 76
Elmore Row. WS3 – 2E 23
Elm Rd. B30 – 5E 89
Elm Rd. DY1 – 2E 55
Elm Rd. WS3 – 3G 23
Elm Rd. Can WS11 – 3B 8
Elm Rd. Kid DY10 – 2F 141
Elm Rd. King DY6 – 1E 67
Elm Rd. L Spa CV32 – 2C 148
Elm Rd. Red B97 – 2B 144
Elms Clo. B38 – 1B 120
Elms Clo. WV10 – 1E 13
Elms Clo. Sol B91 – 3F 109
Elmsdale. WV6 – 2A 28
Elmsdale Av. CV6 – 4D 100
Elmsdale Ct. WS1 – 3A 34
Elms Dri. Can WS11 – 5A 4
Elms La. WV10 – 1E 13
Elms Rd. Sut C B72 – 1H 49
Elmstead Av. B33 – 5F 77
Elmstead Clo. WS5 – 2D 34
Elmstead Wood. WS5 – 2D 34
Elms, The. Nun CV12 – 4D 80
Elm St. WV3 – 2F 29
Elm St. Wil WV13 – 1A 32
Elm Ter. War B69 – 4H 55
Elm Tree Av. CV4 – 5D 114
Elm Tree Clo. WV5 – 5A 40
Elm Tree Dri. Hin LE10 – 3G 139
Elm Tree Gro. Hal B63 – 1E 85
Elm Tree Rise. Sol B92 – 2F 111
Elm Tree Rd. B17 – 1A 88
Elmtree Rd. B30 – 2F 105
Elm Tree Rd. Nun CV12 – 1B 80
Elm Tree Rd. Sut C B74 – 2H 35
Elm Tree Wlk. Tam B79 – 1A 134
Elmwood Av. CV6 – 3G 115
Elmwood Clo. CV7 – 2C 128
Elmwood Clo. Can WS11 – 3D 4
Elmwood Ct. B5 – 1H 89
Elmwood Gdns. B20 – 3G 59
Elmwood Gro. B47 – 3B 122
Elmwood Rise. DY3 – 2G 41
Elmwood Rd. B24 – 2H 61
Elmwood Rd. Sto DY8 – 3C 66
Elmwood Rd. Sut C B74 – 5B 36
Elphin Clo. CV6 – 3A 100
Elsma Rd. War B68 – 5F 71
Elston Hall La. WV10 – 1A 20
Elstree Rd. B23 – 1E 61
Elswick Gro. B44 – 3C 48
Elswick Rd. B44 – 3C 48
Elsworth Gro. B25 – 2H 91
Elsworth Ho. B31 – 5C 104
Eltham Gro. B44 – 3C 48
Eltham Rd. CV3 – 2C 132
Elton Clo. WV10 – 4A 12
Elton Clo. L Spa CV32 – 3D 148
Elton Gro. B27 – 4G 91
Eltonia Croft. B26 – 1D 92
Elunda Gro. WS7 – 2D 8
Elva Croft. B36 – 3H 63
Elversgreen La. Sol B93 – 3D 126
Elvetham Rd. B15 – 5G 73
Elviron Dri. WV6 – 4B 18
Elwell Cres. DY1 – 5B 42
Elwells Clo. Bil WV14 – 1C 42
Elwell St. Wed WS10 – 1E 45
Elwell St. W Bro B70 – 5C 44
Elwy Circle. CV7 – 1A 100
Elwyn Rd. Sut C B73 – 1G 49
Ely Clo. B37 – 4A 78
Ely Clo. Can WS12 – 5E 5
Ely Clo. Kid DY11 – 2A 140
Ely Cres. W Bro B71 – 4E 45
Ely Gro. B32 – 3H 87
Ely Pl. WS2 – 2E 33
Ely Rd. WS2 – 2E 33
Emay Clo. W Bro B70 – 3D 44
Embassy Dri. War B69 – 4B 56
Embassy Rd. War B69 – 4B 56
Embleton Clo. Hin LE10 – 2D 138
Embleton Gro. B34 – 1D 76
Emerson Clo. DY3 – 1F 53
Emerson Gro. WV10 – 2B 20
Emerson Rd. B17 – 2C 88
Emerson Rd. CV2 – 4F 117
Emerson Rd. WV10 – 2B 20
Emery Clo. B23 – 3E 61
Emery Clo. CV2 – 1H 117
Emery Clo. WS1 – 3H 33
Emery Ct. Kid DY10 – 2E 141
Emery St. WS1 – 3H 33
Emily Gdns. B16 – 3E 73
Emily Rd. B26 – 1B 92
Emily St. B12 – 5B 74
Emily St. W Bro B70 – 3E 57
Emily Ter. DY2 – 4E 55
Emmanuel Rd. WS7 – 1G 9
Emmanuel Rd. Sut C B73 – 4H 49
Emmeline St. B9 – 4D 74
Emmott Dri. L Spa CV31 – 6D 149
Empire Clo. WS9 – 2E 25
Empire Rd. CV4 – 5B 114
Empress Dri. B36 – 4B 62
Emscote Dri. Sut C B73 – 4H 49
Emscote Grn. Sol B91 – 5C 108
Emscote Rd. B6 – 3B 60
Emscote Rd. CV3 – 5F 117
Emscote Rd. Warw CV34 & L Spa CV32 – 3F 147
Emsworth Cres. WV9 – 1F 19
Emsworth Gro. B14 – 2H 105
Ena Rd. CV1 – 3B 116
Endemere Rd. CV6 – 1B 116
Enderby Dri. WV4 – 5F 29
Enderby Rd. B23 – 4D 48
Enderley Clo. WS3 – 5E 15
Enderley Dri. WS3 – 5E 15
End Hall Rd. WV6 – 1B 28
Endhill Rd. B44 – 1B 48
Endicott Rd. B6 – 4B 60
Endmoor Gro. B23 – 5E 49
Endsford Clo. Sut C B74 – 4F 27
Endsleigh Gdns. L Spa CV31 – 6D 149
Endsleigh Gro. B28 – 1G 107
Endwood Ct. Rd. B20 – 3F 59
Endwood Dri. Sol B91 – 5C 108
Endwood Dri. Sut C B74 – 5D 26
Enfield Clo. B23 – 5G 49
Enfield Ind. Est. Red B97 – 1B 144
Enfield Rd. B15 – 5G 73
Enfield Rd. CV2 – 4F 117
Enfield Rd. War B65 – 3B 70
Enford Clo. B34 – 5G 63
Engine La. WS8 – 1B 16
Engine La. Bri H DY5 – 2B 68
Engine La. Sto DY9 – 2A 84
Engine La. Tam B77 – 3G 135
Engine La. Wed WS10 – 5H 31
Engine St. War B66 – 1B 72
Engine St. War B69 – 1E 71
England Cres. L Spa CV31 – 6A 149
Englestede Clo. B20 – 2E 59
Engleton Rd. CV6 – 2H 115
Englewood Dri. B28 – 5H 91
Ennerdale Clo. L Spa CV32 – 1H 147
Ennerdale Cres. Nun CV11 – 2H 137
Ennerdale Dri. WV6 – 5A 18
Ennerdale Dri. Hal B63 – 4E 85
Ennerdale La. CV2 – 3H 117
Ennerdale Rd. B43 – 5E 47
Ennerdale Rd. WV6 – 2D 18
Ennersdale Bungalows. B46 – 4E 65
Ennersdale Clo. B46 – 4E 65
Ennersdale Rd. B46 – 4E 65
Ensbury Clo. Wil WV12 – 5B 22
Ensdale Row. Wil WV13 – 2H 31
Ensdon Gro. B44 – 3C 48
Ensign Clo. CV4 – 5A 114
Enstone Rd. B23 – 4G 49
Enstone Rd. DY1 – 4B 54
Enterprise Dri. Sut C B74 – 4A 36
Enterprise Trading Est. Bri H DY5 – 3B 68
Enterprise Way. B7 – 2B 74
Enville Gro. B11 – 2E 91
Enville Rd. DY3 – 1H 53
Enville Rd. WV4 – 5C 28
Enville Rd. King DY6 – 4A 52
Enville St. Sto DY8 – 2E 83
Epping Clo. B45 – 5E 103
Epping Gro. B44 – 4C 48
Epping Way. L Spa CV32 – 2D 148
Epsom Clo. WV6 – 5A 18
Epsom Clo. Lich WS14 – 3H 151
Epsom Clo. Nun CV12 – 2E 81
Epsom Gro. B44 – 3D 48
Epsom Rd. L Spa CV32 – 1D 148
Epwell Gro. B44 – 5B 48
Epwell Rd. B44 – 5B 48
Erasmus Rd. B11 – 1C 90
Erasmus Way. Lich WS13 – 2F 151
Ercall Clo. B23 – 5C 48
Erdington Hall Rd. B24 – 3F 61
Erdington Rd. WS9 – 4G 25 to 2H 35
Erica Av. Nun CV12 – 3D 80
Erica Clo. B29 – 1A 104
Erica Clo. Kid DY11 – 1D 140
Erica Rd. WS5 – 1B 46
Eric Gray Clo. CV2 – 3E 117
Erie Clo. Can WS12 – 4F 5
Eriksay Ct. War B66 – 5G 57
Eringden. Tam B77 – 4H 135
Erithway Rd. CV3 – 4A 132
Ermington Cres. B36 – 5B 62
Ermington Rd. WV4 – 5A 30
Ernest Clarke Clo. Wil WV12 – 5B 22
Ernest Richards Rd. Nun CV12 – 2E 81
Ernest Rd. B12 – 3C 90
Ernest Rd. DY2 – 3G 55
Ernest Rd. War B67 – 1H 71
Ernest St. B1 – 4H 73
Ernsford Av. CV3 – 1E 133
Ernsford Clo. Sol B93 – 5H 125
Erskine Clo. Hin LE10 – 1C 138
Erskine St. B7 – 2C 74
Erwood Clo. Red B97 – 4A 144
Esher Dri. CV3 – 2C 132
Esher Rd. B44 – 1B 48
Esher Rd. W Bro B71 – 5G 45
Eskdale Clo. WV1 – 1C 30
Eskdale Rd. Hin LE10 – 3C 138
Eskdale Wlk. CV3 – 2G 133
Eskdale Wlk. Bri H DY5 – 5G 67
Eskrett St. Can WS12 – 2E 5
Esme Rd. B11 – 3C 90
Esmond Clo. B30 – 3C 104
Essendon Gro. B8 – 2H 75
Essendon Rd. B8 – 2H 75
Essendon Wlk. B8 – 2H 75
Essex Av. King DY6 – 1C 66
Essex Av. Wed WS10 – 1F 45
Essex Av. W Bro B71 – 4F 45
Essex Clo. CV5 – 4D 114
Essex Clo. Ken CV8 – 5A 150
Essex Ct. B29 – 1C 104
Essex Dri. Can WS12 – 2E 5
Essex Flats. War B65 – 2C 70
Essex Gdns. Sto DY8 – 1D 82
Essex Rd. DY2 – 5C 54
Essex Rd. Sut C B75 – 2A 38
Essex St. B5 – 4A 74
Essex St. WS2 – 4G 23
Essington Clo. Sto DY8 – 5D 66
Essington Ind. Est. WV11 – 4G 13
Essington Rd. Wil WV12 – 1A 22
Essington St. B16 – 4G 73
Essington Way. WV1 – 2C 30
Este Rd. B26 – 5D 76
Esterton Clo. CV6 – 4B 100
Estone Wlk. B6 – 5A 60
Estria Rd. B15 – 5G 73
Estridge La. WS6 – 5D 6
Ethelfield Rd. CV2 – 4E 117
Ethelfleda Ter. Wed WS10 – 1C 44
Ethel Rd. B17 – 2C 88
Ethel St. B2 – 3H 73
Ethel St. War B67 – 4A 72
Ethel St. War B68 – 2E 71
Etheridge Rd. Bil WV14 – 4E 31
Eton Clo. DY3 – 4B 42
Eton Ct. Lich WS14 – 4G 151
Eton Dri. Sto DY8 – 4F 83
Eton Rd. B12 – 3C 90
Etruria Way. Bil WV14 – 4F 31
Etta Gro. B44 – 1A 48
Ettingshall Pk. Farm La. WV4 – 1A 42
Ettingshall Rd. WV2 – 3C 30
Ettingshall Rd. Bil WV14 – 2C & 3C 42
Ettington Clo. Sol B93 – 5G 125
Ettington Rd. B6 – 4A 60
Ettington Rd. CV5 – 4C 114
Ettymore Clo. DY3 – 3H 41
Ettymore Rd. DY3 – 3H 41
Ettymore Rd. W. DY3 – 3H 41
Etwall Rd. B28 – 2F 107
Euan Clo. B17 – 5B 72
Europa Av. W Bro B70 – 2H & 3H 57
Europa Way. Warw CV34 – 5H 147
Eustace Rd. Nun CV12 – 2C 80
Euston Cres. CV3 – 2F 133
Euston Pl. L Spa CV32 – 5B 149
Euston Sq. L Spa CV32 – 5B 149
Evans Clo. Nun CV12 – 2G 81
Evans Clo. Tip DY4 – 5E 43
Evans Pl. Bil WV14 – 3F 31
Evans St. WV6 – 5G 19
Evans St. Bil WV14 – 2B 42
Evans St. Wil WV13 – 2E 31
Eva Rd. B18 – 1D 72
Eva Rd. War B68 – 3F 71

Eve La.—Ferny Hill Av.

Eve La. DY1 – 1B 54
Evelyn Av. CV6 – 4D 100
Evelyn Croft. Sut C B73 – 3G 49
Evelyn Rd. B11 – 3D 90
Evenlode Clo. Red B98 – 4D 144
Evenlode Cres. CV6 – 3G 115
Evenlode Rd. Sol B92 – 3D 92
Everard Ct. Nun CV11 – 4H 137
Everdon Rd. CV6 – 4A 100
Everest Clo. War B66 – 4H 57
Everest Rd. B20 – 2F 59
Everest Rd. WS2 – 1C 32
Everitt Clo. B16 – 4F 73
Everitt Dri. Sol B93 – 3H 125
Eversleigh Rd. CV6 – 1G 115
Eversley Dale. B24 – 3G 61
Eversley Gro. DY3 – 2H 41
Eversley Gro. WV11 – 3D 20
Eversley Rd. B9 – 4E 75
(in three parts)
Evers St. Bri H DY5 – 5C 68
Everton Rd. B8 – 2A 76
Eves Croft. B32 – 5F 87
Evesham Cres. WS3 – 5C 14
Evesham Rise. DY2 – 3E 69
Evesham Rd. Red B97 – 5B 144
Evesham Sq. Red B97 – 2C 144
Evesham St. Red B97 – 2C & 3C 144
Evesham Wlk. CV4 – 3E 131
Evesham Wlk. Red B97 – 2C 144
Eveson Rd. Sto DY8 – 4D 82
Ewart Rd. WS2 – 5C 22
Ewell Rd. B24 – 2H 61
Ewhurst Av. B29 – 5E 89
Ewhurst Clo. Wil WV13 – 3G 31
Ewloe Clo. Kid DY11 – 5E 141
Exbury Clo. WV9 – 5F 11
Exchange St. WV1 – 1H 29
Exchange St. Bri H DY5 – 2A 68
Exchange St. Kid DY10 – 3D 140
Exchange St. W Bro B70 – 3E 57
Exchange, The. WS3 – 1E 23
Exe Croft. B31 – 1B 120
Exeter Clo. CV3 – 2G 133
Exeter Clo. Kid DY11 – 2A 140
Exeter Dri. B37 – 5H 77
Exeter Ho. B31 – 5F 103
Exeter Ho. Nun CV12 – 4B 80
Exeter Pas. B1 – 4H 73
Exeter Pl. WS2 – 2E 33
Exeter Rd. B29 – 4E 89
Exeter Rd. DY2 – 3F 69
Exeter Rd. Can WS11 – 5A 4
Exeter Rd. War B66 – 1B 72
Exeter St. B1 – 4H 73
Exford Clo. Bri H DY5 – 5G 67
Exhall Clo. Red B98 – 1G 145
Exhall Clo. Sol B91 – 5C 108
Exhall Grn. CV7 – 1D 100
Exhall Rd. CV7 – 1G 99
Exham Clo. Warw CV34 – 2D 146
Exley. Tam B77 – 3E 135
Exminster Rd. CV3 – 4C 132
Exmoor Dri. Brom B61 – 1E 143
Exmoor Dri. L Spa CV32 – 2D 148
Exmouth Clo. CV2 – 1G 117
Exonbury Wlk. Can WS11 – 4D 4
Expressway, The. W Bro B71 & B70 – 1F to 3H 57
Exton Clo. CV7 – 1B 100
Exton Clo. WV11 – 2G 21
Exton Way. B8 – 1E 75
Eymore Clo. B29 – 2A 104
Eyre St. B18 – 3E 73
Eyton Clo. Red B98 – 2G 145
Eyton Croft. B12 – 1B 90
Ezekiel La. Wil WV12 – 4A 22

Fabian Clo. B45 – 5D 102
Fabian Clo. CV3 – 2G 133
Fabian Cres. Sol B90 – 5H 107
Facet Rd. B38 – 5F 105
Factory La. Brom B61 – 4D 142
Factory Rd. B18 – 5E 59
Factory Rd. Hin LE10 – 2E 139
Factory Rd. Tip DY4 – 5F 43
Factory St. Wed WS10 – 4A 32
Fairbourne Av. B44 – 2A 48
Fairbourne Av. War B65 – 2B 70
Fairbourne Way. CV6 – 5G 99
Fairbourn Tower. B23 – 5G 49
Faircroft. Ken CV8 – 4B 150
Faircroft Av. Sut C B76 – 5C 50
Faircroft Rd. B36 – 3F 63
Fairdene Way. B43 – 3D 46
Fairfax Rd. B31 – 1A 120
Fairfax Rd. WV10 – 5A 12
Fairfax Rd. Sut C B75 – 5C 38
Fairfax St. CV1 – 4B 116
Fairfield. CV7 – 4E 81
Fairfield. Kid DY10 – 3F 141
Fairfield Clo. Can WS11 – 5G 5
Fairfield Dri. WS3 – 4B 16
Fairfield Dri. Hal B62 – 4C 70
Fairfield Gro. Hal B62 – 4C 70
Fairfield Mt. WS1 – 3H 33
Fairfield Pk. Hal B62 – 4C 70
Fairfield Pk. Ind. Est. Hal B62 – 4C 70
Fairfield Rise. CV7 – 5C 96
Fairfield Rise. Sto DY8 – 2C 82
Fairfield Rd. B14 – 1A 106
Fairfield Rd. DY2 – 5E 55
Fairfield Rd. Hal B62 – 4C 70
Fairfield Rd. Hal B63 – 4H 85
Fairfield Rd. Sto DY8 – 4F 67
Fairford Clo. Red B98 – 1G 145
Fairford Gdns. WS7 – 2H 9
Fairford Gdns. Sto DY8 – 3E 67
Fairford Rd. B44 – 5B 48
Fairgreen Way. B29 – 5E 89
Fairgreen Way. Sut C B74 – 2C 36
Fairground Way. WS1 – 3G 33
Fairhills. DY3 – 3A 42
Fairhill Way. B11 – 1D 90
Fairholme Rd. B36 – 5H 61
Fair Isle Dri. Nun CV10 – 4D 136
Fairlands Pk. CV4 – 3G 131
Fairlawn Clo. L Spa CV32 – 2H 147
Fairlawn Clo. Wil WV12 – 2A 22
Fairlawn Dri. King DY6 – 2D 66
Fairlawns. Sut C B76 – 4D 50
Fairlawn Way. Wil WV12 – 2B 22
Fairlie Cres. B38 – 1D 120
Fairmead Rise. B38 – 5D 104
Fairmile Clo. CV3 – 1G 133
Fairmile Rd. Hal B63 – 2G 85
Fairmont Rd. Brom B60 – 4F 143
Fairmount Dri. Can WS11 – 5C 4
Fairoak Dri. WV6 – 1B 28
Fairoak Dri. Brom B60 – 5D 142
Fair Oaks Dri. WS6 – 1D 14
Fairview Av. B42 – 5G 47
Fairview Clo. WV4 – 2B 42
Fairview Clo. WV11 – 3D 20
Fairview Clo. Tam B77 – 1G 135
Fairview Cres. WV11 – 3D 20
Fairview Cres. King DY6 – 1E 67
Fairview Gro. WV11 – 3C 20
Fairview Rd. DY1 – 2C 54
Fairview Rd. WV4 – 5C 28
(in two parts)
Fairview Rd. WV11 – 3C 20
Fairway. B31 – 5G 103
Fairway. WS4 – 1C 24
Fairway. Can WS11 – 2B 6
Fairway Av. War B69 – 4H 55
Fairway Dri. B45 – 3D 118
Fairway Grn. Bil WV14 – 3E 31
Fairway Rd. War B68 – 4D 70
Fairways Av. Sto DY8 – 4E 83
Fairways Clo. CV5 – 2D 114
Fairways Clo. Sto DY8 – 4E 83
Fairways, The. L Spa CV32 – 3A 148
Fairway, The. B38 – 5D 104
Fairway, The. Hin LE10 – 3G 139
Fairyfield Av. B43 – 3D 46
Fairyfield Ct. B43 – 3D 46
Fakenham Croft. B17 – 5H 71
Falcon. Tam B77 – 5G 135
Falcon Clo. WS6 – 5A 6
Falcon Clo. Can WS11 – 4A 4
Falcon Clo. Kid DY10 – 5E 141
Falcon Cres. Bil WV14 – 2B 42
Falcondale Rd. Wil WV12 – 1A 22
Falconers Grn. Hin LE10 – 4G 139
Falconer St. B15 – 4G 73
Falconhurst Rd. B29 – 4C 88
Falcon Lodge Cres. Sut C B75 – 5C 38
Falcon Pl. War B69 – 5A 56
Falcon Rise. Sto DY8 – 1C 82
Falcon Rd. War B68 – 4D 70
Falcons, The. Sut C B75 – 5E 39
Falcon Way. DY1 – 4B 54
Falfield Clo. War B65 – 1B 70
Falfield Gro. B31 – 2H 119
Falkland Clo. CV4 – 2A 130
Falkland Croft. B30 – 2G 105
Falklands Clo. DY3 – 3A 52
Falkland Way. B36 – 1A 78
Falkwood Gro. Sol B93 – 3H 125
Fallindale Rd. B26 – 1E 93
Fallings Pk. Ind. Est. WV10 – 4B 20
Fallowfield. WV6 – 1A 18
Fallowfield. WV8 – 1E 19
Fallow Field. Can WS11 – 3C 4
Fallowfield. Lich WS13 – 1G 151
Fallow Field. Sut C B74 – 5C 26
Fallowfield Av. B28 – 3F 107
Fallowfield Rd. WS5 – 3D 34
Fallowfield Rd. Hal B63 – 4E 85
Fallowfield Rd. Sol B92 – 4F 93
Fallowfield Rd. War B65 – 3H 69
Fallow Hill. L Spa CV31 – 6D 149
Fallow Rd. Tam B78 – 5B 134
Fallows Rd. B11 – 1D 90
Fallow Wlk. B32 – 5D 86
Falmouth Clo. Nun CV11 – 5B 136
Falmouth Rd. B34 – 1C 76
Falmouth Rd. WS5 – 4C 34
Falna Cres. Tam B79 – 1B 134
Falstaff Av. B47 – 3B 122
Falstaff Clo. Sut C B76 – 4D 50
Falstaff Rd. CV4 – 5B 114
Falstaff Rd. Sol B90 – 5H 107
Falstone Rd. Sut C B73 – 2E 49
Fancott Dri. Ken CV8 – 2A 150
Fancott Rd. B31 – 3A 104
Fancourt Av. WV4 – 5D 28
Fane Rd. WV11 – 1H 21
Fanshawe Rd. B27 – 5A 92
Faraday Av. B32 – 2F 87
Faraday Rd. WS2 – 4E 23
Faraday Rd. Hin LE10 – 3A 138
Farbrook Way. Wil WV12 – 4A 22
Farcroft Av. B21 – 4C 58
Farcroft Av. CV5 – 4A 114
Farcroft Gro. B21 – 3D 58
Farcroft Rd. B21 – 3C 58
Fareham Cres. WV4 – 4C 28
Farewell La. WS7 – 2H 9
Farfield Clo. B31 – 5B 104
Far Gosford St. CV1 – 5C 116
Far Highfield. Sut C B76 – 1B 50
Farhill Clo. W Bro B71 – 3H 45
Farlands Dri. Sto DY8 – 4F 83
Farlands Gro. B43 – 4E 47
Farlands Rd. Sto DY8 – 3F 83
Far Lash. Hin LE10 – 3G 139
Farleigh Dri. WV3 – 3B 28
Farleigh Rd. WV6 – 1A 28
Farley Centre. W Bro B70 – 2G 57
Farley Rd. B23 – 1C 60
Farley St. L Spa CV31 – 5C 149
Farley St. Tip DY4 – 1B 56
Farlow Clo. Red B98 – 2G 145
Farlow Rd. B31 – 4B 104
Farman Rd. CV5 – 5H 115
Farm Av. War B68 – 3E 71
Farmbridge Clo. WS2 – 1B 32
Farmbridge Rd. WS2 – 1B 32
Farmbridge Way. WS2 – 1B 32
Farmbrook Av. WV10 – 4H 11
Farm Clo. CV6 – 3A 100
Farm Clo. DY3 – 4G 41
Farm Clo. WV8 – 5B 10
Farm Clo. Kid DY11 – 5B 140
Farm Clo. Sol B92 – 4F 93
Farm Clo. Tam B79 – 1D 134
Farmcote Rd. B33 – 2D 76
Farmcote Rd. CV2 – 3F 101
Farm Croft. B19 – 1G 73
Farmcroft Rd. Sto DY9 – 4A 84
Farmdale Gro. B45 – 3D 118
Farmer Rd. B10 – 5G 75
Farmers Clo. Sut C B76 – 1B 50
Farmers Fold. WV1 – 2H 29
Farmers Wlk. B21 – 5C 58
Farmer Ward Rd. Ken CV8 – 4C 150
Farmer Way. Tip DY4 – 3A 44
Farmhouse Rd. Wil WV12 – 4B 22
Farmhouse Way. Sol B90 – 2E 125
Farmhouse Way. Wil WV12 – 4B 22
Farmoor Gro. B34 – 5G 63
Far Moor La. Red B98 – 3H 145
Farmoor Way. WV10 – 4A 12
Farm Rd. B11 – 1C 90
Farm Rd. DY2 – 2C 68
Farm Rd. WV3 – 3C 28
Farm Rd. Bri H DY5 – 5A 68
Farm Rd. Hin LE10 – 4F 139
Farm Rd. Ken CV8 – 5A 150
Farm Rd. L Spa CV32 – 2C 148
Farm Rd. Red B98 – 3D 144
Farm Rd. Tip DY4 – 4A 44
Farm Rd. War B65 – 2H 69
Farm Rd. War B67 – 2G 71
Farm Rd. War B68 – 3E 71
Farmside. CV3 – 3G 133
Farmside Grn. WV9 – 5F 11
Farmstead Rd. Sol B92 – 4E 93
Farmstead, The. CV3 – 1F 133
Farm St. B19 – 1G 73
Farm St. WS2 – 5G 23
Farm St. W Bro B70 – 3F 57
Farnborough Clo. Red B98 – 4H 145
Farnborough Ct. Sut C B75 – 1H 37
Farnborough Dri. Sol B90 – 3C 124
Farnborough Rd. B35 – 3D 62 to 1E 63
Farnbury Croft. B38 – 5G 105
Farnbury Gdns. B38 – 5G 105
Farn Clo. B33 – 3C 76
Farncote Dri. Sut C B74 – 1F 37
Farndale Av. CV6 – 3C 100
Farndale Av. WV6 – 4F 19
Farndale Clo. Bri H DY5 – 1G 83
Farndon Clo. Nun CV12 – 1A 80
Farndon Rd. B8 – 2F 75
Farndon Way. B23 – 4D 48
Farneway. Hin LE10 – 2D 138
Farnham Clo. B43 – 3E 47
Farnham Rd. B21 – 3D 58
Farnhurst Rd. B36 – 5H 61
Farnol Rd. B26 – 5C 76
Farnworth Av. B36 – 4G 63
Farnworth Gro. B36 – 4G 63
Farquhar Rd. B13 – 4B 90
Farquhar Rd. B15 – 1E & 2E 89
Farquhar Rd. E. B15 – 1E 89
Farran Way. B43 – 4D 46
Farr Dri. CV4 – 5D 114
Farren Rd. B31 – 5G 103
Farrier Clo. Brom B60 – 5C 142
Farren Rd. CV2 – 3H 117
Farrier Clo. Sut C B76 – 4C 50
Farrier Rd. B43 – 1H 47
Farriers Clo. Nun CV11 – 4H 137
Farriers, The. B26 – 2D 92
Farriers Way. Hin LE10 – 4G 139
Farrier Way. King DY6 – 5B 52
Farringdon St. WS2 – 1G 33
Farringdon. Tam B77 – 3G 135
Farrington Rd. B23 – 1D 60
Farrington Rd. WV4 – 1A 42
Farrow Rd. B44 – 2A 48
Farthing La. Sut C B72 – 1H 49
Farthing Pools Clo. Sut C B73 – 5H 37
Farvale Rd. Sut C B76 – 5F 51
Far View. WS9 – 1G 25
Far Wood Rd. B31 – 1G 103
Faseman Av. CV4 – 5C 114
Fashoda Rd. B29 – 5G 89
Fastmoor Oval. B33 – 4G 77
Fast Pits Rd. B25 – 5H 75
Fatherless Barn Cres. Hal B63 – 2E 85
Faulconbridge Av. CV5 – 4B 114
Faulkland Cres. WV1 – 1H 29
Faulkner Clo. Sto DY8 – 2F 83
Faulkner Rd. Sol B92 – 5E 93
Faulkners Farm Dri. B23 – 5C 48
Faulknor Dri. Bri H DY5 – 5G 53
Faversham Clo. WS2 – 5B 22
Faversham Clo. WV8 – 2E 19
Fawdry Clo. Sut C B73 – 5H 37
Fawdry St. B9 – 3C 74
Fawdry St. WV1 – 5G 19
Fawdry St. War B66 – 1C 72
Fawley Clo. CV3 – 3G 133
Fawley Clo. Wil WV13 – 2G 31
Fawley Gro. B14 – 2G 105
Fazeley Rd. Tam B78 – 5C to 3C 134
Fazeley St. B5 – 3A 74
Fazeley St. Ind. Est. B9 – 3B 74
Featherbed La. CV4 – 4C 130
Featherstone Clo. Nun CV10 – 5F 137
Featherstone Clo. Sol B90 – 5B 108
Featherstone Cres. Sol B90 – 5B 108
Featherstone Dri. Hin LE10 – 4F 139
Featherstone La. WV10 – 1D 12
Featherstone Rd. B14 – 2A 106
Featherston Rd. Sut C B74 – 1B 36
Feckenham Rd. Red B97 – 5A to 4A 144
Fecknam Way. Lich WS13 – 1H 151
Felbrigg Clo. Bri H DY5 – 5H 67
Feldings, The. B24 – 1A 62
Feldon La. Hal B62 – 5C 70
Felgate Clo. Sol B90 – 3D 124
Fellbrook Clo. B33 – 2C 76
Fell Gro. B21 – 3C 58
Fell Gro. L Spa CV32 – 2D 148
Fellmeadow Rd. B33 – 3D 76
Fellmore Gro. L Spa CV31 – 6D 149
Fellows Av. King DY6 – 4C 52
Fellows La. B17 – 2A 88
Fellows Rd. Bil WV14 – 3E 31
Fellows St. WV2 – 3H 29
Felspar Rd. Tam B77 – 2H 137
Felsted Way. B7 – 2C 74
Felstone Rd. B44 – 3A 48
Feltham Clo. B33 – 4G 77
Felton Clo. CV2 – 5H 101
Felton Clo. Red B98 – 4H 145
Felton Croft. B33 – 3D 76
Fenchurch Clo. WS3 – 5F 23
Fen End Rd. Ken CV8 – 4F 127 to 5A 128
Fenmere Clo. WV4 – 5A 30
Fennel Clo. WS6 – 4B 6
Fennel Croft. B34 – 5E 63
Fennel Rd. Bri H DY5 – 1H 83
Fennis Clo. Sol B93 – 5H 125
Fenn Rise. Sto DY8 – 3C 66
Fenn Rise. Wil WV12 – 4A 22
Fenn St. Tam B77 – 4E 135
Fens Cres. Bri H DY5 – 1H 67
Fenside Av. CV3 – 4B 132
Fens Pool Av. Bri H DY5 – 1A 68
Fensway, The. B34 – 1D 76
Fenter Clo. B13 – 2B 90
Fentham Clo. Sol B92 – 2F 111
Fentham Grn. Sol B92 – 1E 111
Fentham Rd. B6 – 4H 59
Fentham Rd. B23 – 2E 61
Fentham Rd. Sol B92 – 2F 111
Fenton Rd. B27 – 2H 91
(in two parts)
Fenton Rd. B47 – 2C 122
Fenton St. Bri H DY5 – 3H 67
(in two parts)
Fenton St. War B66 – 5H 57
Fenwick Clo. Red B97 – 4A 144
Fereday Rd. WS9 – 5F 17
Fereday's Croft. DY3 – 4H 41
Fereday St. Tip DY4 – 4G 43
Ferguson Dri. Kid DY11 – 5B 140
Ferguson Rd. War B68 – 1F 71
Ferguson St. WV11 – 1G 21
Fern Av. Tip DY4 – 4G 43
Fernbank Clo. Hal B63 – 4F 85
Fernbank Cres. WS5 – 1C 46
Fernbank Rd. B8 – 2G 75
Ferncliffe Rd. B17 – 3B 88
Fern Clo. CV2 – 4F 101
Fern Clo. Bil WV14 – 4C 42
Fern Croft. Lich WS13 – 2E 151
Ferndale Av. B43 – 4E 47
Ferndale Clo. WS7 – 2F 9
Ferndale Clo. Lich WS13 – 2E 151
Ferndale Clo. Nun CV11 – 2G 137
Ferndale Cres. Kid DY11 – 1B 140
Ferndale Dri. Ken CV8 – 4C 150
Ferndale Housing Est. Kid DY11 – 1A 140
Ferndale Pk. Sto DY9 – 5G 83
Ferndale Rd. B28 – 1F 107
Ferndale Rd. CV7 – 3B 128
Ferndale Rd. WV11 – 5H 13
Ferndale Rd. Lich WS13 – 1E 151
Ferndale Rd. Sut C B74 – 3B 36
Ferndale Rd. War B68 – 3D 70
Ferndell Clo. Can WS11 – 4A 4
Ferndene Rd. B11 – 3G 91
Ferndown Av. DY3 – 4H 41
Ferndown Clo. B26 – 4D 76
Ferndown Clo. CV4 – 4C 114
Ferndown Clo. WS3 – 4E 15
Ferndown Gdns. WV11 – 4G 21
Ferndown Rd. Sol B91 – 2E 109
Fern Dri. WS6 – 4D 6
Ferness Clo. Hin LE10 – 1D 138
Ferness Rd. Hin LE10 – 1D 138
Fernfell Ct. B23 – 5F 49
Fernhill Clo. Ken CV8 – 2A 150
Fernhill Dri. L Spa CV32 – 4C 148
Fernhill Gro. B44 – 1B 48
Fernhill La. CV7 – 4A 128
Fernhill Rd. Sol B92 – 4B 92
Fernhurst Rd. B8 – 2G 75
Fernleigh Av. WS7 – 1F 9
Fernleigh Gdns. Sto DY8 – 3C 66
Fernleigh Rd. WS4 – 5B 24
Fernley Av. B29 – 4G 89
Fernley Rd. B11 – 3D 90
Fern Leys. WV3 – 2D 28
Fern Rd. B24 – 2G 61
Fern Rd. DY1 – 1D 54
Fern Rd. WV3 – 3G 29
Fern Rd. Can WS12 – 2B 4
Fernside Gdns. B13 – 3C 90
Fernwood Clo. Sut C B73 – 3F 49
Fernwood Croft. B14 – 2A 106
Fernwood Croft. Tip DY4 – 1G 55
Fernwood Rd. Sut C B73 – 3F 49
Ferny Hill Av. Red B97 – 3A 144

Ferrers Clo.—Four Pounds Av.

Ferrers Clo. CV4 – 5C 114
Ferrers Clo. Sut C B75 – 2B 38
Ferrers Rd. Tam B77 – 1E 135
Ferrie Gro. WS8 – 2E 17
Ferris Gro. B27 – 5G 91
Festival Av. Wed WS10 – 5A 32
Fetherston Ct. L Spa CV31 – 6B 149
Fibbersley. WV11 & Wil WV13 – 5G 21
Fiddlers Grn. Sol B92 – 1F 111
Field Barn Rd. Warw CV35 – 4A 146
Field Clo. B26 – 1D 92
Field Clo. WS3 – 2F 23
Field Clo. WS4 – 1B 24
Field Clo. Hin LE10 – 1G 139
Field Clo. Ken CV8 – 2C 150
Field Clo. Sto DY8 – 4F 67
Field Clo. Warw CV34 – 3G 147
Field Cottage Dri. Sto DY8 – 3G 83
Fieldfare. WS7 – 3H 9
Fieldfare Croft. B36 – 4H 63
Fieldfare Rd. Sto DY9 – 2A 84
Field Farm La. Red B98 – 4G 145
Field Farm Rd. Tam B77 – 3E 135 (in two parts)
Fieldgate La. Ken CV8 – 2A 150
Fieldgate Lawn. Ken CV8 – 2B 150
Fieldgate Trading Est. WS1 – 2H 33
Fieldhead La. Warw CV34 – 4G 147
Fieldhead Pl. WV6 – 5B 18
Fieldhead Rd. B11 – 3G 91
Fieldhouse Rd. B25 – 5A 76
Fieldhouse Rd. WS7 – 1E 9
Fieldhouse Rd. WV4 – 1A 42
Fieldhouse Rd. Can WS12 – 1C 4
Field La. B32 – 5E 87
Field La. WS4 – 5B 16
Field La. WS6 – 4D 6
Field La. Sol B91 – 2H 109
Field La. Sto DY8 – 4F 83
Field March. CV3 – 3H 133
Fieldon Clo. Sol B90 – 5A 108
Field Rd. DY2 – 3F 55
Field Rd. WS3 – 2F 23
Field Rd. Lich WS13 – 1G 151
Field Rd. Tip DY4 – 3G 43
Fields Ct. Warw CV34 – 3F 147
Fieldside La. CV3 – 4H 117
Fieldside Wlk. Bil WV14 – 3E 31
Field St. WV10 – 1A 30
Field St. Bil WV14 – 1F 43
Field St. Can WS11 – 3C 4
Field St. Wil WV13 – 1G & 2G 31
Field View Clo. CV7 – 5E 81
Field View Dri. War B65 – 3C 70
Field Wlk. WS9 – 3F 25
Field Way. Sol B94 – 5C 124
Fieldways Clo. B47 – 2B 122
Fife Rd. CV5 – 5G 115
Fife St. Nun CV11 – 3E 137
Fifield Clo. Nun CV11 – 4G 137
Fifield Gro. B33 – 3C 76
Fifth Av. B9 – 4F 75
Fifth Av. WV10 – 3A 20
Filey Clo. Can WS11 – 1A 6
Filey Rd. WV10 – 1G 19
Fillingham Clo. B37 – 4C 78
Fillongley Rd. CV7 – 5C 96 to 1H 97
Filton Av. WS7 – 1F 9
Filton Croft. B35 – 1D 62
Finbury Clo. Sol B92 – 5C 92
Finchall Croft. Sol B92 – 1G 109
Finch Clo. CV6 – 4B 100
Finch Clo. War B65 – 2G 69
Finchdene Gro. WV3 – 2D 28
Finch Dri. Sut C B74 – 4B 36
Finches End. B34 – 1E 77
Finchfield Clo. Sto DY8 – 3C 82
Finchfield Gdns. WV3 – 2E 29
Finchfield Hill. WV3 – 2C 28
Finchfield La. WV3 – 3C 28
Finchfield Rd. WV3 – 2D 28
Finchfield Rd. W. WV3 – 2D 28
Finchley Clo. DY3 – 2A 54
Finchley Rd. B44 – 2C 48
Finchmead Rd. B33 – 4G 77
Finchpath Rd. W Bro B70 – 5D 44
Finch Rd. B19 – 4G 59
Findlay Rd. B14 – 5A 90
Findon Clo. Nun CV12 – 1B 80
Findon Rd. B8 – 5H 61
Findon St. Kid DY10 – 2E 141
Finford Croft. CV7 – 3B 128
Fingal Clo. CV3 – 3G 133
Fingest Clo. CV5 – 4D 114
Finham Cres. Ken CV8 – 2C 150
Finham Flats. Ken CV8 – 2C 150
Finham Grn. Rd. CV3 – 5A 132
Finham Gro. CV3 – 5B 132
Finham Rd. Ken CV8 – 2C 150
Finings Ct. L Spa CV32 – 3B 148
Finlarigg Dri. B15 – 1E 89
Finmere Rd. B28 – 5G 91
Finnemore Clo. CV3 – 3A 132
Finnemore Rd. B9 – 4G 75
Finneywell Clo. Bil WV14 – 1D 42
Finsbury Dri. Bri H DY5 – 1G 83
Finsbury Gro. B23 – 5E 49
Finstall Clo. B7 – 2C 74
Finstall Clo. Sut C B72 – 2H 49
Finstall Rd. Brom B60 – 5F 143
Finwood Clo. Sol B92 – 1G 109
Fir Av. B12 – 2B 90
Firbank Clo. B30 – 1D 104
Firbank Way. WS3 – 5H 15
Firbarn Clo. Sut C B76 – 1B 50
Firbeck Gro. B44 – 2B 48
Firbeck Rd. B44 – 3B 48
Fircroft. Bil WV14 – 1H 43
Fir Croft. Bri H DY5 – 5H 67
Fircroft. Sol B91 – 2C 108
Fircroft Clo. Can WS11 – 3D 4
Firecrest Way. Kid DY10 – 5G 141
Fir Gro. B14 – 3B 106
Fir Gro. CV4 – 5C 114
Fir Gro. WV3 – 2F 29
Fir Gro. Sto DY8 – 2C 82
Firhill Croft. B14 – 5H 105
Firleigh Dri. Nun CV12 – 1C 80
Firmstone St. Sto DY8 – 1D 82
Firsbrook Clo. WV6 – 4F 19
Firsby Rd. B32 – 2G 87
Firs Clo. Kid DY10 – 3F 141
Firs Dri. Sol B90 – 1G 123
Firs Est. CV5 – 1A 132
Firs Farm Dri. B36 – 5C 62
Firsholm Clo. Sut C B73 – 4G 49
Firs Ho. B36 – 4C 62
Firs La. War B67 – 1A 72
Firs Rd. King DY6 – 1E 67
Firs St. DY2 – 4F 55
First Av. B9 – 4F 75
First Av. B29 – 4G 89
First Av. CV3 – 5G 117
First Av. WS8 – 1E & 1F 17
First Av. WV10 – 4A 20
First Av. King DY6 – 5F 53
First Av. Sut C B76 – 1D 62 (off Forge La.)
Firs, The. B11 – 1E 91 (Small Heath)
Firs, The. B11 – 1D 90 (Sparkbrook)
Firs, The. CV5 – 2A 132
Firs, The. Nun CV12 – 4D 80
First Meadow Piece. B32 – 3H 87
Fir St. DY3 – 4F 41
Firsvale Rd. WV11 – 4G 21
Firsway. WV6 – 2A 28
Firswood Rd. B33 – 4F 77
Firth Dri. B14 – 3C 106
Firth Dri. Hal B62 – 5C 70
Firth Pk. Cres. Hal B62 – 5C 70
Firtree Av. CV4 – 5C 114
Firtree Clo. B44 – 4A 48
Fir Tree Clo. Tam B79 – 1A 134
Fir Tree Dri. WS5 – 1B 46
Fir Tree Gro. Nun CV11 – 5G 137
Fir Tree Gro. Sut C B73 – 2G 49
Firtree Rd. B24 – 2H 61
Fir Tree Rd. WV3 – 3D 28
Fisher Clo. Hal B62 – 5C 102
Fisher Rd. CV6 – 5C 100
Fisher Rd. WS3 – 1D 22
Fisher Rd. War B69 – 5F 57
Fishers Ct. Warw CV34 – 5C 146
Fishers Dri. Sol B90 – 3G 123
Fisher St. DY2 – 3E 55
Fisher St. WV3 – 3G 29
Fisher St. Bri H DY5 – 3G 67 (in two parts)
Fisher St. Tip DY4 – 2G 55 (Burnt Tree)
Fisher St. Tip DY4 – 5B 44 (Great Bridge)
Fisher St. Wil WV13 – 1A 32
Fisher Way. WS3 – 1D 22
Fish Hill. Red B98 – 2C 144
Fishing Line Rd. Red B97 – 1C 144
Fishley Clo. WS3 – 4F 15
Fishley La. WS3 – 5F to 2H 15
Fishponds Rd. Ken CV8 – 4A 150
Fishpool Clo. B36 – 4A 62
Fishpool La. B46 – 1F 95
Fithern Clo. DY3 – 1A 54
Fitters Mill Clo. B5 – 1A 90
Fitton Av. King DY6 – 1F 67
Fitton St. Nun CV11 – 4F 137
Fitzgerald Pl. Bri H DY5 – 1G 83
Fitzguy Clo. W Bro B70 – 4H 57
Fitzmaurice Rd. WV11 – 3G 21
Fitz Roy Av. B17 – 1H 87 (in two parts)
Fitzroy Rd. B31 – 4F 103
Fivefield Rd. CV7 – 2F 99
Five Fields Rd. Wil WV12 – 4H 21
Five Oaks Rd. Wil WV13 – 3F 31
Five Ways. B33 – 3B 76
Five Ways. DY3 – 2A 54
Five Ways. WV3 – 4C 28
Five Ways. WV10 & WV1 – 5H 19
Five Ways. Bri H DY5 – 3A 68
Five Ways Shopping Centre. B15 – 4F 73
Flackwell Rd. B23 – 4E 49
Fladbury Clo. DY2 – 3E 69
Fladbury Clo. Red B98 – 5E 145
Fladbury Cres. B29 – 5C 88
Fladbury Gdns. B19 – 4G 59
Fladbury Pl. B19 – 5H 59
Flamborough Clo. B34 – 5D 62
Flamborough Clo. CV3 – 1H 133
Flamville Rd. Hin LE10 – 5H 139
Flanders Clo. Red B98 – 1F 145
Flanders Dri. King DY6 – 4D 52
Flash La. WV4 – 2A 40
Flash Rd. War B69 – 5D 56
Flatley Clo. B33 – 2C 76
Flats, The. Brom B61 – 2D 142
Flatts, The. Wed WS10 – 4C 32
Flaunden Clo. CV5 – 4D 114
Flavel Cres. L Spa CV31 – 6B 149
Flavell Av. Bil WV14 – 3F 43
Flavell Clo. B32 – 5E 87
Flavells La. B25 – 5A 76
Flavells La. DY3 – 3G 53
Flavell St. CV6 – 3D 116
Flavell St. DY1 – 5D 42
Flavel Rd. Brom B60 – 5D 142
Flax Clo. B47 – 3B 122
Flax Gdns. B38 – 2E 121
Flaxhall St. WS2 – 2E 33
Flaxley Rd. B33 – 2B 76
Flaxton Gro. B33 – 2D 76
Flaxton Wlk. WV6 – 4F 19
Flecknoe Clo. B36 – 4E 63
Flecknose St. CV3 – 2G 133
Fledburgh Dri. Sut C B76 – 1B 50
Fleet St. Bil WV14 – 5E 31
Fleet St. B3 – 3H 73
Fleet St. CV1 – 5A 116
Fleetwood Gro. B26 – 4D 76
Fleming Pl. WS2 – 3D 22
Fleming Rd. B32 – 2F 87
Fleming Rd. WS2 – 4D 22
Fleming Rd. Hin LE10 – 3B 138
Fletchamstead Highway. CV4 – 5E 115 to 3G 131
Fletcher Rd. Hin LE10 – 4F 139
Fletcher Rd. Wil WV12 – 1B 22
Fletcher's La. Wil WV13 – 1A 32
Fletcher St. Sto DY9 – 2B 84
Fletchers Wlk. B1 – 3H 73
Fletton Gro. B14 – 4B 106
Flinkfield Clo. WS5 – 4C 34
Flinn Clo. Lich WS14 – 3H 151
Flint Clo. Kid DY11 – 5E 141
Flint Grn. Rd. B27 – 3H 91
Flintway, The. B33 – 2B 76
Floodgate St. B5 – 4B 74
Flood St. DY2 – 4E 55
Flora Clo. Tam B79 – 1D 134
Flora Rd. B25 – 1H 91
Florence Av. B11 – 2D 90
Florence Av. WV4 – 1B 42
Florence Av. Sut C B73 – 4H 49
Florence Bldgs. B29 – 4E 89
Florence Clo. Nun CV12 – 5D 80
Florence Dri. Sut C B73 – 4H 49
Florence Gro. W Bro B71 – 3H 45
Florence La. WV8 – 5C 10
Florence Rd. B14 – 1A 106
Florence Rd. B21 – 4C 58
Florence Rd. B27 – 2A 92
Florence Rd. Sut C B73 – 4H 49
Florence Rd. Tip DY4 – 4H 43
Florence Rd. War B66 – 2B 72
Florence Rd. War B69 – 5B 56
Florence Rd. W Bro B70 – 3G 57
Florence St. B1 – 4H 73
Florence St. WS1 – 2A 34
Florence St. Can WS12 – 1E 5
Florendine St. Tam B77 – 1G 135
Florida Way. King DY6 – 1F 67
Flowerdale Dri. CV2 – 2F 117
Floyds La. WS4 – 4B 24 (in two parts)
Floyer Rd. B10 – 5F 75
Flude Rd. CV7 – 1B 100
Flyfold Croft. B29 – 4H 87
Flyford Clo. Red B98 – 4D 144
Flynt Av. CV5 – 2D 114
Fockbury Mill La. Brom B61 – 1C 142
Fockbury Rd. Brom B61 – 1A 142
Foden Rd. B42 – 3F 47
Fold St. WV1 – 2H 29
Fold, The. B38 – 1F 121
Fold, The. WV4 – 1E 41
Fold, The. Wed WS10 – 4B 32
Foldyard Clo. Sut C B76 – 4D 50
Foleshill Rd. CV1 & CV6 – 3B 116
Foley Av. WV6 – 5C 18
Foley Church Clo. Sut C B74 – 2B 36
Foley Dri. WV6 – 5C 18
Foley Ho. War B68 – 5E 71
Foley Rd. B8 – 1H 75
Foley Rd. Sto DY9 – 4G 83
Foley Rd. E. Sut C B74 – 2B 36
Foley Rd. W. Sut C B74 – 2H 35
Foley St. Wed WS10 – 1D 44
Foley Wood Clo. Sut C B74 – 2A 36
Foliot Fields. B25 – 5B 76
Folkes Rd. Sto DY9 & Hal B63 – 2C 84
Folkestone Croft. B36 – 4B 62
Folkland Grn. CV6 – 2H 115
Folliott Rd. B33 – 3D 76
Folly Ho. Clo. WS1 – 3H 33
Folly Ho. La. WS1 – 3H 33
Fontenaye Rd. Tam B79 – 1A 134
Fontley Clo. B26 – 4D 76
Fontwell Rd. WV10 – 4A 12
Footherley La. Lich WS14 – 1F 27
Fordbridge Clo. Red B97 – 4A 144
Fordbridge Rd. B37 – 2H 77
Ford Brook La. WS4 – 5B 16
Forder Gro. B14 – 5B 106
Forde Way Gdns. B38 – 2D 120
Fordfield Rd. B33 – 2E 77
Fordhouse Ind. Est. WV10 – 1H 19
Fordhouse La. B30 – 2F 105
Fordhouse Rd. WV10 – 1H 19
Fordhouse Rd. Brom B60 – 4E 143
Fordraught La. Hal B62 – 1A 118
Fordrift, The. Sut C B72 – 5H 37
Ford Rd. Brom B61 – 4C 142
Fordrough. B25 – 1G 91
Fordrough Av. B9 – 3F 75
Fordrough La. B9 – 3F 75
Fordrough, The. B31 – 1B 120
Fordrough, The. Sol B90 – 2D 122
Fordrough, The. Sut C B74 – 2G 37
Fords Rd. Sol B90 – 2E 123
Ford St. B18 – 1F 73
Ford St. CV1 – 4C 116
Ford St. WS2 – 3F 33
Ford St. Nun CV10 – 3C 136
Ford St. War B67 – 1H 71
Fordwater Rd. Sut C B74 – 4B 36
Fordwell Clo. CV5 – 4H 115
Foredraft Clo. B32 – 4F 87
Foredraft St. Hal B63 – 2E 85
Foredrift Clo. Red B98 – 4C 144
Foredrift, The. B37 – 2A 94
Foredrove La. Sol B92 – 2G 109
Forefield Pl. L Spa CV31 – 5C 149
Forelands Gro. Brom B61 – 4C 142
Foreland Way. CV6 – 4H 99
Forest Av. WS3 – 3G 23
Forest Av. WV11 – 4H 13
Forest Clo. Brom B60 – 1F 143
Forest Clo. Sut C B74 – 3A 36
Forest Clo. War B66 – 5G 57
Forest Ct. Wil WV12 – 2B 22
Forest Dale. B45 – 3E 119
Foresters Rd. CV3 – 3C 132
Forest Ga. Wil WV12 – 2B 22
Forest Hill Rd. B26 – 2E 93
Forest La. WS2 – 4G 23
Forest Pl. WS3 – 4G 23
Forest Pk. Sut C B76 – 1C 50
Fore St. B2 – 3A 74
Forest Rd. B13 – 3B 90
Forest Rd. B25 – 1H 91
Forest Rd. DY1 – 1E 55
Forest Rd. Hin LE10 – 2G 139
Forest Rd. Sol B93 – 5H 125
Forest Rd. War B68 – 5F 71
Forest Way. B47 – 2C 122
Forest Way. Nun CV10 – 4C 136
Forfar Wlk. B38 – 5C 104
Forfield Rd. CV6 – 2F 115
Forge Clo. WS7 – 3H 9
Forge Clo. WV8 – 1E 19
Forge Croft. Sut C B76 – 5E 51
Forge La. WS9 – 4F 25 (Aldridge)
Forge La. WS9 – 3B 26 (Mill Green)
Forge La. Hal B62 – 2A 86
Forge La. King DY6 – 4B 52
Forge La. Lich WS13 – 2F 151
Forge La. Lich WS14 & Sut C B74 – 2C to 4D 26
Forge La. Sut C B76 – 5E 51 (in two parts)
Forge La. War B64 – 5D 68
Forge La. W Bro B71 – 4A 46
Forge Mill Rd. Red B98 – 1D 144
Forge Rd. WS3 – 4H 15
Forge Rd. Ken CV8 – 2C 150
Forge Rd. Sto DY8 – 2E 83 (in two parts)
Forge Rd. Wed WS10 – 4A 32
Forge Rd. Wil WV12 – 5A 22
Forge St. Can WS12 – 3F 5
Forge St. Wed WS10 – 5C 32
Forge St. Wil WV13 – 5H 21
Forge Trading Est. Hal B62 – 2A 86
Forge Way. CV6 – 3B 100
Forknell Av. CV2 – 3F 117
Forman's Rd. B11 – 3E 91
Formby Av. WV6 – 1A 18
Formby Croft. B24 – 1A 62
Forrell Gro. B31 – 2B 120
Forrest Av. Can WS11 – 1C 6
Forresters Clo. Hin LE10 – 4G 139
Forresters Rd. Hin LE10 – 4G 139
Forrester St. WS2 – 1F 33
Forrester St. Precinct. WS2 – 1F 33
Forresters Way. Kid DY10 – 5E 141
Forrest Rd. Ken CV8 – 3A 150
Forrest Rd. Wed WS10 – 3B 44
Forryan Rd. Hin LE10 – 3G 139
Forster St. B7 – 2B 74
Forster St. War B67 – 5G 57
Forsythia Gro. WV8 – 5B 10
Fort Cres. WS9 – 5F 17
Forth Dri. B37 – 2A 78
Forth Gro. B38 – 1D 120
Forth Way. Hal B62 – 5C 70
Forties. Tam B77 – 5E 135
Fortnum Clo. B33 – 4F 77
Forton Clo. WV6 – 1B 28
Fosbrooke Rd. B10 – 5G 75
Fossdale Rd. Tam B77 – 4G & 4H 135
Fosseway Dri. B23 – 3F 49
Fosseway La. Lich WS14 – 5E 151
Fosseway Rd. CV3 – 4A 132
Foster Av. Bil WV14 – 2C 42
Foster Av. Can WS12 – 1C 4
Foster Gdns. B18 – 1E 73
Foster Pl. Sto DY8 – 1E 83
Foster Rd. CV6 – 1H 115
Foster Rd. WV10 – 3A 20
Foster St. WS3 – 2G 23
Foster St. Sto DY8 – 2F 83
Foster St. Wed WS10 – 4B 32
Foster St. E. Sto DY8 – 2F 83
Foster Way. B5 – 2H 89
Fotherley Brook Rd. WS9 – 4A 26
Founder Clo. CV4 – 2C 130
Foundry La. WS3 – 5H 15
Foundry La. War B66 – 5C 58
Foundry Rd. B18 – 1D 72
Foundry Rd. King DY6 – 4C 52 (in two parts)
Foundry St. Bil WV14 – 2E 43
Foundry St. King DY6 – 4C 52
Foundry St. Tip DY4 – 4F 43
Foundry St. Wed WS10 – 1H 43
Fountain Arc. DY1 – 3E 55
Fountain Clo. B31 – 3G 119
Fountain La. Bil WV14 & Tip DY4 – 4E 43
Fountain La. War B69 – 4D 56
Fountain Rd. B17 – 4B 72
Fountains Rd. WS3 – 5C 14
Fountains Way. WS3 – 5C 14
Four Acres. B32 – 3F 87
Four Ashes Rd. Sol B93 – 5F to 3G 125
Four Crosses Rd. WS4 – 1C 24
Fourlands Av. Sut C B72 – 4A 50
Fourlands Rd. B31 – 2G 103
Four Oaks Clo. Red B98 – 5C 144
Four Oaks Comn. Rd. Sut C B74 – 1F 37
Four Oaks Rd. Sut C B74 – 2G 37
Four Pounds Av. CV5 – 4G 115

Four Stones Gro.—Gaydon Rd.

Four Stones Gro. B5 – 1A 90
Fourth Av. B9 – 4F 75
Fourth Av. B29 – 3G 89
Fourth Av. WS8 – 1F 17 (in two parts)
Fourth Av. WV10 – 3A 20
Four Winds Rd. DY2 – 5F 55
Fowey Clo. Sut C B76 – 4D 50
Fowey Rd. B34 – 1C 76
Fowgay Dri. Sol B91 – 1C 124
Fowler Rd. CV6 – 3A 116
Fowler Rd. Sut C B75 – 5D 38
Fowler St. B7 – 1C 74
Fowler St. WV2 – 4H 29
Fowlmere Rd. B42 – 4F 47
Fownihope Clo. Red B98 – 3G 145
Fox Av. Nun CV10 – 1G 137
Foxbury Dri. Sol B93 – 5A 126
Foxcote Av. B21 – 5D 58
Foxcote Clo. Red B98 – 2H 145
Foxcote Clo. Sol B90 – 1A 124
Foxcote Dri. Sol B90 – 1A 124
Foxcote La. Sto DY9 & Hal B63 – 3C 84
Fox Covert. Sto DY8 – 2E 83
Fox Cres. B11 – 3E 91
Foxcroft Clo. WS7 – 3F 9
Foxdale Gro. B33 – 3E 77
Foxdale Wlk. L Spa CV31 – 6D 149
Foxes Meadow. Sut C B76 – 3D 50
Foxes Ridge. War B64 – 5F 69
Foxes Way. CV7 – 3C 128
Foxes Way. Warw CV34 – 5D 146
Foxford Clo. B36 – 3F 63
Foxford Clo. Sut C B72 – 4A 50
Foxford Cres. CV2 – 3E 101
Foxglove. Tam B77 – 1G 135
Foxglove Clo. CV6 – 4B 100
Foxglove Clo. WS3 – 3A 16
Foxglove Clo. WV10 – 2D 12
Foxglove Cres. B37 – 2G 77
Foxglove Rd. DY1 – 1B 54
Foxglove Wlk. Can WS12 – 1F 5
Foxglove Way. B21 – 5D 58
Fox Grn. Cres. B27 – 5G 91
Fox Gro. B27 – 4G 91
Fox Hill. B29 – 1C 104
Fox Hill Clo. B29 – 1C 104
Foxhill Clo. Can WS12 – 4G 5
Fox Hill Rd. Sut C B75 – 1C 38
Foxhills Clo. WS7 – 2F 9
Foxhills Pk. DY2 – 2D 68
Foxhills Rd. WV4 – 1C 40
Foxhills Rd. Sto DY8 – 4D 66
Foxholes. Kid DY10 – 1E 141
Foxholes La. Red B97 – 5A 144
Fox Hollies Rd. B28 & B27 – 1G 107 to 3H 91
Fox Hollies Rd. Sut C B76 – 3C 50
Fox Hollow. WV6 – 1C 28
Foxhope Clo. B38 – 5G 105
Foxhunt Rd. Hal B63 – 4F 85
Foxland Av. B45 – 2F 119
Foxland Av. WS6 – 4D 6
Foxland Clo. B37 – 3C 78
Foxland Clo. Sol B90 – 4B 124
Foxlands Av. WV4 – 1D 40
Foxlands Dri. WV4 – 1C 40
Foxlands Dri. Sut C B72 – 4A 50
Foxlands, The. WV4 – 1C 40
Fox La. Brom B61 – 4C 142
Foxlea Rd. Hal B63 – 5E 85
Foxoak St. War B64 – 4E 69
Fox's La. WV1 – 5H 19
Fox St. B5 – 3B 74
Fox St. DY1 – 5D 42
Foxton Rd. B8 – 2G 75
Foxton Rd. CV3 – 1H 133
Fox Wlk. WS9 – 5G 17
Foxwalks Av. Brom B61 – 5C 142
Foxwell Gro. B9 – 3H 75
Foxwell Rd. B9 – 3H 75
Foxwood Av. B43 – 2G 47
Foxwood Gro. B37 – 1H 77
Foxyards Rd. Tip DY4 – 5E 43
Foyle Rd. B38 – 1E 121
Fozdar Cres. Bil WV14 – 2C 42
Fradley Clo. B30 – 4D 104
Framefield Dri. Sol B91 – 2G 109
Framlingham Gro. WV6 – 5A 18
Framlingham Gro. Ken CV8 – 2D 150
Frampton Clo. B30 – 2C 104
Frampton Way. B43 – 5H 35
Frances Av. Warw CV34 – 3F 147
Frances Cres. Nun CV12 – 3E 81
Frances Rd. B19 – 4G 59
Frances Rd. B23 – 2D 60
Frances Rd. B30 – 3F 105
Franche Rd. Kid DY11 – 1B 140
Franchise Gdns. Wed WS10 – 5C 32
Franchise St. B42 – 2A 60
Franchise St. Kid DY11 – 3C 140
Franchise St. Wed WS10 – 5C 32
Franciscan Rd. CV3 – 2B 132
Francis Clo. King DY6 – 4D 52
Francis Dri. WS3 – 1E 23
Francis Rd. B16 – 4F 73
Francis Rd. B25 – 1G 91
Francis Rd. B27 – 2A 92
Francis Rd. B33 – 3A 76
Francis Rd. CV8 – 5D 132
Francis Rd. Brom B60 – 5D 142
Francis Rd. Lich WS13 – 1F 151
Francis Rd. Sto DY8 – 2C 82
Francis Rd. War B67 – 2G 71
Francis St. B7 – 2C 74
Francis St. CV6 – 2D 116
Francis St. WV1 – 5H 19
Francis St. W Bro B70 – 3G 57
Francis Wlk. B31 – 2A 120
Francis Ward Clo. W Bro B71 – 3D 44
Frankburn Rd. Sut C B74 – 3A 36
Frankfort St. B19 – 1H 73
Frankholmes Dri. Sol B90 – 3D 124
Frankland Rd. CV6 – 5E 101
Frankley Av. Hal B62 – 2D 86
Frankley Beeches Rd. B31 – 5F 103
Frankley Grn. B32 – 3B 102
Frankley Hill Rd. B45 & B32 – 5D to 3D 102
Frankley La. B32 & B31 – 2F 103
Frankley Lodge Rd. B31 – 4G 103
Frankley Rd. War B68 – 5E 71
Franklin Gro. CV4 – 1B 130
Franklin Rd. B30 – 3E 105
Franklin Rd. L Spa CV31 – 8C 149
Franklin Rd. Nun CV11 – 5G 137
Franklin St. B18 – 1D 72
Franklyn Clo. WV6 – 1A 18
Frankpledge Rd. CV3 – 2C 132
Frank Rd. War B67 – 1H 71
Frank St. B12 – 1B 90
Frank St. Nun CV11 – 4F 137
Franks Way. B33 – 3C 76
Frank Tommey Clo. War B65 – 4A 70
Frankton Av. CV3 – 3B 132
Frankton Clo. Red B98 – 5G 145
Frankton Clo. Sol B92 – 4E 93
Frankton Gro. B9 – 4H 75
Frankwell Dri. CV2 – 5H 101
Fraser Clo. Nun CV10 – 2A 136
Fraser Rd. B11 – 2D 90
Fraser Rd. CV6 – 5H 99
Fraser St. Bil WV14 – 4F 31
Frayne Av. King DY6 – 5C 52
Freasley Clo. Sol B90 – 5A 108
Freasley La. Tam B77 – 5G 135
Freasley Rd. B34 – 1F 77
Freda Eddy Ct. Kid DY10 – 2D 140
Freda Rise. War B69 – 4B 56
Freda Rd. W Bro B70 – 4G 57
Freda's Gro. B32 – 2A 88
Frederick Av. Hin LE10 – 1D 138
Frederick Clo. Sto DY8 – 3E 83
Frederick Neal Av. CV5 – 3A 114
Frederick Rd. B6 – 4A 60
Frederick Rd. B11 – 3D 90
Frederick Rd. B15 – 5F 73
Frederick Rd. B23 – 3E 61
Frederick Rd. B29 – 4D 88
Frederick Rd. B33 – 3A 76
Frederick Rd. WV11 – 4D 20
Frederick Rd. Sut C B73 – 2G 49
Frederick Rd. War B68 – 5G 71
Frederick St. B1 – 2G 73
Frederick St. WS2 – 2G 33
Frederick St. WV2 – 2H 29
Frederick St. W Bro B70 – 1F 57
Frederick William St. Wil WV13 – 1A 32
Fred Lee Gro. CV3 – 4C 132
Freeburn Causeway. CV4 – 2E 131
Freehold St. CV1 – 3D 116
Freeland Gro. King DY6 – 2F 67
Freeman Clo. Nun CV10 – 3B 136
Freeman Ct. DY11 – 4C 140
Freeman Dri. Sut C B76 – 5C 38
Freeman Pl. Bil WV14 – 3F 31
Freeman Rd. B7 – 1D 74
Freeman Rd. CV6 – 3D 116
Freeman Rd. Wed WS10 – 2F 45
Freemans Clo. L Spa CV32 – 3A 148
Freeman's La. Hin LE10 – 5H 139
Freeman St. B5 – 3A 74
Freeman St. CV6 – 2D 116
Freeman St. WV10 – 1B 30
Freemount Sq. B43 – 4D 46
Freer Rd. B6 – 4H 59
Freer St. WS1 – 2H 33
Freer St. Nun CV11 – 4H 137
Freesland Rise. Nun CV10 – 2A 136
Freeth Rd. WS8 – 1F 17
Freeth St. B16 – 3E 73
Freeth St. War B69 – 4D 56
Freezeland St. Bil WV14 – 4D 30
Fremont Dri. DY1 – 2A 54
Frenchman's Wlk. Lich WS14 – 3G 151
French Rd. DY2 – 3F 55
French Walls. War B66 – 1C 72
Frensham Clo. B37 – 4B 78
Frensham Clo. WS6 – 4C 6
Frensham Dri. Nun CV10 – 2A 136
Frensham Way. B17 – 1C 88
Frensham Gro. B44 – 4A 48
Freshfield Clo. CV5 – 5E 99
Freshwater Dri. Bri H DY5 – 5G 67
Freshwater Gro. L Spa CV31 – 6D 149
Fretton Clo. CV6 – 1D 116
Freville Clo. Tam B79 – 2C 134
Frevill Rd. CV6 – 5F 101
Friardale Clo. Wed WS10 – 2G 45
Friar Pk. Rd. Wed WS10 – 1F 45
Friars All. Lich WS13 – 3F 151
Friars Clo. Sto DY8 – 3C 66
Friars Gorse. Sto DY7 – 5C 66
Friars' Rd. CV1 – 5B 116
Friars St. Warw CV34 – 4D 146
Friar St. Wed WS10 – 1E 45
Friars Wlk. B37 – 4C 78
Friary Av. Lich WS13 – 4F 151
Friary Av. Sol B90 – 3D 124
Friary Clo. Hin LE10 – 2F 139
Friary Clo. Warw CV35 – 4A 146
Friary Cres. WS4 – 3B 24
Friary Gdns. B21 – 3D 58
Friary Gdns. Lich WS13 – 3F 151
Friary Rd. B20 – 3D 58
Friary Rd. Lich WS13 – 3F 151
Friary St. Nun CV11 – 2E 137
Friary, The. Lich WS13 – 4F 151
Friday Acre. Lich WS13 – 1F 151
Friday La. Sol B92 – 3B 110
Friesland Dri. WV1 – 1C 30
Friezland La. WS8 – 3E 17
Friezland Rd. WS2 – 1E 33
Friezland Way. WS8 – 3F 17
Frilsham Way. CV5 – 3D 114
Fringe Grn. Clo. Brom B60 – 5E 143
Fringe Meadow Rd. Red B98 – 1H 145
Frinton Gro. B21 – 5C 58
Frisby Rd. CV4 – 5B 114
Friston Av. B16 – 4F 73
Frobisher Clo. WS6 – 1D 14
Frobisher Ct. War B66 – 5G 57
Frobisher Rd. CV3 – 4B 132
Frodesley Rd. B26 – 5E 77
Froggatt Rd. Bil WV14 – 4E 31
Froggatt's Ride. Sut C B76 – 1C 50
Frog La. CV7 – 3B 128
Frog La. Lich WS13 – 3G 151
Frogmill Rd. B45 – 5E 103
Frogmill Shopping Centre. B45 – 5E 103
Frogmore Clo. CV5 – 2E 115
Frogmore La. Ken CV8 – 5A 128 (in two parts)
Frome Dri. WV11 – 4D 20
Frome Way. B14 – 2H 105
Frost St. WV2 – 4C 30
Froxmere Clo. Sol B91 – 1E 125
Froyle Clo. WV10 – 4C 18
Froysell St. Wil WV13 – 1H 31
Fryer Rd. B31 – 2B 120
Fryer's Clo. WS3 – 3E 23
Fryer's Rd. WS2 & WS3 – 3D 22
Fryer St. WV1 – 1A 30
Fuchsia Clo. Ken CV8 – 2D 150
Fuchsia Gro. CV2 – 4F 101
Fugelmere Clo. B17 – 1H 87
Fulbrook Clo. Red B98 – 1F 145
Fulbrook Gro. B29 – 1A 104
Fulbrook Rd. CV2 – 5G 101
Fulbrook Rd. DY1 – 3C 54
Fulford Dri. Sut C B76 – 5E 51
Fulford Gro. B26 – 1F 93
Fulford Hall Rd. Sol B94 & B90 – 5E 123
Fulham Rd. B11 – 2C 90
Fullbrook Rd. WS5 – 5H 33
Fullelove Rd. WS8 – 2F 17
Fullers Clo. CV6 – 1G 115
Fullerton Clo. WV8 – 2E 19
Fullwood Cres. DY2 – 1B 68
Fullwoods End. Bil WV14 – 3D 42
Fulmar Cres. Kid DY10 – 5G 141
Fulmer Wlk. B18 – 3F 73
Fulton Clo. Brom B60 – 4F 143
Fulwell Gro. B44 – 4C 48
Fulwood Av. Hal B62 – 5D 70
Furber Pl. King DY6 – 5E 53
Furlong La. Hal B63 – 1E 85
Furlong Meadow. B31 – 5C 104
Furlongs Rd. DY3 – 5A 42
Furlongs, The. WV11 – 4D 20
Furlongs, The. Sto DY8 – 4G 83
Furlong, The. Wed WS10 – 5C 32
Furlong Wlk. DY3 – 1H 53
Furnace Hill. Hal B63 – 2H 85
Furnace La. B19 – 5H 59
Furnace La. Hal B63 – 2H & 3H 85
Furnace Pde. Tip DY4 – 5F 43
Furnace Rd. DY2 – 4D 54
Furnace Rd. Nun CV12 – 2G 81
Furndale Rd. B46 – 1E 79
Furness Clo. WS3 – 5D 14
Furnivall Cres. Lich WS13 – 2H 151
Furrows, The. Brom B60 – 5C 142
Furst St. WS8 – 1F 17
Furzebank Way. Wil WV12 – 5C 22
Furze Way. WS5 – 3D 34
Fynford Rd. CV6 – 3A 116
Gaddesby Rd. B14 – 1B 106
Gadds Dri. War B65 – 2B 70
Gadsby Av. WV11 – 3G 21
Gadsby St. Nun CV11 – 4G 137
Gads Grn. Cres. DY2 – 5F 55
Gads La. DY1 – 3D 54
Gads La. W Bro B70 – 2E 57
Gadwall Croft. B23 – 2C 60
Gaelic Rd. Can WS11 – 3B 4
Gagarin. Tam B79 – 2B 134
Gaiafields Rd. Lich WS13 – 2F 151
Gaialands Cres. Lich WS13 – 2F 151
Gaia La. Lich WS13 – 2F 151
Gaiastowe. Lich WS13 – 2G 151
Gailey Croft. B44 – 1A 48
Gail Pk. WV3 – 3D 28
Gainford Clo. WV8 – 1E 19
Gainford Rd. B44 – 3D 48
Gainsborough Cres. B43 – 1H 47
Gainsborough Cres. Sol B93 – 3H 125
Gainsborough Dri. WV6 – 4A & 5A 18
Gainsborough Dri. L Spa CV31 – 6D 149
Gainsborough Dri. Nun CV12 – 2E 81
Gainsborough Dri. S. L Spa CV31 – 6D 149
Gainsborough Hill. Sto DY8 – 4F 83
Gainsborough M. Kid DY11 – 3C 140
Gainsborough Pl. DY6 – 3A 54
Gainsborough Rd. B42 – 5G 47
Gainsborough Trading Est. Sto DY9 – 3H 83
Gainsbrook Cres. Can WS11 – 2H 7
Gainsford Dri. Hal B62 – 1A 86
Gains La. Can WS11 – 5F 7
Gaitskell Ter. War B69 – 3B 56
Galbraith Clo. Bil WV14 – 4E 43
Gale Wlk. War B65 – 2G 69
Galey's Rd. CV3 – 2C 132
Gallagher Rd. Nun CV12 – 3E 81
Gallery, The. WV1 – 1H 29
Galliards, The. CV4 – 4F 131
Galloway Av. B34 – 5C 62
Gallows Hill. Warw CV34 – 5G 147
Galmington Dri. CV3 – 3A 132
Galton Clo. Tip DY4 – 5A 44
Galton Rd. War B67 – 4H 71
Galway Rd. WS7 – 1F 9
Gamesfield Grn. WV3 – 2F 29
Gammage St. DY2 – 5D 54
Gamson Clo. Kid DY10 – 4D 140
Ganborough Clo. Red B98 – 4H 145
Gandy Rd. Wil WV12 – 3H 21
Gannah's Farm Clo. Sut C B76 – 1C 50
Gannow Grn. La. Hal B62 & B45 – 1A 118
Gannow Manor Cres. B45 – 5B 102
Gannow Manor Gdns. B45 – 1D 118
Gannow Rd. B45 – 2C 118
Gannow Shopping Centre. B45 – 5C 102
Gannow Wlk. B45 – 2C 118
Ganton Rd. WS3 – 4E 15
Ganton Wlk. WV8 – 2E 19
Garden Clo. B45 – 5D 102
Garden Clo. Sol B93 – 3H 125
Garden Cres. WS3 – 5H 15
Garden Croft. WS9 – 3F 25
Gardeners Clo. Kid DY11 – 1C 40
Gardeners Way. WV5 – 1A 52
Garden Gro. B20 – 5D 46
Gardenia Dri. CV5 – 2D 114
Garden Rd. Hin LE10 – 2E 139
Gardens, The. B23 – 2F 61
Gardens, The. Ken CV8 – 4C 150
Gardens, The. L Spa CV31 – 7E 149
Garden St. WS2 – 1G 33
Garden Wlk. DY2 – 4E 55
Garden Wlk. DY3 – 2H & 3H 53
Garden Wlk. Bil WV14 – 4G 31
Garfield Rd. B26 – 5E 77
Garibaldi Ter. Brom B60 – 4E 143
Garland Cres. Hal B62 – 5C 70 (in two parts)
Garland St. B9 – 3D 74
Garland Way. B31 – 3B 104
Garman Clo. B43 – 2D 46
Garner Clo. Bil WV14 – 1E 43
Garnet Av. B43 – 1G 47
Garnett Dri. Sut C B75 – 4B 38
Garnette Clo. Nun CV10 – 2A 136
Garrard Gdns. Sut C B73 – 5H 37
Garrats Wlk. B14 – 5A 106
Garratt Clo. War B68 – 2F 71
Garratt's La. War B64 – 3G 69
Garratt St. Bri H DY5 – 1A 68
Garratt St. W Bro B71 – 1E 57
Garret Clo. King DY6 – 4D 52
Garretts Grn. La. B26 & B33 – 5C 76 to 4E 77
Garrett St. Nun CV11 – 4G 137
Garrick Clo. CV5 – 3H 113
Garrick Clo. Lich WS13 – 1E 151
Garrick Ho. Lich WS13 – 1F 151
Garrick Pl. Bil WV14 – 4G 31
Garrick Rise. WS7 – 1G 9
Garrick Rd. Can WS11 – 3B 4
Garrick Rd. Lich WS13 – 1E 151
Garrick St. WV1 – 2H 29
Garrigill. Tam B77 – 4H 135
Garrington St. Wed WS10 – 3B 32
Garrison La. B9 – 3C 74
Garrison St. B9 – 3C 74
Garsdale Ter. B7 – 1C 74
Garston Way. B43 – 3C 46
Garth Cres. CV3 – 1G 133
Garth, The. B14 – 3E 107
Garth, The. Lich WS13 – 1F 151
Garway Clo. L Spa CV32 – 2B 148
Garway Clo. Red B98 – 4H 145
Garway Gro. B25 – 1H 91
Garwood Rd. B26 – 4C 76
Gas Sq. Brom B61 – 4D 142
Gas St. B1 – 4G 73
Gas St. L Spa CV31 – 6B 149
Gatcombe Clo. WV10 – 4B 12
Gatcombe Rd. DY1 – 2A 54
Gateacre St. DY3 – 2H 53
Gatehouse Fold. DY2 – 3E 55
Gate La. Sol B94 & B93 – 5E 125
Gate La. Sut C B73 – 2G 49
Gate St. B8 – 1E 75
Gate St. DY3 – 4A 42
Gate St. Tip DY4 – 2G 55
Gatis St. WV6 – 5F 19
Gatley Gro. B29 – 5C 88
Gatley Rd. War B68 – 5G 71
Gatwick Rd. B35 – 1E 63
Gauden Rd. Sto DY9 – 5H 83
Gaveston Clo. Warw CV34 – 3E 147
Gaveston Rd. CV6 – 2G 115
Gaveston Rd. L Spa CV32 – 3A 148
Gawne La. War B64 – 2G 69
Gaydon Clo. CV6 – 1E 117
Gaydon Clo. WV6 – 1A 18
Gaydon Clo. Red B98 – 4D 144
Gaydon Gro. B29 – 4A 88
Gaydon Rd. WS9 – 5F 25

Gaydon Rd.—Gorsebrook Rd.

Gaydon Rd. Sol B92 – 3F 93
Gayer St. CV6 – 5E 101
Gayfield Av. Bri H DY5 – 5H 67 & 4A 68
Gayhill La. B38 – 1G 121
Gayhurst Clo. CV3 – 1H 133
Gayhurst Dri. B25 – 5B 76
Gayle. Tam B77 – 3G 135
Gayle Gro. B27 – 1A 108
Gayton Rd. W Bro B71 – 5G 45
Gaywood Croft. B15 – 5H 73
Gaza Clo. CV4 – 5C 114
Geach St. B19 – 1H 73
Gedney Clo. Sol B90 – 4D 106
Geeson Clo. B35 – 1E 63
Gee St. B19 – 1H 73
Geneva Rd. Tip DY4 – 1E 55
Genge Av. WV4 – 1A 42
Genners App. B31 – 1F 103
Genners La. B32 & B31 – 1F 103
Genthorn Clo. WV4 – 1B 42
Gentian Clo. B31 – 2H 103
Geoffrey Clo. CV2 – 3F 117
Geoffrey Clo. Sut C B76 – 4D 50
Geoffrey Pl. B11 – 4D 90
Geoffrey Rd. B11 – 4D 90
Geoffrey Rd. Sol B90 – 4F 107
George Arthur Rd. B8 – 2E 75
George Av. War B65 – 4B 70
George Clo. DY2 – 4F 55
George Dance Clo. Kid DY10 – 2G 141
George Eliot Av. Nun CV12 – 4G 81
George Eliot Rd. CV1 – 3B 116
George Eliot St. Nun CV11 – 4F 137
George Frederick Rd. Sut C B73 – 1B 48
George Henry Rd. Tip DY4 – 4C 44
George La. Lich WS13 – 3G 151
George Marston Rd. CV3 – 1H 133
George Rd. B15 – 5G 73
George Rd. B23 – 2D 60
George Rd. B25 – 1G 91
George Rd. B29 – 4E 89
George Rd. B43 – 2E 47
George Rd. B46 – 2B 64
George Rd. Bil WV14 – 3F 43
George Rd. Hal B63 – 3G 85
George Rd. Sol B91 – 4F 109
George Rd. Sut C B73 – 3E 49
George Rd. Tip DY4 – 5E 43
George Rd. War B68 – 3E 71
George Rd. Warw CV34 – 2F 147
George Robertson Clo. CV3 – 2H 133
George Ryder Ho. War B66 – 1B 72
George St. B3 – 3G 73
George St. B12 – 2A 90
George St. B19 – 5G 59
George St. B21 – 4B 58
George St. CV1 – 3C 116
George St. DY1 – 5D 42
George St. WS1 – 2H 33
George St. WV2 – 2H 29
George St. WV2 – 4C 30 (New Village)
George St. Brom B61 – 3D 142
George St. Can WS12 – 2F 5
George St. Hin LE10 – 3E 139
George St. Kid DY10 – 3E 141
George St. L Spa CV31 – 5B 149
George St. Nun CV11 – 4G 137
George St. Nun CV12 – 3E 81
George St. Sto DY8 – 4E 67
George St. Tam B79 – 3C 134
George St. W Bro B70 – 3G 57
George St. Wil WV13 – 5H 21
George St. Ringway. Nun CV2 – 3F 81
George St. W. B18 – 2F 73
Georgian Gdns. Wed WS10 – 1D 44
Georgian Pl. Can WS11 – 4C 4
Georgina Av. Bil WV14 – 1E 43
Geraldine Rd. B25 – 1H 91
Gerald Rd. Sto DY8 – 1D 82 (in two parts)
Geranium Rd. DY2 – 4G 55
Gerard. Tam B79 – 1A 134
Gerard Av. CV4 – 2D 130
Gerardsfield Rd. B33 – 3G 77
Gerrard Clo. B19 – 5H 59
Gerrard Rd. Wil WV13 – 2F 31
Gerrard St. B19 – 5H 59
Gerrard St. Warw CV34 – 4E 147
Gervase Dri. DY1 – 2E 55
Geston Rd. DY1 – 4B 54
Gheluvelt Av. Kid DY10 – 1E 141
Gibbet Hill Rd. CV4 – 4D 130
Gibbet La. Sto DY7 – 2A to 2C 82
Gibbins Rd. B29 – 5C 88
Gibbons Clo. CV4 – 5C 114
Gibbons Gro. WV6 – 5E 19
Gibbons Hill Rd. DY3 – 2A 42
Gibbon's La. Bri H DY5 – 5F 53
Gibbons Rd. WV6 – 2E 19
Gibbons Rd. Sut C B75 – 5H 27 to 1A 38
Gibbs Hill Rd. B31 – 2B 120
Gibbs Rd. Red B98 – 1D 144
Gibbs Rd. Sto DY9 – 2C 84
Gibbs St. WV6 – 5F 19
Gibb St. B9 – 4B 74
Gibson Cres. Nun CV12 – 4E 81
Gibson Dri. B20 – 4G 59
Gibson Rd. B20 – 4F 59
Gibson Rd. WV6 – 2A 18
Giffard Rd. WV1 – 3D 30
Giffard Rd. WV10 – 5B 12
Giffords Croft. Lich WS13 – 2F 151
Gifford Way. Warw CV34 – 2D 146
Giggetty La. WV5 – 5A 40
Gigmill Way. Sto DY8 – 3D 82
Gilbanks Rd. Sto DY8 – 1D 82
Gilberry Clo. Sol B93 – 4H 125
Gilbert Av. War B69 – 5A 56
Gilbert Clo. CV1 – 4C 116
Gilbert Clo. WV11 – 3G 21
Gilbert La. WV5 – 4C 40
Gilbert Rd. Brom B60 – 5C 142
Gilbert Rd. Lich WS13 – 1H 151
Gilbert Rd. War B66 – 2B 72
Gilbert Scott Way. Kid DY10 – 2E 141
Gilbertstone Av. B26 – 2B 92
Gilbertstone Clo. Red B98 – 4C 144
Gilbert St. Tip DY4 – 3G 55
Gilbeys Clo. Sto DY8 – 4E 67
Gilby Rd. B16 – 4F 73
Gilchrist Dri. B15 – 5D 72
Gildas Av. B38 – 1F 121
Giles Clo. B33 – 3C 76
Giles Clo. CV6 – 4B 100
Giles Clo. Sol B92 – 1G 109
Giles Clo. Ho. B33 – 3B 76
Giles Hill. Sto DY8 – 2F 83
Giles Rd. Lich WS13 – 1F 151
Giles Rd. War B68 – 1E 71
Gilfil Rd. Nun CV10 – 5F 137
Gilldown Pl. B15 – 5G 73
Gillespie Croft. B6 – 5B 60
Gillhurst Rd. B17 – 1B 88
Gillies Ct. B33 – 3B 76
Gilling Gro. B34 – 1D 76
Gillingham Clo. Wed WS10 – 5F 33
Gillity Av. WS5 – 3B 34
Gillity Clo. WS5 – 3B 34
Gillity Ct. WS5 – 4C 34
Gilliver Rd. Sol B90 – 5H 107
Gillman Clo. B26 – 3F 93
Gillott Rd. B16 – 4C 72
Gillows Croft. Sol B90 – 2D 124
Gillscroft Rd. B33 – 2D 76
Gills Field. Bri H DY5 – 2H 67
Gill St. DY2 – 2F 69
Gill St. W Bro B70 – 3F 57
Gillway La. Tam B79 – 1C 134 (in two parts)
Gilmorton Clo. B17 – 1B 88
Gilpin Clo. B8 – 5A 62
Gilpin Cres. WS3 – 4A 16
Gilpins Arm. WS3 – 3B 16
Gilson Dri. B46 – 5C 64
Gilson Rd. B46 – 4C 64
Gilson St. Tip DY4 – 4A 44
Gilson Way. B37 – 1A 78
Gilwell Rd. B34 – 1G 77
Gimble Wlk. B17 – 5A 72
Gipsy Clo. CV7 – 3C 128
Gipsy La. B23 – 1C 60
Gipsy La. CV7 – 3C 128
Gipsy La. Nun CV10 & CV11 – 1F 81
Gipsy La. Wil WV13 – 2H 31
Girdlers Clo. CV3 – 3A 132
Girtin Clo. Nun CV12 – 2E 81
Girton Rd. Can WS11 – 1C 6
Girvan Gro. L Spa CV32 – 1D 148
Gisborn Clo. B10 – 5C 74
Gisburn Clo. Warw CV34 – 2E 147
Glades, The. WS9 – 2G 25
Glade, The. B26 – 3F 93
Glade, The. CV5 – 4C 114
Glade, The. WV8 – 1E 19
Glade, The. Can WS11 – 4A 4
Glade, The. Sto DY9 – 2A 84
Glade, The. Sut C B74 – 2A 36
Gladstone Clo. Hin LE10 – 1F 139
Gladstone Dri. Sto DY8 – 2D 82
Gladstone Dri. War B69 – 2B 56
Gladstone Gro. King DY6 – 4D 52
Gladstone Rd. B11 – 1C 90
Gladstone Rd. B23 – 2E 61
Gladstone Rd. B26 – 1B 92
Gladstone Rd. Can WS12 – 5G 5
Gladstone Rd. Sol B93 – 5A 126
Gladstone Rd. Sto DY8 – 2D 82
Gladstone St. B6 – 4C 60
Gladstone St. WS2 – 5G 23
Gladstone St. Wed WS10 – 4C 32
Gladstone St. W Bro B71 – 5F 45
Gladstone Ter. B21 – 5E 59
Gladstone Ter. Hin LE10 – 2F 139
Gladys Rd. B25 – 1H 91
Gladys Rd. War B67 – 3H 71
Gladys Ter. War B67 – 3A 72
Glaisdale Av. CV6 – 3C 100
Glaisdale Gdns. WV6 – 4F 19
Glaisdale Rd. B28 – 1H 107
Glamis Rd. Wil WV12 – 3A 22
Glamorgan Clo. CV3 – 4G 133
Glanville Dri. Sut C B75 – 5G 27
Glasbury Croft. B38 – 2D 120
Glascote Clo. Sol B90 – 4G 107
Glascote Gro. B34 – 5E 63
Glascote La. Tam B77 – 5F 135
Glascote Rd. Tam B77 – 4D 134 to 3H 135
Glasshouse Hill. Sto DY8 – 3G 83
Glasshouse La. Ken CV8 – 2D to 4D 150
Glastonbury Clo. Kid DY11 – 2A 140
Glastonbury Cres. WS3 – 5C 14
Glastonbury Rd. B14 – 3D 106
Glastonbury Rd. W Bro B71 – 3G 45
Glastonbury Way. WS3 – 1C 22
Glaston Dri. Sol B91 – 1D 124
Gleads Croft. B32 – 4D 86
Gleaston Wlk. WV1 – 2E 31
Gleave Rd. B29 – 5D 88
Gleave Rd. L Spa CV31 – 8C 149
Glebe Av. Nun CV12 – 4C 80
Glebe Clo. CV4 – 2C 130
Glebe Clo. Red B98 – 3G 145
Glebe Cres. Ken CV8 – 4B 150
Glebe Dri. Sut C B73 – 3F 49
Glebe Farm Gro. CV3 – 4H 117
Glebe Farm Rd. B33 – 1D 76
Glebefields Rd. Tip DY4 – 4H 43
Glebeland Clo. B16 – 4F 73
Glebe La. Nun CV11 – 2H 137
Glebe La. Sto DY8 – 3E 83
Glebe Pl. L Spa CV31 – 5D 149
Glebe Pl. Wed WS10 – 4A 32
Glebe Rd. Hin LE10 – 2G 139
Glebe Rd. Nun CV11 – 3G 137
Glebe Rd. Sol B91 – 3F 109
Glebe Rd. Wil WV13 – 3F 31
Glebe St. WS1 – 2G 33
Glebe, The. CV7 – 1E 99
Gledhill Pk. Lich WS14 – 5G 151
Gleeson Dri. Warw CV34 – 2D 146
Glenavon Rd. B14 – 4B 106
Glen Bank. Hin LE10 – 2F 139
Glenbarr Clo. Hin LE10 – 2C 138
Glenbarr Dri. Hin LE10 – 2C 138
Glen Clo. WS4 – 1A 34
Glen Clo. Can WS11 – 2B 4
Glencoe Dri. Can WS11 – 3E 5
Glencoe Rd. B16 – 2C 72
Glencoe Rd. CV3 – 5F 117
Glen Ct. WV3 – 1E 29
Glen Ct. WV8 – 4A 10
Glencroft Rd. Sol B92 – 3G 93
Glendale Av. Ken CV8 – 2C 150
Glendale Clo. WV3 – 3C 28
Glendale Clo. Hal B63 – 3A 86
Glendale Dri. B33 – 3C 76
Glendale Dri. WV5 – 5B 40
Glendale Tower. B23 – 5H 49
Glendawn Clo. Can WS11 – 3D 4
Glendene Cres. B38 – 2C 120
Glendene Dri. B43 – 3D 46
Glendene Rd. Can WS12 – 1F 5
Glendevon Clo. B45 – 5D 102
Glendon Gdns. Nun CV12 – 1B 80
Glendon Rd. B23 – 5E 49
Glendower Av. CV5 – 5F 115
Glendower Rd. B42 – 1H 59
Glendower Rd. WS9 – 1G 25
Gleneagles. Tam B77 – 1H 135
Gleneagles Dri. B43 – 1D 46
Gleneagles Dri. Sut C B75 – 3A 38
Gleneagles Dri. War B69 – 5H 55
Gleneagles Rd. B26 – 5D 76
Gleneagles Rd. CV2 – 2H 117
Gleneagles Rd. WV6 – 1A 18
Glenelg Dri. Sto DY8 – 5G 83
Glenelg M. WS5 – 5D 34
Glenfern Rd. Bil WV14 – 4C 42
Glenfield. WV8 – 1E 19
Glenfield Av. Nun CV10 – 1F 137
Glenfield Clo. Sol B91 – 1E 125
Glenfield Clo. Sut C B76 – 1B 50
Glenfield Gro. B29 – 5F 89
Glengarry Clo. B32 – 1E 103
Glengarry Gdns. WV3 – 2E 29
Glenhurst Clo. WS2 – 5B 22
Glenmead Rd. B44 – 3H 47
Glenmore Av. WS7 – 2F 9
Glenmore Dri. B38 – 5D 104
Glenmore Dri. CV6 –2D 100
Glenmount Av. CV6 – 2D 100
Glenn St. CV6 – 3B 100
Glenpark Rd. B8 – 1F 75
Glen Pk. Rd. DY3 – 3A 54
Glenridding Clo. CV6 – 2D 100
Glen Rise. B13 – 2D 106
Glen Rd. DY3 – 5B 42
Glen Rd. Sto DY8 – 4E 83
Glenrosa Wlk. CV4 – 2C 130
Glenroy Clo. CV2 – 2H 117
Glenroyde. B38 – 2D 120
Glen Side. B32 – 4F 87
Glenside Av. Sol B92 – 4E 93
Glenthorne Dri. WS6 – 4C 6
Glenthorne Rd. B24 – 3G 61
Glenthorne Way. B24 – 3G 61
Glentworth Av. CV6 – 4H 99
Glentworth Gdns. WV6 – 4G 19
Glenville Dri. B23 – 1F 61
Glenwood Clo. Bri H DY5 – 5A 68
Glenwood Dri. Sol B90 – 4B 124
Glenwood Gdns. Nun CV12 – 2E 81
Glenwood Rise. WS9 – 5H 17
Glenwood Rd. B38 – 1C 120
Globe St. Wed WS10 – 3D 44
Gloucester Clo. Lich WS13 – 1G 151
Gloucester Flats. War B65 – 2C 70
Gloucester Pl. Wil WV13 – 2B 32
Gloucester Rd. DY2 – 3E 69
Gloucester Rd. WS5 – 3B 34
Gloucester Rd. Wed WS10 – 1F 45
Gloucester St. B5 – 4A 74
Gloucester St. CV1 – 4A 116
Gloucester St. WV6 – 5G 19
Gloucester St. L Spa CV31 – 5B 149
Gloucester Way. B37 – 4H 77
Gloucester Way. Can WS12 – 5E 5
Glover Clo. B28 – 2F 107
Glover Rd. Sut C B75 – 5C 38
Glovers Clo. CV7 – 5D 96
Glovers Croft. B37 – 3H 77
Glovers Field Dri. B7 – 5D 60
Glover's Rd. B10 – 5D 74
Glover St. B9 – 4C 74
Glover St. CV3 – 1B 132
Glover St. Can WS12 – 3H 5
Glover St. Red B98 – 3C 144
Glover St. W Bro B70 – 4G 57
Glyme Dri. WV6 – 4E 19
Glyn Av. Bil WV14 – 1H 43
Glyn Dri. Bil WV14 – 1H 43
Glyn Farm Rd. B32 – 2F 87
Glynn Cres. Hal B63 – 1D 84
Glynne Av. King DY6 – 2D 66
Glyn Rd. B32 – 2G 87
Glynside Av. B32 – 2F 87
Goat Ho. La. CV7 – 4D 128
Godfrey Clo. L Spa CV31 – 7E 149
Godiva Pl. CV1 – 5C 116
Godson Cres. Kid DY11 – 5C 140
Godson Pl. Kid DY11 – 5C 140
Goffs Clo. B32 – 4H 87
Gofton. Tam B77 – 4H 135
Goldcrest. Tam B77 – 5G 135
Goldcrest Clo. DY2 – 4E 69
Goldcrest Croft. B36 – 4H 63
Goldcrest Dri. Kid DY10 – 5G 141
Golden Croft. B20 – 3E 59
Golden End Dri. Sol B93 – 3C 126
Golden Hillock Rd. B11 & B10 – 2D 90
Golden Hillock Rd. DY2 – 3E 69
Goldfinch Clo. B30 – 1D 104
Goldfinch Rd. Sto DY9 – 3H 83
Goldicroft Rd. Wed WS10 – 1D 44
Goldieslie Rd. Sut C B73 – 2H 49
Golding St. DY2 – 5E 55
Goldsborough. Tam B77 – 4G 135
Golds Hill Gdns. B21 – 5E 59
Gold Hill Rd. B21 – 4E 59
Goldshill Rd. W Bro B70 – 4C 44
Goldsmith Av. Warw CV34 – 5C 146
Goldsmith Pl. Tam B79 – 1C 134
Goldsmith Rd. B14 – 1B 106
Goldsmith Rd. WS3 – 2H 23
Goldsmith Wlk. Kid DY10 – 3H 141
Goldthorn Av. WV4 – 4G 29
Goldthorn Av. Can WS11 – 4C 4
Goldthorn Clo. CV5 – 4A 114
Goldthorn Cres. WV4 – 4G 29
Goldthorne Av. B26 – 3E 93
Goldthorne Wlk. Bri H DY5 – 5A 68
Goldthorn Hill. WV2 – 4G 29
Goldthorn Hill Rd. WV2 – 4G 29
Goldthorn Pl. Kid DY11 – 5C 140
Goldthorn Rd. WV2 – 4G 29
Goldthorn Rd. Kid DY11 – 5C 140
Goldthorn Ter. WV2 – 3G 29
Golf Club Dri. WS1 – 4A 34
Golf La. Bil WV14 – 3E 31
Golf La. L Spa CV31 – 8C 149
Golson Clo. Sut C B75 – 4C 38
Gomeldon Av. B14 – 4A 106
Gomer St. Wil WV13 – 1H 31
Gomer St. W. Wil WV13 – 2G 31
Gooch St. B5 – 5A 74
Gooch St. N. B5 – 4A 74
Goodall Gro. B43 – 5A 36
Goodall St. WS1 – 2H 33
Goodby Rd. B13 – 4H 89
Goode Av. B18 – 1F 73
Goode Clo. War B68 – 2F 71
Goode Croft. CV4 – 5C 114
Goodeve Wlk. Sut C B75 – 5E 39
Goodfellow St. L Spa CV32 – 2H 147
Goodison Gdns. B24 – 5H 49
Goodleigh Av. B31 – 3H 119
Goodman Clo. B28 – 2F 107
Goodman St. B1 – 3F 73
Goodman Way. CV4 – 1H 129
Goodcrest Av. Hal B62 – 2D 86
Goodrest Croft. B14 – 4D 106
Goodrest La. B38 – 3E to 2F 121
Goodrich Av. WV6 – 5A 18
Goodrich Clo. Red B98 – 3H 145
Goodrich Covert. B14 – 5H 105
Goodway Rd. B44 – 4A 48
Goodway Rd. Sol B92 – 3G 93
Goodwin Clo. Kid DY11 – 2C 140
Goodwood Clo. B36 – 4B 62
Goodwood Clo. Lich WS14 – 3H 151
Goodwood Dri. Sut C B74 – 4B 36
Goodwyn Av. War B68 – 5F 71
Goodyear Av. WV10 – 2A 20
Goodyear Rd. War B67 – 3G 71
Goodyers End La. Nun CV12 – 5B 80
Goosehill Clo. Red B98 – 4H 145
Goosehills Rd. Hin LE10 – 5G 139
Goosemoor La. B23 – 4F 49
Goostry Clo. Tam B77 – 1E 135
Goostry Rd. Tam B77 – 1E 135
Gopsall Rd. Hin LE10 – 1E 139
Gopsal St. B4 – 3B 74
Gordon Av. B19 – 5H 59
Gordon Av. WV4 – 1B 42
Gordon Av. W Bro B71 – 3F 45
Gordon Clo. Nun CV12 – 2F 81
Gordon Clo. War B69 – 3B 56
Gordon Cres. Bri H DY5 – 1A 68
Gordon Dri. Tip DY4 – 5A 44
Gordon Pl. Bil WV14 – 5D 30
Gordon Rd. B17 – 1C 88
Gordon Rd. B19 – 4G 59
Gordon St. B9 – 3C 74
Gordon St. CV1 – 5A 116
Gordon St. WV2 – 2A 30
Gordon St. L Spa CV31 – 5C 149
Gordon St. Wed WS10 – 4B 32
Gorey Clo. WV11 – 2D 21
Gorge Rd. DY3 & Bil WV14 – 3B 42
Goring Rd. CV2 – 4E 117
Gorleston Gro. B14 – 5C 106
Gorleston Rd. B14 – 5C 106
Gorsebrook Rd. WV6 & WV10 – 4G 19

Gorse Clo.—Greenslade Rd.

Gorse Clo. B29 – 1A 104
Gorse Clo. B37 – 3H 77
Gorse Dri. Can WS12 – 2B 4
Gorse Farm Rd. B43 – 4D 46
Gorsefield Rd. B34 – 1E 77
Gorse La. Lich WS14 – 4H 151
Gorsemoor Rd. Can WS12 – 5F 5
Gorsemore Way. WV11 – 5H 13
Gorse Rd. DY1 – 1C 54
Gorse Rd. WV11 – 2H 21
Gorseway. CV5 – 5E 115
Gorseway. WS7 – 3F 9
Gorseway, The. Sut C B73 – 1H 49
Gorsey La. B46 – 3D 64
Gorsey La. B47 – 5B 122
Gorsey La. WS3 – 5G 7
Gorsey La. WS6 – 1D 14 to 5D 6
Gorsey La. Can WS11 – 5A 4
Gorsey Way. WS9 – 4D 24
Gorsly Piece. B32 – 3F 87
Gorstey Lea. WS7 – 1G 9
Gorsty Av. Bri H DY5 – 2H 67
Gorsty Clo. W Bro B71 – 3H 45
Gorsty Hayes. WV8 – 5A 10
Gorsty Hill Rd. War B64 & B65 – 5A 70
Gorsymead Gro. B31 – 5F 103
Gorsy Rd. B32 – 2G 87
Gorsy Way. Nun CV10 – 2C 136
Gorway Clo. WS1 – 3H 33
Gorway Gdns. WS1 – 3A 34
Gorway Rd. WS1 – 3A 34
Goscote Clo. WS3 – 2H 23
Goscote La. WS3 – 1H 23 (in two parts)
Goscote Lodge Cres. WS3 – 3A 24
Goscote Pl. WS3 – 3A 24
Goscote Rd. WS3 – 1A 24
Gosford St. B12 – 1A 90
Gosford St. CV1 – 5C 116
Gosford Wlk. Sol B92 – 5D 92
Gospel End Rd. DY3 – 4F 41
Gospel End St. DY3 – 4H 41
Gospel Farm Rd. B27 – 1H 107
Gospel La. B27 – 1A 108 to 4B 92
Gospel Oak Rd. CV6 – 3A 100
Gospel Oak Rd. Tip DY4 – 3A 44
Gosport Clo. WV1 – 3C 30
Goss Croft. B29 – 5C 88
Gossey La. B33 – 3E 77
Goss, The. Bri H DY5 – 4A 68
Gotham Rd. B26 – 1C 92
Goths Clo. War B65 – 2B 70
Gough Av. WV11 – 2D 20
Gough Rd. B11 – 2E 91
Gough Rd. B15 – 1G 89
Gough Rd. Bil WV14 – 3E 43
Gough St. B1 – 4H 73
Gough St. WV1 – 2A 30
Gough St. Wil WV13 – 1A 32
Gould Av. E. Kid DY11 – 5B 140
Gould Av. W. Kid DY11 – 5A 140
Gould Firm La. WS9 – 4A 26
Gould Rd. Warw CV35 – 4B 146
Gowan Rd. B8 – 2F 75
Gower Av. King DY6 – 2E 67
Gower Rd. DY3 – 3G 41
Gower Rd. Hal B62 – 1C 86
Gower St. B19 – 5H 59
Gower St. WS2 – 4E 33
Gower St. WV2 – 3A 30
Gower St. Wil WV13 – 1H 31
Gowland Dri. Can WS11 – 5A 4
Gowrie Clo. Hin LE10 – 1D 138
Gozzard St. Bil WV14 – 5F 31
Gracechurch Centre. Sut C B73 – 5H 37
Grace Ho. War B69 – 4B 56
Gracemere Cres. B28 – 4F 107
Grace Rd. B11 – 1D 90
Grace Rd. CV5 – 1G 113
Grace Rd. Tip DY4 – 4H 43
Grace Rd. War B69 – 4A 56
Gracewell Rd. B13 – 5E 91
Grafton Clo. Red B98 – 5E 145
Grafton Cres. Brom B60 – 5C 142
Grafton Dri. Wil WV13 – 2E 31
Grafton Gdns. DY3 – 2G 53
Grafton Gro. B19 – 5G 59
Grafton La. Brom B61 – 5A 142
Grafton Pl. Bil WV14 – 3F 31
Grafton Rd. B11 – 5C 74
Grafton Rd. B21 – 3C 58
Grafton Rd. Sol B90 – 5D 106
Grafton Rd. War B68 – 4D 70
Grafton Rd. W Bro B71 – 1G 57
Grafton St. CV1 – 5D 116
Graham Clo. CV6 – 5E 101
Graham Clo. Tip DY4 – 3H 43
Graham Cres. B45 – 2D 118
Graham Rd. B25 – 1A 92
Graham Rd. Hal B62 – 5A 70
Graham Rd. Sto DY8 – 2D 66
Graham Rd. W Bro B71 – 1G 57
Graham St. B1 – 3G 73
Graham St. B19 – 5G 59
Graham St. Nun CV11 – 2F 137
Graingers La. War B64 – 5E 69
Grainger St. DY2 – 5E 55
Graiseley Hill. WV2 – 3G 29
Graiseley Row. WV2 – 3H 29
Graiseley St. WV3 – 2G 29
Graisley La. WV11 – 4D 20
Graith Clo. B28 – 4E 107
Grammar School La. Hal B63 – 3H 85
Grampian Rd. Sto DY8 – 1F 83
Granary Clo. King DY6 – 4B 52
Granary Rd. Brom B60 – 5C 142
Granary Rd. WV8 – 1E 19
Granary, The. WS9 – 3G 25
Granborough Clo. CV3 – 1H 133
Grandborough Dri. Sol B91 – 5D 108
Granbourne Rd. WS2 – 5B 22
Granby Av. B33 – 4E 77
Granby Clo. Hin LE10 – 3E 139
Granby Clo. Red B98 – 2H 145
Granby Clo. Sol B92 – 1B 108
Granby Rd. Hin LE10 – 3E 139
Granby Rd. Nun CV10 – 3D 136
Grandborough Ct. L Spa CV32 – 3C 148
Grandys Croft. B37 – 3H 77
Grange Av. CV3 – 2H 133 (Binley)
Grange Av. CV3 – 5B 132 (Finham)
Grange Av. WS7 – 2F 9
Grange Av. WS9 – 1F 25
Grange Av. Ken CV8 – 1A 150
Grange Av. Sut C B75 – 1A 38
Grange Clo. Nun CV10 – 1A 136
Grange Clo. Tam B77 – 5D 134
Grange Clo. Warw CV34 – 3G 147
Grange Ct. WV3 – 2G 29
Grange Cres. B45 – 1C 118
Grange Cres. WS4 – 2B 24
Grange Cres. Hal B63 – 4A 86
Grange Dri. Can WS11 – 4D 4
Grange Dri. Hin LE10 – 5F 139
Grange Farm Dri. B38 – 1C 120
Grangefield Clo. WV8 – 1E 19
Grange Hill. Hal B63 – 4A 86
Grange Hill Rd. B38 – 1D 120
Grange La. King DY6 – 2E 67
Grange La. Lich WS13 – 1E 151 (in two parts)
Grange La. Sto DY9 – 3H 83
Grange La. Sut C B75 – 1A 38 (in two parts)
Grange M., The. L Spa CV32 – 2H 147
Grangemouth Rd. CV6 – 2A 116
Grange Rise. B38 – 2E 121
Grange Rd. B6 – 4A 60
Grange Rd. B10 – 5D 74
Grange Rd. B14 – 5A 90
Grange Rd. B24 – 1H 61
Grange Rd. B29 – 4E 89
Grange Rd. CV6 – 3E 101
Grange Rd. CV7 – 2B 128
Grange Rd. DY1 – 3C 54
Grange Rd. WS7 – 3F 9
Grange Rd. WV2 – 4G 29
Grange Rd. WV6 – 5C 18
Grange Rd. Bil WV14 – 4D 42
Grange Rd. Can WS11 – 2B 8
Grange Rd. Hal B63 & B62 – 4A 86
Grange Rd. L Spa CV32 – 2C 148
Grange Rd. Red B98 – 2D 144
Grange Rd. Sol B91 – 2B 108
Grange Rd. Sol B93 – 5G 125
Grange Rd. Sto DY9 – 3H 83
Grange Rd. War B64 – 4H 69
Grange Rd. War B66 – 2A 72
Grange Rd. W Bro B70 – 2E 57
Grange St. DY1 – 3C 54
Grange St. WS1 – 4H 33
Grange, The. WV5 – 4A 40
Grange, The. L Spa CV32 – 4C 148
Grange, The. L Spa CV32 – 1E 148 (Cubbington)
Granhill Clo. Red B98 – 5D 144
Granoe Clo. CV3 – 1H 133
Granshaw Clo. B38 – 1E 121
Grant Clo. King DY6 – 4D 52
Grant Clo. W Bro B71 – 1F 57
Grantham Rd. B11 – 1C 90
Grantham Rd. War B66 – 3B 72
Grantham St. CV2 – 4D 116
Grantley Cres. King DY6 – 5C 52
Granton Clo. B14 – 3H 105
Granton Rd. B14 – 3H 105
Grant Rd. CV3 – 5F 117
Grant Rd. CV7 – 5E 81
Grant St. B15 – 5H 73
Grant St. WS3 – 2E 23
Granville Clo. WS2 – 1B 32
Granville Clo. Brom B60 – 4F 143
Granville Crest. Kid DY10 – 2G 141
Granville Dri. King DY6 – 1E & 2E 67
Granville Gdns. Hin LE10 – 3E 139
Granville Rd. Hin LE10 – 3E 139
Granville Rd. Sol B93 – 5A 126
Granville Rd. War B64 – 5H 69
Granville Sq. B1 – 4G 73
Granville St. B1 – 4G 73
Granville St. WV2 – 2A 30
Granville St. L Spa CV32 – 3B 148
Granville St. Wil WV13 – 1H 31
Grapes Clo. CV6 – 3A 116
Grasdene Gro. B17 – 3C 88
Grasmere Av. CV3 – 3H 131
Grasmere Av. WV6 – 5A 18
Grasmere Av. Sut C B74 – 1C 36
Grasmere Clo. B43 – 4E 47
Grasmere Clo. WV6 – 2D 18
Grasmere Clo. WV11 – 2D 20
Grasmere Clo. Kid DY10 – 2E 141
Grasmere Clo. King DY6 – 5B 52
Grasmere Ct. WS6 – 4B 6
Grasmere Cres. Nun CV11 – 1H 137
Grasmere Ho. War B69 – 2B 70
Grasmere Pl. Can WS11 – 2C 4
Grasmere Rd. B21 – 5E 59
Grasmere Rd. Nun CV12 – 3E 81
Grasscroft Dri. CV3 – 3C 132
Grassholme. Tam B77 – 4H 135
Grassington Av. Warw CV34 – 2E 147
Grassington Dri. B37 – 4H 77
Grassmere Dri. Sto DY8 – 3E 83
Grassmoor Rd. B38 – 5D 104
Grassy La. WV10 – 1D 20
Graston Clo. B16 – 4F 73
Gratham Clo. Bri H DY5 – 1G 83
Gratley Croft. Can WS12 – 3A 4
Gratton Ct. CV3 – 3H 131
Gravel Bank. B32 – 4G 87
Gravel Hill. CV4 – 1B 130
Gravel Hill. WV5 – 5B 40
Gravel La. Can WS12 – 1A 4
Gravelly Hill. B23 – 3E 61
Gravelly Hill N. B23 – 3F 61
Gravelly Ind. Pk. B24 – 4F 61
Gravelly La. B23 – 5G 49
Gravelly La. WS9 – 1A 26
Gray Clo. Kid DY10 – 2G 141
Grayfield Av. B13 – 3B 90
Grayland Clo. B27 – 4H 91
Graylands, The. CV3 – 4B 132
Grayling. Tam B77 – 5E 135
Grayling Rd. Sto DY9 – 2H 83
Gray Rd. Can WS12 – 1C 4
Grayshott Clo. B23 – 5F 49
Grayshott Clo. Brom B61 – 2C 142
Grays Rd. B17 – 1D 88
Grayston Av. Tam B77 – 1F 135
Gray St. B9 – 3C 74
Grayswood Av. CV5 – 4F 115
Grayswood Pk. Rd. B32 – 1F 87
Grayswood Rd. B31 – 2H 119
Grazebrook Croft. B32 – 5G 87
Grazebrook Rd. DY2 – 5E 55
Grazewood Clo. Wil WV12 – 2A 22
Greadier St. Wil WV12 – 4A 22
Gt. Arthur St. War B66 – 5H 57
Gt. Barn La. Red B97 – 4A 144
Gt. Barr St. B9 – 3C 74
Gt. Brickkiln St. WV3 – 2F 29
Gt. Bridge. Tip DY4 – 5B 44
Gt. Bridge Rd. Bil WV14 – 1H 43
Gt. Bridge St. Tip DY4 & W Bro B70 – 5B 44
Gt. Brook St. B7 – 2B 74 (in two parts)
Gt. Charles St. WS8 – 1E 17
Gt. Charles St. Queensway. B3 – 3H 73
Gt. Colmore St. B15 – 5H 73
Gt. Cornbow. Hal B63 – 3H 85
Gt. Francis St. B7 – 2C 74
Greatfield Rd. Kid DY11 – 4B 140
Gt. Hampton Row. B19 – 2H & 1H 73
Gt. Hampton St. B18 – 2G 73
Gt. Hampton St. WV1 – 5G 19
Greatheed Rd. L Spa CV32 – 3A 148
Gt. Hill. DY1 – 4D 54
Gt. King St. B19 – 1G & 1H 73
Gt. Lister St. B7 – 2B 74
Greatmead. Tam B77 – 5D 134
Gt. Oaks. B26 – 2E 93
Greatorix Ct. W Bro B71 – 3E 45
Gt. Stone Rd. B31 – 4A 104
Gt. Tindal St. B16 – 3F 73
Gt. Western Arc. B2 – 3A 74
Gt. Western Clo. B18 – 5D 58
Gt. Western St. WV1 – 5H 19
Gt. Western St. Wed WS10 – 2C 44
Gt. Wood Rd. B10 – 4D 74
Greaves Av. WS5 – 3C 34
Greaves Clo. WS5 – 3C 34
Greaves Clo. Warw CV34 – 4H 147
Greaves Cres. Wil WV12 – 2A 22
Greaves Gdns. Kid DY11 – 1B 140
Greaves Rd. DY2 – 1E 69
Greaves Sq. B38 – 5F 105
Grebe Clo. B23 – 2C 60
Greenacre Clo. Tam B77 – 1H 135
Greenacre Dri. WV8 – 1B 18
Greenacre Rd. Tip DY4 – 3H 43
Green Acres. B27 – 4H 91
Green Acres. DY3 – 3G 41
Green Acres. WV5 – 1A 52
Greenacres. WV6 – 4B 18
Greenacres. Sut C B76 – 3D 50
Greenacres Av. WV10 – 1C 20
Greenacres Clo. WS9 – 1A 36
Greenacres Rd. B38 – 2C 120
Greenacres Rd. Brom B61 – 2C 142
Greenaleigh Rd. B14 – 4E 107
Green Av. B28 – 5E 91
Greenaway Clo. B43 – 1G 47
Greenbank. CV7 – 3B 128
Green Bank Av. B28 – 5F 91
Green Barns La. Lich WS14 – 2H 27
Greenbush Dri. Hal B63 – 2H 85
Green Clo. B47 – 5C 122
Green Clo. L Spa CV31 – 8D 149
Greencoat Tower. B1 – 3G 73
Green Ct. B28 – 1G 107
Green Croft. B9 – 3G 75
Green Croft. Bil WV14 – 4E 31
Greencroft. King DY6 – 2D 66
Greencroft. Lich WS13 – 1F 151
Greendale Rd. CV5 – 4E 115
Green Dri. B32 – 5F 87
Green Dri. WV10 – 3G 19
Greenend Rd. B13 – 5B 90
Greenfels Rise. DY2 – 4G 55
Greenfield Av. Sto DY8 – 2E 83
Greenfield Av. War B64 – 4D 68
Greenfield Cres. B15 – 5F 73
Greenfield Croft. Bil WV14 – 2E 43
Greenfield La. WV10 – 3A to 4B 12
Greenfield Rd. B17 – 2C 88
Greenfield Rd. B43 – 4C 46
Greenfield Rd. War B67 – 2H 71
Greenfields. WS9 – 3F 25
Greenfields. Can WS11 – 4C 4
Greenfields. Red B98 – 3C 144
Greenfields Rd. WS4 – 1C 24
Greenfields Rd. WV5 – 5A 40
Greenfields Rd. King DY6 – 1D 66
Green Field, The. CV3 – 1F 133
Greenfield View. DY3 – 4G 41
Greenfinch Clo. B36 – 5A 64
Greenfinch Clo. Kid DY10 – 5G 141
Greenfinch Rd. B36 – 5A 64
Greenfinch Rd. Sto DY9 – 3H 83
Greenford Rd. B14 – 4D 106
Greenheart. Tam B77 – 1G 135
Green Heath Rd. Can WS12 – 1E 5
Greenhill. WV5 – 5B 40
Green Hill. Brom B60 – 2H 143
Green Hill Av. B14 – 5B 90
Greenhill Av. Kid DY10 – 1E 141
Greenhill Clo. Wil WV12 – 4H 21
Greenhill Ct. WV5 – 1B 52
Greenhill Dri. B29 – 5C 88
Greenhill Gdns. B43 – 2D 46
Greenhill Gdns. WV5 – 1B 52
Greenhill Rd. B13 – 5B 90
Greenhill Rd. B21 – 3D 58
Greenhill Rd. DY3 – 1B 54 (in two parts)
Greenhill Rd. Hal B62 – 1B 86
Greenhill Rd. L Spa CV31 – 8C 149
Greenhill Rd. Sut C B72 – 4H 49
Greenhill Wlk. WS1 – 3H 33
Greenhill Way. WS9 – 1G 25
Green Hill Way. Sol B90 – 3H 107
Greenholm Rd. B44 – 4A 48
Greenhoughs Rd. Lich WS13 – 2E 151
Greening Dri. B15 – 1F 89
Greenland Clo. King DY6 – 4E 53
Greenland Rise. Sol B92 – 1F 109
Greenland Rd. B29 – 5F 89
Greenlands Av. Red B98 – 4E 145
Greenlands Dri. Red B98 – 4C 144
Greenlands Rd. B37 – 4B 78
Greenlands, The. WV5 – 4A 40
Green La. B9 – 4D 74
Green La. B21 – 4C 58
Green La. B32 – 1F 87
Green La. B36 – 4F 63
Green La. B37 & B46 – 2B to 2D 78
Green La. B38 – 1D 120
Green La. B43 – 4C 46
Green La. B46 – 1E 79 (Coleshill, in two parts)
Green La. B46 – 4A to 4C 64 (Gilson)
Green La. CV3 – 3H 131 to 5A 132
Green La. CV7 – 1A 98 (Corley Moor)
Green La. CV7 – 2C 128 (Needlers End)
Green La. DY3 – 5B 42
Green La. WS3 & WS2 – 3F to 5G 23
Green La. WS3 – 4A 16 (Pelsall)
Green La. WS4 & WS9 – 1C 24 to 4D 16
Green La. WS7 – 5F 9
Green La. WS9 – 4A 26
Green La. WV6 – 2E 19
Green La. Can WS11 – 2C 6
Green La. Hal B62 – 4B 70
Green La. King DY6 – 5D 52
Green La. Nun CV10 – 1B 136 (in two parts)
Green La. Sol B90 – 5F 107
Green La. Sto DY9 – 2A 84
Green La. Tam B78 – 3H 39
Green La. Warw CV34 – 3E 147
Green Lanes. Bil WV14 – 3E & 4E 31
Green Lanes. Sut C B73 – 4H 49
Green La. Wlk. B38 – 2E 121
Greenleaf Clo. CV5 – 4C 114
Greenlee. Tam B77 – 4G 135
Green Leigh. B23 – 4F 49
Greenleighs. DY3 – 1H 41
Greenly Rd. WV4 – 5A 30
Green Man Entry. DY1 – 3E 55
Green Meadow Rd. B29 – 1A & 2A 104
Greenmeadow Rd. Wil WV12 – 2H 21
Green Meadows. Can WS12 – 5F 5
Greenmoor Rd. Nun CV10 – 3D 136
Greenmore Rd. Hin LE10 – 5E 139
Greenoak Cres. B30 – 1G 105
Greenoak Cres. Bil WV14 – 4C 42
Green Oak Rd. WV8 – 5B 10
Greenodd Dri. CV6 – 2D 100
Green Pk. Av. Bil WV14 – 3D 30
Green Pk. Dri. Bil WV14 – 3E 31 (in two parts)
Green Pk. Rd. B31 – 5H 103
Green Pk. Rd. DY2 – 4G 55
Greenridge Rd. B20 – 1D 58
Green Rd. B13 & B28 – 5E 91
Green Rd. DY2 – 5E 55
Green Rd. Bil WV14 – 4D 42
Green Rd. Sut C B76 – 3B 50
Green Rock La. WS3 – 1G 23
Green Royde. Sto DY9 – 5G 83
Greenside. B17 – 2C 88
Greenside. Sol B90 – 4B 124
Greenside Gdns. WS5 – 1B 46
Greenside Rd. B24 – 1H 61
Greenside Way. WS5 – 1A 46
Greensill Av. Tip DY4 – 3G 43
Greenslade Croft. B31 – 5A 104
Greenslade Rd. DY3 – 2G 41
Greenslade Rd. WS5 – 3C 34

Greenslade Rd.—Hall La.

Greenslade Rd. Sol B90 – 5D 106
Greensleaves Clo. CV6 – 4A 100
Green's Rd. CV6 – 5H 99
Greenstead Rd. B13 – 5E 91
Green St. B12 – 4B 74
Green St. WS2 – 5F 23
Green St. Kid DY10 – 4D 140
Green St. Sto DY8 – 2E 83
Green St. War B67 – 1H 71
Green St. War B69 – 5D 56
Green St. W Bro B70 – 4G 57 (in two parts)
Greensward Clo. Ken CV8 – 2C 150
Green Sward La. Red B98 – 4G 145
Greensway. WV11 – 2D 20
Greens Yd. Nun CV12 – 3F 81
Green, The. B32 – 1E 87
Green, The. B36 – 5E 63
Green, The. B38 – 5E 105
Green, The. WS3 – 1E 23 (in two parts)
Green, The. WS9 – 3G 25
Green, The. Can WS11 – 5B 4
Green, The. Nun CV11 – 4G 137
Green, The. Sol B91 – 3F 109
Green, The. Sto DY8 – 3D 66
Green, The. Tam B78 – 5A 134
Green, The. War B68 – 4E 71
Green, The. Wed WS10 – 3B 32
Greenvale. B31 – 3H 103
Greenvale Av. B26 – 1G 93
Green Wlk. B17 – 5A 72
Greenway. B20 – 5E 47
Greenway. DY3 – 3A 42
Greenway. WS9 – 1G 25
Greenway Av. Sto DY8 – 4D 66
Greenway Dri. Sut C B73 – 1D 48
Greenway Gdns. B38 – 2E 121
Greenway Gdns. DY3 – 3A 42
Greenway Rd. Bil WV14 – 1F 43
Greenways. Hal B63 – 2D 84
Greenways. Sto DY8 – 4C 66
Greenways, The. L Spa CV32 – 2C 148
Greenway St. B9 – 4D 74
Greenway, The. B37 – 1A 94
Greenway, The. Sut C B73 – 1D 48
Greenway Wlk. B33 – 4G 77
Greenwood. B25 – 5B & 4B 76
Greenwood Av. B27 – 5H 91
Greenwood Av. War B65 – 3B 70
Greenwood Av. War B68 – 1E 71
Greenwood Clo. B14 – 3A 106
Greenwood Ct. L Spa CV32 – 4C 148
Greenwood Dri. Lich WS14 – 4G 151
Greenwood Pk. WS9 – 1G 25
Greenwood Pl. B44 – 3C 48
Greenwood Rd. WS9 – 1F 25
Greenwood Rd. WV10 – 2G 19
Greenwood Rd. W Bro B71 – 4E 45
Greenwood Sq. B37 – 3A 78
Greenwood Way. B37 – 3A 78
Greethurst Dri. B13 – 4D 90
Greets Grn. Rd. W Bro B70 – 2C 56
Greetville Clo. B33 – 1D 76
Gregory Av. B29 – 1A 104
Gregory Av. CV3 – 3H 131
Gregory Dri. DY1 – 3C 54
Gregory Hood Rd. CV3 – 4C 132
Gregory Rd. Sto DY8 – 2C 82
Grendon Clo. CV4 – 1A 130
Grendon Clo. Red B98 – 4G 145
Grendon Dri. Sut C B73 – 2E 49
Grendon Gdns. WV3 – 4D 28
Grendon Rd. B14 – 4B 106
Grendon Rd. Sol B92 – 1B 108
Grenfell Clo. L Spa CV31 – 6D 149
Grenfell Dri. B15 – 5E 73
Grenfell Rd. WS3 – 5G 15
Grenville Av. CV2 – 4F 117
Grenville Dri. B23 – 2C 60
Grenville Dri. War B66 – 4G 57
Grenville Pl. W Bro B70 – 2C 56
Grenville Rd. DY1 – 3A 54
Grenville Rd. Sol B90 – 5H 107
Gresham Av. L Spa CV32 – 3C 148
Gresham Pl. L Spa CV32 – 3C 148
Gresham Rd. B28 – 2F 107
Gresham Rd. Can WS11 – 4C 4
Gresham Rd. Nun CV10 – 5E 137
Gresham Rd. War B68 – 1F 71
Gresham St. CV2 – 5E 117
Gresley. Tam B77 – 3G 135
Gresley Clo. Sut C B75 – 5G 27
Gresley Gro. B23 – 3D 60
Gresley Rd. CV2 – 1G 117
Gresley Row. Lich WS13 – 3G 151
Gressel La. B33 – 3F 77
Grestone Av. B20 – 1D 58
Greswold Clo. CV4 – 1C 130
Greswolde Dri. B24 – 1H 61
Greswolde Pk. Rd. B27 – 3H 91
Greswolde Rd. B11 – 4D 90
Greswolde Rd. B33 – 4B 76
Greswolde Rd. Sol B91 – 2C 108
Greswold Gdns. B34 – 1D 76
Greswold St. W Bro B71 – 5E 45
Gretna Rd. CV3 – 4H 131
Gretton Cres. WS9 – 4E 25
Gretton Rd. B23 – 4E 49
Gretton Rd. WS9 – 4E 25
Greville Dri. B15 – 1G 89
Greville Rd. Ken CV8 – 4A 150
Greville Rd. Warw CV34 – 2G 147
Greville Smith Av. L Spa CV31 – 7D 149
Grevis Clo. B13 – 3B 90
Grevis Rd. B25 – 4C 76
Greycoat Rd. CV6 – 4H 99
Greyfort Cres. Sol B92 – 5C 92
Greyfriars Clo. Sol B92 – 2B 108
Greyfriars La. CV1 – 5B 116
Greyfriars Rd. CV1 – 5A 116
Greyhound La. WV4 – 5A 28
Greyhound La. Sto DY8 – 5D 82
Grey Mill Clo. Sol B90 – 3C 124
Greystoke Av. B36 – 5A 62
Greystoke Dri. King DY6 – 1D 66
Greystone Clo. Red B98 – 1F 145
Greystone Pas. DY1 – 4D 54
Greystone St. DY1 – 4D 54
Grice St. W Bro B70 – 4F 57
Griffin Av. Kid DY10 – 4E 141
Griffin Clo. B31 – 2B 104
Griffin Clo. WS7 – 1D 8
Griffin Gdns. B17 – 3C 88
Griffin Ind. Est. War B65 – 3C 70
Griffin Rd. B23 – 1D 60
Griffin Rd. Warw CV34 – 4H 147
Griffin's Brook Clo. B30 – 2C 104
Griffin's Brook La. B30 – 2C 104
Griffin St. DY2 – 2D 68
Griffin St. WV1 – 2B 30
Griffin St. W Bro B70 – 2G 57
Griffiths Dri. WV11 – 2G 21 (in two parts)
Griffiths Rd. DY1 – 5C 42
Griffiths Rd. W Bro B71 – 3F 45
Griffiths Rd. Wil WV12 – 2B 22
Griffiths St. Tip DY4 – 1F 55
Griff La. Nun CV10 – 1E 81
Grigg Gro. B31 – 1G 119
Grimley Clo. Red B98 – 4D 144
Grimley Rd. B31 – 5C 104
Grimley Way. Can WS11 – 2D 4
Grimpits La. B38 – 2F 121
Grimshaw Rd. B27 – 5G 91
Grimstone St. WV10 – 5A 20
Grindleford Rd. B42 – 4H 47
Grindle Rd. CV6 – 3D 100
Grindsbrook. Tam B77 – 4G 135
Gristhorpe Rd. B29 – 5E 89
Grizebeck Dri. CV5 – 3C 114
Grizedale Clo. B45 – 5E 103
Grocott Rd. Wed WS10 – 1H 43
Grosmont Av. B12 – 2B 90
Grosvenor Av. B20 – 3G 59
Grosvenor Av. Kid DY10 – 2F 141
Grosvenor Av. Sut C B74 – 2B 36
Grosvenor Clo. Lich WS14 – 4H 151
Grosvenor Clo. Sut C B75 – 2A 38
Grosvenor Cres. WV10 – 1A 20
Grosvenor Cres. Hin LE10 – 4G 139
Grosvenor Link Rd. CV1 – 5A 116
Grosvenor Rd. B6 – 4C 60
Grosvenor Rd. B17 – 1A 88
Grosvenor Rd. B20 – 3G 59
Grosvenor Rd. CV1 – 5A 116
Grosvenor Rd. DY3 – 3A 54
Grosvenor Rd. WV4 – 1A 42
Grosvenor Rd. WV10 – 1A 20
Grosvenor Rd. L Spa CV31 – 7C 149
Grosvenor Rd. Sol B91 – 1C 124
Grosvenor Rd. War B68 – 2D 70
Grosvenor Sq. B28 – 3F 107
Grosvenor St. B5 – 3B 74
Grosvenor St. WV10 – 1B 30
Grosvenor St. W. B16 – 4F 73
Grosvenor Way. Bri H DY5 – 5A 68
Grotto La. WV6 – 4D 18
Groucutt St. Bil WV14 – 4D 42
Grounds Dri. Sut C B74 – 1F 37
Grounds Rd. Sut C B74 – 1F 37
Grout St. W Bro B70 – 1C 56
Grove Av. B13 – 4B 90
Grove Av. B21 – 4E 59
Grove Av. B27 – 4H 91
Grove Av. B29 – 5D 88
Grove Av. Hal B63 – 4G 85
Grove Av. Sol B91 – 3F 109
Grove Clo. Can WS11 – 3H 7
Grove Cottage Rd. B9 – 4E 75
Grove Cotts. WS3 – 2E 23
Grove Ct. B43 – 5E 47
Grove Cres. WS3 – 5H 15
Grove Cres. Bri H DY5 – 1H 67
Grove Cres. W Bro B70 – 3H 57
Grove Farm Dri. Sut C B75 – 5C 38
Grove Fields. Nun CV10 – 1F 137
Grove Gdns. B20 – 3E 59
Grove Hill. WS5 – 2D 34
Grove Hill Rd. B21 – 3E 59
Groveland Rd. Tip DY4 – 2H 55
Grovelands Cres. WV10 – 5A 12
Grove La. B17 – 3B 88
Grove La. B20 & B21 – 3E 59
Grove La. CV7 – 1G 99
Grove La. WS3 – 1G 15
Grove La. WV6 – 1B 28
Grove La. Sut C B76 – 1H & 2H 51
Grove La. War B66 – 1C 72
Groveley Fall Rd. B31 – 2B 120
Groveley La. B45 & B31 – 4F 119 to 2A 120
Grove Pk. Hin LE10 – 4H 139
Grove Pk. King DY6 – 4C 52
Grove Pl. L Spa CV31 – 6C 149
Grove Pl. Nun CV10 – 4B 136
Grove Rd. B11 – 4D 90
Grove Rd. B14 – 2H 105
Grove Rd. Hin LE10 – 5G 139
Grove Rd. Nun CV10 – 4B 136
Grove Rd. Sol B91 – 3F 109
Grove Rd. Sol B93 – 5A 126
Grove Rd. Sto DY9 – 3B 84
Grove Rd. War B68 – 4G 71
Groveside Way. WS3 – 3A 16
Grove St. CV1 – 5C 116
Grove St. DY2 – 4F 55
Grove St. WV2 – 3H 29
Grove St. WV10 – 5B 20
Grove St. L Spa CV32 – 4A 148
Grove St. Red B98 – 2C 144
Grove St. War B66 – 2C 72
Grove Ter. WS1 – 2H 33
Grove, The. B19 – 5F 59
Grove, The. B31 – 2B 120
Grove, The. B43 – 1E 47
Grove, The. B45 – 4G 119
Grove, The. B46 – 2E 79
Grove, The. WS5 – 1B 46
Grove, The. WV4 – 5A 30
Grove, The. WV11 – 4C 20
Grove, The. Bri H DY5 – 5H 67
Grove, The. Hin LE10 – 3E 139
Grove, The. Nun CV12 – 3F 81
Grove, The. Sol B92 – 5E 95
Grove, The. Sut C B74 – 4E 27
Grove, The. War B65 – 4A 70
Grove Vale Av. B43 – 3B 46
Grove Vs. War B64 – 5F 69
Grove Way. Sut C B74 – 3B 36
Grovewood Dri. B38 – 1D 120
Guardhouse Rd. CV6 – 5A 100
Guardian Ho. Lich WS14 – 3G 151
Guardian Ho. War B68 – 1F 87
Guernsey Dri. B36 – 1A 78
Guest Av. WV11 – 2D 20
Guest Gro. B19 – 1G 73
Guild Av. WS3 – 3G 23
Guild Clo. B16 – 3F 73
Guild Croft. B19 – 1H 73
Guildford Clo. Kid DY11 – 3A 140
Guildford Croft. B37 – 5H 77
Guildford Dri. B19 – 1H 73
Guild Rd. CV6 – 1B 116
Guild Rd. Brom B60 – 4D 142
Guilsborough Rd. CV3 – 1H 133
Guiness Clo. Red B98 – 5B 144
Guiting Rd. B29 – 2A 104
Gulistan Rd. L Spa CV32 – 4A 148
Guliston Ct. L Spa CV32 – 4A 148
Gullane Clo. B38 – 1C 120
Gullswood Clo. B14 – 5H 105
Gulson Rd. CV1 – 5C 116
Gumbleberrys Clo. B8 – 2A 76
Gun La. CV2 – 3E 117
Gunmakers Wlk. B19 – 5H 59
Gunner La. B45 – 2B 118
Gunnery Ter. L Spa CV32 – 4A 148
Gunns Way. Sol B92 – 1B 108
Guns La. W Bro B70 – 2E 57
Gunstock Clo. Sut C B74 – 4A 36
Gunstone La. WV8 – 4A & 3B 10
Gunter Rd. B24 – 2B 62
Gunton Av. CV3 – 3F 133
Guphill Av. CV5 – 5F 115
Gurnard Clo. WV11 – 2H 21
Gurney Clo. CV4 – 4B 114
Gurney Pl. WS2 – 4E 23
Gurney Rd. WS2 – 4D 22
Guthrie Clo. B19 – 1H 73
Guthrum Clo. WV6 – 4A 18
Gutteridge Av. CV6 – 4H 99
Guy Av. WV10 – 3A & 4A 20
Guy Pl. E. L Spa CV32 – 4B 148
Guy Pl. W. L Spa CV32 – 4B 148
Guy Rd. Ken CV8 – 4B & 5B 150
Guy's Cliffe Av. L Spa CV32 – 1H 147
Guys Cliffe Av. Sut C B76 – 3C 50
Guy's Cliffe Rd. L Spa CV32 – 4A 148
Guy's Cliffe Ter. Warw CV34 – 3E 147
Guys Clo. Tam B79 – 1B 134
Guys Clo. Warw CV34 – 3F 147
Guys Cross Pk. Rd. Warw CV34 – 2E 147
Guy's La. DY3 – 3G 53
Guy St. L Spa CV32 – 4B 148
Guy St. Warw CV34 – 3E 147
Gwalia Gro. B23 – 1F 61
Gwendoline Av. Hin LE10 – 1C 138
Gypsy La. B46 – 3C 64
Gypsy La. Ken CV8 – 5B 150

Habberley Croft. Sol B91 – 5D 108
Habberley La. Kid DY11 – 1A to 1B 140
Habberley Rd. Kid DY11 & Bew DY12 – 2A to 2C 140
Habberley Rd. War B65 – 3B 70
Habberley St. Kid DY11 – 2C 140
Hackett Clo. Bil WV14 – 2B 42
Hackett Dri. War B66 – 5F 57
Hackett Rd. War B65 – 3C 70
Hackett St. Tip DY4 – 4A 44
Hackford Rd. WV4 – 1B 42
Hack St. B9 – 4B 74
Hackwood Ho. War B69 – 1B 70
Hackwood Rd. Wed WS10 – 2E 45
Hadcroft Grange. Sto DY9 – 3H 83
Hadcroft Rd. Sto DY9 – 3H 83
Haddock Rd. Bil WV14 – 3E 31
Haddon Cres. Wil WV12 – 2A 22
Haddon Croft. Hal B63 – 5E 85
Haddon End. CV3 – 3D 132
Haddon Rd. B42 – 5H 47
Haddon Rd. L Spa CV32 – 3C 148
Haddon St. CV6 – 5E 101
Haden Clo. Sto DY8 – 4D 66
Haden Clo. War B64 – 1G 85
Haden Cres. WV11 – 3G 21
Haden Cross Dri. War B64 – 5G 69
Haden Dale. War B64 – 1G 85
Haden Hill. WV3 – 1F 29
Haden Hill Rd. Hal B63 – 1H 85
Haden Pk. Rd. War B64 – 5F 69
Haden Rd. Tip DY4 – 3H 43
Haden Rd. War B64 – 4F 69
Haden St. B12 – 1B 90
Haden Wlk. War B65 – 2A 70
Haden Way. B12 – 1B 90
Hadfield Croft. B19 – 1H 73
Hadland Rd. B33 – 4E 77
Hadleigh Croft. Sut C B76 – 5D 50
Hadleigh Rd. CV3 – 5A 132
Hadley Clo. B47 – 4B 122
Hadley Pl. Bil WV14 – 4D 30
Hadley Rd. WS2 – 3D 22
Hadley Rd. Bil WV14 – 4D 30
Hadleys Clo. DY2 – 2F 69
Hadley St. B18 – 1G 73
Hadley St. War B68 – 2D 70
Hadley Way. WS2 – 4D 22
Hadlow Croft. B33 – 5F 77
Hadrian Clo. L Spa CV32 – 2C 148
Hadrian Dri. B46 – 3D 64
Hadrians Clo. Tam B77 – 4E 135
Hadyn Gro. B26 – 2E 93
Hadzor Rd. War B68 – 5G 71
Hafren Clo. B45 – 5E 103
Hafton Gro. B9 – 4E 75
Haggar St. WV2 – 4H 29
Hagley Causeway. Sto DY9 – 5C 84
Hagley Rd. B17 & B16 – 4B 72
Hagley Rd. Hal B63 – 5E to 4H 85
Hagley Rd. Sto DY8 – 3F 83
Hagley Rd. Sto DY9 – 5G 83
Hagley Rd. W. Hal B62, War B68, B32, War B67 & B17 – 1D 86 to 5A 72
Hagley St. Hal B63 – 3H 85
Hagley View. DY2 – 4D 54
Hagley Wood La. Sto DY9 – 5D 84
Haig Clo. Can WS11 – 2D 4
Haig Pl. B13 – 1C 106
Haig Rd. DY2 – 3G 55
Haig St. W Bro B71 – 5F 45
Hailes Pk. Clo. WV2 – 4A 30
Hailsham Rd. B23 – 5F 49
Hailstone Clo. War B65 – 1H 69
Haines St. W Bro B70 – 3F 57
Hainfield Dri. Sol B91 – 3G 109
Hainge Rd. War B69 – 3A 56
Hainult Clo. Sto DY8 – 2C 66
Halberd Rd. Hin LE10 – 5E 139
Halberton St. War B66 – 2C 72
Haldon Gro. B31 – 2H 119
Halecroft Av. WV11 – 4E 21
Hale Gro. B24 – 2B 62
Hales Cres. War B67 – 2G 71
Hales Gdns. B23 – 4D 48
Halescroft Sq. B31 – 2H 103
Hales La. War B67 – 2G 71
Halesmere Way. Hal B63 – 3A 86
Halesowen-By-Pass – 4H 85 & 4C 86
Halesowen Rd. DY2 & War B64 – 1E 69
Halesowen Rd. Brom B61 – 5A 118
Halesowen Rd. Hal B62 – 1C 86
Halesowen Rd. War B64 – 5G 69
Halesowen St. War B65 – 4A 70
Halesowen St. War B69 – 5D 56
Hales Rd. Hal B63 – 3H 85 (in two parts)
Hales Rd. Wed WS10 – 5D 32
Hales St. CV1 – 4B 116 (in two parts)
Hales Way. War B69 – 5D 56
Halesworth Rd. WV9 – 1F 19
Halewood Gro. B28 – 2H 107
Haley St. Wil WV12 – 4A 22
Halfcot Av. Sto DY9 – 4H 83
Halford Cres. WS3 – 4H 23
Halford Gro. B24 – 2B 62
Halford La. CV6 – 5H 99
Halford La. Tam B79 – 3C 134
Halford Rd. Sol B91 – 2B 108
Halford's La. War B66 & W Bro B71 – 4A 58
Halfords La. Ind. Est. War B66 – 4A 58
Halford St. Tam B79 – 3C 134
Halfpenny Field Wlk. B35 – 2D 62
Halfway Clo. B44 – 5A 48
Halifax Clo. CV5 – 2C 114
Halifax Rd. Sol B90 – 5H 107
Haliscombe Gro. B6 – 4A 60
Halladale. B38 – 1E 121
Hallam Clo. W Bro B71 – 1G 57
Hallam Ct. W Bro B71 – 5G 45
Hallam Rd. CV6 – 4A 100
Hallam St. B12 – 2A 90
Hallam St. W Bro B71 – 1G 57
Hall Bri. Clo. WS3 – 1H 23
Hallbrook Rd. CV6 – 3H 99
Hallchurch Rd. DY2 – 5B 54
Hallcourt Clo. Can WS11 – 5C 4
Hallcourt Cres. Can WS11 – 5C 4
Hallcourt La. Can WS11 – 5C 4
Hall Cres. W Bro B71 – 5F 45
Hallcroft Clo. Sut C B72 – 4A 50
Hallcroft Way. WS9 – 4G 25
Hallcroft Way. Sol B93 – 3H 125
Hall Dale Clo. B28 – 3F 107
Hall Dri. B37 – 1H 93
Hall End. Nun CV11 – 4G 137
Hall End. Wed WS10 – 1C 44
Hall End Pl. Nun CV11 – 4G 137
Hallet Dri. WV3 – 2G 29
Hallewell Rd. B16 – 3C 72
Hallfields. L Spa CV31 – 7E 149
Hall Gdns. War B68 – 2E 71
Hall Grn. Rd. CV6 – 4F 101
Hall Grn. Rd. W Bro B71 – 3F 45
Hall Grn. St. Bil WV14 – 2F 43
Hall Gro. Bil WV14 – 3D 42
Hall Hays Rd. B34 – 5G 63
Hall Hill La. CV7 – 2E 99
Hall La. DY2 – 1D 68

Hall La.—Hathaway Rd.

Hall La. WS3 – 5H 15
Hall La. WS6 – 4D 6
Hall La. WS7 – 4H 9
Hall La. WS9 – 4D 16
Hall La. Bil WV14 – 3B 42
Hall La. Tip DY4 – 3H 43
Hall La. Ind. Development. WS9 – 5D 16
Hall Meadow. Can WS11 – 2A 6
Hallmoor Rd. B33 – 3E 77
Hallot Clo. B23 – 4E 49
Halloughton Rd. Sut C. B74 – 3G 37
Hallow Ho. B31 – 5C 104
Hall Pk. St. Bil WV14 – 4D 30
Hall Rd. B8 – 2E 75
Hall Rd. B20 – 4F 59
Hall Rd. B36 – 4D 62
Hall Rd. Hin LE10 – 4E 139
Hall Rd. L Spa CV32 – 4B 148
Hall Rd. War B67 – 2H 71
Hall Rd. Av. B20 – 4F 59
Hall's Clo. L Spa CV31 – 8C 149
Hallstead Rd. B13 – 3C 106
Hall St. B18 – 2G 73
Hall St. DY2 – 4E 55
Hall St. DY3 – 3A 42
Hall St. WS2 – 5G 23
Hall St. WV11 – 4E 21
Hall St. Bil WV14 – 5F 31
Hall St. Sto DY8 – 3F 83
Hall St. Tip DY4 – 1F 55
Hall St. War B64 – 3G 69
Hall St. War B68 – 1E 71
Hall St. Wed WS10 – 4A 32
Hall St. W Bro B70 – 3F 57
Hall St. Wil WV13 – 2H 31
Hall St. E. Wed WS10 – 3A 32
Hall St. S. W Bro B70 – 4G 57
Hallswelle Gro. B43 – 5A 36
Hall Wlk. B46 – 1D 78 & 2E 79
Halsbury Gro. B44 – 3C 48
Halston Rd. WS7 – 1F 9
Haltonlea. Tam B77 – 4G 135
Halton Rd. Sut C B73 – 1E 49
Halton St. DY2 – 1D 68
Hamberley Ct. B18 – 2D 72
Hamble. Tam B77 – 5E 135
Hamble Clo. Bri H DY5 – 1F 67
Hambledon Clo. WV9 – 1F 19
Hamble Gro. WV6 – 5A 18
Hamble Rd. B42 – 3E 47
Hamble Rd. WV4 – 4C 28
Hambleton Rd. Hal B63 – 4E 85
Hambletts Rd. W Bro B70 – 2D 56
Hambrook Clo. WV6 – 4F 19
Hambury Dri. B14 – 2H 105
Hamelin St. Can WS11 – 4B 4
Hamilton Av. B17 – 5A 72
Hamilton Av. Hal B62 – 3A 86
Hamilton Av. Sto DY8 – 1D 82
Hamilton Clo. DY3 – 4H 41
Hamilton Clo. Hin LE10 – 1C 138
Hamilton Clo. Nun CV12 – 4B 80
Hamilton Clo. Sto DY8 – 3C 66
Hamilton Ct. Nun CV10 – 3B 136
Hamilton Dri. B29 – 5C 88
Hamilton Dri. Sto DY8 – 3C 66
Hamilton Dri. War B69 – 3A 56
Hamilton Gdns. WV10 – 5B 12
Hamilton Ho. War B66 – 2C 72
Hamilton Rd. B21 – 4D 58
Hamilton Rd. CV2 – 4E 117
Hamilton Rd. Kid DY11 – 4C 140
Hamilton Rd. L Spa CV31 – 7E 149
Hamilton Rd. Red B97 – 5B 144
Hamilton Rd. Tip DY4 – 5A 44
Hamilton Rd. War B67 – 4H 71
Hamilton St. WS3 – 1F 23
Hamilton Ter. L Spa CV32 – 5B 149
Ham La. King DY6 – 3D 52
Ham La. Sto DY9 – 5H 83
Hamlet Gdns. B28 – 1F 107
Hamlet Rd. B28 – 1F 107
Hammer Bank. Bri H DY5 – 5C 68
Hammersley St. Nun CV12 – 4C 80
Hammerwich Rd. WS7 – 2H 9
Hammond Av. WV10 – 2A 20
Hammond Clo. Nun CV11 – 3H 137
Hammond Dri. B23 – 1F 61
Hammond Rd. CV2 – 3D 116
Hammonds Ter. Ken CV8 – 2A 150
Hammond Way. Sto DY8 – 1F 83
Hampden Clo. Bri H DY5 – 5C 68
Hampden Ct. War B69 – 4B 56
Hampden Retreat. B12 – 1A 90
Hamps Clo. WS7 – 2H 9
Hampshire Clo. CV3 – 1H 133
Hampshire Dri. B15 – 5D 72
Hampshire Rd. W Bro B71 – 3D 44
Hampstead Clo. WV11 – 4E 21
Hampton Av. Brom B60 – 5E 143
Hampton Clo. CV6 – 2D 116
Hampton Clo. Red B98 – 5E 145
Hampton Clo. Tam B79 – 1D 134
Hampton Ct. Rd. B17 – 1A 88
Hampton Dri. Sut C B74 – 3H 37
Hampton Gro. WS3 – 4A 16
Hampton Gro. L Spa CV32 – 4C 148
Hampton La. CV7 – 5A 96
Hampton La. Sol B91 – 4F 109 to 3B 110
Hampton Pl. Wed WS10 – 3A 32
Hampton Rd. B6 – 4H 59
Hampton Rd. B23 – 1E 61
Hampton Rd. CV6 – 2D 116
Hampton Rd. WV10 – 1G 19
Hampton Rd. Sol B93 – 2B 126
Hampton Rd. Warw CV35 & CV34 – 5A 146
Hampton St. B19 – 2H 73
Hampton St. DY2 – 2D 68
Hampton St. Bil WV14 – 3D 42
Hampton St. Can WS11 – 1B 6
Hampton St. Warw CV34 – 4D 146
Hams Rd. B8 – 2D 74
Hamstead Hall Av. B20 – 5D 46
Hamstead Hall Rd. B20 – 1E 59
Hamstead Hill. B20 – 2E 59
Hamstead Ho. B43 – 4E 47
Hamstead Rd. B20 & B19 – 3F 59
Hamstead Rd. B43 – 3C 46
Hamstead Ter. Wed WS10 – 2E 45
Hanam Clo. Sut C B75 – 4C 38
Hanbury Clo. Brom B60 – 4E 143
Hanbury Clo. Hal B63 – 4G 85
Hanbury Cres. WV4 – 4E 29
Hanbury Croft. B27 – 3B 92
Hanbury Hill. Sto DY8 – 3F 83
Hanbury Pas. Sto DY8 – 2F 83
Hanbury Rd. WS8 – 5E 9
Hanbury Rd. Brom B60 – 5B 142
Hanbury Rd. Can WS11 – 3H 7
Hanbury Rd. Nun CV12 – 2F 81
Hanbury Rd. Sol B93 – 4H & 5H 125
Hanbury Rd. Tam B77 – 1F 135
Hanbury Rd. W Bro B70 – 2E 57
Hanch Pl. WS1 – 2H 33
Hancock Grn. CV4 – 2C 130
Hancock Rd. B8 – 2F 75
Hancox St. War B68 – 3E 71
Handcross Gro. CV3 – 4H 131
Handel Wlk. Lich WS13 – 1G 151
Handley Gro. B31 – 5F 103
Handley Gro. Warw CV34 – 2D 146
Handley St. Wed WS10 – 1D 44
Handsworth Cres. CV5 – 4B 114
Handsworth Dri. B43 – 3F 47
Handsworth New Rd. B18 – 1D 72
Handsworth Wood Rd. B20 – 2E 59
Hanford Clo. CV6 – 2C 116
Hanging La. B31 – 5G 103
Hangleton Dri. B11 – 2E 91
Hangmans La. Hin LE10 – 1F 139
Hanley Clo. Hal B63 – 3F 85
Hanley St. B19 – 2A 74
Hanlith. Tam B77 – 4H 135
Hannaford Way. Can WS11 – 4D 4
Hannafore Rd. B16 – 3C 72
Hannah Rd. Bil WV14 – 1H 43
Hanney Hay Rd. WS7 & WS8 – 4F 9
Hannon Rd. B14 – 3A 106
Hanover Clo. B6 – 5A 60
Hanover Ct. WV6 – 5C 18
Hanover Ct. Hin LE10 – 4F 139
Hanover Ct. Red B98 – 5B 144
Hanover Ct. Tam B79 – 1A 134
Hanover Ct. Wed WS10 – 2C 32
Hanover Dri. B24 – 4F 61
Hanover Glebe. Nun CV11 – 4F 137
Hanover Pl. Brom B60 – 4D 142
Hanover Pl. Can WS11 – 4B 4
Hanover Rd. War B65 – 2A 70
Hanover St. Brom B61 – 3D 142
Hansell Dri. Sol B93 – 5G 125
Hansom Rd. B32 – 2F 87
Hansom Rd. Hin LE10 – 1G 139
Hanson Gro. Sol B92 – 2C 92
Hansons Bri. Rd. B24 – 1C 62
Hanwell Clo. Sut C B76 – 4D 50
Hanwood Clo. B12 – 5B 74
Hanwood Clo. CV5 – 4A 114
Hanworth Clo. L Spa CV32 – 3D 148
Hanworth Rd. Warw CV34 – 3C 146
Harald Clo. WV6 – 4A 18
Harbeck Av. B44 – 4A 48
Harbinger Rd. B38 – 5G 105
Harborne La. B17 & B29 – 3C 88
Harborne Pk. Rd. B17 – 2B 88
Harborne Rd. B15 – 1D 88
Harborne Rd. War B68 – 4G 71
Harborough Dri. B36 – 3F 63
Harborough Dri. WS9 – 4F 25
Harborough Rd. CV6 – 4A 100
Harborough Wlk. Sto DY9 – 4G 83
Harbour Ter. WV3 – 2F 29
Harbury Clo. Red B98 – 4G 145
Harbury Clo. Sut C B76 – 5E 51
Harbury La. Warw CV34 – 5H 147 & 8A 149
Harbury Rd. B12 – 2H 89
Harcourt. CV3 – 3H 133
Harcourt Dri. DY3 – 3A 54
Harcourt Dri. Sut C B74 – 5F 27
Harcourt Gdns. Nun CV11 – 3F 137
Harcourt Ho. Tam B79 – 3B 134
Harcourt Rd. B23 – 5F 49
Harcourt Rd. War B64 – 5G 69
Harcourt Rd. Wed WS10 – 1D 44
Harden Clo. WS3 – 3H 23
Harden Gro. WS3 – 3G 23
Harden Manor Ct. Hal B63 – 4A 86
Harden Rd. WS3 – 3F to 3H 23
Harden Vale. Hal B63 – 2F 85
Hardie Grn. Can WS11 – 3D 4
Hardie Wlk. War B69 – 3B 56
Harding St. Bil WV14 – 2E 43
Hardon Rd. WV4 – 5B 30
Hardware St. W Bro B70 – 2F 57
Hardwick Clo. CV5 – 4C 114
Hardwick Dri. Hal B62 – 1H 85
Hardwicke Wlk. B14 – 5H 105
Hardwicke Way. Sto DY9 – 2H 83
Hardwick Field. DY3 – 2H 41
Hardwick Rd. Sol B92 – 3B 92
Hardwick Rd. Sut C B74 – 1B 36
Hardy Av. Kid DY10 – 2G 141
Hardy Rd. CV6 – 1H 115
Hardy Rd. WS3 – 2H 23
Hardy Rd. Wed WS10 – 1D 44
Hardy Sq. WV2 – 4B 30
Hare & Hounds La. Nun CV10 – 4D 136
Harebell. Tam B77 – 1G 135
Harebell Clo. Can WS12 – 4G 5
Harebell Cres. DY1 – 1C 54
Harebell Gdns. B38 – 2E 121
Harebell Wlk. B37 – 3C 78
Harefield La. Nun CV10 – 5C 136
Harefield Rd. CV2 – 4E 117
Harefield Rd. Nun CV11 – 3F 137
Hare Gro. B31 – 4G 103
Hare St. Bil WV14 – 5G 31
Harewell Dri. Sut C B75 – 2A 38
Harewood Av. B43 – 2C 46
Harewood Av. Wed WS10 – 1F 45
Harewood Clo. B28 – 3E 107
Harewood Rd. CV5 – 4E 115
Harford St. B19 – 2H 73
Hargate La. W Bro B71 – 1F 57
Harger Ct. Ken CV8 – 4B 150
Hargrave Rd. Sol B90 – 5D 106
Hargreave Clo. Sut C B76 – 4C 50
Hargreaves Ct. Kid DY11 – 4C 140
Hargreaves St. WV1 – 3C 30
Harland Rd. Sut C B74 – 1G 37
Harlech Clo. B32 – 2E 103
Harlech Clo. Ken CV8 – 2D 150
Harlech Clo. War B69 – 3G 55
Harlech Rd. Wil WV12 – 3A 22
Harlech Tower. B23 – 5G 49
Harlech Way. DY1 – 3B 54
Harlech Way. Kid DY11 – 5E 141
Harleston Rd. B44 – 4A 48
Harley St. CV2 – 5E 117
Harlow Gro. B28 – 2G 107
Harlstones Clo. Sto DY8 – 5F 67
Harman Rd. Sut C B72 – 4H 49
Harmer Clo. Warw CV34 – 2D 146
Harmer St. B18 – 1F 73
Harmon Rd. Sto DY8 – 2C 82
Harnall Clo. Sol B90 – 2B 124
Harnall La. E. CV1 – 3C 116
Harnall La. W. CV1 – 3B 116 (in two parts)
Harnall Row. CV1 – 4C 116
Harness Clo. WS5 – 5H 33
Harold Evers Way. Kid DY10 – 2E 141
Harold Rd. B16 – 4E 73
Harold Rd. CV2 – 5G 117
Harold Rd. War B67 – 3G 71
Harold St. Nun CV11 – 4F 137
Harpenden Dri. CV5 – 3C 114
Harper Av. WV11 – 2D 20
Harper Rd. CV1 – 5C 116
Harper Rd. Bil WV14 – 4E 31
Harper's Bldgs. B12 – 2C 90
Harpers Rd. B14 – 1B 122
Harpers Rd. B31 – 5A 104
Harper St. Wil WV13 – 1H 31
Harport Rd. Red B98 – 4D 144
Harpur Clo. WS4 – 5A 24
Harpur Rd. WS4 – 5A 24
Harriers Grn. Kid DY10 – 1G 141
Harringay Rd. B44 – 2B 48
Harrington Rd. CV6 – 3H 115
Harringworth Ct. WS4 – 2B 24
Harriott Dri. Warw CV34 – 5H 147
Harris Dri. B42 – 4E 47
Harrison Clo. WS3 – 2F 23
Harrison Cres. Nun CV12 – 3E 81
Harrison Grn. B15 – 1D 88
Harrison Rd. B24 – 2G 61
Harrison Rd. WS4 – 1C 24
Harrison Rd. Can WS11 – 1C 6
Harrison Rd. Red B97 – 5A 144
Harrison Rd. Sto DY8 – 4F 67
Harrison Rd. Sut C B74 – 4F 27
Harrison's Fold. DY2 – 2E 69
Harrisons Pleck. B13 – 3B 90
Harrison's Rd. B15 – 2D 88
Harrison St. WS3 – 1E 23
Harris Rd. CV3 – 5F 117
Harris Rd. Warw CV34 – 2C 146
Harrold Av. War B65 – 3C 70
Harrold Rd. War B65 – 3C 70
Harrold St. Tip DY4 – 4A 44
Harrowbrook Ind. Est. Hin LE10 – 3B 138
Harrowbrook Rd. Hin LE10 – 3A 138
Harrowby Dri. Tip DY4 – 1H 55
Harrowby Pl. Bil WV14 – 1G 43
Harrowby Pl. Wil WV13 – 2B 32
Harrowby Rd. WV10 – 5G 11
Harrowby Rd. Bil WV14 – 1G 43
Harrow Clo. Brom B60 – 5C 142
Harrowfield Rd. B33 – 2C 76
Harrow Rd. B29 – 4E 89
Harrow Rd. King DY6 – 4D 52
Harrow Rd. L Spa CV31 – 8C 149
Harrow St. WV1 – 5G 19
Harry Perks St. Wil WV13 – 5H 21
Harry Price Ho. War B69 – 1B 70
Harry Rose Rd. CV2 – 4H 117
Harry Truslove Clo. CV6 – 1H 115
Hart Dri. Sut C B73 – 3G 49
Hartfield Cres. B27 – 4H & 5G 91
Hartfields Way. War B65 – 1G 69
Hartford Clo. B17 – 1A 88
Hartford Rd. Brom B60 – 4F 143
Hartill Rd. WV4 – 1D 40
Hartill St. Wil WV13 – 2H 31
Hartington Cres. CV5 – 1G 131
Hartington Grn. Hin LE10 – 4F 139
Hartington Rd. B19 – 5H 59
Hartland Av. CV2 – 2F 117
Hartland Av. Bil WV14 – 3C 42
Hartland Rd. B31 – 3G 119
Hartland Rd. Tip DY4 – 5E 43
Hartland Rd. W Bro B71 – 4H 45
Hartland St. Bri H DY5 – 5H 53
Hartleyburn. Tam B77 – 4G 135
Hartlebury Clo. Red B98 – 1G 145
Hartlebury Rd. Hal B63 – 4G 85
Hartlebury Rd. War B69 – 1B 70
Hartledon Rd. B17 – 2B 88
Hartlepool Rd. CV1 – 3C 116
Hartley Dri. WS9 – 5G 25
Hartley Gro. B44 – 2C 48
Hartley Pl. B15 – 5E 73
Hartley Rd. B44 – 1C 48
Hartley St. WV3 – 1F 29
Harton Way. B14 – 3H 105
Hartopp Rd. B8 – 2E 75
Hartopp Rd. Sut C B74 – 2F & 2G 37
Hartridge Wlk. CV5 – 3D 114
Hart Rd. B24 – 1G 61
Hart Rd. WV11 – 5E 21
Hartsbourne Dri. Hal B62 – 3B 86
Harts Clo. B17 – 1C 88
Harts Grn. Rd. B17 – 2A 88
Hartshill Rd. B27 – 4B 92
Hartshill Rd. B34 – 5D 62
Hartshorne St. Bil WV14 – 5E 31
Hartside Clo. Hal B63 – 4E 85
Harts Rd. B8 – 1F 75
Hart St. WS1 – 2G 33
Hartswell Dri. B13 – 2B 106
Hartwell Clo. Sol B91 – 124
Hartwell La. WS6 – 4D 6
Hartwell Rd. B24 – 3H 61
Harvard Rd. Sol B92 – 3D 92
Harvest Clo. B30 – 2G 105
Harvest Clo. DY3 – 1A 54
Harvest Clo. Brom B60 – 5C 142
Harvest Ct. War B65 – 2H 69
Harvesters Clo. WS9 – 1A 36
Harvesters Rd. Wil WV12 – 4B 22
Harvesters Wlk. WV8 – 1E 19
Harvesters Way. Wil WV12 – 4B 22
Harvester Way. King DY6 – 4B 52
Harvest Hill Clo. L Spa CV31 – 6D 149
Harvest Hill La. CV5 – 2G 97 to 4B 98
Harvest Rd. War B65 – 2G 69
Harvest Rd. War B67 – 3G 71
Harvest Wlk. War B65 – 2G 69
Harvey Clo. CV5 – 1D 114
Harvey Dri. Sut C B75 – 1A 38
Harvey Rd. B26 – 1B 92
Harvey Rd. WS2 – 4E 23
Harvey's Ter. DY2 – 2E 69
Harvills Hawthorn. W Bro B70 – 4C 44
Harvine Wlk. Sto DY8 – 3E 83
Harvington Clo. Kid DY11 – 1B 140
Harvington Dri. Sol B90 – 3E 125
Harvington Rd. B29 – 1A 104
Harvington Rd. Bil WV14 – 3D 42
Harvington Rd. Brom B60 – 5D 142
Harvington Rd. Hal B63 – 5G 85
Harvington Rd. War B68 – 5E 71
Harvington Wlk. War B65 – 3B 70
Harvington Way. Sut C B76 – 3D 50
Harwell Clo. Tam B79 – 1D 134
Harwin Clo. WV6 – 3E 19
Harwood Dri. Hin LE10 – 1G 139
Harwood Gro. Sol B90 – 1A 124
Harwood Rd. Lich WS13 – 1G 151
Harwood St. W Bro B70 – 2E 57
Hasbury Clo. Hal B63 – 4F 85
Hasbury Rd. B32 – 1D 102
Haselbech Rd. CV3 – 1H 133 (in two parts)
Haseley Clo. L Spa CV31 – 7C 149
Haseley Clo. Red B98 – 4H 145
Haseley Rd. B21 – 5D 58
Haseley Rd. CV2 – 5G 101
Haseley Rd. Sol B91 – 2B 108
Haselor Rd. Sut C B73 – 3F 49
Haselour Rd. B37 – 1H 77
Hasilwood Sq. CV3 – 5E 117
Haskell St. WS1 – 4H 33
Haslemere Gro. Can WS11 – 5A 4
Haslucks Croft. Sol B90 – 4G 107
Haslucks Grn. Rd. Sol B90 – 2E 123 to 4H 107
Hassop Rd. B42 – 4H 47
Hastings Clo. Tam B77 – 5G 135
Hastings Ct. DY1 – 2A 54
Hastings Rd. B23 – 4C 48
Hastings Rd. CV2 – 4E 117
Hastings Rd. Brom B60 – 5C 142
Haswell Rd. Hal B63 – 3F 85
Hatcham Rd. B44 – 2D 48
Hatchett St. B19 – 1A 74
Hatchford Av. Sol B92 – 4F 93
Hatchford Brook Rd. Sol B92 – 4F 93
Hatchford Ct. Sol B92 – 4E 93
Hatchford Wlk. B37 – 4B 78
Hatch Heath Clo. WV5 – 4A 40
Hateley Dri. WV4 – 5A 30
Hatfield Clo. Red B98 – 4H 145
Hatfield Rd. B19 – 4H 59
Hatfield Rd. Sto DY9 – 3H 83
Hathaway Clo. CV7 – 2C 128
Hathaway Clo. Wil WV13 – 3G 31
Hathaway Dri. Warw CV34 – 1D 146
Hathaway Gro. B11 – 2H 91
Hathaway M. Sto DY8 – 3C 66
Hathaway Rd. CV4 – 1A 130
Hathaway Rd. Sol B90 – 1H 123

Hathaway Rd. Sut C B75 – 5G 27
Hatherell Rd. L Spa CV31 – 7E 149
Hathersage Rd. B42 – 4H 47
Hatherton Gro. B29 – 5H 87
Hatherton Gdns. WV10 – 1A 20
Hatherton Pl. WS9 – 3F 25
Hatherton Rd. WS1 – 1H 33
Hatherton Rd. Bil WV14 – 4G 31
Hatherton Rd. Can WS11 – 5A 4
Hatherton St. WS1 & WS4 – 1H 33
Hatherton St. WS6 – 5A 6
Hattersley Gro. B11 – 3G 91
Hatton Cres. WV10 – 3C 20
Hatton Gdns. B42 – 4G 47
Hatton Rd. WV6 – 1E 29
Hattons Gro. WV8 – 5B 10
Hatton St. Bil WV14 – 1F 43
Haughton Rd. B20 – 4H 59
Haunch La. B13 – 2B 106
Haunchwood Dri. Sut C B76 – 4C 50
Haunchwood Rd. Nun CV10 – 3B 136
Havacre La. Bil WV14 – 2D 42
Havefield Av. Lich WS14 – 3H 151
Havelock Pl. WV3 – 3E 29
Havelock Rd. B8 – 1E 75
Havelock Rd. B11 – 3F 91
Havelock Rd. B20 – 3H 59
Havelock Ter. B18 – 1D 72
Havelock Ter. B21 – 5E 59
Haven Croft. B43 – 4C 46
Haven Dri. B27 – 3H 91
Haven, The. B14 – 3E 107
Haven, The. WV2 – 3H 29
Haven, The. Sto DY8 – 3D 66
Haverford Dri. B45 – 2E 119
Havergal Wlk. Hal B63 – 2D 84
Hawbridge Clo. Sol B90 – 3D 124
Hawbush Rd. WS3 – 3G 23
Hawbush Rd. Bri H DY5 – 4F 67
Hawcroft Gro. B34 – 5F 63
Hawes Clo. WS1 – 4H 33
Hawes La. War B65 – 2H 69
Hawes Rd. WS1 – 4H 33
Haweswater Dri. King DY6 – 1D 66
Hawfield Clo. War B69 – 5A 56
Hawfield Gro. Sut C B72 – 4A 50
Hawfield Rd. War B69 – 5A 56
Hawfinch. Tam B77 – 5G 135
Hawford Av. Kid DY10 – 3F 141
Hawker Dri. B35 – 3C 62
Hawkesbury La. CV2 – 2G 101
Hawkesbury Rd. Sol B90 – 1F 123
Hawkes Clo. B29 – 1E 105
Hawkes Dri. Warw CV34 – 7A 149
Hawkesford Clo. Sut C B74 – 2H 37
Hawkesford Rd. B33 – 3F 77
Hawkes La. W Bro B70 – 4D 44
Hawkesley Cres. B31 – 1A 120
Hawkesley Dri. B31 – 1A 120
Hawkesley End. B38 – 2D 120
Hawkesley Mill La. B31 – 5H 103
Hawkesley Rd. DY1 – 4B 54
Hawkesley Sq. B38 – 2E 121
Hawkes Mill La. CV5 – 4C 98
Hawkesmoor Dri. WV6 – 2A 18
Hawkesmoor Dri. Lich WS14 – 3H 151
Hawkes St. B10 – 5E 75
Hawkestone Cres. W Bro B70 – 5D 44
Hawkestone Rd. B29 – 1A 104
Hawkesville Dri. Can WS11 – 4C 4
Hawkeswell Clo. Sol B92 – 5B 92
Hawkeswell La. B46 – 2F 79
Hawkesworth Dri. Ken CV8 – 2B 150
Hawkesyard Rd. B24 – 4E 61
Hawkhurst Rd. B14 – 5B 106
Hawkinge Dri. B35 – 2D 62
Hawkins Clo. B5 – 1A 90
Hawkins Ct. War B66 – 5G 57
Hawkins Pl. Bil WV14 – 1G 43
Hawkins Rd. CV5 – 5H 115
Hawkins St. W Bro B70 – 3D 44
Hawkley Clo. WV1 – 1D 30
Hawkley Rd. WV1 – 2C 30
Hawkmoor Gdns. B38 – 1E 121
Hawksbury Clo. Red B98 – 1G 145
Hawks Clo. WS6 – 5B 6
Hawksford Clo. B36 – 4D 62
Hawksford Cres. WV10 – 3A 20
Hawk's Grn. Ind. Est. Can WS11 – 4D 4.
Hawks Grn. La. Can WS11 – 4D 4
Hawkshead Dri. Sol B93 – 3H 125
Hawkside. Tam B77 – 4H 135
Hawkstone Ct. WV6 – 1A 18
Hawkswell Av. WV5 – 5A 40
Hawkswell Dri. Wil WV13 – 2G 31
Hawkswood Gro. B14 – 4C 106
Hawksworth. Tam B77 – 3F 135
Hawkyard Clo. Can WS11 – 2D 4
Hawley Rd. Hin LE10 – 3E 139
Hawne Clo. Hal B63 – 1F 85
Hawnelands, The. Hal B63 – 2G 85
Hawne La. Hal B63 – 1F 85
Hawthorn Av. WS6 – 5D 6
Hawthorn Av. War B66 – 3B 72
Hawthorn Brook Way. B23 – 4E 49
Hawthorn Clo. Lich WS13 – 3H 151
Hawthorn Cres. WS7 – 2F 9
Hawthorn Cres. Hin LE10 – 5F 139
Hawthorn Croft. War B68 – 1F 87
Hawthorn Dri. B47 – 3C 122
Hawthorne Av. Tam B79 – 1C 134
Hawthorne Ct. CV4 – 5B 114
Hawthorne Gro. DY3 – 3H 53
Hawthorne La. CV4 – 4B & 5B 114
Hawthorne La. WV8 – 5A 10
Hawthorne Rd. B15 – 5D 72
Hawthorne Rd. B30 – 3D 104
Hawthorne Rd. B36 – 5G 63
Hawthorne Rd. DY1 – 1D 54
Hawthorne Rd. WV1 – 3D 30
Hawthorne Rd. WV2 – 4H 29
Hawthorne Rd. WS11 – 4G 21
Hawthorne Rd. Can WS12 – 3H 5
Hawthorne Rd. Wil WV12 – 3B 22
Hawthorne Ter. Nun CV10 – 2C 136
Hawthorn Gro. Kid DY11 – 2B 140
Hawthorn Ho. Lich WS13 – 3H 151
Hawthorn Pk. B20 – 2E 59
(in two parts)
Hawthorn Pl. WS2 – 1C 32
Hawthorn Rd. B44 – 4B 48
Hawthorn Rd. WS4 – 2B 24
Hawthorn Rd. WS5 – 5H 33
Hawthorn Rd. WS6 – 3C 6
Hawthorn Rd. WV11 – 5G 13
Hawthorn Rd. Bri H DY5 – 5A 68
Hawthorn Rd. Brom B61 – 1E 143
Hawthorn Rd. Hal B63 – 4F 85
Hawthorn Rd. L Spa CV31 – 6B 149
Hawthorn Rd. Sut C B72 – 3A 50
Hawthorn Rd. Sut C B74 – 2B 36
Hawthorn Rd. Tip DY4 – 3H 43
Hawthorn Rd. Wed WS10 – 5C 32
Hawthorns, The. Kid DY10 – 3F 141
Hawthorn Ter. Wed WS10 – 5C 32
Haxby Av. B34 – 5D 62
Haybarn, The. Sut C B76 – 3D 50
Haybrook Dri. B11 – 3G 91
Hay Clo. Kid DY11 – 2C 140
Haycock Pl. Wed WS10 – 3A 32
Haycroft Av. B8 – 1F 75
Haycroft Dri. Sut C B74 – 5G 27
Haydock Clo. B36 – 4A 62
Haydon Clo. Sol B93 – 5H 125
Haydon Croft. B33 – 2D 76
Hayehouse Gro. B36 – 5B 62
Hayes Cres. War B68 – 1G 71
Hayes Croft. B38 – 2E 121
Hayes Grn. Rd. Nun CV12 – 5D 80
Hayes Gro. B24 – 5A 50
Hayes La. CV7 – 5D 80
Hayes La. Sto DY9 – 2C 84
Hayes Meadow. Sut C B72 – 4A 50
Hayes Rd. War B68 – 1F 71
Hayes St. W Bro B70 – 1E 57
Hayes, The. B31 – 2B 120
Hayes, The. Sto DY9 – 2B 84
Hayes, The. Wil WV12 – 4A 22
(in two parts)
Hayes View. Lich WS13 – 2E 151
Hayes View Dri. WS6 – 3C 6
Hayes Way. Can WS12 – 5E 5
Hayfield Ct. B13 – 4D 90
Hayfield Gdns. B13 – 4D 90
Hayfield Rd. B13 – 4C 90
Hayford Clo. Red B98 – 1D 144
Hay Grn. Sto DY9 – 2A 84
Hay Grn. Clo. B30 – 2C 104
Hay Grn. La. B30 – 3B to 2D 104
Hay Hall Rd. B11 – 2F 91
Hay Hill. WS5 – 3D 34
Hayland Rd. B23 – 5E 49
Hay La. CV1 – 5B 116
Hay La. Sol B90 & B91 – 3C to 2D 124
(in two parts)
Hayle. Tam B77 – 3E 135
Hayle Av. Warw CV34 – 2E 147
Hayle Clo. B38 – 5G 105
Hayle Clo. Nun CV11 – 5B 136
Hayley Grn. Rd. B32 – 1E 103
Hayley Pk. Rd. Hal B63 – 5E 85
Hayling Clo. B45 – 1C 118
Hayling Gro. WV2 – 4G 29
Haymarket. Hal B62 – 1D 86
Haymarket, The. WV8 – 1E 19
Haymoor. Lich WS14 – 3H 151
Haynes La. WS5 – 1B 46
Haynestone Rd. CV6 – 2G 115
Haypits Clo. W Bro B71 – 4H 45
Hayrick Dri. King DY6 – 5B 52
Hay Rd. B25 – 1G 91
Hayseech. War B64 – 1G 85
Hayseech Rd. Hal B63 – 2G 85
Hays Kents Moat, The. B26 – 4D 76
Hays La. Hin LE10 – 3D 138
Hayton Grn. CV4 – 2B 130
Haytor Av. B14 – 2H 105
Haytor Rise. CV2 – 2F 117
Haywain Clo. WV9 – 5F 11
Hayward Clo. WS3 – 5A 16
Hayward Rd. Sut C B75 – 3H 37
Haywards Clo. B23 – 1E 61
Haywards Grn. CV6 – 2H 115
Hayward St. Bil WV14 – 3D 42
Haywharf Rd. Bri H DY5 – 1G 67
Haywood Clo. Warw CV35 – 4A 146
Haywood Dri. WV6 – 5C 18
Haywood Dri. Hal B62 – 5A 70
Haywood Rd. B33 – 3G 77
Hayworth Clo. Lich WS13 – 1H 151
Hayworth Clo. Tam B79 – 1B 134
Hazel Av. Sut C B73 – 3D 48
Hazel Av. Wed WS10 – 5D 32
Hazelbank. B38 – 5D 104
Hazelbeach Rd. B8 – 2F 75
Hazel Beech Rd. W Bro B70 – 2E 57
Hazel Clo. L Spa CV32 – 3C 148
Hazel Croft. B31 – 4A 104
Hazel Croft. B37 – 4A 78
Hazeldene Gro. B6 – 4A 60
Hazeldene Rd. B33 – 1F 93
Hazeldene Rd. Hal B63 – 4F 85
Hazel Dri. Can WS12 – 1H 5
Hazeley Clo. B17 – 1A 88
Hazel Gdns. WV8 – 4A 10
Hazelgarth. Tam B77 – 4H 135
Hazel Gro. WV5 – 4B 40
Hazel Gro. WV11 – 3E 21
Hazel Gro. Bil WV14 – 4F 31
Hazel Gro. Lich WS14 – 4G 151
Hazel Gro. Nun CV12 – 2G 81
Hazel Gro. Sol B94 – 5B 124
Hazel Gro. Sto DY8 – 4C 82
Hazel Gro. W Bro B70 – 3F 57
Hazelhurst Rd. B14 – 2A 106
Hazelhurst Rd. B36 – 5G 63
(in two parts)
Hazel La. WS6 – 5E 7
Hazelmere Ct. War B69 – 4B 56
Hazelmere Rd. B28 – 5G 91
Hazeloak Rd. Sol B90 – 5G 107
Hazel Rd. B45 – 3C 118
Hazel Rd. CV6 – 5E 101
Hazel Rd. DY1 – 2D 54
Hazel Rd. WV3 – 3E 29
Hazel Rd. King DY6 – 1D 66
Hazel Rd. Nun CV10 – 2B 136
Hazel Rd. Red B97 – 1A 144
Hazel Rd. Tip DY4 – 3B 44
Hazeltree Croft. B27 – 4H 91
Hazelville Gro. B28 – 2G 107
Hazelville Rd. B28 – 2G 107
Hazelwell Cres. B30 – 2G 105
Hazellwell Fordrough. B30 – 2G 105
Hazelwell La. B30 – 1F 105
Hazelwell Rd. B30 – 2F 105
Hazelwell St. B30 – 1F 105
Hazelwood Clo. Kid DY11 – 4B 140
Hazelwood Dri. WV11 – 4C 20
Hazelwood Gro. Wil WV12 – 4B 22
Hazelwood Rd. B27 – 4H 91
Hazelwood Rd. DY1 – 1B 54
Hazelwood Rd. Sut C B74 – 2H 35
Hazlemere Clo. CV5 – 3D 114
Hazlemere Dri. WS7 – 3E 9
Hazlitt Gro. B30 – 4C 104
Headborough Rd. CV2 – 3E 117
Headborough Wlk. WS9 – 1G 25
Headingley Rd. B21 – 3D 58
Headington Av. CV6 – 4H 99
Headland Dri. B8 – 2E 75
Headland Rd. WV3 – 2A 28
Headlands, The. CV5 – 4F 115
Headless Cross Dri. Red B97 & B98 – 4B 144
Headley Croft. B38 – 1C 120
Headley Heath La. B38 – 2F 121
Headley Rise. Sol B90 – 5A 108
Heale Clo. Hal B63 – 1C 84
Healey. Tam B77 – 3F 135
Heanor Croft. B6 – 4C 60
Heantun Mill Ct. Wed WS10 – 3B 44
Hearsall Comn. CV5 – 5G 115
Hearsall La. CV5 – 5G 115
Heath Acres. Wed WS10 – 5A 32
Heath Av. Nun CV12 – 4C 80
Heath Bri. Clo. WS4 – 2A 24
Heathbrook Av. King DY6 – 5B 52
Heathcliff Rd. B11 – 3G 91
Heathcliff Rd. DY2 – 5G 55
Heath Clo. B30 – 3C 104
Heath Clo. Tip DY4 – 1A 56
Heathcote Av. Sol B91 – 4B 108
Heathcote Ind. Est. Warw CV34 – 5H 147
Heathcote La. Warw CV34 & L Spa CV31 – 5H 147
Heathcote Rd. B30 – 3F 105
Heathcote Rd. Warw CV34 & L Spa CV31 – 5F 147 to 8C 149
Heathcote St. CV6 – 2H 115
Heathcote Way. Warw CV34 – 5H 147
Heath Cres. CV2 – 3E 117
Heath Croft. B31 – 2A 120
Heath Croft Rd. Sut C B75 – 2A 38
Heath Dri. Kid DY10 – 1G 141
Heath End Rd. Nun CV10 – 4C 136
Heather Av. WS5 – 1B 46
Heather Clo. B36 – 4A 64
Heather Clo. Nun CV10 – 4D 136
Heather Ct. Gdns. Sut C B74 – 2H 37
Heather Croft. B44 – 2B 48
Heather Dale. B13 – 4H 89
Heather Dri. B45 – 3D 118
Heather Dri. Can WS12 – 2B 4
Heather Dri. Nun CV12 – 3D 80
Heather Gro. Sol B91 – 2G 109
Heather Gro. Wil WV12 – 5C 22
Heatherleigh Rd. B36 – 4G 63
Heather Rd. B10 – 5F 75
Heather Rd. B43 – 3C 46
Heather Rd. CV2 – 4F 101
Heather Rd. DY1 – 1D 54
Heather Rd. WS3 – 2D 22
Heather Rd. War B67 – 1G 71
Heath Farm Rd. WV8 – 5B 10
Heath Farm Rd. Sto DY8 – 4D 82
Heathfield Av. B20 – 4G 59
Heathfield Clo. Sol B93 – 3A 126
Heathfield Clo. War B64 – 4G 69
Heathfield Cres. Kid DY11 – 4B 140
Heathfield Dri. WS3 – 1E 23
Heathfield Gdns. Sto DY8 – 3E 83
Heathfield La. Wed WS10 – 4A 32
Heathfield La. W. Wed WS10 – 5H 31
Heathfield Rd. B14 – 1A 106
Heathfield Rd. B19 – 4G 59
Heathfield Rd. CV5 – 5E 115
Heathfield Rd. Hal B63 – 4F 85
Heathfield Rd. Sut C B74 – 1F 37
Heath Gap Rd. Can WS11 – 3D 4
Heath Gdns. Sol B91 – 2F 109
Heath Grn. DY1 – 1B 54
Heathgreen Clo. B37 – 3C 78
Heath Grn. Rd. B18 – 2D 72
Heath Gro. WV8 – 5B 10
Heath Hill Rd. WV6 – 2A 28
Heathland Av. B34 – 5D 62
Heathland Clo. Can WS12 – 4G 5
Heathlands Clo. King DY6 – 4E 53
Heathlands Cres. Sut C B73 – 3F 49
Heathlands Rd. Sut C B73 – 2F 49
Heathlands, The. Sto DY8 – 3G 83
Heath La. Sto DY8 – 3F 83
Heath La. W Bro B71 – 4F to 5G 45
Heathleigh Rd. B38 – 1C 120
Heathmere Av. B25 – 5B 76
Heathmere Dri. B37 – 4H 77
Heath Mill La. B9 – 4B 74
Heath Rise. B14 – 5C 106
Heath Rd. B30 – 3C 104
Heath Rd. B47 – 2C 122
Heath Rd. CV2 – 4D 116
Heath Rd. DY2 – 3D 68
(in two parts)
Heath Rd. Nun CV12 – 4D & 3D 80
Heath Rd. Sol B91 – 2G 109
Heath Rd. Wed WS10 – 3B 32
Heath Rd. Wil WV12 – 2B 22
Heath Rd. S. B31 – 4B 104
Heathside Dri. B38 – 5F 105
Heathside Dri. WS3 – 4A 16
Heath St. Can WS12 – 1E 5
Heath St. Sto DY8 – 2E 83
Heath St. Tam B79 – 3D 134
Heath St. War B65 – 4A 70
Heath St. War B66 & B18 – 1D 72
Heath St. S. B18 – 2E 73
Heath Ter. L Spa CV32 – 4A 148
Heath Way. B34 – 5C 62
Heath Way. Can WS12 – 5F 5
Heathy Farm Clo. B32 – 5E 87
Heathy Rise. B32 – 4D 86
Heaton Clo. WV10 – 4A 12
Heaton Dri. B15 – 5E 73
Heaton Dri. Sut C B74 – 3F 37
Heaton Rd. Sol B91 – 2C 108
Heaton St. B18 – 1G 73
Heatun Croft. WV10 – 4C 20
Hebden. Tam B77 – 4H 135
Hebden Av. Warw CV34 – 2E 147
Hebden Gro. B28 – 4E 107
Heckley Rd. CV7 – 5E 81
Heddle Gro. CV6 – 5E 101
Heddon Pl. B7 – 2C 74
Hedgefield Gro. Hal B63 – 3E 85
Hedgerow Clo. Can WS12 – 1D 4
Hedgerow Dri. King DY6 – 4D 52
Hedgerow Wlk. WV8 – 1E 19
Hedges Way. Brom B60 – 4F 143
Hedgetree Croft. B37 – 3B 78
Hedgings, The. B34 – 1E 77
Hedgley Gro. B33 – 2D 76
Hedingham Gro. B37 – 4C 78
Hedley Ct. B35 – 1E 63
Hednesford Rd. WS8 – 4C 8
Hednesford Rd. Can WS11 – 5C 4
Hednesford Rd. Can WS11 – 1H 7
(Norton Canes)
Hednesford Rd. Can WS12 – 4F 5
Hednesford St. Can WS11 – 5C 4
Heeley Rd. B29 – 4E 89
Heemstede La. L Spa CV32 – 3B 148
Heenan Gro. Lich WS13 – 1E 151
Helena Pl. War B66 – 5F 57
Helena St. B1 – 3G 73
Helenny Clo. WV11 – 4C 20
Helen St. CV6 – 2D 116
Hele Rd. CV3 – 3C 132
Helford Clo. Tip DY4 – 1E 55
Hellaby Clo. B72 – 1H 49
Hellidon Clo. L Spa CV32 – 3C 148
Hellier Rd. WV10 – 5A 12
Hellier St. DY2 – 4D 54
Helming Dri. WV1 – 1C 30
Helmsdale Rd. L Spa CV32 – 1C 148
Helmsdale Way. Bil WV14 – 4C 42
Helmsley Clo. Bri H DY5 – 5G 67
Helmsley Rd. WV11 – 2E 21
Helmswood Dri. B37 – 5B 78
Helston Clo. Nun CV11 – 5B 136
Helston Clo. WS5 – 4C 34
Helston Clo. Sto DY8 – 3C 66
Helston Clo. Tam B79 – 1D 134
Helstone Gro. B11 – 3G 91
Helston Rd. WS5 – 4C 34
Hembs Cres. B43 – 4C 46
Heming Rd. Red B98 – 5H 145

Hemlingford Croft.—High St.

Hemlingford Croft. B37 – 1A 94
Hemlingford Rd. B37 – 1H 77
Hemlingford Rd. Sut C B76 – 4D 50
Hemlock Way. Can WS12 – 4E5
Hemmings Clo. L Spa CV31 – 7E 149
Hemmings St. Wed WS10 – 3B 32
Hemming St. Kid DY11 – 4C 140
Hemplands Rd. Sto DY8 – 2F 83
Hemsby Clo. CV4 – 2D 130
Hemsworth Dri. Nun CV12 – 1A 80
Hemyock Rd. B29 – 1B 104
Henbury Rd. B27 – 3B 92
Henderson Clo. CV5 – 2E 115
Henderson Clo. Lich WS14 – 3H 151
Henderson Ct. War B68 – 5E 71
Henderson Wlk. Tip DY4 – 4H 43
Henderson Way. War B65 – 4A 70
Hendon Clo. DY3 – 2A 54
Hendon Clo. WV10 – 2B 20
Hendon Rd. B11 – 2D 90
Hendre Clo. CV5 – 5E 115
Heneage Pl. B7 – 2B 74
Heneage St. B7 – 2B 74
Heneage St. W. B7 – 2B 74
Henfield Clo. WV11 – 3E 21
Hengham Rd. B26 – 4D 76
Hen La. CV6 – 3B 100
Henley Clo. WS3 – 1G 23
Henley Clo. WS7 – 2F 9
Henley Clo. Nun CV11 – 1H 137
Henley Clo. Sut C B73 – 3H 49
Henley Clo. Tam B79 – 2D 134
Henley Clo. Tip DY4 – 1B 56
Henley Ct. Lich WS14 – 4G 151
Henley Cres. Sol B91 – 1E 109
Henley Dri. Sut C B75 – 5G 27
Henley Mill La. CV2 – 1F 117
Henley Rd. CV2 – 5F 101
Henley Rd. WV10 – 1G 19
Henley Rd. L Spa CV31 – 7C 149
Henley St. B11 – 5C 74
Henlow Clo. Tip DY4 – 5E 43
Henlow Rd. B14 – 5B 106
Hennals, The. B36 – 5C 62
Henn Dri. Tip DY4 – 3F 43
Henn St. Tip DY4 – 3H 43
Henrietta St. B19 – 2H 73
Henrietta St. CV6 – 3D 116
Henry Boteler Rd. CV4 – 2D 130
Henry Rd. B25 – 1A 92
Henry St. CV1 – 4B 116
Henry St. WS2 – 2G 33
Henry St. Hin LE10 – 1C 138
Henry St. Ken CV8 – 3B 150
Henry St. Nun CV11 – 4F 137
Henry Wlk. Brom B60 – 5C 142
Hensel Dri. WV3 – 2C 28
Henshaw Gro. B25 – 5A 76
Henshaw Rd. B10 – 5E 75
Henson Rd. Nun CV12 – 4C 80
Henstead St. B5 – 5H 73
Hentland Clo. Red B98 – 2G 145
Henwood Clo. WV6 – 1C 28
Henwood Croft. B29 – 4H 87
Henwood La. Sol B91 – 3B 110
Henwood Rd. WV6 – 1C 28 (in two parts)
Hepburn Clo. WS9 – 5F 25
Hepworth Clo. WV6 – 5A 18
Herald Ct. Warw CV34 – 3G 147
Herald Way. Hin LE10 – 5F 139
Herbert Rd. B10 – 4D 74
Herbert Rd. B21 – 4E 59
Herbert Rd. WS9 – 1F 25
Herbert Rd. Sol B91 – 4E 109
Herbert Rd. War B67 – 4A 72
Herberts La. Ken CV8 – 2C 150
Herberts Pk. Rd. Wed WS10 – 4H 31
Herbert St. WV1 – 1H 29
Herbert St. Bil WV14 – 4D 30
Herbert St. Nun CV10 – 4C 136
Herbert St. Red B98 – 2C 144
Herbert St. W Bro B70 – 2G 57
Herbhill Clo. WV4 – 5A 30
Hereford Av. B12 – 1B 90
Hereford Clo. B45 – 5E 103
Hereford Clo. WS9 – 2F 25
Hereford Clo. Kid DY11 – 3A 140
Hereford Clo. Nun CV10 – 3C 136
Hereford Pl. W Bro B71 – 4E 45
Hereford Rd. DY2 – 3F 69
Hereford Rd. Can WS12 – 2E 5
Hereford Rd. War B68 – 5E 71
Hereford Sq. B8 – 1D 74
Hereford St. WS2 – 5G 23
Hereford Wlk. B37 – 5H 77
Hereward Rise. Hal B62 – 2A 86
Herford Way. Hin LE10 – 4G 139
Heritage Clo. War B68 – 2F 71
Heritage Ct. Lich WS14 – 4H 151
Hermes Cres. CV2 – 1H & 2G 117
Hermes Rd. Lich WS13 – 2H 151
Hermitage Rd. B15 – 5C 72
Hermitage Rd. B23 – 2E 61
Hermitage Rd. CV2 – 4G 117
Hermitage Rd. Sol B91 – 2F 109
Hermitage Way. Ken CV8 – 4C 150
Hermit's Croft. CV3 – 1C 132
Hermit St. DY3 – 1A 54
Hermon Row. B11 – 2E 91
Herne Clo. B18 – 2F 73
Hernefield Rd. B34 – 5D 62
Hernehurst. B32 – 2F 87
Hernhall Croft. B26 – 1D 92
Hern Rd. Bri H DY5 – 1H 83
Heron Clo. Sol B90 – 4A 124
Herondale. Can WS12 – 3E 5
Herondale Cres. Sto DY8 – 3C 82
Herondale Rd. B26 – 1C 92
Herondale Rd. Sto DY8 – 3C 82 (in two parts)
Heronfield Clo. Red B98 – 1F 145
Heronfield Dri. B31 – 3H 119
Heronfield Way. Sol B91 – 3G 109
Heron Rd. War B68 – 4D 70
Heronry, The. WV6 – 1A 28
Herons Way. B29 – 4C 88
Heronswood Dri. Bri H DY5 – 4H 67
Heronswood Rd. B45 – 3E 119
Heronswood Rd. Kid DY10 – 5F 141
Heronville Dri. W Bro B70 – 4D 44
Heronville Ho. Tip DY4 – 2H 55
Heronville Rd. W Bro B70 – 5D 44
Heron Way. B45 – 2C 118
Heron Way. Nun CV11 – 3F 137
Herrick Rd. B8 – 1E 75
Herrick Rd. CV2 – 4G 117
Herrick St. WV3 – 2G 29
Herringshaw Croft. Sut C B76 – 1B 50
Hertford Ho. Sol B92 – 5B 92
Hertford Pl. CV1 – 5A 116
Hertford Precinct. CV1 – 5B 116
Hertford St. B12 – 2B 90
Hertford Ter. B12 – 2B 90
Hervey Gro. B24 – 5A 50
Hesketh Cres. B23 – 1D 60
Heskett Av. War B68 – 4F 71
Hesleden. Tam B77 – 4H 135
Heslop Clo. CV3 – 1H 133
Hessian Clo. Bil WV14 – 2D 42
Hestia Dri. B29 – 5D 88
Heston Av. B42 – 3F 47
Hever Av. B44 – 3C 48
Hever Clo. DY1 – 2A 54
Hewell Av. Brom B60 – 5D 142
Hewell Clo. B31 – 2H 119
Hewell Clo. King DY6 – 4D 52
Hewell Rd. Red B97 – 1A 144
Hewitson Gdns. War B67 – 3H 71
Hewitt Av. CV6 – 3A 116
Hewitt Clo. Lich WS13 – 1F 151
Hewitt St. Wed WS10 – 4A 32
Hewston Croft. Can WS12 – 3G 5
Hexham Croft. B36 – 4A 62
Hexham Way. DY1 – 3B 54
Hexworthy Av. CV3 – 3A 132
Heybarnes Cir. B25 – 1G 91
Heybarnes Rd. B10 – 5G 75
Heybrook Clo. CV2 – 1F 117
Heycott Gro. B38 – 5G 105
Heycroft. CV4 – 4F 131
Heydon Rd. Bri H DY5 – 1G 67
Heydon Rd. Brom B60 – 4G 143
Heyford Gro. Sol B91 – 1E 125
Heyford Way. B35 – 1D 62 & 1E 63
Heygate Way. WS9 – 1G 25
Heynesfield Rd. B33 – 3F 77
Heythrop Gro. B13 – 1E 107
Heyville Croft. Ken CV8 – 4D 150
Hibberd Ct. Ken CV8 – 3B 150
Hickman Av. WV1 – 2C 30
Hickman Pl. Bil WV14 – 5E 31
Hickman Rd. B11 – 1D 90
Hickman Rd. Bil WV14 – 5E 31
Hickman Rd. Bri H DY5 – 2H 67
Hickman Rd. Tip DY4 – 4G 43
Hickman's Av. War B64 – 3F 69
Hickmans Clo. Hal B62 – 1D 86
Hickmans Gdns. B16 – 4E 73
Hickman St. Sto DY9 – 2H 83
Hickmerelands La. DY3 – 3H 41
Hickory Dri. B17 – 3A 72
Hicks Clo. Warw CV34 – 2E 147
Hidcote Av. Sut C B76 – 3D 50
Hidcote Gro. B33 – 5E 77
Hidcote Gro. B37 – 1A 94
Hidcote Rd. Ken CV8 – 2D 150
Hidson Rd. B23 – 1D 60
Higgins Av. Bil WV14 – 2F 43
Higgins La. B32 – 2F 87
Higgins Wlk. War B66 – 1B 72
Higgs Field Cres. War B64 – 4H 69
Higgs Rd. WV11 – 1H 21
Higham La. Hin LE10 – 1A 138
Higham La. Nun CV11 – 2G 137
Highams Clo. War B65 – 3H 69
Higham Way. Hin LE10 – 3F 139
High Arcal Dri. DY3 – 4B 42
High Arcal Rd. DY3 – 1F 53
High Av. War B64 – 5G 69
High Bank. Can WS11 – 1C 6
High Beech. CV5 – 2C 114
High Beeches. B43 – 3D 46
Highbridge Rd. DY2 – 3C 68
Highbridge Rd. Sut C B73 – 3G 49
High Brink Rd. B46 – 5D 64
Highbrook Clo. WV9 – 1F 19
High Brow. B17 – 1B 88
High Bullen. Wed WS10 – 2C 44
Highbury Av. War B65 – 3B 70
Highbury Clo. War B65 – 3B 70
Highbury Grn. Nun CV10 – 1A 136
Highbury Rd. B14 – 5H 89
Highbury Rd. Sut C B74 – 1D 36
Highbury Rd. War B66 – 5F 57
Highbury Rd. War B68 – 2E 71
High Clere. War B64 – 1H 85
Highcliffe Rd. Tam B77 – 4E 135
Highcrest Clo. B31 – 2A 120
High Croft. B43 – 3C 46
High Croft. WS3 – 3B 16
Highcroft. WS9 – 1G 25
Highcroft Av. Sto DY8 – 3C 66
Highcroft Clo. Sol B92 – 4E 93
Highcroft Cres. L Spa CV32 – 2H 147
High Croft Cres. Lich WS14 – 4G 151
Highcroft Dri. Sut C B74 – 1E 37
Highcroft Rd. B23 – 2E 61
Highdown Cres. Sol B90 – 3D 124
Highdown Rd. L Spa CV31 – 6C 149
High Ercal Av. Bri H DY5 – 4H 67
High Farm Rd. Hal B62 – 5D 70
High Farm Rd. Hal B63 – 4F 85
Highfield. CV7 – 5C 96
Highfield Av. WS4 – 2C 24
Highfield Av. WS7 – 1F 9
Highfield Av. WV10 – 1C 20
Highfield Av. Red B97 – 5B 144
Highfield Av. Tam B77 – 1G 135
Highfield Clo. WS7 – 1F 9
Highfield Clo. Ken CV8 – 3A 150
Highfield Ct. WV4 – 4C 28
Highfield Cres. WV11 – 4D 20
Highfield Cres. Hal B63 – 2E 85
Highfield Cres. War B65 – 5A 70
Highfield Dri. Sut C B73 – 4G 49
Highfield La. B32 – 2E 87 to 3F 87
Highfield La. Hal B63 – 3G 85
Highfield Pas. WS1 – 3H 33
Highfield Rd. B8 – 2F 75
Highfield Rd. B13 – 4C 90
Highfield Rd. B14 & B28 – 3E to 2F 107
Highfield Rd. B15 – 5F 73
Highfield Rd. B43 – 4C 46
Highfield Rd. CV2 – 4D 116
Highfield Rd. DY2 – 3F 55
Highfield Rd. DY3 – 3A 42
Highfield Rd. WS3 – 4A 16
Highfield Rd. WS7 – 1G 9
Highfield Rd. Brom B61 – 4C 142
Highfield Rd. Can WS12 – 4G 5
Highfield Rd. Hal B63 – 2E 85
Highfield Rd. Kid DY10 – 1F 141
Highfield Rd. Nun CV11 – 4G 137
Highfield Rd. Red B97 – 4B 144
Highfield Rd. Sto DY8 – 4F 67
Highfield Rd. Tip DY4 – 4H 43
Highfield Rd. War B65 – 4A 70
Highfield Rd. War B67 – 2A 72
Highfield Rd. N. WS3 – 4A 16
Highfields. WS7 – 1G 9
Highfields. Brom B61 – 4C 142
Highfields Av. Bil WV14 – 1F 43
Highfields Dri. WV5 – 5B 40
Highfields Dri. Bil WV14 – 1E 43
Highfields Rd. WS7 – 3E 9
Highfields Rd. Bil WV14 – 1E & 1F 43
Highfields Rd. Hin LE10 – 2F 139
Highfields, The. WV6 – 1A 28
Highfield Ter. B8 – 1F 75
Highfield Ter. L Spa CV32 – 2H 147
Highfield Way. WS9 – 1F 25
Highgate. DY3 – 5A 42
Highgate. Sut C B74 – 2C 36
Highgate Av. WS1 – 3H 33
Highgate Av. WV4 – 4D 28
Highgate Clo. B12 – 1A 90
Highgate Clo. WS1 – 3H 33
Highgate Clo. Kid DY11 – 4A 140
Highgate Dri. WS1 – 4H 33
Highgate Middleway. B12 – 1B 90
Highgate Pl. B12 – 1B 90
Highgate Rd. B12 – 1B 90
Highgate Rd. DY2 – 5B 54
Highgate Rd. WS1 – 3H 33
Highgate Sq. B12 – 1B 90
Highgate St. B12 – 1A 90
Highgate St. War B64 – 4G 69
High Grange. Can WS11 – 2D 4
High Grange. Lich WS13 – 1E 151
High Grn. Can WS11 – 5B 4
Highgrove Clo. Wil WV12 – 3H 21
Highgrove Pl. DY1 – 3B 54
High Haden Cres. War B64 – 5H 69
High Haden Rd. War B64 – 5G 69
High Harcourt. War B64 – 5G 69
High Heath Clo. B30 – 3D 104
High Hill. WV11 – 5G 13
High Holborn. DY3 – 4A 42
High Ho. Dri. B45 – 5D 118
Highland Ridge. Hal B62 – 2C 86
Highland Rd. B23 – 1F 61
Highland Rd. B43 – 1D 46
Highland Rd. CV5 – 1G 131
Highland Rd. DY1 – 2C 54
High Land Rd. WS9 – 4G 17
Highland Rd. Can WS12 – 3A & 2B 4
Highland Rd. Ken CV8 – 1D 150
Highland Rd. L Spa CV32 – 1C 148
Highland Rd. War B64 – 3F 69
Highlands Clo. Kid DY11 – 3B 140
Highlands Clo. Warw CV34 – 3F 147
Highlands Rd. WV3 – 3D 28
Highlands Rd. Sol B90 – 1B 124
Highland Way. Red B98 – 5D 144
High Leasowes. Hal B63 – 3H 85
Highley. Kid DY11 – 5B 140
Highley Clo. Red B98 – 2H 145
Highlow Clo. Kid DY11 – 1C 140
High Meadow Rd. B38 – 5F 105
High Meadows. WV5 – 5B 40
High Meadows. WV6 – 1C 28
High Meadows. Brom B60 – 5B 142
Highmoor Clo. Bil WV14 – 1E 43
Highmoor Clo. Wil WV12 – 2H 21
Highmoor Rd. War B65 – 3H 69
Highmore Dri. B32 – 5F 87
High Mt. St. Can WS12 – 1E 5
High Oak. Bri H DY5 – 5G 53
Highpark Av. Sto DY8 – 2D 82
High Pk. Clo. CV5 – 4C 114
High Pk. Clo. DY3 – 3A 42
High Pk. Cres. DY3 – 2H 41
High Pk. Rd. Hal B63 – 2D 84
High Pk. St. B7 – 1C 74
High Point. B15 – 1E 89
Highridge. WS9 – 4E 25
High Ridge Clo. Wil WV13 – 5H 31
High Rd. Wil WV12 – 4A 22
High St. B4 – 3A 74 (Birmingham)
High St. B6 – 5A 60 (Aston, in two parts)
High St. B8 – 1D 74 (Saltley)
High St. B12 – 4B 74 (Bordesley)
High St. B12 – 4B 74 (Deritend)
High St. B14 – 1A 106 (Kings Heath)
High St. B17 – 2B 88 (Harborne)
High St. B23 – 1G 61 (Erdington)
High St. B32 – 1E 87 (Quinton)
High St. B46 – 4E 65 (Coleshill)
High St. B61 – 3D 142 (Bromsgrove)
High St. B63 – 3H 85 (Halesowen)
High St. B64 – 5E 69 (Cradley Heath)
High St. B65 – 4A 70 (Rowley Regis)
High St. B66 – 5H 57 (Smethwick)
High St. B69 – 2D 70 (Oldbury)
High St. B70 – 1E to 3H 57 (West Bromwich)
High St. B72 – 4H 37 (Sutton Coldfield)
High St. B90 – 5D 106 (Shirley)
High St. B91 – 4E 109 (Solihull)
High St. B92 – 2E 11 (Hampton in Arden)
High St. B93 – 3B 126 (Knowle)
High St. CV1 – 5B 116 (Coventry)
High St. CV6 – 5G 99 (Keresley)
High St. CV8 – 2A 150 (Kenilworth)
High St. CV11 – 3E 137 (Nuneaton)
High St. CV12 – 3F81 (Bedworth)
High St. CV31 – 5B 149 (Leamington Spa)
High St. CV32 – 1E 148 (Cubbington)
High St. CV34 – 4D 146 (Warwick)
High St. DY1 – 4D 54 (Dudley)
High St. DY3 – 3A 42 (Sedgley)
High St. DY4 – 3F 43 (Princes End)
High St. DY4 – 1F 55 (Tipton)
High St. DY5 – 3A 68 (Brierley Hill)
High St. DY5 – 2G 67 (Brockmoor)
High St. DY5 – 4B 68 (Quarry Bank)
High St. DY6 – 5D 52 (Kingswinford)
High St. DY6 & DY5 – 5F 53 (Pensnett)
High St. DY6 – 4C 52 (Wall Heath)
High St. DY8 – 5E 67 (Amblecote)
High St. DY8 – 2F 83 (Stourbridge)
High St. DY8 – 1D 82 (Wollaston)
High St. DY8 – 3D 66 (Wordsley)
High St. DY9 – 2A 84 (Lye)
High St. DY10 – 3E 141 (Kidderminster)
High St. WS1 – 2H 33 (Walsall)
High St. WS3 – 2E 33 (Bloxwich)
High St. WS3 – 4A 16 (Pelsall)
High St. WS6 – 4B 6 (Cheslyn Hay)
High St. WS7 – 1D 8 (Chase Terrace)
High St. WS7 – 3E 9 (Chasetown)
High St. WS8 – 2E 17 (Brownhills)
High St. WS8 – 3D 16 (Clayhanger)
High St. WS9 – 3G 25 (Aldridge)
High St. WS9 – 5E 17 (Walsall Wood)
High St. WS10 – 4B 32 (Darlaston)
High St. WS10 – 5H 31 (Moxley)
High St. WS11 – 3B 8 (Cannock)
High St. WV5 – 5B 40 (Wombourne)

High St.—Holly La.

High St. WV6 – 5D 18
(Tettenhall)
High St. WV11 – 4E 21
(Wednesfield)
High St. WV13 – 2F 31
(Willenhall)
High St. WV14 – 5E 31
(Bilston)
High St. Wil WV13 – 2F 31
High St. Precinct. Wed WS10 – 4B 32
Highters Clo. B14 – 5C 106
Highter's Heath La. B14 – 1B 122
Highters Rd. B14 – 4C 106
High Timbers. B45 – 1D 118
High Town. Hal B63 – 1E 85
Hightree Clo. B32 – 5E 87
High Trees. B20 – 2E 59
High Trees Clo. Red B98 – 5C 144
High Trees Rd. Sol B93 – 2A 126
High View. Bil WV14 – 3B 42
High View Dri. CV7 – 1A 100
High View Rd. L Spa CV32 – 1D 148
Highview St. DY2 – 4F 55
Highwayman's Croft. CV4 – 4F 131
Highwood Av. Sol B92 – 5D 92
Highwood Clo. King DY6 – 5C 52
Highwood Croft. B38 – 1C 120
Hilary Cres. DY1 – 5D 42
Hilary Dri. WS9 – 4F 25
Hilary Dri. WV3 – 4D 28
Hilary Dri. Sut C B76 – 1D 50
Hilary Gro. B31 – 4H 103
Hilary Rd. CV4 – 3F 131
Hilary Rd. Nun CV10 – 2C 136
Hilden Rd. B7 – 2C 74
Hilderic Cres. DY1 – 5B 54
Hilderstone Rd. B25 – 1A 92
Hildicks Cres. WS3 – 2A & 3A 24
Hildicks Pl. WS3 – 2A 24
Hillaire Clo. B38 – 5G 105
Hillaries Rd. B23 – 3E 61
Hillary Av. Wed WS10 – 1F 45
Hillary Crest. DY3 – 1A 54
Hillary St. WS2 – 4F 33
Hill Av. WV4 – 1B 42
Hill Bank. Sto DY9 – 2B 84
Hillbank. War B69 – 4B 56
Hill Bank Rd. B38 – 5F 105
Hillbank Rd. Hal B63 – 1E 85
Hillborough Rd. B27 – 4B 92
Hillbrook Gro. B33 – 3C 76
Hillbrow Cres. Hal B62 – 5C 70
Hillbury Dri. Wil WV12 – 2H 21
Hill Clo. B31 – 1B 120
Hill Clo. DY3 – 3A 42
Hill Clo. L Spa CV32 – 2C 148
Hillcrest. DY3 – 1G 53
Hillcrest. L Spa CV32 – 1E 148
Hillcrest Av. B43 – 2D 46
Hillcrest Av. WV10 – 2B 20
Hillcrest Av. Bri H DY5 – 4H 67
Hillcrest Av. Hal B63 – 5D 68
Hillcrest Clo. DY2 – 1D 68
Hillcrest Clo. Tam B79 – 2C 134
Hillcrest Dri. Lich WS13 – 2F 151
Hillcrest Gdns. Wil WV12 – 4B 22
Hillcrest Gro. B44 – 4B 48
Hillcrest Rise. WS7 – 3F 9
Hill Crest Rd. B13 – 4A 90
Hillcrest Rd. B43 – 2D 46
Hillcrest Rd. DY2 – 3F 55
Hillcrest Rd. Nun CV10 – 2B 136
Hillcrest Rd. Sut C B72 – 3A 50
Hill Croft Rd. B14 – 2G 105
Hillcroft Rd. King DY6 – 5E 53
Hillcross Wlk. B36 – 5C 62
Hilldene Rd. King DY6 – 2C 66
Hilldrop Gro. B17 – 3C 88
Hilleys Croft. B37 – 3H 77
Hillfield Rd. B11 – 3D 90
Hillfield Rd. Sol B91 – 1E 125
Hillfields. War B67 – 2G 71
Hillfields Rd. Bri H DY5 – 1G 83
Hillfields Wlk. War B65 – 1G 69
Hillfray Dri. CV3 – 3E 133
Hill Gro. B20 – 2G 59
Hillgrove Cres. Kid DY10 – 3F 141
Hillgrove Gdns. Kid DY10 – 4F 141
Hill Hook Rd. Sut C B74 – 4F 27
Hill Ho. La. B33 – 3C 76
(in two parts)
Hillhurst Gro. B36 – 3F 63
Hilliard Clo. Nun CV12 – 2E 81
Hilliards Croft. B42 – 3F 47
Hillingford Av. B43 – 1G 47
Hill La. B43 – 2D 46
Hill La Brom B60 – 4D 142
Hill La. Sut C B75 – 1D 38
Hillman. Tam B77 – 2F 135
Hillman Dri. DY2 – 5F 55
Hillman Gro. B36 – 3G 63
Hillmeads Dri. DY2 – 5F 55
Hillmeads Rd. B38 – 1F 121
Hillmorton Clo. Red B98 – 1G 145
Hillmorton Rd. CV2 – 4F 101
Hillmorton Rd. Sol B93 – 3A 126
Hill Morton Rd. Sut C B74 – 5F 27
Hillmount Clo. B28 – 4F 91
Hill Pas. War B64 – 4F 69
Hill Pl. WV11 – 1H 21
Hillrise. Hin LE10 – 3G 139
Hill Rd. CV7 – 1G 99
Hill Rd. Sto DY9 – 2B 84
Hill Rd. War B69 – 3H 55
Hill Rd. Wil WV13 – 2F 31
Hillside. CV2 – 2E 117
Hillside. DY3 – 1H 53
Hillside. WS8 – 3F 17
Hillside. Lich WS14 – 4H 151
Hillside. Red B98 – 3C 144
Hillside Av. Bri H DY5 – 5C 68
Hillside Av. Hal B63 – 1E 85
Hillside Av. War B65 – 5A 70
Hillside Clo. B32 – 5D 86
Hillside Clo. WS8 – 3F 17
Hillside Clo. Can WS12 – 1E 5
Hillside Ct. B43 – 2D 46
Hillside Cres. WS3 – 5H 15
Hillside Croft. Sol B92 – 3G 93
Hillside Dri. B37 – 2H 77
Hillside Dri. B42 – 5F 47
Hillside Dri. Brom B61 – 1F 143
Hillside Dri. Kid DY11 – 2A 140
Hillside Dri. Nun CV10 – 1B 136
Hillside Dri. Sut C B74 – 3A 36
Hill Side Gdns. WV1 – 1C 30
Hillside N. CV2 – 2E 117
Hillside Rd. B23 – 3E 61
Hillside Rd. B43 – 2D 46
Hillside Rd. DY1 – 1C 54
Hillside Rd. Hin LE10 – 4E 139
Hillside Rd. Sut C B74 – 5G 27
Hillside Wlk. WV1 – 1C 30
Hillstone Rd. B34 – 1F 77
(in two parts)
Hill St. B2 – 3H 73
Hill St. CV1 – 4A 116
Hill St. DY2 – 2D 68
Hill St. DY3 – 1A 54
Hill St. WS1 – 2H 33
Hill St. WS6 – 5A 6
Hill St. WS7 – 2D 8
Hill St. WV11 – 5G 13
Hill St. Bil WV14 – 1F 43
Hill St. Bri H DY5 – 4H 67
Hill St. Bri H DY5 – 5C 68
(Quarry Bank)
Hill St. Can WS11 – 2A 8
Hill St. Can WS12 – 3F 5
Hill St. Hal B63 – 4H 85
Hill St. Lin LE10 – 2F 139
Hill St. Kid DY11 – 3D 140
Hill St. L Spa CV32 – 4B 148
Hill St. Nun CV10 – 3B 136
Hill St. Nun CV12 – 1F 81
Hill St. Sto DY8 – 2E 83
Hill St. Sto DY8 – 5E 67
(Audnam)
Hill St. Sto DY9 – 2B 84
Hill St. Tip DY4 – 1G 55
Hill St. War B66 – 1A 72
Hill St. Warw CV34 – 3G 147
Hill St. Wed WS10 – 4C 32
Hill St. S. WV1 – 2B 30
Hill, The. B32 – 4G 87
Hill Top. CV1 – 4B 116
Hilltop. Sto DY9 – 4B 84
Hill Top. W Bro B70 – 4D 44
Hill Top Av. Hal B62 – 1C 86
Hill Top Av. Tam B79 – 1C 134
Hill Top Clo. B44 – 5A 48
Hill Top Dri. B36 – 5B 62
Hill Top Rd. B31 – 4H 103
Hilltop Rd. DY2 – 4F 55
Hill Top Rd. War B68 – 3F 71
Hillview. WS9 – 1G 25
Hillview Clo. Brom B60 – 1F 143
Hillview Clo. Hal B63 – 2F 85
Hillview Rd. B45 – 2B 118
Hillview Rd. Brom B60 – 1F 143
Hill Village Rd. Sut C B75 – 4G 27
Hill Wlk. WS9 – 1G 25
Hillwood. WS3 – 5H 15
Hillwood Av. Sol B90 – 3D 124
Hillwood Clo. King DY6 – 2C 66
Hillwood Comn. Rd. Sut C B75 – 4H 27
Hillwood Rd. B31 – 1G 103
Hillwood Rd. Hal B62 – 5A 70
Hillwood Rd. Sut C B75 – 5H 27
Hillyfields Rd. B23 – 1D 60
Hilly Rd. Bil WV14 – 2F 43
Hilsea Clo. WV8 – 1E 19
Hilston Av. WV4 – 1C 40
(in two parts)
Hilston Av. Hal B63 – 3G 85
Hilton Av. B28 – 3F 107
Hilton Av. Nun CV10 – 2A 136
Hilton Clo. WS3 – 1D 22
Hilton Dri. Sut C B72 – 3A 50
Hilton La. WS6 – 5D 6
Hilton La. WV10 & WV11 – 1E 13
Hilton Main Ind. Site. WV10 – 3D 12
Hilton Pl. Bil WV14 – 5G 31
Hilton Rd. WV4 – 5B 30
Hilton Rd. WV10 – 2D 12
Hilton Rd. War B69 – 4A 56
Hilton Rd. Wil WV12 – 1A & 2A 22
Hilton St. WV10 – 5A 20
Hilton St. W Bro B70 – 2D 56
Hilton Way. Wil WV12 – 2A 22
Himbleton. Sol B90 – 2D 124
Himbleton Clo. Red B98 – 4D 144
Himley Av. DY1 – 3B 54
Himley By-pass. – 2B 52
Himley Clo. B43 – 2C 46
Himley Clo. Wil WV12 – 4H 21
Himley Cres. WV4 – 5G 29
Himley Gdns. DY3 – 1F 53
Himley Gro. B45 – 3E 119
Himley La. DY3 – 3A to 2B 52
Himley Rd. DY3 & DY1 – 2F 53 to 3C 54
Himley Rd. Nun CV12 – 4B 80
Himley St. DY1 – 4C 54
Hinbrook Rd. DY1 – 3B 54
Hinchliffe Av. Bil WV14 – 2D 42
Hinckes Rd. WV6 – 4C 18
Hinckley Business Pk. Hin LE10 – 3B 138
Hinckley Ct. War B68 – 5E 71
Hinckley La. Hin LE10 – 1A 138
Hinckley Rd. Hin LE10 – 3H 139
Hinckley Rd. Nun CV11 – 2G 137
Hinckley St. B5 – 4A 74
Hinks St. WV2 – 3C 30
Hind Clo. Warw CV34 – 2E 147
Hindhead Rd. B14 – 3D 106
Hindlip Clo. Hal B63 – 4G 85
Hindlow Clo. B7 – 2C 74
Hindon Gro. B27 – 1H 107
Hindon Sq. B15 – 5E 73
Hindon Wlk. B32 – 4F 87
Hingeston St. B18 – 2F 73
Hingley Croft. WS9 – 1B 36
Hingley Rd. Hal B63 – 2C 84
Hingley St. War B64 – 4E 69
Hinksford Gdns. DY3 – 3A 52
Hinksford La. DY3 – 3A 52
Hinstock Clo. WV4 – 5F 29
Hinstock Rd. B20 – 3E 59
Hintlesham Av. B15 – 2D 88
Hinton Clo. Lich WS13 – 2H 151
Hinton Gro. WV11 – 4G 21
Hintons Coppice. Sol B93 – 3G 125
Hipkins St. Tip DY4 – 4F 43
Hiplands Rd. Hal B62 – 3C 86
Hipsley Clo. B36 – 4F 63
Hipsmoor Clo. B37 – 2H 77
Hipswell Highway. CV2 – 5G to 3G 117
Hiron Croft. CV3 – 1B 132
Hiron, The. CV3 – 2B 132
Histons Dri. WV8 – 5A 10
Histons Hill. WV8 – 5A 10
Hitchens Croft. Wed WS10 – 2C 44
Hitches La. B15 – 5G 73
Hitchman M. L Spa CV31 – 7B 149
Hitchman Rd. L Spa CV31 – 6B 149
Hobacre Clo. B45 – 2D 118
Hobart Croft. B7 – 2C 74
Hobart Dri. WS5 – 4B 34
Hobart Dri. Can WS12 – 4H 5
Hobart Rd. Tip DY4 – 3F 43
Hobbins St. Wed WS10 – 2C 44
Hobble End La. WS6 – 2D 14
Hobgate Clo. WV10 – 5B 20
Hobgate Rd. WV10 – 5B 20
Hob Grn. Rd. Sto DY9 – 4A 84
Hob La. CV7 & Ken CV8 – 4E 129
Hob La. Sol B93 – 3F 127
Hobley St. Wil WV13 – 2A 32
Hobmoor Croft. B25 – 5B 76
Hob Moor Rd. B10 & B25 – 4G 75 to 5B 76
Hobnock Rd. WV11 – 4H 13
Hobs Hole La. WS9 – 3G 25
Hob's Meadow. Sol B92 – 4D 92
Hobs Moat Rd. Sol B92 – 4E 93
Hobson Rd. B29 – 5G 89
Hob's Rd. Lich WS13 – 2H 151
Hobs Rd. Wed WS10 – 5D 32
Hockett St. CV3 – 1C 132
Hocking Rd. CV2 – 3H 117
Hockley Centre. B18 – 2G 73
Hockley Cir. B19 & B18 – 1G 73
Hockley Clo. B19 – 1H 73
Hockley Flyover. B19 & B18 – 1G 73
Hockley Hill. B18 – 1G 73
Hockley La. CV5 – 3H 113
Hockley La. DY2 – 2D 68
Hockley Pool Clo. B18 – 1G 73
Hockley Rd. B23 – 1D 60
Hockley Rd. Bil WV14 – 4C 42
Hockley Rd. Tam B77 – 5F 135
Hockley St. B18 & B19 – 2G 73
Hodge Hill Av. Sto DY9 – 3B 84
Hodge Hill Ct. B36 – 1B 76
Hodge Hill Rd. B34 – 1B 76
Hodge La. Tam B77 – 1H 135
Hodgetts Clo. War B67 – 3G 71
Hodgetts La. CV7 – 2F 129
Hodgkins Clo. WS8 – 2F 17
Hodnell Clo. B36 – 4F 63
Hodnet Clo. Ken CV8 – 3D 150
Hodnet Gro. B5 – 5A 74
Hodnet Pl. Can WS12 – 4E 5
Hodson Av. Wil WV13 – 2A 32
Hodson Clo. WV11 – 2G 21
Hogarth Clo. B43 – 5H 35
Hogarth Clo. Nun CV12 – 2E 81
Hogarth Clo. Wil WV13 – 1F 31
Hogg's La. B31 – 4G 103
Holbeache La. King DY6 – 3C 52
Holbeache Rd. King DY6 – 4C 52
Holbeach Rd. B33 – 3D 76
Holbeche Rd. Sol B93 – 2A 126
Holbeche Rd. Sut C B75 – 5D 38
Holberg Gro. WV11 – 4G 21
Holbien Clo. Nun CV12 – 2E 81
Holborn Av. CV6 – 4B 100
Holborn Hill. B6 & B7 – 5D 60
Holbrook La. CV6 – 4B 100
Holbury Clo. WV9 – 1F 19
Holcombe Rd. B11 – 3G 91
Holcroft Rd. Hal B63 – 2E 85
Holcroft Rd. King DY6 – 4C 52
Holcroft Rd. Sto DY9 – 3H 83
Holcroft St. WV2 – 3C 30
Holcroft St. Tip DY4 – 3G 55
Holden Clo. B23 – 3E 61
Holden Cres. WS3 – 4H 23
Holden Pl. WS3 – 4H 23
Holden Rd. WV4 – 1D 40
Holden Rd. Wed WS10 – 2D 44
Holder Dri. Can WS11 – 4A 4
Holder Rd. B11 – 1D 90
Holder Rd. B25 – 1A 92
Holders Gdns. B13 – 4H 89
Holders La. B13 – 4H 89
Holdford Rd. B6 – 3B 60
Holdford Way. B6 – 2B 60
(in two parts)
Holdgate Rd. B29 – 1B 104
Hole Farm Rd. B31 – 3B 104
Hole Farm Way. B38 – 2E 121
Hole La. B31 – 2B to 4B 104
Holford Av. WS2 – 4F 33
Holford Dri. B42 – 2A 60
Holifast Rd. Sut C B72 – 4H 49
Holland Av. Sol B93 – 1B 126
Holland Av. War B68 – 2F 71
Holland Rd. B6 – 1B 74
Holland Rd. B43 – 4D 46
Holland Rd. CV6 – 2H 115
Holland Rd. Bil WV14 – 3F 31
Holland Rd. Sut C B72 – 1H 49
Holland Rd. E. B6 – 1B 74
Holland Rd. W. B6 – 1B 74
Hollands Pl. WS3 – 1G 23
Hollands Rd. WS3 – 1G 23
Holland St. B3 – 3G 73
Holland St. DY1 – 4C 54
Holland St. Sut C B72 – 5H 37
Holland St. Tip DY4 – 4A 44
Holland Way. WS3 – 4H 15
Hollemeadow Av. WS3 – 2F 23
Holliars Gro. B37 – 1H 77
Hollicombe Ter. CV2 – 1G 117
Holliday Pas. B1 – 4H 73
Holliday Rd. B21 – 5E 59
Holliday Rd. B24 – 1G 61
Holliday St. B1 – 4G 73
Hollie Lucas Rd. B13 – 2B 106
Holliers Wlk. Hin LE10 – 2E 139
Hollies Av. Can WS11 – 5C 4
Hollies Croft. B5 – 2H 89
Hollies Dri. Wed WS10 – 1D 44
Hollies Rd. War B69 – 4H 55
Hollies St. Bri H DY5 – 5H 53
Hollies, The. B6 – 4D 60
Hollies, The. Lich WS13 – 3H 151
Hollies, The. War B66 – 2C 72
Hollin Brow Clo. Sol B93 5A 126
Hollings Gro. Sol B91 – 2E 125
Hollington Cres. B33 – 2D 76
Hollington Rd. WV1 – 2D 30
Hollis La. Ken CV8 – 1A 150
Hollis Rd. CV3 – 5E 117
Hollister Dri. B32 – 4H 87
Holloway. B31 – 2H 103
Holloway. Tam B79 – 3C 134
Holloway Bank. W Bro B70 – 3D 44
Holloway Cir. Queensway. B1 – 4H 73
Holloway Ct. Hal B63 – 2E 85
Holloway Field. CV6 – 2H 115
Holloway Head. B1 – 4H 73
Holloway La. Red B98 – 2D 144
Holloway Pk. Red B98 – 3D 144
Holloway St. DY3 – 1A 54
Holloway St. WV1 – 3C 30
Holloway, The. WV6 – 1C 28
Holloway, The. Sto DY8 – 1F 83
Holloway, The. Warw CV34 – 4D 146
Hollow Cres. CV6 – 3A 116
Hollow Croft. B31 – 4B 104
Hollowcroft Rd. Wil WV12 – 2A 22
Hollow Fields Clo. Red B98 – 4C 144
Holly Acre. B24 – 1A 62
Holly Av. B12 – 2B 90
Holly Av. B29 – 5G 89
Holly Bank Av. WV11 – 5H 13
Hollybank Clo. B13 – 2C 106
Hollybank Clo. WS3 – 1D 22
Hollybank Gro. Hal B63 – 5F 85
Hollybank Rd. B13 – 2B 106
Hollyberry Av. Sol B91 – 1D 124
Hollyberry Croft. B34 – 5F 63
Hollybrow. B29 – 2A 104
Hollybush Gro. B32 – 1G 87
Hollybush La. CV6 – 3E 101
Hollybush La. WV4 – 5D 28
Holly Bush La. WV11 – 1G 13
(in two parts)
Hollybush La. Sto DY8 – 1E 83
Holly Bush Wlk. War B64 – 4E 69
Holly Clo. Hin LE10 – 5F 139
Holly Clo. Tam B79 – 1C 134
Holly Clo. Wil WV12 – 3A 22
Hollycot Gdns. B12 – 2A 90
Holly Ct. B23 – 5G 49
Hollycroft. Hin LE10 – 1D 138
Hollycroft Cres. Hin LE10 – 2D 138
Hollycroft Rd. B21 – 3C 58
Hollydale Rd. B24 – 2A 62
Hollydale Rd. War B65 – 3B 70
Holly Dell. B38 – 5G 105
Holly Dri. B27 – 4H 91
Holly Dri. B47 – 2C 122
Hollyfaste Rd. B33 – 4E 77
Hollyfast La. CV7 – 3E 99
Hollyfast Rd. CV6 – 1F to 2G 115
Hollyfield Av. Sol B91 – 4C 108
Hollyfield Cres. Sut C B75 – 5C 38
Hollyfield Dri. Sut C B75 – 5B 38
Hollyfield Rd. Sut C B75 – 5C 38
Hollyfield Rd. S. Sut C B76 – 5C 38
Holly Gro. B29 – 4E 89
(in two parts)
Holly Gro. B30 – 1E 105
Holly Gro. CV5 – 5E 115
Holly Gro. WV3 – 4F 29
Holly Gro. Brom B61 – 2D 142
Holly Gro. Sto DY8 – 2F 83
Holly Hall Rd. DY2 – 5C 54
Hollyhedge Clo. B31 – 2G 103
Hollyhedge Clo. WS2 – 1F 33
Hollyhedge La. WS2 – 1F 33
Hollyhedge Rd. W Bro B71 – 4G to 3H 45
Holly Hill. B45 – 1D 118
Holly Hill Rd. B45 – 5D 102
Holly Hill Shopping Centre. B45 – 1D 118
Hollyhock Rd. B27 – 5G 91
Hollyhock Rd. DY2 – 3G 55
Hollyhurst Dri. Sto DY8 – 3D 66
Hollyhurst Gro. B26 – 1B 92
Hollyhurst Rd. Sut C B73 – 1C 48
Holly La. B24 – 1H 61 to 3A 62
Holly La. B37 – 5H 77

Holly La.—Ibstock Rd.

Holly La. WS6 – 1C 14
Holly La. WS9 – 2B 26 (Mill Green)
Holly La. WS9 – 4F 17 (Walsall Wood)
Holly La. Ken CV8 & CV7 – 5B 128
Holly La. Sut C B75 – 1H 37
Holly La. Sut C B76 – 1G 51
Holly La. War B67 – 1G 71
Holly Lodge Wlk. B37 – 4H 77
Hollyoake Clo. War B68 – 3D 70
Hollyoak Gro. Sol B91 – 1D 124
Hollyoak St. W Bro B71 – 1G 57
Holly Pk. Dri. B24 – 2H 61
Holly Rd. B16 – 4C 72
Holly Rd. B20 – 4E 59
Holly Rd. B30 – 3E 105
Holly Rd. DY1 – 2C 54
Holly Rd. Brom B61 – 2D 142
Holly Rd. War B65 – 4A 70
Holly Rd. War B68 – 5F 71
Holly Rd. Wed WS10 – 5D 32
Holly Rd. W Bro B71 – 4H 45
Holly Stitches Rd. Nun CV10 – 1C 136
Holly St. DY1 – 5B 54
Holly St. Can WS11 – 1C 4
Holly St. L Spa CV32 – 4C 148
Holly St. War B67 – 1A 72
Holly Wlk. CV8 – 5C 132
Holly Wlk. L Spa CV32 – 4B 148
Holly Wlk. Nun CV11 – 4H 137
Hollywell Rise. Lich WS14 – 4H 151
Hollywell Rd. B26 – 1D 92
Hollywell Rd. Sol B93 – 4H 125
Hollywell St. Bil WV14 – 3C 42
Holly Wood. B43 – 2E 47
Hollywood By-Pass. – 2A 122
Hollywood Croft. B42 – 4E 47
Hollywood La. B47 – 2C 122
Holman Clo. Wil WV13 – 1F 31
Holman Rd. Wil WV13 – 1F 31
Holman St. Kid DY11 – 3C 140
Holman Way. Wil WV13 – 1F 31
Holmcroft Gdns. WV9 – 1H 11
Holmcroft Rd. Kid DY10 – 3F 141
Holme Mill. WV10 – 4A 12
Holmes Clo. B43 – 4D 46
Holmes Dri. B45 – 3D 118
Holmes Dri. CV5 – 3A 114
Holmesfield Rd. B42 – 4G 47
Holmes Rd. L Spa CV31 – 8C 149
Holmes Rd. Wil WV12 – 3B 22
Holmes, The. WV10 – 5H 11
Holme Way. WS4 – 3B 24
Holmewood Clo. Ken CV8 – 2C 150
Holmfield Rd. CV2 – 5F 117
Holmsdale Rd. CV6 – 1C 116
Holmwood Av. Kid DY11 – 3B 140
Holmwood Dri. Red B97 – 3B 144
Holmwood Rd. B10 – 4E 75
Holston Clo. Can WS12 – 5H 5
Holsworth Clo. Tam B77 – 3E 135
Holsworthy Clo. Nun CV11 – 2H 137
Holte Rd. B6 – 3B 60
Holte Dri. Sut C B75 – 1A 38
Holte Rd. B11 – 2E 91
Holtes Wlk. B6 – 4C 60
Holt Rd. Hal B62 – 4B 70
Holt Rd. Hin LE10 – 4F 139
Holtshill La. WS1 – 1H 33
Holt St. B7 – 2B 74
Holt, The. L Spa CV32 – 2C 148
Holwick. Tam B77 – 4H 135
Holyhead Rd. B21 – 4B 58
Holyhead Rd. CV5 & CV1 – 3F 115
Holyhead Rd. Wed WS10 – 1A 44
Holyhead Way. B21 – 4C 58
Holylake Rd. WV6 – 1A 18
Holyoak Clo. B6 – 3B 60
Holyoak Clo. Nun CV12 – 4D 80
Holyrood Ct. Nun CV10 – 2C 136
Holyrood Gro. B6 – 4A 60
Holy Well Clo. B16 – 4F 73
Holywell La. B45 – 3B 118
Homecroft Rd. B25 – 5B 76
Homedene Rd. B31 – 2G 103
Home Farm Cres. L Spa CV31 – 8C 149
Homefield Rd. WV8 – 5C 10
Homelands. B42 – 4G 47
Homelea Rd. B25 – 5A 76
Homemead Gro. B45 – 2D 118
Home Meadow La. Red B98 – 1G 145
Home Pk. Rd. Nun CV11 – 4F 137
Homer Hill Rd. Hal B63 – 1D 84
Homer Rd. Sol B91 – 4E 109
Homer Rd. Sut C B75 – 1A 38
Homers Fold. Bil WV14 – 5E 31
Homer St. B12 – 2B 90
Homerton Rd. B44 – 3C 48
Homestead Clo. DY3 – 1A 54
Homestead Dri. Sut C B75 – 1A 38
Homestead Rd. B33 – 4E 77
Homewood Clo. Sut C B76 – 1B 50
Homfray Rd. Kid DY10 – 1F 141
Honeswade Clo. B20 – 4F 59
Honeyborne Rd. Sut C B75 – 3A 38
Honeybourne. Tam B77 – 3E 135
Honeybourne Clo. CV5 – 4D 114
Honeybourne Clo. Hal B63 – 4H 85
Honeybourne Cres. WV5 – 5A 40
Honeybourne Rd. B33 – 5F 77
Honeybourne Rd. Hal B63 – 3A 86
Honeybrook La. Kid DY11 – 1B 140
Honeyfield Rd. CV1 – 3B 116
Honeysuckle Av. King DY6 – 5E 53
Honeysuckle Dri. CV2 – 4F 101
Honeysuckle Dri. WV10 – 2D 12
Honeytree Clo. King DY6 – 3F 67
Honiley Dri. Sut C B73 – 2D 48
Honiley Rd. B33 – 3D 76
Honiley Way. CV2 – 5G 101
Honister Clo. Bri H DY5 – 4B 68
Honiton Clo. B31 – 3H 103
Honiton Cres. B31 – 3G 103
Honiton Rd. CV2 – 3F 117
Honiton Wlk. War B66 – 1B 72
Honiton Way. WS9 – 4E 25
Honor Av. WV4 – 5H 29
Hoobrook Trading Est. Kid DY10 – 5D 140
Hood Gro. B30 – 4C 104
Hood St. CV1 – 4C 116
Hoo Farm Ind. Est. Kid DY11 – 5E 141
Hook Dri. Sut C B74 – 5F 27
Hooper St. B18 – 2E 73
Hoo Rd. Kid DY10 – 4E 141
Hoosen Clo. Hal B62 – 1D 86
Hopedale Clo. CV2 – 4H 117
Hopedale Rd. B32 – 2F 87
Hope Dri. Can WS11 – 3B 8
Hope Pl. B29 – 4E 89
Hope Rd. Tip DY4 – 5A 44
Hope St. B5 – 5A 74
Hope St. CV1 – 5A 116
Hope St. DY2 – 4D 54
Hope St. WS1 – 3H 33
Hope St. Hal B62 – 5B 70
Hope St. Sto DY8 – 3D 66
Hope St. W Bro B70 – 3G 57
Hope Ter. DY2 – 2D 68
Hope Ter. Wed WS10 – 5B 32
Hopgardens Av. Brom B60 – 3F 143
Hopkins Ct. Wed WS10 – 2D 44
Hopkins Dri. W Bro B71 – 4H 45
Hopkins Rd. CV6 – 3H 115
Hopkins St. Tip DY4 – 3G 55
Hopleys Clo. Tam B77 – 1F 135
Hopstone Gdns. WV4 – 5E 29
Hopstone Rd. B29 – 5A 88
Hopton Clo. CV5 – 4C 114
Hopton Clo. WV6 – 1A 28
Hopton Clo. Tip DY4 – 2A 44
Hopton Cres. WV11 – 4F 21
Hopton Crofts. L Spa CV32 – 1H 147
Hopton Gro. B13 – 3D 106
Hopton Meadow. Can WS12 – 5F 5
Hopwas Gro. B37 – 1H 77
Hopwood Clo. Hal B63 – 4G 85
Hopwood Gro. B31 – 3H 119
Hopyard Clo. DY3 – 2G 53
Hopyard Gdns. Bil WV14 – 1C 42
Hopyard La. DY3 – 2G 53 (in two parts)
Hopyard La. Red B98 – 2G 145
Hopyard Rd. WS2 – 1C 32
Horace Partridge Rd. Wed WS10 – 5H 31
Horace St. Bil WV14 – 3C 42
Hordern Clo. WV6 – 4E 19
Hordern Cres. Bri H DY5 – 5A 68
Hordern Gro. WV6 – 4E 19
Hordern Rd. WV6 – 4E 19
Hornbeam. Tam B77 – 1G 135
Hornbeam Clo. B29 – 1B 104
Hornbeam Gro. L Spa CV31 – 6D 149
Hornbeam Wlk. WV3 – 2F 29
Hornbrook Gro. B27 – 2H 107
Hornby Gro. B14 – 4D 106
Hornby Rd. WV4 – 5H 29
Hornchurch Clo. CV1 – 1B 132
Horne Way. B34 – 1G 77
Horning Dri. Bil WV14 – 1E 43
Horninghold Clo. CV3 – 1H 133
Hornsey Clo. CV2 – 2H 117
Hornsey Gro. B44 – 2C 48
Hornsey Rd. B44 – 2C 48
Hornton Clo. Sut C B74 – 4E 27
Horobins Yd. Nun CV12 – 2F 81
Horrell Rd. B26 – 5D 76
Horrell Rd. Sol B90 – 5G 107
Horse Fair. B1 – 4H 73
Horse Fair. Kid DY10 – 2E 141
Horsefair, The. Hin LE10 – 2E 139
Horsehills Dri. WV3 – 1E 29
Horselea Croft. B8 – 2A 76
Horseley Fields. WV1 – 1A 30
Horseley Heath. Tip DY4 – 1A 56
Horseley Rd. Tip DY4 – 5A 44 (in two parts)
Horsepool. Hin LE10 – 4H 139
Horse Shoe Rd. CV6 – 3E 101
Horse Shoes La. B26 – 2D 92
Horseshoe, The. War B68 – 3F 71
Horseshoe Walk. Tip DY4 – 5F 43
Horsfall Rd. Sut C B75 – 5D 38
Horsford Rd. CV3 – 3C 132
Horsham Av. Sto DY8 – 3C 66
Horsley Rd. B43 – 5H 35
Horsman St. WV1 – 1G 29
Horton Clo. DY3 – 3H 41
Horton Clo. Wed WS10 – 3B 32
Horton Gro. Sol B90 – 3D 124
Horton Pl. Wed WS10 – 3B 32
Horton St. Tip DY4 – 1B 56
Horton St. Wed WS10 – 3B 32
Horton St. W Bro B70 – 3F 57
Hosiery St. Nun CV12 – 3G 81
Hospital La. Bil WV14 – 4D 42 (in two parts)
Hospital La. Nun CV12 – 4A 80
Hospital La. War B69 – 3H 55
Hospital Rd. WS7 – 3F 9
Hospital St. B19 – 1H & 2H 73
Hospital St. WS2 – 5G 23
Hospital St. WV1 – 2A 30
Hospital St. Tam B79 – 2C 134
Hothersall Dri. Sut C B73 – 3G 49
Hothorpe Clo. CV3 – 1H 133
Hotspur Rd. B44 – 3B 48
Hough Pl. WS2 – 4E 33
Hough Rd. B14 – 2H 105
Hough Rd. WS2 – 3D 32 & 3E 33
Houghton St. War B69 – 1D 70
Houghton St. W Bro B70 – 4G 57
Houldey Rd. B31 – 1B 120
Houldsworth Cres. CV6 – 3B 100
Houliston Clo. Wed WS10 – 5E 33
Houndsfield Clo. B47 – 3D 122
Hounsfield Gro. B47 – 4B 122 (in two parts)
Houndsfield La. B47 & Sol B90 – 4B 122
Housman Clo. Brom B60 – 5C 142
Housman Pk. Brom B60 – 3E 143
Housman Wlk. Kid DY10 – 3H 141
Houting. Tam B77 – 5E 135
Hove Av. CV5 – 4B 114
Hovelands Clo. CV2 – 1G 117
Hove Rd. B27 – 5H 91
Howard Av. Brom B61 – 2C 142
Howard Clo. CV5 – 3B 114
Howard Cres. Can WS12 – 1F 5
Howard Rd. B14 – 1H 105
Howard Rd. B20 – 3G 59
Howard Rd. B25 – 1A 92
Howard Rd. B43 – 3B 46
Howard Rd. WV11 – 2G 21
Howard Rd. Bil WV14 – 1G 43
Howard Rd. Nun CV10 – 3D 136
Howard Rd. Red B98 – 5F 145
Howard Rd. Sol B92 – 3B 92
Howard Rd. E. B13 – 2A 106
Howard St. B19 – 2H 73
Howard St. CV1 – 3B 116
Howard St. WV2 – 3H 29
Howard St. Tip DY4 – 1H 55
Howard St. W Bro B70 – 4D 44
Howarth Way. B6 – 5B 60
Howat Rd. CV7 – 1G 99
Howcotte Grn. CV4 – 2B 130
Howden Pl. B33 – 2D 76
Howdle's La. WS8 – 5E 9
Howe Cres. Wil WV12 – 3A 22
Howell Rd. WV2 – 4A 30
Howells Clo. Nun CV12 – 4B 80
Howes Croft. B35 – 3D 62
Howes La. CV3 – 5B 132
Howe St. B4 – 3B 74
Howford Gro. B7 – 2C 74
Howland Clo. WV9 – 1F 19
Howlette Rd. CV4 – 5B 114
Howley Av. B44 – 3A 48
Howley Grange Rd. Hal B62 – 2D 86
Howl Pl. Tip DY4 – 1G 55
Hoylake. Tam B77 – 1H 135
Hoylake Clo. WS3 – 4E 15
Hoylake Dri. War B69 – 5H 55
Hoyland Way. B30 – 1D 104
Huband Clo. Red B98 – 1D 144
Hubert Croft. B29 – 4E 89
Hubert Rd. B29 – 4E 89
Hubert St. B6 – 1B 74
Hucker Clo. WS2 – 3E 33
Hucker Rd. WS2 – 3E 33
Huddison Clo. Warw CV34 – 2E 147
Huddlestone Clo. WV10 – 2C 12
Huddocks View. WS3 – 4H 15
Hudson Av. B46 – 1E 79
Hudson Dri. WS7 – 2H 9
Hudson Gro. WV6 – 1A 18
Hudson Rd. B20 – 1E 59
Hudson Rd. Tip DY4 – 1A 56
Hudson's Dri. B30 – 3F 105
Hudswell Dri. Bri H DY5 – 5H 67
Hughes Av. WV3 – 3E 29 (in two parts)
Hughes Clo. Warw CV34 – 1D 146
Hughes Pl. Bil WV14 – 3E 31
Hughes Rd. Bil WV14 – 3E 31
Hughes Rd. Wed WS10 – 5H 31
Hughes St. WV1 – 5H 19
Hugh Rd. B10 – 4E 75
Hugh Rd. CV3 – 5E 117
Hugh Rd. War B67 – 1G 71
Huins Clo. Red B98 – 2D 144
Hullbrook Rd. B13 – 3D 106
Humber Av. CV1 – 5C 116
Humber Av. CV3 – 5D 116
Humber Av. Sut C B76 – 4D 50
Humber Gro. B36 – 3H 63
Humber Rd. CV3 – 5D 116 to 2E 133
Humber Rd. WV3 – 2G 29
Humberstone Rd. B24 – 1C 62
Humberstone Rd. CV6 – 3H 115
Humber Tower. B7 – 2C 74
Hume St. Kid DY11 – 3C 140
Hume St. War B66 – 2B 72
Humpage Rd. B9 – 3E 75
Humphrey Av. Brom B60 – 5D 142
Humphrey Burton's Rd. CV3 – 2A 132
Humphrey Davy Rd. Nun CV12 – 5C 80
Humphrey Middlemoor Dri. B17 – 3C 88
Humphreys Rd. WV10 – 3A 20
Humphrey St. DY3 – 2A 54
Humphries Cres. Bil WV14 – 2G 43
Humphries Dri. Kid DY10 – 5E 141
Humphries Ho. WS8 – 2E 17
Humphris St. Warw CV34 – 3G 147
Hundred Acre Rd. Sut C B74 – 3A 36
Hungary Clo. Sto DY9 – 2G 83
Hungary Hill. Sto DY9 – 2G 83
Hungerfield Rd. B36 – 4F 63
Hungerford Rd. Sto DY8 – 4D 82
Hunningham Gro. Sol B91 – 1E 125
Hunnington Clo. B32 – 5D 86
Hunnington Cres. Hal B63 – 4H 85
Hunscote Clo. Sol B90 – 1F 123
Hunslet Rd. B32 – 3H 87
Hunslet Rd. WS7 – 1F 9
Hunstanton Av. B17 – 5H 71
Hunstanton Clo. Bri H DY5 – 5H 67
Hunt Clo. Warw CV35 – 4A 146
Hunter Av. WS7 – 1G 9
Hunter Cres. WS3 – 3H 23
Hunter Rd. Can WS11 – 1C 6
Hunters Clo. Bil WV14 – 3G 31
Hunters Clo. Lich WS14 – 4H 151
Hunters Ride. Sto DY7 – 3B 66
Hunter's Rd. B19 – 5F 59
Hunter St. WV6 – 5F 19
Hunter's Vale. B19 – 1G 73
Hunters Wlk. B23 – 3D 48
Hunting Av. Nun CV10 – 3A 136
Huntingdon Gdns. Hal B63 – 1E 85
Huntingdon Rd. CV5 – 1H 131
Huntingdon Rd. W Bro B71 – 5E 45
Huntingdon Way. Nun CV10 – 3C 136
Huntington Clo. Red B98 – 3H 145
Huntington Rd. Wil WV12 – 2B 22
Huntington Ter. Rd. Can WS11 – 3D 4
Huntingtree Rd. Hal B63 – 3F 85
Huntlands Rd. Hal B63 – 4F 85
Hunt La. Wed WS10 – 1A 44
Huntly Rd. B16 – 4F 73
Hunt Mill Dri. Bri H DY5 – 4H 53
Hunton Hill. B23 – 2E 61
Hunton Rd. B23 – 2E 61
Hunt's La. Wil WV12 – 3B 22
Hunt's Rd. B30 – 2F 105
Hunt Ter. CV4 – 2D 130
Hurcott La. Kid DY10 – 1H 141
Hurcott Rd. Kid DY10 – 2E 141
Hurcott Village. Kid DY10 – 2H 141
Hurdis Rd. Sol B90 – 5G 107
Hurdlow Av. B18 – 1F 73
Hurlbutt Rd. Warw CV34 – 5H 147
Hurley Clo. WS5 – 4C 34
Hurley Clo. L Spa CV32 – 3C 148
Hurley Clo. Sut C B72 – 2A 50
Hurley Gro. B37 – 1H 77
Hurley's Fold. DY2 – 1D 68
Hurlingham Rd. B44 – 2B 48
Hurn Way. CV6 – 2F 101
Huron Clo. Can WS12 – 4F 5
Hurstbourne Cres. WV1 – 2D 30
Hurst Clo. B36 – 5G 63
Hurstcroft Rd. B33 – 3E 77
Hurst Grn. Rd. Hal B62 – 5C 70
Hurst Grn. Rd. Sol B93 – 4H 125
Hurst Grn. Rd. Sut C B76 – 5F 51
Hurst La. B34 – 1F 77 & 5G 63
Hurst La. Bri H DY5 – 2B 68
Hurst La. Tip DY4 – 5F 43
Hurst La. N. B36 – 5G 63
Hurst Rd. CV6 – 3E 101
Hurst Rd. Bil WV14 – 3C 42
Hurst Rd. Hin LE10 – 3F 139
Hurst Rd. Nun CV12 – 3F 81
Hurst Rd. War B67 – 3G 71
Hurst St. B5 – 4A 74
Hurst, The. B13 – 1D 106
Hurst, The. B47 – 3B 122
Hurstway, The. B23 – 3D 48
Hurstwood Rd. B23 – 4D 48
Hussey Rd. WS8 – 1D 16
Hussey Rd. Can WS11 – 3H 7
Husum Way. Kid DY10 – 2H 141
Huthill La. WS6 – 3D 6 (in two parts)
Hutton Av. B8 – 1E 75
Hutton Rd. B8 – 1E 75
Hutton Rd. B20 – 3G 59
Huxbey Dri. Sol B92 – 5H 93
Hyacinth Dri. Hin LE10 – 4F 139
Hyatt Sq. Bri H DY5 – 5H 67
Hyatt's Wlk. War B65 – 1G 69
Hyde Pl. L Spa CV32 – 4A 148
Hyde Rd. B16 – 4E 73
Hyde Rd. CV2 – 3H 117
Hyde Rd. WV11 – 3F 21
Hyde Rd. Ken CV8 – 3B 150
Hydes La. Hin LE10 – 5B 138
Hydes Rd. Wed WS10 & W Bro B71 – 2D 44
Hyde, The. Sto DY9 – 4A 84
Hylda Rd. B20 – 3F 59
Hylston Cres. WV11 – 3E 21
Hylton St. B18 – 2G 73
Hyperion Dri. WV4 – 1F 41
Hyperion Rd. B36 – 4C 62
Hyperion Rd. Sto DY7 – 5C 66 (in two parts)
Hyron Hall Rd. B27 – 4A 92
Hytall Rd. Sol B90 – 5D 106
Hythe Gro. B25 – 5B 76

Ibberton Rd. B14 – 4C 106
Ibex Clo. CV3 – 1H 133
Ibis Clo. Kid DY10 – 5G 141
Ibis Gdns. King DY6 – 5F 53
Ibstock Clo. Red B98 – 2H 145
Ibstock Dri. Sto DY8 – 3G 83
Ibstock Rd. CV6 – 2E 101

Icknield Clo.—Junction St.

Icknield Clo. Sut C B74 – 2B 36
Icknield Port Rd. B16 – 2D 72
Icknield Sq. B16 – 3E 73
Icknield St. B18 – 2F 73
Icknield St. B38 & B48 – 2F to 5F 121
Icknield St. Red B98 – 1F & 3G 145
Icknield St. Dri. Red B98 – 3G 145
Ida Rd. WS2 – 2F 33
Ida Rd. W Bro B70 – 4G 57
Idbury Rd. B44 – 4B 48
Idmiston Croft. B14 – 5A 106
Idonia Rd. WV6 – 4A 18
Ilam Pk. Ken CV8 – 2D & 3D 150
Ilex Ct. Warw CV34 – 3F 147
Ilford Clo. Nun CV12 – 3D 80
Ilford Dri. CV3 – 3A 132
Ilford Rd. B23 – 5E 49
Ilfracombe Gro. CV3 – 4H 131
Iliffe Way. B17 – 3C 88
Ilkley Gro. B37 – 4H 77
Illeybrook Sq. B32 – 4F 87
Illey La. Hal B62 & B32 – 5A 86 to 1D 102
Illshaw. WV9 – 5G 11
Illshaw Heath Rd. Sol B94 – 5B 124
Illsley Rd. B23 – 1F 61
Ilmington Clo. CV3 – 4A 132
Ilmington Clo. Red B98 – 4G 145
Ilmington Dri. Sut C B73 – 2D 48
Ilmington Rd. B29 – 5H 87
Ilminster Clo. Hin LE10 – 4H 139
Ilsham Gro. B31 – 3H 119
Imber Rd. Kid DY10 – 5F 141
Imperial Av. Kid DY10 – 1F 141
Imperial Gro. Kid DY10 – 1F 141
Imperial Rd. B9 – 4F 75
Impney Clo. Red B98 – 1G 145
Impsley Clo. B36 – 4E 63
Ince Rd. Wed WS10 – 3A 32
Inchbrook Rd. Ken CV8 – 1D 150
Inchcape Av. B20 – 2F 59
Inchford Av. Warw CV34 – 2E 147
Inchford Clo. Nun CV11 – 5H 137
Inchford Rd. Sol B92 – 1G 109
Inchlaggan Rd. WV10 – 3B 20
Ingatestone Dri. Sto DY8 – 2C 66
Ingestre Clo. Can WS12 – 5F 5
Ingestre Dri. B43 – 3C 46
Inge St. B5 – 4A 74
Ingestre Rd. B28 – 2G 107
Ingestre Rd. WV10 – 1H 19
Ingham Way. B17 – 5A 72
Ingleby Gdns. WV6 – 4F 19
Ingle Ct. L Spa CV31 – 5A 149
Ingledew Clo. WS2 – 1B 32
Inglefield Rd. B33 – 3C 76
Inglemere Gro. B29 – 1H 103
Inglebrook Dri. B20 – 3F 59
Ingleton Rd. B8 – 5G 61
Inglewood Av. WV3 – 3E 29
Inglewood Clo. King DY6 – 1D 66
Inglewood Clo. L Spa CV32 – 2C 148
Inglewood Gro. Sut C B74 – 1A & 2A 36
Inglewood Rd. B11 – 2D 90
Ingoldsby Rd. B31 – 4C 104
Ingram Gro. B27 – 5G 91
Ingram Pit La. Tam B77 – 1G 135
Ingram Pl. WS3 – 1G 23
Ingram Rd. CV5 – 1F 131
Ingram Rd. WS3 – 1F 23
Inhedge, The. DY1 – 4D 54
Inhedge St. DY3 – 1B 54
Inkberrow Rd. Hal B63 – 4G 85
Inkerman Gro. WV10 – 1B 30
Inkerman St. B7 – 2D 74
Inkerman St. WV10 – 1B 30
Inland Rd. B24 – 3H 61
Innage Clo. L Spa CV31 – 5C 149
Innage Rd. B31 – 4B 104
Innage, The. B47 – 3C 122
Innis Rd. CV5 – 2G 131
Innsworth Dri. B35 – 1D 62
Insetton Clo. Red B98 – 2G 145
Inshaw Clo. B33 – 3C 76
Institute Rd. B14 – 1A 106
Instone Rd. CV6 – 5H 99
Instone Rd. Hal B63 – 4G 85
Instow Clo. W11 – 2D 21
Insull Av. B14 – 5C 106
Intended St. Hal B63 – 1E 85
Intown. WS1 – 1H 33
Intown Row. WS1 – 1H 33
Inveraray Clo. Ken CV8 – 3D 150
Inverclyde Rd. B20 – 2F 59
Inverness Clo. CV5 – 3C 114
Inverness Rd. B31 – 4H 103
Invicta Rd. CV3 – 1H 133
Inworth. WV9 – 5G 11
Ipsley Church La. Red B98 – 4F 145
Ipsley Ct. Red B98 – 4F 145
Ipsley Gro. B23 – 1C 60
Ipsley Ho. Red B98 – 4F 145
Ipsley La. Red B98 – 4G 145
Ipsley St. Red B38 – 3C 144
Ipstones Av. B33 – 2C 76
Ipswich Cres. B42 – 4G 47
Ipswich Wlk. B37 – 4A 78
Ireland Grn. Rd. W Bro B70 – 2E 57
Ireton Clo. CV4 – 1H 129
Ireton Rd. B20 – 1F 59
Ireton Rd. WV10 – 5A 12
Iris Clo. B29 – 1B 104
Iris Clo. DY2 – 3G 55
Iris Clo. Hin LE10 – 5F 139
Iris Clo. Tam B79 – 2D 134
Irnham Rd. Sut C B74 – 1H 37
Iron Bridge Wlk. Sto DY9 – 5G 83
Iron La. B33 – 2B 76
Ironmonger Row, CV1 – 4B 116
Ironstone Rd. WS7 – 1D 8
Irvan Av. W Bro B70 – 1D 56
Irvine Rd. WS3 – 2E 23
Irving Clo. DY3 – 1F 53
Irving Clo. Lich WS13 – 1E 151
Irving Rd. CV1 – 5D 116
Irving Rd. Sol B92 – 3G 93
Irving Rd. Tip DY4 – 2G 43
Irving St. B1 – 4H 73
Irwell. Tam B77 – 3E 135
Irwin Av. B45 – 3F 119
Isaac Walton Pl. W Bro B70 – 4C 44
Isis Gro. B36 – 4H 63
Island Clo. Hin LE10 – 1G 139
Island Rd. B21 – 4C 58
Islington. Hal B63 – 3H 85
Islington Row Middleway. B15 – 4G 73
Ismere Rd. B24 – 2H 61
Ismere Way. Kid DY10 – 1F 141
Itchen Gro. WV6 – 2A 18
Ithon Gro. B38 – 1D 120
Ivanhoe Av. Nun CV11 – 5H 137
Ivanhoe Rd. B43 – 2G 47
Ivanhoe Rd. WV2 – 4C 30
Ivanhoe Rd. Lich WS14 – 4F 151
Ivanhoe St. DY2 – 5C 54
Ivatt. Tam B77 – 3F 135
Iverley Rd. Hal B63 – 3A 86
Iverley Wlk. Sto DY9 – 4G 83
Ivor Rd. B11 – 3C 90
Ivor Rd. CV6 – 4D 100
Ivor Rd. Red B97 – 3B 144
Ivy Av. B12 – 2B 90
Ivybridge Gro. B42 – 2H 59
Ivybridge Rd. CV3 – 3B 132
Ivydale Av. B26 – 2F 93
Ivy Farm La. CV4 – 3F 131
Ivyfield Rd. B23 – 1C 60
Ivyhouse La. Bil WV14 – 3D 42 (in two parts)
Ivyhouse Rd. B38 – 1B 120
Ivy Ho. Rd. War B69 – 5B 56
Ivyhouse Wlk. Tam B77 – 5G 135
Ivy La. B9 – 3C 74
Ivy Pl. B29 – 4E 89
Ivy Rd. B21 – 5F 59
Ivy Rd. B30 – 2F 105
Ivy Rd. DY1 – 1C 54
Ivy Rd. Sut C B73 – 2F 49
Ivy Rd. Tip DY4 – 4G 43
Ivy Wlk. CV3 – 2G 133
Izod St. Red B97 – 2B 144
Izons Ind. Est. W Bro B70 – 3D 56
Izons La. W Bro B70 – 3D 56
Izons Rd. W Bro B70 – 2F 57

Jacey Rd. B16 – 4C 72
Jacey Rd. Sol B90 – 3H 107
Jackdaw Clo. DY3 – 2H 41
Jackdaw Dri. B36 – 4A 64
Jacker's Rd. CV2 – 3E 101
Jack Holden Av. Bil WV14 – 2C 42
Jacklin Dri. CV3 – 4B 132
Jacknell Rd. Hin LE10 – 3A 138
Jacknell Ind. Pk. Hin LE10 – 3A 138
Jackson Av. B8 – 2F 75
Jackson Clo. CV7 – 1H 99
Jackson Clo. WV10 – 2C 12
Jackson Clo. Can WS11 – 3G 7
Jackson Clo. Tip DY4 – 3A 44
Jackson Clo. War B68 – 2E 71
Jackson Clo. Warw CV35 – 4A 146
Jackson Ho. War B69 – 5D 56
Jackson Rd. B8 – 2F 75
Jackson Rd. CV6 – 5B 100
Jackson Rd. Lich WS13 – 1G 151
Jackson St. WV6 – 5G 19
Jackson St. Sto DY9 – 2A 84
Jackson St. War B68 – 2E 71
Jackson Wlk. B35 – 3D 62
Jackson Way. B32 – 2E 87
Jacmar Cres. War B67 – 1G 71
Jacobean La. Sol B93 – 1A 126
Jacob's Hall La. WS6 – 1E 15
Jacoby Pl. B5 – 2G 89
Jacox Cres. Ken CV8 – 3D 150
Jacquard Clo. CV3 – 4B 132
Jaffray Cres. B24 – 2F 61
Jaffray Rd. B24 – 2F 61
Jaguar. Tam B77 – 2F 135
Jakeman Rd. B12 – 2A 90
Jakeman Clo. Red B98 – 2G 145
James Bri. Clo. WS2 – 3E 33
James Clift Ho. War B69 – 1B 70
James Clo. War B67 – 1A 72
James Croft. CV3 – 3H 133
James Dawson Dri. CV5 – 1H 113
James Dee Clo. Bri H DY5 – 4C 68
James Diskin Clo. Nun CV11 – 4H 137
James Galloway Clo. CV3 – 2H 133
James Grn. Rd. CV4 – 5B 114
James Greenway. Lich WS13 – 1F 151
Jameson Rd. B6 – 4D 60
Jameson St. WV6 – 5G 19
James Rd. B11 – 2G 91
James Rd. B43 – 4D 46
James Rd. B46 – 4E 65
James Rd. Kid DY10 – 1F 141
James Scott Rd. Hal B63 – 1C 84
James St. B3 – 2G 73
James St. Bil WV14 – 4F 31
James St. Can WS11 – 2D 4
James St. Nun CV11 – 2E 137
James St. Wil WV13 – 1G 31
James Turner St. B18 – 1D 72
James Watt Dri. B19 – 4G 59
James Watt Ho. War B66 – 1B 72
James Watt Queensway. B4 – 3A 74
James Watt St. B4 – 3A 74
James Watt St. W Bro B71 – 3E 45 (in two parts)
Jane Lane Clo. WS2 – 5C 22
Janice Gro. B14 – 3D 106
Janine Av. WV11 – 3F 21
Jaques Clo. B46 – 3B 64
Jardine Cres. CV4 – 5B 114
Jardine Rd. B6 – 4B 60
Jardine Shopping Centre. CV4 – 5C 114
Jarvis Cres. War B69 – 2D 70
Jarvis Rd. B23 – 5F 49
Jarvis Way. B24 – 4F 61 (in two parts)
Jasmin Croft. B14 – 4A 106
Jasmine Gro. CV3 – 1F 133
Jasmine Gro. WV8 – 5B 10
Jasmine Gro. Brom B61 – 2D 142
Jasmine Gro. L Spa CV32 – 3C 148
Jasmine Rd. DY2 – 4G 55
Jasmine Rd. Tam B77 – 1G 135
Jason Clo. Tam B77 – 1E 135
Jason Rd. Sto DY9 – 3C 84
Jayne Clo. WV11 – 3E 21
Jayne Clo. W Bro B71 – 3H 45
Jay Park Cres. Kid DY10 – 5G 141
Jay Rd. King DY6 – 4D 52
Jay's Av. Tip DY4 – 1H 55
Jayshaw Av. B43 – 3D 46
Jeavons Pl. Bil WV14 – 5D 30
Jedburgh Av. WV6 – 1A 18
Jedburgh Gro. CV3 – 4H 131
Jeddo St. WV2 – 2H 29
Jeffcock Rd. WV3 – 2F 29
Jefferies Clo. Hin LE10 – 1F 139
Jefferson Clo. W Bro B71 – 3E 45
Jeffery Av. WV4 – 5B 30
Jeffrey Clo. Nun CV12 – 5B 80
Jeffrey Rd. War B65 – 2C 70
Jeffries Ho. War B69 – 5D 56
Jeffs Av. WV2 – 3A 30
Jeliff St. CV4 – 5B 114
Jelleyman Clo. Kid DY11 – 3C 140
Jellicoe Way. Hin LE10 – 1F 139
Jenkins Av. CV5 – 3B 114
Jenkins Clo. Bil WV14 – 5E 31
Jenkinson Rd. Wed WS10 – 2B 44
Jenkins St. B10 – 5D 74
Jenks Av. WV10 – 2A 20
Jenks Rd. WV5 – 1A 52
Jennens Rd. B4 – 3A 74
Jenner Clo. WS2 – 3D 22
Jenner Rd. WS2 – 3D 22 (in two parts)
Jenner St. CV1 – 3C 116
Jenner St. WV2 – 2A 30
Jennifer Wlk. B25 – 5B 76
Jenning St. War B64 – 4G 69
Jennyns Ct. Wed WS10 – 2D 44
Jensen. Tam B77 – 2F 135
Jenton Rd. L Spa CV31 – 6C 149
Jephcott Gro. B8 – 2G 75
Jephcott Rd. B8 – 2G 75
Jephson Dri. B26 – 5C 76
Jephson Pl. L Spa CV31 – 5C 149
Jeremy Gro. Sol B92 – 3E 93
Jeremy Rd. WV4 – 5H 29 (in two parts)
Jerome Dri. Can WS11 – 2A 8
Jerome Rd. WS2 – 2E 33
Jerome Rd. Can WS11 – 3A 8
Jerome Rd. Sut C B72 – 1A 50
Jerome Way. WS7 – 1G 9
Jerrard Dri. Sut C B75 – 5A 38
Jerry's La. B23 – 4E 49
Jersey Croft. B36 – 1A 78
Jersey Rd. B8 – 2E 75
Jerusalem Wlk. Kid DY10 – 2E 141
Jervis Clo. Bri H DY5 – 5H 53
Jervis Cres. Sut C B74 – 5D 26
Jervoise Dri. B31 – 3B 104
Jervoise La. W Bro B71 – 3G 45
Jervoise Rd. B29 – 5A 88
Jervoise St. W Bro B70 – 1E 57
Jesmond Gro. B24 – 1B 62
Jesmond Rd. CV1 – 3D 116
Jessel Rd. WS2 – 1F 33
Jessie Rd. WS9 – 1F 25
Jesson Clo. WS1 – 3A 34
Jesson Rd. DY3 – 5C 42
Jesson Rd. WS1 – 3A 34
Jesson Rd. Sut C B75 – 5D 38
Jesson St. W Bro B70 – 3H 57
Jevons Rd. Sut C B73 – 1D 48
Jevon St. Bil WV14 – 3D & 4D 42
Jew's La. DY3 – 1A 54
Jiggin's La. B32 – 5F 87
Jill Av. B43 – 3C 46
Jillcot Rd. Sol B92 – 3E 93
Jinnah Clo. B12 – 5A 74
Joanna Dri. CV3 – 5B 132
Joan's Gro. L Spa CV31 – 6D 149
Joan St. WV2 – 4A 30
Joan Ward St. CV3 – 1B 132
Job's La. CV4 – 4C 114
Jockey Field. DY3 – 5A 42
Jockey La. Wed WS10 – 1E 45
Jockey Rd. Sut C B73 – 2E to 1H 49
Jodrell St. Nun CV11 – 2E 137
Joey's La. WV8 – 4C 10
John Bright Clo. Tip DY4 – 3G 43
John Bright St. B1 – 4H 73
John Dray. Tam B77 – 5E 135
John Feeney Tower. B31 – 1H 103
John F. Kennedy Wlk. Tip DY4 – 4H 43
John Grace St. CV3 – 1C 132
John Harper St. Wil WV13 – 1A 32
John Kempe Way. B11 – 5B 74
John Kennedy Av. Bil WV14 – 2E 43
John Knight Rd. Nun CV12 – 2F 81
John McGuire Cres. CV3 – 2H 133
John Nash Sq. Ken CV8 – 4B 150
John Nichols St. Hin LE10 – 3D 138
John O'Gaunt Rd. Ken CV8 – 4A 150
John Riley Dri. Wil WV12 – 2A 22
John Rd. Hal B62 – 3C 86
John Rous Av. CV4 – 2D 130
John's Clo. Hin LE10 – 5E 139
Johns Gro. B43 – 4B 46
Johns La. WS6 – 4D 6
John's La. Tip DY4 – 1A 56
John's La. War B69 – 2A 56
Johnson Av. WV11 – 3G 21
Johnson Clo. B36 – 5A 62
Johnson Clo. Red B98 – 2D 144
Johnson Clo. Wed WS10 – 5B 32
Johnson Dri. B35 – 2C 62
Johnson Pl. Bil WV14 – 4G 31
Johnson Rd. B23 – 5G 49
Johnson Rd. CV6 – 5E 101
Johnson Rd. WS7 – 1E 9
Johnson Rd. Can WS11 – 3B 4
Johnson Rd. Nun CV12 – 3F 81
Johnson Rd. Wed WS10 – 2F 45
Johnson Rd. Wed WS10 – 5B 32 (Darlaston)
Johnson Rd. Wil WV12 – 3B 22 (in two parts)
Johnson Row. Bil WV14 – 3B 42
Johnson's Clo. Lich WS13 – 2H 151
Johnson St. B7 – 5D 60
Johnson St. WV2 – 3H 29
Johnson St. Bil WV14 – 2B 42
Johnstone St. B19 – 4H 59
Johnston St. W Bro B70 – 4F 57
John St. B19 – 5G 59
John St. WS2 – 5G 23
John St. WV2 – 4C 30
John St. Bri H DY5 – 2H 67
John St. Hin LE10 – 2F 139
John St. Can WS11 – 2D 4
John St. Can WS12 – 3H 5 (in two parts)
John St. L Spa CV32 – 4B 148
John St. Nun CV10 – 4C 136
John St. Nun CV11 – 4F 137
John St. Nun CV12 – 3E 81
John St. Sto DY8 – 4E 67
John St. Tam B77 – 2E 135
John St. War B65 – 4A 70
John St. War B69 – 5D 56
John St. W Bro B70 – 1E 57 (Guns Village)
John St. W Bro B70 – 1D 56 (Swan Village)
John St. Wil WV13 – 2H 31
John St. N. W Bro B71 – 1E 57
Joiners Croft. Sol B92 – 5G 93
Joinings Bank. War B68 – 2E 71
Jon Baker Ct. Hin LE10 – 3F 139
Jones Field Cres. WV1 – 1C 30
Jones La. WS6 – 5E 7
Jones Rd. CV7 – 4E 81
Jones Rd. WV10 – 4H 19
Jones Rd. Wil WV12 – 2B 22
Jones Wood Clo. Sut C B76 – 4D 50
Jordan Clo. Ken CV8 – 4C 150
Jordan Clo. Lich WS13 – 3F 151
Jordan Clo. Sut C B75 – 2H 37
Jordan Ho. B36 – 4B 62
Jordan Pl. Bil WV14 – 1F 43
Jordan Rd. Sut C B75 – 2H 37
Jordans Clo. Red B97 – 5B 144
Jordans, The. CV5 – 4E 115
Jordan Way. WS9 – 1G 25
Jordan Well. CV1 – 5B 116
Joseph Creighton Clo. CV3 – 2H 133
Joseph Luckman Rd. Nun CV12 – 2E 81
Josiah Rd. B31 – 5G 103
Jowett. Tam B77 – 2E 135
Jowett's La. W Bro B71 – 4E 45
Joyberry Dri. Sto DY8 – 4F 83
Joyce Pool. Warw CV34 – 4E 146
Joynson St. Wed WS10 – 5C 32
Jubilee Av. Red B97 – 5B 144
Jubilee Av. W Bro B71 – 4E 45
Jubilee Clo. WS3 – 3H 23
Jubilee Clo. WS6 – 5D 6
Jubilee Cres. CV6 – 1A 116
Jubilee Dri. N. Kid DY11 – 5B 140
Jubilee Dri. S. Kid DY11 – 5B 140
Jubilee Rd. B45 – 5C 102
Jubilee Rd. Bil WV14 – 1G 43
Jubilee Rd. Tip DY4 – 4H 43
Jubilee St. W Bro B71 – 4F 45
Jubilee Ter. DY2 – 1D 68
Jubilee Ter. Nun CV12 – 2F 81
Judd's La. CV6 – 3C 100
Jude Wlk. Lich WS13 – 1E 151
Judge Clo. War B69 – 5D 56
Judge Rd. Bri H DY5 – 1B 84
Judo Clo. Nun CV12 – 3D 80
Julia Av. B24 – 1C 62
Julia Gdns. W Bro B71 – 3H 45
Julian Clo. WS6 – 4D 6
Julian Clo. WV1 – 1D 30
Julian Rd. WV1 – 2D 30
Juliet Rd. Hal B62 – 3C 86
Julius Dri. B46 – 3D 64
Junction Rd. B21 – 4B 58
Junction Rd. WV2 – 4C 30
Junction Rd. Brom B61 – 2C 142
Junction Rd. Sto DY8 – 2G 83
Junction Rd. Sto DY8 – 4E 67 (Audnam)
Junction St. CV1 – 5A 116
Junction St. DY2 – 4D 54

Junction St.—Kingsbury Rd.

Junction St. WS1 – 3G 33
Junction St. War B69 – 4C 56
Junction St. S. War B69 – 2D 70
June Cres. Tam B77 – 1F 135
June Croft. B26 – 2F 93
Juniper. Tam B77 – 1G 135
Juniper Ct. Kid DY10 – 4F 141
Juniper Dri. CV5 – 3C 114
Juniper Dri. Sut C B76 – 4D 50
Juniper Ho. B20 – 2E 59
Juniper Ho. B36 – 5C 62
Juniper Rise. Hal B63 – 2E 85
Jury Rd. Bri H DY5 – 1B 84
Jury St. Warw CV34 – 4E 147
Jutland Rd. B13 – 1C 106

Kanzan Rd. CV2 – 3F 101
Karen Clo. Nun CV10 – 1C 136
Karen Way. Bri H DY5 – 5A 68
Karlingford Clo. CV5 – 1F 131
Katherine Rd. War B67 – 4H 71
Kathleen Av. Nun CV12 – 4C 80
Kathleen Rd. B25 – 1H 91
Kathleen Rd. Sut C B72 – 5A 38
Katie Rd. B29 – 5D 88
Kayne Clo. King DY6 – 5C 52
Kean Clo. Lich WS13 – 1E 151
Keanscott Dri. War B68 – 2F 71
Keatley Av. B33 – 3G 77
Keats Av. B10 – 5E 75
Keats Av. Can WS11 – 2C 4
Keats Clo. DY3 – 1F 53
Keats Clo. Sto DY8 – 5F 67
Keats Clo. Sut C B74 – 3G 27
Keats Clo. Tam B79 – 1B 134
Keats Dri. Bil WV14 – 2E 43
Keats Gro. B27 – 5H 91
Keats Gro. WV10 – 2C 20
Keats Ho. Red B97 – 5B 144
Keats Ho. War B68 – 2F 71
Keats Pl. Kid DY10 – 2G 141
Keats Rd. CV2 – 5G 117
Keats Rd. WS3 – 2H 23
Keats Rd. WV10 – 1C & 2C 20
Keats Rd. Wil WV12 – 2C 22
Keble Clo. WS7 – 1G 9
Keble Clo. Can WS11 – 1C 6
Keble Gro. B26 – 2E 93
Keble Wlk. Tam B79 – 2C 134
Kebull Grn. CV4 – 2B 130
Kedleston Ct. B28 – 3F 107
Kedleston Rd. B28 – 3F 107
Keegan Wlk. WS2 – 5D 22
Keel Dri. B13 – 5E 91
Keele Clo. Red B98 – 1G 145
Keeley St. B9 – 4C 74
Keeling Dri. Can WS11 – 5A 4
Keelinge St. Tip DY4 – 1H 55
Keeling Rd. Ken CV8 – 2D 150
Keenan Dri. Nun CV12 – 4B 80
Keen St. War B66 – 2C 72
Keepers Clo. WS7 – 2F 9
Keepers Clo. King DY6 – 4C 52
Keepers Ga. Clo. Sut C B75 – 3A 38
Keepers La. WV8 & WV6 – 2B 18
Keepers Rd. Sut C B74 – 4D 26
Kegworth Clo. CV6 – 3E 101
Kegworth Rd. B23 – 3D 60
Keir Clo. L Spa CV32 – 3C 148
Keir Rd. Wed WS10 – 2F 45
Keith Rd. L Spa CV32 – 1C 148
Kelby Clo. B31 – 4H 103
Kelby Rd. B31 – 4H 103
Keldy Clo. WV6 – 4F 19
Kele Rd. CV4 – 2C 130
Kelfield Av. B17 – 3B 88
Kelia Dri. War B67 – 1H 71
Kellett Rd. B7 – 2B 74
Kelling Clo. Bri H DY5 – 5H 67
Kellington Clo. B8 – 2G 75
Kelmscote Rd. CV6 – 1G 115
Kelmscott Rd. B17 – 5A 72
Kelsall Clo. WV1 – 1D 30
Kelsall Croft. B1 – 3F 73
Kelsey Clo. B7 – 2C 74
Kelsey Clo. Nun CV11 – 4H 137
Kelsey La. CV7 – 3D 128
Kelso Gdns. WV6 – 1A 18
Kelsull Croft. B37 – 4H 77
Kelton Ct. B15 – 1F 89
Kelverdale Gro. B14 – 4H 105
Kelverley Gro. W Bro B71 – 3A 46
Kelvin Av. CV2 – 3G 117
Kelvin Clo. Kid DY11 – 1B 140
Kelvin Dri. Can WS11 – 3D 4
Kelvin Pl. WS2 – 4E 23
Kelvin Rd. B31 – 5A 104
Kelvin Rd. WS2 – 4E 23
Kelvin Rd. L Spa CV32 – 1C 148
Kelvin Way. W Bro B70 – 4E 57
Kelvin Way Trading Est. W Bro B70 – 4E 57
Kelway Av. B43 – 1G 47
Kelwood Dri. Hal B63 – 2G 85
Kelynmead Rd. B33 – 4D 76
Kemberton Clo. WV3 – 2C 28
Kemberton Rd. B29 – 4A 88
Kemberton Rd. WV3 – 2C 28
Kemble Clo. Wil WV12 – 5B 22
Kemble Croft. B5 – 1A 90
Kemble Tower. B35 – 2D 62
Kemelstowe Cres. Hal B63 – 5E 85
Kemerton Way. Sol B90 – 3C 124
Kemp Clo. Warw CV34 – 3F 147
Kempe Rd. B33 – 2D 76
Kempley Av. CV2 – 5F 117
Kempsey Clo. Hal B63 – 3F 85
Kempsey Clo. Red B98 – 5E 145
Kempsey Clo. War B68 – 2B 70
Kempsey Covert. B38 – 2D 120
Kemps Grn. Rd. CV7 – 3C 128
Kempson Av. Sut C B72 – 3A 50
Kempson Av. W Bro B71 – 5E 45
Kempson Dri. WS6 – 5D 6
Kempson Rd. B36 – 4C 62
Kempsons Gro. Bil WV14 – 1D 42
Kempthorne Av. WV10 – 2A 20
Kempthorne Gdns. WS3 – 1D 22
Kempthorne Ho. Lich WS13 – 2H 151
Kempthorne Rd. Bil WV14 – 4G 31
Kempton Cres. L Spa CV32 – 2D 148
Kempton Pk. Rd. B36 – 4B 62
Kempton Way. Sto DY8 – 3D 82
Kemsey Dri. Bil WV14 – 1G 43
Kemshead Av. B31 – 1G 119
Kemsley Rd. B14 – 5B 106
Kem St. Nun CV11 – 5G 137
Kenchester Clo. Red B98 – 3H 145
Kendal Av. B45 – 2E 119
Kendal Av. B46 – 5E 65
Kendal Av. L Spa CV32 – 1H 147
Kendal Clo. WV6 – 3E 19
Kendal Clo. Brom B60 – 4F 143
Kendal Clo. Nun CV11 – 5B 136
Kendal Ct. B23 – 2C 60
Kendal Ct. WS9 – 4E 17
Kendal Ct. Can WS11 – 5A 4
Kendal End Rd. B45 – 5F 119
Kendal Gro. Sol B92 – 1H 109
Kendal Ho. War B69 – 2B 70
Kendall Rise. King DY6 – 1E 67
Kendal Rise. CV5 – 4E 115
Kendal Rise. WV6 – 3E 19
Kendal Rise. War B68 – 3E 71
Kendal Rise Rd. B45 – 2E 119
Kendal Rd. B11 – 5C 74
Kendlewood Rd. Kid DY10 – 1G 141
Kendon Av. CV6 – 2G 115
Kendrick Av. B34 – 2F to 1G 77
Kendrick Clo. CV6 – 3E 101
Kendrick Clo. Sol B92 – 2H 109
Kendrick Pl. Bil WV14 – 1H 43
Kendrick Rd. WV10 – 4A 20
Kendrick Rd. Bil WV14 – 1H 43
Kendrick Rd. Sut C B76 – 1C 62
Kenelm Rd. B10 – 5E 75
Kenelm Rd. Bil WV14 – 3D 42
Kenelm Rd. Sut C B73 – 5H 37
Kenelm Rd. War B68 – 3E 71
Kendricks Rd. Wed WS10 – 3C 32
Kendrick St. Wed WS10 – 1D 44
Kenilcourt. Ken CV8 – 2A 150
Kenilworth By-Pass. – 5B 132 & 5C 150
Kenilworth Clo. Sto DY8 – 4C 66
Kenilworth Clo. Sut C B74 – 3G 37
Kenilworth Clo. Tip DY4 – 1F 55
Kenilworth Ct. B16 – 5E 73
Kenilworth Ct. CV3 – 2A 132
Kenilworth Ct. DY1 – 4B 54
Kenilworth Ct. Can WS11 – 5C 4
Kenilworth Cres. WV4 – 5A & 5B 30
Kenilworth Dri. Can WS11 – 3B 4
Kenilworth Dri. Kid DY11 – 5E 141
Kenilworth M. Ken CV8 – 2B 150
Kenilworth Rd. B20 – 3A 60
Kenilworth Rd. B37 – 4E 79
Kenilworth Rd. CV4 & CV3 – 5F 131 to 2A 132
Kenilworth Rd. – 4G 95 to 5F 129
CV7 – 4G 95 & 4A 112
Sol B92 – 2H 111
Ken CV8 – 5E 129
Kenilworth Rd. CV7 – 1H 111
Kenilworth Rd. WV6 – 5A 18
Kenilworth Rd. Ken CV8 – 1C 150
Kenilworth Rd. L Spa CV32 – 2B 148
Kenilworth Rd. L Spa CV32 – 1D 148
(Cubbington)
Kenilworth Rd. Lich WS14 – 4G 151
Kenilworth Rd. Sol B92 – 1H to 3H 111
Kenilworth Rd. Sol B93 – 3C 126
Kenilworth Rd. Tam B77 – 1F 135
Kenilworth Rd. War B68 – 5G 71
Kenilworth St. L Spa CV32 – 4B 148
Kenley Gro. B30 – 5F 105
Kenmore Av. Can WS12 – 1C 4
Kenmore Dri. Hin LE10 – 1D 138
Kenmure Rd. B33 – 5E 77
Kennan Av. L Spa CV31 – 6B 149
Kennedy Clo. Kid DY10 – 4E 141
Kennedy Clo. Tam B77 – 5D 134
Kennedy Cres. DY3 – 1H 53
Kennedy Cres. Wed WS10 – 3A 32
Kennedy Croft. B26 – 5D 76
Kennedy Gro. B30 – 2G 105
Kennedy Ho. War B68 – 5E 71
Kennedy Ho. W Bro B71 – 3H 45
Kennedy Rd. WV10 – 1A 30
Kennedy Sq. L Spa CV32 – 4C 148
Kennet. Tam B77 – 3E 135
Kennet Clo. CV2 – 1F 117
Kennet Clo. WS8 – 5B 8
Kennet Gro. B36 – 4H 63
Kenneth Gro. B23 – 1C 60
Kennford Clo. War B65 – 1A 70
Kennington Rd. WV10 – 4B 20
Kenpas Highway. CV3 – 3H 131
Kenrick Croft. B35 – 3C 62
Kenrick Ho. W Bro B70 – 4G 57
Kenrick Way. W Bro B70, War B66 & W Bro B71 – 4G to 3H 57
Kensington Av. B12 – 2C 90
Kensington Dri. Sut C B74 – 4F 27
Kensington Gdns. Sto DY8 – 4C 66
Kensington Pl. Can WS12 – 5F 5
Kensington Rd. B29 – 4F 89
Kensington Rd. CV5 – 5H 115
Kensington Rd. Wil WV12 – 3A 22
Kensington St. B19 – 5H 59
Kenstone Croft. B12 – 5B 74
Kenswick Dri. Hal B63 – 4H 85
Kent Av. WS2 – 1E 33
Kent Clo. CV3 – 3C 132
Kent Clo. WS2 – 4G 23
Kent Clo. WS9 – 2F 25
Kent Clo. Kid DY10 – 5E 141
Kent Clo. W Bro B71 – 4E 45
Kent Ho. War B65 – 2C 70
Kenthurst Clo. CV5 – 3A 114
Kentish Rd. B21 – 4B 58
Kentmere Clo. CV2 – 4H 101
Kentmere Tower. B23 – 5H 49
Kenton Av. WV6 – 5F 19
Kenton Wlk. B29 – 4E 89
Kent Pl. DY2 – 5C 54
Kent Pl. Can WS12 – 5H 5
Kent Rd. B45 – 5C 102
Kent Rd. WS2 – 1D 32
Kent Rd. WV2 – 4A 30
Kent Rd. Hal B62 – 1C 86
Kent Rd. Sto DY8 – 5D 66
Kent Rd. Wed WS10 – 1F 45
Kents Clo. Sol B92 – 4C 92
Kent St. B5 – 5A 74
Kent St. DY3 – 1A 54
Kent St. WS2 – 4G 23
Kent St. N. B18 – 1E 73
Kenward Croft. B17 – 5H 71
Kenway. B47 – 2C 122
Kenwick Rd. B17 – 3B 88
Kenwood Rd. B9 – 3H 75
Kenwyn Gdns. CV7 – 5E 81
Kenyon Clo. Brom B60 – 4D 142
Kenyon Clo. Sto DY8 – 1F 83
Kenyon St. B18 – 2G 73
Kepler. Tam B79 – 1A 134
Keppel St. CV1 – 3C 116
Kerby Rd. B23 – 1D 60
Keresley Brook Rd. CV6 – 4H 99
Keresley Clo. CV6 – 4H 99
Keresley Clo. Sol B91 – 3F 109
Keresley Grn. Rd. CV6 – 5H 99
Keresley Gro. B29 – 4H 87
Keresley Rd. CV6 – 5H 99
Kernthorpe Rd. B14 – 4H 105
Kerr Dri. Tip DY4 – 3F 43
Kerria Centre. Tam B77 – 1H 135
Kerria Rd. Tam B77 – 1H 135
Kerridge Clo. WV9 – 5F 11
Kerry Clo. B31 – 2H 103
Kerry Clo. Bri H DY5 – 2H 67
Kersley Gdns. WV11 – 4G 21
Kerswell Dri. Sol B90 – 3D 124
Kesterton Rd. Sut C B74 – 4F 27
Kesterton Tower. B23 – 5C 48
Kesteven Clo. B15 – 1G 89
Kesteven Rd. W Bro B71 – 4F 45
Keston Rd. B44 – 1B 48
Kestrel. Tam B77 – 5G 135
Kestrel Av. B25 – 5H 75
Kestrel Clo. Kid DY10 – 5E 141
Kestrel Dri. Sut C B74 – 4F 27
Kestrel Gro. B30 – 1D 104
Kestrel Gro. Can WS12 – 5F 5
Kestrel Gro. Wil WV12 – 2A 22
Kestrel Rd. DY1 – 4C 54
Kestrel Rd. Hal B63 – 5D 68
Kestrel Rd. War B68 – 3D 70
Kestrel Way. WS6 – 5A 6
Keswick Clo. Nun CV11 – 5B 136
Keswick Dri. King DY6 – 1D 66
Keswick Grn. L Spa CV32 – 2H 147
Keswick Gro. Sut C B74 – 1B 36
Keswick Ho. War B69 – 2B 70
Keswick Rd. Sol B92 – 3C 92
Keswick Wlk. CV2 – 4H 117
Ketley Croft. B12 – 5B 74
Ketley Hill Rd. DY1 – 4B 54
Ketley Rd. King DY6 – 5E 53 & 1E 67
Kettlebrook Rd. Sol B90 – 3E 125
Kettlebrook Rd. Tam B77 – 3D 134
Kettlehouse Rd. B44 – 1B 48
Kettles Bank Rd. DY3 – 2G 53
(in two parts)
Kettlewell Clo. Warw CV34 – 2E 147
Kettlewell Way. B37 – 4H 77
Ketton Gro. B33 – 5F 77
Keviliock St. CV3 – 3C 132
Kew Clo. B37 – 3H 77
Kew Clo. Ken CV8 – 3D 150
Kew Dri. DY1 – 3C 54
Kew Gdns. B33 – 4B 76
Kewstoke Clo. Wil WV12 – 1A 22
Kewstoke Croft. B31 – 2G 103
Kewstoke Rd. Wil WV12 – 1A 22
Keyes Dri. King DY6 – 4D 52
Key Hill. B18 – 1G 73
Key Hill Dri. B18 – 1G 73
Keynell Covert. B30 – 5G 105
Keynes Dri. Bil WV14 – 4F 31
Keys Cres. W Bro B71 – 5F 45
Keyse Rd. Sut C B75 – 3C 38
Keyway, The. Wil WV13 – 3G 31
Khyser Clo. Wed WS10 – 3A 32
Kidd Croft. Wed WS10 – 2A 44
Kidderminster Rd. Bew DY12 & Kid DY11 – 4A 140
Kidderminster Rd. Brom B61 – 2A 142
Kidderminster Rd. Sto DY7 & King DY6 – 5A 66
Kidderminster Rd. Sto DY8 – 5C 82
Kielder Clo. Can WS12 – 4G 5
Kielder Dri. Nun CV10 – 4C 136
Kilburn Dri. CV5 – 4H 115
Kilburn Dri. King DY6 – 3D 52
Kielder Gdns. Sto DY9 – 5G 83
Kilburn Gro. B44 – 1B 48
Kilburn Pl. DY2 – 1E 69
Kilburn Rd. B44 – 1B 48
Kilby Av. B16 – 3F 73
Kilby Gro. L Spa CV31 – 6D 149
Kilby Rd. Hin LE10 – 4G 139
Kilbys Gro. B20 – 3E 59
Kilcote Rd. Sol B90 – 5D 106
Kildale Clo. CV1 – 4C 116
Kildwick Way. Warw CV34 – 2E 147
Kilmet Wlk. War B67 – 1A 72
Kilmore Dri. B36 – 4B 62
Kilmorie Rd. B27 – 2H 91
Kilmorie Rd. Can WS11 – 4A 4
Kiln Clo. L Spa CV32 – 3C 148
Kiln La. B25 – 1H 91
Kilnsey Gro. Warw CV34 – 2E 147
Kilpeck Clo. Red B98 – 3H 145
Kilvert Rd. Wed WS10 – 2E 45
Kimberley. Tam B77 – 5G 135
Kimberley Av. B8 – 1F 75
Kimberley Clo. CV5 – 3B 114
Kimberley Clo. Red B98 – 1F 145
Kimberley Clo. Sut C B74 – 1B 36
Kimberley Rd. CV8 – 5D 132
Kimberley Rd. Nun CV12 – 2F 81
Kimberley Rd. Sol B92 – 4D 92
Kimberley Rd. War B66 – 5A 58
Kimberley St. WV3 – 2F 29
Kimberley Wlk. Sut C B76 – 5F 51
Kimble Clo. CV5 – 3E 115
Kimble Gro. B24 – 2B 62
Kimpton Clo. B14 – 5A 106
Kimsan Croft. Sut C B74 – 4B 36
Kinchford Clo. Sol B91 – 1E 125
Kineton Clo. Red B98 – 4G 145
Kineton Croft. B32 – 1G 103
Kineton Grn. Rd. Sol B92 – 1B 108
Kineton Rise. DY3 – 2H 41
Kineton Rd. B45 – 2C 118
Kineton Rd. CV2 – 2G 117
Kineton Rd. Ken CV8 – 4D 150
Kineton Rd. Sut C B73 – 3E 49
Kinfare Dri. WV6 – 5C 18
Kinfare Rise. DY3 – 1A 54
King Alfred's Pl. B1 – 3G 73
King Charles Av. WS2 – 2C 32
King Charles Rd. Hal B62 – 2D 86
King Charles Sq. Kid DY10 – 2E 141
King Edmund St. DY1 – 3C 54
(in two parts)
King Edward Av. Brom B61 – 1D 142
King Edward Rd. B13 – 3B 90
King Edward Rd. CV1 – 4D 116
King Edward Rd. Brom B61 – 1D 142
King Edward Rd. Nun CV11 – 3G 137
King Edwards Clo. B20 – 4F 59
King Edwards Gdns. B20 – 5F 59
King Edward Sq. Sut C B73 – 4H 37
King Edward's Rd. B1 – 3F 73
King Edward's Row. WV2 – 3H 29
King Edward St. Wed WS10 – 4B 32
Kingfield Rd. CV1 & CV6 – 2B 116
Kingfield Rd. Sol B90 – 5D 106
Kingfisher. Tam B77 – 5G 135
Kingfisher Av. Nun CV10 – 2A 136
Kingfisher Clo. DY3 – 2H 41
Kingfisher Ct. War B66 – 5G 57
Kingfisher Dri. B36 – 4H 63
Kingfisher Dri. Can WS12 – 2F 5
Kingfisher Dri. Sto DY8 – 3C 82
Kingfisher Gro. Kid DY10 – 4G 141
Kingfisher Gro. Wil WV12 – 2A 22
Kingfisher View. B33 – 1D 76
Kingfisher Wlk. Red B97 – 2B 144
Kingfisher Way. B30 – 1D 104
King George Av. Brom B61 – 2D 142
King George Clo. Brom B61 – 2D 142
King George Cres. WS4 – 3B 24
King George VI Av. WS5 – 2B 34
King George Pl. WS4 – 3B 24
King George's Av. CV6 – 4D 100
King George's Av. Nun CV12 – 2F 81
King George's Way. Hin LE10 – 3D 138
Kingham Clo. DY3 – 3H 53
Kingham Covert. B14 – 5H 105
Kingland Dri. L Spa CV32 – 2G 147
King Richard's Rd. Hin LE10 – 1D 138
King Richard St. CV2 – 4D 116
Kings Av. Can WS12 – 3F 5
Kings Av. War B69 – 3H 55
Kingsbridge Ho. Nun CV12 – 4B 80
Kingsbridge Rd. B32 – 5G 87
Kingsbridge Rd. Nun CV10 – 1G 137
Kingsbridge Wlk. War B66 – 1B 72
Kingsbrook Dri. Sol B91 – 1E 125
Kingsbury Clo. WS4 – 5B 24
Kingsbury Clo. Sut C B76 – 5G 51
Kingsbury Rd. B24, B35 & Sut C B76 – 3F 61 to 5H 51
Kingsbury Rd. CV6 – 2F 115

Kingsbury Rd.—Landor Rd.

Kingsbury Rd. Tip DY4 – 3H 43
Kingsclere Wlk. WV4 – 4C 28
Kingscliff Rd. B10 – 5G 75
King's Clo. B14 – 2H 105
Kingscote Clo. Red B98 – 1G 145
Kingscote Gro. CV3 – 4H 131
Kingscote Rd. B15 – 1D 88
Kingscote Rd. Sol B93 – 5G 125
Kings Ct. Sut C B75 – 1H 37
Kings Ct. Wed WS10 – 2C 44
Kings Croft B26 – 2D 92
Kingscroft Clo. Sut C B74 – 3B 36
Kingscroft Rd. Sut C B74 – 3B 36
Kingsdene Av. King DY6 – 2C 66
Kingsdown Av. B42 – 5E 47
Kingsdown Rd. B31 – 5H 87
Kingsfield Rd. B14 – 1A 106
Kingsford Clo. B36 – 3F 63
Kings Gdns. B30 – 3D 104
Kings Gdns. Nun CV12 – 3F 81
King's Grn. Av. B38 – 5E 105
Kings Gro. CV2 – 4E 117
Kingshayes Rd. WS9 – 1F 25
King's Hill Clo. Wed WS10 – 5C 32
Kingshill Dri. B38 – 5E 105
King's Hill Field. Wed WS10 – 5C 32
King's Hill La. CV3 – 5A 132
Kings Hill Rd. Lich WS14 – 4G 151
Kingshurst. L Spa CV31 – 6E 149
Kingshurst Rd. B31 – 4A 104
Kingshurst Rd. Sol B90 – 1F 123
Kingshurst Way. B37 – 2H 77
Kingsland Av. CV5 – 5G 115
Kingsland Rd. B44 – 1A 48
Kingsland Rd. WV1 – 5G 19
Kingslea Rd. Sol B91 – 5B 108
Kingsleigh Dri. B36 – 4D 62
Kingsleigh Rd. B20 – 3G 59
Kingsley Av. WV6 – 5B 18
Kingsley Av. Can WS12 – 1F 5
Kingsley Av. Red B98 – 2D 144
Kingsley Clo. Tam B79 – 2C 134
Kingsley Ct. B25 – 5B 76
Kingsley Cres. Nun CV12 – 1A 80
Kingsley Gdns. WV8 – 5A 10
Kingsley Gro. DY3 – 1F 53
Kingsley Pl. Bil WV14 – 4G 31
Kingsley Rd. B12 – 2B 90
Kingsley Rd. B30 – 3C 104
Kingsley Rd. King DY6 – 1B to 2C 66
Kingsley St. DY2 – 2D 68
Kingsley St. WS2 – 3E 33
Kingsley Ter. CV2 – 5H 101
Kingslow Av. WV4 – 4D 28
Kingsmere Clo. B24 – 3F 61
Kingspiece Ho. B36 – 4B 62
Kings Rd. B11 & B25 – 2G 91 (in two parts)
King's Rd. B14 – 2H 105
King's Rd. B23 – 2D 60
King's Rd. B44 & Sut C B73 – 1A 48
King's Rd. DY3 – 3A 42
Kings Rd. WS4 – 2C 24
Kings Rd. Ind. Est. B25 – 1G 91
Kings Sq. Bil WV14 – 4C 42
Kings Sq. W Bro B70 – 2F 57
Kingstanding Rd. B44 – 5A to 1B 48
King's Ter. B14 – 2H 105
Kingsthorpe Rd. B14 – 4C 106
Kingston Arc. Can WS11 – 5C 4
Kingston Clo. Tam B79 – 1D 134
Kingston Dri. Hin LE10 – 1F 139
Kingstone Ho. B31 – 5B 104
Kingston M. L Spa CV31 – 6D 149
Kingston Rd. B9 – 4C 74
Kingston Rd. CV5 – 5G 115
Kingston Row. B1 – 3G 73
Kingston Way. King DY6 – 5C 52
King St. B11 – 1C 90
King St. CV1 – 4B 116
King St. DY2 – 4D 54
King St. WS1 – 4G 33
King St. WS7 – 3E 9
King St. WS9 – 5E 17
King St. WV1 – 1H 29
King St. Bil WV14 – 1F 43 (Bradley)
King St. Bil WV14 – 4C 42 (Roseville)
King St. Bri H DY5 – 5C 68
King St. Hal B63 – 2H 85
King St. Hin LE10 – 2E 139
King St. L Spa CV32 – 4C 148
King St. Nun CV12 – 3F 81
King St. Sto DY8 – 2D 82 (in two parts)
King St. Sto DY9 – 2B 84
King St. Tam B79 – 3C 134
King St. War B64 – 4G 69
King St. War B66 – 5B 58
King St. Wed WS10 – 2C 44
King St. Wil WV13 – 1A 32
King St. Pas. DY2 – 4E 55
King St. Pas. Bri H DY5 – 5C 68
King St. Precinct. Wed WS10 – 4B 32
Kingsway. CV2 – 4D 116
Kingsway. WV10 – 3C 20
Kingsway. WV11 – 4H 13
Kingsway. Can WS11 – 2E 5
Kingsway. L Spa CV31 – 6A 149
Kingsway. Nun CV11 – 3E 137
Kingsway. Sto DY8 – 5D 66 (in two parts)
Kingsway. War B68 – 1E 87
Kingsway Av. Tip DY4 – 4H 43
Kingsway Dri. B38 – 5E 105
Kingsway Rd. WV10 – 3C 20
Kingswear Av. WV6 – 1A 28
Kingswinford Rd. DY1 – 5B 54
Kingswood Av. CV7 – 1D 98
Kingswood Av. Can WS11 – 1A 6
Kingswood Clo. Sol B90 – 1B 124
Kingswood Croft. B7 – 5D 60
Kingswood Dri. WS6 – 3E 7
Kingswood Dri. Can WS11 – 3H 7
Kingswood Dri. Sut C B74 – 5B 36
Kingswood Rd. B13 – 3B 90
Kingswood Rd. B31 – 3H 119
Kingswood Rd. King DY6 – 2C 66
Kingswood Rd. Nun CV10 – 3A 136
Kington Clo. WV11 – 2H 21
Kington Gdns. B37 – 4H 77
Kington Way. B33 – 4B 76
King William St. CV1 – 4C 116
King William St. Sto DY8 – 5E 67
Kiniths Cres. W Bro B71 – 1G 57
Kiniths Way. Hal B62 – 4C 70
Kiniths Way. W Bro B71 – 1G 57
Kinlet Clo. WV3 – 2B 28
Kinlet Clo. Red B98 – 2H 145
Kinlet Gro. B31 – 5C 104
Kinnerley St. WS1 – 2A 34
Kinnersley Clo. Red B98 – 2G 145
Kinnersley Cres. War B69 – 1B 70
Kinnerton Cres. B29 – 4H 87
Kinross Av. Can WS12 – 1D 4
Kinross Clo. Nun CV10 – 4D 136
Kinross Cres. B43 – 1F 47
Kinross Rd. L Spa CV32 – 2C 148
Kinsall Grn. Tam B77 – 5H 135
Kinsey Gro. B14 – 4A 106
Kinsham Dri. Sol B91 – 2E 125
Kintore Croft. B32 – 1E 103
Kintyre Clo. B45 – 1C 118
Kintyre Clo. Hin LE10 – 2D 138
Kinver Av. Wil WV12 – 4H 21
Kinver Clo. CV2 – 5H 101
Kinver Cres. WS9 – 1G 25
Kinver Croft. B12 – 1A 90
Kinver Croft. Sut C B76 – 3D 50
Kinver Dri. WV4 – 5C 28
Kinver Rd. B31 – 5C 104
Kinver St. Sto DY8 – 4D 66
Kinver Ter. DY1 – 5B 54
Kinwalsey La. CV7 – 2F 97
Kipling Av. WS7 – 1F 9
Kipling Av. Bil WV14 – 3D 42
Kipling Av. Warw CV34 – 5C 146
Kipling Clo. Tip DY4 – 4H 43
Kipling Rise. Tam B79 – 1B 134
Kipling Rd. B30 – 4C 104
Kipling Rd. CV6 – 1H 115
Kipling Rd. DY3 – 1F 53
Kipling Rd. WV10 – 1H 19
Kipling Rd. Wil WV12 – 2C 22
Kipling Wlk. Kid DY10 – 3G 141
Kirby Av. Warw CV34 – 2E 147
Kirby Clo. CV1 – 2B 116
Kirby Clo. Bil WV14 – 1F 43
Kirby Corner. CV4 – 3E 131
Kirby Corner Rd. CV4 – 3D 130
Kirby Rd. B18 – 1D 72
Kirby Rd. CV5 – 5H 115
Kirfield Dri. Hin LE10 – 1G 139
Kirkby Grn. Sut C B73 – 1H 49
Kirkdale Av. CV6 – 4C 100
Kirkham Gro. B33 – 2C 76
Kirkside Gro. WS8 – 2E 17
Kirkstall Clo. WS3 – 5D 14
Kirkstall Cres. WS3 – 5D 14
Kirkstone Ct. Bri H DY5 – 5G 67
Kirkstone Cres. B43 – 5E 47
Kirkstone Cres. WV5 – 5A 40
Kirkstone Rd. Nun CV12 – 3E 81
Kirkstone Wlk. Nun CV11 – 5B 136
Kirkstone Way. Bri H DY5 – 5G 67
Kirkwall Rd. B32 – 5F 87
Kirkwood Av. B23 – 4F 49
Kirmond Wlk. WV6 – 4G 19
Kirstead Gdns. WV6 – 1B 28
Kirtley. Tam B77 – 3F 135
Kirton Clo. L Spa CV31 – 8C 149
Kirton Gro. B33 – 2D 76
Kirton Gro. WV6 – 4C 18
Kitchener Rd. B29 – 5G 89
Kitchener Rd. CV6 – 5C 100
Kitchener Rd. DY2 – 3F 55
Kitchener St. War B66 – 1D 72
Kitchen La. WV11 – 1F & 2F 21
Kitebrook Clo. Red B98 – 2G 145
Kitebrook Clo. Sol B90 – 2D 124
Kites Clo. Warw CV34 – 1E 147
Kitsland Rd. B34 – 1G 77
Kitswell Gdns. B32 – 1D 102
Kittermaster Rd. CV7 – 5C 96
Kittiwake Dri. Bri H DY5 – 1H 83
Kittiwake Dri. Kid DY10 – 5G 141
Kittoe Rd. Sut C B74 – 1G 37
Kitts Grn. B33 – 3D 76
Kitts Grn. Rd. B33 – 2D 76
Kitwell La. B32 – 1D 102
Kitwood Dri. Sol B92 – 1F 109
Kixley La. Sol B93 – 3C 126
Knarsdale Clo. Bri H DY5 – 5H 67
Knaves Castle Av. WS8 – 5E 9
Knebley Cres. Nun CV10 – 5F 137
Knebworth Clo. B44 – 3A 48
Knight Av. CV1 – 5D 116
Knightcote Dri. L Spa CV32 – 4A 148
Knightcote Dri. Sol B91 – 2D 124
Knightley Clo. L Spa CV32 – 1E 148
Knightley Rd. Sol B91 – 5C 108
Knightlow Av. CV3 – 3F 133
Knightlow Clo. Ken CV8 – 4D 150
Knightlow Rd. B17 – 5A 72
Knighton Clo. Sut C B74 – 1G 37
Knighton Dri. Sut C B74 – 1F 37
Knighton Rd. B31 – 3C 104
Knighton Rd. DY2 – 2E 69
Knighton Rd. Can WS12 – 3H 5
Knighton Rd. Sut C B74 – 4E 27
Knights Av. WV6 – 3D 18
Knightsbridge Av. Nun CV12 – 2F 81
Knightsbridge Clo. Sut C B74 – 5F 27
Knightsbridge La. Wil WV12 – 4A 22
Knightsbridge Rd. Sol B92 – 5D 92
Knights Clo. B23 – 3F 61
Knights Clo. Hin LE10 – 5F 139
Knights Cres. WV6 – 3D 18
Knights Hill. WS9 – 5G 25
Knight's Rd. B11 – 3G 91
Knightstone Av. B18 – 2F 73
Knightwick Cres. B23 – 5D 48
Knipersley Rd. Sut C B73 – 5G 49
Knoll Clo. WS7 – 3F 9
Knollcroft. B16 – 3F 73
Knoll Croft. CV3 – 3B 132
Knoll Croft. WS9 – 2G 25
Knoll Croft. Sol B90 – 4B 124
Knoll Dri. CV3 – 3A to 3C 132
Knoll Dri. Warw CV34 – 2D 146
Knoll, The. B32 – 5F 87
Knoll, The. King DY6 – 1E 67
Knot Ct. Bri H DY5 – 4A 68
Knottsall La. War B68 – 3E 71
Knotts Farm Rd. King DY6 – 2F 67
Knowlands Rd. Sol B90 – 2D 124
Knowle Clo. Red B98 – 1F 145
Knowle Hill. Ken CV8 – 2D 150
Knowle Hill Rd. DY2 – 2F 69
Knowle La. Lich WS14 – 5G 151
Knowle Rd. B11 – 4E 91
Knowle Rd. Sol B93 & B92 – 1C 126
Knowle Rd. War B65 – 2G 69
Knowles Av. Nun CV10 – 3A 136
Knowles Dri. Sut C B74 – 3G 37
Knowles Rd. WV1 – 2B 30
Knowles St. Wed WS10 – 1D 44
Knowle Wood Rd. Sol B93 – 5A 126
Knox Cres. Nun CV11 – 1H 137
Knox Rd. WV2 – 4H 29
Knutswood Clo. B13 – 2D 106
Knutsford St. B12 – 1A 90
Kohima Dri. Sto DY8 – 2E 83
Kossuth Rd. Bil WV14 – 3C 42
Kurtus. Tam B77 – 5E 135
Kyle Clo. WV10 – 2G 19
Kyles Way. B32 – 1E 103
Kynaston Cres. WV8 – 1B 18
Kyngsford Rd. B33 – 3F 77
Kyotts Lake Rd. B11 – 1C 90
Kyrwicks La. B11 – 1B 90
Kyter La. B36 – 4D 62 (in two parts)

Laburnum Av. B12 – 2C 90
Laburnum Av. B37 – 5H 63 & 1H 77
Laburnum Av. CV6 – 3G 115
Laburnum Av. Can WS11 – 1B 6
Laburnum Av. Ken CV8 – 4C 150
Laburnum Av. Tam B79 – 1C 134
Laburnum Av. War B67 – 2G 71
Laburnum Clo. B37 – 5H 63
Laburnum Clo. WS3 – 1A 24
Laburnum Clo. Can WS11 – 1C 6
Laburnum Clo. Red B98 – 3C 144
Laburnum Clo. Sto DY8 – 1D 82
Laburnum Cotts. B21 – 4D 58
Laburnum Ct. Lich WS14 – 5G 151 (in two parts)
Laburnum Croft. War B69 – 3A 56
Laburnum Dri. L Spa CV31 – 8D 149
Laburnum Dri. Sut C B76 – 1D 50
Laburnum Gro. B13 – 3B 90
Laburnum Gro. WS2 – 5C 22
Laburnum Gro. WS7 – 2E 9
Laburnum Gro. Brom B61 – 2D 142
Laburnum Gro. Kid DY11 – 1B 140
Laburnum Gro. Nun CV10 – 2C 136
Laburnum Gro. Warw CV34 – 2G 147
Laburnum Rd. B30 – 1E 105
Laburnum Rd. DY1 – 1D 54
Laburnum Rd. WS5 – 5B 34
Laburnum Rd. WS9 – 5F 17
Laburnum Rd. WV1 – 3D 30
Laburnum Rd. WV4 – 1B 42
Laburnum Rd. King DY6 – 1E 67
Laburnum Rd. Tip DY4 – 4G 43
Laburnum Rd. Wed WS10 – 1E 45
Laburnum St. WV3 – 2G 29
Laburnum St. Sto DY8 – 1D 82 (in two parts)
Laburnum Way. B31 – 1A 120
Laceby Gro. B13 – 5E 91
Lacell Clo. Warw CV34 – 2D 146
Ladbroke Dri. Sut C B76 – 2C 50
Ladbroke Gro. B27 – 1A 108
Ladbroke Pk. Warw CV34 – 2D 146
Ladbrook Clo. Red B98 – 5C 144
Ladbrook Gro. DY3 – 2G 53
Ladbrook Rd. CV5 – 4C 114
Ladbrook Rd. Sol B91 – 5F 109
Ladbury Gro. WS5 – 1A 46
Ladbury Rd. WS5 – 1A 46
Ladeler Gro. B33 – 4G 77
Ladies Wlk. DY3 – 4A 42
Lady Bank. B32 – 1E 103
Lady Byron La. Sol B93 – 2H 125
Ladycroft. B16 – 4F 73
Ladycroft. L Spa CV32 – 1E 148
Lady Grey's Wlk. Sto DY8 – 2D 82
Ladygrove Clo. Red B98 – 5D 144
Lady Harriet's La. Red B98 – 2C 144
Lady La. CV6 – 3D 100
Lady La. Ken CV8 – 3A 150
Lady La. B94 & B90 – 5G 123
Ladymoor Rd. Bil WV14 – 2D 42
Ladypool Av. B12 – 1C 90
Ladypool Clo. Hal B62 – 3B 86
Ladypool Pl. WS4 – 4A 24
Ladypool Rd. B12 – 2C 90
Ladysmith Rd. Hal B63 – 1E 85
Lady Warwick Av. Nun CV12 – 4G 81
Ladywell Clo. WV5 – 3A 40
Ladywell Wlk. B5 – 4A 74
Ladywood Clo. Bri H DY5 – 4B 68
Ladywood Middleway. B1 & B16 – 3F 73
Ladywood Rd. B16 – 4E 73
Ladywood Rd. Sut C B74 – 3G 37
Lagonda. Tam B77 – 2E 135
Lagrange. Tam B79 – 2A 134
Laing Ho. War B69 – 1B 70
Lake Av. WS5 – 4B 34
Lake Clo. WS5 – 3B 34
Lakedown Clo. B14 – 5A 106
Lakefield Clo. B28 – 1H 107
Lakefield Rd. WV11 – 4F 21
Lakehouse Gro. B38 – 5C 104
Lakehouse Rd. Sut C B73 – 4F 49
Lakeland Ho. Warw CV34 – 3F 147
Lakenheath Rd. Tam B79 – 1D 134
Laker Clo. Sto DY8 – 1F 83
Lakes Clo. Kid DY11 – 2C 140
Lakeside. Nun CV12 – 4E 81
Lakeside. Sut C B74 – 4C 26
Lakeside Clo. Wil WV13 – 1F 31
Lakeside Ct. Bri H DY5 – 5G 67
Lakeside Dri. Can WS11 – 2A 8
Lakeside Dri. Sol B90 – 2C 124
Lakeside Ind. Est. Red B98 – 3E 145
Lakeside Rd. W Bro B70 – 5D 44
Lakeside Wlk. B23 – 2D 60
Lakespur Dri. WV10 – 2C 12
Lakes Rd. B23 – 5C 48
Lake St. DY3 – 2A 54
Lake View Rd. CV5 – 4G 115
Lakey La. B28 – 1G & 1H 107
Lakin Ct. Warw CV34 – 3E 147
Lakin Rd. Warw CV34 – 2E 147
Lambah Clo. Bil WV14 – 3F 31
Lamb Clo. B34 – 2G 77
Lamb Cres. WV5 – 5A 40 (in two parts)
Lambert Ct. King DY6 – 4D 52
Lambert Dri. WS7 – 1F 9
Lambert End. W Bro B70 – 2E 57
Lambert Rd. WV10 – 4B 20
Lambert St. W Bro B70 – 2E 57
Lambeth Clo. B37 – 2B 78
Lambeth Clo. CV2 – 1H 117
Lambeth Rd. B44 – 1A 48
Lambeth Rd. Bil WV14 – 3D 30
Lambourn Cres. L Spa CV31 – 6D 149
Lambourne Clo. CV5 – 4C 114
Lambourne Clo. WS3 – 5F 15
Lambourne Clo. WS6 – 4D 6
Lambourne Gro. B37 – 3G 77
Lambourne Way. Bri H DY5 – 5G 67
Lambourn Rd. B23 – 1E 61
Lambscote Clo. Sol B90 – 5D 106
Lamb St. CV1 – 4B 116
Lamford Clo. Hin LE10 – 2D 138
Lamintone Dri. L Spa CV32 – 1H 147
Lammas Clo. Sol B92 – 5E 93
Lammas Croft. L Spa CV31 – 8C 149
Lammas Rd. CV6 – 3H 115
Lammas Rd. Sto DY8 – 3C 66
Lammas Wlk. Warw CV34 – 3D 146
Lammermoor Av. B43 – 2E 47
Lammerton Clo. CV2 – 2F 117
Lamont Av. B32 – 3H 87
Lamorna Clo. Nun CV11 – 3H 137
Lampre. Tam B77 – 5E 135
Lanark Clo. King DY6 – 2F 67
Lanark Croft. B35 – 2C 62
Lancaster Av. B45 – 2D 118
Lancaster Av. WS9 – 2F 25
Lancaster Av. Wed WS10 – 1F 45
Lancaster Cir. Queensway. B4 – 2A 74
Lancaster Clo. B30 – 2E 105
Lancaster Gdns. WV4 – 5E 29
Lancaster Ho. War B65 – 2C 70
Lancaster Pl. WS3 – 1F 23
Lancaster Pl. Ken CV8 – 4A 150
Lancaster Rd. Bri H DY5 – 4H 67
Lancaster Rd. Hin LE10 – 3E 139
Lancaster St. B4 – 2A 74
Lance Clo. Hin LE10 – 5F 139
Lancelot Pl. W Bro B70 – 1B 56
Lanchester Clo. Tam B79 – 1A 134
Lanchester Rd. B38 – 5E 105
Lanchester Rd. CV6 – 2A 116
Lanchester Way. B36 – 4G 63
Lancia Clo. CV6 – 2F 101
Lancing Rd. Nun CV12 – 1B 80
Lander Clo. B45 – 3D 118
Landgate Rd. B21 – 3C 58
Land La. B37 – 1H 93
Land Oak Dri. Kid DY10 – 1G 141
Landor Rd. L Spa CV31 – 8B 149
Landor Rd. Red B98 – 4E 145
Landor Rd. Sol B93 – 3A 126
Landor Rd. Warw CV34 – 3C 146

Landor St.—Leisure Wlk.

Landor St. B8 – 3C 74
Landport Rd. WV2 – 2B 30
Landrail Wlk. B36 – 4A & 5A 64
Landrake Rd. King DY6 – 2F 67
Landsberg. Tam B79 – 2A 134
Landseer Gro. B43 – 5H 35
Landsgate. Sto DY8 – 5G 83
Landswood Clo. B44 – 3C 48
Landswood Rd. War B68 – 2F 71
Landywood La. WS6 – 5B to 5D 6
Lane Av. WS2 – 1E 33
Lane Clo. WS2 – 1E 33
Lane Grn. Av. WV8 – 1C 18
Lane Grn. Ct. WV8 – 5B 10
Lane Grn. Rd. WV8 – 5C 10
Lane Croft. Sut C B76 – 4D 50
Lane Rd. WV4 – 1C 42
Lanesfield Dri. WV4 – 1C 42
Lane Side. CV3 – 3H 133
Laneside Av. Sut C B74 – 3A 36
Laneside Dri. Hin LE10 – 1G 139
Laneside Gdns. WS2 – 1E 33
Lane St. Bil WV14 – 1E 43
Langbank Av. CV3 – 2G 133
Langcliffe Av. Warw CV34 – 2E 147
Langcomb Rd. Sol B90 – 1G 123
Langdale Av. CV6 – 3C 100
Langdale Clo. L Spa CV32 – 2D 148
Langdale Croft. B21 – 5D 58
Langdale Dri. Bil WV14 – 3F 31
Langdale Dri. Can WS11 – 1A 6
Langdale Grn. Can WS11 – 1A 6
Langdale Rd. B43 – 4E 47
Langdale Rd. Hin LE10 – 3C 138
Langdale Way. Sto DY9 – 3A 84
Langdon St. B9 – 3C 74
Langdon Wlk. B26 – 2B 92
Langfield Rd. Sol B93 – 2A 126
Langford Av. B43 – 3D 46
Langford Clo. WS1 – 2A 34
Langford Gro. B17 – 3C 88
Langham Clo. B26 – 1D 92
Langholm Dri. B44 – 3D 48
Langholm Dri. Can WS12 – 4G 5
Langlands Dri. DY3 – 3H 41
Langley Av. Bil WV14 – 3D 42
Langley Clo. Red B98 – 4G 145
Langley Ct. WV4 – 4D 28
Langley Cres. War B68 – 2E 71
Langley Croft. CV4 – 5C 114
Langley Dri. B35 – 3D 62
Langley Gdns. WV3 – 4D 28
Langley Grn. Rd. War B69 – 2D 70
Langley Gro. B10 – 5E 75
Langley Hall Dri. Sut C B75 – 5E 39
Langley Hall Rd. Sol B92 – 1A 108
Langley Hall Rd. Sut C B75 – 5E 39
Langley Rise. Sol B92 – 3G 93
Langley Rd. B10 – 5E 75
Langley Rd. WV4 & WV3 – 4A 28
Langley Rd. L Spa CV31 – 7C 149
Langley Rd. War B68 – 2E 71
Langleys Rd. B29 – 5D 88
Langlodge Rd. CV6 – 4A 100
Langmead Clo. WS2 – 5B 22
Langnor Rd. CV2 – 2F 117
Langstone Rd. B14 – 5C 106
Langstone Rd. DY1 – 3A 54
Langton Clo. CV3 – 1H 133
Langton Pl. Bil WV14 – 4G 31
Langton Rd. B8 – 2F 75
Langtree Clo. Can WS12 – 5G 5
Langwood Clo. CV4 – 2D 130
Langworth Av. B27 – 2A 92
Lannacombe Rd. B31 – 3H 119
Lansbury Av. Wed WS10 – 5B 32
Lansbury Clo. CV2 – 1H 117
Lansbury Dri. Can WS11 – 3B 4
Lansbury Rd. War B64 – 5H 69
Lansbury Wlk. Tip DY4 – 4H 43
Lansdale Av. Sol B92 – 1H 109
Lansdowne Av. WV8 – 5A 10
Lansdowne Cir. L Spa CV32 – 4C 148
Lansdowne Clo. DY2 – 5G 55
Lansdowne Clo. Bil WV14 – 4C 42
Lansdowne Clo. Nun CV12 – 3E 81
Lansdowne Cres. L Spa CV32 – 4B 148
Lansdowne Cres. Tam B77 – 4E 135
Lansdowne Rd. B21 – 5F 59
Lansdowne Rd. B24 – 2F 61
Lansdowne Rd. WV1 – 1G 29
Lansdowne Rd. Bil WV14 – 3F 31
Lansdowne Rd. Hal B62 – 5D 70
Lansdowne Rd. Hal B63 – 4F 85
Lansdowne St. B18 – 2E 73
(in two parts)
Lansdowne St. CV2 – 4D 116
Lansdowne St. L Spa CV32 – 4B 148
Lansdown Grn. Kid DY11 – 3C 140
Lanswood Ct. B36 – 4E 63
Lant Clo. CV7 – 2G 129
Lantern Rd. DY2 – 4D 68
Lapal La. B32 – 4D 86
Lapal La. N. Hal B62 – 3C 86
Lapal La. S. Hal B62 – 4C 86
Lapley Clo. WV1 – 1C 30
Lapper Av. WV4 – 2B 42
Lapwing. Tam B77 – 5G 135
Lapwing Clo. WS6 – 5B 6
Lapwing Clo. Kid DY10 – 5G 141
Lapwood Av. King DY6 – 1F 67
Lapworth Clo. Red B98 – 5D 144
Lapworth Dri. Sut C B73 – 2D 48
Lapworth Gro. B12 – 2B 90
Lapworth Rd. CV2 – 5F 101
Lara Clo. B17 – 5B 72
Larch Av. B21 – 3D 58
Larch Croft. B37 – 3B 78
Larch Croft. War B69 – 3A 56
Larches Cottage Gdns. Kid DY11 – 4C 140
Larches La. WV3 – 1F 29
Larches Pas. B12 – 1B 90
Larches Rd. Kid DY11 – 4D 140
Larches St. B11 – 1C 90
Larches St. B12 – 1B 90
Larches, The. CV7 – 5E 81
Larch Gro. DY3 – 4A 42
Larch Gro. Warw CV34 – 2F 147
Larch Ho. B20 – 2E 59
Larch Ho. B36 – 4C 62
Larchmere Dri. B28 – 5G 91
Larchmere Dri. Brom B61 – 3C 142
Larchmere Dri. WV11 – 5H 13
Larch Rd. King DY6 – 5E 53
Larch Tree Av. CV4 – 5C 114
Larch Wlk. B25 – 5H 75
Larchwood Cres. Sut C B74 – 2A 36
Larchwood Dri. Can WS11 – 3E 5
Larchwood Grn. WS5 – 1B 46
Larchwood Rd. CV7 – 5E 81
Larchwood Rd. WS5 – 1A 46
Larcombe Dri. WV4 – 5A 30
Large Av. Wed WS10 – 1B 44
Larkfield Av. B36 – 4D 62
Larkfield Rd. Red B98 – 4D 144
Larkfield Way. CV5 – 2C 114
Larkhill. Kid DY10 – 1E 141
Larkhill Rd. Sto DY8 – 3C 82
Larkhill Wlk. B14 – 5H 105
Larkin Clo. Nun CV12 – 1A 80
Lark Meadow Dri. B37 – 3G 77
Larkspur Av. WS7 – 3F 9
Larkspur Croft. B36 – 4B 62
Larkspur Rd. DY2 – 4G 55
Larkswood Dri. DY3 – 4H 41
Larkswood Dri. WV4 – 1C 40
Larne Rd. B26 – 1D 92
Lash Hill Path. Hin LE10 – 3G 139
Lassington Clo. Red B98 – 2G 145
Latchford Clo. Red B98 – 1G 145
Latelow Rd. B33 – 3D 76
Latham Av. B43 – 4D 46
Latham Cres. Tip DY4 – 2H 55
Latham Rd. CV5 – 5H 115
Lathom Gro. B33 – 2C 76
Latimer Clo. Ken CV8 – 5B 150
Latimer Gdns. B15 – 1H 89
Latimer Pl. B18 – 1D 72
Latimer St. Wil WV13 – 1H 31
(in two parts)
Latymer Clo. Sut C B76 – 4D 50
Lauder Clo. DY3 – 3H 41
Lauder Clo. Wil WV13 – 2E 31
Lauderdale Av. CV6 – 3C 100
Lauderdale Gdns. WV10 – 5A 12
Launceston Clo. WS5 – 4D 34
Launceston Clo. Tam B77 – 3E 135
Launceston Dri. Nun CV11 – 3H 137
Launceston Rd. WS5 – 4D 34
Launde, The. B28 – 5E 107
Laundry Rd. War B66 – 3C 72
Laurel Av. B12 – 2C 90
Laurel Clo. CV2 – 4H 101
Laurel Clo. Lich WS13 – 3H 151
Laurel Clo. Red B98 – 3C 144
Laurel Dri. WS7 – 1H 9
Laurel Dri. Can WS12 – 3G 5
Laurel Dri. Sut C B74 – 3A 36
Laurel Gdns. B21 – 3D 58
Laurel Gro. B30 – 2D 104
Laurel Gro. WV3 – 4D 28
Laurel Gro. Bil WV14 – 1G 43
Laurel Gro. Brom B61 – 2D 142
Laurel La. Hal B63 – 4H 85
Laurel Rd. B21 – 3D 58 & 3E 59
Laurel Rd. B30 – 3F 105
Laurel Rd. DY1 – 1C to 2D 54
Laurel Rd. WS5 – 5B 34
Laurel Rd. Tip DY4 – 4G 43
Laurels Cres. CV7 – 3C 128
Laurels, The. B26 – 2F 93
Laurels, The. War B66 – 2C 72
Laurel Ter. B6 – 4A 60
Laurence Gro. WV6 – 3D 18
Lauriston Pl. B6 – 4A 60
Lavender Av. CV6 – 3G 115
Lavender Gro. Bil WV14 – 4G 31
Lavender Hall La. CV7 – 1C 128
Lavender La. Sto DY8 – 3D 82
Lavender Rd. DY1 – 1F 135
Lavender Rd. Tam B77 – 1F 135
Lavendon Rd. B42 – 1F 59
Lavinia Rd. Hal B62 – 3C 86
Law Cliff Rd. B42 – 5F 47
Law Clo. War B69 – 3B 56
Lawden Rd. B10 – 5C 74
Lawford Av. Lich WS14 – 3H 151
Lawford Clo. B7 – 3C 74
Lawford Clo. CV3 – 1H 133
Lawford Gro. B5 – 5A 74
Lawford Gro. Sol B90 – 5E 107
Lawford Rd. L Spa CV31 – 7C 149
Lawfred Av. WV11 – 4E 21
Lawley Clo. CV4 – 5C 114
Lawley Clo. WS4 – 1B 24
Lawley Middleway. B4 – 2B 74
Lawley Rd. Bil WV14 – 4D 30
Lawley St. DY1 – 4C 54
Lawley St. W Bro B70 – 2C 56
Lawley, The. Hal B63 – 5E 85
Lawn Av. Sto DY8 – 3E 83
Lawn La. WV9 – 2G 11
Lawn Oaks Clo. WS8 – 5C 8
Lawn Rd. WV2 – 4B 30
Lawnsdale Clo. B46 – 5D 64
Lawnsdown Rd. Bri H DY5 – 1B 84
Lawnsfield Gro. B23 – 5E 49
Lawnside Grn. Bil WV14 – 3E 31
Lawns, The. Hin LE10 – 2F 139
Lawn St. Sto DY8 – 3E 83
Lawnswood. Hin LE10 – 3C 138
Lawnswood. Sto DY7 – 2B & 3B 66
Lawnswood. Sut CB76 – 3D 50
Lawnswood Av. WS7 – 3E 9
Lawnswood Av. WV4 – 5A 30
Lawnswood Av. WV6 – 2E 19
Lawnswood Av. Sol B90 – 4A to 5B 108
Lawnswood Av. Sto DY8 – 2C 66
Lawnswood Clo. Can WS12 – 4G 5
Lawnswood Dri. WS9 – 5E 17
Lawnswood Dri. Sto DY7 – 3B 66
Lawnswood Gro. B21 – 4C 58
Lawnswood Rise. WV6 – 2E 19
Lawnswood Rd. DY3 – 1H 53
Lawnswood Rd. Sto DY8 – 3C 66
Lawnwood Rd. DY2 – 3D 68
Lawrence Av. WV10 – 5C 20
Lawrence Av. WV11 – 3G 21
(in two parts)
Lawrence Ct. War B68 – 5E 71
Lawrence Dri. Sut C B76 – 5F 51
Lawrence La. War B64 – 4F 69
Lawrence Rd. CV7 – 5E 81
Lawrence Saunders Rd. CV6 – 3H 115
Lawrence St. B4 – 2B 74
(in two parts)
Lawrence St. Sto DY9 – 1H 83
Lawrence St. Wil WV13 – 5H 21
(in two parts)
Lawrence Wlk. B43 – 5H 35
Lawson Clo. WS9 – 5G 25
Lawson St. B4 – 2A 74
Lawson Way. War B66 – 1B 72
Law St. W Bro B71 – 1F 57
Lawton Av. B29 – 4G 89
Lawton Clo. Hin LE10 – 2C 138
Lawton Clo. War B65 – 1B 70
Lawyers Wlk. WS1 – 2H 33
Laxey Rd. B16 – 3C 72
Laxford Clo. B12 – 1A 90
Laxton Clo. King DY6 – 2F 67
Laxton Gro. B25 – 4A 76
Lazy Hill. B38 – 5F 105
Lazy Hill Rd. WS9 – 2G 25
Lea Av. Wed WS10 – 3B 44
Leabank. WV3 – 2C 28
Lea Bank Av. Kid DY11 – 3B 140
Lea Bank Rd. DY2 – 3D 68
Leabon Gro. B17 – 2C 88
Leabrook. B26 – 5C 76
Leabrook Rd. Tip DY4 & Wed WS10 – 3B 44
Lea Brook Sq. Wed WS10 – 3B 44
Lea Castle Clo. Kid DY10 – 1F 141
Lea Causeway, The. Kid DY11 – 3B 140
Leach Grn. La. B45 – 2D 118
Leach Heath La. B45 – 2D 118
Leacliffe Way. WS9 – 1B 36
Leacote Dri. WV6 – 5C 18
Leacrest Rd. CV6 – 4H 99
Leacroft. Wil WV12 – 3B 22
Leacroft Av. WV10 – 2B 20
Leacroft Clo. WS9 – 1G 25
Leacroft Gro. W Bro B71 – 4E 45
Leacroft La. Can WS11 – 3D 6
Leacroft Rd. King DY6 – 4E 53
Leadbetter Dri. Brom B61 – 3C 142
Lea Dri. B26 – 2D 92
Lea End La. B48 & B38 – 5B 120 to 5F 121
Leafdown Clo. Can WS12 – 3F 5
Leafenden Av. WS7 – 2F 9
Leafield Clo. CV2 – 5H 101
Leafield Cres. B33 – 2D 76
Leafield Gdns. Hal B62 – 5B 70
Leafield Rd. Sol B92 – 5E 93
Leaf La. CV3 – 4C 132
Lea Ford Rd. B33 – 2E 77
Leaford Way. King DY6 – 1F 67
Leafy Glade. Sut C B74 – 1B 36
Leafy Rise. DY3 – 1H 53
Lea Gdns. WV3 – 3G 29
Leagh Clo. Ken CV8 – 1C 150
Lea Grn. Av. Tip DY4 – 1E 55
Lea Grn. La. B47 – 3D 122
Lea Hall Rd. B33 – 3D 76
Leahill Croft. B37 – 4H 77
Lea Hill Rd. B20 – 2G 59
Lea Holme Gdns. Sto DY9 – 4G 83
Leahouse Gdns. War B68 – 3D 70
Lea Ho. Rd. B30 – 2F 105
Leahouse Rd. War B68 – 3D 70
Leahurst Cres. B17 – 2C 88
Lea La. WS6 – 4D 6
Lea Manor Dri. WV4 – 1E 41
Leam Clo. Nun CV11 – 5H 137
Leam Cres. Sol B92 – 5E 93
Leam Dri. WS7 – 1H 9
Leam Grn. CV4 – 3F 131
Leamington Clo. Can WS11 – 1A 6
Leamington Rd. B12 – 2C 90
Leamington Rd. CV3 – 2A 132
Leamington Rd. Ken CV8 – 5C 150
Leamington Sq. B12 – 2C 90
Leamore Clo. WS2 – 3D 22
Leamore La. WS2 & WS3 – 3D 22 to 3F 23
Leamount Dri. B44 – 2D 48
Leam Rd. Warw CV34 – 4H 147
Leam St. L Spa CV31 – 5C 149
Leam Ter. L Spa CV31 – 5B 149
Leam Ter. E. L Spa CV31 – 5C 149
Leander Clo. WS6 – 5D 6
Leander Dri. Sut C B74 – 3B 36
Leander Gdns. B14 – 3A 106
Leander Rd. Sto DY9 – 2B 84
Lea Rd. B11 – 3D 90
Lea Rd. WV3 – 3F 29
Lear Rd. WV5 – 4B 40
Leas Clo. Nun CV12 – 3E 81
Leason La. WV10 – 2C 20
Leasow Dri. B15 – 4D 88
Leasowe Dri. WV6 – 1A 18
Leasowe Rd. B45 – 1C 118
Leasowe Rd. Tip DY4 – 1F 55
Leasowes Av. CV3 – 4G 131
Leasowes Dri. WV4 – 4D 28
Leasowes La. Hal B62 – 2C to 3C 86
Leasowes Rd. B14 – 5A 90
Leasowe, The. Lich WS13 – 2F 151
Leasow, The. WS9 – 4D 24
Lea St. Kid DY10 – 3F 141
Lea, The. B33 – 3D 76
Lea, The. Kid DY11 – 3A 140
Leatherhead Clo. B6 – 1B 74
Lea Vale Rd. Sto DY8 – 4E 83
Leavesden Gro. B26 – 2D 92
Lea View. WS9 – 4D 24
Lea View. Wil WV12 – 4H 21
Lea Village. B33 – 3E 77
Lea Wlk. B45 – 2D 118
Leaward Clo. Nun CV10 – 4C 136
Lea Wood Gro. Kid DY11 – 3A 140
Lea Yield Clo. B29 – 1E 105
Lebanon Gro. WS7 – 1E 9
Lechlade Rd. B43 – 3D & 4D 46
Leckie Rd. WS2 – 5G 23
Ledbrook Rd. L Spa CV32 – 1E 148
Ledbury Clo. B16 – 4F 73
Ledbury Clo. WS9 – 2H 25
Ledbury Clo. Red B98 – 3H 145
Ledbury Dri. WV1 – 2D 30
Ledbury Ho. B33 – 3G 77
Ledbury Rd. L Spa CV31 – 6D 149
Ledbury Way. Sut C B76 – 3D 50
Ledsam St. B16 – 3F 73
Lee Bank Middleway. B15 – 5G 73
Leebank Rd. Hal B63 – 4F 85
Leech St. Tip DY4 – 5B 44
Lee Clo. Warw CV34 – 1D 146
Lee Cres. B15 – 5G 73
Leeder Clo. CV6 – 4B 100
Leedham Av. Tam B77 – 1E 135
Lee Gdns. War B67 – 2G 71
Leeming Clo. CV4 – 3E 131
Lee Rd. B47 – 2C 122
Lee Rd. L Spa CV31 – 6A & 6B 149
Lee Rd. War B64 – 5G 69
Leeson Wlk. B17 – 2C 88
Lees Rd. Bil WV14 – 1G 43
Lees St. B18 – 1E 73
Lees Ter. Bil WV14 – 1G 43
Lees, The. WV10 – 2D 12
Lee St. W Bro B70 – 4D 44
Lee, The. CV5 – 4E 115
Lee Wlk. Can WS11 – 2E 5
Legge Ho. Lich WS13 – 2H 151
Legge La. B1 – 3G 73
Legge La. Bil WV14 – 2E 43
Legge St. B4 – 2A 74
Legge St. WV2 – 4B 30
Legge St. W Bro B70 – 2G 57
Legion Clo. Can WS11 – 2A 8
Legion Rd. B45 – 2C 118
Legs La. WV10 – 4B 12
Le Hanche Clo. CV7 – 1H 99
Leicester Causeway. CV1 – 3B & 3C 116
Leicester Clo. War B67 – 4G 71
Leicester Ct. Nun CV12 – 1B 80
Leicester La. L Spa CV32 – 1C 148
Leicester Pl. W Bro B71 – 4F 45
Leicester Rd. Hin LE10 – 2F 139
Leicester Rd. Nun CV11 – 3G 137
Leicester Rd. Nun CV12 – 2F 81
Leicester Row. CV1 – 4B 116
Leicester Sq. WV6 – 5G 19
Leicester St. WS1 – 1H 33
Leicester St. WV6 – 5G 19
Leicester St. L Spa CV32 – 4C 148
Leicester St. Nun CV12 – 3F 81
(Bedworth)
Leicester St. Nun CV12 – 1B 80
(Bulkington)
Leigham Dri. B17 – 1A 88
Leigh Av. CV3 – 5B 132
Leigh Av. WS7 – 1G 9
Leigh Clo. WS4 – 5A 24
Leigh Rd. B8 – 5F 61
Leigh Rd. WS4 – 5A 24
Leigh Rd. Sut C B75 – 4D & 5D 38
Leighs Clo. WS4 – 1B 24
Leighs Rd. WS4 – 1B 24
Leigh St. CV1 – 4C 116
Leighswood Av. WS9 – 3F 25
Leighswood Ct. WS9 – 3F 25
Leighswood Ct. Can WS11 – 2H 7
Leighswood Gro. WS9 – 3F 25
Leighswood Ind. Est. WS9 – 1E & 2F 25
Leighswood Rd. WS9 – 3F 25
Leighton Clo. B43 – 1H 47
Leighton Clo. CV4 – 5F 131
Leighton Clo. L Spa CV32 – 1D 148
Leighton Rd. B13 – 4B 90
Leighton Rd. WV4 – 4E 29
Leighton Rd. Bil WV14 – 1H 43
Leisure Wlk. Tam B77 – 5G 135

Leith Gro.—Lit. Grebe Rd.

Leith Gro. B38 – 1D 120
Lelant Gro. B17 – 2A 88
Lellow St. W Bro B71 – 4E 45
Le More. Sut C B74 – 2G 37
Lemox Rd. W Bro B70 – 3D 44
Lench Clo. B13 – 4B 90
Lench Clo. Hal B62 – 4A 70
Lenchs Grn. B5 – 1A 90
Lench St. B4 – 2A 74
Lenchs Trust. B32 – 1G 87
Len Davis Rd. Wil WV12 – 3H 21
Lennard Gdns. War B66 – 1D 72
Lennox Clo. CV3 – 3H 133
Lennox Gdns. WV3 – 2F 29
Lennox St. B19 – 1H 73
Lenton Croft. B26 – 2B 92
Lenton's La. CV2 – 2G 101
Lenwade Rd. War B68 – 5G 71
Leofric St. CV6 – 3H 115
Leomansley Clo. Lich WS13 – 3E 151
Leomansley Cotts. Lich. WS13 – 3E 151
Leomansley Rd. Lich WS13 – 3E 151
Leomansley View. Lich WS13 – 4E & 3E 151
Leominster Ho. B33 – 4G 77
Leominster Rd. B11 – 4E 91
Leonard Av. B19 – 4H 59
Leonard Av. Kid DY10 – 1F 141
Leonard Rd. B19 – 4H 59
Leonard Rd. Sto DY8 – 2C 82
Leonard St. B18 – 5E 59
Leopold Av. B20 – 1E 59
Leopold Rd. CV1 – 3D 116
Leopold St. B12 – 5B 74
Lepid Gro. B29 – 4C 88
Lerryn Clo. King DY6 – 2F 67
Lerwick Clo. King DY6 – 1F 67
Lesingham Dri. CV4 – 1B 130
Lesley Dri. King DY6 – 2D 66
Leslie Dri. Tip DY4 – 3H 43
Leslie Rise. War B69 – 4A 56
Leslie Rd. B16 – 4E 73
Leslie Rd. B20 – 3H 59
Leslie Rd. WV10 – 4B 20
Leslie Rd. Sut C B74 – 1C 36
Lesscroft Clo. WV9 – 5F 11
Lester Gro. WS9 – 1A 36
Lester St. Bil WV14 – 5G 31
Leswell Gro. Kid DY10 – 2E 141
Leswell La. Kid DY10 – 2E 141
Leswell St. Kid DY10 – 2E 141
Letchlade Clo. CV2 – 1G 117
Levante Gdns. B33 – 4B 76
Leve La. Wil WV13 – 2H 31
Level St. Bri H DY5 – 3A 68
Leven Clo. Hin LE10 – 2D 138
Leven Croft. Sut C B76 – 4D 50
Levenwick Way. King DY6 – 2F 67
Leverretts, The. B21 – 2C 58
Lever St. WV2 – 2H 29
Leveson Av. WS6 – 5C 6
Leveson Clo. DY2 – 4F 55
Leveson Cres. CV7 – 3C 128
Leveson Rd. WV11 – 2G 21
Leveson St. Wil WV13 – 1H 31
Leveson Wlk. DY2 – 4F 55
Levett Rd. Tam B77 – 1H 135
Levetts Field. Lich WS13 – 3G 151
Levett's Sq. Lich WS13 – 3G 151
Levington Clo. WV6 – 4A 18
Lewis Av. WV1 – 1D 30
Lewis Clo. Wil WV12 – 4B 22
Lewis Gro. WV11 – 3E 21
Lewisham Rd. WV10 – 1G 19
Lewisham Rd. War B66 – 5A 58
Lewisham St. W Bro B71 – 1G 57
Lewis Rd. B30 – 1G 105
Lewis Rd. CV1 – 3C 116
Lewis Rd. L Spa CV31 – 7E 149
Lewis Rd. Sto DY9 – 2H 83
Lewis Rd. War B68 – 1E 87
Lewis St. WS2 – 5G 23
Lewis St. Bil WV14 – 4F 31
Lewis St. Tip DY4 – 5B 44
Lewthorn Rise. WV4 – 5A 30
Lexington Ct. Nun CV11 – 2F 137
Lexington Grn. Bri H DY5 – 1H 83
Leybourne Cres. WV9 – 5E 11
Leybourne Gro. B25 – 2H 91
Leybrook Rd. B45 – 1F 119
Leyburn Clo. CV6 – 4C 100
Leyburn Clo. WS2 – 5B 22
Leyburn Clo. Warw CV34 – 2E 147
Leyburn Rd. B16 – 4F 73
Leycester Clo. B31 – 2A 120
Leycester Pl. Warw CV34 – 4D 146
Leycester Rd. Ken CV8 – 5B 150
Leycroft Av. B33 – 2F 77
Leydon Croft. B38 – 5G 105
Leyes La. Ken CV8 – 3D 150
Leyfields. Lich WS13 – 1F 151
Leyfields Cres. Warw CV34 – 5D 146
Ley Hill Farm Rd. B31 – 3G 103
Ley Hill Ho. B31 – 2H 103
Ley Hill Rd. Sut C B75 – 3A 38
Leylan Croft. B13 – 1D 106
Leyland Av. WV3 – 2F 29
Leyland Croft. WS3 – 4H 15
Leyland Rd. CV5 – 3F 115
Leyland Rd. Nun CV11 – 5H 137
Leyland Rd. Nun CV12 – 1A 80
Leyland Rd. Tam B77 – 2F 135
Leyman Clo. B14 – 4D 106
Leys Clo. Sto DY9 – 4H 83
Leys Cres. Bri H DY5 – 3G 67
Leysdown Gro. B27 – 1A 108
Leysdown Rd. B27 – 1A 108
Leyside. CV3 – 3H 133
Leys La. CV7 – 5D 96
Ley Rise. DY3 – 3H 41
Leys Rd. Bri H DY5 – 3F 67
Leysters Clo. Red B98 – 3H 145
Leys, The. B31 – 3B 104
Leys, The. B45 – 2E 119
Leys, The. Wed WS10 – 4B 32
Leys Wood Croft. B26 – 1D 92
Leyton Clo. Bri H DY5 – 5H 67
Leyton Gro. B44 – 3B 48
Leyton Rd. B21 – 4E 59
Libbards Ga. Sol B91 – 1E 125
Libbards Way. Sol B91 – 1E 125
Libra Clo. Tam B79 – 1A 134
Library Way. B45 – 2C 118
Lich Av. WV11 – 3F 21
Lichen Gdns. B38 – 2D 120
Lichen Grn. CV4 – 3F 131
Lichett Way. B15 – 5G 73
Lichfield Av. Kid DY11 – 2A 140
Lichfield By-Pass. – 5H 151
Lichfield Pas. WV1 – 1H 29
Lichfield Rd. B6 – 5C 60
Lichfield Rd. B46 – 1C 64 to 4E 65
Lichfield Rd. CV3 – 2B 132
Lichfield Rd. WS3 – 1F 23 (Bloxwich)
Lichfield Rd. WS3 – 3A 16 (Pelsall)
Lichfield Rd. WS4 – 5A to 1C 24
Lichfield Rd. WS7 – 2H 9
Lichfield Rd. WS8 & Lich WS14 – 1E 17
Lichfield Rd. WS9 – 4F 17
Lichfield Rd. WV11 & Wil WV12 – 4E 21 to 1C 22
Lichfield Rd. Can WS11 – 5D 4
Lichfield Rd. Sut C B74 – 4G 27 to 4H 37
Lichfield Rd. Sut C B76 – 5H 39
Lickfield Rd. Tam B79 – 2A 134
Lichfield St. WS1 & WS4 – 1H 33
Lichfield St. WV1 – 1H 29
Lichfield St. Bil WV14 – 4F 31
Lichfield St. Tam B78 – 5A 134
Lichfield St. Tam B79 – 3B 134
Lichfield St. Tip DY4 – 4G 43 (in two parts)
Lich Gates. WV1 – 1H 29
Lichwood Rd. WV11 – 3G 21
Lickey Coppice. B45 – 4F 119
Lickey Rd. B45 – 3F 119
Lickey Rd. Sto DY8 – 2G 83
Lickey Sq. B45 – 5D 118
Liddon Gro. B27 – 1A 108
Liddon Rd. B27 – 5A 92
Lifford Clo. B14 – 3G 105
Lifford La. B30 – 3F 105
Lifton Croft. King DY6 – 1F 67
Lightfields Wlk. War B65 – 2G 69
Lighthorne Av. B16 – 3F 73
Lighthorne Rd. Sol B91 – 2E 109
Light La. CV1 – 4B 116
Lightning Way. B31 – 2B 120
Lightwood Clo. Sol B93 – 1A 126
Lightwood Rd. DY1 – 2C 54
Lightwoods Hill. War B68 – 5G 71
Lightwoods Rd. Sto DY9 – 5H 83
Lightwoods Rd. War B67 – 4A 72
Lilac Av. B12 – 2B 90
Lilac Av. B44 – 4A 48
Lilac Av. CV6 – 3G 115
Lilac Av. WS5 – 5A 34
Lilac Av. Can WS11 – 1B 6
Lilac Av. Sut C B74 – 3A 36
Lilac Av. Tip DY4 – 4F 43
Lilac Clo. Hin LE10 – 4F 139
Lilac Clo. Red B98 – 3C 144
Lilac Dri. WV5 – 5A 40
Lilac Gro. WS2 – 5C 22
Lilac Gro. WS7 – 1E 9
Lilac Gro. Warw CV34 – 2F 147
Lilac Gro. Wed WS10 – 2D 44
Lilac La. WS6 – 1D 14
Lilac Rd. DY1 – 2D 54
Lilac Rd. WV1 – 3D 30
Lilac Rd. Nun CV12 – 2G 81
Lilac Rd. Tam B79 – 1C 134
Lilac Rd. Wil WV12 – 3C 22
Lilac Way. Hal B62 – 5D 70
Lilleshall Clo. Red B98 – 2H 145
Lilleshall Cres. WV2 – 3A 30
Lilleshall Rd. B26 – 1E 93
Lilley Clo. CV6 – 4B 100
Lilley La. B31 – 2B 120
Lillington Av. L Spa CV32 – 3B 148
Lillington Clo. L Spa CV32 – 2C 148
Lillington Clo. Lich WS13 – 2F 151
Lillington Clo. Sut C B75 – 5D 38
Lillington Gro. B34 – 1G 77
Lillington Rd. CV2 – 5G 101 (in two parts)
Lillington Rd. L Spa CV32 – 3B to 1C 148
Lillington Rd. Sol B90 – 1H 123
Lillycroft La. B38 – 2F 121
Lily Cres. B9 – 3C 74
Lily Rd. B26 – 1B 92
Lily St. W Bro B71 – 1F 57
Limberlost Clo. B20 – 2F 59
Limbrick Av. CV4 – 5C 114
Limbrick Clo. Sol B90 – 5F 107
Limbury Gro. Sol B92 – 5H 93
Lime Av. WS2 – 1C 32
Lime Av. L Spa CV32 – 1C 148
Lime Clo. WS2 – 5C 22
Lime Clo. WS6 – 3C 6
Lime Clo. Tip DY4 – 1F 55
Lime Clo. W Bro B70 – 1E 57
Lime Ct. B11 – 3D 90
Lime Ct. Kid DY10 – 4F 141
Lime Gro. B11 – 1C 90
Lime Gro. B12 – 2B 90
Lime Gro. B19 – 4H 59
Lime Gro. B37 – 4B 78
Lime Gro. CV4 – 5D 114
Lime Gro. WS4 – 3B 24
Lime Gro. WS7 – 2G 9
Lime Gro. Bil WV14 – 3E 31
Lime Gro. Brom B61 – 2D 142
Lime Gro. Ken CV8 – 3C 150
Lime Gro. Lich WS13 – 3H 151
Lime Gro. Nun CV10 – 2C 136
Lime Gro. Sut C B73 – 4H 49
Lime Gro. War B66 – 2B 72
Limehurst Av. WV3 – 2C 28
Lime Kiln Clo. B38 – 2D 120
Limekiln La. B14 – 4B 106
Lime Kiln Wlk. DY1 – 3F 55
Lime La. WS3 – 5A 8
Limepit La. DY1 – 2C 54
Limepit La. Can WS12 & WS11 – 1B 4
Lime Rd. DY3 – 3B 42
Lime Rd. Wed WS10 – 1C 44
Limes Av. Bri H DY5 – 2H 67
Limes Av. War B65 – 3A 70
Limes Rd. DY1 – 2D 54
Limes Rd. WV6 – 5C 18
Limes, The. B11 – 1E 91 (Small Heath)
Lime, The. B11 – 1D 90 (Sparkbrook)
Limes, The. Nun CV12 – 4C 80
Lime St. WS1 – 2A 34
Lime St. WV3 – 3F 29
Lime St. Bil WV14 – 3C 42
Limes View. DY3 – 4A 42
Lime Ter. B6 – 4A 60
Lime Tree Av. CV4 – 5C 114
Lime Tree Av. WV6 – 1B 28
Lime Tree Cres. Red B97 – 2A 144
Lime Tree Gdns. WV8 – 5B 10
Lime Tree Rd. B8 – 1F 75
Lime Tree Rd. WS5 – 1A 46
Lime Tree Rd. WV8 – 5B 10
Lime Tree Rd. Sut C B74 – 2H 35
Lime Wlk. B38 – 2D 120
Linaker Rd. CV3 – 4G 133
Linchmere Rd. B21 – 3C 58
Lincoln Av. Nun CV10 – 1A 136
Lincoln Av. Wil WV13 – 1B 32
Lincoln Clo. B27 – 3B 92
Lincoln Clo. Lich WS13 – 1G 151
Lincoln Clo. Warw CV34 – 2D 146
Lincoln Cres. Kid DY11 – 2A 140
Lincoln Dri. Can WS11 – 1D 6
Lincoln Grn. WV10 – 1A 20
Lincoln Gro. B37 – 4H 77
Lincoln Rd. B27 – 4B 92
Lincoln Rd. DY2 – 3E 69
Lincoln Rd. WS1 – 2A 34
Lincoln Rd. Brom B61 – 2C 142
Lincoln Rd. War B67 – 3H 71
Lincoln Rd. W Bro B71 – 3G 45
Lincoln Rd. N. B27 – 4B 92
Lincoln St. B12 – 2A 90
Lincoln St. CV1 – 4B 116
Lincoln St. WV10 – 1A 30
Lincroft Cres. CV5 – 4F 115
Lindale Av. B36 – 5A 62
Lindale Cres. Bri H DY5 – 1G 83
Lindale Dri. WV5 – 5A 40
Linden Av. B43 – 3C 46 (in two parts)
Linden Av. WS7 – 1E 9
Linden Av. Hal B62 – 1C 86
Linden Av. Kid DY10 – 2F 141
Linden Av. War B69 – 4B 56
Linden Clo. WS2 – 1B 32
Linden Clo. Tam B77 – 1F 135
Linden Clo. Warw CV34 – 1E 147
Linden Dri. Sto DY8 – 4F 83
Linden Gro. Kid DY10 – 2F 141
Linden La. Wil WV12 – 3C 22
Linden Lea. WV3 – 2D 28
Linden Rd. B30 – 1D 104
Linden Rd. DY1 – 2D 54
Linden Rd. Hin LE10 – 2E 139
Linden Rd. War B66 – 3A 72
Lindens Dri. Sut C B74 – 5A 36
Lindens, The. B32 – 1H 87
Lindens, The. WV6 – 5E 19
Linden Ter. B12 – 2C 90
Linden View. Can WS12 – 3E 5
Lindenwood. Sut C B73 – 4H 37
Lindera. Tam B77 – 1H 135
Lindfield, The. CV3 – 1F 133
Lindford Way. B38 – 5G 105
Lindhurst Dri. Sol B94 – 5B 124
Lindisfarne Dri. Ken CV8 – 3D 150
Lindley Av. Tip DY4 – 2F 55
Lindley Rd. CV3 – 5F 117
Lindley Rd. Nun CV12 – 4B 80
Lindon Clo. WS8 – 2E 17
Lindon Dri. WS8 – 2E 17
Lindon Rd. WS8 – 3E 17
Lindon View. WS8 – 3F 17
Lindridge Dri. Sut C B76 – 5F 51
Lindridge Rd. B23 – 1D 60
Lindridge Rd. Sol B90 – 1G 123
Lindridge Rd. Sut C B75 – 3C 38 to 5F 39
Lindrosa Rd. Sut C B74 – 1B 36
Lindsay Rd. B42 – 3G 47
Lindsey Av. B31 – 4C 104
Lindsey Cres. Ken CV8 – 5B 150
Lindsey Gdns. W Bro B71 – 4F 45
Lindsey Pl. Bri H DY5 – 3H 67
Lindsey Rd. W Bro B71 – 4F 45
Lindsworth App. B30 – 4G 105
Lindsworth Rd. B30 – 4G 105
Linen St. Warw CV34 – 4D 146
Lindfield Gdns. DY3 – 2H 41
Linford Gro. B25 – 4A 76
Linforth Dri. Sut C B74 – 3C 36
Lingard Clo. B7 – 1C 74
Lingard Rd. Sut C B75 – 5C 38
Ling Av. Can WS12 – 2B 4
Lingen Clo. Red B98 – 2G 145
Lingfield Av. B44 – 3A 48
Lingfield Av. WV10 – 4A 12
Lingfield Clo. WS6 – 5D 6
Lingfield Ct. B43 – 4C 46
Lingfield Dri. WS6 – 5D 6
Lingfield Gdns. B34 – 1E 77
Lingfield Gro. WV6 – 5A 18
Lingfield Way. King DY6 – 1F 67
Lingham Clo. Sol B92 – 1F 109
Lingwood Dri. Nun CV10 – 4D 136
Linhope Dri. King DY6 – 1F 67
Link Rd. B16 – 3D 72
Link Rd. WS9 – 5F 17
Link Rd. WV5 – 4B 40
Links Av. WV6 – 2D 18
Links Cres. War B68 – 5E 71
Links Dri. B45 – 3D 118
Links Dri. Sol B91 – 2E 109
Links Dri. Sto DY8 – 4E 83
Links Rd. B14 – 1B 122
Links Rd. CV6 – 1A 116
Links Rd. WV4 – 1F 41
Links Rd. War B68 – 5E 71
Links Side View. WS9 – 2H 25
Links View. Hal B62 – 3B 86
Links View. Sut C B74 – 2C 36
Linkswood Clo. B13 – 5C 90
Link, The. B27 – 5G 91
Linkway. L Spa CV31 – 6A 149
Linley Dri. WV10 – 1A 20
Linley Gro. B14 – 2H 105
Linley Gro. DY3 – 3G 53
Linley Lodge Ind. Est. WS9 – 3E 25
Linley Rd. WS4 – 2C 24
Linley Wood Rd. WS9 – 4D 24
Linnet Clo. B30 – 1D 104
Linnet Clo. CV3 – 4G 133
Linnet Gro. Wil WV12 – 2A 22
Linnet Rise. Kid DY10 – 5F 141
Linpole Wlk. B14 – 5H 105
Linsey Rd. Sol B92 – 4E 93
Linslade Clo. WV4 – 5A 30
Linstock Way. CV6 – 3F 101
Linthouse La. WV11 – 2E 21
Linthouse Wlk. Tam B77 – 5G 135
Lintly. Tam B77 – 4H 135
Linton Av. WV6 – 3E 19
Linton Clo. Hal B63 – 2E 85
Linton Clo. Red B98 – 3H 145
Linton Croft. Bil WV14 – 5E 31
Linton M. Red B98 – 3H 145 (in two parts)
Linton Rd. B11 – 3G 91
Linton Rd. B43 – 1G 47
Linton Rd. WV4 – 5E 29
Linton Rd. War B64 – 3G 69
Linton Wlk. B23 – 2D 60
Linwood Clo. Hin LE10 – 1D 138
Linwood Dri. CV2 – 5H 101
Linwood Dri. Can WS12 – 1D 4
Linwood Rd. B21 – 4D 58
Linwood Rd. DY1 – 1D 54
Linwood Rd. Sol B91 – 3B 108
Lionel St. B3 & B4 – 3H 73
Lion Fields Av. CV5 – 2D 114
Lion Pas. Sto DY8 – 2E 83
Lion Rd. War B64 – 4G 69
Lion's Den. Lich WS14 – 5H 9
Lion Sq. Kid DY10 – 2E 141
Lion St. Kid DY10 – 2E 141
Lion St. Sto DY8 – 2E 83
Liskeard Clo. Nun CV11 – 5B 136
Liskeard Rd. WS5 – 4C 34
Lisle Av. Kid DY11 – 5C 140
Lismore Clo. B45 – 1C 118
Lismore Dri. B17 – 4A 88
Lismore Dri. Hin LE10 – 2D 138
Lisson Gro. B44 – 1A 48
Listelow Clo. B36 – 4D 62
Lister Clo. WS2 – 4E 23
Lister Clo. Tip DY4 – 1H 55
Lister Rd. DY2 – 5E 55
Lister Rd. WS2 – 4E 23
Lister Rd. Kid DY11 – 4C 140
Lister St. B7 – 2B 74
Lister St. Nun CV11 – 4G 137
Lister St. Wil WV13 – 2A 32
Listowel Rd. B14 – 2H 105
Lisures Dri. Sut C B76 – 1B 50
Lit. Albert St. WS2 – 1H 33
Lit. Ann St. B5 – 4B 74
Lit. Aston La. Sut C B74 – 4D 26
Lit. Aston Pk. Rd. Sut C B74 – 1C 36
Lit. Aston Rd. WS9 – 3G 25
Lit. Barrow Wlk. Lich WS13 – 2F 151
Lit. Barr St. B9 – 3C 74
Lit. Birches. WV3 – 3E 29
Lit. Brickkiln St. WV3 – 2H 29
Lit. Bromwich Rd. B9 – 4H 75
Lit. Broom St. B12 – 5B 74
Lit. Caldmore. WS1 – 3H 33
Lit. Church La. Tam B79 – 3C 134
Lit. Church St. CV1 – 3B 116
Lit. Clothier St. Wil WV13 – 1H 31
Lit. Clover Clo. B7 – 5D 60
Lit. Common. WS3 – 4A 16
Lit. Cornbow. Hal B63 – 3A 86
Littlecote. Tam B79 – 1A 134
Littlecote Croft. B14 – 4B 106
Littlecote Dri. B23 – 4F 49
Lit. Cottage St. Bri H DY5 – 3A 68
Lit. Croft. B43 – 3C 46
Lit. Cross St. Wed WS10 – 4B 32
Lit. Duke St. Nun CV11 – 3E 137
Lit. Edward St. B9 – 4C 74
Little Farm. CV3 – 3G 133
Lit. Field. CV2 – 3E 117
Lit. Forge Rd. Red B98 – 5F 145
Lit. Francis Gro. B7 – 1C 74
Lit. Gorway. WS1 – 3A 34
Lit Grange. Lich WS13 – 1E 151
Lit. Grebe Rd. Kid DY10 – 5G 141

Lit. Green La.—Low Thatch.

Lit Green La. B9 – 4D 74
Lit. Green Lanes. Sut C B73 – 4H 49
Lit. Hall Rd. B7 – 2C 74
Lit Hardwick Rd. WS9 – 1G 35
Lit. Hay La. Lich WS14 – 2H 27
Lit. Heath Croft. B34 – 5E 63
Littleheath La. Brom B60 – 1G 143
Lit. Hill. Wed WS10 – 1D 44
Lit. Hill Gro. B38 – 1F 121
Lit. Hill Way. B32 – 4G 87
Lit. Johnsons La. WS9 – 2G 35
Lit. John St. Bri H DY5 – 2A 68
Little La. Brom B61 – 3D 142
Little La. W Bro B71 – 5G 45
Little La. Wil WV12 – 3B 22
Lit. Lawns Clo. WS8 – 4E 17
Lit. London. WS1 – 3H 33
Littlemead Av. B31 – 1B 120
Lit. Meadow Wlk. B33 – 3C 76
Littlemead Rd. Sol B90 – 2F 123
Lit. Moor Hill. War B67 – 1H 71
Lit. Newport St. WS1 – 2G & 2H 33
Lit. Oaks Rd. B6 – 4A 60
Littleover Av. B28 – 2F 107
Lit. Park. B32 – 2E 87
Lit. Park St. CV1 – 5B 116
Lit. Park St. WV1 – 2A 30
Lit. Pitts Clo. B24 – 5A 50
Lit. Potter St. Bri H DY5 – 4H 67
Lit. Pountney St. WV2 – 3H 29
Lit. Shadwell St. B4 – 2A 74
Littleshaw Croft. B47 – 4D 122
Littleshaw La. B47 – 4D 122
Littles La. WV1 – 1H 29
Lit. Station St. WS2 – 2G 33
Little St. DY2 – 3E 55
Lit. Sutton La. Sut C B75 – 3A 38
Lit. Sutton Rd. Sut C B75 – 1A to 1B 38
Littlethorpe. CV3 – 3G 133
Littleton Croft. Sol B91 – 2E 125
Littleton Rd. Wil WV12 – 3A 22
Littleton St. E. WS1 – 1H 33
Littleton St. W. WS2 – 1G 33
Lit. Whitehouse St. WS2 – 5G 23
Littlewood Clo. Sol B91 – 1E 125
Littlewood La. WS6 – 3C 6 (in two parts)
Littlewood Rd. WS6 – 3C 6
Lit. Wood St. Wil WV13 – 1H 31
Littleworth Av. DY1 – 5D 42
Littleworth Hill. Can WS12 – 3G 5
Littleworth Rd. Can WS12 – 3F 5
Litton. Tam B77 – 4H 135
Liveridge Clo. Sol B93 – 3H 125
Liverpool Croft. B37 – 5H 77
Liverpool St. B9 – 4C 74
Livery St. B3 – 2H 73
Livingstone Av. WV6 – 1A 18
Livingstone Rd. B14 – 2A 106
Livingstone Rd. B20 – 3H 59
Livingstone Rd. CV6 – 1C 116
Livingstone Rd. WS3 – 5G 15
Livingstone Rd. Bil WV14 – 5D 30
Livingstone Rd. W Bro B70 – 3E 57
Lizafield Ct. War B66 – 5H 57
Llewellyn Rd. L Spa CV31 – 6C 149
Lloyd Clo. Warw CV35 – 4A 146
Lloyd Cres. CV2 – 5H 117
Lloyd Dri. WV4 – 2C 40
Lloyd Hill. WV4 – 1C 40
Lloyd Rd. B20 – 1F 59
Lloyd Rd. WV6 – 4D 18
Lloyds Rd. Hal B62 – 5A 70
Lloyd Sq. B15 – 5E 73
Lloyd St. B10 – 5E 75
Lloyd St. DY2 – 4E 55
Lloyd St. WV6 – 5F 19
Lloyd St. Can WS11 – 5B 4
Lloyd St. Wed WS10 – 1C 44
Lloyd St. W Bro B71 – 1G 57
Loach Dri. CV2 – 3F 101
Lobelia Clo. Kid DY11 – 1D 140
Lobelia Clo. Hin LE10 – 5F 139
Locarno Rd. Tip DY4 – 5G 43
Lochmore Clo. Hin LE10 – 2C 138
Lochmore Dri. Hin LE10 – 2C 138
Lochmore Way. Hin LE10 – 2C 138
Lochranza Croft. B43 – 2D 46
Lock Dri. B33 – 2A 76
Locke Clo. CV6 – 5H 99
Locke Pl. B7 – 3C 74
Locket Clo. WS2 – 5C 22
Lockhart Clo. Ken CV8 – 3B 150
Lockhart Dri. Sut C B75 – 2A 38
Lockhurst La. CV6 – 1C 116
Locking Croft. B35 – 2D 62
Lockington Croft. Hal B62 – 1D 86
Lock La. Warw CV34 – 2D 146
Lock Side. Tip DY4 – 1F 55
Lock St. WV10 – 1A 30
Locks View. Sto DY8 – 4D 66
Lockton Rd. B30 – 1G 105
Lockwood Rd. B31 – 3H 103
Lode La. Sol B91 – 3E 109
Lode La. Sol B92 & B91 – 5E 93 to 4E 109
Loder Clo. CV4 – 4C 114
Lodge Clo. WS5 – 4C 34
Lodge Clo. Hal B62 – 3C 86
Lodge Cres. DY2 – 2C 68
Lodge Cres. Warw CV34 – 5D 146
Lodge Croft. B31 – 2G 103
Lodge Dri. B26 – 5C 76
Lodge Farm Clo. Sut C B76 – 1C 50
Lodgefield Rd. Hal B62 – 1H 85
Lodge Forge Rd. War B64 – 5E 69
Lodge Forge Trading Est. War B64 – 5E 69
Lodge Grn. La. N. CV7 – 3E to 4G 97
La.Lodge Gro. WS9 – 4F 25
Lodge Hill Rd. B29 – 5C 88
Lodge La. Can WS11 – 3A 6
Lodge La. King DY6 – 1B 66
Lodge Pool Clo. B44 – 5A 48
Lodge Pool Dri. Red B98 – 4D 144
Lodge Rd. B6 – 4A 60
Lodge Rd. B18 – 1E 73
Lodge Rd. CV3 – 5E 117
Lodge Rd. WS4 – 1B 24
Lodge Rd. WS5 – 5C 34
Lodge Rd. WV10 – 2G 19
Lodge Rd. Bil WV14 – 1G 43
Lodge Rd. Red B98 – 3C 144
Lodge Rd. Sol B93 – 3B 126
Lodge Rd. War B67 – 5G 57
Lodge Rd. Wed WS10 – 5B 32
Lodge Rd. W Bro B70 – 2F 57
Lodge St. War B69 – 5D 56
Lodge St. Wil WV12 – 4A 22
Lodge Ter. B17 – 2C 88
Lodge View. WS6 – 4A 6
Loeless Rd. B33 – 3D 76
Lofthouse Cres. B31 – 4H 103
Lofthouse Gro. B31 – 4H 103
Lofthouse Rd. B20 – 2E 59
Loftus Clo. B29 – 1H 103
Loftus Ct. WS7 – 3E 9
Logan Clo. WV10 – 3H 19
Logan Rd. CV2 – 1H 117
Lollard Croft. CV3 – 1C 132
Lomaine Dri. B30 – 4D 104
Lomas Dri. B31 – 4G 103
Lomas St. WV1 – 5H 19
Lomax Clo. Lich WS13 – 2F 151
Lomax Rd. Can WS12 – 1E 5
Lombard Av. DY2 – 3E 69
Lombard St. B12 – 5B 74
Lombard St. Lich WS13 – 3G 151
Lombard St. W Bro B70 – 2F 57
Lombard St. W. W Bro B70 – 2F 57
Lombardy Croft. Hal B62 – 1D 86
Lombardy Gdns. Wil WV12 – 3C 22
Lombardy Gro. WS7 – 1E 9
Lomita Cres. Tam B77 – 4E 135
Lomond Clo. B34 – 3A 54
Lomond Clo. Hin LE10 – 2D 138
Lomond Clo. Tam B79 – 1B 134
Lomond Rd. DY3 – 2H 41
Londonderry Gro. War B67 – 1H 71
Londonderry La. War B67 – 2G & 2H 71
Londonderry Rd. War B68 – 2F 71
London Heights. DY1 – 3C 54
London Rd. B20 – 3A 60
London Rd. CV1, CV3 & CV8 – 1C 132 to 5H 133
London Rd. Hin LE10 – 2F 139
London Rd. Lich WS14 – 5G 151
London Rd. Sut C B75 – 1D 38 & 1E to 5G 39
London St. War B66 – 1C 72
London St. Ind. Est. War B66 – 1C 72
Lones Rd. W Bro B71 – 4A 58
Long Acre. B7 – 5C 60
Long Acre. WV8 – 5A 10
Long Acre. Kid DY10 – 2E 141
Longacres. Can WS12 – 2H 5
Longacres. Sut C B74 – 5D 26
Long Acres. Wil WV13 – 2G & 2H 31
Long Acre St. WS2 – 1G 33
Longbank Rd. War B69 – 4A 56
Longboat La. Sto DY8 – 4D 66
Longbow Rd. B29 – 1A 104
Longbridge La. B31 – 2G 119 to 3B 120
Longbridge Rd. Lich WS14 – 5G 151
Longbrook La. CV7 – 3A 128
Long Clo. Av. CV5 – 2D 114
Long Clo. Wlk. B35 – 2D 62
Long Croft. Can WS12 – 3A 4
Longcroft Av. Wed WS10 – 1D 44
Longcroft Clo. B35 – 2C 62
Longcroft, The. WS4 – 3C 24
Longcroft, The. Hal B63 – 3F 85
Longdales Rd. B38 – 2C & 2D 120
Longdon Av. WV4 – 5A 30
Longdon Clo. Red B98 – 5E 145
Longdon Croft. Sol B93 – 1A 126
Longdon Dri. Sut C B74 – 5E 27
Longdon Rd. Sol B93 – 3H 125
Longfellow Av. Warw CV34 – 5C 146
Longfellow Clo. Red B97 – 5A 144
Longfellow Grn. Kid DY10 – 3G 141
Longfellow Pl. Can WS11 – 3C 4
Longfellow Rd. B30 – 4C 104
Longfellow Rd. CV2 – 4F 117
Longfellow Rd. DY3 – 1F 53
LongfellowWlk.TamB79–1B134
Longfield Clo. B28 – 2F 107
Longfield Clo. Tam B77 – 1E 135
Longfield Dri. Sut C B74 – 5D 26
Longfield Rd. B31 – 1H 103
Longfield Rd. L Spa CV31 – 6C 149
Longfield Rd. Sto DY9 – 2A 84
Longford Clo. B32–1D 102
Longford Clo. Sol B93 – 5A 126
Longford Grn. Can WS11 – 1B 6
Longford Gro. B44 – 2C 48
Longford Rd. B44 – 2C 48
Longford Rd. CV6 – 4D 100
Longford Rd. CV6 & CV7 – 1E 101
Longford Rd. WV10 – 5B 20
Longford Rd. Can WS11 – 5A 4 to 2C 6
Longford Sq. CV6 – 3D 100
Long Furrow. WV8 – 1E 19
Longham Croft. B32 – 3A 88
Longhurst Croft. B31 – 2B 120
Long Hyde Rd. War B67 – 4H 71
Long Innage. Hal B63 – 1C 84
Long Knowle La. WV11 – 2D 20
Longlake Av. WV6 – 5B 18
Longlands Clo. B38 – 2C 120
Longlands Dri. Tam B77 – 1G 135
Longlands Rd. Hal B62 – 3C 86
Longlands, The. WV5 – 5A 40
Long La. CV5 – 4F 99
Long La. WV11 & WS6 – 3B 14
Long La. Can WS11 – 1G 7
Long La. War B65 & Hal B62– 4B 70
Long Leasow. B29 – 2A 104
Longleat. B43 – 2C 46
Longleat. Tam B79 – 1A 134
Longleat Dri. DY1 – 3A 54
Longleat Dri. Sol B90 – 4B 124
Longleat Gro. L Spa CV31 – 6D 149
Longleat Rd. WS9 – 1F 25
Long Ley. WV10 – 1B 30
Longley Av. Sut C B76 – 5F 51
Longley Cres. B26 – 3B 92
Long Leys Ct. B46 – 2A 64
Long Leys Croft. B46 – 2A 64
Longley Wlk. B37 – 4B & 4C 78
Long Meadow. War B65 – 3A 70
Longmeadow Clo. Sut C B75 – 5C 38
Longmeadow Cres. B34 – 5G 63 & 1G 77
Long Meadow Dri. DY3 – 2G 41
Longmeadow Gro. B31 – 3A 120
Longmeadow Rd. WS5 – 2D 34
Long Mill Av. WV11 – 3D 20
Long Mill N. WV11 – 3D 20
Long Mill S. WV11 – 3D 20
Longmoor Clo. WV11 – 4G 21
Longmoor Rd. Hal B63 – 4F 85
Longmoor Rd. Sut C B73 – 1C 48
Longmore Av. WS2 – 2D 32
Longmore Rd. Sol B90 – 5A 108
Longmore St. B12 – 1A 90
Longmore St. Wed WS10 – 1D 44
Long Mynd. Hal B63 – 5E 85
Long Mynd Rd. B31 – 2H 103
Long Nuke Rd. B31 – 1G 103 (in two parts)
Long Rd. DY3 – 1F 53
Longshaw Gro. B34 – 5G 63
Long Shoot. Hin LE10 – 3A 138
Longstaff Croft. Lich WS13 – 1E 151
Longstone Clo. Sol B90 – 3E 125
Longstone Rd. B42 – 4G 47
Long St. B11 – 1B 90
Long St. WS2 – 2G 33
Long St. WV1 – 1H 29
Long St. Nun CV12 – 1C 80
Long Wood. B30 – 3D 104
Longwood La. WS4 & WS5 – 1D 34
Longwood Pathway. B34 – 1E 77
Longwood Rise. Wil WV12 – 4B 22
Longwood Rd. B45 – 2E 119
Longwood Rd. WS9 – 1G 35
Lonscale Dri. CV3 – 4A 132
Lonsdale Clo. B33 – 4B 76
Lonsdale Clo. Wil WV12 – 4A 22
Lonsdale Rd. B17 – 2B 88
Lonsdale Rd. WS5 – 4C 34
Lonsdale Rd. WV3 – 3G 29
Lonsdale Rd. Bil WV14 – 4G 31
Lonsdale Rd. L Spa CV32 – 1D 148
Lonsdale Rd. War B66 – 5G 57
Lord Cromwell Ct. Can WS11 – 2E 5
Lord Lytton Av. CV2 – 5G 117
Lords Dri. WS2 – 1G 33
Lord St. B7 – 2B 74
Lord St. CV5 – 5G 115
Lord St. WS1 – 4G 33
Lord St. WV3 – 2G 29 (in two parts)
Lord St. Bil WV14 – 1F 43
Lord St. W. Bil WV14 – 1F 43
Lordswood Rd. B17 – 5A 72
Lordswood Sq. B17 – 1A 88
Lorenzo Clo. CV3 – 3H 133
Lorne St. WS7 – 1D 8
Lorne St. Kid DY10 – 3F 141
Lorne St. Tip DY4 – 3G 43
Lorrimer Way. B43 – 5H 35
Lorton. Tam B79 – 1A 134
Lothersdale. Tam B77 – 4H 135 (in two parts)
Lothians Rd. WS3 – 3A 16
Lothians Rd. WV6 – 3D 18
Lottie Rd. B29 – 5D 88
Lotus. Tam B77 – 2E 135
Lotus Croft. War B67 – 2A 72
Lotus Dri. Can WS11 – 2C 4
Lotus Dri. War B64 – 3G 69
Lotus Wlk. B36 – 4H 63
Lotus Way. War B65 – 2G 69
Loudon Av. CV6 – 3H 115
Loughshaw. Tam B77 – 3H 135
Loughton Gro. Hal B63 – 3G 85
Louisa St. B1 – 3G 73
Louise Croft. B14 – 5A 106
Louise Lorne Rd, B13 – 3B 90
Louise Rd. B21 – 5E 59
Louise St. DY3 – 2G 53
Lount Wlk. B19 – 1A 74
Lovatt St. WV1 – 1G 29
Loveday Ho. W Bro B70 – 2G 57
Loveday St. B4 – 2A 74 (in two parts)
Lovelace Av. Sol B91 – 1F 125
Love La. B7 – 2B 74
Love La. B47 – 2A 122
Love La. WS1 – 3H 33
Love La. WS6 – 4D 6 & 4E 7
Love La. WV6 – 3D 18
Love La. Hin LE10 – 4H 139
Love La. Ken CV8 – 2B 150
Love La. Sto DY8 – 3F & 4F 83
Love La. Sto DY9 – 2B 84
Love La. War B69 – 3H 55
Lovell. Tam B79 – 2B 134
Lovell Clo. B29 – 2A 104
Lovell Rd. Nun CV12 – 3E 81
Loveridge Clo. WV8 – 5A 10
Lovers Wlk. B6 – 4C 60
Lovers Wlk. Tam B78 – 3C 134
Lovers Wlk. Wed WS10 – 1D 44
Lovett Av. War B69 – 2B 70
Lovetts Clo. Hin LE10 – 2B 138
Lovetts, The. B37 – 1H 77
Lowans Hill View. Red B97 – 2A 144
Low Av. B43 – 2E 47
Lowbridge Clo. Wil WV12 – 4B 22
Lowbrook La. Sol B90 – 4E 123
Lowden Croft. B26 – 3B 92
Lowe Av. Wed WS10 – 3A 32
Lowe Dri. King DY6 – 2E 67
Lowe Dri. Sut C B73 – 1D 48
Lowe La. Kid DY11 – 1C 140
Lower Av. L Spa CV31 – 5B 149
Lwr. Beeches Rd. B31 – 5F 103
Lwr. Bond St. Hin LE10 – 2E 139
Lwr. Cape. Warw CV34 – 2D 146
Lwr. Chapel St. War B69 – 3A 56
Lwr. Church La. Tip DY4 – 5H 43
Lwr. City Rd. War B69 – 4B 56
Lwr. Common La. Red B97 – 4A 144
Lowercroft Way. Sut C B74 – 4F 27
Lwr. Dartmouth St. B9 – 3C 74
Lwr. Darwin St. B12 – 5B 74
Lwr. Eastern Grn. La. CV5 – 3C 114
Lwr. Essex St. B5 – 4A 74
Lwr. Ford St. CV1 – 4C 116
Lwr. Forster St. WS1 – 1H 33
Lwr. Friars. Warw CV34 – 5D 146
Lwr. Green. WV6 – 4D 18
Lwr. Green. Tip DY4 – 1F 55
Lwr. Gungate. Tam B79 – 3C 134
Lwr. Hall La. WS1 – 2H 33
Lwr. High St. Sto DY8 – 2F 83
Lwr. High St. War B64 – 5D 68
Lwr. High St. Wed WS10 – 2D 44
Lwr. Higly Clo. B32 – 3G 87
Lwr. Holyhead Rd. CV1 – 4A 116
Lwr. Horseley Fields. WV1 – 2B 30
Lwr. Ladyes Hills. Ken CV8 – 2B 150
Lwr. Lichfield St. Wil WV13 – 1H 31
Lwr. Loveday St. B19 & B4 – 2A 74
Lwr. Mill St. Kid DY10 – 2D 140
Lwr. Moor. B30 1D 104
Lwr. North St. WS2 – 5H 23
Lowe Rd. CV6 – 4H 99
Lwr. Parade. Sut C B72 – 5H 37
Lowerpark. Tam B77 – 5D 134
Lwr. Parklands. Kid DY11 – 3C 140
Lwr. Precinct. CV1 – 5B 116
Lwr. Prestwood Rd. WV11 – 3D 20
Lwr. Queen St. Sut C B72 – 5A 38
Lwr. Reddicroft. Sut C B73 – 5H 37
Lower Rd. Can WS12 – 3E 5
Lwr. Rushall St. WS1 – 1H 33
Lwr. Sandford St. Lich WS13 – 3F 151
Lwr. Severn St. B1 – 4H 73
Lwr. Shepley La. Brom B60 – 1H 143
Lowerstock Croft. B37 – 3H 77
Lwr. Stafford St. WV1 – 5H 19
Lower St. WV6 – 4E 19
Lwr. Temple St. B2 – 3H 73
Lwr. Tower St. B19 – 2A 74
Lwr. Trinity St. B9 – 4B 74
Lwr. Valley Rd. Bri H DY5 – 3F 67
Lwr. Vauxhall. WV1 – 1F 29
Lwr. Villiers St. WV2 – 3H 29
Lwr. Walsall St. WV1 – 2B 30
Lwr. White Rd. B32 – 2G 87
Lowes Av. Warw CV34 – 2D 146
Lowesmoor Rd. B26 – 5E 77
Lowe St. B12 – 5C 74
Lowe St. WV6 – 5F 19
Loweswater Clo. Nun CV11 – 5B 136
Loweswater Rd. CV3 – 1H 133
Lowfield Clo. Hal B62 – 4D 86
Lowforce. Tam B77 – 4H 135
Low Hill Cres. WV10 – 2A 20
Lowhill La. B45 – 3F 119
Lowland Clo. War B64 – 4G 69
Lowland Rd. Can WS12 – 2A 4
Lowlands Av. WV6 – 4E 19
Lowlands Av. Sut C B74 – 3A 36
Lowlands La. Red B98 – 3G 145
Lowndes Rd. Sto DY8 – 2E 83
Lowry Clo. WV6 – 5A 18
Lowry Clo. Nun CV12 – 2E 81
Lowry Clo. War B67 – 1H 71
Lowry Clo. Wil WV13 – 1F 31
Low St. WS6 – 4B 6
Low Thatch. B38 – 2D 120

Lowther Ct.—Manor Way.

Lowther Ct. Bri H DY5 – 4A 68
Lowther St. CV2 – 3D 116
Low Town. War B69 – 5D 56
Low Wood Rd. B23 – 1E 61
Loxdale Sidings. Bil WV14 – 1G 43
Loxdale St. Bil WV14 – 1G 43
Loxdale St. Wed WS10 – 2C 44
Loxley Av. B14 – 5D 106
Loxley Av. Sol B90 – 1G 123
Loxley Clo. CV2 – 4G 101
Loxley Clo. Red B98 – 1G 145
Loxley Rd. Sut C B75 – 1A 38
Loxley Rd. War B67 – 4H 71
Loxley Way. L Spa CV32 – 3C 148
Loxton St. B7 – 2C 74
Loynells Rd. B45 – 2E 119
Loyns Clo. B37 – 3G 77
Lozells Rd. B19 – 5G 59
Lozells St. B19 – 5H 59
Lozells Wood Clo. B19 – 5G 59
Lucas Rd. Hin LE10 – 4F 139
Luce Clo. B35 – 1E 63
Luce Rd. WV10 – 3A 20
Lucknow Rd. Wil WV12 – 4A 22
Luddington Rd. Sol B92 – 1G 109
Ludford Clo. Sut C B75 – 3C 38
Ludford Rd. B32 – 5E 87
Ludford Rd. Nun CV10 – 1A 136
Ludgate. Tam B79 – 2C 134
Ludgate Av. Kid DY11 – 4A 140
Ludgate Ct. WS5 – 4C 34
Ludgate Hill. B3 – 3H 73
Ludgate St. DY1 – 4D 54
Lud La. Tam B79 – 2C 134
Ludlow Clo. B37 – 3B 78
Ludlow Clo. Wil WV12 – 3H 21
Ludlow Rd. B8 – 2F 75
Ludlow Rd. CV5 – 5H 115
Ludlow Rd. Kid DY10 – 5E 141
Ludlow Rd. Red B97 – 3B 144
Ludlow Way. DY1 – 2A 54
Ludstone Av. WV4 – 5D 28
Ludstone Rd. B29 – 5H 87
Luff Clo. CV3 – 1E 133
Lugtrout La. Sol B91 – 2G 109
Luke's Wlk. Lich WS13 – 1F 151
Ludworth Clo. Hal B63 – 1D 84
Lulworth Rd. B28 – 5G 91
Lulworth Rd. WS7 – 1E 9
Lulworth Wlk. WV4 – 4C 28
Lumley Gro. B37 – 4C 78
Lumley Rd. WS1 – 2A 34
Lumsden Clo. CV2 – 1H 117
Lunar Clo. CV4 – 4F 131
Lundy Clo. Hin LE10 – 2D 138
Lundy View. B36 – 1B 78
Lunn Av. Ken CV8 – 4A 150
Lunn's Croft. Lich WS13 – 2G 151
Lunt Gro. B32 – 2F 87
Lunt La. Bil WV14 – 4G 31
Lunt Pl. Bil WV14 – 4G 31
Lunt Rd. Bil WV14 – 4G 31
Lupin Clo. Hin LE10 – 4F 139
Lupin Rd. DY2 – 4G 55
Lupton Av. CV3 – 2B 132
Lusbridge Clo. Hal B63 – 2D 84
Luscombe Rd. CV2 – 1H 117
Luther Way. CV5 – 4C 114
Lutley Av. Hal B63 – 3F 85
Lutley Clo. WV3 – 3E 29
Lutley Dri. Sto DY9 – 3G 83
Lutley Gro. B32 – 5E 87
Lutley La. Hal B63 – 5D 84 to 3E 85
Lutley Mill Rd. Hal B63 – 3F 85
Luton Rd. B29 – 4E 89
Lutterworth Rd. CV2 – 3F 117
Lutterworth Rd. Hin LE10 – 5H 139
Lutterworth Rd. Nun CV11 – 4H 137
Luttrell Rd. Sut C B74 – 2G 37
Luxor La. CV5 – 1H 113
Lyall Gdns. B45 – 1C 118
Lyall Gro. B27 – 4H 91
Lychgate Av. Sto DY9 – 5H 83
Lychgate La. Hin LE10 – 5H 139
Lydate Rd. Hal B62 – 3D 86
Lydbrook Covert. B38 – 2D 120
Lydbury Gro. B33 – 2D 76
Lyd Clo. WV11 – 4D 20
Lydd Croft. B35 – 1E 63
Lyde Grn. Hal B63 – 5D 68
Lydford Clo. CV2 – 1F 117
Lydford Gro. B24 – 3G 61
Lydford Rd. WS3 – 5E 15
(in two parts)
Lydgate Ct. Nun CV11 – 4F 137
Lydgate Ct. Nun CV12 – 2E 81
Lydgate Rd. CV6 – 3A 116
Lydgate Rd. King DY6 – 1F 67
Lydget Gro. B23 – 4E 49
Lydham Clo. B44 – 5C 48
Lydia Croft. Sut C B74 – 4F 27
Lydiate Ash Rd. Brom B61 – 5A 118
(in two parts)
Lydiate Av. B31 – 1F 119
Lydiates Clo. DY3 – 4G 41
Lydney Clo. Red B98 – 1G 145
Lydney Clo. Wil WV12 – 5B 22
Lydney Gro. B31 – 4H 103
Lydstep Gro. L Spa CV31 – 6D 149
Lye Av. B32 – 4D 86
Lye Clo. B32 – 4D 86
Lye Close La. B32 & Hal B62 – 4C 86
Lyecroft Av. B37 – 3C 78
Lye Cross Rd. War B69 – 5A 56
Lygon Clo. Red B98 – 1D 144
Lygon Ct. Hal B62 – 2A 86
Lygon Gro. B32 – 2G 87
Lymedene Rd. B42 – 5G 47
Lyme Grn. Rd. B33 – 2C 76
Lymer Rd. WV10 – 1H 19
Lymesy St. CV3 – 2B 132
Lymsey Ct. Sto DY8 – 3C 66
Lyn Av. Lich WS13 – 2E 151
Lynbrook Clo. B47 – 2C 122
Lynbrook Clo. DY2 – 1E 69
Lynbrook Rd. CV5 – 1F 131
Lynchgate Rd. CV4 – 3E 131
Lynch, The. Nun CV11 – 5G 137
Lyncourt Gro. B32 – 1E 87
Lyncroft Rd. B11 – 4F 91
Lyndale. Tam B77 – 5F 135
Lyndale Clo. CV5 – 4E 115
Lyndale Dri. WV11 – 3F 21
Lyndale Rd. CV5 – 4E 115
Lyndale Rd. DY2 – 5F 55
Lyndale Rd. DY3 – 2G 41
Lynden Clo. Brom B61 – 2C 142
Lyndholm Rd. Kid DY10 – 2F 141
Lyndhurst Clo. Hin LE10 – 4H 139
Lyndhurst Dri. Kid DY10 – 1E 141
Lyndhurst Dri. Sto DY8 – 4E 67
Lyndhurst Rd. B24 – 3F 61
Lyndhurst Rd. WV3 – 3F 29
Lyndhurst Rd. Can WS12 – 5G 5
Lyndhurst Rd. W Bro B71 – 4G 45
Lyndon. W Bro B71 – 1G 57
Lyndon Clo. B20 – 3G 59
Lyndon Clo. B36 – 5F 63
Lyndon Clo. DY3 – 3B 42
Lyndon Clo. Hal B63 – 2F 85
Lyndon Croft. B37 – 1A 94
Lyndon Gro. King DY6 – 4B 52
Lyndon Gro. W Bro B71 – 1G 57
Lyndon Rd. B33 – 3B 76
Lyndon Rd. B45 – 2C 118
Lyndon Rd. Sol B92 – 4C to 3D 92
Lyndon Rd. Sut C B73 – 5H 37
Lyndworth Rd. B30 – 1G 105
Lyneham Clo. Tam B79 – 1D 134
Lyneham Clo. Hin LE10 – 2C 138
Lyneham Gdns. Sut C B76 – 5D 50
Lyneham Tower. B35 – 2D 62
Lyneham Way. B35 – 2C 62
Lynfield Clo. B38 – 2E 121
Lynfield Rd. Lich WS13 – 2E 151
Lyng Clo. CV5 – 4C 114
Lyng La. W Bro B70 – 3F 57
Lynmouth Clo. WS9 – 4E 25
Lynmouth Clo. Nun CV11 – 2H 137
Lynmouth Rd. CV2 – 1H 117
Lynn Gro. B29 – 4B 88
Lynton Av. War B66 – 1A 72
Lynton Av. W Bro B71 – 4F 45
Lynton Gro. Warw CV34 – 2D 146
Lynton Ho. War B69 – 3B 56
Lynton Rd. B6 – 5C 60
Lynton Rd. CV6 – 5D 100
Lynton Sq. B42 – 2H 59
Lynval Rd. Bri H DY5 – 1B 84
Lynwood Av. King DY6 – 5C 52
Lynwood Clo. Wil WV12 – 2B 22
Lynwood Wlk. B17 – 3C 88
Lynwood Wlk. L Spa CV31 – 6D 149
Lyons Gro. B11 – 3D 90
Lysander Rd. B45 – 5D 102
Lysander St. CV3 – 3G 133
Lysander Way. Can WS11 – 4C 4
Lyster Clo. Warw CV34 – 3B 146
Lysways St. WS1 – 2H 33
Lythall Clo. L Spa CV31 – 7E 149
Lythalls La. CV6 – 4B to 5D 100
Lytham Clo. Sut C B76 – 5E 51
Lytham Croft. B15 – 5H 73
Lytham Rd. WV6 – 1A 18
Lythwood Dri. Bri H DY5 – 5H 67
Lyttelton Rd. Sto DY8 – 2D 82
Lyttleton Av. Brom B60 – 5C 142
Lyttleton Av. Hal B62 – 1C 86
Lyttleton Av. W Bro B70 – 3E 57
Lyttleton Clo. DY2 – 2D 68
Lyttleton Rd. B16 – 4C 72
Lyttleton Rd. B33 – 3B 76
Lyttleton Rd. Warw CV34 – 3D 146
Lyttleton St. W Bro B70 – 3F 57
Lytton Av. WV4 – 1D 40
Lytton Gro. B27 – 5H 91
Lytton La. B32 – 4H 87

Maas Rd. B31 – 4A 104
Mabey Av. Red B98 – 1D 144
Macarthur Rd. War B64 – 5D 68
Macaulay Ho. W Bro B70 – 4G 57
Macaulay Rd. CV2 – 4G 117
McBean Rd. WV6 – 5E 19
Macdonald Clo. War B69 – 3B 56
Macdonald Rd. CV2 – 4G 117
Macdonald St. B5 – 5A 74
Macdougall Rd. Wed WS10 – 1F 45
Macefield Clo. CV2 – 4G 101
Mace St. War B64 – 4F 69
McGeough Wlk. Can WS11 – 2E 5
McGhie St. Can WS12 – 1E 5
Macgregor Cres. Tam B77 – 1F 135
Machin Rd. B23 – 1F 61
Mackadown La. B33 – 3F 77
Mackay Rd. WS3 – 5G 15 & 1G 23
McKean Rd. War B69 – 4D 56
Mackenzie Clo. CV5 – 2D 114
Mackenzie Rd. B11 – 4D 90
Mackmillan Rd. War B65 – 4A 70
McLean Rd. WV10 – 1H 19
McMahon Rd. Nun CV12 – 5C 80
McMillan Clo. War B69 – 2A 56
Macrome Rd. WV6 – 2E 19
Madams Hill Rd. Sol B90 – 2B 124
Maddison Av. WS2 – 1E 33
Maddocks Hill. Sut C B72 – 2H 49
Madehurst Rd. B23 – 5F 49
Madeira Av. WV8 – 1B 18
Madeira Croft. CV5 – 5F 115
Madeley Rd. B11 – 2D 90
Madeley Rd. King DY6 – 2F 67
Madeley Rd. Red B98 – 1H 145
Madin Rd. Tip DY4 – 1F 55
Madison Av. B36 – 5A 62
Madley Clo. B45 – 1C 118
Madox Clo. Tam B79 – 1A 134
Madresfield Dri. Hal B63 – 4H 85
Madrona. Tam B77 – 1H 135
Maer Clo. War B65 – 2A 70
Mafeking Rd. War B66 – 5A 58
Magdala St. B18 – 1D 72
Magdalen Clo. DY1 – 3C 54
Magee Clo. Hin LE10 – 1E 139
Magna Clo. WS6 – 4C 6
Magness Cres. Wil WV12 – 4A 22
Magneto Rd. CV3 – 1G 133
Magnet Wlk. B23 – 2D 60
Magnolia. Tam B77 – 1H 135
Magnolia Clo. B29 – 1A 104
Magnolia Clo. CV3 – 3A 132
Magnolia Gro. WV8 – 5B 10
Magnolia Way. Sto DY8 – 5E 67
Magnum Clo. Sut C B74 – 4A 36
Magnus. Tam B77 – 5F 135
Magpie Clo. DY2 – 3F 69
Magpie Way. Kid DY10 – 5G 141
Maidavale Cres. CV3 – 4A 132
Maidendale Rd. King DY6 – 5B 52
Maidensbridge Dri. King DY6 – 4C 52
Maidensbridge Gdns. King DY6 – 4C 52
Maidensbridge Rd. King DY6 – 3C 52
Maidstone Dri. WS7 – 2H 9
Maidstone Dri. Sto DY8 – 3E 67
Maidstone Rd. B20 – 3A 60
Main Rd. CV7 – 5C 96
Mainstone Clo. Red B98 – 2H 145
Main St. B11 – 1C 90
Main St. WS9 – 5H & 4H 17
Mainwaring Dri. Sut C B75 – 1B 38
Maisemore Clo. Red B98 – 1G 145
Maitland. Tam B77 – 2F 135
Maitland Rd. B8 – 2F 75
Maitland Rd. DY1 – 4A 54
Majestic Way. War B65 – 2A 70
Major St. WV2 – 3A 30
Majuba Rd. B16 – 2C 72
Makepeace Av. Warw CV34 – 2E 147
Malam Clo. CV4 – 1D 130
Malcolm Av. B24 – 5H 49
Malcolm Av. Brom B61 – 3C 142
Malcolm Ct. B26 – 2D 92
Malcolm Ct. WV1 – 1F 29
Malcolm Gro. B45 – 2D 118
Malcolm Rd. Sol B90 – 5H 107
Malcolmson Clo. B15 – 5E 73
Malfield Dri. B27 – 4B 92
Malham Rd. Tam B77 – 4H 135
Malham Rd. Warw CV34 – 2E 147
Malins Rd. B17 – 2C 88
Malins Rd. WV4 – 5A 30
Malins, The. Warw CV34 –4G 147
Malkit Clo. WS2 – 5C 22
Mallaby Clo. Sol B90 – 1G 123
Mallander Dri. Sol B93 – 2H 125
Mallard Av. Kid DY10 – 4G 141
Mallard Av. Nun CV10 – 2A 136
Mallard Clo. B27 – 3A 92
Mallard Clo. WS3 – 3A 16
Mallard Clo. Bri H DY5 – 1H 83
Mallard Ct. War B66 – 5G 57
Mallard Croft. Lich WS13 – 2G 151
Mallard Dri. B23 – 2C 60
Mallerin Croft. Nun CV10 – 2A 136
Mallicot Clo. Lich WS13 – 2H 151
Mallin St. War B66 – 5G 57
Mallory Cres. WS3 – 5G 15
Mallory Dri. Kid DY11 – 1D 140
Mallory Rise. B13 – 5D 90
Mallory Rd. WV6 – 2A 18
Malmesbury Rd. B10 – 1F 91
Malmesbury Rd. CV6 – 4H 99
Malpas Dri. B32 – 1F 103
Malpass Rd. Bri H DY5 – 1B 84
Malpass Wlk. WV10 – 5C 20
Malt Clo. B17 – 2D 88
Malthouse. War B66 – 5H 57
Malthouse Gdns. B19 – 5H 59
Malthouse Gro. B25 – 4B 76
Malthouse La. B8 – 1F 75
Malthouse La. B42 – 3H 47
Malthouse La. WV6 – 4D 18
Malt Ho. La. Brom B61 – 3A 118
Malthouse La. Ken CV8 – 1A 150
Malt Ho. La. Wil WV13 – 1H 31
Malthouse Rd. Tip DY4 – 5F 43
Malt Ho. Row. B37 – 5H 77
Maltings, The. WS9 – 4G 25
Maltings, The. WV1 – 1H 29
Maltings, The. WV5 – 5B 40
Maltings, The. L Spa CV32 – 3B 148
Malt Mill La. Hal B62 – 5B 70
Malton Gro. B13 – 1C 106
Malton Ho. War B69 – 1B 70
Malvern Av. Nun CV10 – 4A 136
Malvern Av. Sto DY9 – 2H 83
Malvern Clo. W Bro B71 – 5G 45
Malvern Clo. Wil WV12 – 5H 21
Malvern Ct. B27 – 3A 92
Malvern Cres. DY2 – 1B 68
Malvern Dri. WS9 – 2G 25
Malvern Dri. WV1 – 2D 30
Malvern Dri. Kid DY10 – 4E 141
Malvern Dri. Sut C B76 – 3D 50
Malvern Hill Rd. B7 – 5D 60
Malvern Pk. Av. Sol B91 – 4F 109
Malvern Rd. B21 – 4B 58
Malvern Rd. B27 – 3A 92
Malvern Rd. B45 – 5D 118
Malvern Rd. CV5 – 4G 115
Malvern Rd. CV7 – 3D 128
Malvern Rd. Red B97 – 5B 144
Malvern Rd. War B68 – 5E 71
Malvern St. B12 – 2B 90
Malvern View. Kid DY11 – 5B 140
Malvern View Rd. DY3 – 1H 53
Mamble Rd. Sto DY8 – 2E 83
Manby Clo. WV6 – 5G 19
Manby Rd. B35 – 1D 62
Manby St. Tip DY4 – 3G & 4G 43
Mancetter Rd. Nun CV10 – 1C 136
Mancetter Rd. Sol B90 – 4A 108
Manchester St. B6 – 2A 74
Manchester St. War B69 – 5E 57
Mancroft Clo. King DY6 – 5B 52
Mancroft Gdns. WV6 – 4C 18
Mancroft Rd. WV6 – 4C 18
Mandale Rd. WV10 – 4B 20
Mandarin Av. Kid DY10 – 5G 141
Mander Centre. WV1 – 2H 29
Manderlay Clo. DY3 – 2H 41
Manderley Clo. CV5 – 3H 113
Mander Sq. WV1 – 2H 29
Mander St. WV3 – 2G 29
Manderville Gdns. WS1 – 3A 34
Mandeville Gdns. King DY6 – 1C 66
Manderville Ho. B31 – 1H 119
Maney Hill Rd. Sut C B72 – 1H 49
Manfield Rd. Wil WV13 – 1D 30
Manifold Clo. WS7 – 2H 9
Manilla Rd. B29 – 5G 89
Manitoba Croft. B38 – 1E 121
Manley Clo. W Bro B70 – 2E 57
Manley Rd. Lich WS13 – 2H 151
Manlove St. WV3 – 3G 29
Manningford Rd. B14 – 5A 106
Manor Abbey Rd. Hal B62 – 3C 86
Manor Av. WS6 – 4E 7
Manor Av. Can WS11 – 5B 4
Manor Av. Kid DY11 – 2A 140
Manor Av. S. Kid DY11 – 2B 140
Manor Clo. WV4 – 5F 29
Manor Clo. WV8 – 4B 10
Manor Clo. Hin LE10 – 5E 139
Manor Clo. Kid DY11 – 2B 140
Manor Clo. Wil WV13 – 1G 31
Manor Ct. DY2 – 2E 69
Manor Ct. Av. Nun CV11 – 2E 137
Manor Ct. Rd. Brom B60 – 4D 142
Manor Ct. Rd. Nun CV11 – 3E 137
Manor Dri. DY3 – 2G 53
(Gornalwood)
Manor Dri. DY3 – 3A 52
(Swindon)
Manor Dri. Sut C B73 – 5H 37
Manor Farm Dri. Wil WV12 – 4B 22
Manor Farm Rd. B11 – 2E 91
Manorford Av. W Bro B71 – 2A 46
Manor Gdns. B33 – 4B 76
Manor Gdns. Wed WS10 – 1C 44
Manor Hill. Sut C B73 – 1H 49
Manor Ho. Dri. CV1 – 5B 116
Manor Ho. La. B26 – 1C 92
Manor Ho. La. B46 – 2A 64
Manor Ho. Pk. WV8 – 4C 10
Manor Ho. Rd. Wed WS10 – 1C 44
Manor La. Brom B61 – 4A 118
Manor La. Hal B62 – 3B 86
Manor La. Sto DY8 – 3D 82
Manor Pk. King DY6 – 1D 66
Manor Pk. Rd. B36 – 5F 63
Manor Pk. Rd. Nun CV11 – 2E 137
Manor Rise. WS7 – 2F & 3F 9
Manor Rise. Lich WS14 – 3H 151
Manor Rd. B6 – 3B 60
Manor Rd. B16 – 4C 72
Manor Rd. B33 – 3B 76
Manor Rd. B47 – 5B 122
Manor Rd. CV1 – 5B 116
Manor Rd. WS2 – 1F 33
Manor Rd. WV4 – 5C 30
(Ettingshall)
Manor Rd. WV4 – 5E 29
(Upper Penn)
Manor Rd. WV10 – 2G 19
Manor Rd. Ken CV8 – 2B 150
Manor Rd. L Spa CV32 – 2C 148
Manor Rd. Sol B91 – 3E 109
Manor Rd. Sol B93 – 5G & 5H 125
Manor Rd. Sto DY8 – 3D 66
Manor Rd. Sut C B73 – 5H 37
Manor Rd. Sut C B74 – 3B 36
Manor Rd. Tam B77 – 1E 135
Manor Rd. Tam B78 – 5A 134
Manor Rd. Tip DY4 – 1G 55
Manor Rd. War B67 – 1G 71
Manor Rd. Wed WS10 – 2F 45
Manor Rd. N. B16 – 4C 72
Manor Rd. Precinct. WS2 – 1F 33
Manor St. WV6 – 4C 18
Manor St. Hin LE10 – 2E 139
Manor Ter. CV1 – 5B 116
Manor Wlk. Sol B91 – 4E 109
Manor Way. Hal B63 & B62 – 5F 85 to 3D 86
Manor Way. Hin LE10 – 5E 139

Mansard Clo.—Mayfield.

Mansard Clo. WV3 – 2F 29
Mansard Ct. B46 – 5E 65
Mansard Rd. WV10 – 2C 20
Manse Clo. CV7 – 4E 81
Mansell Clo. Hal B63 – 5D 68
Mansell Rd. Red B97 – 5B 144
Mansell Rd. Tip DY4 – 4H 43
Mansel Rd. B10 – 5F 75
Mansel St. CV6 – 1C 116
Mansfield Rd. B6 – 4H 59
Mansfield Rd. B25 – 2A 92
Mansion Cres. War B67 – 2H 71
Mansion St. Hin LE10 – 2E 139
Manston Dri. WV6 – 1A 18
Manston Rd. B26 – 5E 77
Manston View. Tam B79 – 1D 134
Manta Rd. Tam B77 – 5E 135
Mantilla Dri. CV3 – 3A & 4A 132
Manway Clo. B20 – 1E 59
Maple Av. CV7 – 4E 81
Maple Av. Wed WS10 – 1F 45
Maplebeck Clo. CV5 – 4H 115
Mapleborough Rd. Sol B90 – 1F 123
Maple Centre, The. Wed WS10 – 1A 44
Maple Clo. WS7 – 1E 9
Maple Clo. Bil WV14 – 4C 42
Maple Clo. Hin LE10 – 5G 139
Maple Clo. Kid DY11 – 1B 140
Maple Clo. Sto DY8 – 4D 82
Maple Ct. Lich WS14 – 5G 151
Maple Ct. War B66 – 4F 57 (Crystal Dri.)
Maple Ct. War B66 – 5H 57 (Forest Clo.)
Maple Cres. Can WS11 – 5A 4
Mapledene Rd. B26 – 1F 93
Maple Dri. B44 – 3D 48
Maple Dri. DY3 – 3G 53
Maple Dri. WS4 – 2B 24
Maple Dri. WS5 – 5B 34
Maple Dri. Bil WV14 – 1G 43
Maple Dri. Wed WS10 – 1A 44
Maple Grn. DY1 – 5C 42
Maple Gro. B19 – 4H 59
Maple Gro. B37 – 1H 77
Maple Gro. WV3 – 2C 28
Maple Gro. King DY6 – 1E 67
Maple Gro. Warw CV34 – 2F 147
Maple Leaf Rd. Wed WS10 – 2B 44
Maple Rise. War B68 – 4F 71
Maple Rd. B30 – 1E 105
Maple Rd. B45 – 3C 118
Maple Rd. DY1 – 2D 54
Maple Rd. WS3 – 5H 15
Maple Rd. WV3 – 3E 29
Maple Rd. Hal B62 – 5B 70
Maple Rd. L Spa CV31 – 6B 149
Maple Rd. Nun CV10 – 2C 136
Maple Rd. Sut C B72 – 1A 50
Maples, The. Nun CV12 – 4C 80
Maple St. WS3 – 1G 23
Mapleton Gro. B28 – 1H 107
Mapleton Rd. B28 – 1H & 2H 107
Mapleton Rd. CV6 – 1G 115
Mapletree La. Hal B63 – 1E 85
Maple Wlk. B37 – 3A 78
Maple Way. B31 – 1H 119
Maplewood. Sut C B76 – 3D 50
Mapperley Gdns. B13 – 4H 89
Marans Croft. B38 – 2D 120
Marbury Clo. B38 – 5D 104
Marbury M. Bri H DY5 – 4H 67
Marchant Rd. WV3 – 1E 29
Marchant Rd. Bil WV14 – 3E 31
Marchant Rd. Hin LE10 – 3E 139
March End Rd. WV11 – 4E & 4F 21
Marchmont Rd. B9 – 4G 75
Marchmount Rd. Sut C B72 – 3H 49
March Way. CV3 – 2G 133
March Way. WS9 – 1G 25
Marcliff Cres. Sol B90 – 5D 106
Marconi Pl. Can WS12 – 1F 5
Marcos Dri. B36 – 3H 63
Marcot Rd. Sol B92 – 2C 92
Marcroft Pl. L Spa CV31 – 6E 149
Marden Clo. Wil WV13 – 2G 31
Marden Gro. B31 – 2A 120
Marden Wlk. B23 – 2D 60
Mardol Clo. CV2 – 1G 117
Mardon Rd. B26 – 2E 93
Marfield Clo. Sut C B76 – 3D 50
Margam Cres. WS3 – 1C 22
Margam Way. WS3 – 1C 22
Margaret Av. Hal B63 – 3G 85
Margaret Av. Nun CV12 – 3E 81
Margaret Clo. Bri H DY5 – 5B 68
Margaret Dri. Can WS11 – 1C 4
Margaret Dri. Sto DY8 – 3G 83
Margaret Gro. B17 – 1C 88
Margaret Rd. B17 – 2C 88
Margaret Rd. WS2 – 1C 32
Margaret Rd. Sut C B73 – 3E 49
Margaret Rd. Wed WS10 – 1A 44
Margarets Gdns. War B67 – 2H 71
Margaret St. B3 – 3H 73
Margaret St. WS2 – 1G 33
Margaret St. W Bro B70 – 3E 57
Margaret Vale. Tip DY4 – 2A 44
Margeson Clo. CV2 – 5H 117
Margetts Clo. Ken CV8 – 3B 150
Marian Croft. B26 – 2F 93
Maria St. W Bro B70 – 4G 57
Marie Brock Clo. CV4 – 5D 114
Marie Dri. B27 – 5H 91
Marigold Cres. DY1 – 1C 54
Marigold Dri. Hin LE10 – 5F 139
Marina Clo. CV4 – 2B 130
Marina Cres. Can WS12 – 2D 4
Marine Cres. Sto DY8 – 4D 66 (in two parts)
Marine Dri. B44 – 5A 48
Marine Gdns. Sto DY8 – 4E 67
Mariner. Tam B79 – 1A 134
Marion Clo. Bri H DY5 – 4B 68
Marion Rd. CV6 – 1B 116
Marion Rd. War B67 – 1G 71
Marion Way. B28 – 1E 107
Marita Clo. DY2 – 2F 69
Marjoram Clo. B38 – 2E 121
Marjorie Av. B30 – 4G 105
Mark Av. Wed WS10 – 1C 44
Markby Rd. B18 – 1D 72
Market Centre, The. WS3 – 1E 23
Market Hall Precinct. Can WS11 – 5C 4
Market Hall St. Can WS11 – 5B 4
Market La. WV4 – 4A 28
Market Pl. DY2 – 1E 69
Market Pl. WS3 – 1E 23
Market Pl. Can WS11 – 5B 4
Market Pl. Hin LE10 – 2E 139
Market Pl. Lich WS13 – 3G 151
Market Pl. Nun CV11 – 3F 137
Market Pl. Red B98 – 2C 144
Market Pl. Tip DY4 – 5B 44
Market Pl. Warw CV34 – 4D 146
Market Pl. Wed WS10 – 2D 44
Market Pl. Wil WV13 – 2H 31
Market Sq. War B64 – 5E 69
Market St. B4 – 3B 74
Market St. WV1 – 2H 29
Market St. Bil WV14 – 5E 31
Market St. Brom B61 – 3D 142
Market St. Can WS12 – 2F 5
Market St. Kid DY10 – 3E 141
Market St. King DY6 – 1D 66
Market St. Lich WS13 – 3F 151
Market St. Sto DY8 – 2F 83
Market St. Tam B79 – 3C 134
Market St. Tip DY4 – 5B 44
Market St. War B69 – 4D 56
Market St. Warw CV34 – 4D 146
Market Wlk. Red B97 – 2C 144
Market Way. CV1 – 5B 116
Market Way. Bil WV14 – 5E 31
Markfield Rd. B26 – 5D 76
Markford Wlk. B19 – 5H 59
Markham Cres. Sol B92 – 5G 93
Markham Croft. WV9 – 1F 19
Markham Dri. King DY6 – 2E 67
Markham Dri. L Spa CV31 – 8C 149
Markham Rd. Sut C B73 – 1D 48
Markholm Clo. WV9 – 1F 19
Mark La. B5 – 4A 74
Marklew Clo. WS8 – 3F 17
Marklin Av. WV10 – 1H 19
Mark Rd. Wed WS10 – 1C 44
Marksbury Clo. WV6 – 4F 19
Marks M. Warw CV34 – 4D 146
Mark's Wlk. Lich WS13 – 1F 151
Marl Bank Rd. Sto DY8 – 4F 67
Marlboro' Rd. War B66 – 3A 72
Marlborough Av. Brom B60 – 5E 143
Marlborough Clo. Hin LE10 – 3H 139
Marlborough Clo. Sut C B74 – 4F 27
Marlborough Ct. Lich WS13 – 3F 151
Marlborough Dri. Sto DY8 – 4F 83
Marlborough Dri. L Spa CV31 – 6D 149
Marlborough Gdns. WV6 – 5E 19
Marlborough Gdns. Sto DY8 – 4C 66
Marlborough Gro. B25 – 4B 76
Marlborough Rd. B10 – 4F 75
Marlborough Rd. B36 – 4F 63
Marlborough Rd. CV2 – 5E 117
Marlborough Rd. DY3 – 5B 42
Marlborough Rd. Nun CV11 – 3E 137
Marlborough St. WS3 – 1E 23
Marlborough Way. Tam B77 – 4F 135
Marlbrook Clo. Sol B92 – 3E 93
Marlbrook Dri. WV4 – 4G 29
Marlbrook La. Brom B60 – 5B 118
Marlclif Gro. B13 – 2B 106
Marlcroft. CV3 – 3H 133
Marldon Rd. B14 – 2A 106
Marlene Croft. B37 – 4B 78 (in two parts)
Marler Rd. CV4 – 2C 130
Marley Rd. King DY6 – 2F 67 (in two parts)
Marlfield La. Red B98 – 2E & 1F 145
Marlin. Tam B77 – 5E 135
Marling Croft. Sol B92 – 2G 109
Marloes Wlk. L Spa CV31 – 6D 149
Marlow Clo. CV5 – 4D 114
Marlow Clo. DY2 – 3F 69
Marlowe Clo. Kid DY10 – 2G 141
Marlowe Dri. Wil WV12 – 3H 21
Marlow Rd. B23 – 5D 48
Marlow Rd. Tam B77 – 1E 135
Marlow St. WS2 – 5G 23
Marlow St. War B65 – 4A 70
Marlpit La. Red B97 – 4A 144 (in two parts)
Marlpit La. Sut C B75 – 1B 38
Marlpool Dri. Red B97 – 3A 144
Marlpool La. Kid DY11 – 1C 140
Marlpool Pl. Kid DY11 – 1C 140
Marl Rd. DY2 – 2D 68
Marlston Wlk. CV5 – 3D 114
Marmion Dri. B43 – 2E 47
Marmion Gro. DY1 – 4C 54
Marmion St. Tam B79 – 3D 134
Marmion Way. W Bro B70 – 5C 44
Marnel Dri. WV3 – 3D 28
Marner Cres. CV6 – 2A 116
Marner Rd. Nun CV10 – 5F 137
Marner Rd. Nun CV12 – 2E 81
Marquis Dri. Hal B62 – 1H 85
Marriner's La. CV5 – 3D 114
Marriot Rd. War B66 – 5G 57 (in two parts)
Marriott Rd. CV6 – 3H 115
Marriott Rd. DY2 – 2D 68 & 2E 69
Marriott Rd. Nun CV12 – 4B 80
Marroway St. B16 – 3E 73
Marrowfat La. B21 – 5E 59
Mars Clo. Bil WV14 – 3B 42
Marsden Clo. Sol B92 – 5B 92
Marsden Rd. Red B98 – 3C 144
Marshall Clo. WS9 – 5F 25
Marshall Gro. B44 – 4A 48
Marshall Lake Rd. Sol B90 – 1A 124
Marshall Rd. CV7 – 5D 80
Marshall Rd. War B68 – 4F 71
Marshall Rd. Wil WV13 – 2E 31
Marshall St. B1 – 4H 73
Marshall St. Tam B77 – 1E 135
Marshall St. War B67 – 5G 57
Marsham Clo. Warw CV34 – 2G 147
Marsham Ct. Rd. Sol B91 – 1C 108
Marsham Rd. B14 – 4A 106
Marshbrook Clo. CV2 – 4H 101
Marshbrook Rd. B24 – 2B 62
Marsh Cres. Sto DY8 – 3C 66
Marshdale Av. CV6 – 4C 100
Marsh End. B38 – 1E 121
Marshfield Dri. CV4 – 5F 131
Marshfield Gdns. B24 – 3F 61
Marsh Hill. B23 – 1C 60
Marsh La. B23 – 1E 61
Marsh La. B46 – 2A 64
Marsh La. WS2 – 1G 33
Marsh La. WV10 – 5G 11
Marsh La. Lich WS14 – 5G 151
Marsh La. Sol B91 – 4G to 3G 109
Marsh La. Sol B92 – 2F to 3H 111
Marsh La. Sut C B76 – 1B 64
Marsh La. W Bro B71 – 4F 45
Marsh La. Pde. WV10 – 1H 19
Marshmont Way. B23 – 4E 49
Marsh Rd. Sol B92 – 4H 111
Marsh St. WS2 – 2G 33
Marsh, The. Wed WS10 – 1C 44
Marshwood Clo. Can WS11 – 4D 4
Marshwood Croft. Hal B62 – 4D 86
Marsland Clo. B17 – 4B 72
Marsland Rd. Sol B92 – 1B 108
Mars St. WV2 – 4C 30
Marston Av. Wed WS10 – 4A 32
Marston Clo. L Spa CV32 – 3C 148
Marston Clo. Sto DY8 – 3C 82
Marston Croft. B37 – 5H 77
Marston Dri. B37 – 1H 77
Marston Gro. B43 – 3B 46
Marston La. Nun CV11 – 5H 137
Marston La. Nun CV12 – 2F to 1H 81
Marston Rd. B29 – 5H 87
Marston Rd. DY1 – 4A 54
Marston Rd. WV2 – 3G 29
Marston Rd. Can WS12 – 1D 4
Marston Rd. Sut C B73 – 4G 49
Marston St. Wil WV13 – 1A 32
Marten Clo. Warw CV35 – 4H 146
Martham Dri. WV6 – 1C 28
Martin Clo. CV5 – 3B 114
Martin Clo. Bil WV14 – 4E 43
Martin Clo. Brom B61 – 4C 142
Martin Croft. Lich WS13 – 2E 151
Martindale. Can WS11 – 4D 4
Martindale Rd. CV7 – 5F 81
Martindale Wlk. Bri H DY5 – 1G 83
Martin Dri. Wil WV12 – 4A 22
Martineau Sq. B2 – 3A 74
Martineau Way. B2 – 3A 74
Martingale Clo. WS5 – 5H 33
Martingale Clo. Brom B60 – 5D 142
Martin Hill St. DY2 – 4E 55
Martin Rise. B37 – 5H 77
Martin Rd. WS5 – 3C 34
Martin Rd. Bil WV14 – 1G 43
Martin Rd. Tip DY4 – 1H 55
Martins Rd. Nun CV12 – 4D 80
Martin St. WV4 – 5B 30
Martlesham Sq. B35 – 2D 62
Martley Clo. Red B98 – 5E 145
Martley Croft. B32 – 3H 87
Martley Croft. Sol B91 – 2E 125
Martley Dri. Sto DY9 – 3H 83
Martley Rd. WS4 – 1C 24
Martley Rd. War B69 – 1B 70
Marton Av. WS7 – 1F 9
Marton Clo. B7 – 1C 74
Martyrs Clo., The. CV3 – 1B 132
Marwood Croft. Sut C B74 – 1B 36
Mary Ann St. B3 – 2H 73
Mary Herbert St. CV3 – 2B 132
Maryland Av. B34 – 1B 76
Maryland Dri. B31 – 3B 104
Maryland Rd. Bri H DY5 – 1B 84
Marylebone Clo. Sto DY8 – 1F 83
Mary Rd. B21 – 5D 58
Mary Rd. B33 – 3A 76
Mary Rd. War B69 – 4A 56
Mary Rd. W Bro B70 – 3G 57
Mary Slessor St. CV3 – 2G 133
Marystow Clo. CV5 – 5D 98
Mary St. B3 – 2H 73
Mary St. B12 – 2A 90
Mary St. WS2 – 5G 23
Mary St. Can WS12 – 1E 5
Mary Vale Rd. B30 – 2D 104
Marywell Clo. B32 – 1E 103
Masefield Av. DY1 – 4D 42
Masefield Av. Warw CV34 – 5C 146
Masefield Clo. WS7 – 1F 9
Masefield Clo. Bil WV14 – 2G 43
Masefield Clo. Lich WS14 – 4F 151
Masefield Dri. Tam B79 – 1C 134
Masefield Gdns. Kid DY10 – 2G 141
Masefield Gro. Can WS11 – 2B 4
Masefield Rise. Hal B62 – 3B 86
Masefield Rd. DY3 – 1F 53
Masefield Rd. WS3 – 2G 23
Masefield Rd. WV10 – 1C 20
Masefield Sq. B31 – 4C 104
Masham Clo. B33 – 3B 76
Mashie Gdns. B38 – 5C 104
Maslen Pl. Hal B63 – 4H 85
Maslin Dri. Bil WV14 – 3C 42
Mason Av. L Spa CV32 – 2D & 3D 148
Mason Clo. Red B97 – 5B 144
Mason Ct. Hin LE10 – 3D 138
Mason Cres. WV4 – 5E 29
Masonleys Rd. B31 – 4G 103
Mason Rd. B24 – 1G 61
Mason Rd. CV6 – 5D 100
Mason Rd. WS2 – 4E 23
Mason Rd. Kid DY11 – 2C 140
Mason Rd. Red B97 – 5B 144
Mason's Clo. Hal B63 – 1E 85
Masons Cotts. B24 – 1H 61
Mason St. WV2 – 3H 29
Mason St. Bil WV14 – 4D 42
Mason St. W Bro B70 – 1E 57
Masons Way. Sol B92 – 4B 92
Massbrook Gro. WV10 – 3B 20
Massbrook Rd. WV10 – 3B 20
Masser Rd. CV6 – 3B 100
Massers Yd. CV6 – 3E 101
Masshouse Cir. Queensway. B4 – 3A 74
Masshouse La. B5 – 3A 74
Masshouse La. B38 – 5E 105
Masters La. Hal B62 – 4B 70
Masters Rd. L Spa CV31 – 7C 149
Matchborough Centre. Red B98 – 4H 145
Matchborough Way. Red B98 – 5H 145
Matchlock Clo. Sut C B74 – 4A 36
Matfen Av. Sut C B73 – 2F 49
Mathecroft. L Spa CV31 – 7D 149
Math Meadow. B32 – 2H 87
Matlock Clo. DY2 – 3E 69
Matlock Clo. WS3 – 5F 15
Matlock Dri. Can WS11 – 3E 5
Matlock Rd. B11 – 4F 91
Matlock Rd. CV1 – 2B 116
Matlock Rd. WS3 – 5F 15
Matterson Rd. CV6 – 3H 115
Matthew Dri. B21 – 5D 58
Matthew La. Kid DY11 – 5E 141
Matthew's Wlk. Lich WS13 – 1E 151
Mattox Rd. WV11 – 3E 21
Matty Rd. War B68 – 2E 71
Maud Rd. B46 – 2C 64
Maud Rd. W Bro B70 – 3F 57
Maudslay Rd. CV5 – 5F 115
Maughan St. DY1 – 4C 54
Maughan St. Bri H DY5 – 5B 68
Maund Clo. Brom B60 – 5C 142
Maureen Clo. CV4 – 5H 113
Maurice Gro. WV10 – 3C 20
Maurice Rd. B14 – 3A 106
Maurice Rd. War B67 – 4H 71
Mavis Gdns. War B68 – 5E 71
Mavis Rd. B31 – 1H 119
Mavis Rd. Can WS12 – 1E 5
Mavor Dri. Nun CV12 – 4B 80
Mawgan Dri. Lich WS14 – 4H 151
Mawnan Clo. CV7 – 5E 81
Maw St. WS1 – 4H 33
Maxholm Rd. Sut C B74 – 3A 36
Max Rd. B32 – 2G 87
Max Rd. CV6 – 3G 115
Maxstoke Clo. B32 – 1D 102
Maxstoke Clo. CV7 – 5C 96
Maxstoke Clo. Red B98 – 4G 145
Maxstoke Clo. Sut C B73 – 2F 49
Maxstoke Ct. B46 – 2E 79
Maxstoke Croft. Sol B90 – 2A 124
Maxstoke La. B46 – 1E to 1H 79
Maxstoke La. CV7 – 4C 96
Maxstoke Rd. Sut C B73 – 2F 49
Maxstoke St. B9 – 4C 74
Maxted Rd. B23 – 4D 48
Maxwell Av. B20 – 3F 59
Maxwell Clo. Lich WS13 – 3G 151
Maxwell Rd. WV2 – 3A 30
Maxwell Wlk. WV2 – 3A 30
Mayall Dri. Sut C B75 – 1A 38
May Av. B12 – 2B 90
Maybank Pl. B44 – 5A 48
Maybank Rd. DY2 – 3E 69
Mayberry Clo. B14 – 5D 106
Maybridge Dri. Sol B91 – 1D 124
Maybrook Rd. WS8 – 4E 17
Maybrook Rd. Ind. Est. WS8 – 3E 17
Maybrook Rd. Sut C B76 – 5D 50
Maybush Gdns. WV10 – 1H 19
Maycock Rd. CV6 – 2B 116
Maycroft. Can WS12 – 1D4
Maydene Croft. B12 – 1B 90
Mayfair. Sto DY9 – 4A 84
Mayfair Clo. B44 – 4C 48
Mayfair Clo. DY1 – 3C 54
Mayfair Dri. King DY6 – 5C 52
Mayfair Gdns. WV3 – 1D 28
Mayfair Gdns. Tip DY4 – 1G 55
Mayfair Pde. B44 – 4C 48
May Farm Clo. B47 – 3B 122
Mayfield. Nun CV12 – 3E 81

Mayfield Av.—Middleway View.

Mayfield Av. B29 – 4G 89
Mayfield Clo. Kid DY11 – 1B 140
Mayfield Clo. L Spa CV31 – 6D 149
Mayfield Clo. Nun CV12 – 3E 81
Mayfield Cres. War B65 – 3G 69
Mayfield Dri. Ken CV8 – 4D 150
Mayfield Rd. B11 & B27 – 3G 91
Mayfield Rd. B13 – 4C 90
Mayfield Rd. B19 – 4G 59
Mayfield Rd. B30 – 2F 105
Mayfield Rd. CV5 – 1H 131
Mayfield Rd. DY1 – 1D 54
Mayfield Rd. WV1 – 2C 30
Mayfield Rd. Hal B62 – 4D 70
Mayfield Rd. Hal B63 – 4F 85
Mayfield Rd. Nun CV11 – 4H 137
Mayfield Rd. Sut C B73 – 2G 49
Mayfield Rd. Sut C B74 – 2B 36
Mayfields. Red B98 – 3C 144
Mayflower Dri. CV2 – 5H 117
Mayford Gro. B13 – 2D 106
Maygrove Rd. King DY6 – 5C 52
Mayhurst Clo. B47 – 2D 122
Mayhurst Clo. Tip DY4 – 3H 43
Mayhurst Rd. B47 – 2D 122
Mayland Dri. Sut C B74 – 5B 36
Mayland Rd. B16 – 3C 72
May La. B14 – 3B 106
May La. B47 – 2B 122
Maynard Av. Nun CV12 – 5B 80
Maynard Av. Sto DY8 – 4D 82
Maynard Av. Warw CV34 – 3F 147
Mayne Clo. Warw CV35 – 4A 146
Mayo Dri. Ken CV8 – 3C 150
Mayor's Croft. CV4 – 2D 130
Maypole Clo. War B64 – 5D 68
Maypole Dri. Sto DY8 – 2E 83
Maypole Fields. Hal B63 – 5C 68
Maypole Gro. B14 – 5D 106
Maypole Hill. Hal B63 – 5C 68
Maypole La. B14 – 5B 106
Maypole Rd. War B68 – 4E 71
Maypole St. WV5 – 4B 40
May St. CV6 – 1C 116
May St. WS3 – 3F 23
Mayswood Dri. WV6 – 2A 28
Mayswood Gro. B32 – 3G 87
Mayswood Rd. Sol B92 – 4E 93
Maythorn Av. Sut C B76 – 5D 50
Maythorn Gdns. WV6 – 5C 18
Maythorn Gro. Sol B91 – 1E 125
Maytree Clo. B37 – 3H 77
May Tree Gro. B20 – 2E 59
Maywell Dri. Sol B92 – 1H 109
Maywood Clo. King DY6 – 5C 52
Meaburn Clo. B29 – 1A 104
Mead Clo. WS9 – 3F 25
Mead Cres. B9 – 3H 75
Meadfoot Av. B14 – 4B 106
Meadfoot Dri. King DY6 – 5B 52
Meadfoot Rd. CV3 – 3G 133
Meadow Av. W Bro B71 – 3A 46
Meadow Brook Rd. B31 – 3H 103
Meadowbrook Rd. Hal B63 – 4F 85
Meadowbrook Rd. Lich WS13 – 1G 151
Meadow Clo. B17 – 4B 72
Meadow Clo. CV7 – 4D 112
Meadow Clo. WS4 – 2C 24
Meadow Clo. L Spa CV32 – 2D 148
Meadow Clo. Sol B90 – 1B 124
Meadow Clo. Sol B94 – 5C 124
Meadow Clo. Sut C B74 – 2B 36
Meadow Ct. Nun CV11 – 2E 137
Meadow Croft. B47 – 5B 122
Meadow Croft. WV6 – 2A 18
Meadow Croft. Can WS12 – 3B 4
Meadow Dri. Hin LE10 – 3H 139
Meadow Dri. Sol B92 – 2F 111
Meadowfield Rd. B45 – 2D 118
Meadow Fields Clo. Sto DY8 – 4D 66
Meadow Grange Dri. Wil WV12 – 2A 22
Meadow Gro. WS6 – 5D 6
Meadow Gro. Sol B92 – 5B 92
Meadow Hill Clo. Kid DY11 – 3B 140
Meadowhill Cres. Red B98 – 1C 144
Meadow Hill Dri. Can WS11 – 4D 4
Meadow Hill Dri. Sto DY8 – 4D 66
Meadow Hill Rd. B38 – 5D 104
Meadowhill Rd. Red B98 – 1C 144
Meadow La. WV5 – 4B 40
Meadow La. Bil WV14 – 2C 42
(in two parts)
Meadow La. Wil WV12 – 4H 21
Meadowlark Clo. Can WS12 – 3E 5
Meadow Pk. Tam B79 – 3B 134
Meadow Pk. Rd. Sto DY8 – 5D 66
Meadow Rd. B17 – 4B 72
Meadow Rd. B32 – 1D 86
Meadow Rd. B47 – 5B 122
Meadow Rd. CV6 – 3A 100
Meadow Rd. DY1 – 1C 54
Meadow Rd. WS9 – 5F 25
Meadow Rd. WV3 – 3C 28
Meadow Rd. Hal B62 – 5A 70
Meadow Rd. War B67 – 2A 72
Meadow Rd. War B68 – 3E 71
Meadow Rd. Warw CV34 – 3F 147
Meadowside Clo. B43 – 3D 46
Meadowside Rd. Sut C B74 – 5F 27
Meadows, The. Hin LE10 – 4H 139
Meadow St. CV1 – 5A 116
Meadow St. WS1 – 2G 33
Meadow St. WV1 – 1G 29
Meadow St. Nun CV11 – 2E 137
Meadow St. Tam B77 – 4D 134
Meadow St. War B64 – 5G 69
Meadowsweet Av. B38 – 1E 121
Meadowsweet Way. King DY6 – 5F 53
Meadow, The. WS9 – 4D 24
Meadow Vale. WV8 – 1B 18
Meadowvale Rd. Brom B60 –1F 143
Meadow View. B13 – 5D 90
(in two parts)
Meadow View. DY3 – 3H 41
Meadow View. WS7 – 2H 9
Meadow View. WV6 – 5D 18
Meadow Wlk. B14 – 5A 106
Meadow Wlk. War B64 – 5F 69
(in two parts)
Meadow Way. WV8 – 5A 10
Meadow Way. Can WS12 – 5F 5
Meadow Way. Sto DY8 – 4C 66
Meadow Wyrthe. Tam B79 – 1C 134
Mead Rise. B15 – 1E 89
Mead, The. DY3 – 3G 41
Meadthorpe Rd. B44 – 3H 47
Meadvale Rd. B45 – 3E 119
Meadway. B33 – 4D 76
Meadway. CV2 – 2E 117
Meadway Clo. Can WS12 – 3F 5
Meadway N. CV2 – 2E 117
Meadway St. WS7 – 2F 9
Meadway, The. WV6 – 4B 18
Meadway, The. Hin LE10 – 3G 139
Meadway, The. Red B97 – 4B 144
Mears Dri. B33 – 2B 76
Mearse Clo. B18 – 2F 73
Mearse La. B45 – 5D 118
Mease Av. WS7 – 2H 9
Measham Gro. B26 – 2B 92
Measham Way. WV11 – 2F 21
Meaton Gro. B32 – 5E 87
Medcroft Av. B20 – 1D 58
Medina. Tam B77 – 3F 135
Medina Clo. WV10 – 4B 12
Medina Rd. B11 – 3F 91
Medina Rd. CV6 – 5C 100
Medina Way. King DY6 – 5C 52
Medland Av. CV3 – 4H 131
Medley Gdns. Tip DY4 – 1B 56
Medley Rd. B11 – 2E 91
Medlicott Rd. B11 – 1D 90
Medway. Tam B77 – 3E 135
Medway Clo. Bri H DY5 – 1F 67
Medway Croft. B36 – 5H 63
Medway Gro. B38 – 1D 120
Medway Rd. WS8 – 5C 8
(in two parts)
Medway Wlk. WS8 – 5C 8
Medwin Gro. B23 – 4E 49
Meerash La. WS7 – 4G 9
Meer End. B38 – 2D 120
Meer End Rd. Ken CV8 – 5D 128
Meerhill Av. Sol B90 – 3D 124
Meers Coppice. Bri H DY5 – 1A 84
Meetinghouse La. B31 – 4A 104
Meetinghouse La. CV7 – 2C 128
Meeting La. Bri H DY5 – 4G 67
(in two parts)
Meeting St. DY2 – 2E 69
(in two parts)
Meeting St. Tip DY4 – 5B 44
Meeting St. Wed WS10 – 1C 44
Meg La. WS7 – 1G 9
Melbourne Av. B19 – 5G 59
Melbourne Av. Brom B61 – 2C 142
Melbourne Av. War B66 – 5A 58
Melbourne Clo. Brom B61 –2D 142
Melbourne Clo. King DY6 – 2E 67
Melbourne Clo. W Bro B70 – 4D 44
Melbourne Cres. Can WS12 – 4H 5
Melbourne Rd. CV5 – 5H 115
Melbourne Rd. Brom B61 – 2C 142
Melbourne Rd. Can WS12 – 4H 5
Melbourne Rd. Hal B63 – 2H 85
Melbourne Rd. War B66 – 5A 58
Melbourne St. WV2 – 2H 29
Melbury Clo. WV3 – 2F 29
Melbury Gro. B14 – 2A 106
Melbury Way. Can WS11 – 4D 4
Melchester Wlk. Can WS11 – 4D 4
Melchett Rd. B30 – 4E 105
Melcote Gro. B44 – 3A 48
Meldon Dri. Bil WV14 – 2H 43
Meldrum Rd. Nun CV10 – 3B 136
Melen St. Red B97 – 2B 144
Melford. Tam B79 – 2A 134
Melford Clo. DY3 – 2H 41
Melford Hall Rd. Sol B91 – 1C 108
Melfort Gro. B14 – 4B 106
Melksham Sq. B35 – 2D 62
Melling Way. B7 – 1C 74
Mellis Gro. B23 – 1C 60
Mellish Dri. WS4 – 5B 24
Mellish Rd. WS4 – 5A 24
Mellor Dri. Sut C B74 – 1E 37
Mellors Clo. B17 – 3B 88
Mellowdew Rd. CV2 – 4G 117
Mellowdew Rd. Sto DY8 – 2C 66
Mellowship Rd. CV5 – 3A 114
Mell Sq. Sol B91 – 4F 109
Melplash Av. Sol B91 – 3D 108
Melrose Av. B12 – 2B 90
Melrose Av. Nun CV12 – 5C 80
Melrose Av. Sto DY8 – 5F 83
Melrose Av. Sut C B73 – 2F 49
Melrose Av. W Bro B71 – 3G 45
Melrose Clo. B38 – 1E 121
Melrose Clo. Hin LE10 – 2D 138
Melrose Dri. WV6 – 1A 18
Melrose Dri. Can WS12 – 1D 4
Melrose Gro. B19 – 5G 59
Melrose Rd. B20 – 3A 60
Melstock Clo. Tip DY4 – 1E 55
Melstock Rd. B14 – 2H 105
Melton Av. Sol B92 – 3D 92
Melton Dri. B15 – 1G 89
Melton Rd. B14 – 1B 106
Melton Rd. L Spa CV32 – 1C 148
Melverley Gro. B44 – 4B 48
Melverton Av. WV10 – 2A 20
Melville Clo. CV7 – 5E 81
Melville Rd. B16 – 4C 72
Melville Rd. CV1 – 4A 116
Melvina Rd. B7 – 2C 74
Membury Rd. B8 – 1E 75
Menai Clo. Wil WV12 – 3A 22
Menai Wlk. B37 – 2A 78
Mendip Av. B8 – 2F 75
Mendip Clo. DY3 – 2A 54
Mendip Clo. WV2 – 4B 30
Mendip Clo. Brom B61 – 1E 143
Mendip Dri. Nun CV10 – 3A 136
Mendip Rd. B8 – 2F 75
Mendip Rd. Hal B63 – 5E 85
Mendip Rd. Sto DY8 – 2G 83
Menin Cres. B13 – 1D 106
Menin Pas. B13 – 1C 106
Menin Rd. B13 – 1C 106
Menin Rd. Tip DY4 – 1E 55
Meon Gro. B33 – 5E 77
Meon Gro. WV6 – 5A 18
Meon Rise. Sto DY9 – 3H 83
Meon Way. WV11 – 2G 21
Meranti Clo. Wil WV11 – 2A 22
Mercer Av. B46 – 2A 64
Mercer Av. CV2 – 3E 117
(Barras Heath)
Mercer Av. CV2 – 2D 116
(Stoke Heath)
Mercer Gro. WV11 – 2F 21
Merchants Way. WS9 – 3E 25
Mercia Av. Ken CV8 – 3A 150
Mercia Clo. Brom B60 – 5D 142
Mercia Clo. Tam B79 – 1A 134
Mercia Dri. WV6 – 1A & 4A 18
Mercian Way. Tam B77 – 1H 135
Mercia Way. Warw CV34 – 3F 147
Mercote Hall La. CV7 – 2B 112
Mercury Rd. Can WS11 – 2D 4
Mere Clo. Wil WV12 – 4H 21
Merecote Rd. Sol B92 – 1A 108
Meredith Grn. Kid DY11 – 5B 140
Meredith Rd. CV2 – 5G 117
Meredith Rd. DY3 – 1F 53
Meredith Rd. WV11 – 2D 20
Merediths Pool Clo. B18 – 1E 73
Meredith St. War B64 – 4E 69
Mere Dri. Sut C B75 – 1H 37
Mere Grn. Clo. Sut C B75 – 1A 38
Mere Grn. Rd. Sut C B75 – 1H 37
Mere Oak Rd. WV4 – 1A 18
Mere Pool Rd. Sut C B75 – 1B 38
Mere Rd. B23 – 2D 60
Mere Rd. Sto DY8 – 3E 83
Mereside Way. Sol B92 – 1B 108
Mereside Way N. Sol B92 – 5B 92
Meres Rd. Hal B63 – 2E 85
Merevale Av. Hin LE10 – 3D 138
Merevale Av. Nun CV11 – 3E 137
Merevale Clo. Hin LE10 – 3D 138
Merevale Clo. Red B98 – 5G 145
Merevale Rd. Sol B92 – 4E 93
Merganser. Tam B77 – 5G 135
Merganser Way. Kid DY10 – 5G 141
Meriden Av. Sto DY8 – 1D 82
(in two parts)
Meriden Clo. Can WS11 – 5A 4
Meriden Clo. Sto DY8 – 1D 82
Meriden Dri. B37 – 1H 77
Meriden Rise. Sol B92 – 3F 93
Meriden Rd. CV7 – 3D 112
Meriden Rd. WV10 – 2G 19
Meriden Rd. Sol B92 & CV7 – 1F 111
Meriden St. B5 – 4A 74
Meriden St. CV1 – 4A 116
Merino Av. B31 – 1A 120
Merlin Av. Nun CV10 – 2A 136
Merlin Clo. DY1 – 4B 54
Merlin Clo. Can WS11 – 4A 4
Merlin Dri. Kid DY10 – 4G 141
Merlin Gro. B26 – 2E 93
Merrick Clo. Hal B63 – 4E 85
Merrick Rd. WV11 – 3G 21
Merridale Av. WV3 – 2F 29
Merridale Ct. WV3 – 2F 29
Merridale Cres. WV3 – 2F 29
Merridale Gdns. WV3 – 2F 29
Merridale Gro. WV3 – 2E 29
Merridale La. WV3 – 1F 29
Merridale Rd. WV3 – 2F 29
Merridale St. WV3 – 2G 29
Merridale St. W. WV3 – 3F 29
Merrill Clo. WS6 – 5C 6
Merrill's Hall La. WV11 – 5F 21
Merrington Clo. Sol B91 – 1E 125
Merrions Clo. B43 – 5D 34
Merrishaw Rd. B31 – 2A 120
Merritts Brook Clo. B29 – 3A 104
Merritt's Brook La. B31 – 3G 103
Merritt's Hill. B31 – 2G & 2H 103
Merrivale Rd. CV5 – 4G 115
Merrivale Rd. Hal B62 – 5C 70
Merrivale Rd. War B66 – 3A 72
Merryfield Clo. Sol B92 – 1F 109
Merryfield Gro. B17 – 3C 88
Merryfield Rd. DY1 – 4A 54
Merry Hill. Bri H DY5 – 4B 68
Merry Hill Ct. War B66 – 1C 72
Merryhill Dri. B18 – 1E 73
Merry Hill Shopping Centre. Bri H DY5 – 3B 68
Merse Rd. Red B98 – 1H 145
Mersey Gro. B38 – 1D 120
Mersey Pl. WS3 – 1G 23
Mersey Rd. WS3 – 1G 23
Mersey Rd. Nun CV12 – 1A 80
Merstone Clo. Bil WV14 – 4D 30
Merstowe Clo. B27 – 3H 91
Merton Clo. Kid DY10 – 2G 141
Merton Clo. War B68 – 3E 71
Merton Rd. B13 – 3C 90
Mervyn Pl. Bil WV14 – 1G 43
Mervyn Rd. B21 – 3D 58
Mervyn Rd. Bil WV14 – 2G 43
Meryhurst Rd. Wed WS10 – 5E 33
Merynton Av. CV4 – 3F 131
Meschede Way. CV1 – 5B 116
Meschines St. CV3 – 3B 132
Mesnes Grn. Lich WS14 – 3G 151
Messenger La. W Bro B70 – 2G 57
Messenger Rd. War B66 – 1B 72
Metchley Ct. B17 – 3C 88
Metchley Croft. Sol B90 – 3C 124
Metchley Dri. B17 – 2C 88
Metchley La. B17 – 3C 88
Metchley Pk. Rd. B15 – 2D 88
Metfield Clo. Tam B79 – 1D 134
Metfield Croft. B17 – 3C 88
Metfield Croft. King DY6 – 1F 67
Metlin Gro. B33 – 3G 77
Metric Wlk. War B67 – 1A 72
(in two parts)
Metro Way. War B66 – 5C 58
Mews Rd. L Spa CV32 – 4A 148
Mews, The. Ken CV8 – 4A 150
Meynell Ho. B20 – 2E 59
Meyrick Rd. W Bro B70 – 5D 44
Meyrick Wlk. B16 – 4E 73
Miall Pk Rd. Sol B91 – 3B 108
Miall Rd. B28 – 1G 107
Mica Clo. Tam B77 – 3H 135
Michael Dri. B15 – 1G 89
Michaelmas Rd. CV3 – 1A 132
Michael Rd. War B67 – 1G 71
Michael Rd. Wed WS10 – 3A 32
Michell Clo. CV3 – 1E 133
Micklehill Dri. Sol B90 – 1H 123
Mickleover Rd. B8 – 1A 76
Mickleton Av. B33 – 5E 77
Mickleton Clo. Red B98 – 5C 144
Mickleton Rd. CV5 – 1H 131
Mickleton Rd. Sol B92 – 1A 108
Midacre. Wil WV13 – 2G 31
Middle Acre Rd. B32 – 4G 87
Middle Av. Wil WV13 – 3F 31
Middle Bickenhill La. B37 – 2E 95
Middleborough Rd. CV1 – 4A 116
Middlecotes. CV4 – 1D 130
Middle Cres. WS3 – 2A 24
Middle Cross St. WV1 – 2A 30
Middle Dri. B45 – 4G 119
Middle Entry. Tam B79 – 3C 134
Middlefield. WV8 – 1E 19
Middlefield Av. Hal B62 – 4C 70
Middlefield Clo. Hal B62 – 4D 70
Middlefield Clo. Hin LE10 – 1E 139
Middlefield Ct. Hin LE10 – 1E 139
Middlefield La. Hin LE10 – 1E 139
Middlefield Pl. Hin LE10 – 1E 139
Middle Field Rd. B31 – 5C 104
Middlefield Rd. Brom B60 – 5F 143
Middlefield Rd. War B69 – 4H 55
Middle Gdns. Wil WV13 – 2H 31
Middlehill Rise. B32 – 4G 87
Middlehouse La. Red B97 – 1C 144
Middle La. B38 & B47 – 3H 121
Middle La. WV9 – 4E 11
Middle Leaford. B34 – 1D 76
Middle Leasow. B32 – 3F 87
Middlemarch Rd. CV6 – 2A 116
Middlemarch Rd. Nun CV10 – 5F 137
Middle Meadow Av. B32 – 2F 87
Middlemist Gro. B43 – 5E 47
Middlemore Av. War B66 – 5A 58
Middlemore La. WS9 – 3E 25
Middlemore La. W. WS9 – 4D 24
Middlemore Rd. B31 – 5B 104
Middlemore Rd. War B66 & B21 – 5B 58
Middlemore Rd. Trading Est. War B66 & B21– 5B 58
Middle Pk. Clo. B29 – 1B 104
Middle Pk. Rd. B29 – 1B 104
Middlepark Rd. DY1 – 4B 54
Middle Piece Dri. Red B97 – 4A 144
Middle Ride. CV3 – 3G & 3H 133
Middle Roundhay. B33 – 2D 76
Middleton Clo. WS5 – 5H 33
Middleton Clo. Red B98 – 3H 145
Middleton Gdns. B30 – 4E 105
Middleton Hall Rd. B30 – 4C 104
Middleton M. Red B98 – 3H 145
Middleton Rd. B14 – 1A 106
Middleton Rd. WS8 – 5F 9
Middleton Rd. Brom B61 – 2D 142
Middleton Rd. Kid DY11 – 1C 140
Middleton Rd. Sol B90 – 5G 107
Middleton Rd. Sut C B74 – 2C 36
Middletree Rd. Hal B63 – 1D 84
Middle Vauxhall. WV1 – 1F 29
Middleway. Can WS12 – 2H 5
Middleway Av. Sto DY8 – 3C 66
Middleway End. Can WS12 – 2H 5
Middleway Grn. Bil WV14 – 3E 31
Middleway Rd. Bil WV14 – 3E 31
Middleway View. B18 – 3F 73

Middol Clo.—Moorland Rd.

Middol Clo. WS5 – 5H 33
Midford Gro. B15 – 5H 73
Midgley Dri. Sut C B74 – 1G 37
Midhill Dri. War B65 – 1A 70
Midhurst Dri. Can WS12 – 1F 5
Midhurst Gro. WV10 – 4C 18
Midhurst Rd. B30 – 4G 105
Midland Clo. B21 – 5E 59
Midland Dri. Sut C B72 – 5A 38
Midland Rd. B30 – 3E 105
Midland Rd. CV6 – 3D 116
Midland Rd. WS1 – 2G 33
Midland Rd. Nun CV11 – 2E 137
Midland Rd. Sut C B74 – 4G 37
Midland Rd. Wed WS10 – 3A 32
Midland St. B9 – 3D 74
Midvale Dri. B14 – 5H 105
Milburn Rd. B44 – 1B 48
Milcote Clo. Red B98 – 5D 144
Milcote Dri. Sut C B73 – 1D 48
Milcote Dri. Wil WV13 – 2E 31
Milcote Rd. B29 – 1A 104
Milcote Rd. Sol B91 – 3E 109
Milcote Rd. War B67 – 4A 72
Milcote Way. King DY6 – 5B 52
Mildenhall. Tam B79 – 1D 134
Mildenhall Rd. B42 – 3E 47
Mildred Rd. War B64 – 3F 69
Mildred Way. War B65 – 1A 70
Milebrook Gro. B32 – 5E 87
Mile Flat. King DY6 – 5A 52
Mile La. CV1 & CV3 – 5B 116
Mile Oak Ct. War B66 – 1B 72
Milesbush Av. B36 – 3G 63
Miles Gro. DY2 – 5G 55
Miles Meadow. CV6 – 5F 101
Miles Meadow Clo. Wil WV12 – 2A 22
Milestone Ct. WV6 – 1B 128
Milestone La. B21 – 4D 58
Milestone Way. Wil WV12 – 2A 22
Mile Tree La. CV2 – 1H 101
Milford Av. Wil WV12 – 4H 21
Milford Clo. CV5 – 2D 114
Milford Clo. Red B97 – 5A 144
Milford Clo. Sto DY8 – 3D 66
Milford Gro. Sol B90 – 2F 125
Milford Pl. B14 – 5A 90
Milford Rd. B17 – 2B 88
Milford Rd. WV2 – 3H 29
Milford St. Nun CV10 – 4E 137
Milholme Grn. Sol B92 – 1F 109
Milking Bank. DY1 – 3A 54
Milk St. B5 – 4B 74
Millais Clo. Nun CV12 – 2E 81
Millard Rd. Bil WV14 – 3C 42
Millbank. DY3 – 3A 42
Millbank. Warw CV34 – 2G 147
Mill Bank Gro. B23 – 5C 48
Millbank St. WV11 – 1G 21
Millbrook Clo. Can WS11 – 4D 4
Millbrook Rd. B14 – 2G 105
Millbrook Way. Bri H DY5 – 5G 67
Mill Clo. B47 – 2B 122
Mill Clo. CV2 – 3F 101
Mill Clo. Brom B60 – 5D 142
Mill Clo. Nun CV11 – 5H 137
Millcroft Clo. B32 – 4H 87
Millcroft Rd. Sut C B74 – 3C 36
Milldale Clo. Kid DY10 – 1E 141
Milldale Cres. WV10 – 4A & 5A 12
Milldale Rd. WV10 – 4H 11
Mill End. Ken CV8 – 2C 150
Miller Clo. Brom B60 – 5C 142
Miller Cres. Bil WV14 – 3C 42
Millersdale Dri. W Bro B71 – 2H 45
Millers Grn. Hin LE10 – 4G 139
Millers Grn. Dri. King DY6 – 4B 52
Millers Rd. Warw CV34 – 3D 146
Miller St. B6 – 1A 74
Millers Vale. Can WS11 – 5G 5
Mill Farm Rd. B17 – 3B 88
Millfield Av. WS3 – 5F 15
Millfield Av. WS4 – 1B 24
Millfield Rd. B20 – 5E 47
Millfield Rd. WS8 – 2F 17
Millfield Rd. Brom B61 – 4C 142
Millfields. B33 – 2G 77
Millfields Clo. W Bro B71 – 3E 45
Millfields Rd. WV2 & Bil WV14 – 5C 30
Millfields Rd. W Bro B71 – 3E 45
Mill Gdns. B14 – 3E 107
Mill Gdns. Nun CV10 – 4E 137
Mill Gdns. War B67 – 3H 71
Mill Grn. WV10 – 4H 11
Mill Gro. WV8 – 5C 10
Millhaven Av. B30 – 2G 105
Mill Hill. CV8 – 5C 132
Mill Hill. War B67 – 3H 71
Mill Hill Rd. Hin LE10 – 2E 139
Millhill Rd. Red B98 – 4H 145
Mill Ho. Clo. L Spa CV32 – 3H 147
Mill Ho. Dri. L Spa CV32 – 3H 147
Millhouse Rd. B25 – 5H 75
Mill Ho. Ter. L Spa CV32 – 3H 147
Millicent Clo. Can WS12 – 1E 5
Millicent Pl. B12 – 2C 90
Millichip Rd. Wil WV13 – 2F 31
Millington Rd. B36 – 5B 62
Millington Rd. WV10 – 3A 20
Millington Rd. Tip DY4 – 3G 43
Millison Gro. Sol B90 – 2D 124
Mill La. B5 – 4A 74
Mill La. B31 – 1H 119
Mill La. B32 – 4G 87
Mill La. CV3 – 5H 117
Mill La. WS3 & WS4 – 5H 23
Mill La. WS7 – 4H 9
Mill La. WS9 – 3B 26
Mill La. WV5 – 5B 40
Mill La. WV6 – 5B 18
Mill La. WV8 – 3A 10
Mill La. WV11 – 2C 20
Mill La. Brom B61 – 3D 142
Mill La. Can WS11 – 3B 6
Mill La. Hal B63 – 3A 86
Mill La. Kid DY10 – 5E 141
Mill La. Kid DY11 – 2D 140
Mill La. L Spa CV32 – 1E 148
Mill La. Nun CV12 – 1A 80
Mill La. Sol B91 – 4F 109
Mill La. Sol B93 – 4G 125
Mill La. Tam B79 – 3D 134
Mill La. War B69 – 2E 71
Mill La. Wil WV12 – 4A 22
Mill Pk. Can WS11 – 4D 4
Mill Pl. WS3 – 5H 23
Mill Pond, The. Lich WS13 – 1H 151
Millpool Gdns. B14 – 4B 106
Millpool Hill. B14 – 4B 106
Millpool Rd. Can WS12 – 1E 5
Millpool Way. War B67 – 2A 72
Mill Race La. CV6 – 4E 101
Mill Race La. Sto DY8 – 1F 83
Millrace Rd. Red B98 – 1C 144
Mill Rd. B25 – 1G 91
Mill Rd. WS4 – 1B 24
Mill Rd. WS8 – 2F 17
Mill Rd. L Spa CV31 – 5B 149
Mill Rd. War B64 – 1F 85
Mills Av. Sut C B76 – 1B 50
Millsbro' Rd. Red B98 – 3C 144
(in two parts)
Mills Clo. WV11 – 2D 20
Mills Cres. WV2 – 3A 30
Millside. B28 – 4E 107
Mills Rd. WV2 – 3A 30
Mill St. B6 – 2B 74
Mill St. CV1 – 4A 116
Mill St. WS2 – 5H 23
Mill St. Bil WV14 – 5D 30
Mill St. Bri H DY5 – 3A 68
Mill St. Can WS11 – 5C 4
Mill St. Hal B63 – 5D 68
Mill St. Kid DY10 – 2D 140
Mill St. L Spa CV31 – 5B 149
Mill St. Nun CV11 – 3F 137
Mill St. Nun CV12 – 3F 81
Mill St. Red B97 – 2B 144
Mill St. Sto DY8 – 4E 67
Mill St. Sut C B72 – 5A 38
Mill St. Tip DY4 – 5B 44
Mill St. Warw CV34 – 4E 147
Mill St. Wed WS10 – 4C 32
(Butcroft)
Mill St. Wed WS10 – 4A 32
(Woods Bank)
Mill St. W Bro B70 – 1F 57
Mill St. Wil WV13 – 2A 32
Mills Wlk. Tip DY4 – 4G 43
Millthorpe Clo. B8 – 2G 75
Mill Tower. War B66 – 2B 72
Mill View. B33 – 2E 77
Mill View. Hin LE10 – 2F 139
Mill Wlk. Nun CV11 – 3F 137
Millwalk Dri. WV9 – 5G 11
Mill Wlk., The. B31 – 5H 103
Millward St. B9 – 4D 74
Millward St. W Bro B70 – 2D 56
Millwright Clo. Tip DY4 – 1A 56
Milmead Rd. B32 – 4H 87
Milner Clo. Nun CV12 – 1C 80
Milner Cres. CV2 – 5H 101
Milner Rd. B29 – 5F 89
Milner Way. B13 – 1D 106
Milo Cres. Tam B78 – 5C 134
Milrose Way. CV4 – 1C 130
Milsom Gro. B34 – 5F 63
Milstead Rd. B26 – 4D 76
Milston Clo. B14 – 5A 106
Milton Av. Tam B79 – 1C 134
Milton Av. Warw CV34 – 5C 146
Milton Clo. WS1 – 4G 33
Milton Clo. Hin LE10 – 2E 139
Milton Clo. Kid DY11 – 2A 140
Milton Clo. Nun CV12 – 4G 81
Milton Clo. Red B97 – 5B 144
Milton Clo. Sol B93 – 4H 125
Milton Clo. Sto DY8 – 5F 67
Milton Clo. Wil WV12 – 2C 22
Milton Ct. WV6 – 5A 18
Milton Cres. B25 – 1B 92
Milton Cres. DY3 – 5F 41
Milton Pl. WS1 – 4G 33
Milton Rd. WV10 – 4C 20
Milton Rd. Bil WV14 – 4E 43
Milton Rd. Can WS11 – 3C 4
Milton Rd. Sol B93 – 4H 125
Milton Rd. War B67 – 2G 71
Milton St. B19 – 1A 74
Milton St. CV2 – 3E 117
Milton St. WS1 – 4G 33
Milton St. Bri H DY5 – 5A 54
Milton St. W Bro B71 – 1E 57
Milton Ter. War B66 – 4A 72
Milverton Clo. Hal B63 – 1H 85
Milverton Clo. Sut C B76 – 4C 50
Milverton Cres. L Spa CV32 – 4A 148
Milverton Cres. W. L Spa CV32 – 4A 148
Milverton Hill. L Spa CV32 – 4A 148
Milverton Rd. B23 – 1F 61
Milverton Rd. CV2 – 4G 101
Milverton Rd. Sol B93 – 3B 126
Milverton Ter. L Spa CV32 – 4A 148
Milward Sq. Red B97 – 2C 144
Mimosa Clo. B29 – 1B 104
Mimosa Wlk. King DY6 – 4E 53
Mincing La. War B65 – 3B 70
Minden Gro. B29 – 5B 88
Minehead Rd. DY1 – 4A 54
Minehead Rd. WV10 – 1G 19
Miner St. WS2 – 5F 23
Minerva Clo. Tam B77 – 1E 135
Minerva Clo. Wil WV12 – 5C 22
Minerva La. WV1 – 2A 30
Minith Rd. Bil WV14 – 3F 43
Minivet Dri. B12 – 2A 90
Minley Av. B17 – 1H 87
Minories. B4 – 3A 74
Minories, The. DY2 – 4E 55
Minors Hill. Lich WS14 – 4H 151
Minstead Rd. B24 – 4E 61
Minster Clo. Sol B93 – 1A 126
Minster Clo. War B65 – 3C 70
Minster Clo. Warw CV35 – 4A 146
Minster Dri. B10 – 5E 75
Minsterley Clo. WV3 – 3E 29
Minsterpool Wlk. Lich WS13 – 3F 151
Minster Rd. CV1 – 4A 116
Minster, The. WV3 – 4F 29
Mintern Rd. B25 – 5A 76
Minton Clo. WV1 – 2C 30
Minton Rd. B32 – 3H 87
Minworth Ind. Pk. Sut C B76 – 5D 50
Minworth Rd. B46 – 2A 64
Miranda Clo. B45 – 5E 103
Miranda Clo. CV3 – 2G 133
Mirfield Rd. B33 – 3E 77
Mirfield Rd. Sol B91 – 2D 108
Mission Clo. War B64 – 4H 69
Mitcham Clo. Can WS12 – 1D 4
Mitcham Gro. B44 – 3C 48
Mitcheldean Clo. Red B98 – 5C 144
Mitcheldean Covert. B14 – 5H 105
Mitchell Av. CV4 – 2D 130
(in two parts)
Mitchell Av. Bil WV14 – 3D 42
Mitchell Rd. Nun CV12 – 3G 81
Mitchel Rd. King DY6 – 2F 67
Mitford Dri. Sol B92 – 2G 109
Mitre Clo. WV11 – 5H 13
Mitre Clo. Wil WV12 – 2B 22
Mitre Fold. WV1 – 1H 29
Mitre Rd. WS6 – 5B 6
Mitre Rd. Sto DY9 – 2A 84
Mitten Av. B45 – 1D 118
Mitton Rd. B20 – 3E 59
Moat Av. CV3 – 4G 131
Moat Coppice. B32 – 5E 87
Moat Croft. B37 – 4A 78
Moat Croft. Sut C B76 – 4D 50
Moat Dri. Hal B62 – 4C 70
Moat Farm Dri. B32 – 5D 86
Moat Farm Dri. Nun CV12 – 5B 80
Moat Farm Way. WS3 – 3A 16
Moatfield Ter. Wed WS10 – 1D 44
Moatgreen Av. WV11 – 3F 21
Moat Ho. Dri. CV6 – 1D 100
Moat Ho. La. CV4 – 2E 131
Moat Ho. La. E. WV11 – 3F 21
Moat Ho. La. W. WV11 – 3E 21
Moat Ho. Rd. B8 – 2G 75
Moat La. B5 – 4A 74
Moat La. B26 – 1B 92
Moat La. WS6 – 5D 6
Moat La. Sol B91 – 2F 109
Moat Meadows. B32 – 3G 87
Moatmead Wlk. B36 – 4C 62
Moat Mill La. Brom B61 – 4D 142
Moat Rd. WS2 – 1E 33
Moat Rd. Tip DY4 – 4G 43
Moat Rd. War B68 – 3E 71
Moatside Clo. WS3 – 3A 16
Moat St. Wil WV13 – 1H 31
Moatway, The. B38 – 2D 120
Mobberley Rd. Bil WV14 – 2C 42
Mob La. WS4 – 5C 16
Mockley Wood Rd. Sol B93 – 2B 126
Modbury Av. B32 – 5G 87
Modbury Clo. CV3 – 4C 132
Moden Clo. DY3 – 5A 42
Moden Hill. DY3 – 5H 41
Mogul La. Hal B63 – 5C 68
Moilliet Ct. War B66 – 1C 72
Moilliett St. B18 – 2C 72
Moira Cres. B14 – 3D 106
Moises Hall Rd. WV5 – 4B 40
Moland St. B4 – 2A 74
Mole St. B12 – 1C 90
Molesworth Av. CV3 – 1E 133
Molineux All. WV1 – 1H 29
(in two parts)
Molineux Fold. WV1 – 1H 29
Molineux St. WV1 – 5H 19
Mollington Cres. Sol B90 – 4A 108
Mollington Rd. L Spa CV31 – 8C 149
Molyneux Rd. DY2 – 3F 69
Momus Boulevd. CV2 – 5F & 5G 117
Mona Rd. B23 – 1G 61
Monastery Dri. Sol B91 – 2B 108
Monckton Rd. War B68 – 1E 87
Moncrieff Dri. L Spa CV31 – 7D 149
Moncrieffe Clo. DY2 – 4F 55
Moncrieffe St. WS1 – 2A 34
Monica Rd. B10 – 5G 75
Monk Clo. Tip DY4 – 2H 55
Monk Rd. B8 – 2H 75
Monk's Croft, The. CV3 – 2B 132
Monkseaton Rd. Sut C B72 – 2H 49
Monksfield Av. B43 – 3C 46
Monkshood Retreat. B38 – 1E 121
Monks Kirby Rd. Sut C B76 – 1C 50
Monkspath. Sut C B76 – 3C 50
Monkspath Business Pk. Sol B90 – 1C 124
Monkspath Clo. Sol B90 – 2B 124
Monkspath Hall Rd. Sol B90 – 3C 124
Monkspath Ind Pk. Sol B90 – 2C 124
Monks Rd. CV1 – 5D 116
Monksway. B38 – 5F 105
Monks Way. Tam B77 – 1G 135
Monks Way. Warw CV34 – 4D 146
Monkswell Clo. B10 – 5E 75
Monkswell Clo. Bri H DY5 – 4A 68
Monkswood Cres. CV2 – 1G 117
Monkswood Rd. B31 – 5C 104
Monkton Rd. B29 – 4A 88
Monmer Clo. Wil WV13 – 1A 32 & 5A 22
Monmer La. Wil WV13 – 5H 21
Monmore Rd. WV1 – 3C 30
Monmouth Clo. CV5 – 4D 114
Monmouth Dri. Sut C B73 – 1D 48 to 1G 49
Monmouth Dri. W Bro B71 – 4E 45
Monmouth Gdns. Nun CV10 – 3C 136
Monmouth Ho. B33 – 3G 77
Monmouth Rd. B32 – 5G 87
Monmouth Rd. WS2 – 5C 22
Monmouth Rd. War B67 – 5H 71
Monsal Rd. B42 – 4G 47
Mons Rd. DY2 – 3F 55
Montague Rd. B16 – 4D 72
Montague Rd. B21 – 4E 59
Montague Rd. B24 – 3G 61
Montague Rd. War B66 – 3B 72
Montague Rd. Warw CV34 – 2F 147
Montague St. B9 – 3C 74
Montagu St. B6 – 4C 60
Montalt Rd. CV3 – 2C 132
Montana Av. B42 – 5F 47
Monteagle Dri. King DY6 – 4D 52
Montfort Rd. B46 – 1E 79
Montfort Rd. WS2 – 4E 33
Montfort Wlk. B32 – 4D 86
Montgomery Clo. CV3 – 4G 133
Montgomery Cres. Bri H DY5 – 5B 68
(in two parts)
Montgomery Croft. B11 – 1D 90
Montgomery Rd. WS2 – 1C 32
Montgomery St. B11 – 1D 90
Montgomery Wlk. W Bro B71 – 1F 57
Montgomery Way. B8 – 2G 75
Montjoy Clo. CV3 – 2G 133
Montley. Tam B77 – 4H 135
Montpelier Rd. B24 – 3G 61
Montpelier St. B12 – 1B 90
Montpellier Clo. CV3 – 3A 132
Montrose Av. L Spa CV32 – 1C 148
Montrose Clo. Can WS11 – 2D 4
Montrose Dri. B35 – 2D 62
Montrose Dri. DY1 – 4C 54
Montrose Dri. Nun CV10 – 4D 136
Montrose St. WV1 – 1A 30
Montsford Clo. Sol B93 – 3H 125
Monument Av. Sto DY9 – 3B 84
Monument Dri. WV10 – 1E 13
Monument La. B45 – 4C 118
Monument La. DY3 – 3B 42
Monument La. Sto DY9 – 3B 84
Monument Rd. B16 – 4E 73
Monway Ter. Wed WS10 – 2C 44
Monwood Gro. Sol B91 – 5C 108
Monyhull Hall Rd. B30 – 5G 105
Moodyscroft Rd. B33 – 3E 77
Moon's La. WS6 – 5B 6
Moons Moat Dri. Red B98 – 2G 145
Moons Moat N. Ind. Area. Red B98 – 1H 145
Moons Moat S. Ind. Area. Red B98 – 2H 145
Moon Way. War B66 – 1B 72
Moor Centre, The. Bri H DY5 – 3A 68
Moorcroft. Bil WV14 – 1H 43
Moorcroft Pl. B7 – 2B 74
Moorcroft Rd. B13 – 4A 90
Moordown Av. Sol B92 – 4D 92
Moore Clo. WV6 – 5A 18
Moore Clo. Sut C B74 – 4F 27
Moore Clo. Warw CV34 – 1D 146
Moore Cres. War B68 – 3F 71
Moorend Av. B37 – 5H 77 to 3B 78
Moor End La. B24 – 1G 61
Moore Rd. Wil WV12 – 2B 22
Moore's Row. B5 – 4B 74
Moore St. WV1 – 2B 30
Moore St. Can WS12 – 1F 5
Moore St. S WV2 – 4H 29
Moore Wlk. Warw CV34 – 4G 147
Moorfield Av. Sol B93 – 3G 125
Moorfield Dri. Brom B61 – 2D 142
Moorfield Dri. Hal B63 – 2G 85
Moorfield Dri. Sut C B73 – 4G 49
Moorfield Rd. B34 – 5D 62
Moorfield Rd. WV2 – 4G 29
Moorfield, The. CV3 – 2F 133
Moorfoot Av. Hal B63 – 5E 85
Moorgate. Tam B79 – 2C 134
Moorgate Clo. Red B98 – 1G 145
Moor Grn. La. B13 – 5G 89 to 4A 90
Moorgrove Av. Sol B93 – 3H 125
Moor Hall Dri. Sut C B75 – 2A 38
Moorhill Rd. L Spa CV31 – 8B 149
Moorhills Croft. Sol B90 – 1H 123
Moorings, The. WV9 – 5F 11
Moorland Av. WV10 – 3H 19
Moorland Rd. B16 – 4C 72

Moorland Rd.—Nethy Dri.

Moorland Rd. WS3 – 2D 22
Moorland Rd. Can WS11 – 2C 4
Moorlands Av. Ken CV8 – 4B 150
Moorlands Ct. War B65 – 2B 70
Moorlands Dri. Sol B90 – 5A 108
Moorlands Rd. W Bro B71 – 3F 45
Moorlands, The. Sut C B74 – 2F 37
Moor La. B6 – 5B 48
Moor La. Lich WS14 – 1E 27
Moor La. Tam B77 – 1E 135
Moor La. War B65 – 3H 69 to 3A 70
Moor Leasow. B31 – 5C 104
Moormeadow Rd. Sut C B75 – 3B 38
Moor Pk. WS3 – 5E 15
Moor Pk. WV6 – 1A 18
Moorpark Rd. B31 – 1A 120
Moor Pool Av. B17 – 1B 88
Moors Croft. B32 – 5E 87
Moorside Gdns. WS2 – 1E 33
Moorside Rd. B14 – 4D 106
Moor's La. B31 – 1G 103
Moors Mill La. Tip DY4 – 4B 44
Moorsom St. B6 – 1A 74
Moors, The. B36 – 4C 62
Moor St. CV5 – 1H 131
Moor St. Bil WV14 – 1E 43
Moor St. Bri H DY5 – 3F to 3H 67
Moor St. Tam B79 – 3B 134
Moor St. Wed WS10 – 2E 45
Moor St. W Bro B70 – 3F 57
Moor St. Queensway. B4 – 3A 74
Moor, The. Sut C B76 – 4D 50
Moorville Wlk. B11 – 1C 90
Morar Clo. B35 – 2E 63
Moray Clo. Hal B62 – 5C 70
Moray Clo. Hin LE10 – 2C 138
Morcom Rd. B11 – 2F 91
Mordaunt Dri. Sut C B75 – 1B 38
Morden Rd. B33 – 3A 76
Mordiford Clo. Red B98 – 2G 145
Moreall Meadows. CV4 – 5F 131
Moreland Croft. Sut C B76 – 5D 50
Morelands, The. B31 – 1B 120
Morestead Av. B26 – 2E 93
Moreton Av. B43 – 2G 47
Moreton Av. WV4 – 5A 30
Moreton Clo. B32 – 2H 87
Moreton Clo. Tip DY4 – 2H 43
Moreton Rd. WV10 – 1A 20
Moreton Rd. Sol B90 – 5A 108
Moreton St. B1 – 2G 73
Moreton St. Can WS11 – 2D 4
Morfa Gdns. CV6 – 3F 115
Morford Rd. WS9 – 3F 25
Morgan Clo. Wil WV12 – 5H 21
Morgan Dri. Bil WV14 – 3D 42
Morgan Gro. B36 – 4H 63
Morgan Rd. Tam B78 – 5C 134
Morgans Rd. CV5 – 3H 113
Morjon Dri. B43 – 2E 47
Morland Clo. Nun CV12 – 1C 80
Morland Rd. B43 – 5G 35
Morland Rd. CV6 – 4A 100
Morley Gro. WV6 – 5H 19
Morley Rd. B8 – 1H 75
Morley Rd. WS7 – 1F 9
Morlich Rise. Bri H DY5 – 5G 67
Morlings Dri. WS7 – 1F 9
Morning Pines. Sto DY8 – 3D 82
Morningside. CV5 – 1A 132
Morningside. Sut C B73 – 4H 37
Mornington Rd. War B66 – 5B 58
Morrell St. L Spa CV32 – 4B 148
Morris Av. CV2 – 3G 117
Morris Av. WS2 – 1C 32
Morris Croft. B36 – 4G 63
Morris Dri. Nun CV11 – 5G 137
Morris Field Croft. B28 – 3F 107
Morrison Av. WV10 – 2A 20
Morrison Rd. Tip DY4 – 1A 56
Morris Rd. B8 – 1H 75
Morris St. W Bro B70 – 3F 57
Morris Wlk. Brom B60 – 5C 142
Morsefield La. Red B98 – 4G 145
Morse Rd. L Spa CV31 – 8C 149
Mortimer Rd. Ken CV8 – 4B 150
Mortimers Clo. B14 – 5C 106
Moreton Clo. CV6 – 5H 99
Morton La. Red B97 – 5A 144
Morton Rd. Bri H DY5 – 5A 68
Morton St. L Spa CV32 – 4B 148
Morvale Gdns. Sto DY9 – 2A 84
Morvale St. Sto DY9 – 2A 84
Morven Rd. Sut C B73 – 2G 49
Morville Rd. DY2 – 2F 69
Morville St. B16 – 4F 73
Mosborough Cres. B19 – 1H 73
Mosedale Dri. WV11 – 4G 21
Moseley Av. CV6 – 3H 115
Moseley Ct. WV11 – 4G 13
Moseley Ct. Wil WV13 – 2E 31
Moseley Dri. B37 – 5H 77
Moseley Rd. B12 – 5B 74 to 2B 90
Moseley Rd. WV10 – 4B 12
Moseley Rd. Ken CV8 – 4C 150
Moseley Rd. Wil WV13 & Bil WV14 – 2E 31
Moseley St. B5 & B12 – 4A 74
Moseley St. WV10 – 5H 19
Moseley St. Tip DY4 – 4A 44
Mossbank Av. WS7 – 2F 9
Moss Clo. WS4 – 5A 24
Moss Clo. WS9 – 4E 25
Moss Cres. Can WS12 – 2B 4
Mossdale. Tam B77 – 4H 135
Mossdale Clo. CV6 – 2H 115
Mossdale Cres. Nun CV10 – 4D 136
Moss Dri. Sut C B72 – 1A 50
Mossfield Rd. B14 – 1A 106
Moss Gdns. Bil WV14 – 1D 42
Moss Gro. B7 – 2H 105
Moss Gro. King DY6 – 5D 52
Moss Ho. Clo. B15 – 4G 73
Mossley Clo. WS3 – 1D 22
Mossley La. WS3 – 1D 22
Mosspaul Clo. L Spa CV32 – 3A 148
Moss Rd. Can WS11 – 3D 4
Moss St. Can WS11 – 3D 4
Mossvale Clo. War B64 – 4G 69
Mossvale Gro. B8 – 1F 75
Moss Way. Sut C B74 – 4B 36
Mosswood St. Can WS11 – 1B 6
Mostyn Cres. W Bro B71 – 4E 45
Mostyn Pl. B6 – 4A 60
Mostyn Rd. B16 – 4E 73
Mostyn Rd. B21 – 4E 59
Mostyn St. WV1 – 5G 19
Motorway A38 (M) B6 – 4C 60
Motorway M5 Brom B61 & WBro – B71 – 5A 142 & 5A 118 to 4A 46
Motorway M6 – WV11 & CV2 – 1G 13 to 4H 79, 1G 97, 5A 80 to 4H 101
Motorway M42 – Sol B94 & Brom B61 – 5D 124 to 1B 64 & 1C 142
Motorway, M54. WV8 & WV11 – 2A 10 to 3F 13
Motorway M69 Hin LE10 – 5H 139
Mottistone Clo. CV3 – 2B 132
Mottram Clo. W Bro B70 – 2E 57
Mottrams Clo. Sut C B72 – 2A 50
Mott St. B19 – 2H 73
Moundsley Gro. B14 – 4B 106
Mounds, The. B38 – 2D 120
Mountain Ash Dri. Sto DY9 – 4H 83
Mount Av. Bri H DY5 – 2H 67
Mount Av. Can WS12 – 1E 5
Mountbatten Av. Ken CV8 – 4D 150
Mountbatten Clo. WBro B70 – 3H 57
Mountbatten Rd. WS2 – 1C 32
Mount Clo. DY3 – 3H 53
Mount Clo. WS6 – 5B 6
Mount Clo. WV5 – 4A 40
Mount Ct. WV6 – 1B 28
Mount Dri. WV5 – 4A 40
Mount Dri. Nun CV12 – 3E 81
Mountfield Clo. B14 – 5B 106
Mountford Clo. War B65 – 3A 70
Mountford Cres. WS9 – 2G 25
Mountford Dri. Sut C B75 – 2H 37
Mountford La. Bil WV14 – 4F 31
Mountford Rd. Sol B90 – 5E 107
Mountford St. B11 – 2E 91
Mount Gdns. WV8 – 4A 10
Mountjoy Cres. Sol B92 – 4F 93
Mount La. DY3 – 3H 53
Mt. Nod Way. CV5 – 4D 114
Mt. Pleasant. B10 – 4C 74
Mt. Pleasant. B14 – 5A 90
Mt. Pleasant. WS6 – 4B 6
Mt. Pleasant. Bil WV14 – 4F 31
Mt. Pleasant. Bri. H DY5 – 4B 68
Mt. Pleasant. King DY6 – 2C 66 (in two parts)
Mt. Pleasant. Red B97 – 4B 144
Mt. Pleasant. Tam B77 – 5D 134
Mt. Pleasant Av. B21 – 3D 58
Mt. Pleasant Av. WV5 – 4A 40
Mt. Pleasant Rd. Nun CV12 – 2E 81
Mt. Pleasant St. Bil WV14 – 3D 42
Mt. Pleasant St. W Bro B70 – 3F 57
Mt. Pleasant Ter. Nun CV10 – 2D 136
Mountrath St. WS1 – 2G 33
Mount Rd. WS3 – 4A 16
Mount Rd. WS7 – 2F 9
Mount Rd. WV4 – 5F 29 to 1F 41 (Penn)
Mount Rd. WV4 – 2B 42 (Woodcross)
Mount Rd. WV5 – 4A 40
Mount Rd. WV6 – 1B 28
Mount Rd. Hin LE10 – 3E 139
Mount Rd. Sto DY8 – 2G 83
Mount Rd. Sto DY8 – 4D 66 (Wordsley)
Mount Rd. War B65 – 3C 70
Mount Rd. War B69 – 4A 56
Mount Rd. Wil WV13 – 2F 31
Mt. Side St. Can WS12 – 1F 5
Mounts Rd. Wed WS10 – 2D 44
Mount St. B7 – 5D 60
Mount St. CV5 – 5G 115
Mount St. WS1 – 3G 33
Mount St. Can WS12 – 1E 5
Mount St. Hal B63 – 4H 85
Mount St. Nun CV11 – 3E 137
Mount St. Red B98 – 3C 144
Mount St. Sto DY8 – 2F 83
Mount St. Tip DY4 – 5A 44
Mount St. Ind. Est. B7 – 5E 61
Mount St. Pas. Nun CV11 – 3E 137
Mounts Way. B7 – 5D 60
Mount, The. B23 – 3E 61
Mount, The. CV3 – 2C 132
Mount, The. Sut C B76 – 1B 64
Mount, The. War B64 – 4H 69
Mt. View. Sut C B75 – 5B 38
Mountwood Covert. WV6 – 1B 28
Mousehall Farm Rd. Bri H DY5 – 5A 68
Mouse Hill. WS3 – 5H 15
Mouse La. Kid DY11 – 1B 140
Mousesweet Clo. DY2 – 2F 69
Mousesweet La. DY2 – 3F 69
Mousesweet Wlk. War B64 – 5D 68
Mowbray Clo. B45 – 5D 102
Mowbray St. B5 – 5A 74
Mowbray St. CV2 – 4D 116
Mowe Croft. B37 – 1A 94
Moxhull Clo. Wil WV12 – 1A 22
Moxhull Dri. Sut C B76 – 4B 50
Moxhull Gdns. Wil WV12 – 2A 22
Moxhull Rd. B37 – 1A 78
Moxley Ct. Wil WV13 – 5H 31
Moxley Rd. Bil WV14 – 5G 31
Moxley Rd. Wed WS10 – 5A 32
Moyle Cres. CV5 – 3B 114
Moyle Dri. Hal B63 – 1D 84
Muchall Rd. WV4 – 5F 29
Much Pk. St. CV1 – 5B 116
Mucklow Hill. Hal B62 – 2A 86
Muirfield. Tam B77 – 1H 135
Muirfield Clo. WS3 – 5E 15
Muirfield Cres. War B69 – 5H 55
Muirfield Gdns. B38 – 5D 104
Muirville Clo. Sto DY8 – 3C 66
Mulberry Dri. B13 – 5C 90
Mulberry Grn. DY1 – 1B 54
Mulberry Pl. WS3 – 1D 22
Mulberry Rd. B30 – 3C 104
Mulberry Rd. CV6 – 2E 117
Mulberry Rd. WS3 – 1D 22
Mulberry Rd. Can WS11 – 3C 4
Mulberry Wlk. Sut C B74 – 3A 36
Muldoon Clo. Can WS11 – 2E 5
Mullard Dri. L Spa CV31 – 8C 149
Mull Clo. B45 – 1C 118
Mull Croft. B36 – 5A 64
Mullens Gro. Rd. B37 – 1A 78
Mullet St. Bri H DY5 – 1G 67 (in two parts)
Mullett Rd. WV11 – 3C 20
Mulliners Clo. B37 – 3C 78
Mulliner St. CV6 – 2D 116
Mullion Croft. B38 – 1D 120
Mulroy Rd. Sut C B74 – 4H 37
Mulwych Rd. B33 – 3G 77
Munro Clo. Kid DY10 – 2H 141
Munsley Clo. Red B98 – 4H 145
Munslow Gro. B31 – 2H 119
Muntz Cres. Sol B94 – 5C 124
Muntz St. B10 – 5E 75
Murcott Rd. L Spa CV31 – 8B & 8C 149
Murcott Rd. E. L Spa CV31 – 8C 149
Murcroft Rd. Sto DY9 – 5A 84
Murdoch Rd. Bil WV14 – 4G 31
Murdock Gro. B21 – 5D 58
Murdock Pl. War B66 – 2B 72
Murdock Rd. B21 – 4D 58
Murdock Rd. War B66 – 1C 72
Murdock Way. WS2 – 4D 22
Murray Rd. CV6 – 1H 115
Murrell Clo. B5 – 1H 89
Murton. Tam B77 – 4H 135
Musborough Clo. B36 – 3F 63
Muscott Gro. B17 – 2A 88
Muscovy Rd. B23 – 2D 60
Musgrave Clo. Sut C B76 – 1B 50
Musgrave Rd. B18 – 1E 73
Mushroom Grn. DY2 – 4D 68
Mushroom Hall Rd. War B68 – 1E 71
Muskettes Ct. Red B97 – 4A 144
Musketts Way. Red B97 – 3A 144
Musk La. DY3 – 2G 53
Musk La. W. DY3 – 2G 53
Muswell Clo. Sol B91 – 3F 109
Myatt Av. WS7 – 1F 9
Myatt Av. WS9 – 4E 25
Myatt Av. WV2 – 4B 30
Myatt Clo. WV2 – 4B 30
Myatt Way. WS9 – 4E 25
Myddleton St. B18 – 2F 73
Mynors Cres. B47 – 3B 122
Myring Dri. Sut C B75 – 4C 38
Myrtle Av. B12 – 2B 90
Myrtle Av. B14 – 5B 106
Myrtle Av. Red B98 – 3C 144
Myrtle Clo. Wil WV12 – 3C 22
Myrtle Gro. CV5 – 1G 131
Myrtle Gro. WV3 – 4E 29
Myrtle Pl. B29 – 4G 89
Myrtle Rd. DY1 – 2C 54
Myrtle St. WV2 – 4B 30
Myrtle Ter. Tip DY4 – 2H 43
Myton Cres. Warw CV34 – 4G 147
Myton Crofts. Warw CV34 – 4H 147
Myton Dri. Sol B90 – 5E 107
Myton Gdns. Warw CV34 – 4F 147
Myton La. Warw CV34 – 4G 147
Myton Rd. Warw CV34 & L Spa CV31 – 4F 147
Mytton Rd. B30 – 3C 104
Myvod Rd. Wed WS10 – 5D 32

Naden Rd. B19 – 5G 59
Nadin Rd. Sut C B73 – 3G 49
Nafford Gro. B14 – 5B 106
Nagersfield Rd. Bri H DY5 – 3F 67
Nailcote Av. CV4 – 1H 129
Nailcote La. CV7 – 2G 129
Nailers Clo. B32 – 4D 86
Nailers Clo. Brom B60 – 5C 142
Nailers Dri. WS7 – 2H 9
Nailstone Cres. B27 – 5A 92 & 1A 108
Nailsworth Rd. Red B98 – 3C 144
Nailsworth Rd. Sol B93 – 5G 125
Nairn Clo. B28 – 3F 107
Nairn Clo. Nun CV10 – 4D 136
Nairn Rd. WS3 – 4E 15
Nally Dri. Bil WV14 – 2C 42
Nanaimo Way. King DY6 – 2F 67
Nansen Rd. B8 – 2F 75
Nansen Rd. B11 – 4D 90
Nantmel Gro. B32 – 1F 103
Napier. Tam B77 – 2F 135
Napier Dri. Tip DY4 – 5A 44
Napier Rd. WS2 – 4D 22
Napier Rd. WV2 – 4H 29
Napier St. CV1 – 4C 116
Napton Clo. Red B98 – 4G 145
Napton Dri. L Spa CV32 – 3C 148
Napton Grn. CV5 – 4D 114
Napton Gro. B29 – 4H 87
Narberth Way. CV2 – 1H 117
Narrowboat Way. DY2 – 1C 68
Narrow La. WS2 – 3E 33
Narrow La. WS8 – 1E 17
Narrow La. Hal B62 – 5C 70 (in two parts)
Narrows, The. Hin LE10 – 2F 139
Naseby Clo. CV3 – 1H 133
Naseby Clo. Red B98 – 1B 145
Naseby Dri. Hal B63 – 4E 85
Naseby Rd. B8 – 1F 75
Naseby Rd. WV6 – 5A 18
Naseby Rd. Sol B91 – 2E 109
Nash Av. WV6 – 2A 18
Nash Clo. Kid DY10 – 3H 141
Nash Sq. B42 – 1A 60
Nash Wlk. War B66 – 1B 72
Nately Gro. B29 – 4B 88
Nathan Clo. Sut C B75 – 3H 37
National Exhibition Centre. B40 – 2C 94
Naunton Clo. B29 – 1A 104
Naunton Rd. WS2 – 1E 33
Navenby Clo. Sol B90 – 4D 106
Navigation La. Wed WS10 – 2H 45
Navigation St. B2 – 4H 73
Navigation St. WS2 – 2G 33
Navigation St. WV1 – 2A 30
Nayland Croft. B28 – 3G 107
Naylor Clo. Kid DY11 – 4B 140
Naylors Gro. DY3 – 1A 54
Neachells La. Wil WV13 & WV11 – 2E 31 to 4E 21
Neachless Av. WV5 – 1A 52
Neachley Gro. B33 – 2C 76
Neal Clo. Nun CV12 – 2B 80
Neale Av. CV5 – 2D 114
Neale Ho. W Bro B70 – 4G 57
Neale St. WS2 – 1F 33
Neander. Tam B79 – 2B 134
Near Hill Rd. B38 – 1C & 2C 120
Near Lands Clo. B32 – 3E 87
Nearmoor Rd. B34 – 1F 77
Neasdon Gro. B44 – 3C 48
Neath Rd. WS3 – 1C 22
Neath Way. DY3 – 5C 42
Neath Way. WS3 – 1C 22
Nebsworth Clo. Sol B90 – 3A 108
Nechells Pk. Rd. B7 – 1D 74 to 4D 60
Nechell's Parkway. B7 – 2B 74
Nechells Pl. B7 – 1D 74
Needham St. B7 – 5D 60
Needhill Clo. Sol B93 – 3H 125
Needle Mill La. Red B98 – 1C 144
Needlers End La. CV7 – 3A 128
Needless All. B2 – 3A 74
Needwood Clo. WV2 – 4G 29
Needwood Dri. WV4 – 1B 42
Needwood Gro. W Bro B71 – 3G 45
Needwood Hill. Lich WS13 – 1F 151
Neilson St. L Spa CV31 – 6C 149
Nelson Av. Bil WV14 – 4D 30
Nelson Av. Warw CV34 – 2F 147
Nelson Ct. War B66 – 5G 57
Nelson Ho. Tip DY4 – 4G 43
Nelson La. Warw CV34 – 3F 147
Nelson Rd. B6 – 3A 60
Nelson Rd. DY1 – 3D 54
Nelson St. B1 – 3G 73
Nelson St. CV1 – 4C 116
Nelson St. War B69 – 5E 57
Nelson St. W Bro B71 – 1F 57
Nelson St. Wil WV13 – 5H 21
Nelson Way. Hin LE10 – IF 139
Nemesia. Tam B77 – 1H 135
Nene Clo. CV3 – 2G 133
Nene Clo. Sto DY8 – 2F 83
Nene Way. B36 – 4H 63
Neptune St. Tip DY4 – 1F 55
Nesbit Gro. B9 – 3H 75
Nesfield Clo. B38 – 1C 120
Nesscliffe Gro. B23 – 4E 49
Nest Comn. WS3 – 3A 16
Neston Gro. B33 – 4A 76
Nest Way. WS3 – 3A 16
Netheravon Clo. B14 – 5H 105
Nether Beacon. Lich WS13 – 2F 151
Netherby Rd. DY3 – 4H 41
Nethercote Gdns. Sol B90 – 4F & 5F 107
Netherdale Clo. Sut C B72 – 4A 50
Netherdale Rd. B14 – 1C 122
Netherend Clo. Hal B63 – 1C 84
Netherend La. Hal B63 – 5C 68
Netherend Sq. Hal B63 – 1C 84
Netherfield. Red B98 – 5E 145
Netherfield Gdns. B27 – 3H 91
Nethergate. DY3 – 5B 42
Nether La. WS7 – 1H 9
Netherly Rd. Hin LE10 – 1E 139
Nethermill Rd. CV6 – 3H 115
Netherstone Gro. Sut C B74 – 4F 27
Netherstowe. Lich WS13 – 2G 151
Netherstowe La. Lich WS13 – 1H 151
Netherton Gro. B33 – 3F 77
Netherton Hill. DY2 – 2D 68
Netherton Lodge. DY2 – 1D 68
Netherwood Clo. Sol B91 – 2C 108
Nethy Dri. WV6 – 4B 18

Netley Gro.—Northcliffe Heights.

Netley Gro. B11 - 3F 91
Netley Rd. WS3 - 1C 22
Netley Way. WS3 - 1C 22
Nevada Way. B37 - 4B 78
Neve Av. WV10 - 2B 20
Neve's Opening. WV1 - 1B 30
Neville Av. WV4 - 5H 29
Neville Av. Kid DY11 - 5D 140
Neville Clo. L Spa CV31 - 6B 149
Neville Clo. Red B98 - 1D 144
Neville Ct. Kid DY11 - 4D 140
Neville Gro. Warw CV34 - 2E 147
Neville Rd. B23 - 2D 60
Neville Rd. B36 - 4G 63
Neville Rd. Sol B90 - 1F 123
Neville St. Tam B77 - 2E 135
Neville Wlk. B35 - 2D 62
Nevill St. Tam B79 - 3C 134
Nevin Gro. B42 - 5G 47
Nevis Ct. WV3 - 1E 29
Nevison Gro. B43 - 1G 47
Newark Croft. B26 - 1E 93
Newark Rd. DY2 - 4F 69
Newark Rd. Wil WV12 - 3A 22
New Ash Dri. CV5 - 3C 114
New Bartholomew St. B5 - 3A 74
New Beet St. War B65 -4A 70
New Birmingham Rd. - 1E 55 to 4B 56
DY1 - 1E 55
Tip DY4 - 1E 55
DY2 - 3G 55
War B69 - 3G 55
Newbold Clo. CV3 - 1H 133
Newbold Clo. Sol B93 - 4H 125
Newbold Croft. B7 - 1C 74
Newbold Pl. L Spa CV32 - 4B 148
Newbolds Rd. WV10 - 3C 20 (in two parts)
Newbold St. L Spa CV32 - 4B 148
Newbold Ter. L Spa CV32 - 5B 149
Newbold Ter. E. L Spa CV32 - 4C 148
Newbolt Rd. Bil WV14 - 4F 31
Newbolt St. WS5 - 5H 33
New Bond St. B9 - 4C 74
New Bond St. DY2 - 4E 55
Newborough Gro. B28 - 4F 107
Newborough Rd. B28 & Sol B90 - 4G 107
Newbridge Av. WV6 - 5E 19
Newbridge Cres. WV6 - 5E 19
Newbridge Dri. WV6 - 5E 19
Newbridge Gdns. WV6 - 5E 19
Newbridge M. WV6 - 5E 19
Newbridge Rd. B9 - 5H 75
Newbridge Rd. King DY6 - 4C 52
Newbridge St. WV6 - 5E 19
New Brook St. L Spa CV32 - 4A 148
New Bldgs. CV1 - 4B 116
New Bldgs. Hin LE10 - 2F 139
Newburgh Cres. Warw CV34 - 3D 146
Newburn Croft. B32 - 2E 87
Newbury Clo. WS6 - 4D 6
Newbury Clo. Hal B62 - 3B 86
Newbury Clo. L Spa CV31 - 6D 149
Newbury Ho. War B69 - 1B 70
Newbury La. War B69 - 1A 70
Newbury Rd. B19 - 5A 60
Newbury Rd. WV10 - 5H 11
Newbury Rd. Sto DY8 - 4C 66
Newbury Wlk. War B65 - 1A 70
Newby Clo. CV3 - 3C 132
Newby Gro. B37 - 2B 78
New Canal St. B5 - 3B 74
Newcastle Croft. B35 - 2E 63
New Century Way. Nun CV11 - 3F 137
New Church Rd. Sut C B73 - 3G 49
New Clo. Warw CV35 - 4A 146
New Cole Hall La. B34 & B33 - 1D 76
Newcombe Rd. B21 - 3C 58
Newcombe Rd. CV5 - 1H 131
Newcomen Clo. WS7 - 1G 9
Newcomen Clo. Nun CV12 - 5C 80
Newcomen Rd. Nun CV12 - 4B 80
Newcott Clo. WV9 - 5E 11
New Coventry Rd. B26 - 2C 92
New Croft. B19 - 5A 60
Newcroft Gro. B26 - 5B 76
New Cross St. Tip DY4 - 1F 55
New Cross St. Wed WS10 - 5B 32
Newdegate Clo. Nun CV12 - 2E 81
Newdegate Pl. Nun CV11 - 3F 137
Newdegate St. Nun CV11 - 3F 137
Newdigate. L Spa CV31 - 7D 149
Newdigate Rd. CV6 - 2D 116
Newdigate Rd. Nun CV12 - 2E 81
Newdigate Rd. Sut C B75 - 5D 38
New Dudley Rd. King DY6 - 4C 52
Newells Rd. B26 - 5D 76
New England. Hal B62 - 1C 86
New England Clo. War B69 - 4C 56
Newent Clo. Wil WV12 - 5B 22
Newent Rd. B31 - 3C 104
Newey Av. Nun CV12 - 5C 80
Newey Clo. B45 - 3D 118
Newey Rd. B28 - 2F 107
Newey Rd. CV2 - 3G 117
Newey Rd. WV11 - 2G 21
Newey St. DY1 - 3C 54
New Farm Rd. Sto DY9 - 2H 83
Newfield Av. Ken CV8 - 4D 150
Newfield Clo. WS2 - 4F 23
Newfield Clo. Sol B91 - 2F 109
Newfield Cres. Hal B63 - 2H 85
Newfield Dri. King DY6 - 2D 66
Newfield La. Hal B63 - 2H 85
Newfield Rd. CV1 - 3B 116
Newfield Rd. War B69 - 4C 56
Newgale Wlk. L Spa CV31 - 6D 149
New Gas St. W Bro B70 - 5D 44
Newgate St. WS7 - 3E 9
New Hall Dri. Sut C B76 - 2B 50
Newhall Farm Clo. Sut C B76 - 1B 50
Newhall Gdns. Can WS11 - 4C 4
Newhall Hill. B1 - 3G 73
Newhall Rd. CV2 - 1G 117
Newhall Rd. War B65 - 3A 70
Newhall St. B3 - 3H 73
Newhall St. WS1 - 3H 33
Newhall St. Can WS11 - 5B 4
Newhall St. Sut C B72 - 5H 37
Newhall St. Tip DY4 - 4F 43
Newhall St. W Bro B70 - 3F 57
Newhall St. Wil WV13 - 1H 31
Newham Grn. Nun CV10 - 1A 136
New Hampton Rd. E. WV1 - 5G 19
New Hampton Rd. W. WV6 - 5E 19
New Haven Clo. B7 - 2B 74
Newheath Clo. WV11 - 4D 20
New Henry St. War B68 - 2E 71
New Horse Rd. WS6 - 4C 6 (in two parts)
Newhouse Croft. CV7 - 3C 128
Newhouse Farm Clo. Sut C B76 - 1C 50
Newick Av. Sut C B74 - 1C 36
Newick Gro. B14 - 3G 105
Newick St. DY2 - 2E 69
Newington Clo. CV6 - 2F 115
New Inn Rd. B19 - 4H 59
New Inns La. B45 - 1C 118
New John St. B6 - 1A 74
New John St. Hal B62 - 4A 70
New John St. W. B19 - 1G 73
New King St. DY2 - 4E 55
Newland Clo. WS4 - 1C 24
Newland Clo. Red B98 - 5E 145
Newland Gro. DY2 - 5B 54
Newland La. CV7 - 1A 100
Newland Rd. B9 - 4F 75
Newland Rd. CV1 - 3C 116
Newland Rd. L Spa CV32 - 2D 148
Newlands Clo. Kid DY11 - 2C 140
Newlands Clo. Wil WV13 - 2G 31
Newlands Ct. Can WS12 - 5H 5
Newlands Dri. Hal B62 - 5C 70
Newlands Grn. War B66 - 2A 72
Newlands La. B37 - 1A 94
Newlands La. Can WS11 & WS12 - 1F 7 & 5G 5
Newlands Rd. B30 - 1G 105
Newlands Rd. Sol B93 - 4G 125
Newlands, The. B34 - 5F 63
New Landywood La. WV11 - 3B 14
New Leasow. Sut C B76 - 4D 50
Newlyn Clo. Lich WS14 - 3H 151
Newlyn Clo. Nun CV11 - 3H 137
Newlyn Ho. Nun CV12 - 4B 80
Newlyn Rd. B31 - 4H 103
Newlyn Rd. War B64 - 5E 69
Newman Av. WV4 - 1B 42
Newman Clo. Nun CV12 - 2F 81
Newman College Clo. B32 - 1F 103
Newman Ct. B21 - 3E 59
Newman Pl. Bil WV14 - 3G 31
Newman Rd. B24 - 2G 61
Newman Rd. WV10 - 1C 20
Newman Rd. Tip DY4 - 3A 44
Newman Way. B45 - 2D 118
Newmarket Clo. CV6 - 3F 101
New Market St. B3 - 3H 73
Newmarket Way. B36 - 4H 61
Newmarsh Rd. Sut C B76 - 5D 50
New Meadow Clo. B31 - 5B 104
New Meadow Rd. Red B98 - 2E 145
New Meeting St. B4 - 3A 74
New Meeting St. War B69 - 4D 56
New Mills St. WS1 - 3G 33
New Mill St. DY2 - 4E 55
Newmore Gdns. WS5 - 5C 34
Newnham Gro. B23 - 5F 49
Newnham Rise. Sol B90 - 4A 108
Newnham Rd. B16 - 3C 72
Newnham Rd. CV1 - 3D 116
Newnham Rd. L Spa CV32 - 2D 148
New Penkridge Rd. Can WS11 - 4A 4
New Pool Rd. War B64 - 5D 68
Newport Rd. B12 - 3B 90
Newport Rd. B36 - 4C 62
Newport Rd. CV6 - 5B 100
Newport St. WS1 - 2G 33
Newport St. WV10 - 5A 20
Newport Ter. Kid DY11 - 5D 140
Newquay Clo. WS5 - 3D 34
Newquay Clo. Nun CV11 - 2H 137
Newquay Rd. WS5 - 3D 34
New River Wlk. L Spa CV31 - 5A 149
New Rd. B45 - 3C & 2C 118
New Rd. B46 - 2A 64
New Rd. B47 - 1B 122
New Rd. CV6 - 5H 99
New Rd. CV7 - 1B 100
New Rd. DY2 - 5D 54
New Rd. WS7 - 2G 9
New Rd. WS8 - 2E 17
New Rd. WS9 - 4F 25
New Rd. WV6 - 5E 19
New Rd. WV10 - 2C 20 (Bushbury)
New Rd. WV10 - 1A to 2D 12 (Featherstone)
New Rd. Brom B60 - 3E 143
New Rd. Brom B61 - 3C 142
New Rd. Hal B63 - 3H 85
New Rd. Hin LE10 - 4H 139
New Rd. Kid DY10 - 3D 140
New Rd. Sol B91 - 4F 109
New Rd. Sto DY8 - 2F 83
New Rd. Tam B77 - 5F 135
New Rd. Tip DY4 - 5B 44
New Rd. Wil WV13 - 2G 31
New Rowley Rd. DY2 - 5F 55
Newsholme Clo. Warw CV34 - 2E 147 (in two parts)
New Spring St. B18 - 2F 73 (in two parts)
Newstead. Tam B79 - 2A 134
Newstead Av. Hin LE10 - 5F 139
Newstead Clo. Nun CV11 - 5H 137
Newstead Rd. B44 - 2C 48
New St. B2 - 3H 73
New St. B23 - 1G 61
New St. B36 - 4E 63
New St. B45 - 5D 102
New St. DY1 - 3E 55
New St. DY3 - 2G 53
New St. WS1 - 2H 33
New St. WS3 - 1E 23
New St. WS4 - 3B 24 (Rushall)
New St. WS4 - 1C 24 (Shelfield)
New St. WS6 - 5D 6
New St. WS7 - 1D 8 (Chase Terrace)
New St. WS7 - 2D 8 (Chasetown)
New St. WV2 - 4C 30
New St. WV3 - 4D 28
New St. WV4 - 4A 30
New St. WV11 - 5G 13
New St. Bri H DY5 - 5C 68
New St. Can WS11 - 5C 4
New St. Can WS11 - 2B 6 (Bridgtown)
New St. Can WS12 - 2F 5
New St. Hin LE10 - 2F 139
New St. Ken CV8 - 2B 150
New St. King DY6 - 2C 66
New St. King DY6 - 4C 52 (Wall Heath)
New St. L Spa CV31 - 5C 149
New St. L Spa CV32 - 1E 148
New St. Nun CV12 - 3G 81 (Bedworth)
New St. Nun CV12 - 1B 80 (Bulkington)
New St. Sto DY8 - 2F 83
New St. Sto DY8 - 3D 66 (Wordsley)
New St. Tam B77 - 2E 135 (Glascote)
New St. Tam B77 - 5D 134 (Two Gates)
New St. Tip DY4 - 1G 55
New St. War B66 - 1A 72
New St. War B69 - 5D 56
New St. Warw CV34 - 4D 146
New St. Wed WS10 - 2D 44
New St. Wed WS10 - 4B 32 (Darlaston)
New St. W Bro B70 - 2F & 2G 57
New St. W Bro B70 - 4D 44 (Hill Top)
New St. Wil WV13 - 2F 31
New St. N. W Bro B71 - 2G 57
New Summer St. B19 - 2H 73
Newton Clo. B43 - 3B 46
Newton Clo. CV2 - 1H 117
Newton Gdns. B43 - 3B 46
Newton Pl. B18 - 5E 59
Newton Pl. WS2 - 4E 23
Newton Rd. B11 - 2C 90
Newton Rd. WS2 - 4E 23
Newton Rd. Brom B60 - 5E 143
Newton Rd. Hin LE10 - 3B 138
Newton Rd. Lich WS13 - 1E 151
Newton Rd. Sol B93 - 2A 126
Newton Rd. W Bro B71 & B43 - 5H 45 to 3E 47
Newton Sq. B43 - 3E 47
Newton St. B4 - 3A 74
Newton St. W Bro B71 - 4H 45
Newtown. DY2 - 4E 69
New Town. Bri H DY5 - 2G 67 (in two parts)
Newtown Dri. B19 - 1G 73
Newtown Gro. B29 - 4E 89
Newtown La. Hal B62 - 5A 102
Newtown La. War B64 - 4E 69
Newtown Middleway. B6 - 1A 74
Newtown Rd. Nun CV11 - 2F 137 (in two parts)
Newtown Rd. Nun CV12 - 3D 80 & 3E 81
New Town Row. B6 - 1A 74
Newtown Shopping Centre. B19 - 5A 60
Newtown St. War B64 - 4E 69
New Union St. CV1 - 5B 116
New Village. DY2 - 4D 68
New Wlk. Red B97 - 2C 144
New Walsall Rd. Wed WS10 - 2H 45
New Wood Clo. Sto DY7 - 5C 66
Ney Ct. Tip DY4 - 3G 55
Niall Clo. B15 - 5D 72
Nicholas Rd. Sut C B74 - 3A 36
Nicholls Rd. Tip DY4 - 3F 43
Nicholls St. CV2 - 4D 116
Nicholls St. W Bro B70 - 3G 57
Nicholls Way. Can WS12 - 5H 5
Nicholson Clo. Warw CV34 - 2F 147
Nickson Rd. CV4 - 1B 130
Nigel Av. B31 - 3A 104
Nigel Rd. B8 - 1F 75
Nigel Rd. DY1 - 2C 54
Nightingale. Tam B77 - 5G 135
Nightingale Av. B36 - 4A 64
Nightingale Cres. Bri H DY5 - 5H 67
Nightingale Cres. Wil WV12 - 2A 22
Nightingale Dri. Kid DY10 - 5G 141
Nightingale Dri. Tip DY4 - 1A 56
Nightingale La. CV5 - 2F 131
Nightingale Pl. Bil WV14 - 4E 31
Nightingale Wlk. B15 - 5H 73
Nighwood Dri. Sut C B74 - 3B 36
Nijon Clo. B21 - 4C 58
Nimmings Clo. B31 - 3A 120
Nimmings Rd. Hal B62 - 5B 70
Nineacres Dri. B37 - 3A 78
Nine Elms La. WV10 - 4A 2C
Ninefoot La. Tam B77 - 4F 135 (in two parts)
Nineleasowes. War B66 - 5G 57
Nine Pails Wlk. W Bro B70 - 3G 57
Nineveh Av. B21 - 5E 59
Nineveh Rd. B21 - 5D 58
Ninfield Rd. B27 - 3H 91
Ninian Way. Tam B77 - 5E 135
Ninian Way. War B66 - 1C 72
Nirvana Clo. Can WS11 - 4A 4
Nith Pl. DY1 - 2C 54
Niton Rd. Nun CV10 - 1G 137
Niven Clo. CV5 - 2D 114
Noakes Ct. Wed WS10 - 3C 32
Noble Clo. Warw CV34 - 5D 146
Nocke Rd. WV11 - 1G 21
Nock St. Tip DY4 - 4A 44
Noddy Pk. WS9 - 3G 25
Noddy Pk. Rd. WS9 - 3G 25
Nod Rise. CV5 - 4D 114
Noel Rd. B16 - 4E 73
Nolton Clo. B43 - 3C 46
Nooklands Croft. B33 - 3D 76
Nook, The. WS6 - 5A 6
Nook, The. Bri H DY5 - 1G 67
Nook, The. Nun CV11 - 5H 137
Noose Cres. Wil WV13 - 1F 31
Noose La. Wil WV13 - 2F 31
Nora Rd. B11 - 4D 90
Norbiton Rd. B44 - 4C 48
Norbreck Clo. B43 - 3D 46
Norbury Av. WS3 - 5A 16
Norbury Clo. Red B98 - 1E 145
Norbury Cres. WV4 - 1C 42
Norbury Dri. Bri H DY5 - 4H 67
Norbury Gro. Sol B92 - 4D 92
Norbury Rd. B44 - 1B 48
Norbury Rd. WV10 - 4B 20
Norbury Rd. Bil WV14 - 4G 31
Norbury Rd. W Bro B70 - 4D 44
Norcombe Dri. Sol B90 - 3D 124
Nordley Rd. WV11 - 4D 20
Norfolk Av. W Bro B71 - 4F 45
Norfolk Clo. B30 - 2G 105
Norfolk Cres. WS9 - 2F 25
Norfolk Cres. Nun CV10 - 3C 136
Norfolk Dri. Wed WS10 - 5G 33
Norfolk Flats. War B65 - 2C 70
Norfolk Gro. WS6 - 1D 14
Norfolk Pl. WS2 - 4G 23
Norfolk Rd. B15 - 5D 72
Norfolk Rd. B23 - 5F 49
Norfolk Rd. B45 - 5C 102
Norfolk Rd. DY2 - 5C 54
Norfolk Rd. WV3 - 3F 29
Norfolk Rd. Sto DY8 - 5D 66
Norfolk Rd. Sut C B75 - 3H 37
Norfolk Rd. War B68 - 5E 71
Norfolk St. CV1 - 4A 116
Norfolk St. L Spa CV32 - 4B 148
Norgrave Rd. Sol B92 - 4E 93
Norlan Dri. B14 - 4B 106
Norland Rd. B27 - 5H 91
Norley Gro. B13 - 2D 106
Norman Av. B32 - 1G 87
Norman Av. Nun CV11 - 3E 137
Norman Clo. Tam B79 - 1A 134
Normandy Clo. Warw CV35 - 4A 146
Normandy Rd. B20 - 3A 60
Norman Pl. Rd. CV6 - 1G 115
Norman Rd. B31 - 4B 104
Norman Rd. WS5 - 3C 34
Norman Rd. War B67 - 4F 71
Norman St. B18 - 2D 72
Norman St. DY2 - 5F 55
Norman Ter. War B65 - 2A 70
Normanton Av. B26 - 2F 93
Normanton Tower. B23 - 5G 49
Norrington Gro. B31 - 4F 103
Norrington Rd. B31 - 4F 103
Norris Dri. B33 - 3C 76
Norris Rd. B6 - 3A 60
Norris Way. Sut C B75 - 5A 38
Northampton St. B18 - 2G 73
Northam Wlk. WV6 - 5G 19
Northanger Rd. B27 - 4H 91
North Av. CV2 - 5E 117
North Av. WV11 - 3D 20
North Av. Nun CV12 - 3G 81
N. Brook Rd. CV5 & CV6 - 1F 115
Northbrook Rd. Sol B90 - 3A 108
Northbrook St. B16 - 2E 73
Northcliffe Heights. Kid DY11 - 2C 140

North Clo.—Old Cross St.

North Clo. Hin LE10 – 4F 139
North Clo. L Spa CV32 – 1E 148
Northcote Rd. B33 – 2B 76
Northcote St. WS2 – 5G 23
Northcote St. L Spa CV31 – 5C 149
Northcott Rd. DY2 – 2E 69
Northcott Rd. Bil WV14 – 1G 43
North Cres. WV10 – 2D 12
Northdale. WV6 – 5C 18
Northdown Rd. Sol B91 – 1C 124
North Dri. B5 – 2G 89
North Dri. B20 – 4G 59
North Dri. Sut C B75 – 4A 38
Northey Rd. CV6 – 1C 116
Northfield Clo. Red B98 – 1G 145
Northfield Gro. WV3 – 3C 28
Northfield Rd. B17 – 3A 88
Northfield Rd. B30 – 3C 104
Northfield Rd. CV1 – 5D 116
Northfield Rd. DY2 – 2E 69
Northfield Rd. Hin LE10 – 3D 138
Northfleet Tower. B31 – 5F 103
Northfolk Ter. CV4 – 2E 131
North Ga. B17 – 1B 88
Northgate. WS9 – 1F to 3F 25
Northgate. War B64 – 5E 69
Northgate. Warw CV34 – 4D 146
Northgate Clo. Kid DY11 – 4A 140
Northgate Way. WS9 – 2F 25
North Grn. WV4 – 4C 28
N. Holme. B9 – 4D 74
Northland Rd. Sol B90 – 1B 124
Northlands Rd. B13 – 5C 90
Northleach Av. B14 – 5H 105
Northleach Clo. Red B98 – 1F 145
Northleigh Rd. B8 – 5G 61 & 1G 75
Northmead. B33 – 3D 76
North Moons Moat Industrial Area Red B98 – 1H 145
Northolt Gro. B42 – 3E 47
Northolt Tower. B35 – 2D 62
N. Oval. DY3 – 5B 42
Northover Clo. WV9 – 5G 11
N. Park Rd. B23 – 2C 60
N. Pathway. B17 – 1B 88
North Rd. B17 – 1D 88
(in two parts)
North Rd. B20 – 3A 60
North Rd. B29 – 4E 89
North Rd. Brom B60 – 3E 143
North Rd. Tip DY4 – 3H 43
N. Roundhay. B33 – 2D 76
Northside Dri. Sut C B74 – 3A 36
N. Springe Rd. DY3 – 3A 42
North St. CV2 – 3E 117
North St. DY2 – 4E 55
North St. WS2 – 5G 23
North St. WV1 – 1H 29
(in two parts)
North St. Bri H DY5 – 3H 67
North St. Can WS11 – 2B 6
North St. Nun CV10 – 3D 136
North St. War B67 – 1H 71
North St. Wed WS10 – 1D 44
North St. Ind. Est. Bri H DY5 – 3H 67
Northumberland Av. Kid DY11 – 4C 140
Northumberland Av. Nun CV10 – 3C 136
Northumberland Rd. CV1 – 4H 115
Northumberland Rd. L Spa CV32 – 2A & 3A 148
Northumberland St. B7 – 3C 74
Northvale Clo. Ken CV8 – 2C 150
N. View Dri. Bri H DY5 – 1A 68
N. Villiers St. L Spa CV32 – 3B 148
North Wlk. B31 – 5B 104
N. Warwick St. B9 – 4E 75
North Way. B37 – 1D 94
Northway. DY3 – 4G to 1H 41
Northway. L Spa CV31 – 6C 149
N. Western Rd. War B66 – 5A 58
N. Western Ter. B18 – 5E 59
Northwick Cres. Sol B91 – 5D 108
Northwood Ct. Bri H DY5 – 4A 68
Northwood Pk. Clo. WV10 – 5A 12
Northwood Pk. Rd. WV10 – 5A 12
Northwood St. B3 – 2G 73
Northycote La. WV10 – 4B 12
Norton Clo. B31 – 4A 104
Norton Clo. WV4 – 1C 40

Norton Clo. Red B98 – 4H 145
Norton Clo. Tam B79 – 1D 134
Norton Cres. B9 – 3H 75
Norton Cres. DY2 – 3F 69
Norton Cres. Bil WV14 – 2F & 3F 43
Norton Dri. Warw CV34 – 1D 146
Norton E. Rd. Can WS11 – 3A 8
Norton Grange. Can WS11 – 3H 7
Norton Grange Cres. Can WS11 – 3H 7
Norton Grn. La. Can WS11 – 3H 7
Norton Grn. La. Sol B93 – 5B 126
Norton Hall La. Can WS11 – 4G 7
Norton Hill Dri. CV2 – 2H 117
Norton La. B47 & Sol B90 – 4D 122
Norton La. WS6 – 4D 6
Norton La. WS7 – 2G 9
Norton La. Can WS11 – 1E 7
Norton Rd. B46 – 4D 64
Norton Rd. WS3 – 3A 16
Norton Rd. Can WS11 – 5H 5
Norton Rd. Sto DY8 – 5D 82
Norton Springs. Can WS11 – 2H 7
Norton St. B18 – 1E 73
Norton Ter. Can WS11 – 2H 7
Norton View. B14 – 2H 105
Norton Wlk. B23 – 2D 60
Norwich Av. Kid DY11 – 2A 140
Norwich Clo. Lich WS13 – 1G 151
Norwich Croft. B37 – 4H 77
Norwich Dri. B17 – 5A 72
Norwich Dri. CV3 – 3A 132
Norwich Rd. DY2 – 3E 69
Norwich Rd. WS2 – 2E 33
Norwood Av. War B64 – 1F 85
Norwood Clo. Hin LE10 – 1F 139
Norwood Gro. B19 – 5F 59
Norwood Gro. CV2 – 4H 101
Norwood Rd. B9 – 4E 75
Norwood Rd. Bri H DY5 – 3H 67
Nottingham Dri. Wil WV12 – 3A 22
Nottingham Way. Bri H DY5 – 4B 68
Nova Ct. B43 – 3F 47
Nova Croft. CV5 – 3H 113
Nova Scotia St. B4 – 3B 74
Nowell St. Wed WS10 – 5C 32
Nuffield Rd. CV6 – 5E 101 & 1E 117
Nuffield Rd. Hin LE10 – 3B 138
Nugent Clo. B6 – 5A 60
Nugent Gro. Sol B90 – 4B 124
Nuneaton Rd. Nun CV12 – 1F 81 (Bedworth)
Nuneaton Rd. Nun CV12 – 1B 80 (Bulkington)
Nunts La. CV6 – 3A 100
Nunts Pk. Av. CV6 – 3A 100
Nursery Av. WS9 – 4F 25
Nursery Clo. Kid DY11 – 1C 140
Nursery Croft. Lich WS13 – 2E 151
Nursery Dri. WV5 – 1A 52
Nursery Gdns. WV8 – 4A 10
Nursery Gdns. Sto DY8 – 4E 67
Nursery Gro. Kid DY11 – 1C 140
Nursery La. L Spa CV31 – 7C 149
Nursery Rd. B15 – 1D 88
Nursery Rd. B19 – 5G 59
Nursery Rd. WS3 – 2E 23
Nursery St. WV1 – 1H 29
Nursery View Clo. WS9 – 1A 36
Nursery Wlk. WV6 – 5D 18
Nutbrook Av. CV4 – 5B 114
Nutbush Dri. B31 – 2G 103
Nutfield Wlk. B32 – 2H 87
Nutgrove Clo. B14 – 1B 106
Nuthatch Dri. Bri H DY5 – 1G 83
Nuthurst. Sut C B75 – 5D 38
Nuthurst Dri. Can WS11 – 3D 6
Nuthurst Gro. B14 – 5B 106
Nuthurst Gro. Sol B93 – 4H 125
Nuthurst Rd. B31 – 3H 119
Nuthurst Rd. Sol B94 – 5C 124
Nuttall Gro. B21 – 5C 58
Nutt's La. Hin LE10 – 4C 138
Nymet. Tam B77 – 4F 135

Oakalls Av. Brom B60 – 3F 143
Oak Av. B12 – 2B 90
Oak Av. WS2 – 1C 32
Oak Av. WS6 – 5D 6
Oak Av. W Bro B70 – 2E 57

Oak Bank. B18 – 5F 59
Oak Barn Rd. Hal B62 – 5B 70
Oak Clo. B17 – 1A 88
Oak Clo. Hin LE10 – 5F 139
Oak Clo. Nun CV12 – 2G 81
Oak Clo. Tip DY4 – 2H 43
Oak Cotts. B7 – 3C 74
Oak Ct. Hal B63 – 4G 85
Oak Ct. Sto DY8 – 3F 83
Oak Ct. War B66 – 4F 57
Oak Cres. WS3 – 3G 23
Oak Cres. War B69 – 4A 56
Oak Croft. B37 – 3G 77
Oakcroft Rd. B13 – 1D 106
Oakdale Clo. War B68 – 4D 70
Oakdale Rd. B36 – 4B 62
Oakdale Rd. War B68 – 4D 70
Oakdene Cres. Nun CV10 – 1G 137
Oakdene Rd. WS7 – 2E 9
Oak Dri. B23 – 4D 48
Oaken Covert. WV8 – 5A 10
Oaken Dri. Sol B91 – 3C 108
Oaken Dri. Wil WV12 – 3B 22
Oakenfield. Lich WS13 – 1E 151
Oaken Gdns. WS7 – 1E 9
Oaken Gro. WV8 – 5A 10
Oakenhayes Cres. WS8 – 5E 9
Oakenhayes Cres. Sut C B76 – 5F 51
Oakenhayes Dri. WS8 – 5E 9
Oaken Lanes. WV8 – 5A 10
Oaken Pk. WV8 – 5A 10
Oakenshaw Rd. Red B98 – 5D 144
Oakenshaw Rd. Sol B90 – 1A 124
Oakeswell St. Wed WS10 – 2D 44
Oakey Clo. CV6 – 3D 100
Oakeywell St. DY2 – 4E 55
Oak Farm Clo. Sut C B76 – 4D 50
Oak Farm Rd. B30 – 3D 104
Oak Rise. B46 – 1E 79
Oak Rd. DY1 – 2E 55
Oak Rd. WS3 – 4H 15
Oak Rd. WS4 – 2B 24
Oak Rd. WS9 – 5F 17
Oak Rd. Tip DY4 – 4F 43
Oak Rd. War B66 – 1F 87
Oak Rd. W Bro B70 – 3E 57
Oak Rd. Wil WV13 – 1F 31
Oakroyd Cres. Nun CV10 – 1B 136
Oaks Cres. WV3 – 2F & 2G 29
Oaks Dri. WV3 – 2G 29
Oaks Dri. WV5 – 5B 40
Oaks Dri. WV10 – 1B 12
Oaks Dri. Can WS11 – 5A 4
Oakslade Dri. Sol B92 – 1G 109
Oak's Pl. CV6 – 3E 101
Oaks Precinct. Ken CV8 – 4A 150
Oaks Rd. Ken CV8 – 5A 150
Oaks, The. B34 – 5D 62
Oaks, The. Nun CV12 – 4D 80
Oak St. DY2 – 2F 69
Oak St. WV2 – 4C 30
Oak St. WV3 – 2F 29
(in two parts)
Oak St. Bil WV14 – 4D 42
Oak St. Bri H DY5 – 4B 68
Oak St. King DY6 – 1C 66
(in two parts)
Oak St. War B64 – 4F 69
Oakthorpe Dri. B37 – 2H 77
Oakthorpe Gdns. War B69 – 3G 55
Oak Tree Av. CV3 – 3H 131
Oak Tree Av. Red B97 – 2A 144
Oak Tree Clo. L Spa CV32 – 3B 148
Oak Tree Clo. Sol B93 – 4G 125
Oak Tree Gdns. Sto DY8 – 4F 67
Oak Tree La B29 & B30 – 5D 88 to 1D 104
Oaktree Rd. Wed WS10 – 1E 45
Oak Tree Wlk. Tam B79 – 1A 134
Oak Wlk., The. B31 – 1A 120
Oakwood Clo. WV11 – 5H 13
Oakwood Cres. DY2 – 1B 68
Oakwood Dri. B14 – 3H 105
Oakwood Dri. Sut C B74 – 3A 36
Oakwood Gro. Warw CV34 – 2F 147
Oakwood Rd. B11 – 4D 90
Oakwood Rd. B47 – 3B 122
Oakwood Rd. WS3 – 3H 23
Oakwood Rd. Sut C B73 – 2F 49
Oakwood Rd. War B67 – 2H 71
Oakwood St. W Bro B70 – 1E 57
Oakworth Clo. CV2 – 1H 117
Oasthouse Clo. King DY6 – 5B 52
Oaston Rd. B36 – 4F 63

Oaston Rd. Nun CV11 – 3G 137
Oatfield Clo. WS7 – 3F 9
Oatlands Wlk. B14 – 5G 105
Oatlands Way. WV6 – 2A 18
Oat Mill Clo. Wed WS10 – 5C 32
Oban Dri. Nun CV10 – 4D 136
Oban Rd. CV6 – 2D 100
Oban Rd. Hin LE10 – 3C 138
Oban Rd. Sol B92 – 5C 92
Oberon Clo. B45 – 5E 103
Oberon Dri. Sol B90 – 5H 107
Occupation Rd. CV2 – 4F 117
Occupation Rd. WS8 – 4F 17
Occupation St. DY1 – 3C 54
Ockam Croft. B31 – 5B 104
Ocker Hill Rd. Tip DY4 – 3A 44
Oddicombe Croft. CV3 – 3C 132
Oddingley Rd. B31 – 5C 104
Odell Cres. WS3 – 3F 23
Odell Pl. B5 – 2G 89
Odell Rd. WS3 – 3E 23
Odensil Grn. Sol B92 – 4E 93
Odiham Clo. Tam B79 – 1D 134
Odin Clo. Can WS11 – 2D 4
Offa Dri. Ken CV8 – 3B 150
Offadrive. Tam B79 – 2D 134
Offa Rd. L Spa CV31 – 6C 149
Offa's Dri. WV6 – 1A 18
Offa St. Tam B79 – 3C 134
Offchurch Rd. L Spa CV31 – 6E 149
Offchurch Rd. L Spa CV32 – 1E 148
Offenham Clo. Red B98 – 1E 145
Offenham Covert. B38 – 2D 120
(in two parts)
Offini Clo. W Bro B70 – 3H 57
Offmoor Rd. B32 – 1E 103
Offmore Farm Clo. Kid DY10 – 2H 141
Offmore La. Kid DY10 – 2F & 2G 141
Offmore Rd. Kid DY10 – 3E 141
Ogbury Clo. B14 – 5G 105
Ogley Cres. WS8 – 2F 17
Ogley Dri. Sut C B75 – 5C 38
Ogley Hay Rd. WS7 – 1F 9
Ogley Hay Rd. WS8 & WS7 – 5F 9
Ogley Rd. WS8 – 2F 17
Ogmore Rd. L Spa CV31 – 6D 149
Okehampton Rd. CV3 – 3C 132
Okement Dri. WV11 – 4D 20
Oken Ct. Warw CV34 – 4D 146
Oken Rd. Warw CV34 – 3D 146
Old Abbey Gdns. B17 – 3C 88
Oldacre Rd. War B68 – 5E 71
Oldany Way. Nun CV10 – 4D 136
Old Bank Pl. Sut C B72 – 5A 38
Old Bank Top. B31 – 5B 104
Old Barn Rd. B30 – 2C 104
Old Barn Rd. Sto DY8 – 4F 67
Old Beeches. B23 – 4D 48
Old Bell Rd. B23 – 5H 49
Oldberrow Clo. Sol B90 – 3D 124
Old Birmingham Rd. B45 & Brom B60 – 5C 118 to 4E 119
Old Bridge St. B19 – 1G 73
Old Bridge Wlk. War B65 – 2G 69
Old Bromford La. B8 – 5H 61
Old Brookside. B33 – 3B 76
Old Budbrooke Rd. Warw CV35 – 4A 146
Oldbury Clo. Red B98 – 1F 145
Oldbury Ho. War B68 – 3F 71
Oldbury Ringway. War B69 – 4D & 5D 56
Oldbury Rd. Nun CV10 – 1A 136
Oldbury Rd. War B65 – 4B 70
Oldbury Rd. War B66 – 5F 57
Oldbury Rd. W Bro B70 – 2C 56
Oldbury Rd. Ind. Est. W Bro B70 – 3C 56
Oldbury St. Wed WS10 – 1E 45
Old Canal Wlk. Tip DY4 – 1H 55
Old Chapel Rd. War B67 – 3H 71
Old Chapel Wlk. War B68 – 2E 71
Old Chester Rd. WS9 & Sut C B74 – 4A 26
Old Church Av. B17 – 2B 88
Old Church Dri. Sut C B72 – 5A 38
Old Church Grn. B33 – 4B 76
Old Church Rd. B17 – 2B 88
Old Church Rd. B46 – 2A 64
Old Church Rd. CV6 – 5D 100
Old Coton La. Tam B79 – 2B 134
Old Ct. Croft. B9 – 4D 74
Old Crest Av. Red B98 – 3C 144
Old Croft La. B36 & B34 – 5E 63
Old Cross St. B4 – 3A 74
Old Cross St. Tip DY4 – 5F 43

198

Old Crown M.—Paignton Rd.

Old Crown M. CV2 – 2G 101
Old Damson La. Sol B92 – 4H 93
Olde Hall La. W56 – 4C 6
Olde Hall Rd. WV10 – 2D 12
Old End La. Bil WV14 – 4D 42
Old Fallings Cres. WV10 – 3B 20
Old Fallings La. WV10 – 2B 20
Old Fallow Av. Can WS11 – 3C 4
Old Fallow Rd. Can WS11 – 3C 4
Old Farm Gro. B14 – 3E 107
Old Farm Rd. B33 – 2B 76
Oldfield Dri. Sto DY8 – 4F 83
Oldfield Rd. B12 – 2B 90
Oldfield Rd. CV5 – 4F 115
Oldfield Rd. Bil WV14 – 3C 42
Oldfield Rd. Wed WS10 – 2C 44
Oldfields. War B64 – 5E 69
Old Fordrove. Sut C B76 – 1B 50
Old Forest Way. B34 – 1E 77
Old Forge Dri. Red B98 – 4F 145
Old Grange Rd. B11 – 2D 90
Old Hall Clo. Sto DY8 – 5F 67
Old Hall La. WS9 – 5G 35
Old Hall St. WV1 – 2H 29
Oldham Av. CV2 – 3H 117
Old Ham La. Sto DY9 – 4H 83
Old Hampton La. WV10 & WV11 – 1D 20
Old Hawne La. Hal B63 – 2G 85
Old Heath Cres. WV1 – 2C 30
Old Heath Rd. WV1 – 2C 30
Old Hednesford Rd. Can WS11 & WS12 – 4C 4
Old Hill. WV6 – 4D 18
Old Hinckley Rd. Nun CV10 – 2G 137
Old Horns Cres. B43 – 2G 47
Oldhouse Farm Clo. B28 – 2F 107
Old Ho. La. CV7 – 1D 98
Old Ho. La. Hal B62 – 5A 102
Oldington Gro. Sol B91 – 1D 124
Old Kingsbury Rd. Sut C B76 – 5F 51
Oldknow Rd. B10 – 1F 91
Old Landywood La. WV11 – 2A 14
Old La. WS3 – 2F 23
Old La. WV6 – 1A 28
Old Lime Gdn. B38 – 2D 120
Old Lindens Clo. Sut C B74 – 3A 36
Old Lode La. Sol B92 – 3E to 5E 93
Old Meadow Rd. B31 – 2B 120
Old Meeting Rd. Bil WV14 – 3E 43
Old Meeting St. W Bro B70 – 1E 57
Old Meeting Yd. Nun CV12 – 3F 81
Old Mill Av. CV4 – 4F 131
Old Mill Gdns. B33 – 3C 76
Old Mill Gdns. WS4 – 5C 16
Old Mill La. B46 – 5D 64
Old Milverton La. L Spa CV32 – 1G 147 to 1A 148
Old Milverton Rd. L Spa CV32 – 1G 147
Old Moat Dri. B31 – 4B 104
Old Moat Way. B8 – 1H 75
Oldnall Clo. Sto DY9 – 3B 84
Oldnall Rd. Kid DY10 – 4F 141
Oldnall Rd. Sto DY9 & Hal B63 – 3C 84
Old Oak Rd. B38 – 5F 105
Old Oscott Hill. B44 – 2A 48
Old Oscott La. B44 – 4A 48
Old Pk. B29 – 3A 104
Old Pk. La. War B69 – 1D 70
Old Pk. Rd. DY1 – 1B 54
Old Pk. Rd. Wed WS10 – 5C 32
Old Park Ind. Est. Wed WS10 – 1C 44
Old Park Wlk. B6 – 5A 60
Old Penkridge Rd. Can WS11 – 4A 4
Old Pl. WS3 – 2F 23
Old Pleck Rd. WS2 – 3F 33
Old Portway. B38 – 2D 120
Old Postway. B19 – 5H 59
(in two parts)
Old Quarry Clo. B45 – 1D 118
Old Rectory Gdns. WS9 – 3G 25
Old Rd. CV7 – 5E 97
Old School M. L Spa CV32 – 2C 148
Old Snow Hill. B4 – 2H 73
Old Sq. Warw CV34 – 4D 146
Old Sq., The. B4 – 3A 74
Old Sq. Shopping Precinct. WS1 – 2H 33
Old Stables Wlk. B7 – 5D 60
Old Stafford Rd. WS3 – 5E 15
Old Stafford Rd. WV10 – 1H 11
Old Station Rd. B33 – 2B 76
Old Station Rd. Brom B60 – 4D 142
(in two parts)
Old Station Rd. Sol B92 – 4E 95
Old Stone Clo. B45 – 1C 118
Oldstone Dri. Hin LE10 – 2B 138
Old Stow Heath La. WV1 – 2E 31
Old Tokengate. B17 – 1D 88
Old Town Clo. B38 – 5E 105
Old Town La. WS3 – 5H 15
Old Vicarage Clo. WS3 – 5A 16
Old Walsall Rd. B42 – 5E 47
Old Warstone La. WV11 – 2A 14
Old Warwick Rd. L Spa CV31 – 5A 149
Old Warwick Rd. Sol B92 – 5B 92
Oldway Dri. Sol B91 – 5G 109
Old Wharf Rd. Sto DY8 – 1E 83
Oldwich La. Ken CV8 – 5F 127
Old Winnings Rd. CV7 – 1H 99
Olga Dri. Tip DY4 – 3H 43
Olinthus Av. WV11 – 3F 21
Olive Av. CV2 – 3G 117
Olive Av. WV4 – 5A 30
Olive Dri. Hal B62 – 5A 70
Olive Hill Rd. Hal B62 – 5B 70
Olive La. Hal B62 – 5B 70
Olive Mt. War B69 – 4B 56
Olive Pl. B14 – 1A 106
Oliver Clo. DY2 – 4F 55
Oliver Cres. Bil WV14 – 2F 43
Oliver Rd. B16 – 4E 73
Oliver Rd. B23 – 5G 49
Oliver Rd. War B66 – 3C 72
Oliver St. B7 – 1C 74
Oliver St. CV6 – 2D 116
Ollerton Rd. B26 – 1C 92
Ollison Dri. Sut C B74 – 1B 36
Olliver Clo. B32 – 4D 86
Olorenshaw Rd. B26 – 2F 93
Olton Av. CV5 – 4B 114
Olton Boulevd. E. B27 – 4G 91
Olton Boulevd. W. B11 – 3F 91
Olton Croft. B27 – 4B 92
Olton Pl. Nun CV11 – 3D 136
Olton Rd. Sol B90 – 3H 107
Olympus Clo. CV5 – 1G 113
Omar Rd. CV2 – 5G 117
Ombersley Clo. Red B98 – 5F 145
Ombersley Clo. War B69 – 2B 70
Ombersley Ho. B31 – 5C 104
Ombersley Rd. B12 – 1B 90
Ombersley Rd. Hal B63 – 4G 85
Onibury Rd. B21 – 4D 58
Onley Ter. CV4 – 2E 131
Onslow Cres. Sol B92 – 5D 92
Onslow Rd. B11 – 3G 91
Ontario Clo. B38 – 1E 121
Open Field Clo. B31 – 5B 104
Openfield Croft. B46 – 3B 64
Orchard Abbey Courts. CV3 – 2H 133
Orchard Av. Can WS11 – 4A 4
Orchard Av. Sol B91 – 2F 109
Orchard Clo. B21 – 3E 59
Orchard Clo. B46 – 5E 65
Orchard Clo. WS6 – 4C 6
Orchard Clo. WV9 – 1G 11
Orchard Clo. Hal B63 – 2D 84
Orchard Clo. Lich WS13 – 2E 151
Orchard Clo. Nun CV10 – 1A 136
Orchard Clo. Sut C B73 – 3G 49
Orchard Clo. War B65 – 3H 69
Orchard Clo. Wil WV13 – 2A 32
Orchard Ct. King DY6 – 5D 52
Orchard Ct. War B65 – 3A 70
Orchard Cres. CV3 – 1B 132
Orchard Cres. WV3 – 3C 28
Orchard Dri. CV5 – 3H 113
Orchard Gro. DY3 – 2G 53
Orchard Gro. WS9 – 5G 25
Orchard Gro. WV4 – 1F 41
Orchard Gro. Sut C B74 – 1G 37
Orchard La. WV8 – 4B & 5B 10
Orchard La. Ken CV8 – 4D 150
Orchard Meadow Wlk. B35 – 2E 63
Orchard Pl. Red B98 – 5H 145
Orchard Rise. B26 – 1C 92
Orchard Rd. B12 – 1B 90
Orchard Rd. B24 – 1G & 1H 61
Orchard Rd. DY2 – 4D 68
Orchard Rd. WS5 – 1B 46
Orchard Rd. WV11 – 3E 21
Orchard Rd. Brom B61 – 1D 142
Orchard Rd. Sol B94 – 5C 124
Orchard Rd. Sto DY9 – 2A 84
Orchard Rd. Wil WV13 – 2A 32
Orchards, The. Kid DY11 – 1B 140
Orchard St. Bri H DY5 – 2H 67
Orchard St. Hin LE10 – 2F 139
Orchard St. Kid DY10 – 2E 141
Orchard St. Nun CV11 – 3G 137
Orchard St. Nun CV12 – 2F 81
Orchard St. Red B98 – 3C 144
Orchard St. Tam B77 – 4D 134
Orchard St. Tam B79 – 3C 134
Orchard St. Tip DY4 – 3G 55
Orchard St. War B69 – 4D 56
Orchards Way. B12 – 1A 90
Orchard, The. B37 – 5H 77
Orchard, The. WS3 – 5F 15
Orchard, The. WV6 – 4D 18
Orchard, The. Bil WV14 – 5F 31
Orchard, The. Sol B90 – 4B 124
Orchard Tower. B31 – 1H 103
Orchard Way. B27 – 3H 91
Orchard Way. B47 – 1B 122
Orchard Way. Nun CV10 – 1A 136
Orchard Way. War B64 – 4G 69
Orcheston Wlk. B14 – 5H 105
Ordnance Rd. CV6 – 3C 116
Oregon Clo. King DY6 – 1F 67
Oregon Dri. Wil WV12 – 3C 22
Oregon Gdns. WS7 – 1E 9
Orford Gro. B21 – 4C 58
Oriel Clo. Can WS11 – 1C 6
Oriel Dri. WV10 – 5H 11
Oriole Gro. Kid DY10 – 5G 141
Orion Clo. WS6 – 5D 6
Orion Cres. CV2 – 4H & 5H 101
Orion Way. Can WS11 – 2D 4
Orkney Av. B34 – 5C 62
Orkney Clo. Hin LE10 – 2D 138
Orkney Clo. Nun CV10 – 4D 136 & 4E 137
Orkney Croft. B36 – 5A 64
Orlando Clo. WS1 – 2H 33
Orlescote Rd. CV4 – 3F 131
Ormes La. WV6 – 1C 28
Ormonde Cres. Hal B63 – 1D 84
Ormond Pl. Bil WV14 – 4G 31
Ormond Rd. B45 – 1C 118
Ormond St. B19 – 1A 74
Ormsby Gro. B27 – 1H 107
Ormscliffe Rd. B45 – 3E 119
Orphanage Rd. B24 & Sut C B72 – 1G 61 to 4H 49
Orpington Rd. B44 – 1A 48
Orpwood Rd. B33 – 3D 76
Orslow Wlk. WV10 – 5C 20
Orton Av. Sut C B76 – 5C 50
Orton Clo. B46 – 2A 64
Orton Gro. WV4 – 1D 40
Orton La. WV4 & WV5 – 1A to 3B 40
Orton Rd. CV6 – 3B 100
Orton Way. B35 – 3D 62
Orwell Clo. WV11 – 4G 21
Orwell Clo. Sto DY8 – 3C 82
Orwell Dri. B38 – 1B 120
Orwell Dri. W Bro B71 – 5F 45
Orwell Pas. B5 – 4A 74
Orwell Rd. CV1 – 1D 132
Orwell Rd. WS1 – 2B 34
Osbaston Clo. CV5 – 3B 114
Osbaston Clo. Hin LE10 – 1G 139
Osberton Dri. DY1 – 2B 54
Osborne Clo. Bri H DY5 – 5B 68
Osborne Clo. Kid DY10 – 2G 141
Osborne Gro. B19 – 5H 59
Osborne Rd. B21 – 4E 59
Osborne Rd. B23 – 1G 61
Osborne Rd. CV5 – 1H 131
Osborne Rd. WV4 – 5E 29
Osborne Rd. W Bro B70 – 2F 57
Osborne Rd. S. B23 – 1G 61
Osborn Rd. B11 – 1D 90
Osbourne Clo. B6 – 5B 60
Osbourne Croft. Sol B90 – 4B 124
Oscott Rd. B42 & B6 – 2A 60
Oscott School La. B44 – 2A 48
Osier Gro. B23 – 5C 48
Osier Pl. WV1 – 1B 30
Osier St. WV1 – 1B 30
Osler St. B16 – 4E 73
Osmaston Rd. B17 – 3A 88
Osmaston Rd. Sto DY8 – 4E 83
(in two parts)
Osmington Gro. Hal B63 – 1E 85
Osprey. Tam B77 – 5G 135
Osprey Dri. DY1 – 4B 54
Osprey Gro. Can WS12 – 5F 5
Osprey Pk. Dri. Kid DY10 – 5G 141
Ostler Clo. King DY6 – 5B 52
Oswald Rd. L Spa CV32 – 2H 147
(in two parts)
Oswald St. Red B98 – 3C 144
Oswestry Clo. Red B97 – 5A 144
Oswin Gro. CV2 – 4G 117
Oswin Pl. WS3 – 4H 23
Oswin Rd. WS3 – 4H 23
Other Rd. B45 – 4F 119
Other Rd. Red B98 – 2C 144
(in two parts)
Otley Gro. B9 – 3A 76
Otterburn Clo. Can WS12 – 4H 5
Otter Croft. B34 – 1G 77
Otterstone Clo. DY3 – 2H 41
Oughton Rd. B12 – 1B 90
Oulton Clo. Kid DY11 – 1D 140
Oundle Rd. B44 – 4B 48
Ounsdale Cres. WV5 – 4A 40
Ounsdale Dri. DY2 – 2E 69
Ounsdale Rd. WV5 – 4A 40
Ounty John La. Sto DY8 – 5F 83
Outermarch Rd. CV6 – 1B 116
Outlands Dri. Hin LE10 – 1C 138
Outmore Rd. B33 – 4E 77
Outwood Clo. Red B98 – 5C 144
Outwoods, The. Hin LE10 – 2G 139
Oval Rd. B24 – 3F 61
Oval Rd. Tip DY4 – 4G 43
Oval, The. DY1 – 4B 54
Oval, The. War B67 – 3G 71
Oval, The. Wed WS10 – 1C 44
Overbrook Clo. DY3 – 3H 53
Over Brunton Clo. B31 – 5B 104
Overbury Clo. B31 – 4B 104
Overbury Clo. Hal B63 – 4A 86
Overbury Rd. B31 – 4B 104
Overdale Av. Sut C B76 – 5C 50
Overdale Clo. WS2 – 5B 22
Overdale Dri. WS2 – 5B 22
Overdale Rd. B32 – 2G 87
Overdale Rd. CV5 – 4E 115
Overell Gro. L Spa CV32 – 1H 147
Overend Rd. Hal B63 – 1E 85
Overend St. W Bro B70 – 2G 57
Overfield Dri. Bil WV14 – 1C 42
Overfield Rd. B32 – 5H 87
Overfield Rd. DY1 – 4A 54
Over Grn. Dri. B37 – 1H 77
Overhill Rd. WS7 – 3F 9
Overlea Av. B27 – 4H 91
Over Mill Dri. B29 – 4F 89
Over Moor Clo. B19 – 5G 59
Over Pool Rd. B8 – 1G 75
Overseal Rd. WV11 – 2F 21
Overslade Cres. CV6 – 1G 115
Overslade Rd. Sol B91 – 5C 108
Oversley Rd. Sut C B76 – 5D 50
Over St. CV6 – 1E 117
Overton Clo. B28 – 2G 107
Overton Clo. W Bro B71 – 5G 45
Overton Dri. B46 – 2B 64
Overton Gro. B27 – 1H 107
Overton La. WS7 – 3H 9
Overton Pl. B7 – 2B 74
Overton Rd. B27 – 1H 107
Overtons Clo. L Spa CV31 – 7E 149
Overton Wlk. WV4 – 4C 28
Owenford Rd. CV6 – 1A 116
Owen Pl. Bil WV14 – 4E 31
Owen Rd. WV3 – 2F to 3G 29
Owen Rd. Bil WV14 – 4E 31
Owen Rd. Wil WV13 – 2A 32
Owens Croft. B38 – 5F 105
Owen St. DY2 – 4F 55
Owen St. Tip DY4 – 5F & 5G 43
Owen St. Wed WS10 – 3B 32
Owens Way. War B64 – 4H 69
Owen Wlk. Can WS11 – 2E 5
Ownall Rd. B34 – 1E 77
Oxbarn Av. WV3 – 4D 28
Ox Clo. CV2 – 2E 117
Oxendon Way. CV3 – 2H 133
Oxenton Croft. Hal B63 – 4E 85
Oxford Clo. B8 – 1H 75
Oxford Clo. WS6 – 4D 6
Oxford Clo. Nun CV11 – 1H 137
Oxford Dri. Sto DY8 – 3F 83
Oxford Grn. Can WS11 – 1D 6
Oxford Pas. DY1 – 3D 54
Oxford Pl. L Spa CV32 – 4B 148
Oxford Rd. B13 – 4B 90
Oxford Rd. B23 – 1F 61
Oxford Rd. B27 – 3A 92
Oxford Rd. CV8 – 5H 133
Oxford Rd. Can WS11 – 1D 6
Oxford Rd. L Spa CV32 – 4B 148
Oxford Rd. War B66 – 4A 58
Oxford Rd. W Bro B70 – 2E 57
Oxford St. B5 – 4B 74
Oxford St. B30 – 1F 105
Oxford St. CV1 – 4D 116
Oxford St. DY1 – 4D 54
Oxford St. WS2 – 3F 33
Oxford St. WV1 – 2A 30
Oxford St. Bil WV14 – 5F 31
Oxford St. Kid DY10 – 3E 141
Oxford St. L Spa CV32 – 4B 148
Oxford St. Wed WS10 – 2E 45
Oxford Ter. Wed WS10 – 2E 45
Oxhayes Clo. CV7 – 3D 128
Oxhill Clo. Red B98 – 4G 145
Oxhill Rd. B21 – 2C 58
(in two parts)
Oxhill Rd. Sol B90 – 5D 106
Ox Leasow. B32 – 4F 87
Oxleasow Rd. Red B98 – 2H 145
Oxley Av. WV10 – 3H 19
Oxley Clo. WS6 – 5D 6
Oxley Dri. CV3 – 5B 132
Oxley Gro. B29 – 5A 88
Oxley La. WV1 – 5H 19
Oxley Links Rd. WV10 – 2G 19
Oxley Moor Rd. WV8 & WV10 – 2F 19
Oxley Rd. DY2 – 4D 68
Ox Leys Rd. Sut C B75 & B76 – 1E to 2H 51
Oxley St. WV1 – 5H 19
Oxpiece Dri. B36 – 4B 62
Oxstall Clo. Sut C B76 – 5F 51
Ox St. DY3 – 1A 54
Oxted Clo. WV11 – 4G 21
Oxted Croft. B23 – 2F 61
Oxygen St. B7 – 2B 74

Pace Cres. Bil WV14 – 2G 43
Packhorse La. B38 & B47 – 3H 121
Packington Av. B34 – 2E 77
Packington Av. CV5 – 2D 114
Packington La. B46 – 2E 79 to 2F 95
Packington La. CV7 – 4B 96
Packington Pl. L Spa CV31 – 5B 149
Packmore St. Warw CV34 – 3E 147
Packwood Clo. LSpa CV31 – 6D 149
Packwood Clo. Sol B93 – 4G 125
Packwood Clo. Wil WV13 – 2G 31
Packwood Dri. B43 – 2C 46
Packwood Grn. CV5 – 4D 114
Packwood Rd. B26 – 5E 77
Packwood Rd. War B69 – 3H 55
Padarn Clo. DY3 – 3G 41
Padbury. WV9 – 5G 11
Paddiford Pl. Nun CV10 – 4B 136
Paddington Rd. B21 – 4B 58
Paddington Wlk. WS2 – 5C 22
Paddock Dri. B26 – 1D 92
Paddock Dri. Sol B93 – 5A 126
Paddock La. WS1 – 2H 33 & 2A 34
Paddock La. WS6 – 4D 6
Paddock La. WS9 – 4E 25
Paddock La. Hin LE10 – 5G 139
Paddock La. Red B98 – 5C 144
Paddocks Grn. B18 – 1F 73
Paddocks Rd. B47 – 3B 122
Paddocks, The. Warw CV34 – 3E 147
Paddock, The. B31 – 3B 104
Paddock, The. DY3 – 5A 42
Paddock, The. WV4 – 5G 29
Paddock, The. WV6 – 1A 18
Paddock, The. WV8 – 5A 10
Paddock, The. Bil WV14 – 3E 43
Paddock, The. Brom B60 – 5C 142
Paddock, The. Lich WS14 – 4G 151
Paddock, The. Sto DY9 – 5G 83
Padgate Clo. B35 – 2D 62
Padget's La. Red B98 – 2G 145
Padmore Ct. L Spa CV31 – 6D 149
Padstow Clo. Nun CV11 – 2H 137
Padstow Rd. B24 – 1B 62
Paganal Dri. W Bro B70 – 3H 57
Paganel Dri. DY1 – 2E 55
Paganel Rd. B29 – 4A 88
Page Rd. CV4 – 2B 130
Pages Clo. Sut C B75 – 5A 38
Pages Ct. B43 – 3D 46
Pages La. B43 – 3D 46
Paget Clo. Bil WV14 – 4C 42
Paget Clo. Brom B61 – 3C 142
Paget Ct. CV2 – 3F 101
Paget Ho. Tip DY4 – 2H 55
Paget Rd. B24 – 1A 62
(in two parts)
Paget Rd. WV6 – 1E 29
Paget St. WV1 – 5G 19
Pagham Clo. WV9 – 5E 11
Pagnell Gro. B13 – 2D 106
Paignton Rd. B16 – 2C 72

Paignton Wlk.—Pebble Mill Dri.

Paignton Wlk. B15 – 5H 73
Pailton Clo. CV2 – 4G 101
Pailton Gro. B29 – 5A 88
Pailton Rd. Sol B90 – 3H 107
Painswick Clo. WS5 – 1B 46
Painswick Rd. B28 – 1F 107
Paintcup Row. DY2 – 3D 68
Pakefield Rd. B30 – 4G 105
Pakenham Clo. Sut C B76 – 3C 50
Pakenham Rd. B15 – 5G 73
Pake's Croft. CV6 – 3H 115
Palace Clo. War B65 – 2B 70
Palace Dri. War B66 – 4F 57
Palace Rd. B9 – 4E 75
Palefield Rd. Sol B90 – 3C 124
Pale La. B17 – 5A 72
Palermo Av. CV3 – 3C 132
Pale St. DY3 – 1A 54
Palethorpe Rd. Tip DY4 – 3H 43
Palfrey Rd. Sto DY8 – 2D 82
Pallasades, The. B2 – 4A 74
Pallett Dri. Nun CV11 – 1H 137
Palmcourt Av. B28 – 1F 107
Palm Croft. Bri H DY5 – 5H 67
Palmer Clo. WV11 – 1G 21
Palmer La. CV1 – 4B 116
Palmer Rd. Hin LE10 – 1D 138
Palmer Rd. L Spa CV31 – 8C 149
Palmers Clo. WV8 – 1C 18
Palmers Clo. Sol B90 – 3H 107
Palmers Gro. B36 – 4B 62
Palmers Rd. Red B98 – 2H 145
Palmerston Dri. War B69 – 3B 56
Palmerston Rd. B11 – 1C 90
Palmerston Rd. CV5 – 1G 131
Palmer St. B9 – 4C 74
Palmer's Way. WV8 – 1C 18
Palm Ho. B20 – 2E 59
Palmington Clo. Red B97 – 5A 144
Palm Tree Av. CV2 – 4F 101
Palmvale Croft. B26 – 1D 92
Palomino Pl. B16 – 3E 73
Pamela Rd. B31 – 5A 104
Pancras Clo. CV2 – 5H 101
Pan Croft. B36 – 5H 61
Pandora Rd. CV2 – 1H 117
Pangbourne Clo. Nun CV11 – 1H 137
Pangbourne Rd. CV2 – 1G 117
Pangfield Pk. CV5 – 3E 115
Pannel Croft. B19 – 1H 73
Panther Croft. B34 – 2F 77
Panton Clo. WV2 – 4B 30
Papenham Grn. CV4 – 2C 130
Paper Mill Dri. Red B98 – 1E 145
Paper Mill End. B42 – 5H 47
Papyrus Way. B36 – 4C 62
Parade. B1 – 3G 73
Parade. L Spa CV32 – 4B 148
Parade. Nun CV11 – 3F 137
Parade. Sut C B72 – 5H 37
Parade, The. B37 – 1H 77
Parade, The. DY1 – 3D 54
Parade, The. WS8 – 1D 16
Parade, The. King DY6 – 5C 52
Parade, The. War B64 – 5F 69
Parade View. WS8 – 1D 16
Paradise. DY2 – 4E 55
Paradise Cir. Queensway. B1 – 3H 73
Paradise La. B28 – 2E 107
Paradise La. WS3 – 5H 15
Paradise La. WV10 – 1A 12
Paradise Pl. B3 – 3H 73
Paradise Row. Brom B60 – 3D 142
Paradise St. B1 – 3H 73
Paradise St. CV1 – 5C 116
Paradise St. WV2 – 2H 29
Paradise St. Warw CV34 – 3E 147
Paradise St. W Bro B70 – 2G 57
Parbrook Clo. CV4 – 1B 130
Parchments, The. Lich WS13 – 2G 151
Pardington Clo. Sol B92 – 5G 93
Pargeter Ct. WS2 – 1F 33
Pargeter Rd. War B67 – 4H 71
Pargeter St. WS2 – 1F 33
Pargeter St. Sto DY8 – 3F 83
Par Grn. B38 – 5C 104
Park App. B23 – 3D 60
Park Av. B18 – 5F 59
Park Av. B30 – 3E 105
Park Av. B46 – 1E 79
Park Av. CV6 – 4B 100
Park Av. WS7 – 2G 9
Park Av. WV1 – 1G 29
Park Av. WV4 – 5H 29
Park Av. WV5 – 1A 52
Park Av. Can WS11 – 3A 8
Park Av. Nun CV11 – 4G 137
Park Av. Sol B91 – 4F 109
Park Av. Tip DY4 – 1F 55
Park Av. War B65 – 3A 70
Park Av. War B67 – 2H 71
Park Av. War B68 – 3E 71
Park Av. Wil WV13 – 1G 31
Park Butts Ringway. Kid DY11 – 2D 140
Park Cir. B6 – 5B 60
Park Clo. B6 – 5A 60
Park Clo. B24 – 5A 50
Park Clo. DY1 – 4C 42
Park Clo. WS6 – 4C 6
Park Clo. WS8 – 1E 17
Park Clo. Ken CV8 – 2C 150
Park Clo. Sol B92 – 4F 93
Park Clo. War B69 – 5A 56
Park Ct. CV5 – 2D 114
Park Ct. Red B98 – 3D 144
Park Ct. War B65 – 3A 70
Park Cres. WV1 – 1G 29
Park Cres. W Bro B71 – 2G 57
Park Croft. B47 – 3B 122
Park Dale. WS5 – 4C 34
Parkdale Av. Wed WS10 – 1D 44
Parkdale Clo. B24 – 3G 61
Park Dale Ct. WV1 – 1F 29
Parkdale Dri. B31 – 2A 120
Park Dale E. WV1 – 1F 29
Parkdale Rd. B26 – 2F 93
Park Dale W. WV1 – 1F 29
Park Dri. WV4 – 5H 29
(in two parts)
Park Dri. L Spa CV31 – 5A 149
Park Dri. Sut C B74 – 1G 37
(Four Oaks)
Park Dri. Sut C B74 – 5D 26
(Streetly)
Park Edge. B17 – 1B 88
Parker Rd. WV11 – 1G 21
Parker St. B16 – 4E 73
Parker St. WS3 – 1D 22
Parkes Av. WV8 – 1B 18
Parkes Ct. Warw CV34 – 4D 146
Parkes' Hall Rd. DY1 – 5C 42
Parkes' La. DY3 – 4C 42
Parkes La. Tip DY4 – 3G 43
Parkes St. Bri H DY5 – 3H 67
Parkes St. War B67 – 2H 71
Parkes St. Warw CV34 – 4D 146
Parkes St. Wil WV13 – 2H 31
Parkeston Cres. B44 – 2D 48
Park Farm Ind. Area. Red B98 – 5F 145
Park Farm Rd. B43 – 1G 47
Park Farm Rd. Tam B77 – 5D 134
Parkfield. B32 – 4D 86
Parkfield Av. Tam B77 – 5D 134
Parkfield Clo. B15 – 5G 73
Parkfield Clo. Hal B62 – 2D 86
Parkfield Clo. Red B98 – 1E 145
Parkfield Cres. WV2 – 4A 30
Parkfield Cres. Tam B77 – 5D 134
Parkfield Dri. B36 – 4E 63
Parkfield Dri. Ken CV8 – 2C 150
Parkfield Gro. WV2 – 4A 30
Parkfield Rd. B8 – 2F 75
Parkfield Rd. B46 – 5E 65
Parkfield Rd. CV7 – 1H 99
Parkfield Rd. DY2 – 1F 69
Parkfield Rd. WV2 – 4A 30
Parkfield Rd. Sto DY8 – 2G 83
Parkfield Rd. War B68 – 3D 70
Parkfield Wlk. B6 – 4A 60
Park Gdns. Sto DY9 – 3B 84
Parkgate Rd. CV6 – 4A 100
Park Gro. B46 – 2B 64
Park Hall Clo. WS5 – 4C 34
Park Hall Cres. B36 – 4E 63
Parkhall Croft. B34 – 5E 63
Park Hall Dri. WV4 – 5A 30
Park Hall Rd. WS5 – 4B to 4D 34
Park Hall Rd. WV4 – 5A 30
Parkhead Cres. DY2 – 4D 54
Parkhead Rd. DY2 – 4D 54
Park Hill. B13 – 3A 90
Park Hill. Ken CV8 – 2C 150
Parkhill. War B65 – 4H 69
Park Hill. Wed WS10 – 1E 45
Park Hill Dri. B20 – 1E 59
Parkhill Dri. CV5 – 3C 114
Pk. Hill La. CV5 – 3C 114
Park Hill Rd. B17 – 1C 88
Parkhill Rd. WS7 – 1F 9
Parkhill Rd. Sut C B76 – 5C 50
Park Hill Rd. War B67 – 2A 72
Parkhill St. DY2 – 4F 55
Park Ho. WV11 – 5G 13
Park Ho. War B66 – 1B 72
Parkhouse Av. WV11 – 4C 20
Parkhouse Dri. B23 – 5C 48
Parkhouse Gdns. DY3 – 1H 53
Parkland Av. Kid DY11 – 3B 140
Parkland Clo. CV6 – 4B 100
Parkland Gdns. WS1 – 3A 34
Parklands Av. L Spa CV32 – 1D 148
Parklands Clo. Wed WS10 – 5B 32
Parklands Dri. Sut C B74 – 3F 37
Parklands Rd. WV1 – 2C 30
Parklands Rd. Bil WV14 – 2F 43
Parklands, The. B23 – 5E 49
Parklands, The. WV3 – 2D 28
Parklands, The. Sto DY9 – 4H 83
Park La. B6 – 5A 60
Park La. B20 & B21 – 5B 46 to 3B 58
Park La. B35 & Sut C B76 – 1E 63
Park La. CV7 – 5B 112
Park La. WS6 – 4D 6
Park La. WV10 – 4B 20
(in two parts)
Park La. Hal B63 – 1C 84
Park La. Kid DY11 – 3D to 4D 140
Park La. King DY6 – 5E 53
Park La. Tam B79 – 5A 134
Park La. War B69 – 1D 70
Park La. Wed WS10 – 4D & 5D 32
Park La. E. Tip DY4 – 1H 55
Park La. Ind. Est. W Bro B71 – 3B 58
Park La. W. Tip DY4 – 1F 55
Park Lime Dri. WS4 – 5B 24
Park Mall. WS1 – 2G 33
Park Meadow Av. Bil WV14 – 3E 31
Park Mills Pl. B7 – 4E 61
Park Mill Wlk. B7 – 5D 60
Park Paling, The. CV3 – 2D 132
Park Pl. B7 – 5D 60
Park Retreat. War B66 – 2B 72
Park Ridge Dri. Hal B63 – 1C 84
Park Rise. WV3 – 1E 29
Park Rd. B6 – 5B 60
Park Rd. B11 – 3D 90
Park Rd. B13 – 2A 90
Park Rd. B18 – 5E 59
Park Rd. B23 – 2D 60
Park Rd. B46 – 5E 65
Park Rd. CV1 – 1B 132
Park Rd. DY1 – 5C 42
Park Rd. DY2 – 1E 69
Park Rd. DY3 – 1G 53
Park Rd. WS3 – 1E 23
(in two parts)
Park Rd. WS4 – 4C 24
Park Rd. WS5 – 5C 34
Park Rd. WS7 – 3F 9
(Burntwood)
Park Rd. WS7 – 1E 9
(Chase Terrace)
Park Rd. WV10 – 2E 13
Park Rd. Bil WV14 – 5D 30
Park Rd. Bri H DY5 – 5B 68
Park Rd. Can WS11 – 5B 4
Park Rd. Can WS11 – 2A & 3A 8
(Norton Canes)
Park Rd. Hal B63 – 2C 84
Park Rd. Hin LE10 – 3G 139
Park Rd. Ken CV8 – 2B 150
Park Rd. L Spa CV32 – 2B 148
Park Rd. Nun CV12 – 3E 81
Park Rd. Sol B91 – 4F 109
Park Rd. Sto DY8 – 2D 82
Park Rd. Sut C B73 – 5H 37
Park Rd. War B67 – 4H 71
Park Rd. War B69 – 4A 56
Park Rd. Wed WS10 – 4A 32
Park Rd. Wil WV13 – 1G 31
Park Rd. E. WV1 – 5G 19
Park Rd. N. B6 – 5B 60
Park Rd. S. B18 – 1F 73
Park Rd. W. WV1 – 1F 29
Park Rd. W. Sto DY8 – 2C 82
Parks Cres. WV11 – 5G 13
Parkside. B32 – 5F 87
Park Side. CV1 – 5B 116
Parkside. Brom B60 – 3E 143
Parkside Av. Wil WV13 – 1F 31
Parkside Clo. Wed WS10 – 1E 45
Parkside Rd. B20 – 5D 46
Parkside Rd. Hal B63 – 2E 85
Parkside Way. Sut C B74 – 2C 36
Parkstone Clo. WS4 – 2C 24
Parkstone Rd. CV6 – 4D 100
Park St. B5 – 3A 74
Park St. B6 – 5C 60
Park St. CV6 – 1C 116
Park St. DY1 – 5B 54
Park St. WS2 & WS1 – 1G 33
Park St. WS6 – 4C 6
Park St. Can WS11 – 2C 6
Park St. Kid DY11 – 3D 140
Park St. King DY6 – 1D 66
Park St. L Spa CV32 – 4B 148
Park St. Nun CV11 – 4G 137
Park St. Sto DY8 – 2F 83
Park St. Sto DY8 – 5E 67
(Audnam)
Park St. Sto DY9 – 2B 84
Park St. Tam B79 – 3B 134
Park St. Tip DY4 – 1G 55
Park St. War B64 – 4F 69
Park St. War B65 – 4B 70
Park St. War B69 – 1D 70
Park St. Wed WS10 – 1C 44
Park St. Wed WS10 – 5A 32
(Darlaston)
Park St. W Bro B70 – 2G 57
Park St. S. WV2 – 4H 29
Park Ter. B21 – 4D 58
Park Ter. Wed WS10 – 4A 32
Park View. B16 – 2D 72
Park View. Sol B94 – 5C 124
Park View Clo. CV7 – 5E 81
Parkview Cres. WS2 – 5E 23
Park View Rd. B31 – 4H 103
Park View Rd. Bil WV14 – 3D 30
Park View Rd. Sto DY9 – 3B 84
Park View Rd. Sut C B74 – 1E 37
Parkville Av. B17 – 3B 88
Parkville Clo. CV6 – 3B 100
Parkville Highway. CV6 – 3A 100
Park Wlk. Bri H DY5 – 5B 68
Park Wlk. Red B97 – 2C 144
Parkway. B8 – 1G 75
Parkway. B37 – 5C 78
Park Way. WV11 – 1H 21
Park Way. Red B98 – 1E 145
Parkway Rd. DY1 – 3C 54
Parkway, The. WV6 – 1A, 2A & 5A 18
Parkwood Clo. WS8 – 4E 17
Parkwood Ct. Ken CV8 – 2C 150
Parkwood Croft. B43 – 3F 47
Parkwood Dri. Sut C B73 – 2D 48
Park Wood La. CV4 – 2A 130
Parkwood Rd. Brom B61 – 2C 142
Parkyn St. WV2 – 3A 30
Parliament St. B6 – 5A 60
Parliament St. B10 – 5D 74
Parliament St. W Bro B70 – 4G 57
Parlows End. B38 – 2D 120
Parmiter Ho. L Spa CV32 – 3B 148
Parrotts Gro. CV2 – 2G 101
Parry Rd. CV2 – 1F 117
Parry Rd. WV11 – 2G 21
Parry Rd. Kid DY11 – 4C 140
Parsonage Dri. B45 – 4G 119
Parsonage Dri. Hal B63 – 1C 84
Parsonage St. War B69 – 5E 57
Parsonage St. W Bro B71 – 5G 45
Parson's Hill. B30 – 5F 105
Parsons Hill. War B68 – 4E 71
Parson's La. Hin LE10 – 3G 139
Parsons Nook. CV2 – 3E 117
Parsons Rd. Red B98 – 3C 144
Parson's St. DY1 – 3D 54
Parson St. Tam B77 – 5F 135
Parsons Way. WS2 – 4D 22
Partons Rd. B14 – 2H 105
Partridge Av. Wed WS10 – 4A 32
Partridge Clo. B37 – 3C 78
Partridge Croft. CV6 – 5E 101
Partridge Croft. Lich WS13 – 2G 151
Partridge Gro. Kid DY10 – 5G 141
Partridge Rd. B26 – 4D 76
Partridge Rd. Sto DY8 – 3C 82
Passey Rd. B13 – 4E 91
Passfield Av. Can WS12 – 1F 5
Passfield Rd. B33 – 3D 76
Pasture Ga. Can WS11 – 4A 4
Pastures, The. WV6 – 2A 18
Pastures Wlk. B38 – 2D 120
Paternoster Row. B5 – 3A 74
Paternoster Row. WV1 – 1H 29
Paternoster Row. Kid DY11 – 2D 140
Paterson Pl. WS8 – 3F 17
Pathlow Cres. Sol B90 – 1G 123
Pathway, The. B14 – 2G 105
Patios, The. Kid DY11 – 2C 140
Paton Gro. B13 – 4B 90
Patricia Av. B14 – 4D 106
Patricia Av. WV4 – 5H 29
Patricia Clo. CV4 – 1H 129
Patricia Cres. DY1 – 5D 42
Patrick Gregory Rd. WV11 – 3G 21
Patrick Rd. B26 – 5B 76
Patshull Av. WV10 – 5G 11
Patshull Clo. B43 – 3C 46
Patshull Gro. WV10 – 5G 11
Patshull Pl. B19 – 5H 59
Pattens Rd. Warw CV34 – 2F 147
Patterdale Rd. B23 – 1E 61
Patterdale Rd. Can WS11 – 3E 5
Patterdale Way. Bri H DY5 – 5G 67
Patterton Dri. Sut C B76 – 4D 50
Pattingham Rd. WV6 – 3A 18
Pattison Gdns. B23 – 3E 61
Pattison St. WS5 – 5H 33
Pauline Av. CV6 – 4E 101
Paul Pursehouse Rd. Bil WV14 – 1E 43
Pauls Coppice. WS8 – 3E 17
Paul St. WV2 – 2H 29
Paul St. Bil WV14 – 3C 42
Paul St. Wed WS10 – 2E 45
Paul's Wlk. Lich WS13 – 1F 151
Pavenham Dri. B5 – 3G 89
Pavilion Av. War B67 – 3G 71
Pavilion Clo. WS9 – 2G 25
Pavilions, The. B4 – 3A 74
Pavior's Rd. WS7 – 4D 8
Paxford Clo. Red B98 – 1E 145
Paxford Way. B31 – 2H 103
Paxmead Clo. CV6 – 4H 99
Paxton Av. WV6 – 2A 18
Paxton Clo. Brom B60 – 4F 143
Paxton Rd. CV6 – 3H 115
Paxton Rd. Sto DY9 – 2C 84
Payne Clo. L Spa CV32 – 3C 148
Paynell Clo. CV6 – 4A 100
Paynes La. CV1 – 4D 116
Payne St. War B65 – 4A 70
Payton Clo. War B69 – 4C 56
Payton Rd. B21 – 4C 58
Peace Clo. WS6 – 4C 6
Peacehaven Cotts. Nun CV10 – 4E 137
Peace Wlk. B37 – 4B 78
Peach Av. Wed WS10 – 4A 32
Peachley Clo. Hal B63 – 4H 85
Peach Ley Rd. B29 – 2H 103
Peach Rd. Wil WV12 – 3H 21
Peacock Av. WV11 – 2G 21
Peacock Rd. B13 – 2B 106
Peacock Rd. Wed WS10 – 3A 32
Peak Croft. B36 – 4A 62
Peak Dri. DY3 – 2A 54
Peake Av. Nun CV11 – 1H 137
Peake Cres. WS8 – 3E 17
Peake Rd. WS8 – 4E 17
Peak Ho. Rd. B43 – 1D 46
Peakman Clo. B45 – 3D 118
Peakman St. Red B98 – 2C 144
Peak Rd. Sto DY8 – 1G 83
Peal St. WS1 – 2H 33
Pearl Gro. B27 – 4H 91
Pearman Rd. B45 – 5B 102
Pearman Rd. War B66 – 3A 72
Pearmans Croft. B47 – 3B 122
Pearsall Dri. War B69 – 4C 56
Pears Clo. Ken CV8 – 2B 150
Pearson Av. CV6 – 5E 101
Pearson St. WV2 – 3H 29
Pearson St. Bri H DY5 – 3A 68
Pearson St. Sto DY9 – 2B 84
Pearson St. War B64 – 4F 69
Pearson St. W Bro B70 – 1E 57
Pear Tree Av. Nun CV10 – 2C 136
Pear Tree Av. Tip DY4 – 1G 55
Peartree Av. Wil WV13 – 2A 32
Pear Tree Clo. B43 – 3B 46
Pear Tree Clo. CV2 – 4F 101
Peartree Clo. Can WS12 – 1A 4
Pear Tree Clo. Kid DY10 – 2G 141
Peartree Clo. Sol B90 – 5E 107
Pear Tree Ct. B43 – 3B 46
Peartree Cres. Sol B90 – 4D 106
Pear Tree Dri. B43 – 3B 46
Peartree Dri. Sto DY8 – 4F 83
Peartree Gro. Sol B90 – 5D 106
Peartree Ind. Pk. DY2 – 1C 68
Peartree La. DY2 – 1B 68 to 5D 54
Pear Tree La. WS8 – 5C 8
Pear Tree La. WV11 – 2C 20
Peartree La. Bil WV14 – 3E 43
Peartree La. War B64 – 4F 69
Pear Tree Rd. B34 – 1E 77
Pear Tree Rd. B43 – 3B 46
Pear Tree Rd. War B67 – 2G 71
Peascroft La. Bil WV14 – 4F 31
(in two parts)
Peasefield Clo. B21 – 4B 58
Pebble Clo. Sto DY8 – 2G 83
Pebble Clo. Tam B77 – 2H 135
Pebble Mill Clo. Can WS11 – 4D 4
Pebble Mill Dri. Can WS11 – 4D 4

Pebble Mill Rd.—Pitts La.

Pebble Mill Rd. B5 – 3G 89
Pebworth Av. Sol B90 – 3E 125
Pebworth Clo. CV5 – 4D 114
Pebworth Clo. DY1 – 2C 54
Pebworth Clo. Red B98 – 1F 145
Pebworth Gro. B33 – 5E 77
Peckham Rd. B44 – 2C 48
Peckingham St. Hal B63 – 3H 85
Peckover Clo. War B65 – 4A 70
Peddimore La. Sut C B76 – 5E & 4F 51
Pedmore Clo. Red B98 – 5E 145
Pedmore Ct. Sto DY8 – 5G 83
Pedmore Gro. B44 – 2A 48
Pedmore Hall La. Sto DY9 – 5H 83
Pedmore La. Sto DY9 – 5H 83 to 5B 84
Pedmore Rd. Bri H DY5 & DY2 – 3B 68
Pedmore Rd. Sto DY9 – 2A 84
Pedmore Wlk. War B69 – 1B 70
Peel Clo. Sol B92 – 2F 111
Peel Clo. Wil WV13 – 2G 31
Peel Ct. Tam B78 – 5C 134
Peel Ho. Tam B79 – 3C 134
Peel La. CV6 – 3D 116
Peel Rd. Warw CV34 – 3D 146
Peel St. B18 – 2D 72
Peel St. CV6 – 2D 116
Peel St. DY2 – 4F 55
Peel St. WV3 – 2G 29
Peel St. Kid DY11 – 3D 140
Peel St. Tip DY4 – 1H 55
Peel St. W Bro B71 – 1F 57
Peel St. Wil WV13 – 2H 31
Peel Wlk. B17 – 5A 72
Peel Way. War B69 – 3A 56
Pegasus Wlk. B29 – 5D 88
Pegasus Wlk. Tam B79 – 1B 134
Peggs Row Cotts. WS7 – 1H 9
Pegleg Wlk. B14 – 5G 105
Pegmill Clo. CV3 – 2D 132
Pelham Dri. DY1 – 3C 54
Pelham Lodge. Kid DY10 – 3F 141
Pelham Rd. B8 – 2H 75
Pelham St. WV3 – 2G 29
Pelsall La. WS3 – 5G 15
Pelsall La. WS4 – 2A 24
Pelsall Rd. WS8 – 3B 16
Pemberley Rd. B27 – 4G & 5G 91
Pemberton Cres. Wed WS10 – 5F 33
Pemberton Rd. Bil WV14 – 3E 43
Pemberton Rd. W Bro B70 – 5D 44
Pemberton St. B18 – 2G 73
Pembridge Clo. B32 – 1E 103
Pembridge Clo. Bri H DY5 – 4B 68
Pembridge Clo. Red B98 – 3G 145
Pembridge Ho. B31 – 5C 104
Pembroke Av. WV2 – 3C & 4C 30
Pembroke Clo. Nun CV12 – 4B 80
Pembroke Clo. Warw CV34 – 2E 147
Pembroke Clo. W Bro B71 – 3E 45
Pembroke Clo. Wil WV12 – 3A 22
Pembroke Croft. B28 – 3G 107
Pembroke Gdns. Sto DY8 – 4C 66
Pembroke Rd. B12 – 3B 90
Pembroke Rd. W Bro B71 – 3E 45
Pembroke Way. B28 – 3G 107
Pembroke Way. W Bro B71 – 4E 45
Pembrook Rd. CV6 – 4B 100
Pembury Av. CV6 – 3E 101
Pembury Croft. B44 – 3C 48
Penarth Gro. CV3 – 2H 133
Pencombe Dri. WV4 – 5A 30
Pencroft Rd. B34 – 5E 63
Penda Gro. WV6 – 4A 18
Pendeen Rd. B14 – 3D 106
Pendeford Av. WV6 – 2E 19
Pendeford Clo. WV6 – 2E 19
Pendeford Hall La. WV9 – 3B 10 to 4E 11
Pendeford La. WV9 – 4F 11
Pendeford Mill La. WV8 – 5C 10
Pendenis Clo. CV6 – 1E 117
Pendennis Clo. B30 – 3C 104
Pendennis Dri. War B69 – 4G 55
Penderell Clo. WV10 – 2C 12
Penderel St. WS3 – 2F 23
Pendinas Dri. WV8 – 5B 10
Pendle Hill. Can WS12 – 2F 5
Pendleton Gro. B27 – 1H 107
Pendragon Rd. B42 – 2H 59
Pendrel Clo. WS6 – 1C 14
Pendrill Rd. WV10 – 5B 12
Penfields Rd. Sto DY8 – 1F 83
Penge Gro. B44 – 1A 48
Penhallow Dri. WV4 – 5B 30
Penk Dri. WS7 – 2H 9
Penkridge Clo. WS2 – 5G 23
Penkridge Gro. B33 – 2C 76
Penkridge St. WS2 – 5G 23
Penk Rise. WV6 – 5B 18
Penley Gro. B8 – 1H 75
Penmanor. Brom B60 – 4G 143
Pennard Gro. B32 – 2H 87
Pennant Ct. War B65 – 3A 70
Pennant Gro. B29 – 4A 88
Pennant Rd. Hin LE10 – 5E 139
Pennant Rd. War B64 – 5E 69
Pennant Rd. War B65 – 3H 69
Penn Clo. WS3 – 2F 23
Penncricket La. War B65 – 3C 70
Penn Gro. B29 – 4B 88
Pennhouse Av. WV4 – 5E 29
Penn Ind. Est. War B64 – 4E 69
Pennine Dri. DY3 – 2A 44
Pennine Dri. Can WS11 – 4C 4
Pennine Rd. Brom B61 – 1E 143
Pennine Way. Nun CV10 – 3A 136
Pennine Way. Sto DY8 – 1F 83
Pennine Way. Tam B77 – 3H 135
Pennine Way. Wil WV12 – 4B 22
Pennington Clo. W Bro B70 – 3D 56
Pennington Ho. War B69 – 4B 56
Penn Rd. DY3 – 3F 41
Penn Rd. WV4 & WV3 – 1D 40 to 2H 29
Penn Rd. War B65 – 3B 70
Penns Clo. L Spa CV32 – 1E 148
Penns Lake Rd. Sut C B76 – 4B 50
Penns La. B46 – 5E 65
Penns La. Sut C B72 & B76 – 4H 49
Penn St. B4 – 3B 74
Penn St. WV3 – 3G 29
Penn St. War B64 – 5G 69
Penns Wood Clo. DY3 – 2H 41
Penns Wood Dri. Sut C B76 – 4C 50
Pennwood La. WV4 – 1E 41
Pennyacre Rd. B14 – 5H 105
Penny Ct. WS6 – 1D 14
Pennycress Gdns. WV10 – 2D 12
Pennycress Grn. Can WS11 – 3H 7
Pennycroft Ho. B33 – 3B 76
Pennyfield Croft. B33 – 3C 76
Pennyhill La. W Bro B71 – 4H 45
Pennymoor Rd. Tam B77 – 4H 135
Penny Pk. La. CV6 – 4H 99
Pennystone Clo. L Spa CV31 – 6E 149
Penrice Dri. War B69 – 4G 55
Penrith Clo. CV6 – 4A 100
Penrith Clo. Bri H DY5 – 5G 67
Penrith Clo. L Spa CV32 – 1H 147
Penrith Croft. B32 – 1G 103
Penrith Gro. B37 – 3B 78
Penrose Clo. CV4 – 2D 130
Penryn Clo. WS5 – 3D 34
Penryn Clo. Ken CV8 – 2D 150
Penryn Clo. Nun CV11 – 5B 136
Penryn Rd. WS5 – 3D 34
Pensby Clo. B13 – 5D 90
Pensford Rd. B31 – 4B 104
Pensham Croft. Sol B90 – 3D 124
Penshaw Clo. WV9 – 5F 11
Penshaw Gro. B13 – 5E 91
Penshurst Av. B20 – 3H 59
Pensilva Way. CV1 – 4C 116
Pensnett Rd. DY1 – 5B 54
Pensnett Rd. Bri H DY5 – 2H 67
Pensnett Trading Est. King DY6 – 4F 53
Penstone La. WV4 – 1A 40
Pentire Clo. Nun CV11 – 2H 137
Pentire Rd. Lich WS14 – 4H 151
Pentland Clo. Hin LE10 – 2D 138
Pentland Croft. B12 – 1B 90
Pentland Gdns. WV3 – 1E 29
Pentos Dri. B11 – 3E 91
Pentridge Clo. Sut C B76 – 5C 50
Penzance Way. Nun CV11 – 5B 136 & 2H 137
Penzer St. King DY6 – 5D 52
Peolsford Rd. WS3 – 4A 16
Peony Wlk. B23 – 2D 60
Peplins Way. B30 – 4G 105
Peplow Rd. B33 – 2D 76
Pepper Hill. Sto DY8 – 3F 83
Pepper La. CV1 – 5B 116
Pepys Corner. CV4 – 4B 114
Perch Av. B37 – 3A 78
Percival Rd. B16 – 4C 72
Percy Cres. Ken CV8 – 4A 150
Percy Rd. B11 – 3E 91
Percy Rd. Ken CV8 – 4A 150
Percy Rd. Warw CV34 – 3D 146
Percy St. CV1 – 4A 116
Percy Ter. B11 – 2E 91
Percy Ter. L Spa CV32 – 4A 148
Peregrine Clo. DY1 – 4B 54
Peregrine Dri. CV5 – 3C 114
Pereira Rd. B17 – 5C 72
Perivale Gro. Bil WV14 – 3F 43
Perivale Way. Sto DY8 – 5F 67
Perkins Clo. DY1 – 5D 42
Perkins St. CV1 – 4C 116
Perks Rd. WV11 – 1G 21
Perott Dri. Sut C B75 – 1B 38
Perrett Wlk. Kid DY11 – 3D 140
Perrin Av. Kid DY11 – 4B 140
Perrins Gro. B8 – 1G 75
Perrin's La. Sto DY9 – 3B 84
Perrins Rise. Sto DY9 – 3B 84
Perrott St. B18 & War B66 – 5D 58
Perry Av. B42 – 1G 59
Perry Av. WV10 – 2B 20
Perry Clo. DY2 – 4F 55
Perry Comn. Rd. B23 – 4C 48
Perrycrofts Cres. Tam B79 – 1D 134
Perryfields Cres. Brom B61 – 1D 142
Perryfields Rd. Brom B61 – 3B 142
Perryford Dri. Sol B91 – 2E 125
Perry Hall Dri. Wil WV12 – 4A 22
Perry Hall Rd. WV11 – 3G 21
Perry Hill Cres. War B68 – 5E 71
Perry Hill Ho. War B68 – 5F 71
Perry Hill La. War B68 – 1E 87
Perry Hill Rd. War B68 – 1E 87
Perry La. Brom B61 – 3D 142
Perry Pk. Cres. B42 – 5G 47
Perry Pk. Rd. War B64 – 4H 69
Perrys Lake. War B65 – 2A 70
Perry St. Bil WV14 – 1F 43
Perry St. Tip DY4 – 1H 55
Perry St. War B66 – 5A 58
Perry St. Wed WS10 – 2C 44
Perry St. Wed WS10 – 3B 32 (Darlaston)
Perry Trading Est. Bil WV14 – 1F 43
Perry Villa Dri. B42 – 1H 59
Perrywell Rd. B6 – 1B 60
Perry Wood Rd. B42 – 3F 47
Persehouse St. WS1 – 1H 33
Pershore Av. B29 – 4G 89
Pershore Clo. WS3 – 5C 14
Pershore Pl. CV4 – 3F 131
Pershore Rd. 3F 105 to 1H 89
B30 – 3F 105
B29 – 5G 89
B5 – 3G 89
Pershore Rd. WS3 – 5C 14
Pershore Rd. Hal B63 – 4G 85
Pershore Rd. Kid DY11 – 3A 140
Pershore Rd. S. B30 – 4E 105
Pershore St. B5 – 4A 74
Pershore Tower. B31 – 5F 103
Pershore Way. WS3 – 5C 14
Perth Rise. CV5 – 3C 114
Perth Rd. Wil WV12 – 4H 21
Perton Brook Vale. WV6 – 1A 28
Perton Gro. B29 – 5A 88
Perton Gro. WV6 – 1A 28
Perton Rd. WV6 – 1A 28
Peter Av. Bil WV14 – 2G 43
Peterborough Dri. Can WS12 – 5F 5
Peterbrook Clo. Red B98 – 5C 144
Peterbrook Rise. Sol B90 – 1E 123
Peterbrook Rd. Sol B90 – 5D 106 to 2E 123
Peterdale Dri. WV4 – 1E 41
Peterhouse Dri. Sut C B74 – 4G 27
Peters Av. B31 – 5A 104
Petersfield. Can WS11 – 3D 4
Petersfield Dri. War B65 – 3C 70
Petersfield Rd. B28 – 1F 107
Peter's Finger. Brom B61 – 4D 142
Petersham Pl. B15 – 1D 88
Petersham Rd. B44 – 2D 48
Peter's Hill. Bri H DY5 – 1G 83 (in two parts)
Peter's Hill Rd. Bri H DY5 – 1G 83
Peters St. W Bro B70 – 4D 44
Peter's Wlk. Lich WS13 – 1E 151
Petford St. War B64 – 4F 69
Petitor Cres. CV2 – 5G 101
Pettitt Clo. B14 – 5A 106
Petton Clo. Red B98 – 2H 145
Pettyfield Clo. B26 – 2D 92
Pettyfields Clo. Sol B93 – 4H 125
Petworth Clo. Wil WV13 – 3G 31
Petworth Gro. B26 – 1B 92
Pevensey Clo. War B69 – 4G 55
Peverell Dri. B28 – 1G 107
Peveril Dri. CV3 – 4A 132
Peveril Gro. Sut C B76 – 1B 50
Peverill Rd. WV4 – 1B 42
Peverill Rd. WV6 – 5A 18
Peveril Way. B43 – 2E 47
Peyto Clo. CV6 – 4A 100
Pheasant Clo. Kid DY10 – 5F 141
Pheasant Croft. B36 – 4A 64
Pheasant La. Red B98 – 5C 144
Pheasant Rd. War B67 – 4G 71
Pheasant St. Bri H DY5 – 2G 67
Philip Gro. Can WS11 – 1C 4
Philip Rd. WS2 – 4F 33
Philip Rd. Hal B63 – 4G 85
Philip Rd. Tip DY4 – 1B 56
Philip Sidney Rd. B11 – 4D 90
Philip Victor Rd. B20 – 3E 59
Phillimore Rd. B8 – 1E 75
Phillippes Rd. Warw CV34 – 2E 147
Phillips Av. WV11 – 1F 21
Phillips St. B6 – 1A 74
Phillip's Ter. Red B98 – 2D 144
Phillip St. Bil WV14 – 3E 43
Phipson Rd. B11 – 3C 90
Phoenix Business Pk. Hin LE10 – 3B 138
Phoenix Centre. Sto DY8 – 3D 66
Phoenix Dri. WS9 – 2F 25
Phoenix Grn. B15 – 5D 72
Phoenix Ind. Est. W Bro B70 – 1C 56
Phoenix Pas. DY2 – 4E 55
Phoenix Rise. Wed WS10 – 5B 32
Phoenix Rd. WV11 – 5E 21
Phoenix Rd. Can WS11 – 4E 5
Phoenix Rd. Tip DY4 – 5G 43
Phoenix St. WV2 – 4A 30
Phoenix St. W Bro B70 – 1C 56
Piccadilly Clo. B37 – 4B 78
Pickard St. Warw CV34 – 3F 147
Pickenham Rd. B14 – 1C 122
Pickering Croft. B32 – 5F 87
Pickering Rd. WV11 – 4E 21
Pickersleigh Clo. Hal B63 – 4H 85
Pickford Grange La. CV5 – 1H 113
Pickford Grn. La. CV5 – 3A 114
Pickford St. B5 – 4B 74
Pickford Way. CV5 – 2D 114
Pickrell Rd. Bil WV14 – 3D 42
Pickwick Gro. B13 – 4D 90
Pickwick Pl. Bil WV14 – 1F 43
Picton Croft. B37 – 4C 78
Picton Gro. B13 – 2C 106
Picturedome Way. Wed WS10 – 4B 32
Piddock Rd. War B66 – 1A 72
Pierce Av. Sol B92 – 4B 92
Piercy St. Wed WS10 – 2E 45
Piercy St. W Bro B70 – 2D 56
Piers Clo. Warw CV34 – 2E 147
Piers Rd. B21 – 5F 59
Pier St. WS8 – 2E 17
Piggots Croft. B37 – 3H 77
Pike Clo. Hin LE10 – 5F 139
Pike Dri. B37 – 3B 78
Pikehelve St. W Bro B70 – 4C 44
Pikehorne Croft. B36 – 3F 63
Piker's La. CV7 – 3C 98
Pikes Pool La. Brom B60 – 4G to 2H 143
Pikes, The. B45 – 2D 118
Pikewater Rd. B9 – 4E 75
Pilgrims Ga. Hin LE10 – 4H 139
Pilkington Av. Sut C B72 – 1H 49
Pilkington Rd. CV5 – 1F 131
Pilling Clo. CV2 – 1H 117
Pilson Clo. B36 – 4C 62
Pimbury Rd. Wil WV12 – 3B 22
Pimlico Ct. DY3 – 2A 54
Pineapple Gro. B30 – 1H 105
Pineapple Rd. B30 – 2G 105
Pine Av. Wed WS10 – 5D 32
Pine Clo. WS6 – 3C 6
Pine Clo. WV3 – 2F 29
Pine Clo. King DY6 – 1D 66
Pine Clo. Sol B91 – 5C 108
Pine Clo. Tam B79 – 1D 134
Pine Grn. DY1 – 5C 42
Pine Gro. B14 – 3C 106
Pine Gro. B45 – 5D 118
Pine Ho. B36 – 4C 62
Pinehurst. L Spa CV32 – 1E 148
Pinehurst Dri. B38 – 4E 105
Pine Leigh. Sut C B74 – 2H 37
Pine Needle Croft. Wil WV12 – 5C 22
Pineridge Dri. Kid DY11 – 3B 140
Pine Rd. DY1 – 1E 55
Pine Rd. War B69 – 4H 55
Pine Sq. B37 – 3A 78
Pines, The. WS1 – 3H 33
Pines, The. WV3 – 2D 28
Pines, The. Sol B90 – 4B 124
Pine St. WS3 – 1F 23
Pine Tree Av. CV4 – 5C 114
Pine Tree Dri. Sut C B74 – 2H 35
Pine Tree Rd. Nun CV12 – 2G 81
Pineview. B31 – 5H 103
Pine Wlk. B31 – 4B 104
Pine Wlk. WV8 – 5A 10
Pine Wlk. Sto DY9 – 3H 83
Pinewall Av. B38 – 5E 105
Pineways. Sto DY8 – 4C 66
Pineways. Sut C B74 – 1D 36
Pineways Dri. WV6 – 5E 19
Pinewood Av. Can WS11 – 3B 4
Pinewood Clo. B44 – 4A 48
Pinewood Clo. B45 – 2B 118
Pinewood Clo. WS5 – 5A 34
Pinewood Clo. WS8 – 5D 8
Pinewood Clo. WV3 – 3B 28
Pinewood Clo. WV5 – 5B 40
Pinewood Clo. Kid DY11 – 1C 140
Pinewood Clo. Wil WV12 – 3B 22
Pinewood Dri. B32 – 5D 86
Pinewood Gro. CV5 – 1A 132
Pinewood Gro. Sol B91 – 5C 108
Pinewoods. Hal B62 – 1D 86
Pinewood Wlk. King DY6 – 4E 53
Pinfold Cres. WV4 – 4D 28
Pinfold Gdns. WV11 – 4E 21
Pinfold Gro. WV4 – 4D 28
Pinfold La. WS6 – 5A 6
Pinfold La. WS9 – 5F to 3G 35
Pinfold La. WV4 – 4D 28
Pinfold La. Can WS11 – 3G 7
Pinfold Rd. Lich WS13 – 2E 151
Pinfold Rd. Sol B91 – 3G 109
Pinfold St. B2 – 3H 73
Pinfold St. Bil WV14 – 5E 31
Pinfold St. War B69 – 5D 56
Pinfold St. Wed WS10 – 5A 32
Pinfold St. Extension. Wed WS10 – 5A 32
Pinfold, The. WS3 – 2F 23
Pingle Clo. W Bro B71 – 3H 45
Pingle Ct. Nun CV11 – 4G 137
Pingle La. WS7 – 3H 9
Pinkney Pl. War B68 – 3F 71
Pink Pas. War B66 – 2B 72
Pinley Fields. CV3 – 1E 133
Pinley Gdns. CV3 – 1E 133
Pinley Gro. B43 – 1G 47
Pinley Way. Sol B91 – 1D 124
Pinner Gro. B32 – 3G 87
Pinner's Croft. CV2 – 3E 117
Pinnock Pl. CV4 – 5B 114
Pinson Rd. Wil WV13 – 2G 31
Pintail Dri. B23 – 2D 60
Pintail Gro. Kid DY10 – 5G 141
Pinto Clo. B16 – 4E 73
Pinza Croft. B36 – 4B 62
Pioli Pl. WS2 – 4G 23
Piper Clo. WV6 – 5A 18
Piper Pl. Sto DY8 – 5E 67
Piper Rd. WV3 – 3C 28
Pipers Croft. Lich WS13 – 1F 151
Pipers Grn. B28 – 3F 107
Pipers La. Ken CV8 – 3C 150
Pipers Rd. Red B98 – 5G 145
Piper's Row. WV1 – 1A 30
Pipes Meadow. Bil WV14 – 5F 31
Pippin Av. Hal B63 – 1C 84
Pirbright Clo. Bil WV14 – 1F 43
Pitcairn Clo. B30 – 2G 105
Pitcairn Dri. Hal B62 – 2A 86
Pitcairn Rd. War B67 – 4G 71
Pitclose Rd. B31 – 1B 120
Pitfield Rd. B33 – 4G 77
Pitfield Row. DY1 – 4D 54
Pitfields Clo. War B68 – 5D 70
Pitfields Rd. War B68 – 5D 70
Pitfield St. DY1 – 4D 54
Pithall Rd. B34 – 1F 77
Pit Leasow Clo. B30 – 1G 105
Pitman Rd. B32 – 2F 87
Pitmaston Rd. B28 – 2H 107
Pitney St. B7 – 2C 74
Pitsford St. B18 – 2F 73
Pitt La. Sol B92 – 4C 94
Pitts Farm Rd. B24 – 5A 50
Pitts La. Kid DY10 – 3D 140

Pitt St.—Priory Rd.

Pitt St. B4 – 3B 74
Pitt St. WV3 – 2H 29
Pitt St. Kid DY10 – 1F 141
Pixall Dri. B15 – 1G 89
Pixhall Clo. B35 – 2E 63
Plaistow Av. B36 – 5A 62
Plane Gro. B37 – 4B 78
Planetary Ind. Est. Wil WV13 – 5D 20
Planetary Rd. Wil WV13 – 5D 20 (in two parts)
Plane Tree Clo. Kid DY10 – 2E 141
Plane Tree Rd. WS5 – 1B 46
Plane Tree Rd. Sut C B74 – 2H 35
Planet Rd. Bri H DY5 – 2A 68
Plank La. B46 – 3A 64
Planks La. WV5 – 5A 40
Plantation La. DY3 – 1B 52
Plantation La. Tam B78 – 5A 134
Plantation Rd. WS5 – 1A 46
Plantation, The. Bri H DY5 – 5G 53
Plants Brook Rd. Sut C B76 – 5C 50
Plant's Clo. Sut C B73 – 2E 49
Plants Gro. B24 – 5A 50
Plants Hill Cres. CV4 – 1B 130
Plants Hollow. Bri H DY5 – 4A 68
Plant St. Sto DY8 – 4E 67
Plant St. War B64 – 4F 69 (in two parts)
Plant Way. WS3 – 4H 15
Planview Clo. WS9 – 1A 36
Plascom Rd. WV1 – 2C 30
Platts Cres. Sto DY8 – 5E 67
Platts Dri. Sto DY8 – 5E 67
Platts Rd. Sto DY8 – 5E 67
Platt St. Can WS11 – 2D 4
Platt St. Wed WS10 – 5B 32
Playdon Gro. B14 – 4B 106
Pleasant Clo. King DY6 – 2C 66
Pleasant Mead. WS9 – 4D 24
Pleasant St. Kid DY10 – 2D 140
Pleasant St. W Bro B70 – 3F 57
Pleasant St. W Bro B70 – 4D 44 (Hill Top)
Pleasant View. DY3 – 3H 53
Pleasant Way. L Spa CV32 – 3C 148
Pleck Rd. WS2 – 3F 33
Pleck, The. B18 – 5E 59
Pleck Wlk. B38 – 1F 121
Plestowes Clo. Sol B90 – 3H 107
Pleydell Clo. CV3 – 4G 133
Plimsoll Gro. B32 – 2F 87
Plimsoll St. Kid DY11 – 3D 140
Plough & Harrow Rd. B16 – 4E 73
Plough Av. B32 – 4F 87
Ploughmans Wlk. WV8 – 1E 19
Ploughmans Wlk. King DY6 – 5B 52
Ploughman's Wlk. Lich WS13 – 1G 151
Plover Clo. WV10 – 2C 12
Ploverdale Cres. King DY6 – 5F 53
Plover Gro. Kid DY10 – 5G 141
Plowden Rd. B33 – 2C 76
Plume St. B6 – 4D 60
Plumstead Rd. B44 – 4C 48
Plym Clo. WV11 – 4D 20
Plymouth Clo. B31 – 2A 120
Plymouth Clo. CV2 – 1G 117
Plymouth Clo. Red B97 – 4B 144
Plymouth Ct. Red B97 – 4B 144
Plymouth Pl. L Spa CV31 – 5C 149
Plymouth Rd. B30 – 2F 105
Plymouth Rd. N. Red B97 – 4B 144
Plymouth Rd. S. Red B97 – 4B 144
Poets Corner. B10 – 1E 91
Pointon Clo. Bil WV14 – 2C 42
Poitiers Rd. CV3 – 3C 132
Polden Clo. Hal B63 – 5E 85
Polesworth Clo. Red B98 – 4G 145
Polesworth Gro. B34 – 5E 63
Pollard Rd. B27 – 5A 92
Pollards La. Ken CV8 – 3C 150
Pollards, The. B23 – 4F 49
Polo Fields. Sto DY9 – 5G 83
Polperro Dri. CV5 – 3C 114
Pomeroy Clo. CV4 – 2A 130
Pomeroy Rd. B32 – 5F 87
Pomeroy Rd. B43 – 1H 47
Pommel Clo. WS5 – 1H 45
Pond Cres. WV2 – 3A 30
Pond Gro. WV2 – 3A 30
Pond La. WV2 – 3A 30
Pondthorpe. CV3 – 3H 133
Ponesfield Rd. Lich WS13 – 1G 151
Pones Grn. Lich WS13 – 1G 151
Pontypool Av. CV3 – 2H 133
Pool Av. Can WS11 – 3B 8
Pool Bank. Red B98 – 4B 144
Pool Bank St. Nun CV11 – 3E 137
Pool Cotts. WS7 – 3D 8
Poole Cres. B17 – 3C 88
Poole Cres. WS8 – 5C 8
Poole Cres. Bil WV14 – 2E 43
Poole Ho. Rd. B43 – 1D 46
Pool End Clo. Sol B93 – 3H 125
Poole Rd. CV6 – 2H 115
Pooles La. Wil WV12 – 2B 22
Poole St. Sto DY8 – 3D 82
Poole's Way. WS7 – 1G 9
Pool Farm Rd. B27 – 5H 91
Pool Field Av. B31 – 2G 103
Poolfield Dri. Sol B91 – 4C 108
Pool Grn. WS9 – 4F 25
Pool Grn. Ter. WS9 – 4F 25
Pool Hall Cres. WV3 – 2A 28
Pool Hall Rd. WV3 – 2A 28
Pool Hayes La. Wil WV12 – 4H 21
Pool La. War B69 – 2C 70
Poolmeadow. Sut C B76 – 3D 50
Pool Meadow Clo. B13 – 5D 90
Pool Meadow Clo. Sol B91 – 5H 109
Pool Pl. Red B98 – 2C 144
Pool Rd. WS8 & WS7 – 5D 8
Pool Rd. WV11 – 3G 21
Pool Rd. Hal B63 – 3H 85
Pool Rd. Nun CV10 – 2C 136
Pool Rd. War B66 – 1B 72
Pools Cotts. Ken CV8 – 4B 130
Poolside Gdns. CV3 – 4H 131
Pool St. B6 – 1B 74
Pool St. DY1 – 5C 42
Pool St. WS1 – 2H 33
Pool St. WV2 – 2H 29
Pool Tail Wlk. B31 – 1G 119
Pool View. WS6 – 3D 6
Pool Way. B33 – 4D 76
Pope Gro. Can WS12 – 1C 4
Pope Rd. WV10 – 2C 20
Pope's La. B30 & B38 – 4C 104
Pope's La. War B69 – 5E 57
Pope St. B1 – 2G 73
Pope St. War B66 – 5B 58
Poplar Av. B11 – 1D 90
Poplar Av. B12 – 2C 90
Poplar Av. B14 – 5A 90
Poplar Av. B17 – 4A 72
Poplar Av. B23 – 1F 61
Poplar Av. B37 – 5B 78
Poplar Av. WS2 – 5B 22
Poplar Av. WS5 – 5A 34
Poplar Av. WS7 – 2E 9
Poplar Av. WS8 – 1E & 1F 17
Poplar Av. WV11 – 2D 20
Poplar Av. Can WS11 – 3D 4
Poplar Av. Nun CV12 – 4G 81
Poplar Av. Sut C B75 – 3C 38
Poplar Av. Tip DY4 – 5E 43
Poplar Av. War B69 – 4A 56 (Brades Village)
Poplar Av. War B69 – 2D 70 (Langley)
Poplar Av. W Bro B70 – 2G 57
Poplar Clo. WS2 – 5C 22
Poplar Clo. War B69 – 4A 56
Poplar Cres. DY1 – 2D 54
Poplar Cres. Sto DY8 – 3D 82
Poplar Dri. WV8 – 5A 10
Poplar Grn. DY1 – 5C 42
Poplar Gro. War B66 – 2B 72
Poplar Gro. W Bro B70 – 3G 57
Poplar Ho. Nun CV12 – 4G 81
Poplar La. Can WS11 – 5A 4
Poplar Rise. Sut C B74 – 4E 27
Poplar Rise. War B69 – 4A 56
Poplar Rd. B11 – 2D 90
Poplar Rd. B14 – 5A 90
Poplar Rd. CV5 – 1H 131
Poplar Rd. WS6 – 1D 14
Poplar Rd. WS8 – 1F 17 (in two parts)
Poplar Rd. WV3 – 4F 29
Poplar Rd. Bil WV14 – 4G 31
Poplar Rd. Kid DY11 – 4C 140
Poplar Rd. King DY6 – 1D 66
Poplar Rd. Red B97 – 3A 144
Poplar Rd. Sol B91 – 4E 109
Poplar Rd. Sol B93 – 5H 125
Poplar Rd. Sto DY8 – 3D 82
Poplar Rd. War B66 – 4A 72
Poplar Rd. War B69 – 4D 56
Poplar Rd. Wed WS10 – 4D 32
Poplars Clo. WV5 – 5B 40
Poplars Dri. B36 – 4E 63
Poplars, The. B11 – 1E 91 (Small Heath)
Poplars, The. B11 – 1D 90 (Sparkbrook)
Poplars, The. Nun CV10 – 4B 136
Poplars, The. Sto DY8 – 3E 67
Poplars, The. War B66 – 2C 72
Poplar St. WV2 – 4H 29
Poplar St. Can WS11 – 2A 8
Poplar St. War B66 – 1B 72
Poplar Way Shopping Centre. Sol B91 – 4E 109
Poppyfield Ct. CV4 – 5F 131
Poppy La. B24 – 1A 62
Porchester Dri. B19 – 5H 59
Porchester St. B19 – 5H 59
Porlock Clo. CV3 – 3C 132
Porlock Cres. B31 – 4G 103
Porlock Rd. Sto DY8 – 1F 83
Portal Rd. WS2 – 1C 32
Portchester Dri. WV11 – 4E 21
Porter Clo. CV4 – 1B 130
Porter Clo. Sut C B72 – 4H 49
Porters Croft. B17 – 5A 72
Porter's Field. DY2 – 3E 55
Portersfield Ind. Est. War B64 – 5E 69
Portersfield Rd. War B64 – 5E 69
Porter St. DY2 – 3E 55
Porters Way. B9 – 4F 75
Portfield Gro. B23 – 5G 49
Porthkerry Gro. DY3 – 4G 41
Port Hope Rd. B11 – 5C 74
Porthouse Gro. Bil WV14 – 1C 42
Portia Av. Sol B90 – 5H 107
Portland Av. WS9 – 4G 25
Portland Av. Tam B79 – 1B 134
Portland Cres. Sto DY9 – 5G 83
Portland Dri. Hin LE10 – 1F 139
Portland Dri. Nun CV10 – 3A 136
Portland Dri. Sto DY9 – 5G 83
Portland Pl. Bil WV14 – 4D 42
Portland Pl. Can WS11 – 1A 6
Portland Pl. E. L Spa CV32 – 4B 148
Portland Pl. W. L Spa CV32 – 4A 148
Portland Rd. B17 & B16 – 3B 72
Portland Rd. WS9 – 4F 25
Portland Row. L Spa CV32 – 5A 149
Portland St. B6 – 5C 60
Portland St. WS2 – 1G 33
Portland St. Bil WV14 – 4F 31
Portland St. L Spa CV32 – 4B 148
Port La. WV9 – 3B 10
Portman Rd. B13 – 1B 106
Portobello Clo. Wil WV13 – 2E 31
Portobello Rd. W Bro B70 – 3D 44
Portrush Av. B38 – 1C 120
Portrush Rd. WV6 – 1A 18
Portsdown Clo. WV10 – 2B 20
Portsdown Rd. Hal B63 – 5E 85
Portsea Clo. CV3 – 3C 132
Portsea St. WS3 – 3F 23 (in two parts)
Port St. WS1 – 3G 33
Portswood Clo. WV9 – 1F 19
Portway Clo. King DY6 – 1E 67
Portway Clo. L Spa CV31 – 6E 149
Portway Clo. Sol B91 – 1B 124
Portway Hill. War B65 – 5A 56
Portway La. Wed WS10 – 2B 44
Portway Rd. Bil WV14 – 3F 31
Portway Rd. War B65 – 2A 70
Portway Rd. War B69 – 5C 56
Portway Rd. Wed WS10 – 2B 44
Portway, The. King DY6 – 1E 67
Portway Wlk. War B65 – 1A 70
Posey Clo. B21 – 2C 58
Postbridge Rd. CV3 – 4C 132
Poston Croft. B14 – 4H 105
Potter Clo. B23 – 3E 49
Potter's Grn. Rd. CV2 – 5H 101
Potters La. B6 – 5A 60
Potter's La. Wed WS10 – 2C 44
Potters Rd. Nun CV12 – 4C 80
Potterton Way. War B66 – 4A 58
Pottery Rd. War B66 – 5A 58
Pottery Rd. War B68 – 4F 71
Potton Clo. CV3 – 3H 133
Potts Clo. Ken CV8 – 3D 150
Pouk Hill Clo. WS2 – 5D 22
Poultney Rd. CV6 – 2H 115
Poultney St. W Bro B70 – 4D 44
Poulton Clo. B13 – 5B 90
Pound Clo. CV7 – 4D 112
Pound Clo. War B68 – 3D 70
Pound Grn. B8 – 5F 61
Pound La. B32 – 4C 102
Pound La. L Spa CV32 – 2C 148
Poundley Clo. B36 – 4E 63
Pound Rd. B14 – 5A 106 (in two parts)
Pound Rd. War B68 – 3D 70 (in two parts)
Pound Rd. Wed WS10 – 1E 45
Pountney St. WV2 – 3H 29
Powell Av. B32 – 2D 86
Powell Pl. Bil WV14 – 1F 43
Powell Pl. Tip DY4 – 1A 56
Powell Rd. CV2 – 3E 117
Powell St. B1 – 3G 73
Powell St. WV10 – 5B 20
Powell St. Hal B63 – 4H 85
Powell Way. Nun CV11 – 3F 137
Powers Ct. L Spa CV32 – 4B 148
Powick Pl. B19 – 5G 59
Powick Rd. B23 – 3E 61
Powis Av. Tip DY4 – 5H 43
Powis Gro. Ken CV8 – 2D 150
Powke Industrial Est. War B65 – 3H 69
Powke La. War B64 – 3G 69
Powke La. War B65 – 3H 69
Powlers Clo. Sto DY9 – 4A 84
Powlett St. WV2 – 2H 29
Poxon Rd. WS9 – 4F 17
Poynings, The. WV6 – 4C 18
Poyser Rd. Nun CV10 – 5F 137
Precinct, The. CV1 – 5B 116
Precinct, The. Hal B63 – 3H 85
Precinct, The. Tam B79 – 3D 134
Precinct, The. Wil WV12 – 4A 22
Premier St. B7 – 4E 61
Prescelly Clo. Nun CV10 – 3A 136
Prescott Rd. Sto DY9 – 3H 83
Prescott St. B18 – 2F 73
Prestbury Rd. B6 – 4A 60
Presthope Rd. B29 – 1A 104
Preston Av. Sut C B76 – 1B 50
Preston Clo. CV4 – 2C 130
Preston Clo. Red B98 – 1E 145
Preston Rd. B18 – 1D 72
Preston Rd. B26 – 1B 92
Preston Rd. Hin LE10 – 1D 138
Prestons Row. Bil WV14 – 1C 42
Prestwick Clo. Sut C B75 – 3A 38
Prestwick Rd. B35 – 1E 63
Prestwick Rd. King DY6 – 5C 52
Prestwood Av. WV11 – 2E 21
Prestwood Dri. Sto DY7 – 5A 66 to 1B 82
Prestwood Rd. B29 – 5B 88
Prestwood Rd. WV11 – 4C 20
Prestwood Rd. W. WV11 – 4C 20
Pretoria Rd. B9 – 3F 75
Price Cres. Bil WV14 – 3E 31
Price Rd. L Spa CV32 – 1E 148
Price Rd. Wed WS10 – 2F 45
Prices Rd. DY3 – 2G & 2H 53
Price St. B4 – 2A 74
Price St. DY2 – 4F 55
Price St. Bil WV14 – 5G 31
Price St. Can WS11 – 5C 4
Price St. War B66 – 1B 72
Price St. W Bro B70 – 2F 57
Pridmore Rd. CV6 – 2B 116
Priers Rd. B18 – 5F 59
Priestfield Clo. B44 – 2H 47
Priestfield St. Bil WV14 – 4D 30
Priesthills Rd. Hin LE10 – 3E 139
Priestland Rd. B34 – 5D 62
Priestley Clo. B20 – 3F 59
Priestley Clo. Hal B63 – 2D 84
Priestley Rd. B11 – 1C 90
Priestley Rd. WS2 – 4D 22
Priest St. War B64 – 4G 69
Primley Av. B36 – 5A 62
Primley Av. WS2 – 2E 33
Primley Clo. WS2 – 1E 33
Primrose Av. WV10 – 5A 12 (in two parts)
Primrose Av. Tip DY4 – 4A 44
Primrose Bank. War B68 – 2E 71
Primrose Clo. WS3 – 3A 16
Primrose Clo. War B64 – 5D 68
Primrose Cres. DY1 – 1D 54
Primrose Croft. B28 – 3F 107
Primrose Dri. Hin LE10 – 5F 139
Primrose Gdns. B38 – 1E 121
Primrose Gdns. WV10 – 2C 12
Primrose Hill. B38 – 1E 121
Primrose Hill. Sto DY8 – 4D 66
Primrose Hill. War B67 – 2G 71
Primrose Hill Warw CV34 – 2C 146 to 2E 147
Primrose Hill St. CV1 – 4C 116
Primrose Hill Trading Est. DY2 – 2E 69
Primrose La. B28 – 3G 107
Primrose La. WV10 – 2B 20
Primrose Rd. DY2 – 2E 69
Primsland Clo. Sol B90 – 2E 125
Prince Albert St. B9 – 4E 75
Prince Andrew Cres. B45 – 5C 102
Prince Charles Clo. B45 – 5C 102
Prince Charles Rd. Bil WV14 – 1G 43
Prince Edward Dri. B45 – 5C 102
Prince George Rd. Wed WS10 – 5D 32
Prince of Wales Ct. DY1 – 3C 54
Prince of Wales La. B14 – 5D 106
Prince of Wales Rd. CV5 – 4F 115
Prince of Wales Way. War B66 – 1B 72
Prince William Clo. CV6 – 2G 115
Prince Philip Clo. B45 – 5C 102
Prince Rd. B30 – 4E 105
Prince Rupert's Way. Lich WS13 – 2F 151
Princes Av. WS1 – 2A 34
Princes Av. Nun CV11 – 3E 137
Princes Clo. CV3 – 1E 133
Princes Dri. WV8 – 5A 10
Prince's Dri. L Spa CV32 & CV31 – 3H 147
Princes Gdns. WV8 – 5A 10
Prince's Rd. Sto DY8 – 4D 82
Princes Rd. War B69 – 3H 55
Princes Row. B4 – 3B 74
Princess Alice Dri. Sut C B73 – 2E 49
Princess All. WV1 – 1H 29
Princess Anne Dri. B45 – 5C 102
Princess Anne Rd. WS2 – 1C 32
Princess Anne Rd. Bil WV14 – 1G 43
Princess Clo. WS7 – 1D 8
Princess Cres. Hal B63 – 2F 85
Princess Dri. Ken CV8 – 1C 150
Princess Gro. W Bro B71 – 4G 45
Princes Sq. WV1 – 1H 29
Princess Rd. B5 – 1A 90
Princess Rd. War B68 – 4F 71
Princess Sq. Bil WV14 – 1G 43
Princess St. CV6 – 1D 116
Princess St. WS7 – 1D 8
Princess St. WV1 – 1H 29
Princess St. Can WS11 – 2C 4
Princess St. Hin LE10 – 3F 139
Princes St. B4 – 3B 74
Prince's St. L Spa CV32 – 4C 148
Princes St. Nun CV11 – 3F 137
Prince St. DY2 – 1E 69
Prince St. WS2 – 3F 33
Prince St. WS9 – 5E 17
Prince St. Can WS11 – 1C 4
Prince St. War B64 – 5E 69
Prince's Way. Sol B91 – 4E 109
Princethorpe Clo. Sol B90 – 5G 107
Princethorpe Rd. B29 – 5A 88
Princethorpe Way. CV3 – 2H 133
Princeton Gdns. WV9 – 5E 11
Prince William Clo. B23 – 3E 61
Princip St. B4 – 2A 74
Prinsep Clo. B43 – 1H 47
Printing Ho. St. B4 – 3A 74
Prior Clo. Kid DY10 – 3H 141
Prior Deram Wlk. CV4 – 2D 130
Priors Clo. CV7 – 3C 128
Priorsfield Rd. CV6 – 3H 115
Priorsfield Rd. Ken CV8 – 1A 150
Priorsfield Rd. N. CV6 – 3H 115
Priorsfield Rd. S. CV6 – 3H 115
Priors Harnall. CV1 – 3C 116
Priors Mill. DY3 – 5A 42
Priors Oak. Red B97 – 2A 144
Priors Way. B23 – 3D 48
Priory Av. B21 – 4E 59
Priory Av. B29 – 4G 89
Priory Clo. B46 – 1E 79
Priory Clo. DY1 – 3D 54
Priory Clo. Sto DY8 – 3G 83
Priory Clo. Tam B79 – 1B 134
Priory Clo. W Bro B70 – 3H 57
Priory Croft. Ken CV8 – 3B 150
Priory Dri. War B68 – 1F 71
Priory Field Clo. Bil WV14 – 3B 42
Priory La. DY3 – 4A 42
Priory M. Warw CV34 – 3D 146
Priory Queensway, The. B4 – 3A 74
Priory Rd. B6 – 4C 60 (in two parts)
Priory Rd. B14 – 2G 105
Priory Rd. B15 & B5 – 1G to 2H 89
Priory Rd. B28 & Sol B90 – 3E 107
Priory Rd. DY1 – 1D 54 to 3E 55

Priory Rd.—Raveloe Dri.

Priory Rd. Can WS12 – 3G 5
Priory Rd. Hal B62 – 3C 86
Priory Rd. Ken CV8 – 3B 150
Priory Rd. Sto DY8 – 3G 83
Priory Rd. Warw CV34 – 4D 146
Priory Row. CV1 – 4B 116
Priory St. CV1 – 5B 116
Priory St. DY1 – 3E 55
Priory St. L Spa CV31 – 6B 149
Priory St. Nun CV10 – 4B 136
Priory Ter. L Spa CV31 – 5B 149
Priory, The. DY3 – 4A 42
Priory Wlk. B4 – 3A 74
Priory Wlk. Hin LE10 – 2F 139
Priory Wlk. Sut C B72 – 4A 50
Priory Wlk. Warw CV34 – 4E 147
Pritchard Av. WV11 – 3F 21
Pritchard St. Bri H DY5 – 3G 67
Pritchard St. Wed WS10 – 1D 44
Pritchatts Rd. B15 – 2E 89
Pritchett Av. WV4 – 1B 42
Pritchett Rd. B31 – 2B 120
Pritchett St. B6 – 1A 74
Privet Rd. CV2 – 4F 101
Probert Rd. WV10 – 2G 19
Proctors Barn La. Red B98 – 2E 145
Proctor St. B7 – 2B 74
Proffitt Av. CV6 – 5E 101
Proffitt Clo. WS2 – 5G 23
Proffitt Clo. WS8 – 3F 17
Proffitt St. WS2 – 5G 23
Progress Dri. Can WS11 – 2C 6
Prole St. WV10 – 5A 20
Promenade, The. Bri H DY5 – 4A 68
Prophet's Clo. Red B97 – 2B 144
Prospect Gdns. Sto DY8 – 3F 83
Prospect Hill. Kid DY10 – 3E 141
Prospect Hill. Red B97 – 2C 144
Prospect Hill. Sto DY8 – 3F 83
Prospect La. Kid DY10 – 3E 141
Prospect La. Sol B91 – 3B 108
Prospect Pl. B12 – 2B 90
Prospect Rd. B13 – 5B 90
Prospect Rd. DY3 – 3G 53
Prospect Rd. WS7 – 2F 9
Prospect Rd. Hal B62 – 2A 86
Prospect Rd. L Spa CV31 – 7C 149
Prospect Rd. N. Red B98 – 2D 144
Prospect Rd. S. Red B98 – 2D 144
Prospect Row. B4 – 2B 74
Prospect Row. DY2 – 4E 55
Prospect Row. Sto DY8 – 3F 83
Prospect St. Bil WV14 – 4F 31
Prospect St. Tam B79 – 2C 134
Prospect St. Tip DY4 – 3A 44
Prospect Ter. B21 – 5E 59
Prospect Ter. Kid DY10 – 3E 141
Prospect View. B21 – 5E 59
Prosper Meadow. King DY6 – 5E 53
Prospero Clo. B45 – 5D 102
Prosser St. WV10 – 4A 20
Prosser St. Bil WV14 – 5E 31
Proud Cross Ringway. Kid DY11 – 2C 140
Prouds La. Bil WV14 – 3E 31
Provence Clo. WV10 – 5B 20
Providence Clo. WS3 – 3F 23
(in two parts)
Providence Dri. Sto DY9 – 2B 84
Providence La. WS3 – 3F 23
Providence Rd. Brom B61 – 2D 142
Providence Row. Bil WV14 – 4D 42
Providence St. CV5 – 1H 131
Providence St. Sto DY9 – 2B 84
Providence St. Tip DY4 – 1A 56
Providence St. War B64 – 4E 69
Pruden Av. WV4 – 1B 42
Pryor Rd. War B68 – 2F 71
Puckerings La. Warw CV34 – 4D 146
Pudding Bag St. W Bro B70 – 4C 44
Pudsey Dri. Sut C B75 – 5H 27
Pugh Cres. WS2 – 1C 32
Pughes Clo. Hin LE10 – 4H 139
Pugh Rd. B6 – 5C 60
Pugh Rd. Bil WV14 – 2F 43
(Bradley)
Pugh Rd. Bil WV14 – 2B 42
(Woodcross)
Pugh St. W Bro B70 – 5D 44
Pugin Clo. WV6 – 2A 18
Pugin Gdns. B23 – 3E 49
Pullman Clo. Tam B77 – 2G 135
Puma Rd. CV1 – 1C 132
Pump St. WV2 – 4C 30
Pump St. Kid DY10 – 4D 140
Purbeck Clo. Hal B63 – 5E 85
Purbeck Croft. B32 – 2H 87
Purbrook. Tam B77 – 4F 135
Purbrook Rd. WV1 – 2C 30
Purcell Av. Lich WS13 – 1G 151
Purcell Clo. L Spa CV32 – 4C 148
Purcell Rd. CV6 – 1E 117
Purcel Rd. WV10 – 2A 20
Purdy Rd. Bil WV14 – 2F 43
Purefoy Rd. B13 – 3D 106
Purefoy Rd. CV3 – 2C 132
Purley Gro. B23 – 1C 60
Purley Ho. B31 – 2G 103
Purlieu La. Ken CV8 – 2A 150
Purnells Way. Sol B93 – 3H 125 to 4A 126
Purshall Clo. Red B97 – 3B 144
Purslet Rd. WV1 – 2C 30
Purslow Gro. B31 – 5A 104
Purton M. L Spa CV31 – 6D 149
Putney Av. B20 – 3G 59
Putney La. Hal B62 – 1A 118
Putney Rd. B20 – 3G 59
Putney Wlk. B37 – 3A 78
Puxton Dri. Kid DY11 – 1D 140
Puxton La. Kid DY11 – 1C 140
Pye Green Rd. Can WS11 & WS12 – 4B to 1C 4
Pyeharps Rd. Hin LE10 – 5G 139
Pype Hayes Rd. B24 – 2A 62
Pytchley Ho. B20 – 2E 59
Pytman Dri. Sut C B76 – 4D 50
Pyt Pk. CV5 – 3E 115

Quadrant, The. CV1 – 5B 116
Quadrant, The. DY3 – 3A 42
Quadrille Clo. WV9 – 5F 11
Quail Grn. WV6 – 1A 28
Quail Pk. Dri. Kid DY10 – 5F 141
Quantock Clo. B45 – 5E 103
Quantock Clo. Hal B63 – 4E 85
Quantock Dri. Kid DY10 – 2F 141
Quantock Dri. Nun CV10 – 3A 136
Quantock Rd. Sto DY8 – 1G 83
Quarrington Gro. B14 – 4B 106
Quarry Brow. DY3 – 5A 42
Quarry Clo. WS6 – 4C 6
Quarryfield La. CV1 – 1C 132
Quarry Hill. Hal B63 – 4G 85
Quarryhills La. Lich WS14 – 4H 151
Quarry Ho. Clo. B45 – 1C 118
Quarry La. B31 – 5A 104
Quarry La. Brom B61 – 4C 142
Quarry La. Hal B63 – 4G 85
Quarry La. Nun CV11 – 5H 137
Quarry Pk. Rd. Sto DY8 – 5F 83
Quarry Rise. War B69 – 4H 55
Quarry Rd. B29 – 5A 88
Quarry Rd. DY2 – 4D 68
Quarry Rd. Ken CV8 – 2A 150
Quarry St. Bil WV14 – 5E 31
Quarry St. L Spa CV32 – 2H 147
Quarry, The. Kid DY10 – 1E 141
Quarry Wlk. B45 – 2E 119
Quarrywood Gro. CV2 – 4E 117
Quarry Yd. Nun CV10 – 3B 136
Quatford Gdns. WV10 – 4A 20
Quayle Gro. Sto DY8 – 3D 66
Queen Eleanors Dri. Sol B93 – 1A 126
Queen Elizabeth Av. WS2 – 1C 32
Queen Elizabeth Rd. B45 – 5C 102
Queen Elizabeth Rd. Kid DY10 – 3G 141
Queen Elizabeth Rd. Nun CV10 – 1A to 1C 136
Queen Isabel's Av. CV3 – 2C 132
Queen Margaret's Rd. CV4 – 2E 131
Queen Mary's Rd. CV6 – 5C 100
Queen Mary's Rd. Nun CV12 – 2F 81
Queen Mary St. WS1 – 4G 33
Queen Philippa St. CV3 – 3C 132
Queens Arc. WV1 – 1H 29
Queens Arc. Nun CV11 – 3F 137
Queen's Av. Sol B90 – 5H 107
Queens Av. War B69 – 3H 55
Queensbridge Rd. B13 – 4A 90
Queens Clo. B24 – 3F 61
Queen's Clo. Ken CV8 – 4B 150
Queens Clo. War B67 – 1A 72
Queens Cres. Bil WV14 – 3C 42
Queens Cres. Sto DY8 – 1F 83
Queen's Cross. DY1 – 4D 54
Queens Dri. WS7 – 3E 9
Queen's Dri. War B65 – 2B 70
Queens Dri., The. Hal B62 – 2A 86
Queens Gdns. DY2 – 2D 68
Queens Gdns. WV8 – 5A 10
Queens Gdns. Bil WV14 – 3F 31
Queen's Gdns. Wed WS10 – 2C 44
Queen's Head Rd. B21 – 5D 58
Queensland Av. CV5 – 5G 115
Queens Lea. Wil WV12 – 4A 22
Queen's Pk. L Spa CV31 – 6A 149
Queen's Pk. Rd. B32 – 2A 88
Queen's Pk. Ter. Hin LE10 – 2F 139
Queen Sq. WV1 – 1H 29
Queen's Ride. B5 – 3H 89
Queens Rd. B6 – 4C 60
Queen's Rd. B23 – 2D 60
Queens Rd. B26 – 4C 76
Queens Rd. CV1 – 5A 116
Queens Rd. DY3 – 3A 42
Queens Rd. WS4 – 2C 24
Queen's Rd. WS5 – 4B 34
Queen's Rd. Hin LE10 – 3F 139
Queen's Rd. Ken CV8 – 4B 150
Queens Rd. Nun CV11 – 3E 137
Queen's Rd. Sto DY8 – 1F 83
Queen's Rd. Tip DY4 – 1F & 1G 55
Queen's Rd. War B67 – 2G 71
(in two parts)
Queens Sq. Warw CV34 – 4D 146
Queen's Sq. W Bro B70 – 2G 57
Queen St. B12 – 2C 90
Queen St. CV1 – 4C 116
Queen St. WS2 – 2G 33
Queen St. WS6 – 4B 6
Queen St. WS7 – 3E 9
Queen St. WS9 – 5E 17
Queen St. WV1 – 1H 29
(in two parts)
Queen St. Bil WV14 – 5F 31
Queen St. Bri H DY5 – 1H 67 & 5H 53
(Pensnett)
Queen St. Bri H DY5 – 5C 68
(Quarry Bank)
Queen St. Can WS11 – 5B 4
Queen St. Can WS11 – 2E 5
(High Town)
Queen St. Hal B63 – 3H 85
Queen St. Kid DY10 – 2E 141
Queen St. King DY6 – 5D 52
Queen St. L Spa CV32 – 4C 148
Queen St. L Spa CV32 – 1E 148
(Cubbington)
Queen St. Lich WS13 – 3F 151
Queen St. Nun CV12 – 3F 81
Queen St. Red B98 – 2C 144
Queen St. Sto DY8 – 2F 83
Queen St. Sto DY8 – 3D 66
(Wordsley)
Queen St. Sut C B72 – 5H 37
Queen St. Tip DY4 – 3G 43
Queen St. War B64 – 4E 69
Queen St. War B69 – 4D 56
Queen St. Wed WS10 – 1C 44
Queen St. Wed WS10 – 3B 32
(Darlaston)
Queen St. Wed WS10 – 1H 43
(Moxley)
Queen St. W Bro B70 – 2G 57
Queensway. Hal B63 – 3H 85
(in three parts)
Queensway. L Spa CV31 – 6A 149
Queensway. Nun CV10 – 2G 137
Queensway. Sto DY9 – 4A 84
Queens Way. Sut C B74 – 3B 36
Queensway. Tam B79 – 1C 134
Queensway. War B68 – 4E to 5E 71
Queensway Clo. War B68 – 4E 71
Queensway Light Ind. Est. L Spa CV31 – 6A 149
Queenswood Rd. B13 – 3C 90
Queenswood Rd. Sut C B75 – 2H 37
Queen Victoria Rd. CV1 – 5A 116
(in two parts)
Quentin Dri. DY1 – 4B 54
Queslade Clo. B43 – 3E 47
Queslett Rd. B43 – 3E 47 to 5A 36
Queslett Rd. E. B43 & Sut C B74 – 5A 36
Quibury Clo. Red B98 – 3H 145
Quicksand La. WS9 – 5E 25
Quilletts Clo. CV6 – 5E 101
Quilletts Rd. Sto DY8 – 3C 66
Quilter Clo. WS2 – 5C 22
Quilter Clo. Bil WV14 – 3C 42
Quilter Rd. B24 – 3H 61
Quince. Tam B77 – 2H 135
Quincey Dri. B24 – 2H 61
Quincy Rise. Bri H DY5 – 5H 67
Quinton Av. WS6 – 4C 6
Quinton Clo. Red B98 – 4G 145
Quinton Clo. Sol B92 – 3F 93
Quinton Expressway. B32 – 3E 87
Quinton La. B32 – 1F 87
Quinton Pde. CV3 – 2B 132
Quinton Pk. CV3 – 2B 132
Quinton Rd. B17 – 3A 88
Quinton Rd. CV3 & CV1 – 1B 132
Quinton Rd. W. B32 – 2E 87
Quonians La. Lich WS13 – 3G 151
Quorn Cres. Sto DY8 – 3C 66
Quorn Gro. B24 – 3H 61
Quorn Way. CV3 – 2H 133

Rabbit La. WV10 – 2C 12
Rabbit La. Nun CV12 – 2B 80
Rabone La. War B66 – 1B 72 to 5C 58
Raby Clo. War B69 – 4G 55
Raby St. WV2 – 3A 30
Racecourse La. Sto DY8 – 5E 83
Racecourse Rd. WV6 – 4F 19
Rachael Clo. Tip DY4 – 3A 44
Rachael Gdns. Wed WS10 – 1F 45
Rachel Gdns. B29 – 4D 88
Rackfield. Kid DY10 – 2D 140
Rack Hill. Kid DY10 – 2E 141
Radbourn Dri. Sut C B74 – 4A 38
Radbourne Rd. Sol B90 – 4B 108
Radbrook Way. L Spa CV31 – 6E 149
Radcliffe Dri. Hal B62 – 1C 86
Radcliffe Rd. CV5 – 1G 131
Raddens Rd. Hal B62 – 3C 86
Raddington Dri. Sol B92 – 1B 108
Raddlebarn Farm Dri. B29 – 5E 89
Raddlebarn Rd. B29 – 5D 88 to 5F 89
Radford Av. Kid DY10 – 2E 141
Radford Circle. CV6 – 3A 116
Radford Clo. WS5 – 1A 46
Radford Dri. WS4 – 1C 24
Radford Hall. L Spa CV31 – 6E 149
Radford La. WV4 & WV3 – 4A 28
Radford Radial. CV1 – 4A 116
Radford Rise. Sol B91 – 3G 109
Radford Rd. B29 – 2A 104
Radford Rd. CV6 & CV1 – 2H 115
Radford Rd. L Spa CV31 – 5C 149
Radley Dri. Nun CV10 – 5E 137
Radley Gro. B29 – 4A 88
Radley Rd. WS4 – 3C 24
Radley Rd. Sto DY9 – 3B 84
Radleys, The. B33 – 5G 77
Radleys, The. WS4 – 3C 24
Radley's Wlk. B33 – 5F 77
Radmore Clo. WS7 – 1D 8
Radmore Rd. Hin LE10 – 1E 139
Radnall Ho. War B69 – 1B 70
Radnor Clo. B45 – 5E 103
Radnor Ct. WS9 – 4E 17
Radnor Dri. Nun CV10 – 4C 136
Radnor Grn. W Bro B71 – 4F 45
Radnor Rise. Can WS12 – 2E 5
Radnor Rd. B20 – 4F 59
Radnor Rd. DY3 – 3H 41
Radnor Rd. War B68 – 1E 87
Radnor St. B18 – 1E 73
Radstock Av. B36 – 5A 62
Radstock Rd. Wil WV12 – 1A 22
Radway Clo. Red B98 – 1E 145
Radway Rd. Sol B90 – 2C 124
Raeburn Rd. B43 – 1G 47
Raford Rd. B23 – 5E 49
Ragees Rd. King DY6 – 3E 67
Raglan Av. WV6 – 1A 28
Raglan Av. War B66 – 2C 72
Raglan Clo. DY3 – 4G 41
Raglan Clo. WS9 – 5B 26
Raglan Gro. Ken CV8 – 2D 150
Raglan Rd. B5 – 2H 89
Raglan Rd. B21 – 4C 58
Raglan Rd. War B66 – 2B 72
Raglan St. CV1 – 4C 116
Raglan St. WV3 – 2G 29
Raglan St. Bri H DY5 – 2G 67
Raglan Way. B37 – 4C 78
Ragley Clo. Sol B93 – 2B 126
Ragley Cres. Brom B60 – 4D 142
Ragley Dri. B26 – 2E 93
Ragley Dri. B43 – 2D 46
Ragley Dri. Wil WV13 – 2G 31
Ragley Wlk. War B65 – 2A 70
Ragley Way. Nun CV11 – 5H 137
Ragnall Av. B33 – 5F 77
Railswood Dri. WS3 – 5A 16
Railway Dri. WV1 – 1A 30
Railway Dri. Bil WV14 – 5F 31
Railway La. Wil WV13 – 2H 31
Railway Rd. B20 – 3A 60
Railway Rd. Sut C B73 – 5H 37
Railway St. WV1 – 1A 30
Railway St. Bil WV14 – 5F 31
Railway St. Can WS11 – 5C 4
Railway St. Can WS11 – 2A 8
(Norton Canes)
Railway St. Tip DY4 – 5A 44
Railway St. W Bro B70 – 2E 57
Railway St. Wil WV13 – 2H 31
Railway Ter. B7 – 5D 60
Railway Ter. Wed WS10 – 2D 44
Railway View. Tip DY4 – 5B 44
Railway Wlk. Can WS11 – 5C 4
Rainbow St. WV2 – 3H 29
Rainbow St. Bil WV14 – 1E 43
Rainford Way. B38 – 1C 120
Rainham Clo. Tip DY4 – 1E 55
Rainsbrook Dri. Sol B90 – 3C 124
Rainscar. Tam B77 – 4H 135
Raison Av. Nun CV11 – 1H 137
Rake Hill. WS7 – 1F 9
Rake Way. B15 – 4G 73
Raleigh Ct. War B66 – 5G 57
Raleigh Croft. B43 – 2D 46
Raleigh Rd. CV2 – 5F 117
Raleigh Rd. Bil WV14 – 1G 43
Raleigh St. WS2 – 1F 33
Raleigh St. W Bro B71 – 1F 57
Ralph Barlow Gdns. B44 – 3C 48
Ralph Rd. B8 – 2E 75
Ralph Rd. CV6 – 3G 115
Ralph Rd. Sol B90 – 4H 107
Ralphs Meadow. B32 – 4G 87
Ramillies Cres. WS6 – 5D 6
Ramsay Cres. CV5 – 2E 115
Ramsay Rd. War B68 – 4F 71
Ramsden Av. Nun CV10 – 1B 136
Ramsden Clo. B29 – 2B 104
Ramsey Clo. B45 – 1C 118
Ramsey Clo. Hin LE10 – 2D 138
Ramsey Clo. W Bro B71 – 3H 45
Ramsey Rd. B7 – 5D 60
Ramsey Rd. WS2 – 4E 23
Ramsey Rd. L Spa CV31 – 6C 149
Ramsey Rd. Tip DY4 – 4F 43
Ranby Rd. CV2 – 4D 116
Randall Clo. King DY6 – 2E 67
Randall Rd. Ken CV8 – 4B 150
Randle Dri. Sut C B75 – 1A 38
Randle Rd. Nun CV10 – 3B 136
Randle Rd. Sto DY9 – 3H 83
Randle St. CV6 – 3A 116
Randolph Clo. L Spa CV31 – 6D 149
Randwick Gro. B44 – 3H 47
Ranelagh Rd. WV2 – 4H 29
Ranelagh St. L Spa CV31 – 6B 149
Ranelagh Ter. L Spa CV31 – 6B 149
Range Meadow Clo. L Spa CV32 – 1H 147
Rangemoor. CV3 – 3G 133
Rangeways Rd. Kid DY11 – 1A 140
Rangeways Rd. King DY6 – 2E 67
Rangeworthy Clo. Red B97 – 5A 144
Rangifer Rd. Tam B78 – 5B 134
Rangoon Rd. Sol B92 – 3G 93
Ranleigh Av. King DY6 – 2E 67
Rannoch Clo. Bri H DY5 – 5G 67
Rannoch Clo. Hin LE10 – 2D 138
Ranscombe Dri. DY3 – 2H 53
Ransom Rd. B23 – 1D 60
Ransom Rd. CV6 – 5C 100
Ranulf Croft. CV3 – 2B 132
Ranulf St. CV3 – 2B 132
Ranworth Rise. WV4 – 5H 29
Raphael Clo. CV5 – 4E 115
Ratcliffe Clo. DY3 – 4B 42
Ratcliffe Rd. WV11 – 3G 21
Ratcliffe Rd. Hin LE10 – 4G 139
Ratcliffe Rd. Sol B91 – 1E 109
Ratcliff Wlk. War B69 – 5D 56
Rathbone Clo. B5 – 1A 90
Rathbone Clo. CV7 – 1H 99
Rathbone Clo. Bil WV14 – 5E 31
Rathbone Rd. War B67 – 4H 71
Rathlin Ct. War B66 – 5G 57
Rathlin Croft. B36 – 1A 78
Rathmore Clo. Sto DY8 – 4D 82
Rathwell Clo. WV9 – 1F 19
Rattle Croft. B33 – 3C 76
Raveloe Dri. Nun CV11 – 5G 137

Ravenall Clo.—Ridgewater Clo.

Ravenall Clo. B34 – 5E 63
Raven Clo. WS6 – 5B 6
Raven Clo. Can WS12 – 3G 5
Raven Ct. Bri H DY5 – 4H 67
Raven Ct. War B66 – 5G 57
Raven Cragg Rd. CV5 – 1G 131
Raven Cres. WV11 – 2G 21
Ravenfield Clo. B8 – 2G 75
Ravenhayes La. B32 – 1D 102
Raven Hays Rd. B31 – 5F 103
Ravenhill Dri. WV8 – 4A 10
Ravenhurst Dri. B43 – 1D 46
Ravenhurst Rd. B17 – 1B to 2B 88
Ravenhurst St. B12 – 5B 74
Raven Rd. WS5 – 4B 34
Ravensbank Dri. Red B98 – 1H 145
Ravens Ct. WS8 – 2E 17
Ravenscroft. Sto DY8 – 1C 82
Ravenscroft Rd. Sol B92 – 1D 108
Ravenscroft Rd. Wil WV12 – 4H 21
(in two parts)
Ravensdale Av. L Spa CV32 – 1H 147
Ravensdale Clo. WS5 – 4B 34
Ravensdale Gdns. WS5 – 4B 34
Ravensdale Rd. B10 – 5G 75
Ravensdale Rd. CV2 – 4G 117
Ravenshaw La. Sol B91 – 3H 109
Ravenshaw Rd. B16 – 3C 72
Ravenshill Rd. B14 – 4D 106
Ravensholme. WV6 – 1A 28
Ravensmere Rd. Red B98 – 4E 145
Ravensthorpe Clo. CV3 – 1H 133
Ravenstone. Tam B77 – 4H 135
Ravenswitch Wlk. Bri H DY5 – 4A 68
Ravenswood. B15 – 5D 72
Ravenswood Dri. Sol B91 – 5C 108
Ravenswood Dri. S. Sol B91 – 1C 124
Ravenswood Hill. B46 – 5D 64
Raven Wlk. B15 – 5H 73
Rawdon Gro. B44 – 3C 48
Rawlings Rd. War B67 – 3A 72
Rawlins Croft. B35 – 2E 63
Rawlinson Rd. L Spa CV32 – 3C 148
Rawlins St. B16 – 4F 73
Rawnsley Dri. Ken CV8 – 2D 150
Rawnsley Rd. Can WS12 – 1G 5
Raybon Croft. B45 – 3D 118
Raybboulds Bri. Rd. WS3 – 5F 23
Raybboulds Fold. DY2 – 1E 69
Rayford Dri. W Bro B71 – 2A 46
Raygill. Tam B77 – 4H 135
Ray Hall La. B43 – 3B 46
Rayleigh Rd. WV3 – 3F 29
Raymond Av. B42 – 5G 47
Raymond Clo. CV6 – 2D 100
Raymond Clo. WS2 – 4G 23
Raymond Gdns. WV11 – 4F 21
Raymond Rd. B8 – 2F 75
Raymont Gro. B43 – 1G 47
Rayners Croft. B26 – 4C 76
Raynor Cres. Nun CV12 – 4B 80
Raynor Rd. WV10 – 3B 20
Raynsford Wlk. Warw CV34 – 2D 146
Raywoods, The. Nun CV10 – 4D 136
Rea Av. B45 – 1C 118
Reabrook Rd. B31 – 1H 119
Rea Clo. B31 – 2A 120
Readers Wlk. B43 – 3E 47
Reading Av. Nun CV11 – 1H 137
Reading Clo. CV2 – 3F 101
Read St. CV1 – 4C 116
Rea Fordway. B45 – 1D 118
Reansway Sq. WV6 – 5F 19
Reapers Clo. Wil WV12 – 4B 22
Reapers Wlk. WV8 – 1E 19
Reardon Ct. Warw CV34 – 2E 147
Reaside Cres. B14 – 3G 105
Reaside Croft. B12 – 2A 90
Rea St. B5 – 4A 74
Rea St. S. B5 – 5A 74
Rea Ter. B5 – 4B 74
Rea Valley Dri. B31 – 5B 104
Reay Nadin Dri. Sut C B73 – 1C 48
Rebecca Dri. B29 – 4D 88
Recreation Rd. CV6 – 4E 101
Recreation Rd. Brom B61 – 3D 142
Recreation St. DY2 – 2E 69
Rectory Av. Wed WS10 – 4B 32
Rectory Clo. CV5 – 2E 115
Rectory Clo. CV7 – 4E 81
Rectory Clo. L Spa CV31 – 8C 149
Rectory Clo. Sto DY8 – 4G 83
Rectory Dri. CV7 – 4E 81
Rectory Fields. Sto DY8 – 3E 67
Rectory Gdns. B36 – 4D 62
Rectory Gdns. Sol B91 – 4F 109
Rectory Gdns. Sto DY8 – 4G 83
Rectory Gdns. War B68 – 1F 71
Rectory Gro. B18 – 1D 72
Rectory La. B36 – 4D 62
Rectory La. CV5 – 2E 115
Rectory Pk. Av. Sut C B75 – 5B 38
Rectory Pk. Clo. Sut C B75 – 5B 38
Rectory Pk. Rd. B26 – 2E 93
Rectory Rd. B31 – 4B 104
Rectory Rd. Red B97 – 4B 144
Rectory Rd. Sol B91 – 4F 109
Rectory Rd. Sto DY8 – 4G 83
Rectory Rd. Sut C B75 – 5A to 4D 38
Rectory St. Sto DY8 – 3D 66
Redacre Rd. Sut C B73 – 2F 49
Redacres. WV6 – 4E 19
Redbank Av. B23 – 2D 60
Redbrook Clo. Can WS12 – 4G 5
Redbrook Covert. B38 – 2D 120
Redbrooks. Sol B91 – 1D 124
Redburn Dri. B14 – 5H 105
Redcar Clo. L Spa CV32 – 2D 148
Redcar Croft. B36 – 4H 61
Redcar Rd. CV1 – 3C 116
Redcar Rd. WV10 – 4A 12
Redcliffe Dri. WV5 – 5B 40
(in two parts)
Redcott's Clo. WV10 – 2C 20
Redcroft Dri. B24 – 5H 49
Redcroft Rd. DY2 – 5F 55
Redcroft Rd. Lich WS13 – 3G 151
Red Cross St. WV1 – 5H 19
Reddal Hill Rd. War B64 – 4F 69
Red Deeps. Nun CV11 – 5G 137
Reddicap Heath Rd. Sut C B75 – 5C 38
Reddicap Hill. Sut C B75 – 5B 38
Reddicap Trading Est. Sut C B75 – 5B 38
Reddicroft. Sut C B73 – 5H 37
Reddings La. B11 & B28 – 4F 91
Reddings Rd. B13 – 4H 89
Reddings, The. B47 – 3B 122
Redditch Ho. B33 – 3G 77
Redditch Ringway Red. B97 & B98 – 2B 144
Redditch Rd. B38 – 3B 120 to 5E 105
Redditch Rd. B48 – 5B 120
Redditch Rd. Red B98 – 5F 145
Redesdale Av. CV6 – 3G 115
Redfern Av. Ken CV8 – 2C 150
Redfern Clo. Sol B92 – 5D 92
Redfern Dri. WS7 – 3F 9
Redfern Rd. B11 – 2G 91
Redfly La. Bri H DY5 – 5H 53
Redford Clo. B13 – 4C 90
Redgate Clo. B38 – 5D 104
Redhall Rd. B32 – 1G 87
Redhall Rd. DY3 – 3H 53
Redhill. DY2 – 4E 55
Red Hill. Red B98 – 3D 144
Red Hill. Sto DY8 – 3G 83
Redhill Av. WV5 – 5A 40
Red Hill Clo. Sto DY8 – 3G 83
Redhill Clo. Tam B79 – 1B 134
Red Hill Gro. B38 – 2E 121
Redhill La. Brom B61 & B45 – 3A 118
Redhill Rd. B25 – 1G 91
Redhill Rd. B31 & B38 – 1B 120 to 4F 121
Redhill Rd. Can WS11 – 2C 4
Red Hill St. WV1 – 5H 19
Redhill Ter. B25 – 1H 91
Redholme Ct. Sto DY8 – 3G 83
Red Ho. Av. Wed WS10 – 1E 45
Redhouse Clo. Sol B93 – 4G 125
Redhouse Ind. Est. WS9 – 4D 24
Redhouse La. WS9 – 4D 24
Red Ho. Pk. Rd. B43 – 2D 46
Red Ho. Rd. B33 – 3C 76
Redhouse Rd. WV6 – 4B 18
Redhouse St. WS1 – 4H 33
Redhurst Dri. WV10 – 4G & 5G 11
Redlake. Tam B77 – 4F 135
Redlake Dri. Sto DY9 – 5G 83
Redlake Rd. Sto DY9 – 5G 83
Redland Clo. CV2 – 4H 101
Redland Rd. L Spa CV31 – 7C 149
Redlands Clo. Sol B91 – 2F 109
(in two parts)
Redlands Rd. Sol B91 – 3F 109
(in two parts)
Redlands Way. Sut C B74 – 2C 36
Red La. CV6 – 3D 116
Red La. DY3 – 3G 41
Red La. Ken CV8 – 4H 129 to 5A 130
Red Leasowes Rd. Hal B63 – 4G 85
Redliff Av. B36 – 3F 63
Red Lion Av. Can WS11 – 3A 8
Red Lion Clo. War B69 – 4G 55
Red Lion Cres. Can WS11 – 3A 8
Red Lion La. Can WS11 – 3A 8
Red Lion St. WS2 – 1G 33
Red Lion St. WV1 – 1H 29
Red Lion St. Red B98 – 2C 144
Redlock Field. Lich WS14 – 5F 151
Redmead Clo. B30 – 4C 104
Redmoor Gdns. WV4 – 5F 29
Redmoor Way. Sut C B76 – 5F 51
Rednall Dri. Sut C B75 – 1A 38
Rednall Hill La. B45 – 3D 118
Rednal Mill Dri. B45 – 2F 119
Rednal Rd. B38 – 1B 120
Redpine Cres. Wil WV12 – 4B 22
Red Rock Dri. WV8 – 5A 10
Redruth Clo. CV6 – 1E 117
Redruth Clo. WS5 – 3D 34
Redruth Clo. King DY6 – 4D 52
Redruth Clo. Nun CV11 – 5B 136
Redruth Rd. WS5 – 3C 34
Red Sands Rd. Kid DY10 – 1D 140
Redstart Av. Kid DY10 – 5G 141
Redstone Clo. Red B98 – 1F 145
Redstone Dri. WV11 – 4G 21
Redstone Farm Rd. B28 – 2H 107
Redthorn Gro. B33 – 3B 76
Redvers Rd. B9 – 4F 75
Redwell Clo. Tam B77 – 1E 135
Redwing. Tam B77 – 5G 135
Redwing Clo. WS7 – 3H 9
Red Wing Wlk. B36 – 4A 64
Redwood Av. DY1 – 1B 54
Redwood Clo. B30 – 4D 104
Redwood Clo. Sut C B74 – 1B 36
Redwood Croft. B14 – 1A 106
Redwood Croft. Nun CV10 – 5E 137
Redwood Dri. WS7 – 1E 9
Redwood Dri. Can WS11 – 4D 4
Redwood Dri. War B69 – 3A 56
Redwood Rd. B30 – 4D 104
Redwood Rd. WS5 – 1B 46
Redwood Rd. Bil WV14 – 2E 43
Redwood Way. WV11 – 2H 21
Redwood Way. Wil WV12 – 2A 22
Reedham Gdns. WV4 – 5D 28
Reedly Rd. Wil WV12 – 1A 22
Reedmace Clo. B38 – 2E 121
Reed Sq. B35 – 2E 63
Reedswood Clo. WS2 – 5F 23
Reedswood Gdns. WS2 – 5F 23
Reedswood La. WS2 – 5F 23
Rees Dri. CV3 – 4B 132
Reeves Gdns. WV8 – 4A 10
Reeves La. Lich WS13 – 2F 151
Reeves Rd. B14 – 2G 105
Reeves Rd. Hin LE10 – 4G 139
Reeves St. WS3 – 2E 23
Reform St. W Bro B70 – 2G 57
Regal Croft. B36 – 4H 61
Regan Av. Sol B90 – 1G 123
Regan Cres. B23 – 5E 49
Regency Clo. Nun CV10 – 2G 137
Regency Dri. B38 – 5E 105
Regency Dri. CV3 – 3G 131
Regency Dri. Ken CV8 – 4B 150
Regency Gdns. B14 – 4D 106
Regency Wlk. Sut C B74 – 4E 27
Regent Av. War B69 – 3H 55
Regent Clo. Hal B63 – 3H 85
Regent Clo. King DY6 – 5C 52
Regent Clo. War B69 – 4H 55
Regent Ct. Hin LE10 – 2E 139
Regent Dri. War B69 – 3H 55
Regent Gro. L Spa CV32 – 4B 148
Regent Pde. B1 – 2G 73
Regent Pk. Rd. B10 – 5D 74
Regent Pl. B1 – 2G 73
Regent Pl. L Spa CV31 – 5B 149
Regent Pl. War B69 – 3H 55
Regent Rd. B17 – 2C 88
Regent Rd. B21 – 4C 58
Regent Rd. WV4 – 5D 28
Regent Rd. War B69 – 4H 55
Regent Row. B1 – 2G 73
Regents, The. B15 – 5D 72
Regent St. B1 – 2G 73
Regent St. B30 – 1F 105
Regent St. CV1 – 5A 116
Regent St. DY1 – 5D 42
Regent St. WS2 – 1G 33
Regent St. Bil WV14 – 4E 31
Regent St. Hin LE10 – 3E 139
Regent St. L Spa CV32 – 4A 148
Regent St. Nun CV11 – 2G & 3G 137
Regent St. Nun CV12 – 2G 81
Regent St. Tip DY4 – 4F 43
Regent St. War B64 – 4G 69
Regent St. War B66 – 1A 72
Regent St. Wil WV13 – 1H 31
Regent Wlk. B8 – 5H 61
Reg Haddon Ct. Hun CV10 – 1G 137
Regina Av. B44 – 3A 48
Regina Clo. B45 – 5C 102
Regina Cres. WV6 – 5C 18
Regina Dri. B42 – 2H 59
Regina Dri. WS4 – 5A 24
Reginald Rd. B8 – 2E 75
Reginald Rd. War B67 – 3A 72
Regis Gdns. War B65 – 4A 70
Regis Heath Rd. War B65 – 3B 70
Regis Ho. War B68 – 3F 71
Regis Rd. WV6 – 4B 18
Regis Rd. War B65 – 4A 70
Reid Av. Wil WV12 – 4B 22
Reid Rd. War B68 – 4F 71
Reigate Av. B8 – 2H 75
Reindeer Rd. Tam B78 – 5A 134
Relko Dri. B36 – 5A 62
Rembrandt Clo. CV5 – 4E 115
Remburn Gdns. Warw CV34 – 3E 147
Remembrance Rd. CV3 – 3G 133
Remembrance Rd. Wed WS10 – 1F 45
Remington Pl. WS2 – 4F 23
Remington Rd. WS2 – 4E 23
Rene Rd. Tam B77 – 1E 135
Renfrew Clo. Sto DY8 – 3C 66
Renfrew Gdns. Kid DY11 – 3C 140
Renfrew Sq. B35 – 1D 62
Renfrew Wlk. CV4 – 2C 130
Renison Rd. Nun CV12 – 4D 80
Rennie Gro. B32 – 2G 87
Rennison Dri. WV5 – 5A 40
Renown Clo. Bri H DY5 – 5G 53
Renton Gro. WV10 – 1F 19
Renton Rd. WV10 – 1F & 1G 19
Repington Rd. N. Tam B77 – 1H 135
Repington Rd. S. Tam B77 – 1H 135
Repington Way. Sut C B75 – 4E 39
Repton Av. WV6 – 2A 18
Repton Clo. Can WS11 – 1A 6
Repton Dri. CV6 – 4F 101
Repton Gro. B9 – 3H 75
Repton Ho. B23 – 5F 49
Repton Rd. B9 – 3H 75
Reservoir Clo. WS2 – 3E 33
Reservoir Pas. Wed WS10 – 1D 44
Reservoir Pl. WS2 – 3E 33
Reservoir Retreat. B16 – 4E 73
Reservoir Rd. B16 – 4E 73
Reservoir Rd. B23 – 1E 61
Reservoir Rd. B29 – 4B 88
Reservoir Rd. B45 – 5F 119
Reservoir Rd. Can WS12 – 2G 5
Reservoir Rd. Kid DY11 – 5C 140
Reservoir Rd. Sol B92 – 1C 108
Reservoir Rd. War B65 – 2B 70
Reservoir Rd. War B68 – 2F 71
Reservoir St. WS2 – 3E 33
Retford Dri. Sut C B76 – 1B 50
Retford Gro. B25 – 2A 92
Retreat St. WV3 – 3G 29
Revesby Wlk. B7 – 2C 74
Revival St. WS3 – 2E & 2F 23
Rex Clo. CV4 – 1A 130
Reynard's Clo. DY3 – 4C 42
Reynolds Ct. War B68 – 5E 71
Reynolds Gro. WV6 – 4A 18
Reynolds Rd. B21 – 5D 58
Reynolds Rd. Nun CV12 – 2E 81
Reynoldstown Rd. B36 – 4H 61
Reynolds Wlk. WV11 – 2H 21
Reynolds Way. War B66 – 2C 72
Rhayader Rd. B31 – 3G 103
Rhodes Clo. DY3 – 1F 53
Rhone Clo. B11 – 4D 90
Rhoose Croft. B35 – 2D 62
Rhuddlaw Way. Kid DY11 – 5E 141
Rhys-Thomas Clo. Wil WV12 – 5B 22
Ribbesford Av. WV10 – 2G 19
Ribbesford Clo. Hal B63 – 2E 85
Ribbesford Cres. Bil WV14 – 3E 43
Ribble Clo. Nun CV12 – 1A 80
Ribble Rd. CV3 – 5D 116
Ribblesdale. Tam B77 – 4H 135
Ribblesdale Av. Hin LE10 – 1F 139
Ribblesdale Rd. B30 – 1F 105
Ribble Wlk. B36 – 4H 63
Richard Joy Clo. CV6 – 4B 100
Richard Pl. WS5 – 3C 34
Richard Rd. WS5 – 3C 34
Richards Clo. B31 – 3H 119
Richards Clo. Ken CV8 – 3B 150
Richards Clo. War B65 – 2C 70
Richards Ho. War B69 – 2B 70
Richardson Clo. Warw CV34 – 2F 147
Richards Rd. Tip DY4 – 3G 43
Richards St. Wed WS10 – 3B 32
Richard St. B7 – 2B 74
Richard St. W Bro B70 – 2E 57
Richard St. S. W Bro B70 – 2F 57
Richard St. W. W Bro B70 – 2E 57
Richard Williams Rd. Wed WS10 – 2E 45
Rich Clo. Warw CV34 – 3F 147
Riches St. WV6 – 5F 19
Richford Gro. B33 – 4F 77
Richmere Ct. WV6 – 1B 28
Richmond Av. WV3 – 2E 29
Richmond Clo. Can WS11 – 2D 4
Richmond Clo. Tam B79 – 3B 134
Richmond Ct. Hal B63 – 3F 85
Richmond Ct. War B68 – 1F 71
Richmond Croft. B42 – 5E 47
Richmond Dri. WV3 – 2E 29
Richmond Dri. WV6 – 5A 18
Richmond Gdns. WV5 – 5B 40
Richmond Gro. Sto DY8 – 5E 67
Richmond Hill. War B68 – 1F 71
Richmond Hill Gdns. B15 – 1E 89
Richmond Hill Rd. B15 – 1E 89
Richmond Pk. King DY6 – 4C 52
Richmond Rd. B18 – 5F 59
Richmond Rd. B33 – 4A 76
Richmond Rd. B45 – 2C 118
Richmond Rd. DY2 – 4D 54
Richmond Rd. DY3 – 4A 42
Richmond Rd. WV3 – 2E 29
Richmond Rd. Hin LE10 – 1E 139
Richmond Rd. Nun CV11 – 3E 137
Richmond Rd. Sol B92 – 5B 92
Richmond Rd. Sut C B73 – 4H 37
Richmond Rd. War B66 – 3A 72
Richmond St. CV2 – 4E 117
Richmond St. WS1 – 2A 34
Richmond St. Hal B63 – 3G 85
Richmond St. W Bro B70 – 5C 44
Richmond Way. B37 – 3B 78
Rickard Clo. Sol B93 – 3G 125
Rickman Dri. B15 – 5H 73
Rickyard Clo. B25 – 4B 76
Rickyard Clo. B29 – 2A 104
Rickyard La. Red B98 – 1G 145
Rickyard Piece. B32 – 3G 87
Riddfield Rd. B36 – 4B 62
Ridding La. Wed WS10 – 2D 44
Riddings Cres. WS3 – 4H 15
Riddings, The. B33 – 2C 76
Riddings, The. B34 – 1E 77
Riddings, The. CV5 – 2F 131
Riddings, The. WV10 – 3C 20
Riddings, The. Sto DY9 – 4H 83
Riddings, The. Sut C B76 – 4D 50
Riddings, The. Tam B77 – 3H 135
Riddon Dri. Hin LE10 – 2D 138
Ridgacre La. B32 – 2F 87
Ridgacre Rd. B32 – 2E to 1G 87
Ridgacre Rd. W. B32 – 1D 86
Ridgacre Rd. W Bro B71 – 5E 45
Ridge Clo. B13 – 2D 106
Ridge Clo. WS2 – 1B 32
Ridge Ct. CV5 – 2C 114
Ridgefield Rd. Hal B62 – 5B 70
Ridge Gro. Sto DY9 – 2H 83
Ridge Hill. Sto DY8 – 3E 67
Ridge La. WV11 – 2E & 3E 21
Ridgeley Clo. Warw CV34 – 1D 146
Ridgemount Dri. B38 – 2D 120
Ridge Rd. King DY6 – 1C 66
(in three parts)
Ridge St. Sto DY8 – 1C 82
Ridgethorpe. CV3 – 3H 133
Ridgewater Clo. B45 – 3E 119

Ridgeway.—Roundhouse Rd.

Ridgeway. B17 – 3B 72
Ridgeway. WS9 – 5G 25
Ridgeway Av. CV3 – 3B 132
Ridgeway Av. Hal B62 – 1D 86
Ridgeway Dri. WV4 – 1E 41
Ridgeway Rd. Sto DY8 – 4E 67
Ridgeway Rd. Tip DY4 – 3H 43
Ridgeway, The. B23 – 1C 60
Ridgeway, The. DY3 – 5A 42
Ridgeway, The. WS7 – 3F 9
Ridgeway, The. Hin LE10 – 4F 139
Ridgeway, The. Warw CV34 – 2F 147
Ridgewood. B34 – 1E 77
Ridgewood Av. Sto DY8 – 1C 82
Ridgewood Clo. WS1 – 3H 33
Ridgewood Clo. L Spa CV32 – 2G 147
Ridgewood Dri. Sut C B75 – 2H 37
Ridgewood Gdns. B44 – 4A 48
Ridgewood Rise. Tam B77 – 1G 135
Ridgley Rd. CV4 – 1B 130
Ridgmont Croft. B32 – 2H 87
Ridings Brook Dri. Can WS11 – 4D 4
Ridings La. Red B98 – 1E 145
Riding Way. Wil WV12 – 4B 22
Ridley St. B1 – 4H 73
Ridpool Rd. B33 – 3E 77
Rifle Range Rd. Kid DY11 – 5B 140
Rifle St. Bil WV14 – 3C 42
Rigby Clo. Warw CV34 – 5H 147
Rigby Dri. Can WS11 – 3C 4
Rigby La. Brom B60 – 5F 143
Rigby St. Wed WS10 – 3D 44
Rigdale Clo. CV2 – 5H 117
Riland Av. Sut C B75 – 5A 38
Riland Gro. Sut C B75 – 5A 38
Riland Rd. Sut C B75 – 5A 38
Riley. Tam B77 – 2F 135
Riley Clo. Ken CV8 – 3D 150
Riley Cres. WV3 – 4F 29
Riley Dri. B36 – 4H 63
Riley Rd. B14 – 4E 107
Riley Sq. CV2 – 5F 101
Riley St. Wil WV13 – 1H 31
Rills, The. Hin LE10 – 1F 139
Rilstone Rd. B32 – 2H 87
Rindleford Av. WV4 – 4C 28
Ringhills Rd. WV8 – 5B 10
Ringinglow Rd. B44 – 2H 47
Ringmere Av. B36 – 4E 63
Ring Rd. WS7 – 1D 8
Ring Rd. WV2, WV3 & WV1 – 2H to 1H 29
Ring Rd. St Andrews. WV1 – 1G 29
Ring Rd. St Davids. WV1 – 1A 30
Ring Rd. St Georges. WV2 – 2H 29 & 2A 30
Ring Rd. St Johns. WV2 – 2H 29
Ring Rd. St Marks. WV3 – 2G 29
Ring Rd. St Patricks. WV1 – 1H 29
Ring Rd. St Peters. WV1 – 1H 29
Ringswood Rd. Sol B92 – 3B 92
Ring, The. B25 – 5A 76
Ringway. Can WS11 – 4D 4
Ringway Hillcross. CV1 – 4A 116
Ringway Industrial Est. Lich WS13 – 1C 134
Ringway Queens. CV1 – 5A 116
Ringway Rudge. CV1 – 5A 116
Ringway St. Johns. CV1 – 5C 116
Ringway St. Nicholas. CV1 – 4B 116
Ringway St. Patrick's. CV1 – 5B 116
Ringway Swanswell. CV1 – 4B 116
Ringway Whitefriars. CV1 – 5C 116
Ringwood Av. WS9 – 4F 25
Ringwood Dri. B45 – 5D 102
Ringwood Highway. CV2 – 4H 101
Ringwood Rd. WV10 – 1A 20
Rinill Gro. L Spa CV31 – 6D 149
Ripley Clo. War B69 – 4G 55
Ripley Gro. B23 – 1C 60
Ripon Clo. CV5 – 1D 114
Ripon Dri. W Bro B71 – 3F 45
Ripon Rd. B14 – 4D 106
Ripon Rd. WS2 – 2E 33
Ripon Rd. WV10 – 3H 19
Rippingille Rd. B43 – 1G 47
Ripple Rd. B30 – 1F 105
Risborough Clo. CV5 – 4E 115
Risborough Ho. B31 – 1H 119
Rischale Way. WS4 – 2C 24
Risdale Clo. L Spa CV32 – 1H 147
Rise Av. B45 – 2E 119
Riseley Cres. B5 – 1H 89
Rise, The. B37 – 1A 94
Rise, The. B42 – 3E 47
Rise, The. King DY6 – 1E 67
Rising Brook. WV6 – 5B 18
Rissington Av. B29 – 5F 89
Ritchie Clo. B13 – 5B 90
Rivendell Gdns. WV6 – 4B 18
River Brook Dri. B30 – 1G 105
River Clo. L Spa CV32 – 3H 147
River Clo. Nun CV12 – 5D 80
Riverdrive. Tam B78 & B77 – 4C 134
Riverfield Gro. Tam B77 – 1E 135
Riverford Croft. CV4 – 5F 131
River Lee Rd. B11 – 2F 91
Rivermead Pk. B34 – 1D 76
Riversdale Rd. B14 – 4E 107
Riverside Clo. CV3 – 2D 132
Riverside Dri. Sol B91 – 5G 109
Riversleigh Rd. L Spa CV32 – 2H 147
Riversley Rd. Nun CV11 – 3F 137
River St. B5 – 4B 74
River Wlk. CV2 – 5F 101
Riverway. Wed WS10 – 2E 45
Rivington Clo. Sto DY8 – 3E 83
Rivington Cres. B44 – 2D 48
Roach. Tam B77 – 5E 135
Roach Clo. B37 – 3B 78
Roach Clo. Bri H DY5 – 1A 68
Roach Cres. WV11 – 2G 21
Roach Pool Croft. B16 – 3C 72
Roadway Clo. Nun CV12 – 3E 81
Roanne Ringway. Nun CV11 – 3F 137
Robert Av. B23 – 5F 49
Robert Clo. CV3 – 4G 133
Robert Clo. Tam B79 – 1B 134
Robert Cramb Av. CV4 – 1B 130
Robert Rd. B9 – 4C 74
Robert Rd. B20 – 3G 59
Robert Rd. CV7 – 5D 80
Robert Rd. Tip DY4 – 5G 43
Roberts Clo. WS9 – 5E 17
Roberts Clo. Wed WS10 – 5H 31
Roberts Grn. Rd. DY3 – 1A 54
Roberts La. Sto DY9 – 5G 83
Robertsons Gdns. B7 – 5D 60
Roberts Rd. B27 – 3A 92
Roberts Rd. WS3 – 4H 23
Roberts Rd. Wed WS10 – 2H 45
Robert St. DY3 – 2A 54
Robert Wynd. Bil WV14 – 2B 42
Robeson Clo. Tip DY4 – 5F 43
Robin Clo. B36 – 4A 64
Robin Clo. King DY6 – 5F 53
Robin Gro. WV11 – 3D 20
Robin Hood Cres. B28 – 1E 107
Robin Hood Croft. B28 – 2G 107
Robin Hood La. B28 – 1E to 2G 107
Robin Hood Rd. CV3 – 3F 133
Robin Hood Rd. Bri H DY5 – 4B 68
Robin Rd. B23 – 1F 61
Robins Clo. Sto DY8 – 3F 83
Robinson Clo. Tam B79 – 1A 134
Robinson Rd. WS7 – 1E 9
Robinson Rd. Nun CV12 – 5C 80
Robinson Way. Hin LE10 – 5G 139
Robins Rd. WS7 – 2D 8
Robin Wlk. WS2 – 5D 22
Robottom Clo. WS2 – 3E 23
Robson Clo. WS8 – 3E 17
Rocester Av. WV11 – 2F 21
Rochdale Wlk. B10 – 5D 74
Roche Rd. WS3 – 1C 22
Rochester Av. WS7 – 1F 9
Rochester Rd. B31 – 4A 104
Rochester Rd. CV5 – 1F & 1G 131
Rochester Wlk. Kid DY10 – 3G 141
Rochester Way. Can WS12 – 5F 5
Roche Way. WS3 – 1C 22
Rochford Clo. B45 – 2C 118
Rochford Clo. WS2 – 3F 33
Rochford Clo. Hal B63 – 4G 85
Rochford Clo. Sut C B76 – 4D 50
Rochford Ct. Sol B90 – 3D 124
Rochford Gro. WV4 – 5D 28
Rock Av. B45 – 2F 119
Rock Clo. CV6 – 5E 101
Rocket Pool Dri. Bil WV14 – 2G 43
(in two parts)
Rockford Rd. B42 – 4E 47
Rock Gro. Sol B92 – 3C 92
Rock Hill. Brom B61 – 5B 142
Rockingham Clo. Sol B93 – 5F 125
Rockingham Dri. WV6 – 5A 18
Rockingham Gdns. Sut C B74 – 4H 37
Rockingham Rd. B25 – 5B 76
Rockland Dri. B33 – 2B 76
Rockland Gdns. Wil WV13 – 3G 31
Rocklands Cres. Lich WS13 – 2H 151
Rocklands Dri. Sut C B75 – 3H 37
Rock La. CV7 – 1E 99
Rockley Gro. B45 – 2E 119
Rockley Rd. War B65 – 1G 69
Rockmead Av. B44 – 2B 48
Rock Mill La. L Spa CV32 – 2H 147
Rock Rd. Bil WV14 – 3B 42
Rock Rd. Sol B92 – 4B 92
Rocks Hill. Bri H DY5 – 4H 67
Rock St. DY3 – 1A 54
Rock, The. WV6 – 4D 18
Rockville Rd. B8 – 2G 75
Rocky La. B6 & B7 – 5B 60
Rocky La. B42 – 5E 47
Rocky La. Ken CV8 – 4D 150
Rocky La. Trading Est. B7 – 1C 74
Rodborough Rd. B26 – 1E 93
Rodborough Rd. Sol B93 – 5G 125
Rodbourne Rd. B17 – 3C 88
Roddis Clo. B23 – 4E 49
Roden Av. Kid DY10 – 2F 141
Roderick Dri. WV11 – 3F 21
Roderick Rd. B11 – 2D 90
Rodlington Av. B44 – 3A 48
Rodman Clo. B15 – 5D 72
Rodney Clo. B16 – 3F 73
Rodney Clo. Sol B92 – 5E 93
Rodney Rd. Sol B92 – 5E 93
Rodway Clo. B19 – 5H 59
Rodway Clo. WV4 – 1A 42
Rodway Clo. Bri H DY5 – 1A 84
Rodway Dri. CV5 – 3A 114
Rodwell Gro. B44 – 3B 48
Roebuck Clo. B34 – 2G 77
Roebuck Glade. Wil WV12 – 5C 22
Roebuck La. War B66 – 5H 57
Roebuck La. W Bro B70 – 3H 57
Roebuck Pl. WS3 – 3G 23
Roebuck Rd. WS3 – 3G 23
Roebuck St. W Bro B70 – 3H 57
Roebuck Wlk. B23 – 3D 48
Roe Clo. Warw CV34 – 3E 147
Roedean Clo. B44 – 4C 48
Roford Ct. DY3 – 5A 42
Rogerfield Rd. B23 – 5H 49
Rogers Clo. WV11 – 1H 21
Rogers Rd. B8 – 1H 75
Rokeby Clo. Sut C B76 – 1B 50
Rokeby Rd. B43 – 2E 47
Rokeby Wlk. B34 – 5D 62
Rokewood Clo. King DY6 – 4D 52
Rokholt Cres. Can WS11 – 5A 4
Roland Av. CV6 – 3A 100
Roland Gdns. B19 – 4H 59
Roland Gro. B19 – 4H 59
Roland Mt. CV6 – 3B 100
Rolan Dri. Sol B90 – 2E 123
Roland Rd. B19 – 4H 59
Rolfe St. War B66 – 1A 72
Rollason Clo. CV6 – 5B 100
Rollason Rd. B24 – 2G 61
Rollason Rd. CV6 – 5A 100
Rollason Rd. DY2 – 4E 55
Rollason's Yd. CV6 – 4E 101
Rollesby Dri. Wil WV13 – 3G 31
Rolling Mill Clo. B5 – 1A 90
Rollingmill St. WS2 – 2F 33
Rollswood Dri. Sol B91 – 4C 108
Roman Clo. WS8 – 5D 8
Roman La. Sut C B74 – 5C 26
Roman Pk. Sut C B74 – 5C 26
Roman Rd. CV2 – 4E 117
Roman Rd. Sut C B74 – 1D 36 to 4D 26
Roman View. Can WS11 – 3D 6
Roman Way. B15 – 3D 88
Roman Way. B46 – 3D 64
Roman Way. Brom B60 – 2F 143
Roman Way. Lich WS14 – 3H 151
Roman Way. Tam B79 – 1A 134
Roman Way. War B65 – 2A 70
Romany Rd. B45 – 1B 118
Romany Way. Sto DY8 – 3C 82
Roma Rd. B11 – 2F 91
Romford Clo. B26 – 2E 93
Romford Rd. CV6 – 4A 100
Romilley Clo. Sto DY8 – 2E 83
Romilly Av. B20 – 2G 59
Romilly Clo. Lich WS14 – 3H 151
Romilly Clo. Sut C B76 – 1D 50
Romney. Tam B77 – 4F 135
Romney Clo. B28 – 1F 107
Romney Way. B43 – 1H 47
Romsey Av. Nun CV10 – 1G 137
Romsey Gro. WV10 – 5H 11
Romsey Rd. WV10 – 5H 11
Romsey Way. WS3 – 5C 14
Romsley Clo. B45 – 1C 118
Romsley Clo. WS4 – 1C 24
Romsley Clo. Hal B63 – 4H 85
Romsley Clo. Red B98 – 3H 145
Romsley Ct. DY1 – 4D 54
Romsley Rd. B32 – 5E 87
Romsley Rd. Sto DY9 – 2H 83
Romsley Rd. War B68 – 4E 71
Romulus Clo. B20 – 2G 59
Ronald Gro. B36 – 4F 63
Ronald Pl. B9 – 3E 75
Ronald Rd. B9 – 3E 75
Ro-Oak Rd. CV6 – 3H 115
Rood End Rd. War B69 & B68 – 5F 57 to 1F 71
Rooker Av. WV2 – 4B 30
Rooker Cres. WV2 – 4B 30
Rookery Av. WV4 – 1C 42
Rookery Av. Bri H DY5 – 3F 67
Rookery Clo. Red B97 – 4B 144
Rookery La. B32 – 4D 86
Rookery La. CV6 – 3A 100
Rookery La. WS9 – 4G 25
Rookery La. WV2 – 4G 29
Rookery Pde. WS9 – 3G 25
Rookery Pk. Bri H DY5 – 1G 67
Rookery Rd. B21 – 4D 58
Rookery Rd. B29 – 4E 89
Rookery Rd. WV4 & Bil WV14 – 2C 42
Rookery Rd. WV5 – 5B 40
Rookery St. WV11 – 4D 20
Rookery, The. B32 – 4D 86
Rookwood Dri. WV6 – 2A 28
Rookwood Rd. B27 – 3H 91
Roosevelt Dri. CV4 – 5B 114
Roosevelt Ho. W Bro B71 – 3H 45
Rooth St. Wed WS10 – 5E 33
Roper Wlk. DY3 – 5B 42
Roper Way. DY3 – 5B 42
Rope Wlk. WS1 – 2A 34
Rosafield Av. Hal B62 – 1C 86
Rosalind Av. DY1 – 4D 42
Rosalind Gro. WV11 – 4G 21
Rosamond St. WS1 – 3G 33
Rosary Rd. B23 – 2E 61
Rosaville Cres. CV5 – 2D 114
Rose Av. CV6 – 3G 115
Rose Av. King DY6 – 1E 67
Rose Av. War B68 – 5F 71
Rosebay Av. B38 – 2E 121
Roseberry Av. CV2 – 5F 101
Rosebery Rd. War B66 – 2B 72
Rosebery St. B18 – 2F 73
Rosebery St. WV3 – 2G 29
Rose Cotts. B29 – 4E 89
Rose Croft. Ken CV8 – 2A 150
Rosecroft Rd. B26 – 1E 93
Rosedale Gro. B25 – 5H 75
Rosedale Pl. Wil WV13 – 2H 31
Rosedale Rd. B25 – 5A 76
Rosedale Wlk. King DY6 – 4E 53
Rosedene Dri. B20 – 3E 59
Rose Dri. WS8 – 3D 16
Rosefield Ct. War B67 – 2A 72
Rosefield Croft. B6 – 5A 60
Rosefield Rd. War B67 – 2A 72
Rosefield St. L Spa CV32 – 5B 149
(in two parts)
Rosegreen Clo. CV3 – 3C 132
Rosehall Clo. Sol B91 – 5C 108
Rose Hill. B45 – 5E 119
Rose Hill. Bri H DY5 – 4C 68
Rosehill. Can WS12 – 1D4
Rose Hill. Wil WV13 – 2H 31
Rose Hill Clo. B36 – 4E 63
Rose Hill Gdns. Wil WV13 – 2H 31
Rose Hill Rd. B21 – 5F 59
Rosehip Dri. CV2 – 2F 117
Roseland Av. DY2 – 4F 55
Roseland Rd. Ken CV8 – 4B 150
Roselands Av. CV2 – 1G 117
Roseland Way. B15 – 4G 73
Rose La. WS7 – 1G 9
Rose La. Nun CV11 – 4F 137
Rose La. War B69 – 3A 56
Rose La. W Bro B70 – 2B 56
Roseleigh Rd. B45 – 3E 119
Rosemary Av. WS6 – 4B 6
Rosemary Av. WV4 – 4H 29
Rosemary Av. Bil WV14 – 4G 31
Rosemary Clo. CV4 – 4B 114
Rosemary Cres. DY1 – 5C 42
Rosemary Cres. WV4 – 5H 29
Rosemary Cres. W. WV4 – 5G 29
Rosemary Dri. Sut C B74 – 5D 26
Rosemary Hill. Ken CV8 – 3B 150
Rosemary Hill Rd. Sut C B74 – 1D 36
Rosemary La. Sto DY8 – 3D 82
Rosemary Nook. Sut C B74 – 4E 27
Rosemary Rd. B33 – 3C 76
Rosemary Rd. WS6 – 3B 6
Rosemary Rd. Hal B63 – 4F 85
Rosemary Rd. Kid DY10 – 2G 141
Rosemary Rd. Tam B77 – 1F 135
Rosemary Rd. Tip DY4 – 5H 43
Rosemary Way. Hin LE10 – 3D 138
Rosemoor Dri. Bri H DY5 – 5G 67
Rosemount. B32 – 2G 87
Rosemount Clo. CV2 – 1H 117
Rosemullion Clo. CV7 – 5F 81
Rosendale Clo. Hal B63 – 2E 85
Rose Pl. B1 – 2G 73
Rose Rd. B17 – 1C 88
Rose Rd. B46 – 4D 64
Rose St. Bil WV14 – 2G 43
Rosetti Clo. Kid DY10 – 2H 141
Roseville Gdns. WV8 – 4A 10
Rose Wood Clo. Hin LE10 – 4G 139
Rosewood Clo. Tam B77 – 1E 135
Rosewood Dri. Wil WV12 – 2A 22
Rosewood Gdns. WV11 – 5H 13
Rosewood Rd. DY1 – 1D 54
Roshven Av. B12 – 2C 90
Roshven Rd. B12 – 2C 90
Roslin Clo. Brom B60 – 4F 143
Roslin Gro. B19 – 5H 59
Roslyn Clo. War B66 – 1A 72
Ross. War B65 – 3A 70
Ross Clo. CV5 – 3D 114
Ross Clo. WV3 – 1E 29
Ross Dri. King DY6 – 5C 52
Rosse Ct. Sol B92 – 5H 93
Rossendale Way. Nun CV10 – 4C 136
Ross Heights. War B65 – 3H 69
Rosslyn Av. CV6 – 2G 115
Rosslyn Rd. Sut C B76 – 5C 50
Ross Rd. WS3 – 3H 23
Roston Dri. Hin LE10 – 2B 138
Rostrevor Rd. B10 – 4G 75
Rosy Cross. Tam B79 – 2D 134
Rothay. Tam B77 – 4F 135
Rothbury Grn. Can WS12 – 4H 5
Rotherfield Clo. L Spa. CV31 – 5C 149
Rotherfield Rd. B26 – 5E 77
Rotherham Rd. CV6 – 4A 100
Rothesay Av. CV4 – 5D 114
Rothesay Croft. B32 – 1E 103
Rothesay Dri. Sto DY8 – 3C 66
Rothesay Way. Wil WV12 – 3A 22
Rothley Wlk. B38 – 1B 120
Rothsay Clo. Nun CV10 – 4D 136
Rothwell Rd. Warw CV34 – 2C 146
Rotten Row. Lich WS13 – 3G 151
Rotton Pk. Rd. B16 – 2C 72
Rotton Pk. St. B16 – 3E 73
Rough Coppice Wlk. B35 – 2D & 3D 62
Rough Hay Pl. Wed WS10 – 4A 32
Rough Hay Rd. Wed WS10 – 3A 32
Rough Hill Dri. War B65 – 1G 69
Rough Hills Clo. WV2 – 4B 30
Rough Hills Rd. WV2 – 4B 30
Roughknowles Rd. CV4 – 3A 130
Roughlea Av. B36 – 5C 62
Roughley Dri. Sut C B75 – 1A 38
Rough Rd. B44 – 2B 48
Rough, The. Red B97 – 5B 144
Rouncil Clo. Sol B92 – 1G 109
Rouncil La. Ken CV8 – 5A 150
Roundabout, The. B31 – 1G 119
Round Croft. Wil WV13 – 1G 31
Round Hill. DY3 – 2A 42
Round Hill Av. Sto DY9 – 5H 83
Roundhill Clo. Sut C B76 – 1B 50
Roundhill Ho. King DY6 – 3D 52
Roundhills Rd. Hal B62 – 5D 70
Roundhill Ter. Hal B62 – 4C 70
Roundhill Way. WS8 – 5E 9
Round Ho. Rd. CV3 – 1E 133
Roundhouse Rd. DY3 – 1A 54

Roundlea Clo.—St George's Pl.

Roundlea Clo. Wil WV12 – 2A 22
Roundlea Rd. B31 – 1H 103
Round Moor Wlk. B35 – 2D 62 (in two parts)
Round Oak Rd. Wed WS10 – 1C 44
Round Rd. B24 – 3H 61
Roundsaw Croft. B45 – 1C 118
Round's Grn. Rd. War B69 – 5C 56
Rounds Hill. Ken CV8 – 5A 150
Rounds Hill Rd. Bil WV14 – 3E 43
Rounds Rd. Bil WV14 – 1E 43
Round St. DY2 – 1E 69
Roundway Down. WV6 – 1A 28
Rousay Clo. B45 – 1C 118
Rousdon Gro. B43 – 4C 46
Rover Dri. B36 – 3H 63
Rover Rd. CV1 – 5A 116
Rowallan Rd. Sut C B75 – 2A 38
Rowan Clo. Lich WS13 – 2H 151
Rowan Ct. War B66 – 4F 57 (Crystal Dri.)
Rowan Ct. War B66 – 5G 57 (Forest Clo.)
Rowan Cres. WV3 – 4D 28
Rowan Cres. Bil WV14 – 3C 42
Rowan Dri. WV11 – 5H 13
Rowan Gro. CV2 – 4H 101
Rowan Gro. WS7 – 1E 9
Rowan Rise. King DY6 – 1E 67
Rowan Rd. DY3 – 3B 42
Rowan Rd. WS5 – 5A 34
Rowan Rd. Can WS11 – 4A 4
Rowan Rd. Nun CV10 – 2B 136
Rowan Rd. Sut C B72 – 2A 50
Rowans, The. Nun CV12 – 3D 80
Rowantrees. B45 – 3E 119
Rowan Way. B31 – 1A 120
Rowan Way. B37 – 4B 78
Roway La. War B69 – 3C 56
Rowbrook Clo. Sol B90 – 1F 123
Rowcroft Covert. B14 – 5H 105
Rowdale Rd. B42 – 4G 47
Rowden Dri. B23 – 5G 49
Rowden Dri. Sol B91 – 5B 108
Rowena Gdns. DY3 – 2H 41
Rowheath Rd. B30 – 3E 105
Rowington Av. War B65 – 3B 70
Rowington Clo. CV6 – 3F 115
Rowington Rd. B34 – 1G 77
Rowland Gdns. WS2 – 1F 33
Rowland Hill Av. Kid DY11 – 3B 140
Rowland Hill Centre. Kid DY10 – 3E 141
Rowlands Av. WS2 – 5C 22
Rowlands Av. WV1 – 1D 30
Rowlands Clo. WS2 – 5C 22
Rowlands Cres. Sol B91 – 1E 109
Rowlands Rd. B26 – 1B 92
Rowland St. WS2 – 1F 33
Rowland Way. Kid DY11 – 5E 141
Rowley Dri. CV3 – 4E & 5E 133
Rowley Gro. B33 – 3F 77
Rowley Hall Av. War B65 – 2A 70
Rowley La. CV3 – 5G 133
Rowley Pl. WS4 – 3B 24
Rowley Rd. CV8 & CV3 – 5D 132
Rowley Rd. L Spa CV31 – 8C 149
Rowley's Grn. La. CV6 – 3C 100
Rowley St. WS1 – 1A 34
Rowley View. Bil WV14 – 2G 43
Rowley View. Wed WS10 – 1B 44
Rowley View. W Bro B70 – 2E 57
Rowley Village. War B65 – 3A 70
Rowney Croft. B28 – 3E 107
Rowood Dri. Sol B91 & B92 – 1F 109
Rowthorn Clo. Sut C B74 – 3C 36
Rowthorn Dri. Sol B90 – 3D 124
Rowton Av. WV6 – 2A 18
Rowton Dri. Sut C B74 – 5B 36
Roxborough Ho. Red B97 – 3B 144
Roxborough Rd. Nun CV11 – 5H 137
Roxburgh Croft. L Spa CV32 – 1D 148
Roxburgh Gro. B43 – 1G 47
Roxburgh Rd. Sut C B73 – 1G 49
Roxby Gdns. WV6 – 4F 19
Royal Clo. Bri H DY5 – 5H 67
Royal Clo. War B65 – 1A 70
Royal Ct. Hin LE10 – 3E 139
Royal Cres. CV3 – 4F 133
Royal Mail St. B1 – 4H 73
Royal Oak La. CV7 – 5B 80
Royal Oak Rd. Hal B62 – 2D 86
Royal Oak Rd. War B65 – 1G 69
Royal Oak Yd. Nun CV12 – 2F 81
Royal Priors. L Spa CV32 – 4B 148
Royal Rd. Sut C B72 – 5A 38
Royal Sq. Red B97 – 2C 144
Royal Way. Tip DY4 – 3G 55
Roydon Rd. B27 – 1A 108
Roylesden Cres. Sut C B73 – 2D 48
Royston Chase. Sut C B 74 – 5C 26
Royston Croft. B12 – 1A 90
Royston Way. DY3 – 3H 41
Rozel Av. Kid DY10 – 1G 141
Rubens Clo. CV5 – 4E 115
Rubery By-Pass. – 2C 118
Rubery Farm Gro. B45 – 2D 118
Rubery La. B45 – 1D 118
Rubery La. S. B45 – 1D 118
Rubery St. Wed WS10 – 3B 32
Ruckley Rd. B29 – 5A 88
Ruddington Way. B19 – 1A 74
Rudge Av. WV1 – 1D 30
Rudge Clo. Wil WV12 – 5A 22
Rudge Croft. B33 – 2D 76
Rudge Rd. CV1 – 5A 116
Rudge St. Bil WV14 – 2F 43
Rudge Wlk. B18 – 3F 73
Rudgewick Croft. B6 – 5A 60
Rudyard Clo. WV10 – 4A 12
Rudyard Gro. B33 – 3E 77
Rudyngfield Dri. B33 – 2C 76
Rufford. Tam B79 – 2A 134
Rufford Clo. B23 – 3E 49
Rufford Rd. Sto DY9 – 3H 83
Rufford St. Sto DY9 – 2A 84
Rufford Way. WS9 – 3D 24
Rugby Rd. Hin LE10 – 3E to 5F 139
Rugby Rd. L Spa CV32 – 2H 147
Rugby Rd. L Spa CV32 – 1D 148 (Cubbington)
Rugby Rd. Nun CV12 – 1B 80
Rugby Rd. Sto DY8 – 1D 82
Rugby St. WV1 – 5G 19
Rugeley Av. Wil WV12 – 2B 22
Rugeley Rd. WS7 – 1H 9 (Burntwood)
Rugeley Rd. WS7 – 1E 9 (Chase Terrace)
Rugeley Rd. Can WS12 – 1H 5 (Hazelslade)
Rugeley Rd. Can WS12 – 2F 5 (Hednesford)
Rugeley St. B7 – 1C 74
Ruislip Clo. B35 – 1D 62
Ruiton St. DY3 – 1H 53
Rumbow. Hal B63 – 3H 85
Rumbush La. Sol B94 & B90 – 5E to 3G 123
Rumer Hill Rd. Can WS11 – 1C 6
Runcorn Clo. B37 – 2B 78
Runcorn Clo. Red B98 – 4D 144
Runcorn Rd. B12 – 2B 90
Runnimede Ct. War B66 – 5G 57
Runnymede Dri. CV7 – 3D 128
Runnymede Rd. B11 – 4F 91
Rupert Rd. CV6 – 1A 116
Rupert St. B7 – 1C 74
Rupert St. WV3 – 1F 29
Rushall Clo. WS4 – 5B 24
Rushall Clo. Sto DY8 – 5D 66
Rushall Manor Clo. WS4 – 5B 24
Rushall Manor Rd. WS4 – 5B 24
Rushall Path. CV4 – 2D 130
Rushall Rd. WV10 – 1A 20
Rushbrook Clo. Sol B92 – 4B 92
Rushbrooke Clo. B13 – 2B 90
Rushbrooke Dri. Sut C B73 – 1D 48
Rushbrook Gro. B14 – 4G 105
Rushden Croft. B44 – 3B 48
Rushey La. B11 – 2G 91
Rushford Av. WV5 – 5B 40
Rushford Clo. Sol B90 – 2D 124
Rush Grn. B32 – 4G 87
Rushlake Grn. B34 – 1E 77
Rush La. Red B98 – 1E 145
Rushleigh Rd. Sol B90 – 2F 123
Rushmead Gro. B45 – 2D 118
Rushmere Rd. Tip DY4 – 3H 43
Rushmoor Clo. Sut C B74 – 4H 37
Rushmoor Dri. CV5 – 4H 115
Rushmore St. L Spa CV31 – 6C 149
Rushock Clo. Red B98 – 5F 145
Rushton Clo. CV7 – 2D 128
Rushwick Croft. B34 – 5G 63
Rushwick Gro. Sol B90 – 3D 124
Rushwood Clo. WS4 – 5A 24
Rushy Piece. B32 – 4G 87
Ruskin Av. DY3 – 1F 53
Ruskin Av. WV4 – 2B 42
Ruskin Av. Kid DY10 – 3H 141
Ruskin Av. War B65 – 3B 70
Ruskin Clo. CV6 – 2F 115
Ruskin Gro. B27 – 4H 91
Ruskin Pl. War B66 – 5F 57
Ruskin Rd. WV10 – 2B 20
Ruskin St. W Bro B71 – 1F 57
Russell Bank Rd. Sut C B74 – 5E 27
Russell Clo. WV11 – 1G 21
Russell Clo. War B69 – 3B 56
Russell Croft. Brom B60 – 5E 143
Russell Ho. WV8 – 4A 10
Russell Rd. B13 – 4H 89
Russell Rd. B28 – 4F 91
Russell Rd. Bil WV14 – 3G 31
Russell Rd. Kid DY10 – 4F 141
Russells Hall Rd. DY1 – 4A 54
Russells, The. B13 – 3H 89
Russell St. CV1 – 3B 116
Russell St. DY1 – 3C 54
Russell St. WV3 – 2G 29
Russell St. L Spa CV32 – 4B 148
Russell St. Wed WS10 – 2C 44
Russell St. Wil WV13 – 1A 32
Russell St. N. CV1 – 3B 116
Russell Ter. L Spa CV31 – 5C 149
Russett Clo. WS5 – 3D 34
Russett Clo. WS7 – 2F 9
Russet Wlk. WV8 – 1E 19
Russet Way. B31 – 2G 103
Ruston St. B16 – 4F 73
Ruthall Clo. B29 – 1B 104
Ruth Clo. Wed WS10 – 2A 44
Rutherford Glen. Nun CV11 – 5H 137
Rutherford Rd. B23 – 4F 49
Rutherford Rd. WS2 – 4D 22
Rutherglen Av. CV3 – 3E 133
Rutland Av. WV4 – 5D 28
Rutland Av. Hin LE10 – 3E 139
Rutland Av. Nun CV10 – 3D 136
Rutland Ct. B29 – 1B 104
Rutland Cres. WS9 – 2F 25
Rutland Cres. Bil WV14 – 3F 31
Rutland Dri. B26 – 1B 92
Rutland Dri. Brom B60 – 5E 143
Rutland Pas. DY2 – 4E 55
Rutland Pl. Sto DY8 – 5D 66
Rutland Rd. Can WS12 – 5H 5
Rutland Rd. War B66 – 4A 72
Rutland Rd. Wed WS10 – 5F 33
Rutland Rd. W Bro B71 – 4F 45
Rutland St. WS3 – 4G 23
Rutley Gro. B32 – 3H 87
Rutters Meadow. B32 – 3F 87
Rutter St. WS1 – 3G 33
Ryan Av. WV11 – 2H 21
Ryan Pl. DY2 – 5D 54
Rycroft Gro. B33 – 3E 77
Rydal Av. Nun CV11 – 5B 136 & 2H 137 (in two parts)
Rydal Clo. CV5 – 1D 114
Rydal Clo. WV11 – 2D 20
Rydal Dri. WV6 – 5A 18
Rydal Ho. War B69 – 1B 70
Rydal Way. B28 – 1F 107
Rydding La. W Bro B71 – 3E 45
Rydding Sq. W Bro B71 – 4E 45
Ryde Av. Nun CV10 – 1G 137
Ryde Gro. B27 – 5G 91
Ryde Pk. Rd. B45 – 3F 119
Ryder Clo. Warw CV35 – 4A 146
Ryder Ho. W Bro B70 – 2C 56
Ryders Grn. Rd. W Bro B70 – 1C 56
Ryders Hayes La. WS3 – 4A 16
Ryders Hill Cres. Nun CV10 – 1A 136
Ryder St. B4 – 3A 74
Ryder St. Sto DY8 – 3D 66
Ryder St. W Bro B70 – 1C 56
Ryebank Clo. B30 – 2C 104
Ryeclose Croft. B37 – 3C 78
Rye Croft. B47 – 3C 122
Rye Croft. Sto DY9 – 4A 84
Ryecroft Av. WV4 – 5G 29
Ryecroft Clo. DY3 – 3H 41
Ryecroft Dri. WS7 – 1F 9
Ryecroft Pl. WS2 – 5G 23
Ryecroft Pl. WS3 – 3H 23 (in two parts)
Ryefield. WV8 – 1E 19 (in two parts)
Ryefield Clo. Sol B91 – 3B 108
Rye Grass Wlk. B35 – 2D 62
Rye Gro. B11 – 3G 91
Ryemarket. Sto DY8 – 2F 83
Rye Piece Ringway. Nun CV12 – 3F 81
Ryhope Clo. Nun CV12 – 4B 80
Ryhope Wlk. WV9 – 5F 11
Rykneld St. Lich WS14 – 4H 151
Ryknild Clo. Sut C B74 – 4F 27
Ryknild St. Lich WS14 – 5G 151
Ryland Clo. Hal B63 – 5F 85
Ryland Clo. L Spa CV31 – 6D 149
Ryland Clo. Tip DY4 – 1H 55
Ryland Rd. B11 – 3E 91
Ryland Rd. B15 – 5G 73
Ryland Rd. B24 – 3F 61
Rylands Dri. WV4 – 1F 41
Ryland St. B16 – 4F 73
Ryle St. WS3 – 1F 23
Ryley St. CV1 – 4A 116
Rylston Av. CV6 – 5H 99
Rylstone Way. Warw CV34 – 2E 147
Rymond Rd. B34 – 1C 76
Ryton. Tam B77 – 4F 135
Ryton Clo. CV4 – 2D 130
Ryton Clo. WV10 – 4C 20
Ryton Clo. Red B98 – 4G 145
Ryton Clo. Sut C B73 – 5H 37
Ryton End. Sol B92 – 1G 127
Ryton Gro. B34 – 5F 63

Sabell Rd. War B67 – 1H 71
Sabrina Rd. WV6 – 2A 28
Saddington Rd. CV3 – 1H 133
Saddle Dri. B32 – 4A 88
Saddler Centre. WS1 – 2G 33
Saddlers Ct. WS2 – 3E 33
Saddlestone, The. WV6 – 2A 18
Sadler Rd. CV6 – 1H 115 to 5H 99
Sadler Rd. WS8 – 2F 17
Sadler Rd. Sut C B75 – 3C 38
Sadler's Clo. Hin LE10 – 4G 139
Sadlers Mill. WS8 – 2F 17
Sadlers Wlk. B16 – 4F 73
Saffron. Tam B77 – 1H 135
Saffron Gdns. WV4 – 1F 41
St Agatha's Rd. B8 – 2H 75
St Agatha's Rd. CV2 – 4E 117
St Agnes Clo. B13 – 4C 90
St Agnes Rd. B13 – 4C 90
St Agnes Way. Nun CV11 – 3H 137
St Aidan's Rd. Can WS11 – 2B 4
St Aidan's Wlk. B10 – 5D 74
St Alban's Av. Kid DY11 – 2A 140
St Alban's Clo. L Spa CV32 – 2H 147
St Albans Clo. War B67 – 1H 71
St Alban's Rd. B13 – 3B 90
St Alban's Rd. War B66 – 5H 57
St Alphege Clo. Sol B91 – 4F 109
St Andrew's. Tam B77 – 1H 135
St Andrew's Av. WS3 – 4B 16
St Andrew's Clo. B32 – 3A 88
St Andrew's Clo. DY3 – 2G 53
St Andrew's Clo. WV6 – 5F 19
St Andrew's Cres. War B69 – 5H 55
St Andrew's Dri. WV6 – 1A 18
St Andrew's Grn. Kid DY10 – 4E 141
St Andrew's Ho. WV6 – 5G 19
St Andrew's Rd. B9 – 4C 74
St Andrew's Rd. CV5 – 1G 131
St Andrew's Rd. L Spa CV32 – 1C 148
St Andrews Rd. Sut C B75 – 3A 38
St Andrew's St. B9 – 4C 74
St Andrew's St. DY2 – 2D 68
St Anne's Clo. B20 – 1E 59
St Anne's Clo. WS7 – 3D 8
St Anne's Clo. L Spa CV31 – 6D 149
St Anne's Ct. B13 – 3A 90
St Anne's Gro. Sol B93 – 3A 126
St Anne's Rd. WV10 – 1G 19 (in two parts)
St Anne's Rd. Lich WS13 – 1F 151
St Anne's Rd. War B64 – 4D 68
St Ann's Rd. CV2 – 4E 117
St Ann's Rd. Wil WV13 – 5H 21
St Ann's Ter. Wil WV13 – 5H 21
St Anthony's Dri. WS3 – 3B 16
St Athan Croft. B35 – 2E 63
St Augustine's Rd. B16 – 4C 72
St Augustus Clo. W Bro B70 – 2H 57
St Austell Clo. Nun CV11 – 5B 136
St Austell Clo. Tam B79 – 2C 134
St Austell Rd. CV2 – 4H 117
St Austell Rd. WS5 – 3H 35
St Bartholomew's Ter. Wed WS10 – 1D 44
St Benedict's Clo. W Bro B70 – 3H 57
St Benedict's Rd. B10 – 5F 75
St Benedict's Rd. WV5 – 5B 40
St Bernard's Rd. Sol B92 – 2B 108
St Bernard's Rd. Sut C B72 – 2A 50
St Bernard's Wlk. CV3 – 2G 133
St Blaise Av. B46 – 3B 64
St Blaise Rd. Sut C B75 – 1A 38
St Brades Clo. War B69 – 5A 56
St Bride's Clo. DY3 – 3H 41
St Bride's Clo. L Spa CV31 – 6D 149
Saintbury Rd. B29 – 1A 104
St Caroline Clo. W Bro B70 – 2H 57
St Catharine's Clo. Sut C B75 – 4C 38
St Catherine's Clo. CV3 – 1F 133
St Catherine's Clo. Hin LE10 – 3G 139
St Catherine's Cres. WV4 – 1F 41
St Catherine's Cres. L Spa CV31 – 8B 149
St Catherine's Rd. Lich WS13 – 1F 151
St Cecilia Clo. Kid DY10 – 5E 141
St Chad's Cir. Queensway. B4 – 2H 73
St Chad's Clo. DY3 – 2G 53
St Chad's Clo. Can WS11 – 2D 4
St Chad's Clo. Lich WS13 – 2G 151
St Chad's Queensway. B4 – 2A 74
St Chad's Rd. B45 – 2D 118
St Chad's Rd. WV10 – 2B 20
St Chad's Rd. Bil WV14 – 4G 31
St Chad's Rd. Lich WS13 – 2G 151
St Chad's Rd. Sut C B75 – 5C 38
St Christian's Croft. CV3 – 1C 132
St Christian's Rd. CV3 – 1C 132
St Christopher Clo. W Bro B70 – 3H 57
St Christopher's. B20 – 1E 59
St Christopher's Clo. Warw CV34 – 3D 146
St Christopher's Dri. Tam B77 – 5D 134
St Clement's Av. WS3 – 2F 23
St Clement's La. W Bro B71 – 1G 57
St Clement's Rd. B7 – 1D 74
St Columbas Clo. CV1 – 4B 116
St Cuthbert's Clo. W Bro B70 – 3H 57
St David's Clo. CV3 – 2H 133
St David's Clo. WS3 – 3B 16
St David's Clo. Kid DY11 – 2A 140
St David's Clo. L Spa CV31 – 6D 149
St David's Clo. W Bro B70 – 3H 57
St David's Dri. B32 – 2E 87
St David's Gro. B20 – 1E 59
St David's Pl. WS3 – 1F 23
St Denis Rd. B29 – 2B 104
St Dominic's Rd. B24 – 3F 61
St Edburgh's Rd. B25 – 4B 76
St Editha's Clo. Tam B79 – 3C 134
St Ediths Grn. War CV34 – 3G 147
St Edmund's Clo. WV6 – 5F 19
St Edmund's Clo. W Bro B70 – 3H 57
St Edward's Rd. B29 – 4E 89
St Eleanor Clo. W Bro B70 – 2H 57
St Elizabeth's Rd. CV6 – 1D 116
St Francis' Clo. WS3 – 4B 16
St Francis Factory Est. W Bro B70 – 3G 57
St George's Av. B23 – 1G 61
St George's Av. Hin LE10 – 2E 139
St George's Clo. B15 – 5F 73
St George's Clo. Sut C B75 – 4C 38
St George's Clo. Wed WS10 – 3B 32
St George's Ct. B30 – 1D 104
St George's Ct. Kid DY10 – 2E 141
St George's Pde. WV1 – 2H 29
St George's Pl. B19 – 1H 73
St George's Pl. Kid DY10 – 2E 141

St George's Ringway.—Sandown Rise.

St George's Ringway. Kid DY10 – 2E 141
St George's Rd. CV1 – 5D 116
St George's Rd. DY2 – 1F 69
St George's Rd. L Spa CV31 – 6B 149
St George's Rd. Red B98 – 2D 144
St George's Rd. Sol B90 – 2A 124
St George's Rd. Sto DY8 – 4D 82
St Georege's St. B19 – 2H 73
St George's St. Wed WS10 – 3B 32
St George's Ter. Kid DY10 – 3E 141
St George's Way. Nun CV10 – 5E 137
St George's Way. Tam B77 – 1F 135
St Gerard's Rd. Sol B91 – 5B 108
St Giles Av. War B65 – 2H 69
St Giles Clo. War B65 – 2A 70
St Giles Ct. War B65 – 2B 70
St Giles Cres. WV1 – 2C 30
St Giles Rd. B33 – 3F 77
St Giles Rd. CV7 – 2B 100
St Giles Rd. WS7 – 2G 9
St Giles Rd. WV1 – 1C 30
St Giles Rd. Wil WV13 – 2H 31
St Giles St. DY2 – 1E 69
St Godwald's Cres. Brom B60 – 5F 143
St Godwald's Rd. Brom B60 – 5F 143
St Govan's Clo. L Spa CV31 – 6D 149
St Helen's Pas. B1 – 2G 73
St Helen's Rd. L Spa CV31 – 7B 149
St Helen's Rd. Lich WS13 – 1F 151
St Helen's Rd. Sol B91 – 2D 108
St Helen's Way. CV5 – 1D 114
St Heliers Rd. B31 – 4H 103
St Ives Clo. Tam B79 – 2C 134
St Ives Rd. CV2 – 4H 117
St Ives Rd. WS5 – 3D 34
St Ives Way. Nun CV11 – 2H 137
St James Av. War B65 – 2H 69
St James' Clo. WS3 – 3B 16
St James Clo. W Bro B70 – 3H 57
St James Gdns. Nun CV12 – 1B 80
St James La. CV3 – 3G 133
St James Pl. B7 – 3C 74
St James Pl. Sol B90 – 5H 107
St James' Rd. B21 – 4C 58
St James Rd. Can WS11 – 5A 4
St James Rd. Can WS11 – 2B 8 (Norton Canes)
St James Rd. Sut C B75 – 1H 37
St James Rd. War B69 – 4B 56
St James's Clo. Hin LE10 – 5E 139
St James's Rd. B15 – 5F 73
St James's Rd. DY1 – 3D 54
St James's St. DY3 – 2A 54
St James's Ter. DY1 – 3C 54
St James St. WV1 – 2A 30
St James St. Wed WS10 – 2C 44
St James Wlk. WS8 – 2E 17
St John Clo. Sut C B75 – 1A 38
St John's. Warw CV34 – 4E 147
St John's Arc. WV1 – 2H 29
St John's Av. Ken CV8 – 4B 150
St John's Av. Kid DY11 – 2B 140
St John's Av. War B65 – 2H 69
St John's Clo. WS9 – 5E 17
St John's Clo. Can WS11 – 1B 6
St John's Clo. Lich WS13 – 4F 151
St John's Clo. Sol B93 – 3B 126
St John's Clo. W Bro B70 – 2H 57
St John's Ct. Warw CV34 – 4E 147
St John's Ho. W Bro B70 – 3F 57
St John's Rd. B11 – 2D 90
St John's Rd. B17 – 1C 88
St John's Rd. DY2 – 4F 55
St John's Rd. WS2 – 3E 33
St John's Rd. WS3 – 3B 16
St John's Rd. WS8 – 3F 17
St John's Rd. WV11 – 5G 13
St John's Rd. Can WS11 – 1B 6 (in two parts)
St John's Rd. Hal B63 – 3F 85
St John's Rd. L Spa CV31 – 6B 149
St John's Rd. Sto DY8 – 2F 83
St John's Rd. Tip DY4 – 4G 43
St John's Rd. War B68 – 1F 71
St John's Rd. Wed WS10 – 5A 32
St John's Sq. WV2 – 2H 29
St John's St. CV1 – 5B 116
St John's St. Ken CV8 – 4B 150
St John's St. Kid DY11 – 2C 140
St John's St. Tam B79 – 3C 134
St John's Ter. WS2 – 3F 33
St John St. DY2 – 1D 68
St John St. Brom B61 – 3D 142
St John St. Lich WS13 – 3F 151
St John's Way. Sol B93 – 3B 126
St Joseph's Av. B31 – 3B 104
St Joseph's Clo. WS3 – 4A 16
St Joseph's Ct. WV4 – 4C 28
St Joseph's Rd. B8 – 1H 75
St Joseph's St. DY2 – 3E 55
St Jude's Clo. B14 – 5A 106
St Jude's Clo. Sut CB75 – 4C 38
St Jude's Cres. CV3 – 2G 133
St Jude's Rd. WV6 – 5E 19
St Jude's Rd. W. WV6 – 5E 19
St Just's Rd. CV2 – 3H 117
St Katherine's Rd. War B68 – 3F 71
St Kenelm's Av. Hal B63 – 5F 85
St Kenelm's Clo. W Bro B70 – 3H 57
St Kilda's Rd. B8 – 2F 75
St Laurence Rd. B31 – 3B 104
St Lawrence Av. Warw CV34 – 5D 146
St Lawrence Clo. Sol B93 – 3A 126
St Lawrence Dri. Can WS12 – 4F 5
St Lawrence's Rd. CV6 – 5D 100
St Lawrence Way. Wed WS10 – 4B 32
St Leonard's Clo. B37 – 1A 94
St Luke's Clo. Can WS11 – 5B 4
St Luke's Clo. War B65 – 2H 69
St Luke's Rd. B5 – 5A 74
St Luke's Rd. CV6 – 3B 100
St Luke's Rd. WS7 – 2G 9
St Luke's Rd. Wed WS10 – 2E 45
St Luke's St. War B64 – 4E 69
St Margaret Rd. CV1 – 5D 116
St Margaret's. Sut C B74 – 1D 36
St Margaret's Av. B8 – 1H 75
St Margaret's Dri. Hal B63 – 4G 85
St Margaret's Rd. B8 – 1H 75
St Margaret's Rd. B43 – 2E 47
St Margaret's Rd. WS3 – 4A 16
St Margaret's Rd. L Spa CV31 – 7C 149
St Margaret's Rd. Lich WS13 – 1F 151
St Margaret's Rd. Sol B92 – 5B 92
St Margaret's Rd. Tam B79 – 1C 134
St Mark's Cres. B1 – 3F 73
St Marks M. L Spa CV32 – 4A 148
St Mark's Rd. DY2 – 3G 55
St Mark's Rd. WS3 – 4A 16
St Mark's Rd. WS7 – 2G 9
St Mark's Rd. WS8 – 3F 17
St Mark's Rd. WV3 – 2G 29 (in two parts)
St Mark's Rd. L Spa CV32 – 4A 148
St Mark's Rd. Sto DY9 – 2H 83
St Mark's Rd. Tip DY4 – 4G 43 to 3A 44
St Mark's Rd. War B67 – 2G 71
St Mark's St. B1 – 3F 73
St Mark's St. WV3 – 2G 29
St Martin's. Hin LE10 – 4F 139
St Martin's Cir. Queensway. B2 – 4A 74
St Martin's Clo. WV2 – 4A 30
St Martin's Clo. W Bro B70 – 3H 57
St Martin's Ho. Tip DY4 – 1H 55
St Martin's La. B5 – 4A 74
St Martin's Rd. CV3 – 5A 132
St Martin's Rd. Sut C B75 – 5C 38
St Martin's St. B15 – 4G 73
St Martin's Ter. Bil WV14 – 1F 43
St Mary's Clo. B27 – 3H 91
St Mary's Clo. DY3 – 3B 42
St Mary's Clo. WV10 – 1E 13
St Mary's Clo. Kid DY10 – 2D 140
St Mary's Clo. Warw CV34 – 3C 146
St Mary's Cres. L Spa CV31 – 5C 149
St Mary's La. Sto DY8 – 4G 83
St Mary's Ringway. Kid DY10 – 2D 140
St Mary's Rd. B17 – 2C 88
St Mary's Rd. Hin LE10 – 3E 139
St Mary's Rd. L Spa CV31 – 5C to 6D 149
St Mary's Rd. Lich WS13 – 1F 151
St Mary's Rd. Nun CV11 – 2F 137
St Mary's Rd. War B67 – 4A 72
St Mary's Rd. Wed WS10 – 1D 44
St Mary's Row. B4 – 2A 74
St Mary's Row. B13 – 4B 90
St Mary's St. WV1 – 1H 29
St Mary's Ter. L Spa CV31 – 5C 149
St Mary St. CV1 – 5B 116
St Mary's View. B23 – 3E 49
St Mary's Way. WS9 – 4F 25
St Mary's Way. Tam B77 – 1F 135
St Matthew's Clo. WS1 – 2H 33
St Matthew's Clo. WS3 – 3B 16
St Matthew's Rd. War B66 – 2B 72
St Matthew's Rd. War B68 – 3D & 4D 70 (in two parts)
St Matthew St. WV1 – 2B 30
St Mawes Rd. WV6 – 5A 18
St Mawgan Clo. B35 – 1E 63
St Michael Rd. Lich WS13 – 2G 151 (in three parts)
St Michael's Clo. WS3 – 5A 16
St Michael's Ct. WV6 – 4E 19
St Michael's Ct. Bri H DY5 – 4A 68
St Michael's Cres. War B69 – 2D 70
St Michael's Dri. Can WS12 – 2H 5
St Michael's Gro. DY2 – 3G 55
St Michael's Hill. B18 – 5F 59
St Michael's Rd. B18 – 5F 59
St Michael's Rd. CV2 – 4E 117
St Michael's Rd. Sut C B73 – 3F 49
St Michael's Rd. Warw CV34 – 3C 146
St Michael St. WS1 – 3H 33
St Michael St. W Bro B70 – 2F 57
St Michael's Way. Nun CV10 – 3A 136
St Nicholas Av. Ken CV8 – 4B 150
St Nicholas Church St. Warw CV34 – 4E 147
St Nicholas Clo. WS3 – 4A 16
St Nicholas Pk. Dri. Nun CV11 – 1H 137
St Nicholas Rd. L Spa CV31 – 7E 149
St Nicholas Rd. Nun CV11 – 2G 137
St Nicholas St. CV1 – 3A 116
St Nicholas Ter. L Spa CV31 – 7E 149
St Nicolas Gdns. B38 – 5E 105 (in two parts)
St Osburg's Rd. CV2 – 4E 117
St Oswald's Rd. B10 – 5E 75
St Patrick's Clo. B14 – 2A 106
St Patrick's Ct. Kid DY11 – 5B 140
St Patrick's Rd. CV1 – 5B 116
St Paul's Av. B12 – 2B 90
St Paul's Av. Kid DY11 – 2A 140
St Paul's Clo. WS1 – 1H 33
St Paul's Clo. WV9 – 1H 11
St Paul's Clo. Can WS12 – 5E 5
St Paul's Clo. Warw CV34 – 4D 146
St Paul's Cres. B46 – 5E 65
St Paul's Cres. WS3 – 4B 16
St Paul's Cres. W Bro B70 – 4C 44
St Paul's Dri. Hal B62 – 4B 70
St Paul's Dri. Tip DY4 – 1H 55
St Paul's Rd. B12 – 2B 90
St Paul's Rd. CV6 – 2C 116
St Paul's Rd. DY2 – 1E 69
St Paul's Rd. WS7 – 2G 9
St Paul's Rd. Can WS12 – 3H 5
St Paul's Rd. Nun CV10 – 3B 136
St Paul's Rd. War B66 – 5G 57
St Paul's Rd. Wed WS10 – 5E 33
St Paul's Sq. B3 – 2H 73
St Paul's Sq. L Spa CV32 – 4C 148
St Paul's St. WS1 – 1G 33
St Paul's Ter. Warw CV34 – 4D 146
St Peter's Clo. B28 – 2E 107
St Peter's Clo. B46 – 3B 64
St Peter's Clo. WS9 – 4H 17
St Peter's Clo. WV1 – 1H 29
St Peter's Clo. Sut C B72 – 1H 49
St Peter's Clo. Tam B77 – 3E 135
St Peter's Clo. Tip DY4 – 1B 56
St Peter's Dri. WS3 – 4A 16
St Peter's La. Sol B92 – 5C 94
St Peter's Rd. B17 – 2B 88
St Peter's Rd. B20 – 4G 59
St Peter's Rd. DY2 – 1E 69
St Peter's Rd. WS7 – 2G 9
St Peter's Rd. Can WS12 – 2F 5
St Peter's Rd. L Spa CV32 – 5B 149
St Peter's Rd. Sto DY9 – 5H 83
St Peter's Sq. WV1 – 1H 29
St Peter's Ter. WS2 – 5G 23
St Philip's Av. WV3 – 4E 29
St Philip's Gro. WV3 – 4E 29
St Philip's Pl. B3 – 3A 74
St Quentin St. WS2 – 3F 33
St Saviour's Clo. WV2 – 4B 30
St Saviour's Rd. B8 – 2E 75
St Silas' Sq. B19 – 5G 59
St Simon's Clo. Sut C B75 – 4C 38
St Stephen's Av. Wil WV13 – 1G 31
St Stephen's Ct. Wil WV13 – 2G 31
St Stephen's Gdns. Wil WV13 – 2G 31
St Stephen's Rd. B29 – 5F 89
St Stephen's Rd. WS7 – 2G 9
St Stephen's Rd. W Bro B71 – 4B 58
St Stephen's St. B6 – 1A 74
Saints Way. Nun CV10 – 2G 137
St Thomas Clo. WS3 – 4H 23
St Thomas Clo. WS9 – 1F 25
St Thomas Clo. Sut C B75 – 5C 38
St Thomas' Rd. B23 – 2E 61
St Thomas Rd. CV6 – 4D 100
St Thomas St. DY2 – 1E 69
St Thomas St. Sto DY8 – 2F 83
St Valentine's Clo. W Bro B70 – 3H 57
St Vincent Cres. W Bro B70 – 5C 44
St Vincent St. B16 & B1 – 3F 73
St Vincent St. W. B16 – 4F 73
Sage Croft. B31 – 3H 103
Saladin Av. War B69 – 1C 70
Salcombe Av. B26 – 2E 93
Salcombe Clo. CV3 – 3G 133
Salcombe Clo. Can WS11 – 1A 6
Salcombe Clo. Nun CV11 – 2H 137
Salcombe Dri. Bri H DY5 – 5G 67
Salcombe Gro. Bil WV14 – 2E 43
Salcombe Rd. War B66 – 1B 72
Saldavian Ct. WS2 – 4E 33
Salem Rd. Hin LE10 – 5G 139
Salem St. Tip DY4 – 1B 56
Salford Cir. B23 – 4E 61
Salford Clo. Red B98 – 5E 145
Salford St. B6 – 4D 60
Salisbury Av. CV3 – 3B 132
Salisbury Clo. B13 – 3A 90
Salisbury Clo. DY1 – 2B 54
Salisbury Clo. Lich WS13 – 1G 151
Salisbury Dri. B46 – 2B 64
Salisbury Dri. Can WS12 – 5E 5
Salisbury Dri. Kid DY11 – 2A 140
Salisbury Dri. Nun CV10 – 1A 136
Salisbury Gro. Sut C B72 – 4A 50
Salisbury Rd. B8 – 1F 75
Salisbury Rd. B13 – 3A 90
Salisbury Rd. B19 – 4H 59
Salisbury Rd. Hin LE10 – 4H 139
Salisbury Rd. War B66 – 2B 72
Salisbury Rd. W Bro B70 – 3G 57
Salisbury St. WV3 – 2G 29
Salisbury St. Wed WS10 – 4C 32
Sally Ward Dri. WS9 – 4F 17
Salop Clo. W Bro B71 – 5E 45
Salop Dri. Can WS11 – 1D 6
Salop Dri. War B68 – 4F 71
Salop Rd. Red B97 – 3B 144
Salop Rd. War B68 – 3F 71
Salop St. B12 – 5B 74
Salop St. DY1 – 3C 54
Salop St. WV3 – 2G & 2H 29
Salop St. Bil WV14 – 1F 43
Salop St. War B69 – 4C 56
Saltash Gro. B25 – 4A 76
Saltbrook Rd. Hal B63 – 1C 84
Saltbrook Rd. Sto DY9 – 1C 84
Salter Rd. Tip DY4 – 4G 43
Salters La. Red B97 – 2A 144
Salters La. Tam B79 – 2C 134
Salter's La. W Bro B71 – 1H 57
Salter's Rd. WS9 – 4F 17
Salter St. Sol B94 – 5A 124
Salters Vale. W Bro B70 – 3H 57
Saltisford. Warw CV34 – 3D 146
Saltisford Gdns. Warw CV34 – 3C 146
Salt La. CV1 – 5B 116
Saltley Rd. B7 – 1C 74
Saltley Viaduct. B7 & B8 – 1D 74
Saltney Clo. B24 – 1B 62
Saltwell La. Bri H DY5 – 3C 68 (in two parts)
Saltwells Rd. DY2 – 3D 68 to 3F 69
Salwarpe Gro. B29 – 4H 87
Salwarpe Rd. Brom B60 – 5D 142
Sambar Rd. Tam B78 – 5B 134
Sambourn Clo. Sol B91 – 2G 109
Sambrook Rd. WV10 – 3C 20
Sam Gault Clo. CV3 – 2H 133
Sampson Clo. CV2 – 5F 101
Sampson Clo. War B69 – 5A 56
Sampson Rd. B11 – 5C 74
Sampson Rd. N. B11 – 5C 74
Sampson St. Wed WS10 – 1E 45
Sams La. W Bro B70 – 3F 57
Samuels Rd. B32 – 2E 87
Samuel St. WS3 – 1E 23
Sanda Croft. B36 – 1A 78
Sandalls Clo. B31 – 1G 119
Sandal Rise. Sol B91 – 4G 109
Sandals Rise. Hal B62 – 3B 86
Sandalwood Clo. Wil WV12 – 2A 22
Sandbank. WS3 – 1E 23 (in two parts)
Sandbarn Clo. Sol B90 – 3C 124
Sandbeds Rd. Wil WV12 – 5A 22
Sandbourne Rd. B8 – 2G 75
Sandby Clo. Nun CV12 – 2E 81
Sandcroft, The. B33 – 4F 77
Sanderling Clo. WV10 – 2D 12
Sanderling Rise. King DY6 – 5F 53
Sanders Clo. DY2 – 5F 55
Sanderson Ct. Kid DY11 – 3C 140
Sanders Rd. CV6 – 1F 101
Sanders Rd. Brom B61 – 4D 142
Sanders St. Tip DY4 – 1H 55
Sandfield. War B66 – 5G 57
Sandfield Clo. Sol B90 – 1G 123
Sandfield Gro. DY3 – 3G 53
Sandfield Rd. Sto DY8 – 4F 67
Sandfield Rd. W Bro B71 – 2G 45
Sandfields Av. B10 – 5C 74
Sandfields Rd. War B68 – 3F 71
Sandford Av. War B65 – 3B 70
Sandford Clo. CV2 – 4H 101
Sandford Rise. WV6 – 3E 19
Sandford Rd. B13 – 3B 90
Sandford Rd. DY1 – 3B 54
Sandford St. Lich WS13 – 3F 151
Sandford Wlk. B12 – 2B 90
Sandgate Cres. CV2 – 5H 117
Sandgate Rd. B28 – 3G 107
Sandgate Rd. Tip DY4 – 3H 43
Sandhill Farm Clo. B19 – 5H 59
Sandhills Cres. Sol B91 – 2E 125
Sandhill St. WS3 – 1D 22
Sandhurst Av. B36 – 5A 62
Sandhurst Av. Sto DY9 – 4H 83
Sandhurst Clo. Red B98 – 1F 145
Sandhurst Dri. WV4 – 5F 29
Sandhurst Gro. CV6 – 3A 116
Sandhurst Gro. Sto DY8 – 3E 67
Sandhurst Rd. B13 – 4A 90
Sandhurst Rd. King DY6 – 2F 67
Sandhurst Rd. Sut C B74 – 4F 27
Sandicliffe Clo. Kid DY11 – 1C 140
Sandilands Clo. CV2 – 4H 117
Sandland Clo. Bil WV14 – 4G 31
Sandland Rd. Wil WV12 – 2B 22
Sandmartin Clo. DY2 – 4E 69
Sandmartin Way. Kid DY10 – 5F 141
Sandmere Gro. B14 – 4E 107
Sandmere Rise. WV10 – 1B 20
Sandmere Rd. B14 – 4E 107
Sandon Clo. Red B98 – 2D 144
Sandon Gro. B24 – 2H 61
Sandon Rd. WV10 – 5G 11
Sandon Rd. Nun CV11 – 2E 137
Sandon Rd. Sto DY9 – 3B 84
Sandon Rd. War B66 & B17 – 4A 72
Sandown Av. CV6 – 4D 100
Sandown Av. WS6 – 4B 6
Sandown Dri. WV6 – 5A 18
Sandown Rise. L Spa CV32 – 2D 148

Sandown Rd.—Sharpless Rd.

Sandown Rd. B36 – 4B 62
Sandown Tower. B31 – 5A 104
Sandpipers Clo. Kid DY10 – 5G 141
Sandpipers Gdns. B38 – 2E 121
Sandpit Clo. Wed WS10 – 2G 45
Sandpit Cotts. CV5 – 5A 98
Sand Pits. B1 – 3G 73
Sandpits La. CV6 – 4G 99
Sandra Clo. WS9 – 4G 25
Sandringham Av. Wil WV12 – 3A 22
Sandringham Ct. Nun CV10 – 2C 136
Sandringham Dri. WS9 – 1G 25
Sandringham Dri. War B65 – 2B 70
Sandringham Pl. Sto DY8 – 4D 66
Sandringham Rd. B42 – 5F 47
Sandringham Rd. WV4 – 5F 29
Sandringham Rd. WV5 – 5A 40
Sandringham Rd. Hal B62 – 1H 85
Sandringham Rd. Sto DY8 – 4C 66
Sandringham Way. Bri H DY5 – 5H 67 & 1H 83
Sandstone Av. B45 – 2D 118
Sandstone Clo. DY3 – 1A 54
Sand St. W Bro B70 – 2C 56
Sandway Gdns. B8 – 1E 75
Sandway Gro. B13 – 2D 106
Sandwell Av. Wed WS10 – 5A 32
Sandwell Buisness Pk. War B66 – 4F 57
Sandwell Centre. W Bro B70 – 2F 57
Sandwell Ind. Est. War B66 – 4F 57
Sandwell Park Ind. Est. W Bro B70 – 4H 57
Sandwell Pl. War B66 – 4A 58
Sandwell Pl. Wil WV12 – 2B 22
Sandwell Rd. B21 – 4C to 3C 58
Sandwell Rd. WV10 – 1G 19
Sandwell Rd. W Bro B70 – 1F 57
Sandwell Rd. N. W Bro B71 – 1G 57
Sandwell Rd. Pas. W Bro B70 – 1F 57
Sandwell St. WS1 – 3H 33
Sandwell Wlk. WS1 – 3H 33
Sandwick Clo. CV3 – 1H 133
Sandwood Dri. B44 – 3A 48
Sandyacre Way. Sto DY8 – 2G 83
Sandy Cres. WV11 – 2H 21
Sandy Cres. Hin LE10 – 2D 138
Sandy Croft. B13 – 2D 106
Sandycroft. Sut C B72 – 2H 49
Sandyfields Est. DY3 – 4H 41
Sandyfields Rd. DY3 – 1F 53 to 4H 41
Sandy Hill Rise. Sol B90 – 3G 107
Sandy Hill Rd. Sol B90 – 4G 107
Sandy Hollow. WV6 – 1C 28
Sandy La. B6 – 5C 60
Sandy La. B11 & B10 – 5C 74
Sandy La. B42 – 4H 47
Sandy La. CV6 & CV1 – 3A 116
Sandy La. WV6 – 3E 19
Sandy La. WV8 – 4A 10
Sandy La. WV10 – 1A 20
Sandy La. Brom B61 – 4A 118
Sandy La. Can WS11 – 4A 4 (in two parts)
Sandy La. Kid DY11 – 1A 140
Sandy La. L Spa CV32 – 1B 148 (Blackdown)
Sandy La. Sto DY8 – 3C & 4C 82
Sandy La. Wed WS10 – 1H 45
Sandymount Rd. WS1 – 3H 33
Sandy Rd. Sto DY8 – 5D 82
Sandythorpe. CV3 – 3H 133
Sandy Wlk. Hin LE10 – 1D 138
Sandy Way. B15 – 4G 73
Sandy Way. Tam B77 – 2G 135
Sangwin Rd. Bil WV14 – 4E 43
Sankey Rd. Can WS11 – 3D 4
Sansome Rise. Sol B90 – 5G 107
Sansome Rd. Sol B90 – 5G 107
Sanstone Clo. WS3 – 5F 15
Sanstone Rd. WS3 – 5E 15
Santos Clo. CV3 – 1H 133
Santridge La. Brom B61 – 2D 142
Sant Rd. B31 – 2B 120
Sapcote Gro. CV2 – 3F 101
Sapcote Rd. Hin LE10 – 3H 139
Sapcote Trading Centre. War B64 – 2G 69
Saplings, The. Sut CB76 – 4D 50
Sapphire Ga. CV2 – 5G 117
Sara Clo. Sut C B74 – 5G 27
Sarah Gdns. WS5 – 5H 33
Sarah St. B9 – 4C 74
Saredon Clo. WS3 – 1A 24
Saredon Rd. WS6 – 3A 6
Sarehole Rd. B28 – 1E 107
Sargeaunt St. L Spa CV31 – 6B 149
Sargent Clo. B43 – 1H 47
Sargent's Hill. WS5 – 4C 34
Sark Dri. B36 – 1A 78
Saturn Rd. Can WS11 – 2D 4
Saumur Way. Warw CV34 – 4H 147
Saunders Av. Nun CV12 – 4E 81
Saunders Clo. Can WS12 – 1H 5
Saunton Clo. CV5 – 5D 98
Saunton Way. B29 – 5C 88
Saveker Dri. Sut C B76 – 1B 50
Savernake Clo. B45 – 5D 102
Saville Clo. B45 – 2E 119
Saville Clo. Hin LE10 – 1F 139
Saville Gro. Ken CV8 – 2D 150
Savoy Clo. B32 – 2A 88
Saxelby Clo. B14 – 5A 106
Saxon Clo. WS6 – 5E 7
Saxon Clo. Tam B77 – 5G 135
Saxon Ct. WV6 – 4C 18
Saxondale Av. B26 – 1C 92
Saxondrive. Tam B79 – 3D 134
Saxon Dri. War B65 – 2A 70
Saxonfields. WV6 – 4C 18
Saxon Mill La. Tam B79 – 3D 134
Saxon Rd. CV2 – 4E 117
Saxons Way. B14 – 5C 106
Saxon Wlk. Lich WS13 – 4E 151
Saxon Way. B37 – 3H 77
Saxon Wood Clo. B31 – 3A 104
Saxon Wood Rd. Sol B90 – 4B 124
Saxton Dri. Sut C B74 – 4F 27
Scafell Clo. CV5 – 4D 114
Scafell Dri. B23 – 5D 48
Scafell Dri. Bil WV14 – 4G 31
Scafell Rd. Sto DY8 – 2G 83
Scammerton. Tam B77 – 4H 135
Scampton Clo. WV6 – 1A 18
Scampton Way. Tam B79 – 1D 134
Scar Bank. Warw CV34 – 2D 146
Scarborough Clo. WS2 – 2E 33
Scarborough Rd. WS2 – 3E 33
Scarborough Way. CV4 – 2C 130
Scarsdale Rd. B42 – 4H 47
Schofield Av. W Bro B71 – 3E 45
Schofield Rd. B37 – 2H 77
Schofield Rd. CV7 – 1H 99
Schoolacre Rd. B34 – 5E 63
School Av. WS3 – 2F 23
School Av. WS8 – 1E 17
School Clo. B37 – 1H 77
School Clo. WS7 – 1D 8
School Clo. Can WS11 – 2A 8
School Clo. War B69 – 5A 56
School Cres. Can WS11 – 2A 8
School Dri. B47 – 5B 122
School Dri. Bil WV14 – 2G 43
School Dri. Brom B60 – 3E 143
School Dri. Sto DY8 – 5E 67
School Dri, The. DY2 – 5E 55
School Grn. Bil WV14 – 3D 30
School Hill. Nun CV10 – 1A 136
Schoolhouse Clo. B38 – 5G 105
School La. B33 – 4C 76
School La. B34 & B36 – 5E 63
School La. CV7 – 5D 80
School La. WS3 – 5G 7 (Gorsey La.)
School La. WS3 – 4A 16 (Pelsall)
School La. WS7 – 1C 8
School La. WV10 – 5A 12 & 1A 20 (Bushbury)
School La. WV10 – 1E 13 (Featherstone)
School La. Bri H DY5 – 2G 67
School La. Brom B60 – 1F 143
School La. Hal B63 – 4G 85
School La. Ken CV8 – 2B 150
School La. L Spa CV31 – 7E 149
School La. Sol B91 – 3F 109
School Pas. Bri H DY5 – 4C 68
School Rd. B13 – 5B 90
School Rd. B14 & B28 – 4D 106
School Rd. B28 – 5F 91 & 1G 107
School Rd. B45 – 2B 118
School Rd. DY3 – 2B 52
School Rd. WV5 – 4B 40
School Rd. WV6 – 5B 18
School Rd. WV11 – 4D 20
School Rd. Bri H DY5 – 3C 68
School Rd. Can WS11 – 2A 8
School Rd. Nun CV12 – 1A 80
School Rd. Sol B90 – 5H 107
School Rd. Sol B94 – 5B 124
School Rd. Wed WS10 – 2G 45
School St. DY1 – 3D 54
School St. DY3 – 3A 42
School St. WS4 – 1C 24
School St. WV3 & WV1 – 2H 29
School St. Bil WV14 – 3D 42
School St. Bri H DY5 – 5H 53
School St. Sto DY8 – 2E 83
School St. Tam B77 – 1E 135
School St. War B64 – 4E 69
School St. Wed WS10 – 4A 32 (Darlaston)
School St. Wed WS10 – 5B 32 (King's Hill)
School St. Wil WV13 – 2G 31
School Ter. B29 – 4E 89
School Wlk. WS7 – 1D 8
School Wlk. Bil WV14 – 3D 30
School Wlk. Nun CV11 – 4H 137
Scimitar Clo. Tam B79 – 1A 134
Scotchill, The. CV6 – 5H 99
Scotchings, The. B36 – 4C 62
Scotch Orchard. Lich WS13 – 2H 151
Scotia Rd. Can WS11 – 3B 4
Scotland La. B32 – 1E 103
Scotland Pas. W Bro B70 – 2G 157
Scotland St. B1 – 3G 73
Scots La. CV6 – 2G 115
Scott Av. WV4 – 5D 28
Scott Av. Nun CV10 – 1G 137
Scott Av. Wed WS10 – 2E 45
Scott Clo. Lich WS14 – 4G 151
Scott Gro. Sol B92 – 4B 92
Scott Ho. B43 – 4E 47
Scott Rd. B43 – 2E 47
Scott Rd. WS5 – 4C 34
Scott Rd. Ken CV8 – 4A 150
Scott Rd. L Spa CV31 – 6C 149
Scott Rd. Red B97 – 5A 144
Scott Rd. Sol B92 – 4B 92
Scott Rd. Tam B77 – 1F 135
Scotts Grn. Clo. DY1 – 4B 54
Scotts Rd. Sto DY8 – 2E 83
Scott St. Can WS12 – 3H 5
Scott St. Tip DY4 – 5A 44
Scott Way. WS7 – 1E 9
Scotwell Clo. War B65 – 3H 69
Scriber's La. B28 – 3E 107
Seacroft Av. B25 – 4B 76
Seafield Clo. King DY6 – 2E 67
Seaford Clo. CV2 – 3F 101
Seaforth Dri. Hin LE10 – 2C 138
Seagar St. W Bro B71 – 2G 57
Seagers La. Bri H DY5 – 3H 67
Seagrave Rd. CV1 – 5C 116
Sealand Dri. Nun CV12 – 3D 80
Seal Clo. Sut C B76 – 1C 50
Seals Grn. B38 – 2D 120
Searhill Clo. CV7 – 3C 128
Seaton. Tam B77 – 4F 135
Seaton Clo. Hin LE10 – 4H 139
Seaton Clo. Nun CV11 – 2H 137
Seaton Gro. B13 – 5H 89
Seaton Pl. Sto DY8 – 3C 66
Seaton Rd. War B66 – 1B 72
Seaton Tower. B31 – 5F 103
Sebastian Clo. CV3 – 4F 133
Seckhan Rd. Lich WS13 – 2F 151
Second Av. B9 – 4F 75
Second Av. B29 – 4G 89
Second Av. CV3 – 1G 133
Second Av. WS8 – 1E 17
Second Av. WV10 – 3B 20
Second Av. King DY6 – 4F & 5F 53
Sedge Av. B38 – 4E 105
Sedgeberrow Covert. B38 – 2D 120
Sedgeberrow Rd. Hal B63 – 4H 85
Sedgefield Clo. DY1 – 2A 54
Sedgefield Gro. WV6 – 5A 18
Sedgeford Clo. Bri H DY5 – 5H 67
Sedgehill Av. B17 – 3B 88
Sedgemere Gro. CV7 – 3D 128
Sedgemere Rd. B26 – 4C 76
Sedgemoor Rd. CV3 – 4F 133
Sedgemore Av. WS7 – 2G 9
Sedgley Clo. Red B98 – 2D 144
Sedgley Gro. B20 – 1D 58
Sedgley Hall Av. DY3 – 4H 41
Sedgley Hall Est. DY3 – 3G 41
Sedgley Rd. DY1 & Tip DY4 – 5D 42
Sedgley Rd. WV4 – 1E 41
Sedgley Rd. E. Tip DY4 – 2G 55
Sedgley Rd. W. Tip DY4 – 5E 43
Sedgley St. WV2 – 3H 29
Seedfield Croft. CV3 – 2C 132
Seedhouse Ct. War B64 – 5H 69
Seeds La. WS8 – 1E 17
Seekings, The. L Spa CV31 – 8C 149
Seeleys Rd. B11 – 2E 91
Sefton Gro. Wed WS10 – 2A 44
Sefton Rd. B16 – 4E 73
Sefton Rd. CV4 – 3F 131
Segbourne Rd. B45 – 1C 118
Segundo Clo. WS5 – 5H 33
Segundo Rd. WS5 – 5H 33
Selba Dri. Kid DY11 – 3A 140
Selborne Gro. B13 – 2D 106
Selborne Rd. B20 – 3F 59
Selbourne Clo. WS1 – 2A 34
Selbourne Cres. WV1 – 2D 30
Selbourne Rd. DY2 – 5E 55
Selbourne St. WS1 – 2A 34
Selby Clo. B26 – 4C 76
Selby Gro. B13 – 2D 106
Selby Ho. War B69 – 1B 70
Selby Way. WS3 – 5C 14
Selby Way. Nun CV10 – 2A 136
Selcombe Way. B38 – 2E 121
Selcroft Av. B32 – 2H 87
Selkirk Clo. W Bro B71 – 5F 45
Selly Av. B29 – 4F 89
Selly Clo. B29 – 4F 89
Selly Hall Croft. B30 – 2E 105
Selly Hill Rd. B29 – 4E 89
Selly Oak Rd. B30 – 2D 104
Selly Pk. Rd. B29 – 4F 89
Selly Wick Dri. B29 – 4F 89
Selly Wick Rd. B29 – 4F 89
Sellywood Rd. B30 – 1D 104
Selma Gro. B14 – 3D 106
Selman's Hill. WS3 – 5F 15
Selsdon Clo. B47 – 4D 122
Selsdon Clo. Kid DY11 – 3C 140
Selsdon Rd. WS3 – 5D 14
Selsey Av. B17 – 3B 72
Selsey Clo. CV3 – 4F 133
Selsey Rd. B17 – 3B 72
Selston Rd. B6 – 5A 60
Selvey Av. B43 – 1G 47
Selworthy Rd. B36 – 5G 63
Selworthy Rd. CV6 – 4C 100
Selwyn Clo. WV2 – 3H 29
Selwyn Rd. B16 – 3D 72
Selwyn Rd. Bil WV14 – 4G 31
Semele Clo. L Spa CV31 – 7E 149
Seneschal Rd. CV3 – 2C 132
Senior Clo. WV11 – 5G 13
Senneley's Pk. Rd. B31 – 5H 87
Sennen Clo. Nun CV11 – 5B 136
Sennen Clo. Wil WV13 – 2G 31
Sensall Rd. Sto DY9 – 3B 84
Serin Clo. Kid DY10 – 5F 141
Serpentine Rd. B6 – 4B 60
Serpentine Rd. B17 – 2B 88
Serpentine Rd. B29 – 4F 89
Serpentine, The. Kid DY11 – 4C 140
Settle Av. B34 – 1D 76
Settle Croft. B37 – 4H 77
Seven Acres. WS9 – 4F 25
Sevenacres La. Red B98 – 1F 145
Seven Acres Rd. B31 – 5B 104
Seven Acres Rd. Hal B62 – 2D 86
Seven Dwellings. Bri H DY5 – 4H 67
Seven Star Rd. Sol B91 – 2D 108
Seven Stars Rd. War B69 – 5D 56
Severn Av. Hin LE10 – 3C 138
Severn Clo. B36 – 5H 63
Severn Clo. L Spa CV32 – 2D 148
Severn Clo. Wil WV12 – 3H 21
Severn Dri. WS7 – 2H 9
Severn Dri. WV6 – 2A & 5A 18
Severn Dri. Bri H DY5 – 5G 53
Severne Gro. B27 – 5A 92
Severne Rd. B27 – 5A 92 & 1A 108
Severn Gro. Kid DY11 – 5B 140
Severn Rd. CV1 – 1D 132
Severn Rd. WS3 – 1G & 2G 23
Severn Rd. WS8 – 5C 8
Severn Rd. Hal B63 – 2D 84
Severn Rd. Nun CV12 – 1A 80
Severn Rd. Sto DY8 – 4E 83
Severn St. B1 – 4H 73
Severn Tower. B7 – 1C 74
Sevington Clo. Sol B91 – 1F 125
Sewall Highway. CV6 & CV2 – 1E to 3G 117
Seward Clo. Lich WS14 – 4H 151
Seymour Clo. B29 – 4F 89
Seymour Clo. CV3 – 4F 133
Seymour Clo. Warw CV35 – 4A 146
Seymour Dri. Red B98 – 1D 144
Seymour Gdns. Sut C B74 – 1F 37
Seymour Gro. Warw CV34 – 4H 147
Seymour Rd. Kid DY11 – 1B 140
Seymour Rd. Nun CV11 – 4G 137
Seymour Rd. Sto DY9 – 2B 84
Seymour Rd. Tip DY4 – 3A 44
Seymour Rd. War B69 – 5F 57
Seymour St. B4 – 3A 74
Seymour St. B12 – 1A 90
Shackleton Dri. WV6 – 1A 18
Shackleton Rd. WS3 – 1G 23
Shadowbrook La. Sol B92 – 1C 110
Shadowbrook Rd. CV6 – 3H 115
Shadwell Dri. DY3 – 2A 54
Shadwell St. B4 – 2H 73
Shady La. B44 – 2H 47
Shadymoor Dri. Bri H DY5 – 5H 67
Shaftesbury Av. CV7 – 1H 99
Shaftesbury Av. Hal B63 – 5D 68
Shafesbury Av. Sto DY9 – 4H 83
Shaftesbury Dri. Can WS12 – 1F 5
Shaftesbury Rd. CV5 – 1G 131
Shaftesbury Rd. Wed WS10 – 2E 45
Shaftesbury Sq. W Bro B71 – 1F 57
Shaftesbury St. W Bro B70 & B71 – 1F 57
Shaft La. CV7 – 3F 97
Shaftmoor La. B28 & B27 – 4F 91
Shaftsbury Rd. B26 – 2E 93
Shakespeare Av. Lich WS14 – 4G 151
Shakespeare Av. Nun CV12 – 4G 81
Shakespeare Av. Red B98 – 3D 144
Shakespeare Av. Warw CV34 – 5C 146
Shakespeare Clo. Bil WV14 – 2E 43
Shakespeare Clo. Tam B79 – 2C 134
Shakespeare Cres. WS3 – 2H 23
Shakespeare Dri. Hin LE10 – 2E 139
Shakespeare Dri. Kid DY10 – 2G 141
Shakespeare Dri. Sol B90 – 1H 123
Shakespeare Gro. Can WS11 – 3B 4
Shakespeare Pl. WS3 – 3H 23
Shakespeare Rd. DY3 – 1F 53
Shakespeare Rd. WS7 – 1E 9
Shakespeare Rd. Sol B90 – 1B 124
Shakespeare Rd. Tip DY4 – 4H 43
Shakespeare Rd. War B67 – 2G 71
Shakespeare St. B11 – 2D 90
Shakespeare St. CV2 – 3E & 4E 117
Shakespeare St. WV1 – 2A 30
Shakleton Rd. CV5 – 5H 115
Shaldon Wlk. War B66 – 1B 72
Shale St. Bil WV14 – 5E 31
Shalford Rd. Sol B92 – 3B 92
Shallcross La. DY3 – 2H 53
Shalnecote Gro. B14 – 3G 105
Shambles, The. Wed WS10 – 2D 44
Shandon Clo. B32 – 4H 87
Shanklin Clo. WS6 – 4D 6
Shanklin Dri. Nun CV10 – 2G 137
Shanklin Rd. CV3 – 4F 133
Shannon Dri. WS8 – 5B 8
Shannon Rd. B38 – 2D 120 to 1E 121
Shannon Rd. WS8 – 5B & 5C 8 (in three parts)
Shannon Wlk. WS8 – 5B 8
Shapinsay Dri. B45 – 1C 118
Shard End Cres. B34 – 1E & 1F 77
Shardlow Rd. WV11 – 2F 21
Shardway, The. B34 – 1F 77
Sharesacre St. Wil WV13 – 5H 21
Sharman Rd. WV10 – 3A 20
Sharmans Cross Rd. Sol B91 – 4B 108
Sharon Clo. WV4 – 5B 30
Sharon Way. Can WS12 – 3F 5
Sharp Clo. CV6 – 4A 100
Sharpe Clo. Warw CV34 – 3E 147
Sharpe St. Tam B77 – 1G 135
Sharpless Rd. Hin LE10 – 4G 139

Sharps Clo.—Six Acres.

Sharps Clo. B45 – 2D 118
Sharp St. Tip DY4 – 2H 55
Sharrat Field. Sut C B75 – 1B 38
Sharratt Rd. Nun CV12 – 4D 80
Sharrocks St. WV1 – 2A 30
Shaw Av. Kid DY10 – 2G 141
Shawbank Rd. Red B98 – 3E 145
Shawberry Rd. B37 – 1H 77
Shawbrook Gro. B14 – 4C 106
Shawbury Clo. Red B98 – 3H 145
Shawbury Gro. B12 – 5B 74
Shawbury Gro. WV6 – 1A 18
Shawbury Rd. WV10 – 4B 20
Shawbury Tower. B35 – 2D 62
Shaw Dri. B33 – 4C 76
Shawe Av. Nun CV10 – 1F 137
Shawfields. B47 – 3B 122
Shaw Hall La. WV9 – 2G 11
Shaw Hill Gro. B8 – 2G 75
Shaw Hill Rd. B8 – 2G 75
Shawhurst Croft. B47 – 2C 122
Shawhurst La. B47 – 3B 122
Shaw La. WV6 – 1B 28
Shaw La. Lich WS13 – 2F 151
Shawley Croft. B27 – 3B 92
Shaw Rd. DY2 – 5D 54
Shaw Rd. WV2 – 4H 29
Shaw Rd. WV10 – 3H 19
Shaw Rd. Bil WV14 – 3C 42
Shaw Rd. Tip DY4 – 1A 56
Shawsdale Rd. B36 – 5C 62
Shaws La. WS6 – 5D 6
Shaw's Pas. B5 – 3A 74
Shaw St. WS2 – 1G 33
Shaw St. W Bro B70 – 4C 44
Sheaf La. B26 – 2E 93
Shearwater Clo. Kid DY10 – 5G 141
Shearwater Dri. Bri H DY5 – 1G 83
Sheaves Clo. Bil WV14 – 1C 42
Shedden St. DY2 – 4E 55
Sheddington Rd. B23 – 4E 49
Sheen Rd. B44 – 1A 48
Sheepclose Dri. B37 – 3A 78
Sheepcote Clo. L Spa CV32 – 3C 148
Sheepcote Grange. Brom B61 – 1D 142
Sheepcote La. Tam B77 – 2F 135
Sheepcote St. B16 – 3F 73
Sheepfold Clo. War B65 – 2H 69
Sheepmoor Clo. B17 – 5H 71
Sheepwash La. Tip DY4 – 1B 56
Sheffield Rd. Sut C B73 – 4G 49
Sheffield St. Bri H DY5 – 4C 68
Shefford Rd. B6 – 1A 74
Sheila Av. WV11 – 2F 21
Shelah Rd. Hal B63 – 1G 85
Shelbourne Clo. War B69 – 3B 56
Sheldon Av. Wed WS10 – 1D 44
Sheldon Clo. Bil WV14 – 1E 43
Sheldonfield Rd. B26 – 2F 93
Sheldon Gro. B26 – 2E 93
Sheldon Gro. Warw CV34 – 2E 147
Sheldon Hall Av. B33 – 3F & 3G 77
Sheldon Heath Rd. B26 – 4D 76 to 5E 77
Sheldon Rd. WV10 – 1F 19
Sheldon Rd. Red B98 – 4E 145
Sheldon Rd. W Bro B71 – 3G 45
Sheldon Wlk. B33 – 4E 77
Shelduck Clo. Kid DY10 – 5G 141
Shelfield Clo. CV5 – 4D 114
Shelfield Rd. B14 – 4H 105
Shelley Av. Tip DY4 – 4H 43
Shelley Av. Warw CV34 – 5C 146
Shelley Clo. DY3 – 5F 41
Shelley Clo. Nun CV12 – 4G 81
Shelley Clo. Red B97 – 4A 144
Shelley Clo. Sto DY8 – 5F 67
Shelley Croft. B33 – 2D 76
Shelley Dri. Sut C B74 – 3F 27
Shelley Gdns. Hin LE10 – 1F 139
Shelley Ho. War B68 – 2F 71
Shelley Rd. CV2 – 4G 117
Shelley Rd. WS7 – 1F 9
Shelley Rd. WV10 – 1H 19
Shelley Rd. Can WS11 – 2C 4
Shelley Rd. Tam B79 – 1B 134
Shelley Rd. Wil WV12 – 3C 22
Shelley Tower. B31 – 4B 104
Shelly Clo. B37 – 3H 77
Shelly Cres. Sol B90 – 2E 125
Shelsley Av. War B69 – 1B & 2B 70
Shelsley Dri. B13 – 5C 90
Shelsley Way. Sol B91 – 1E 125
Shelton Clo. Wed WS10 – 5F 33
Shelton La. Hal B63 – 2F 85
Shelton Sq. CV1 – 5B 116
Shelton St. Tam B77 – 5G 135
Shenley Av. DY1 – 5D 42
Shenley Fields Dri. B31 – 1H 103
Shenley Fields Rd. B29 – 1A 104
Shenley Gdns. B29 – 2A 104
Shenley Grn. B29 – 2H 103
Shenley Hill. B31 – 2H 103
Shenley La. B29 – 1H 103
Shenstone Av. Hal B62 – 2C 86
Shenstone Av. Sto DY8 – 3D & 4D 82
Shenstone Clo. Brom B60 – 2E 143
Shenstone Clo. Sut C B74 – 4F 27
Shenstone Ct. WV3 – 4F 29
Shenstone Dri. CV7 – 3B 128
Shenstone Dri. WS9 – 2F 25
Shenstone Rd. B14 – 1B 122
Shenstone Rd. B16 – 3C 72
Shenstone Rd. B43 – 3D 46
Shenstone Valley Rd. Hal B62 – 1C 86
Shenstone Wlk. Hal B62 – 2B 86
Shenton Wlk. B37 – 1H 77
Sheperton St. Nun CV11 – 4F 137
Shepheard Rd. B26 – 2F 93
Shepherd Clo. CV4 – 4C 114
Shepherd Dri. Wil WV12 – 4A 22
Shepherds Brook Rd. Sto DY9 – 2A 84
Shepherd's Clo. Lich WS13 – 1G 151
Shepherds Fold. War B65 – 4A 70
Shepherds Gdns. B15 – 4G 73
Shepherds Grn. Rd. B24 – 3F 61
Shepherds Pool Rd. Sut C B75 – 1B 38
Shepherds Standing. B34 – 1E 77
Shepherds Wlk. WV8 – 1E 19
Shepherds Way. B23 – 3D 48
Shepley Rd. B45 – 2E 119
Sheppey Ct. War B66 – 4G 57
Sheppey Dri. B36 – 1B 78
Shepwell Gdns. WV10 – 2D 12
Shepwell Grn. Wil WV13 – 2A 32
Sherard Croft. B36 – 1A 78
Sheraton Clo. WS9 – 3F 25
Sheraton Clo. Can WS12 – 1D 4
Sheraton Dri. Kid DY10 – 2G 141
Sheraton Grange. Sto DY8 – 4F 83
Sherborne Av. Can WS12 – 3G 5
Sherborne Clo. B46 – 2E 79
Sherborne Clo. WS3 – 3F 23
Sherborne Gdns. WV8 – 5A 10
Sherborne Gro. B1 – 3F 73
Sherborne Rd. WV10 – 1A 20
Sherborne Rd. Hin LE10 – 3H 139
Sherborne St. B16 – 4F 73
Sherbourne Av. Nun CV10 – 2A 136
Sherbourne Clo. Red B98 – 4G 145
Sherbourne Ct. B27 – 3A 92
Sherbourne Cres. CV5 – 3G 115
Sherbourne Dri. B27 – 3A 92
Sherbourne Pl. L Spa CV32 – 3B 148
Sherbourne Rd. B12 – 1A 90
Sherbourne Rd. B27 – 3A 92
Sherbourne Rd. Sto DY8 – 3G 83
Sherbourne Rd. War B64 – 5H 69
Sherbourne Rd. E. B12 – 1B 90
Sherbourne St. CV1 – 5A 116
Sherbourne Ter. L Spa CV32 – 4B 148
Sherbrooke Av. Tam B77 – 5F 135
Sherbrook Rd. Can WS11 – 5A 4
Sherdmore Croft. Sol B90 – 3D 124
Sheridan Clo. WS2 – 4E 33
Sheridan Gdns. DY3 – 1F 53
Sheridan St. WS2 – 3E 33
Sheridan St. W Bro B71 – 1G 57
Sheridan Wlk. B35 – 2D 62
Sheriff Av. CV4 – 2D 130
Sheriff Dri. Bri H DY5 – 3B 68
Sherifoot La. Sut C B75 – 5H 27
Sheringham. B15 – 5D 72
Sheringham Clo. Nun CV11 – 5H 137
Sheringham Dri. WV11 – 1A 22
Sheringham Rd. B30 – 4G 105
Sherington Av. CV5 – 4E 115
Sherington Dri. WV4 – 5A 30
Sherlock Clo. Wil WV12 – 4B 22
Sherlock Rd. CV5 – 4F 115
Sherlock St. B5 – 5A 74
Sherrans Dell. WV4 – 1A 42
Sherratt Clo. Sut C B76 – 4C 50
Sherron Gdns. B12 – 2B 90
Sherston Covert. B30 – 5G 105
Shervale Clo. WV4 – 4F 29
Sherwin Av. Bil WV14 – 2C 42
Sherwood Av. Tip DY4 – 1G 55
Sherwood Clo. B28 – 3F 107
Sherwood Clo. Sol B92 – 1C 108
Sherwood Dri. Bri H DY5 – 4B 68
Sherwood Dri. Can WS11 – 3E 5
Sherwood Rd. B28 – 1F 107
Sherwood Rd. Brom B60 – 5D 142 & 5E 143 (in two parts)
Sherwood Rd. Sto DY8 – 1E 83
Sherwood Rd. War B67 – 4A 72
Sherwood St. WV1 – 5G 19
Sherwood Wlk. B45 – 5E 103
Sherwood Wlk. WS9 – 3D 24
Sherwood Wlk. L Spa CV32 – 2D 148
Shetland Clo. B16 – 3E 73
Shetland Clo. CV5 – 3C 114
Shetland Dri. Nun CV10 – 4D 136
Shetland Dri. War B66 – 5G 57
Shetland Rd. CV3 – 4F 133
Shetland Wlk. B36 – 1A 78
Shidas La. War B69 – 5C 56
Shifnal Wlk. B31 – 1H 119
Shillcock Gro. B19 – 1A 74
Shilton Clo. Sol B90 – 3C 124
Shilton Gro. B29 – 1H 103
Shilton La. CV2 & CV7 – 4H 101
Shilton La. Nun CV12 – 2C 80
Shinwell Cres. War B69 – 3B 56
Shipbourne Clo. B32 – 2H 87
Shipley Gro. B29 – 5A 88
Shipston Rd. B31 – 5B 104
Shipston Rd. CV2 – 2G 117
Shipton Rd. Sut C B72 – 1A 50
Shipway Rd. B25 – 1G 91
Shire Clo. B16 – 3E 73
Shire Clo. CV6 – 5F 101
Shire Clo. War B68 – 4E 71
Shirehall Pl. Can WS12 – 4F 5
Shireland Brook Gdns. B18 – 2D 72
Shireland Clo. B20 – 2D 58
Shireland Rd. War B66 – 2B 72
Shires Ind. Est. Lich WS14 – 4B 134
Shirestone Rd. B33 – 3G 77
Shireview Gdns. WS3 – 4B 16
Shireview Rd. WS3 – 4A 16
Shirlea Clo. WS7 – 1G 9
Shirlett Clo. CV2 – 3E 101
Shirley Dri. Sut C B72 – 1A 50
Shirley La. CV7 – 3G 113
Shirley Pk. Rd. Sol B90 – 5H 107
Shirley Rd. B28 & B27 – 2G 107 to 4H 91
Shirley Rd. B30 – 3F 105
Shirley Rd. DY2 – 4F 55
Shirley Rd. War B68 – 1F 71
Shirley Wlk. Tam B79 – 1B 134
Shirrall Gro. B37 – 2H 77
Shoal Hill Clo. Can WS11 – 4A 4
Sholing Clo. WV8 – 1E 19
Shooters Clo. B5 – 1H 89
Shooters Hill. Sut C B72 – 2A 50
Shopping Pde. WV8 – 5B 10
Shopton Rd. B34 – 5D 62
Shoreham Clo. Wil WV13 – 2E 31
Shorncliffe Rd. CV6 – 2F 115
Short Acre St. WS2 – 1G 33
Shortbrook La. CV7 – 4H 127
Shortbutts La. Lich WS14 – 5F 151
Shorters Av. B14 – 4C 106
Short Heath Rd. B23 – 5E 49
Shortland Clo. Sol B93 – 2A 126
Shortlands. CV7 – 1C 100
Shortlands Clo. B30 – 5F 105
Shortlands La. WS3 – 4H 15
Short La. WS6 – 4C 6
Shortley Rd. CV3 – 1D 132
Short Rd. WV10 – 1A 20
Short Rd. War B67 – 3G 71
Short St. CV1 – 5C 116
Short St. DY1 – 3C 54
Short St. WS2 – 2G 33
Short St. WS8 – 2E 17
Short St. WV1 – 1H 29
Short St. Bil WV14 – 4E 31
Short St. Can WS11 – 3C 4
Short St. Hal B63 – 2G 85
Short St. Nun CV10 – 3B 136
Short St. Sto DY8 – 2E 83
Short St. Tip DY4 – 4F 43
Short St. War B65 – 4A 70
Short St. Wed WS10 – 1C 44
Short St. Wed WS10 – 3D 32 (Darlaston)
Short St. Wil WV12 – 4A 22
Shortwood Clo. B34 – 5D 62
Shorwell Pl. Bri H DY5 – 5G 67
Shottery Clo. CV5 – 4D 114
Shottery Gro. B11 – 2H 91
Shottery Gro. Sut C B76 – 3C 50
Shottery Rd. Sol B90 – 1H 123
Shotteswell Rd. Sol B90 – 2H 123
Showell La. WV4 – 1A 40
Showell Cir. WV10 – 2B 20
Showell Grn. La. B11 – 4D 90
Showell Ho. War B69 – 5D 56
Showell La. CV7 – 5F 97
Showell Rd. WV10 – 3H 19 & 3A 20
Showells Gdns. B7 – 5D 60
Shrawley Av. Kid DY11 – 5B 140
Shrawley Clo. Hal B63 – 4H 85
Shrawley Ho. B31 – 5C 104
Shrawley Rd. B31 – 5C 104
Shrewley Cres. B33 – 4G 77
Shrewsbury Clo. WS3 – 1D 22
Shrewsbury Rd. Kid DY11 – 3A 140
Shrewton Av. B14 – 5H 105
Shropshire Row. King DY6 – 3F 53
Shrubberies, The. CV4 – 4F 131
Shrubbery Av. Tip DY4 – 1E 55
Shrubbery Pl. Tip DY4 – 5F 43
Shrubbery Rd. Brom B61 – 4C 142
Shrubbery St. Kid DY10 – 2F 141
Shrublands Av. War B68 – 1E 87
Shrubland St. L Spa CV31 – 6B 149 (in two parts)
Shrub La. B24 – 2H 61
Shuckburgh Gro. L Spa CV32 – 3C 148
Shugborough Dri. DY1 – 3A 54
Shugborough Way. Can WS12 – 5F 5
Shulmans Wlk. CV2 – 1G 117
Shultern La. CV4 – 3E 131
Shustoke La. WS5 – 1B 46
Shustoke Rd. B34 – 1F 77
Shustoke Rd. Sol B91 – 3F 109
Shut La. B5 – 3A 74
Shut La. CV1 – 5C 116
Shutlock La. B13 – 5H 89
Shuttle St. CV6 – 1E 117
Shyltons Croft. B16 – 4F 73
Sibdon Gro. B31 – 2A 120
Sibree Rd. CV3 – 4E 133
Sibton Clo. CV2 – 5F 101
Sidaway Clo. War B65 – 1B 70
Sidaway St. War B64 – 4F 69
Sidcup Clo. Bil WV14 – 1D 42
Sidcup Rd. B44 – 3C 48
Siddeley Av. CV3 – 1E 133
Siddeley Av. Ken CV8 – 4A 150
Siddeley Wlk. B36 – 4H 63
Siddons Clo. Lich WS13 – 1E 151
Siddons Rd. Bil WV14 – 2E 43
Sidenhill Clo. Sol B90 – 1H 123
Sidford Gro. B23 – 4E 49
Sidlaw Clo. WV10 – 3G 19
Sidlaw Clo. Hal B63 – 4E 85
Sidmouth Clo. CV2 – 1F 117
Sidmouth Clo. Nun CV11 – 2H 137
Sidney St. WV2 – 3H 29
Sidwick Cres. WV2 – 4C 30
Sigmund Clo. WV1 – 1D 30
Signal Hayes Rd. Sut C B76 – 2C 50
Signal Wlk. Tam B77 – 2G 135
Silesbourne Clo. B36 – 4E 63
Silhill Hall Rd. Sol B91 – 2D 108
Silica Rd. Tam B77 – 2H 135
Silksby St. CV3 – 2B 132
Sillins Av. Red B98 – 3D 144
Silva Av. King DY6 – 2F 67
Silver Birch Av. Nun CV12 – 3C 80
Silver Birch Coppice. Sut C B74 – 4E 27
Silver Birch Dri. Kid DY10 – 3H 141
Silver Birch Rd. B24 – 5H 49
Silver Birch Rd. B37 – 1H 77
Silver Birch Rd. WV2 – 4A 30
Silver Birch Rd. Can WS11 – 3B 8
Silver Birch Rd. Nun CV12 – 4D 80
Silverbirch Rd. Sol B91 – 4G 109
Silver Birch Rd. Sut C B74 – 2A 36
Silver Ct. WS8 – 2E 17
Silver Ct. Gdns. WS8 – 2E 17
Silvercroft Av. B20 – 2D 58
Silverdale. Brom B61 – 2D 142
Silverdale Clo. CV2 – 3E 101
Silverdale Dri. WV10 – 4A 20
Silverdale Gdns. Sto DY8 – 2C 66
Silverdale Rd. B24 – 1A 62
Silverfield Clo. B14 – 1A 106
Silver Innage. Hal B63 – 1D 84
Silverlands Av. War B68 – 3E 71
Silverlands Clo. B28 – 5F 91
Silver Link Rd. Tam B77 – 3F 135
Silvermead Rd. Sut C B73 – 3G 49
Silvermere Rd. B26 – 1F 93
Silver's Clo. WS3 – 4H 15
Silverstone Av. Kid DY11 – 1D 140
Silverstone Clo. WS2 – 5B 22
Silverstone Dri. Sut C B74 – 4A 36
Silver St. B14 – 1A 106
Silver St. B38 & B47 – 4A 122 (in two parts)
Silver St. CV1 – 4B 116
Silver St. WS8 – 2E 17
Silver St. Bri H DY5 – 4G 67
Silver St. Kid DY10 – 2E 141
Silver St. Red B97 – 2C 144
Silver St. Tam B79 – 3C 134
Silverthorne Av. Tip DY4 – 1E 55
Silverthorne La. War B64 – 4D 68
Silverton Cres. B13 – 5E 91
Silverton Heights. War B67 – 1H 71
Silverton Rd. CV6 – 1D 116
Silverton Rd. War B67 – 1H 71
Silverton Way. WV11 – 4G 21
Silver Wlk. Nun CV10 – 4D 136
Silvester Rd. Bil WV14 – 4F 31
Silvington Clo. B29 – 1C 104
Simcox Gdns. B32 – 4F 87
Simcox Rd. Wed WS10 – 5D 32
Simcox St. Can WS12 – 2G 5
Simeon's Wlk. Bri H DY5 – 1B 84
Simkins Clo. WS9 – 4F 17
Simmonds Clo. WS3 – 5F 15
Simmonds Pl. WS3 – 5G 15
Simmonds Pl. Wed WS10 – 3C 32
Simmonds Rd. WS3 – 4F 15
Simmonds Way. WS8 – 3F 17
Simmons Dri. B32 – 2F 87
Simmons Leasow. B32 – 4G 87
Simmons Rd. WV11 – 1H 21
Simms La. B47 – 3B 122
Simms La. DY2 – 1D 68
Simon Clo. Nun CV11 – 4G 137
Simon Clo. Tip DY4 – 1F 55
Simon Clo. W Bro B71 – 3H 45
Simon Rd. B47 – 2C 122
Simons Rd. B7 – 2B 74
Simon Stone St. CV6 – 5D 100
Simpson Gro. WV10 – 3B 20
Simpson Rd. WS2 – 4E 23
Simpson Rd. WV10 – 3A 20
Simpson Rd. Lich WS13 – 1G 151
Simpson Rd. Sut C B72 – 3H 49
Simpson St. War B69 – 5D 56
Singer Clo. CV6 – 1E 117
Singer Croft. B36 – 3H 63
Singh Clo. B21 – 4D 58
Sion Av. Kid DY10 – 1F 141
Sion Clo. Bri H DY5 – 3H 67
Sion Hill. Kid DY10 – 1F 141
Sir Alfred's Way. Sut C B76 – 1B 50
Sir George's Mall. Kid DY10 – 2E 141
Sir Harry's Rd. B15 & B5 – 1G 89
Sir Henry Parkes Rd. CV4 & CV5 – 2E 131
Sir Hilton's Rd. B31 – 2B 120
Sir John's Rd. B29 – 3G 89
Sir Richard's Dri. B17 – 1H 87
Sir Thomas White's Rd. CV5 – 5G 115
Sir Walter's Mall. Kid DY10 – 2E 141
Sir William Lyons Rd. CV4 – 3E 131
Sisefield Rd. B38 – 1E & 1F 121
Siskin Dri. B12 – 2A 90
Siskin Dri. CV3 – 5G 133
Siskin Rd. WS7 – 3H 9
Siskin Rd. Sto DY9 – 3H 83
Siskin Way. Kid DY10 – 5G 141
Siviters Clo. War B65 – 3A 70
Siviters La. War B65 – 3A 70
Siviter St. Hal B63 – 3A 86
Six Acres. B32 – 3F 87

Six Foot Rd.—Springfield.

Six Foot Rd. DY2 – 2E 69
Six Ways. B23 – 2F 61
Skelcher Rd. Sol B90 – 4G 107
Skelwith Rise. Nun CV11 – 5B 136
Skemp Clo. Bil WV14 – 1F 43
Sketchley La. Hin LE10 – 5D 138 & 5E 139
Sketchley Manor La. Hin LE10 – 5E 139
Sketchley Meadows. Hin LE10 – 5D 138
Sketchley Old Village. Hin LE10 – 5E 139
Sketchley Rd. Hin LE10 – 5F 139
Skiddaw Clo. B23 – 5D 48
Skidmore Av. WV3 – 3F 29
Skidmore Dri. W Bro B70 – 2D 56
Skidmore Rd. Bil WV14 – 2E 43 (in two parts)
Skilts Av. Red B98 – 4D 144
Skinner La. B5 – 4A 74
Skinner St. WV1 – 2H 29
Skip La. WS5 – 5D 34 to 2E 35
Skipton Gdns. CV2 – 1F 117
Skipton Grn. WV6 – 4F 19
Skipton Pl. Can WS11 – 1A 6
Skipton Rd. B16 – 4F 73
Skomer Clo. B45 – 1B 118
Skomer Ct. War B66 – 5G 57
Sky Blue Way. CV1 – 5C 116
Skye Clo. B36 – 5A 64
Skye Clo. Nun CV10 – 4D 136
Skye Wlk. War B64 – 4F 69
Skylark Clo. Bri H DY5 – 3H 53
Slack La. B20 – 3D 58
Slacky La. WS3 – 2H 23
Slade Av. WS7 – 1F 9
Slade Clo. Sol B93 – 3H 125
Slade Clo. W Bro B71 – 2H 45
Sladefield Rd. B8 – 1G 75
Slade Gdns. WV8 – 4A 10
Slade Hill. Warw CV35 – 4A 146
Slade La. B28 – 4E 107
Slade La. Sut C B75 – 1D 38
Slade Lanker. B34 – 1D 76
Slade Meadow. L Spa CV31 – 7E 149
Sladepool Farm Rd. B14 – 4B 106
Slade Rd. B23 – 1E to 3E 61
Slade Rd. WV10 – 5H 11
Slade Rd. Hal B63 – 1D 84
Slade Rd. Sut C B75 – 1B 38
Slade View Rise. Can WS12 – 1H 5
Slaithwaite Rd. W Bro B71 – 1G 57
Slaney Ct. WS2 – 4F 33
Slaney Rd. WS2 – 4E 33
Slatch Ho. Rd. War B67 – 4H 71
Slateley Croft. Sol B90 – 3C 124
Slate Row. WS3 – 5A 16
Slater Rd. Sol B93 – 4G 125
Slater's La. WS2 – 4E 33
Slater's Pl. WS2 – 4E 33
Slater St. Bil WV14 – 1F 43
Slater St. Tip DY4 – 1H 55 (Dudley Port)
Slater St. Tip DY4 – 1B 56 (Great Bridge)
Slater St. Wed WS10 – 4B 32
Slater St. Wil WV13 – 1A 32 (in two parts)
Sleaford Gro. B28 – 1G 107
Sleaford Rd. B28 – 1H 107
Sleath's Yd. Nun CV12 – 3F 81
Sledmere Clo. CV2 – 3F 101
Sledmore Rd. DY2 – 5F 55
Slideslow Av. Brom B60 – 3E 143
Slieve, The. B20 – 2E 59
Slim Av. Bil WV14 – 2F 43
Slim Rd. WS2 – 1C 32
Slims Ga. Hal B63 – 3G 85
Slingfield Rd. B31 – 5C 104
Slingsby Clo. Nun CV11 – 4H 137
Sling, The. DY2 – 5D 54
Sling, The. Kid DY10 – 3D 140
Slitting Mill Clo. B21 – 4B 58
Sloane St. B1 – 3G 73
Slough La. B38 – 1A 122
Slough La. B47 – 1A 122
Smallbrook La. WV5 – 4C 40
Smallbrook Queensway. B5 – 4H 73
Smalldale Rd. B42 – 4H 47
Smalley Clo. Can WS11 – 2E 5
Smalley Pl. Ken CV8 – 3B 150
Small Heath Bri. B11 & B10 – 5D 74
Small Heath Highway. B10 – 5C 74
Smallridge. Lich WS13 – 1E 151
Smallshire Way. Sto DY8 – 5D 66
Small St. WS1 – 3G 33
Small St. W Bro B71 – 5E 45
Smallwood Clo. Sut C B76 – 1C 50
Smallwood Rd. WV8 – 1D 18
Smallwood St. Red B98 – 3C 144
Smarts Av. Lich WS14 – 3G 27
Smarts Rd. Nun CV12 – 4D 80
Smeaton Gdns. B18 – 2D 72
Smeed Gro. B24 – 2H 61
Smestow St. WV10 – 5A 20
Smethwick Ho. War B68 – 3F 71
Smethwick New Enterprise Centre. War B66 – 5A 58
Smillie Pl. Can WS11 – 3D 4
Smirrells Rd. B28 – 3F 107
Smith Av. Wed WS10 – 5B 32
Smith Clo. Bil WV14 – 2C 42
Smithfield Pas. B5 – 4A 74
Smithfield Rise. Lich WS13 – 2G 151
Smithfield Rd. WS3 – 1G 23 (in two parts)
Smithfields. Sto DY8 – 2F 83
Smithfield St. B5 – 4A 74
Smithford Way. CV1 – 4B 116
Smith Ho. WS3 – 5F 15
Smithmoor Cres. W Bro B71 – 3H 45
Smith Pl. Tip DY4 – 1H 55
Smith Rd. WS2 – 4F 33
Smith Rd. Wed WS10 – 3C 44
Smiths Clo. B32 – 5E 87
Smiths Clo. WS7 – 2D 8
Smiths La. Sol B93 – 3G 125
Smith St. B19 – 1G 73
Smith St. CV6 – 3D 116
Smith St. DY2 – 5F 55
Smith St. Bil WV14 – 5E 31
Smith St. L Spa CV31 – 5B 149
Smith St. Nun CV12 – 4D 80
Smith St. Red B98 – 2C 144
Smith St. Warw CV34 – 4E 147
Smithy Dri. WS3 – 4A 16
Smithy La. Bri H DY5 – 3G & 4G 53
Smithy La. Lich WS13 – 2F 151
Smithy La. Tam B77 – 5G 135
Smithy, The. B26 – 1E 93
Smorrall La. Nun CV12 – 4A to 4D 80
Smout Cres. Bil WV14 – 2B 42
Smakes Lake La. Brom B61 – 1B 142
Snape Rd. CV2 – 3H 117
Snape Rd. WV11 – 1H 21
Snapes Lodge. Wil WV12 – 4A 22
Sneyd Hall Clo. WS3 – 2D 22
Sneyd Hall Rd. WS3 – 1D 22
Sneyd La. WS3 – 1C 22
Snipe Clo. WV10 – 2D 12
Snowberry Dri. Bri H DY5 – 3H 53
Snowdon Clo. Kid DY11 – 1C 140
Snowdon Clo. Nun CV10 – 3A 136
Snowdon Gro. Hal B63 – 5E 85
Snowdon Rise. DY3 – 5A 42
Snowdon Rd. Can WS11 – 1C 4
Snowdon Rd. Sto DY8 – 1G 83
Snowdon Way. WV10 – 3G 19
Snowford Clo. Sol B90 – 1F 123
Snow Hill. B4 – 3H 73
Snow Hill. WV2 – 2H 29
Snow Hill Queensway. B4 – 3A 74
Snowshill Clo. Red B98 – 1E 145
Snowshill Dri. Sol B90 – 4A 124
Soar Way. Hin LE10 – 3C 138
Soberton Clo. WV11 – 2G 21
Soden Clo. CV3 – 3G 133
Soho Av. B18 – 5F 59
Soho Clo. War B66 – 1B 72
Soho Hill. B19 – 5F 59
Soho Ho. War B66 – 1B 72
Soho Rd. B21 – 4D 58
Soho St. War B66 – 1B 72
Soho Way. War B66 – 1B 72
Solent Clo. WV9 – 5F 11
Solihull By-Pass – 3F 109
Solihull La. B28 – 2G 107
Solihull Parkway. B37 – 5D 78
Solihull Rd. B11 – 4E 91
Solihull Rd. Sol B90 – 4A 108
Solihull Rd. Sol B92 – 2B 110
Solway Clo. L Spa CV31 – 6D 149
Solway Clo. Tam B79 – 1B 134
Solway Clo. Wed WS10 – 1F 45
Somercotes Rd. B42 – 4H 47
Somerdale Rd. B31 – 3C 104
Somerfield Clo. WS4 – 1B 24
Somerfield Rd. WS3 – 2E 23
Somerford Clo. WS6 – 1C 14
Somerford Gdns. WV10 – 1A 20
Somerford Pl. Wil WV13 – 2G 31
Somerford Rd. B29 – 1H 103
Somerland Rd. B26 – 4D 76
Somerleyton Av. Kid DY10 – 3G 141
Somerly Clo. CV3 – 2H 133
Somerset Cres. Wed WS10 – 1F 45
Somerset Dri. B31 – 2H 119
Somerset Dri. Kid DY11 – 1C 140
Somerset Dri. Nun CV10 – 3C 136
Somerset Dri. Sto DY8 – 1D 82
Somerset Flats. War B65 – 2C 70
Somerset Pl. Can WS11 – 3C 4
Somerset Rd. B15 – 1D 88 to 2E 89
Somerset Rd. B20 – 3E 59
Somerset Rd. B23 – 5F 49
Somerset Rd. CV1 – 3B 116
Somerset Rd. WS4 – 5A 24
Somerset Rd. W Bro B71 – 5F 45
Somerset Rd. Wil WV13 – 1B 32
Somers Pl. L Spa CV32 – 4A 148
Somers Rd. CV7 – 1H 99 (Keresley Green)
Somers Rd. CV7 – 5A 96 (Meriden)
Somers Rd. WS2 – 3E 33
Somer's Rd. Hal B62 – 2A 86
Somerton Dri. B23 – 5G 49
Somerville Dri. Sut C B73 – 1H 49
Somerville Rd. B10 – 5E to 5G 75
Somerville Rd. Sut C B73 – 1G 49
Somery Rd. B29 – 4A 88
Somery Rd. DY1 – 2E 55
Sommerfield Rd. B32 – 4F 87
Sommerville Rd. CV2 – 3G 117
Sonning Dri. WV9 – 5E 11
Sopwith Croft. B35 – 3D 62
Sorbus. Tam B77 – 1H 135
Sorrel. Tam B77 – 1H 135
Sorrell Clo. CV4 – 1B 130
Sorrel Clo. WV10 – 2C 12
Sorrel Clo. War B69 – 3A 56
Sorrell Dri. B27 – 4H 91
Sorrel Gro. B24 – 2B 62
Sorrell Rd. Nun CV10 – 5G 137
Sorrel Wlk. Bri H DY5 – 1G 83
Soudan. Red B97 – 3B 144
Southacre Av. B5 – 5A 74
Southall Cres. Bil WV14 – 3E 43
Southall Rd. WV11 – 2H 21
Southall's La. DY1 – 3D 54
Southam Clo. B28 – 1E 107
Southam Clo. CV4 – 2B 130
Southam Dri. Sut C B73 – 2H 49
Southampton St. WV1 – 1A 30
Southam Rd. B28 – 1E 107
Southam Rd. L Spa CV31 – 5D 149
South Av. CV2 – 5E 117
South Av. WV11 – 4D 20
South Av. Sto DY8 – 3E 83
Southbank Ct. Ken CV8 – 3B 150
Southbank Rd. CV6 – 3G 115
Southbank Rd. Ken CV8 – 3B 150
Southbank Rd. War B64 – 5F 69
Southbank View. King DY6 – 2E 67
Southbourne Av. B34 – 1B 76
Southbourne Av. WS2 – 2E 33
Southborne Clo. B29 – 4F 89
Southbourne Pl. Can WS11 – 4B 4
Southbourne Rd. WV10 – 5H 11
South Clo. Can WS11 – 5A 4
Southcote Gro. B38 – 1D 120
Southcott Av. Bri H DY5 – 5A 68
Southcott Way. CV2 – 5H 101
South Cres. WV10 – 2D 12
South Cres. Brom B60 – 4E 143
Southcrest Gdns. Red B98 – 4B 144
Southcrest Rd. Red B98 – 3D 144
S. Dene. War B67 – 1H 71
Southdown Av. B18 – 5F 59
South Dri. B5 – 2G 89
South Dri. B46 – 5B 64
South Dri. Sut C B75 – 4A 38
Southern Cross. Lich WS13 – 3H 151
Southerndown Rd. DY3 – 4G 41
Southern Rd. B8 – 1H 75
Southern Way. Wed WS10 – 1A 44
Southey Clo. Sol B91 – 1E 125
Southey Clo. Wil WV12 – 2C 22
Southfield Av. B16 – 3C 72
Southfield Av. B36 – 4D 62
Southfield Clo. Nun CV10 – 2G 137
Southfield Dri. B28 – 3G 107
Southfield Dri. Ken CV8 – 2B 150
Southfield Gro. WV3 – 3C 28
Southfield Rd. B16 – 3C 72
Southfield Rd. Hin LE10 – 3F 139
Southfields. L Spa CV32 – 2B 148
Southfields Clo. B46 – 2E 79
Southfields Rd. WV11 – 4G 21
Southfields Rd. Sol B91 – 1C 124
Southfield Way. WS6 – 5D 6
Southgate. WV1 – 1G 29
South Ga. Can WS11 – 1A 6
Southgate. War B64 – 5E 69
Southgate Clo. Kid DY11 – 4A 140
South Ga. End. Can WS11 – 1A 6
Southgate Rd. B44 – 2A 48
South Grn. WV4 – 5D 28
South Gro. B6 – 4H 59
South Gro. B23 – 5F 49
S. Holme. B9 – 4D 74
Southlands Rd. B13 – 5B 90
Southlea Av. L Spa CV31 – 6A 149
Southlea Clo. L Spa CV31 – 6A 149
Southleigh Av. CV5 – 2G 131
S. Lutley La. Hal B63 – 4D 84
Southmead Clo. B30 – 4D 104
Southmead Cres. Red B98 – 3C 144
Southmead Dri. Brom B60 – 1F 143
Southminster Dri. B14 – 2A 106
South Moons Moat Industrial Area. Red B98 – 2G 145
Southorn Ct. L Spa CV32 – 2D 148
S. Oval DY3 – 5B 42
South Pde. Sut C B72 – 5A 38
Southport Clo. CV3 – 4F 133
S. Ridge. CV5 – 3D 114
South Rd. B11 – 5C 74
South Rd. B14 – 1A 106
South Rd. B18 – 5F 59
South Rd. B23 – 1F 61
South Rd. B31 – 5H 103
South Rd. Brom B60 – 5F 143
South Rd. Sto DY8 – 3D 82
South Rd. Tip DY4 – 3A 44
South Rd. War B67 – 1H 71
South Rd. Av. B18 – 5F 59
S. Roundhay. B33 – 2D 76
South St. B17 – 2C 88
South St. CV1 – 4D 116
South St. WS1 – 3G 33
South St. WV10 – 4H 19
South St. Bil WV14 – 3D 42
South St. Bri H DY5 – 4H 67
South St. Kid DY10 – 3E 141
South St. Red B98 – 3C 144
South St. Wil WV13 – 2G 31
South St. Gdns. WS1 – 3G 33
South Ter. L Spa CV31 – 8C 149
S. View B43 – 4D 46
S. View. Warw CV35 – 4A 146
S. View Rd. DY3 – 4G 41
S. View Rd. L Spa CV32 – 1D 148
Southville. B14 – 4C 106
South Wlk. B31 – 1B 120
Southwark Clo. Lich WS13 – 1G 151
South Way. B40 – 3D 94
Southway. L Spa CV31 – 7C 149
Southway Ct. King DY6 – 2E 67
Southwick Pl. Bil WV14 – 3E 31
Southwick Rd. Hal B62 – 5B 70
Southwold Av. B30 – 4G 105
Southwood Av. B34 – 5D 62
Southwood Clo. King DY6 – 2E 67
Southwood Covert. B14 – 5H 105
Sovereign Rd. B30 – 4E 105
Sovereign Rd. CV5 – 5H 115
Sovereign Row. CV1 – 5H 115
Sovereign Wlk. WS1 – 1A 34
Sowers Clo. Wil WV12 – 4B 22
Sowers Gdns. Wil WV12 – 4B 22
Spa Clo. Hin LE10 – 2F 139
Spadesbourne Rd. Brom B60 – 1F 143
Spa Gro. B30 – 1H 105
Spa La. Hin LE10 – 2F 139
Sparkbrook St. CV1 – 4D 116
Spark St. B11 – 1C 90
Sparrey Dri. B29 – 1E 105
Sparrow Clo. Wed WS10 – 5E 33
Spa View. L Spa CV31 – 7C 149
Spearhill. Lich WS14 – 3H 151
Speed Rd. Tip DY4 – 4F 43
Speedwell Clo. B25 – 1G 91
Speedwell Clo. WS9 – 4E 25
Speedwell Gdns. WV10 – 2D 12
Speedwell Gdns. Bri H DY5 – 1G 83
Speedwell Rd. B5 – 1H 89
Speedwell Rd. B25 – 1G 91
Speedy Clo. Can WS11 – 2C 4
Spencer Av. CV5 – 1H 131
Spencer Av. Bil WV14 – 3E 43
Spencer Clo. DY3 – 1G 53
Spencer Clo. W Bro B71 – 4A 46
Spencer Dri. WS7 – 1D 8
Spencer Rd. CV5 – 1A 132
Spencer Rd. Lich WS14 – 4G 151
Spencer's La. CV7 – 5D 112 to 2G 129
Spencer St. B18 – 2G 73
Spencer St. Hin LE10 – 2E 139
Spencer St. Kid DY11 – 4C 140
Spencer St. L Spa CV31 – 5B 149
Spencer Way. War B66 – 1C 72
Spennells Valley Rd. Kid DY10 – 5F 141
Spenser Av. WV6 – 5A 18
Spenser Clo. Tam B79 – 2C 134
Spernall Gro. B29 – 5A 88
Spey Clo. B5 – 1H 89
Spiceland Rd. B31 – 2H 103
Spiers Clo. Sol B93 – 3H 125
Spies Clo. Hal B62 – 2D 86
Spies La. Hal B62 – 2C 86
Spills Meadow. DY3 – 1A 54
Spilsbury Croft. Sol B91 – 1D 124
Spindle Clo. Kid DY11 – 1D 140
Spindle St. CV1 – 2B 116
Spindlewood Clo. Can WS12 – 5G 5
Spinney Clo. B31 – 4A 104
Spinney Clo. WS3 – 5A 16
Spinney Clo. Can WS11 – 3H 7
Spinney Clo. Kid DY11 – 2B 140
Spinney Clo. Sto DY8 – 3C 66
Spinney Dri. Sol B90 – 4B 124
Spinney Farm Rd. Can WS11 – 1A 6
Spinney Hill. Warw CV34 – 2F 147
Spinney La. WS7 – 1E 9
Spinney La. Nun CV10 – 3A 136
Spinney Path. CV3 – 3G 131
Spinney Rd. Hin LE10 – 4E 139
Spinney, The. B20 – 2D 58
Spinney, The. B47 – 4D 122
Spinney, The. CV4 – 5F 131
Spinney, The. DY3 – 3H 53
Spinney, The. WV3 – 2D 28
Spinney, The. L Spa CV32 – 2H 147
Spinney, The. Sut C B74 – 4D 26
Spinning School La. Tam B79 – 3D 134
Spiral Clo. Hal B62 – 5C 70
Spiral Grn. B24 – 1A 62
Spirehouse La. Brom B60 – 1G 143
Spires, The. Nun CV10 – 3A 136
Spires, The. Lich WS14 – 4H 151
Splash La. Can WS12 – 3F 5
Spode Clo. Can WS12 – 4F 5
Spon Causeway. CV1 – 4H 115
Spondon Gro. B34 – 1F 77
Spondon Rd. WV11 – 2F 21
Spon End. CV1 – 5H 115
Spon La. W Bro B70 – 3F 57
Spon La. S. W Bro B70 & War B66 – 4G 57
Spon St. CV1 – 5A 116
Spoon Dri. B38 – 5C 104
Spooner Croft. B5 – 5A 74
Spot La. WS8 – 2E 17
Spouthouse La. B43 – 4E 47
Spout La. WS1 – 3G 33 (in two parts)
Spreadbury Clo. B17 – 5H 71
Sprig Croft. B36 – 4H 61
Spring Av. War B65 – 4B 70
Spring Avon Croft. B17 – 1B 88
Springbank Rd. B15 – 1H 89
Springbrook Clo. B36 – 3F 63
Spring Clo. CV1 – 4C 116
Spring Clo. WS4 – 1C 24
Spring Coppice Dri. Sol B93 – 5A 126
Spring Ct. WS1 – 3A 34
Spring Ct. War B66 – 1C 72
Spring Cres. War B64 – 1G 85
Springcroft Rd. B11 – 4F 91
Springfield. B23 – 2E 61

Springfield Av.—Stokesay Ho.

Springfield Av. B12 – 1B 90
Springfield Av. DY3 – 3A 42
Springfield Av. Brom B60 – 5E 143
Springfield Av. Sto DY9 – 3B 84
Springfield Av. War B68 – 2F 71
Springfield Clo. War B65 – 2G 69
Springfield Cres. DY2 – 4F 55
Springfield Cres. Nun CV12 – 4F 81
Springfield Cres. Sol B92 – 3F 93
Springfield Cres. Sut C B76 – 1D 50
Springfield Cres. W Bro B70 – 3G 57
Springfield Dri. B14 – 5A 90
Springfield Dri. Hal B62 – 1B 86
Springfield Grn. DY3 – 3A 42
Springfield Gro. DY3 – 3A 42 (in two parts)
Springfield La. WV10 – 4A 12
Springfield La. Kid DY10 – 1E 141
Springfield La. War B65 – 2G 69
Springfield Pk. Hin LE10 – 1C 138
Springfield Pl. CV1 – 3B 116
Springfield Rise. Can WS12 – 1F 5
Springfield Rd. B13 – 5E 91
Springfield Rd. B14 – 5B 90
Springfield Rd. B36 – 4F 63
Springfield Rd. CV1 – 3B 116
Springfield Rd. WV10 – 5A 20
Springfield Rd. Bil WV14 – 3F 31
Springfield Rd. Hal B62 – 5B 70
Springfield Rd. Hin LE10 – 3F 139
Springfield Rd. Nun CV11 – 4H 137
Springfield Rd. Sut C B75 – 2C 50 to 5E 39
Springfield Rd. Tam B77 – 4E 135
Springfield Rd. War B68 – 2F 71
Springfields. B46 – 2E 79
Springfields. WS4 – 3B 24
Springfields Rd. Bri H DY5 – 4G 67
Springfield St. B18 – 3F 73
Springfield Ter. War B65 – 1G 69
Spring Gdns. B21 – 5E 59
Spring Gdns. War B66 – 3B 72
Spring Gro. Cres. Kid DY11 – 5B 140
Spring Gro. Gdns. B18 – 1E 73
Spring Gro. Rd. Kid DY11 – 5C 140
Spring Head. Wed WS10 – 2D 44
Spring Hill. B18 – 2F 73
Spring Hill. B24 – 2G 61
Springhill Av. WV4 – 1C 40
Springhill Clo. WS4 – 1C 24
Springhill Clo. Wil WV12 – 3B 22
Springhill Ct. WS1 – 2A 34
Springhill Gro. WV4 – 1C 40
Spring Hill La. WV4 – 1C 40
Springhill La. WV4 – 5A 28
Springhill Pk. WV4 – 1B & 1C 40
Spring Hill Pas. B18 – 2F 73
Springhill Rd. WS1 – 2H 33
Spring Hill Rd. WS7 – 2F 9
Springhill Rd. WS8 – 2F 17
Springhill Rd. WV11 – 2F 21
Spring Hill Rd. Nun CV10 – 1B 136
Spring Hill Ter. WV4 – 4F 29
Spring La. B24 – 2G 61
Spring La. WS4 – 5B 16
Spring La. Ken CV8 – 3B 150
Spring La. Sol B94 – 5B 124
Spring La. Wil WV12 – 5A 22
Spring Meadow. Hal B63 – 4G 85
Spring Meadow. War B64 – 4G 69
Springmeadow Rd. DY2 – 3D 68
Spring Parklands. DY1 – 4C 54
Spring Pool. Warw CV34 – 3D 146
Spring Rd. B11 – 4F 91
Spring Rd. B15 – 1H 89
Spring Rd. CV6 – 5D 100
Spring Rd. DY2 – 1E 69
Spring Rd. WS4 – 1C 24
Spring Rd. WV4 – 5C 30
Spring Rd. Lich WS13 – 1H 151
Spring Rd. War B66 – 4G 57
Springs, The. War B64 – 4H 69
Spring St. B15 – 5H 73
Spring St. CV1 – 4C 116
Spring St. Can WS11 – 5C 4
Spring St. Hal B63 – 1E 85
Spring St. Sto DY9 – 2A 84
Spring St. Tip DY4 – 5H 43
Spring St. Tip DY4 – 3A 44 (Ocker Hill)
Springthorpe Grn. B24 – 1A 62
Springthorpe Rd. B24 – 2A & 1A 62
Springvale Av. WS5 – 4B 34
Spring Vale Clo. Bil WV14 – 3B 42
Springvale Rd. War B65 – 1H 69
Springvale St. Wil WV13 – 5H 21
Spring Wlk. WS2 – 1E 33
Spring Wlk. Hal B63 – 5F 85
Springwell Rd. L Spa CV31 – 6D 149
Spring Wlk. War B69 – 1D 70
Sproat Av. Wed WS10 – 5A 32
Spruce. Tam B77 – 1H 135
Spruce Gro. B24 – 3H 61
Spruce Rd. CV2 – 4F 101
Spruce Rd. WS5 – 1B 46
Spruce Way. WV3 – 2D 28
Spur Tree Av. WV3 – 2B 28
Square Clo. B32 – 4F 87
Square La. CV7 – 1E 99
Square St. L Spa CV32 – 4B 148
Square, The. B17 – 1B 88
Square, The. DY2 – 1B 68
Square, The. WV2 – 3A 30
Square, The. WV8 – 4A 10
Square, The. Ken CV8 – 3B 150
Square, The. Nun CV11 – 4G 137
Square, The. Sol B91 – 4F 109
Square, The. Wil WV12 – 2B 22
Squires Croft. Sut C B76 – 2D 50
Squires Ga. Wlk. B35 – 2D 62
Squires Grn. Hin LE10 – 4G 139
Squires Wlk. Wed WS10 – 1D 44
Squirrel Clo. Can WS12 – 4G 5
Squirrel Wlk. WV4 – 5F 29
Squirrel Wlk. Sut C B74 – 4D 26
Stableford Clo. B32 – 4A 88
Stableford Clo. Red B97 – 5B 144
Stable Wlk. Nun CV11 – 4H 137
Stable Way. Brom B60 – 5C 142
Stacey Clo. War B64 – 4F 69
Stackhouse Clo. WS9 – 4F 17
Stackhouse Dri. WS3 – 4A 16
Stadium Clo. CV6 – 4C 100
Stadium Clo. Kid DY10 – 4E 141
Stadium Clo. Wil WV13 – 1H 31
Stadium Trading Est. CV6 – 4C 100
Stafford Clo. WS3 – 5E 15
Stafford Clo. Nun CV12 – 1B 80
Stafford Dri. W Bro B71 – 5E 45
Stafford Flats. War B65 – 2C 70
Stafford Ho. B33 – 3G 77
Stafford La. Can WS12 – 2E 5
Stafford Rd. B21 – 4E 59
Stafford Rd. WS3 – 4E 15
Stafford Rd. Can WS12 & WS11 – 1A to 5B 4
Stafford Rd. WV10 & WV9 – 4H 19 to 1H 11
Stafford Rd. Lich WS13 – 2E 151
Stafford Rd. Wed WS10 – 4A 32
Stafford St. DY1 – 3D 54
Stafford St. WS2 – 5G 23
Stafford St. WV1 – 1H 29
Stafford St. Bil WV14 – 5F 31
Stafford St. Can WS12 – 5H 5
Stafford St. Wed WS10 – 2C 44
Stafford St. Wil WV13 – 1H 31
Stafford Way. B43 – 4D 46
Stagborough Way. Can WS12 – 3E 5
Stag Cres. WS3 – 3H 23
Stag Cres. Can WS11 – 2A 8
Stag Hill Rd. WS3 – 3G 23
Stag Wlk. Sut C B76 – 4B 50
Staines Clo. Nun CV11 – 1H 137
Stainsby Av. B19 – 1G 73
Stainsby Croft. Sol B90 – 3E 125
Staircase La. CV5 – 2E 115
Staley Croft. Can WS12 – 3A 4
Stalling's La. King DY6 & Bri H DY5 – 4D 52
Stamford Av. CV3 – 3B 132
Stamford Cres. WS7 – 1F 9
Stamford Gdns. L Spa CV32 – 4A 148
Stamford Gro. B20 – 3G 59
Stamford Rd. B20 – 3G 59
Stamford Rd. Bri H DY5 – 1G 83
Stamford Rd. Sto DY8 – 2G 83
Stamford St. Sto DY8 – 1E 83
Stamford Way. WS9 – 1G 25
Stanbrook Rd. Sol B90 – 3D 124
Stanbury Av. Wed WS10 – 4H 31
Stanbury Rd. B14 – 4C 106
Stancroft Gro. B26 – 5D 76
Standard Av. CV4 – 1D 130
Standard Way. B24 – 4F 61
Standedge. Tam B77 – 4H 135
Standhills Rd. King DY6 – 5E 53 & 2E 67
Standish Clo. CV2 – 5H 117
Standlake Av. B36 – 5B 62
Standlake M. L Spa CV31 – 6D 149
Stand St. Warw CV34 – 4D 146
Stanfield Rd. B32 – 1G 87
Stanfield Rd. B43 – 5H 35
Stanford Av. B42 – 4E 47
Stanford Dri. War B65 – 2A 70
Stanford Gro. Hal B63 – 5E 85
Stanford Rd. WV2 – 3H 29
Stanford Way. War B69 – 2B 70
Stanhoe Clo. Bri H DY5 – 5H 67
Stanhope Ho. Tam B79 – 3C 134
Stanhope Rd. War B67 – 3H 71
Stanhope St. B12 – 5B 74
Stanhope St. DY2 – 2F 69
Stanhope St. WV3 – 2G 29
Stanhope Way. B43 – 5H 35
Stanhurst Way. W Bro B71 – 2A 46
Staniforth St. B4 – 2A 74
Stanklin La. Kid DY10 – 5H 141
Stanley Av. B32 – 1G 87
Stanley Av. Sol B90 – 3H 107
Stanley Av. Sut C B75 – 5C 38
Stanley Clo. B28 – 3G 107
Stanley Clo. WV11 – 2G 21
Stanley Clo. Red B98 – 1D 144
Stanley Ct. WV6 – 1A 18
Stanley Ct. L Spa CV31 – 6D 149
Stanley Dri. DY3 – 3A 52
Stanley Gro. B12 – 1C 90
Stanley Pl. B13 – 4B 90
Stanley Pl. WS4 – 3B 24
Stanley Pl. Bil WV14 – 5D 30
Stanley Rd. B7 – 5D 60
Stanley Rd. B12 – 2C 90
Stanley Rd. B14 – 2H 105
Stanley Rd. CV5 – 1H 131
Stanley Rd. WS4 – 3B 24
Stanley Rd. WV10 – 2A 20
Stanley Rd. Can WS12 – 2D 4
Stanley Rd. Hin LE10 – 1E 139
Stanley Rd. Nun CV11 – 2E 137
Stanley Rd. Sto DY8 – 3E 83
Stanley Rd. War B68 – 5F 71
Stanley Rd. Wed WS10 – 5B 32
Stanley Rd. W Bro B71 – 4G 45
Stanley St. WS3 – 2F 23
Stanmore Gro. Hal B62 – 4D 86
Stanmore Rd. B16 – 4C 72
Stanton Av. DY1 – 5B 42
Stanton Gro. B26 – 5C 76
Stanton Gro. Sol B90 – 4G 107
Stanton Ho. W Bro B71 – 2A 46
Stanton Rd. B43 – 4C 46
Stanton Rd. WV1 – 1B 30
Stanton Rd. L Spa CV31 – 6D 149
Stanton Rd. Sol B90 – 4G 107
Stanton Wlk. Warw CV34 – 2D 146
Stanville Rd. B26 – 1E 93
Stanway Gdns. W Bro B71 – 5G 45
Stanway Gro. B44 – 1B 48
Stanway Rd. CV5 – 1H 131
Stanway Rd. Sol B90 – 4H 107
Stanway Rd. W Bro B71 – 5G 45
Stanwell Gro. B23 – 5F 49
Stanwick Av. B33 – 2G 77
Stan Williams Ct. Nun CV11 – 3G 137
Stapenhall Rd. Sol B90 – 3D 124
Stapleford Croft. B14 – 5G 105
Stapleford Gdns. WS7 – 2H 9
Stapleford Gro. Sto DY8 – 3E 67
Staplehall Rd. B31 – 5B 104
Staplehurst Rd. B28 – 1F 107
Staple Lodge Rd. B31 – 5B 104
Staples Clo. Nun CV12 – 1B 80
Stapleton Clo. Red B98 – 3G 145
Stapleton Clo. Sut C B76 – 5D 50
Stapleton Rd. WS9 – 4E 25
Stapylton Av. B17 – 2B 88
Starbank Rd. B10 – 5G 75
Starbold Ct. Sol B93 – 3A 126
Starbold Cres. Sol B93 – 3A 126
Star Clo. WS2 – 5D 22
Starcross Clo. CV2 – 1G 117
Starcross Rd. B27 – 4A 92
Stare Grn. CV4 – 3F 131
Stareton Clo. CV4 – 3G 131
Star Hill. B15 – 5G 73
Starkey Croft. B37 – 4C 78
Starkie Dri. War B68 – 2F 71
Starley Rd. CV1 – 5A 116
Star St. WV3 – 3E 29
Star St. Sto DY9 – 2B 84
Startin Clo. CV7 – 5D 80
Statham Dri. B16 – 3C 72
Station App. L Spa CV31 – 5B 149
Station App. Sol B91 – 4D 108
Station App. Sut C B73 – 4H 37
Station App. Sut C B74 – 3F 27
Station Av. B16 – 4C 72
Station Av. CV4 – 1A 130
Station Av. Warw CV34 – 3E 147
Station Clo. WS3 – 2E 23
Station Clo. WV8 – 5A 10
Station Dri. B28 – 5F 91
Station Dri. Bri H DY5 – 4G 67
Station Dri. Sut C B74 – 2H 37
Station Fields Caravan Pk. Tam B79 – 2G 135
Station Hill. Sut C B73 – 5H 37
Station Pl. WS3 – 2E 23
Station Rd. B6 – 3B 60
Station Rd. B14 – 5H 89
Station Rd. B17 – 2C 88
Station Rd. B21 – 4C 58
Station Rd. B23 – 1G 61
Station Rd. B27 – 3A 92
Station Rd. B30 & B38 – 3E 105
Station Rd. B31 – 5A 104
Station Rd. B33 – 2B 76
Station Rd. B37 – 5H 77
Station Rd. B46 – 4E 65 (Coleshill)
Station Rd. B46 – 1H to 3G 65 (Hoggrill's End)
Station Rd. B47 – 5B 122
Station Rd. CV7 – 3B 128
Station Rd. WS3 – 5A 16
Station Rd. WS4 – 3A 24
Station Rd. WS6 – 3C 6
Station Rd. WS9 – 4E 25
Station Rd. WV5 – 4A 40
Station Rd. WV8 – 5A 10
Station Rd. WV10 – 5B 20
Station Rd. Bil WV14 – 5F 31
Station Rd. Bri H DY5 – 2H 67
Station Rd. Can WS12 – 1F 5
Station Rd. Hin LE10 – 3E 139
Station Rd. Ken CV8 – 3B 150
Station Rd. Lich WS13 – 3G 151
Station Rd. Sol B91 – 4E 109
Station Rd. Sol B92 – 1F 111
Station Rd. Sol B93 – 5H 125
Station Rd. Sto DY9 – 2A 84
Station Rd. Sut C B73 – 3G 49
Station Rd. War B64 – 5G 69
Station Rd. War B65 – 4B 70
Station Rd. War B69 – 1D 70
Station Rd. Warw CV34 – 3E 147
Station Rd. Ind. Est. B46 – 3D 64
Station Rd. Ind. Est. War B65 – 4B 70
Station Sq. CV1 – 1B 132
Station St. B5 – 4H 73
Station St. WS2 – 2G 33
Station St. WS3 – 2E 23
Station St. WS6 – 4C 6
Station St. Brom B60 – 3D 142
Station St. Sut C B73 – 5H 37
Station St. Tip DY4 – 1H 55
Station St. War B64 – 5E 69
Station St. Wed WS10 – 4C 32
Station St. E. CV6 – 1C 116
Station St. W. CV6 – 1C 116
Station Ter. Bil WV14 – 3D 42
Station Way. Red B97 – 2B 144
Staulton Grn. War B69 – 2C 70
Staunton Rd. L Spa CV31 – 7C 149
Staveley Rd. B14 – 2H 105
Staveley Rd. WV1 – 5G 19
Staverton Clo. CV5 – 4C 114
Stead Clo. WS2 – 4F 23
Stead Clo. Tip DY4 – 3A 44
Stechford La. B8 – 1A 76
Stechford Rd. B34 – 1B 76
Steel Bright Rd. War B66 – 1B 72
Steel Dri. WV10 – 2H 19
Steel Gro. B25 – 1H 91
Steelhouse La. B4 – 3A 74
Steelhouse La. WV2 – 2A 30
Steel Rd. B31 – 5H 103
Steene Gro. B31 – 4F 103
Steeplefield Rd. CV6 – 3H 115
Steeples, The. Sto DY8 – 4G 83
Steepwood Croft. B30 – 4C 104
Steere Av. Tam B79 – 1D 134
Stella Croft. B37 – 4B 78
Stella Gro. B43 – 4B 46
Stella Rd. Tip DY4 – 5G 43
Stenbury Clo. WV10 – 4B 12
Stencills Dri. WS4 – 5B 24
Stencills Rd. WS4 – 5B 24
Stennels Av. Hal B62 – 3C 86
Stennels Clo. CV6 – 5H 99
Stennels Cres. Hal B62 – 3C 86
Stephens Clo. WV11 – 2G 21
Stephenson Av. WS2 – 3D 22
Stephenson Clo. L Spa CV32 – 2H 147
Stephenson Clo. Tam B77 – 2G 135
Stephenson Dri. B37 – 3A 78
Stephenson Pl. B2 – 3A 74
Stephenson Rd. CV7 – 5F 81
Stephenson Rd. Hin LE10 – 3B 138
Stephenson Sq. WS2 – 4E 23
Stephenson St. B2 – 3H 73
Stephenson St. WV3 – 2G 29
Stephens Rd. Sut C B76 – 1D 50
Stephen's Wlk. Lich WS13 – 1F 151
Stepney Rd. CV2 – 4E 117
Stepping Stone Clo. WS2 – 5D 22
Stepping Stones. Sto DY8 – 2G 83
Stepping Stones Rd. CV5 – 4G 115
Steppingstone St. DY1 – 4D 54
Sterndale Rd. B42 – 5G 47
Stevens Av. B32 – 4G 87
Stevens Dri. Can WS12 – 1F 5
Stevens Ga. WV2 – 3H 29
Stevenson Av. Red B98 – 2D 144
Stevenson Rd. CV6 – 5H 99
Stevenson Rd. Tam B79 – 2C 134
Stevenson Wlk. Lich WS14 – 4G 151
Stevens Rd. Hal B63 – 2D 84
Stevens Rd. Sto DY9 – 4H 83
Steward Rd. WS9 – 5F 17
Steward St. B18 – 3F 73
Stewart Ct. Kid DY10 – 3F 141
Stewart Rd. King DY6 – 2D 66
Stewarts Rd. Hal B62 – 5B 70
Stewart St. WV2 – 2H 29
Stewart St. Nun CV11 – 4F 137
Stewkins. Sto DY8 – 5E 67
Steyning Rd. B26 – 2B 92
Stickley La. DY3 – 1H 53
Stidfall Gro. L Spa CV31 – 6E 149
Stilehouse Cres. War B65 – 3A 70
Stilthouse Gro. B45 – 2D 118
Stirling Av. L Spa CV32 – 1C 148
Stirling Cres. Wil WV12 – 4H 21
Stirling Pl. Can WS11 – 5A 4
Stirling Rd. B16 – 4E 73
Stirling Rd. DY2 – 1F 69
Stirling Rd. Bil WV14 – 2G 43
Stirling Rd. Sol B90 – 1B 124
Stirling Rd. Sut C B73 – 2E 49
Stirrup Clo. WS5 – 1H 45
Stivichall & Cheylesmore By-Pass. – 4C 132
Stivichall Croft. CV3 – 3A 132
Stockbridge Clo. WV6 – 1A 28
Stockdale Pde. Tip DY4 – 5F 43
Stockdale Pl. B15 – 5C 72
Stockfield Rd. B27 & B25 – 3H 91
Stockhay La. WS7 – 2H 9
Stockhill Dri. B45 – 3D 118
Stockholm Ct. War B66 – 5G 57
Stocking St. Sto DY9 – 2B 84
Stockland Rd. B23 – 1D 60
Stockmans Clo. B38 – 2D 120
Stocks Wood. B30 – 1E 105
Stockton Clo. WS2 – 5F 23
Stockton Clo. Sut C B76 – 5E 51
Stockton Ct. Bil WV14 – 4D 42
Stockton Gro. B33 – 4F 77
Stockton Gro. L Spa CV32 – 3C 148
Stockton Rd. CV1 – 3C 116
Stockwell Av. Bri H DY5 – 5A 68
Stockwell End. WV6 – 4D 18
Stockwell Head. Hin LE10 – 2E 139 (in two parts)
Stockwell Rise. Sol B92 – 1G 109
Stockwell Rd. B21 – 3D 58
Stockwell Rd. WV6 – 4D 18
Stoke Grn. CV3 – 5E 117
Stoke Grn. Cres. CV3 – 1E 133
Stoke La. Hin LE10 – 1B 138
Stoke La. Red B98 – 1E 145
Stoke Rd. Brom B60 – 5D 142
Stoke Rd. Hin LE10 – 1D 138
Stoke Row. CV2 – 3E 117
Stokes Av. Tip DY4 – 4H 43
Stokes Av. Wil WV13 – 3F 31
Stokesay Av. WV6 – 5A 18
Stokesay Clo. Kid DY11 – 5E 141
Stokesay Clo. War B69 – 4G 55
Stokesay Gro. B31 – 2H 119
Stokesay Ho. B23 – 5G 49

Sutton Rd.—Thebes Clo.

Sutton Rd. B23 – 5G 49
Sutton Rd. WS1, WS5 & WS9 – 2A 34 to 2G 35
Sutton Rd. Kid DY11 – 3C 140
Sutton Rd. Wed WS10 – 5H 31
Suttons Dri. B43 – 1E 47
Sutton Sq. Sut C B76 – 5G 51
Sutton Stop. CV6 – 2F 101
Sutton St. B1 – 4H 73
Sutton St. B6 – 1A 74
Sutton St. Sto DY8 – 4E 67
Swadling St. L Spa CV31 – 6B 149
Swain Crofts. L Spa CV31 – 6D 149
Swains Grn. Hin LE10 – 4G 139
Swains Gro. B44 – 1B 48
Swale Gro. B38 – 1E 121
Swallow Av. B36 – 4A 64
Swallow Clo. DY2 – 4E 69
Swallow Clo. Kid DY10 – 5G 141
Swallow Clo. Wed WS10 – 5E 33
Swallow Croft. Lich WS13 – 2E 151
Swallowdale. WV6 – 1A 28
Swallowfall Av. Sto DY8 – 3C 82
Swallowfield. Tam B79 – 2A 134
Swallowfield Dri. Can WS12 – 3E 5
Swallowfields Rd. DY3 – 2H 41
Swallow Rd. CV6 – 1G 115 (Coundon Green)
Swallow Rd. CV6 – 5A 100 (Keresley Heath)
Swallows Clo. WS3 – 3A 16
Swallows Meadow. Sol B90 – 1A & 2B 124
Swallow St. B2 – 3H 73
Swanage Rd. B10 – 5E 75
Swan Bank. WV4 – 1F 41
Swan Clo. WS6 – 5B 6
Swan Copse. B25 – 2A 92
Swancote Dri. WV4 – 4C 28
Swancote Rd. B33 – 2C 76
Swancote Rd. DY1 – 4C 54
Swancote St. DY1 – 4C 54
Swan Cres. War B69 – 2D 70
Swancroft Rd. CV2 – 3D 116
Swancroft Rd. Tip DY4 – 3G 43
Swanfield Rd. Sto DY8 – 4F 67
Swanfields. WS7 – 2G 9
Swan Gdns. B23 – 1G 61
Swan La. CV2 – 3D & 4D 116
Swan La. WV10 – 1E 13
Swan La. Sto DY8 – 3F & 4F 67
Swan La. W Bro B70 – 1D 56
Swanley Clo. Hal B62 – 4D 86
Swanmore Clo. WV3 – 3D 28
Swanmote. Tam B79 – 3B 134
Swann Rd. Bil WV14 – 2C 42
Swann Wlk. Tip DY4 – 4H 43
Swan Rd. Lich WS13 – 3F 151
Swansbrook Gdns. B38 – 5G 105
Swanshurst La. B13 – 1D 106
Swan St. DY2 – 1E 69
Swan St. WV1 – 2B 30
Swan St. Bri H DY5 – 5H 53
Swan St. L Spa CV32 – 4B 148
Swan St. Sto DY8 – 2D 82
Swan St. Warw CV34 – 4D 146
Swanswell Rd. Sol B92 – 1A 108
Swanswell St. CV1 – 4C 116
Swanswood Gro. B37 – 3C 78
Swan Village. W Bro B70 – 1D 56
Swarthmore Rd. B29 – 1A to 1C 104
Sweetbriar La. Wil WV12 – 4B 22
Sweetbriar Rd. WV2 – 4C 30
Sweetman Pl. WV6 – 5F 19
Sweetman St. WV6 – 5F 19
Sweetmoor Clo. B36 – 4E 63
Swift. Tam B77 – 2F 135
Swift Clo. B36 – 4A 64
Swift Clo. Brom B61 – 4C 142
Swift Pk. Gro. Kid DY10 – 5G 141
Swift's Corner. CV3 – 2D 132
Swillinton Rd. CV6 – 3A 116
Swinbrook Gro. B44 – 3A 48
Swinburne Av. CV2 – 5G 117
Swinburne La. Red B97 – 5A 144
Swinburne Rd. Hin LE10 – 2D 138
Swincross Rd. Sto DY8 – 3G 83
Swindale. Tam B77 – 5H 135
Swindell Rd. Sto DY9 – 5H 83
Swindon Rd. B17 – 3B 72
Swindon Rd. King DY6 – 4A to 5C 52
Swinfenbroun Rd. Lich WS13 – 2F 151
Swinford Rd. B29 – 4A 88
Swinford Rd. WV10 – 4A 20
Swinford Rd. Sto DY8 – 4F 83
Swiss Dri. Sto DY8 – 3E 67
Swynnerton Dri. WV11 – 4G 13
Sycamore. Tam B77 – 5F 135
Sycamore Av. Red B98 – 3C 144
Sycamore Clo. WS4 – 2B 24
Sycamore Clo. Hin LE10 – 5F 139
Sycamore Clo. Kid DY10 – 2E 141
Sycamore Clo. Sto DY8 – 4C 82
Sycamore Ct. War B66 – 5G 57
Sycamore Dri. B47 – 3C 122
Sycamore Dri. WV3 – 2D 28
Sycamore Grn. DY1 – 1B 54
Sycamore Grn. Can WS11 – 1C 4
Sycamore Gro. Warw CV34 – 2F 147
Sycamore Paddock. Sto DY8 – 4F 67
Sycamore Pl. Bil WV14 – 2H 43
Sycamore Pl. War B67 – 2A 72
Sycamore Rd. B6 – 4B 60
Sycamore Rd. B21 – 5D 58
Sycamore Rd. B23 – 4F 49
Sycamore Rd. B30 – 1E 105
Sycamore Rd. B43 – 1D 46
Sycamore Rd. CV2 – 4F 101
Sycamore Rd. WS4 – 2B 24
Sycamore Rd. WS5 – 5A 34
Sycamore Rd. WS7 – 1E & 2E 9
Sycamore Rd. Can WS12 – 3H 5
Sycamore Rd. King DY6 – 1D 66
Sycamore Rd. Nun CV10 – 2B 136
Sycamore Rd. Tip DY4 – 4G 43
Sycamore Rd. War B66 – 3B 72
Sycamore Rd. War B69 – 2D 70
Sycamore Rd. Wed WS10 – 2D 44
Sydenham Dri. L Spa CV31 – 6D 149
Sydenham Gro. B11 – 1D 90
Sydenham Rd. B11 – 1D 90
Sydenham Rd. WV1 – 2D 30
Sydenham Rd. War B66 – 5A 58
Sydnall Rd. CV6 – 2D 100
Sydney Clo. W Bro B70 – 4D 44
Sydney Rd. B9 – 4D 74
Sydney Rd. Brom B61 – 2C 142
Sydney Rd. War B64 – 5D 68
Sydney Rd. War B67 – 3H 71
Sykesmoor. Tam B77 – 5H 135
Sylvan Av. B31 – 4A 104
Sylvan Dri. CV3 – 3H 131
Sylvan Grn. Hal B62 – 2B 86
Sylvan Gro. Sol B90 – 3H 107
Sylvia Av. B31 – 1B 120
Synkere Clo. CV7 – 1H 99
Sytch La. WV5 – 1A 52

Tachbrook Clo. CV2 – 4G 101
Tachbrook Ct. L Spa CV31 – 6B 149
Tachbrook Rd. L Spa CV31 – 8B 149
Tachbrook St. L Spa CV31 – 6B 149
Tack Farm Rd. Sto DY8 – 4D 66
Tackford Clo. B36 – 3F 63
Tackford Rd. CV6 – 1E 117
Tackley Clo. Sol B90 – 1H 123
Tadmore Clo. Bil WV14 – 5E 31
Tadworth Clo. WV1 – 1C 30
Tainters Hill. Ken CV8 – 2B 150
Tait Croft. Sol B92 – 1G 109
Talaton Clo. WV9 – 5F 11
Talbot. Tam B77 – 2F 135
Talbot Av. Sut C B74 – 1C 36
Talbot Clo. B23 – 3E 49
Talbot Clo. CV4 – 2A 130
Talbot Clo. WS2 – 4F 23
Talbot Pl. Bil WV14 – 4D 30
Talbot Rd. DY2 – 2D 68
Talbot Rd. WV2 – 4H 29
Talbot Rd. Brom B60 – 5C 142
Talbot Rd. War B66 – 3A 72
Talbots La. Bri H DY5 – 4B 68
Talbot St. B18 – 1E 73
Talbot St. Bri H DY5 – 3H 67
Talbot St. Hal B63 – 1E 85
Talbot St. Kid DY11 – 4C 140
Talbot St. Sto DY8 – 2F 83
Talbot St. Sto DY9 – 2B 84
Talford St. B6 – 1A 74
Talfourd St. B9 – 4E 75
Talgarth Covert. B38 – 2D 120
Talisman Sq. Ken CV8 – 3B 150
Talke Rd. WS5 – 5H 33
Talladale. B32 – 1E 103
Tallants Clo. CV6 – 5E 101
Tallants Rd. CV6 – 1D 116 & 1E 117
Tallington Rd. B33 – 1F 93
Tall Trees Clo. Wil WV12 – 3B 22
Tall Trees Dri. Sto DY9 – 4H 83
Talton Clo. Sol B90 – 3D 124
Tamar Clo. WS8 – 5C 8
Tamar Clo. Nun CV12 – 1A 80
Tamar Dri. B36 – 4H to 5H 63
Tamar Dri. DY3 – 5B 42
Tamar Dri. Sut C B76 – 4D 50
Tamarisk Clo. B29 – 1B 104
Tamar Rise. Sto DY8 – 5F 67
Tamar Rd. Nun CV12 – 1A 80
Tame Av. WS7 – 2H 9
Tame Av. Wed WS10 – 1F 45 & 5F 33
Tame Bri. Factory Est. WS5 – 1A 46
Tame Clo. WS1 – 4H 33
Tame Ct. Tam B78 – 5C 134
Tame Cres. W Bro B71 – 5F 45
Tamedrive. Tam B78 & B79 – 3B 134
Tame Dri. WS3 – 1A 24
Tame Gro. Can WS11 – 1B 6
Tame Rise. War B68 – 5E 71
Tame Rd. B6 – 3B 60
Tame Rd. Tip DY4 – 1A 56
Tame Rd. War B68 – 5D 70
Tamerton Rd. B32 – 5G 87
Tameside Dri. B35 – 3C 62
Tame St. WS1 – 4H 33
Tame St. Bil WV14 – 5G 31
Tame St. Tam B77 – 4D 134
Tame St. W Bro B70 – 3D 44
Tame St. E. WS1 – 4H 33
Tame Valley Ind. Est. Tam B77 – 5F 135
Tame Valley Viaduct. B6 – 4C 60
Tame Way. Hin LE10 – 3C 138
Tamworth Clo. WS8 – 5E 9
Tamworth Rd. CV7 & CV6 – 1E 99
Tamworth Rd. Lich WS14 – 5G 151
Tamworth Rd. Sut C B75 – 4A 38
Tamworth Rd. Tam B77 – 1F 135 (Glascote)
Tamworth Rd. Tam B77 – 5D 134 (Kettlebrook)
Tamworth St. Lich WS13 – 3G 151
Tandy Dri. B14 – 4B 106
Tanfield Rd. B33 – 3C 76
Tanfield Rd. DY2 – 5D 54
Tanford Rd. Sol B92 – 4F 93
Tanglewood Clo. B34 – 1E 77
Tanglewood Gro. DY3 – 2H 41
Tangmere Clo. WV6 – 1A 18
Tangmere Dri. B35 – 3C 62
Tangye Dri. War B69 – 5E 57
Tanhill. Tam B77 – 5H 135
Tanhouse Av. B43 – 4C 46
Tanhouse Farm Rd. Sol B92 – 4F 93
Tanhouse La. Hal B63 – 2D 84
Tanhouse La. Red B98 – 1F 145
Tanners Grn. La. B47 – 5B 122
Tanner's La. CV7 & CV4 – 1G 129 to 1A 130
Tannery Ct. Ken CV8 – 3B 150
Tansey Grn. Rd. Bri H DY5 – 4G 53
Tansley Gro. B44 – 3B 48
Tansley Hill Av. DY2 – 4G 55
Tansley Hill Rd. DY2 – 4F 55
Tansley Rd. B44 – 3B 48
Tantallon Dri. B32 – 5G 87
Tantany La. W Bro B71 – 1F 57
Tantarra St. WS1 – 2H 33 & 2A 34
Tanwood Clo. Sol B91 – 1D 124
Tanworth Gro. B12 – 2B 90
Tanworth La. Sol B90 – 2H 123 (in two parts)
Tanyard. Lich WS13 – 2G 151
Tanyard Clo. CV4 – 1A 130
Tanyards. B27 – 3A 92
Tapestries Av. W Bro B70 – 1E 57
Tappinger Gro. Ken CV8 – 3D 150
Tapplow Pl. Can WS11 – 3D 4
Tapton Clo. WS3 – 5F 15
Tarlington Rd. CV6 – 2F 115
Tarmac Rd. WV4 – 5D 30
Tarn Clo. Nun CV12 – 3E 81
Tarquin Clo. CV3 – 2G 133
Tarrant. Tam B77 – 4F 135
Tarrant Gro. B32 – 2H 87
Tarrington Covert. B38 – 2D 120
Tarry Hollow Rd. Bri H DY5 – 5G 53
Tarry Rd. B8 – 2F 75
Tarvin M. Bri H DY5 – 4H 67
Tasker St. WS1 – 2G 33
Tasker St. W Bro B70 – 1C 56
Tasman Gro. WV6 – 1A 18
Tat Bank Rd. War B69 & B68 – 5E 57
Tatnall Gro. Warw CV34 – 3D 146
Taunton Av. WV10 – 4A 12
Taunton Rd. B12 – 3C 90
Taunton Tower. B31 – 5F 103
Taunton Way. CV6 – 5H 99
Taverners Clo. Wil WV12 – 1A 22
Taverners Grn. B20 – 2E 59
Tavistock Clo. Tam B79 – 1D 134
Tavistock Ho. Nun CV12 – 4B 80
Tavistock Rd. B27 – 1A 108
Tavistock St. L Spa CV32 – 4B 148
Tavistock Wlk. CV2 – 1F 117
Tavistock Way. Nun CV11 – 2H 137
Taw Clo. B36 – 4H 63
Tay Croft. B37 – 2B 78
Tay Gro. B38 – 1D 120
Tay Gro. Hal B62 – 5C 70
Taylor Av. WS3 – 2G 23
Taylor Av. L Spa CV32 – 3C 148
Taylor Clo. Ken CV8 – 2C 150
Taylor Ct. Warw CV34 – 4D 146
Taylor Rd. B13 – 2A 106
Taylor Rd. DY2 – 3F 69
Taylor Rd. WV4 – 5B 30
Taylors La. War B67 – 2H 71
Taylor's La. War B69 – 5C 56
Taylor's La. W Bro B71 – 1G 57
Taylor St. WV11 – 4E 21
Taynton Covert. B30 – 5G 105
Tay Rd. B45 – 5E 103
Tay Rd. CV6 – 2A 116
Taysfield Rd. B31 – 2G 103
Taywood Dri. B10 – 5D 74
Teachers Clo. CV6 – 3H 115
Tealby Gro. B29 – 5F 89
Teal Cres. Kid DY10 – 5G 141
Teal Dri. B23 – 2C 60
Teall Rd. B8 – 1E 75
Tean Clo. B11 – 3G 91
Tean Clo. WS7 – 2H 9
Teasdale Way. Sto DY9 – 3A 84
Teasel Gro. WV10 – 2D 12
Teazel Av. B30 – 2D 104
Tebworth Clo. WV9 – 5E 11
Tedbury Cres. B23 – 5E 49
Tedder Rd. WS2 – 1C 32
Teddesley Gro. B33 – 2E 77
Teddesley St. WS4 – 1H 33
Teddington Clo. Sut C B73 – 2G 49
Teddington Gro. B42 – 2H 59
Ted Pitts La. CV5 – 4D 98
Tedstone Rd. B32 – 2G 87
Teesdale Av. B34 – 5C 62
Teesdale Clo. WV1 – 1C 30
Tees Gro. B38 – 1E 121
Teignbank Clo. Hin LE10 – 1E 139
Teignbank Rd. Hin LE10 – 1E 139
Teignmouth Rd. B29 – 4E 89
Telephone Rd. CV3 – 5F 117
Telfer Rd. CV6 – 2A to 1A 116
Telford Av. WS6 – 4D 6
Telford Av. L Spa CV32 – 1C 148
Telford Clo. WS2 – 4D 22
Telford Clo. War B67 – 4G 71
Telford Clo. W Bro B71 – 3E 45
Telford Gdns. WV3 – 4D 28
Telford Gro. Can WS12 – 1E 5
Telford Rd. CV7 – 5F 81
Telford Rd. WS2 – 4D 22
Telford Rd. Tam B79 – 1B 134
Telford Way. War B66 – 5H 57
Teme Av. Kid DY11 – 5B 140
Teme Rd. Hal B63 – 2D 84
Teme Rd. Sto DY8 – 4E 83
Tempest St. WV2 – 2H 29
Tempest St. Tam B79 – 3C 134
Templar Av. CV4 – 1C 130
Templar Ct. Nun CV11 – 3F 137
Templars' Fields. CV4 – 2D 130
Templars, The. War B69 – 1B 70
Templars, The. Warw CV34 – 5E 147
Temple Av. B28 – 2G 107
Temple Av. CV7 – 3B 128
Temple Bar. Wil WV13 – 1H 31
Templefield Sq. B15 – 1G 89
Templefield St. B9 – 4D 74
Temple Gro. Warw CV34 – 5D 146
Temple La. Sol B93 – 5E 127
Temple Meadows Rd. W Bro B71 – 5G 45
Templemore Dri. B43 – 4D 46
Temple Pl. B2 – 3H 73
Temple Rd. Sol B93 – 5A 126
Temple Rd. Wil WV13 – 1H 31
Temple Row. B2 – 3A 74
Temple Row W. B2 – 3H 73
Temple Sq. Wil WV13 – 1H 31
Temple St. B2 – 3H 73
Temple St. DY3 – 2H 53
Temple St. WV2 – 2H 29
Temple St. Bil WV14 – 5F 31
Temple St. W Bro B70 – 1F 57
Templeton Clo. Sol B93 – 5H 125
Templeton Rd. B44 – 2A 48
Temple Way. B46 – 3D 64
Temple Way. War B69 – 2A & 3B 56
Tenacre La. DY3 – 5B 42
Tenacres La. Red B98 – 3H 145
Ten Ashes La. B45 – 4F 119
Tenbury Clo. WS2 – 5B 22
Tenbury Clo. Red B98 – 1F 145
Tenbury Ct. WV4 – 5D 28
Tenbury Gdns. WV4 – 5D 28
Tenbury Rd. B14 – 2H 105
Tenby Clo. WS9 – 2G 25
Tenby Clo. Nun CV12 – 4B 80
Tenby Rd. B13 – 5E 91
Tenby St. B1 – 2G 73
Tenby St. N. B1 – 2G 73
Tenby Tower. B31 – 5A 104
Teneriffe Rd. CV6 – 5D 100
Tenlands Rd. Hal B63 – 4G 85
Tenlons Rd. Nun CV10 – 5D 136
Tennal Dri. B32 – 1H 87
Tennal Gro. B32 – 2H 87
Tennal La. B32 – 2H 87
Tennal Rd. B32 – 1H 87 to 2A 88
Tennant St. B15 – 4G 73
Tennant St. Nun CV11 – 4G 137
Tennscore Av. WS6 – 4C 6
Tennyson Av. WS7 – 1F 9
Tennyson Av. Sut C B74 – 3G 27
Tennyson Av. Tam B79 – 2C 134
Tennyson Av. Warw CV34 – 5C 146
Tennyson Clo. Ken CV8 – 3D 150
Tennyson Ho. War B68 – 2F 71
Tennyson Rd. B10 – 1E 91
Tennyson Rd. CV2 – 4F 117
Tennyson Rd. DY3 – 1F 53
Tennyson Rd. WS3 – 2G 23
Tennyson Rd. WV10 – 1C 20
Tennyson Rd. Hin LE10 – 2D 138
Tennyson Rd. Red B97 – 5A 144
Tennyson Rd. Wil WV12 – 2C 22
Tennyson St. Bri H DY5 – 5A 54
Tennyson Way. Kid DY10 – 3G 141
Tenter Ct. Hal B63 – 3A 86
Tenter Dri. Hal B63 – 3A 86
Tenterfields. Hal B63 – 3A 86
Tern Clo. WV4 – 1A 42
Tern Gro. B38 – 1E 121
Terrace Rd. B19 – 5F 59
Terrace St. Bri H DY5 – 1A 68
Terrace St. War B65 – 4H 69
Terrace St. Wed WS10 – 1D 44
Terrace, The. WV3 – 2C 28
Terrace, The. War B64 – 5F 69
Terry Av. L Spa CV32 – 2H 147
Terry Clo. Lich WS13 – 1E 151
Terry Dri. Sut C B76 – 2C 50
Terry Rd. CV1 – 5D 116
Terry St. DY2 – 4F 55
Tessall La. B31 – 5E 103 to 2H 119
Tetbury Gro. B31 – 4G 103
Tetley Av. WS4 – 5A 24
Tetley Rd. B11 – 3F 91
Tetnall St. DY2 – 4E 55
Tettenhall Rd. WV6, WV3 & WV1 – 5E 19
Teviot Gdns. Bri H DY5 – 5F 53
Teviot Gro. B38 – 1E 121
Tewkesbury Dri. DY2 – 3E 69
Tewkesbury Rd. B20 – 3A 60
Tewkesbury Rd. WS3 – 5C 14
Tew Pk. Rd. B21 – 5D 58
Thackeray Dri. Tam B79 – 1C 134
Thackeray Rd. B30 – 3C 104
Thackhall St. CV2 – 4D 116
Thames Clo. Bri H DY5 – 5G 53
Thames Clo. Nun CV12 – 1A 80
Thames Ct. War B66 – 5G 57
Thames Rd. WS3 – 2G 23
Thamley Rd. CV6 – 3H 115
Thanet Clo. King DY6 – 5C 52
Thanet Gro. B42 – 1H 59
Thatchway Gdns. B38 – 2D 120
Thaxted Rd. B33 – 2G 77
Theatre App. B5 – 4A 74
Theatre St. Warw CV34 – 4D 146
Thebes Clo. CV5 – 1H 113

Theddingworth Clo.—Trent St.

Theddingworth Clo. CV3 – 1H 133
Thelbridge Rd. B31 – 3G 119
Thelma Rd. Tip DY4 – 5F 43
Thelma St. WS1 – 3G 33
Thelsford Way. Sol B92 – 1G 109
Theodore Clo. B17 – 3C 88
Theodore Clo. War B69 – 3C 56
Theresa Rd. B11 – 5C 74
Thetford Clo. Tip DY4 – 1E 55
Thetford Gdns. WV11 – 3E 21
Thetford Rd. B42 – 4G 47
Thicketts Clo. WS2 – 3E 33
Thicknall Dri. Sto DY9 – 4G 83
Thickthorn Clo. Ken CV8 – 4C 150
Thickthorn Orchards. Ken CV8 – 5C 150
Thickthorn M. Ken CV8 – 5C 150
Thimble Mill La. B6 & B7 – 5C 60
Thimblemill Rd. War B67 – 2G to 4H 71
Thimbler Rd. CV4 – 2E 131
Third Av. B9 – 4F 75
Third Av. B29 – 4G 89
Third Av. WS8 – 1F 17
Third Av. WV10 – 3B 20
Third Av. King DY6 – 4E 53
Thirlestane Clo. Ken CV8 – 2D 150
Thirlmere Av. Nun CV11 – 2H 137
Thirlmere Clo. CV4 – 4B 114
Thirlmere Clo. WV6 – 2D 18
Thirlmere Clo. Can WS11 – 5C 4
Thirlmere Dri. B13 – 5D 90
Thirlmere Gro. WV6 – 5A 18
Thirlmere Rd. WV6 – 2D 18
Thirlmere Rd. Hin LE10 – 3C 138
Thirlmere Rd. Nun CV12 – 4E 81
Thirlmere Wlk. Bri H DY5 – 5G 67
Thirsk Croft. B36 – 4A 62
Thirsk Rd. CV3 – 4A 132
Thistledown Av. WS7 – 2F 9
Thistle Down Clo. Sut C B74 – 1B 36
Thistledown Dri. Can WS12 – 5F 5
Thistledown Rd. B34 – 5E 63
Thistledown Wlk. DY3 – 2H 41
Thistle Grn. B38 – 2E 121
Thistlegreen Clo. War B65 – 1G 69
Thistlegreen Rd. DY2 – 2F 69
Thistley Field E. CV6 – 2H 115
Thistley Field N. CV6 – 2H 115
Thistley Field S. CV6 – 2H 115
Thistley Field W. CV6 – 2H 115
Thistley Nook. Lich WS13 – 2F 151
Thomas Greenway. Lich WS13 – 1E 151
Thomas Guy Rd. W Bro B70 – 5C 44
Thomas La. St. CV6 – 5E 101
Thomas Lansdail St. CV3 – 1B 132
Thomas Mason Clo. WV11 – 3E 21
Thomas Naul Croft. CV4 – 4C 114
Thomas Sharp St. CV4 – 2C 130
Thomas St. B6 – 1B 74
Thomas St. WS2 – 1F 33
Thomas St. WV2 – 3H 29
Thomas St. L Spa CV32 – 4B 148
Thomas St. Nun. CV12 – 3E 81
Thomas St. Tam B77 – 1E 135
Thomas St. War B66 – 1B 72
Thomas St. W Bro B70 – 3G 57
Thomas Wlk. B35 – 2E 63
Thompson Av. WV2 – 4A 30
Thompson Clo. DY2 – 3D 68
Thompson Clo. Wil WV13 – 1G 31
Thompson Dri. B24 – 4F 61
Thompson Gdns. War B67 – 2H 71
Thompson Ho. Tip DY4 – 3A 44
Thompson Rd. War B67 – 2H 71
Thompson Rd. War B68 – 2E 71
Thompsons Rd. CV7 – 2F 99
Thompson St. Bil WV14 – 5E 31
Thompson St. Wil WV13 – 1G 31
Thomson Av. B38 – 1C 120
Thor Clo. Can WS11 – 2D 4
Thornberry Wlk. B7 – 5D 60
Thornbridge Av. B42 – 4G 47
Thornbury Ct. WV6 – 1A 28
Thornbury Rd. B20 – 3H 59
Thornby. Tam B79 – 2A 134
Thornby Av. Ken CV8 – 4C 150
Thornby Av. Sol B91 – 3E 109
Thornby Av. Tam B77 – 4E 135
Thornby Rd. B23 – 4D 48
Thorncliffe Rd. B44 – 2A 48
Thorn Clo. Wed WS10 – 1C 44
Thorncroft Way. WS5 – 1B 46
Thorne Av. WV10 – 2A 20
Thorne Pl. War B65 – 3A 70
Thorne Rd. Wil WV13 – 5G 21
Thorne St. WV2 – 4C 30
Thorneycroft La. WV10 – 4C 20
Thorneycroft Pl. Bil WV14 – 1H 43
Thorneycroft Rd. Bil WV14 – 1H 43
Thorney Rd. CV2 – 2F 117
Thorney Rd. Sut C B74 – 2B 36
Thornfield Cres. WS7 – 1F 9
Thornfield Rd. B27 – 4A 92
Thornfield Way. Hin LE10 – 3F 139
Thorngrove Av. Sol B91 – 1E 125
Thornham Way. B14 – 5H 105
Thornhill Gro. B21 – 4E 59
Thornhill Pk. Sut C B74 – 3B 36
Thornhill Rd. B11 – 3E 91
Thornhill Rd. B21 – 5E 59
Thornhill Rd. CV1 – 3C 116
Thornhill Rd. DY1 – 1E 55
Thornhill Rd. Bri H DY5 – 5B 68 (in two parts)
Thornhill Rd. Can WS12 – 1D 4
Thornhill Rd. Hal B63 – 3F 85
Thornhill Rd. Sol B91 – 1E 109
Thornhill Rd. Sut C B74 – 4C 36
Thornhurst Av. B32 – 1G 87
Thornleigh. DY3 – 1H 53
Thornleigh Trading Est. DY2 – 5C 54
Thornley Clo. B13 – 5B 90
Thornley Clo. WV11 – 1G 21
Thornley Clo. L Spa CV31 – 7E 149
Thornley Gro. Sut C B76 – 5F 51
Thornley Rd. WV11 – 1G 21
Thornley St. WV1 – 1H 29
Thorn Rd. B30 – 1D 104
Thorns Av. Bri H DY5 – 4A & 4B 68
Thorns Rd. Bri H DY5 – 1A 84
Thornthwaite Clo. B45 – 5E 103
Thornton Clo. CV5 – 3A 114
Thornton Clo. War B69 – 3A 56
Thornton Clo. Warw CV34 – 2E 147
Thornton Dri. Bri H DY5 – 4A 68
Thornton Rd. B8 – 1H 75
Thornton Rd. WV1 – 2D 30
Thornton Rd. Sol B90 – 2C 124
Thorntons Way. Nun CV10 – 3A 136
Thornwood Clo. War B68 – 2F 71
Thornycroft Rd. Hin LE10 – 3F 139
Thornyfield Clo. Sol B90 – 4A 108
Thornyfield Rd. Sol B90 – 4A 108
Thorpe Av. WS7 – 1C & 1D 8
Thorpe Clo. WS7 – 1C 8
Thorpe Clo. Sut C B75 – 3A 38
Thorpe Rd. WS1 – 3G 33
Thorpe St. WS7 – 1D 8
Thorp St. B5 – 4H 73
Threadneedle St. CV1 – 2B 116
Three Corner Clo. Sol B90 – 1F 123
Three Oaks Rd. B47 – 4D 122
Three Pots Rd. Hin LE10 – 5F 139
Three Shires Oak Rd. War B67 – 4A 72
Three Spires Av. CV6 – 3H 115
Three Tuns La. WV10 – 1H 19
Three Tuns Pde. WV10 – 1H 19
Threlfall Ho. War B69 – 2B 70
Threshers Dri. Wil WV12 – 4B 22
Threshers Way. Wil WV12 – 4B 22
Throckmorton Rd. Red B98 – 5D 144
Throne Clo. War B65 – 2B 70
Throne Cres. War B65 – 2B 70
Throne Rd. War B65 – 1A 70
Thrushel Wlk. WV11 – 4D 20
Thrush Rd. War B68 – 3D 70
Thruxton Clo. B14 – 5A 106
Thruxton Clo. Red B98 – 3G 145
Thurcroft Clo. B8 – 2G 75
Thuree Rd. War B67 – 4G 71
Thurlestone Rd. CV6 – 1H 115
Thurleston Rd. B31 – 2H 119
Thurloe Cres. B45 – 1C 118
Thurlston Av. Sol B92 – 3C 92
Thurlstone Rd. WS3 – 5E 15
Thurne. Tam B77 – 4F 135
Thursfield Rd. L Spa CV32 – 3D 148
Thursfield Rd. Tip DY4 – 5H 43
Thursfield Rd. W Bro B71 – 4G 45
Thurston Av. War B69 – 1C 70
Thynne St. W Bro B70 – 3G 57
Tibbatts Clo. B32 – 4F 87
Tibberton Clo. WV3 – 3D 28
Tibberton Clo. Hal B63 – 3A 86
Tibberton Clo. Sol B91 – 1D 124
Tibbets La. B17 – 2A 88
Tibbington Rd. Tip DY4 – 4F 43
Tibbington Ter. Tip DY4 – 4F 43
Tiber Clo. CV5 – 4C 114
Tiberius Clo. B46 – 4D 64
Tibland Rd. B27 – 5A 92
Tiddington Clo. B36 – 4E 63
Tideswell Rd. B42 – 5G 47
Tidmarsh Clo. CV7 – 3B 128
Tidworth Croft. B14 – 5B 106
Tiffany La. WV9 – 5F 11
Tiffield Rd. B25 – 2A 92
Tigley Av. B32 – 5G 87
Tilbury Clo. WV3 – 3A 28
Tilbury Gro. B13 – 5H 89
Tildasley St. W Bro B70 – 1E 57
Tildesley Dri. Wil WV12 – 4A 22
Tile Cross Rd. B33 – 4G 77
Tiled Ho. La. Bri H DY5 – 1G 67
Tile Gro. B37 – 1A 78
Tile Hill La. CV4 & CV5 – 1A 130 to 5G 115
Tilehouse. Red B97 – 4B 144
Tilehouse Grn. La. Sol B93 – 2H 125
Tilehouse La. Sol B90 – 4E 123
Tilesford Clo. Sol B90 – 3D 124
Tilewood Av. CV5 – 4B 114
Tilia Rd. Tam B77 – 1H 135
Tilley St. Wed WS10 – 4C 32
Tillington Clo. Red B98 – 3H 145
Tillyard Croft. B29 – 5C 88
Tilshead Clo. B14 – 4A 106
Tilsley Gro. B23 – 1C 60
Tilston Dri. Bri H DY5 – 4H 67
Tilton Rd. B9 – 4D 74
Tilton Rd. Hin LE10 – 4F 139
Timbercombe Way. B21 – 4C 58
Timberdine Clo. Hal B63 – 1E 85
Timberhonger La. Brom B61 – 3A 142
Timberlake Clo. Sol B90 – 35 125
Timberley La. B34 – 5F 63 (in two parts)
Timbers Way. B11 – 1B 90
Timbers Way. B24 – 1C 62
Timbertree Cres. War B64 – 1F 85
Timbertree Rd. War B64 – 1F 85
Timmins Clo. Sol B91 – 2G 109
Timmis Clo. Bil WV14 – 1C 42
Timmis Rd. Sto DY9 – 2H 83
Timothy Gro. CV4 – 1D 130
Timothy Rd. War B69 – 5B 56
Tinacre Hill. WV6 – 1A 28
Tinchbourne St. DY1 – 3D 54
Tindal St. B12 – 2A 90
Tink-a-Tank. Warw CV34 – 4D 146
Tinker's Farm Gro. B31 – 4G 103
Tinker's Farm Rd. B31 – 4H 103
Tinkers Grn. Rd. Tam B77 – 5F 135
Tinmeadow Cres. B45 – 2F 119
Tinsley St. Tip DY4 – 1B 56
Tintagel Clo. CV3 – 3G 133
Tintagel Clo. WV6 – 5A 18
Tintagel Dri. DY1 – 3A 54
Tintagel Gro. Ken CV8 – 3D 150
Tintagel Way. Nun CV11 – 5B 136
Tintern Clo. Brom B61 – 4C 142
Tintern Clo. Kid DY11 – 2A 140
Tintern Clo. Sut C B74 – 3C 36
Tintern Ct. WV6 – 2A 18
Tintern Cres. WS3 – 1D 22
Tintern Rd. B20 – 3A 60
Tintern Way. WS3 – 5C 14
Tipperary Clo. B36 – 4B 62
Tipperary Wlk. War B69 – 5D 56
Tippity Grn. War B65 – 2H 69
Tipton Ind. Est. Bil WV14 – 4E 43
Tipton Rd. DY1 – 2F 55
Tipton Rd. DY3 – 4B 42
Tipton Rd. Tip DY4 & War B69 – 2H 55
Tipton St. DY3 – 4A 42
Tires Ct. War B66 – 5G 57
Tirley Rd. B33 – 2D 76
Tisdale Rise. Ken CV8 – 2D 150
Titania Clo. B45 – 5E 103
Titchfield Clo. WV10 – 4B 12
Titford Clo. War B69 – 2D 70
Titford La. War B65 – 2C 70
Titford Rd. War B69 – 2C to 1D 70
Tithe Barn Clo. Warw CV35 – 4A 146
Tithe Croft. WV10 – 5B 20
Tithe Rd. WV11 – 4E 21
Titterstone Rd. B31 – 1A 120
Tiverton Clo. King DY6 – 3F 67
Tiverton Dri. Nun CV11 – 2H 137
Tiverton Gro. CV2 – 3G 117
Tiverton Rd. B29 – 4E 89
Tiverton Rd. CV2 – 3G 117
Tiverton Rd. War B66 – 1B 72
Tiveycourt Rd. CV6 – 4E 101
Tividale Ho. War B69 – 4B 56
Tividale Rd. Tip DY4 & War B69 – 3G 55
Tividale St. Tip DY4 – 2H 55
Tixall Rd. B28 – 3E 107
Tobruk Wlk. Bri H DY5 – 3H 67
Tobruk Wlk. Wil WV13 – 2F 31
Tocil Croft. CV4 – 4F 131
Toler Rd. Nun CV11 – 2E 137
Toll End Rd. Tip DY4 – 3A 44
Tolley Rd. Kid DY11 – 5B 140
Tollgate Clo. B31 – 1H 119
Tollgate Precinct. War B67 – 1A 72
Toll Ho. Rd. B45 – 2F 119
Tollhouse Way. War B66 – 5H 57
Tolman Dri. Tam B77 – 2E 135
Tolworth Gdns. WV2 – 3A 30
Tolworth Hall Rd. B24 – 2H 61
Tomey Rd. B11 – 2E 91
Tom Henderson Clo. CV3 – 2H 133
Tomkinson Dri. Kid DY11 – 4B 140
Tomkinson Rd. Nun CV10 – 3C 136
Tomlan Rd. B31 – 2B 120
Tomlinson Rd. B36 – 4G 63
Tompstone Rd. W Bro B71 – 3A 46
Tomson Av. CV6 – 3A 116
Tom Ward Clo. CV3 – 2H 133
Tonadine Clo. WV11 – 1H 21
Tonbridge Rd. B24 – 3G 61
Tonbridge Rd. CV3 – 2E 133
Tong St. WS1 – 2A 34
Topcroft Rd. B23 – 4F 49
Top Field Wlk. B14 – 5H 105
Topland Gro. B31 – 5F 103
Topp Heath. Nun CV12 – 4C 80
Topp's Dri. Nun CV12 – 4C 80
Topsham Croft. B14 – 2H 105
Topsham Rd. War B67 – 5G 57
Torbay Rd. CV5 – 3E 115
Torcase Clo. CV6 – 1D 116
Torc Av. Tam B77 – 1F 135
Torcross Av. CV2 – 3F 117
Torfield. WV8 – 1E 19
Tor Lodge Dri. WV6 – 1B 28
Toronto Gdns. B32 – 1H 87
Torpoint Clo. CV2 – 2F 117
Torre Av. B31 – 5H 103
Torrey Gro. B8 – 2A 76
Torridge Dri. WV11 – 4D 20
Torridon Croft. B13 – 3H 89
Torridon Way. Hin LE10 – 2D 138
Torrington Av. CV4 – 1A 130
Torrs Clo. Red B98 – 4B 144
Torside. Tam B77 – 5H 135
Torvale Rd. WV6 – 1B 28
Tor Way. WS3 – 5H 15
Torwood Clo. CV4 – 3C 130
Totnes Clo. CV2 – 1G 117
Totnes Gro. B29 – 4E 89
Totnes Rd. War B67 – 1H 71
Tottenham Cres. B44 – 2C 48
Touchwood Hall Clo. Sol B91 – 3E 109
Towcester Croft. B36 – 4B 62
Tower Croft. B37 – 2A 78
Tower Hill. B42 – 5F 47
Tower Rise. War B69 – 5A 56
Tower Rd. B6 – 5B 60 (in two parts)
Tower Rd. Nun CV12 – 4E 81
Tower Rd. Sut C B75 – 1H 37
Tower Rd. War B69 – 5A 56
Towers Clo. Ken CV8 – 5B 150
Towers Clo. Kid DY10 – 3G 141
Tower St. B19 – 2H 73
Tower St. CV1 – 4B 116
Tower St. DY1 – 3E 55
Tower St. DY3 – 3A 42
Tower St. WS1 – 1H 33
Tower St. WV1 – 2H 29
Tower St. L Spa CV31 – 6B 149
Tower View Cres. Nun CV10 – 4A 136
Tower View Rd. WS6 – 1D 14
Townend. WS2 – 1G 33
Townend Bank. WS2 – 1G 33
Townfields. Lich WS13 – 3F 151 (in two parts)
Townfields Clo. CV5 – 2D 114
Town Fold. WS3 – 4A 16
Townley Gdns. B6 – 4A 60
Townsend Av. DY3 – 3H 41
Townsend Av. Brom B60 – 2F 143
Townsend Clo. Warw CV34 – 2E 147
Townsend Croft. CV3 – 2B 132
Townsend Dri. Nun CV11 – 4H 137
Townsend Dri. Sut C B76 – 4C 50
Townsend Pl. King DY6 – 1D 66
Townsend Rd. CV3 – 2A 132
Townsend Way. B1 – 3G 73
Townshend Gro. B37 – 2H 77
Townshend Ho. Tam B79 – 3C 134
Townson Rd. WV11 – 2G 21
Town Wall. Tam B77 – 5F 135
Townwell Fold. WV1 – 2H 29
Town Yd. Wil WV13 – 2H 31
Towyn Rd. B13 – 5E 91
Toy's La. Hal B63 – 2D 84
Tozer St. Tip DY4 – 4G 43
Trafalgar Ct. War B69 – 4A 56
Trafalgar Gro. B25 – 1G 91
Trafalgar Rd. B13 – 3B 90
Trafalgar Rd. B21 – 4D 58
Trafalgar Rd. B24 – 2G 61
Trafalgar Rd. War B66 – 2B 72
Trafalgar Rd. War B69 – 4A 56
Trafalgar Ter. War B66 – 2B 72
Trafford Dri. Nun CV10 – 2A 136
Trafford Rd. Hin LE10 – 1G 139
Trajan Hill. B46 – 4D 64
Tram Way. War B66 – 5F 57
Tranter Rd. B8 – 2G 75
Tranwell Clo. WV9 – 5E 11
Travellers Way. B37 – 3C 78
Treaford La. B8 – 2H 75
Treasure Clo. Tam B77 – 1E 135
Treaton Croft. B33 – 3D 76
Treddles La. W Bro B70 – 2G 57
Tredington Clo. B29 – 1A 104
Tredington Clo. Red B98 – 5E 145
Tredington Rd. CV5 – 4C 114
Tree Acre Gro. Hal B63 – 3D 84
Treedale Clo. CV4 – 1A 130
Treeford Clo. Sol B91 – 5C 108
Trees Rd. WS1 – 4H 33
Treeton Croft. B33 – 3D 76
Treetop Dri. Wil WV12 – 4C 22
Trefoil. Tam B77 – 1H 135
Trefoil Clo. B29 – 2A 104
Treforest Rd. CV3 – 1F 133
Tregarron Rd. Hal B63 – 2D 84
Tregea Rise. B43 – 4C 46
Tregorrick Rd. CV7 – 5E 81
Tregony Rise. Lich WS14 – 4H 151
Tregullan Rd. CV7 – 5E 81
Trehern Clo. Sol B93 – 3H 125
Treherne Rd. CV6 – 5A 100
Trehernes Dri. Sto DY9 – 5G 83
Trehurst Av. B42 – 4G 47
Trejon Rd. War B64 – 5F 69
Trelawney Rd. CV7 – 5E 81
Tremaine Gdns. WV10 – 5A 20
Tremont St. WV10 – 1B 30
Trenance Clo. Lich WS14 – 4H 151
Trenance Rd. CV7 – 5E 81
Trenchard Clo. Sut C B75 – 5C 38
Treneere Rd. CV7 – 5E 81
Trensale Av. CV6 – 3G 115
Trent Clo. WS7 – 2H 9
Trent Clo. WV6 – 2A 18
Trent Clo. Sto DY8 – 3F 83
Trent Ct. War B66 – 5G 57
Trent Dri. B36 – 4H 63
Trentham Av. Wil WV12 – 4H 21
Trentham Clo. Can WS12 – 4F 5
Trentham Gdns. Ken CV8 – 2D 150
Trentham Gro. B26 – 2B 92
Trentham Rise. WV2 – 4B 30
Trentham Rd. CV1 – 3D 116
Trent Pl. WS3 – 2G 23
Trent Rd. WS3 – 1A 24
Trent Rd. Can WS11 – 2C 4
Trent Rd. Hin LE10 – 3C 138
Trent Rd. Nun CV11 – 2G 137
Trent Rd. Nun CV12 – 1A 80
Trent St. B5 – 4B 74

Trent Tower.—Valley La.

Trent Tower. B7 - 2C 74
Trent Valley Ind. Est. Lich WS13 - 1D 134
Trent Valley Rd. Lich WS13 - 3H 151
Trenville Av. B11 - 2C 90
Trenville Av. B12 - 2C 90
Tresco Clo. B45 - 1C 118
Trescott Rd. B31 - 4F 103
Tresham Rd. B44 - 3A 48
Tresham Rd. King DY6 - 4D 52
Tresillian Rd. CV7 - 5E 81
Trevanie Av. B32 - 1F 87
Treville Clo. Red B98 - 3H 145
Treviscoe Clo. CV7 - 5E 81
Trevithick Clo. WS7 - 1G 9
Trevor Av. WS6 - 4E 7
Trevor Clo. CV4 - 1A 130
Trevorne Clo. B12 - 2B 90
Trevor Rd. WS3 - 4H 15
Trevor Rd. Hin LE10 - 2G 139
Trevor St. B7 - 5D 60
Trevor St. W. B7 - 5D 60
Trevose Av. CV7 - 5E 81
Trevose Retreat. B12 - 2B 90
Trewint Clo. CV7 - 5E 81
Trewman Clo. Sut C B76 - 4C 50
Treyamon Rd. WS5 - 4C 34
Treynham Clo. WV1 - 2E 31
Triangle, The. CV5 - 3D 114
Trident Centre. DY1 - 4E 55
Trident Clo. B23 - 4G 49
Trident Clo. Sut C B76 - 4C 50
Trident Dri. War B68 - 1E 71
Trigo Croft. B36 - 4C 62
Trimpley Dri. Kid DY11 - 2B 140
Trimpley Gdns. WV4 - 1E 41
Trimpley Rd. B32 - 5E 87
Trinder Rd. War B67 - 4G 71
Trindle Clo. DY2 - 3E 55
Trindle Rd. DY2 - 3E 55
Tring Ct. WV6 - 5F 19
Trinity Clo. Can WS11 - 1C 6
Trinity Clo. Sol B92 - 5D 92
Trinity Clo. Sto DY8 - 4D 66
Trinity Ct. WV3 - 1F 29
Trinity Ct. War B64 - 4F 69
Trinity Gro. Wed WS10 - 2D 44
Trinity Hill. Sut C B72 - 5A 38
Trinity Ho. Wil WV13 - 2F 31
Trinity La. Hin LE10 - 2E 139
Trinity M. Warw CV34 - 4E 147
Trinity Rd. B6 - 4H 59
Trinity Rd. DY1 - 3D 54
Trinity Rd. Bil WV14 - 5G 31
Trinity Rd. Sto DY8 - 5F 67
Trinity Rd. Sut C B75 - 2H 37
Trinity Rd. W Bro B70 - 4G 57
Trinity Rd. Wil WV12 - 3B 22
Trinity Rd. N. W Bro B70 - 3G 57 (in two parts)
Trinity Rd. S. W Bro B70 - 3G 57
Trinity St. CV1 - 4B 116
Trinity St. Bri H DY5 - 3H 67
Trinity St. L Spa CV32 - 3B 148
Trinity St. War B64 - 4F 69
Trinity St. War B67 - 1A 72
Trinity St. War B69 - 1D 70
Trinity St. W Bro B70 - 3G 57
Trinity Ter. B11 - 5C 74
Trinity Vicarage Rd. Hin LE10 - 2E 139
Trinity Wlk. Nun CV11 - 4G 137
Trinity Way. W Bro B70 - 3G 57
Trippleton Av. B32 - 1E 103
Tristram Av. B31 - 1B 120
Triton Clo. WS6 - 1D 14
Trittiford Rd. B13 - 2D 106
Triumph. Tam B77 - 2F 135
Triumph Clo. CV2 - 4H 117
Triumph Wlk. B36 - 3H 63
Trojan. Tam B77 - 2F 135
Troon. Tam B77 - 1H 135
Troon Clo. Sut C B75 - 3A 38
Troon Ct. WV6 - 1A 18
Troon Pl. Sto DY8 - 3C 66
Trossachs Rd. CV5 - 4C 114
Trotter's La. W Bro B71 - 4E 45
Troughton Cres. CV6 - 3H 115
Trouse La. Wed WS10 - 1C 44
Troutbeck Av. L Spa CV32 - 2H 147
Troutbeck Dri. Bri H DY5 - 5G 67
Troutbeck Rd. CV5 - 4C 114
Troyes Clo. CV3 - 2C 132
Troy Gro. B14 - 3H 105
Truda St. WS1 - 3G 33
Trueman Clo. Warw CV34 - 3E 147
Trueman's Heath La. B47 & Sol B90 - 2D 122
Truggist La. CV7 - 1D 128
Truro Clo. Lich WS13 - 1G 151
Truro Clo. Nun CV11 - 2H 137
Truro Dri. Kid DY11 - 3A 140
Truro Pl. Can WS12 - 5F 5
Truro Rd. WS5 - 3C 34
Truro Tower. B16 - 4F 73
Truro Wlk. B37 - 4A 78
Trustin Cres. Sol B92 - 1G 109
Tryan Rd. Nun CV10 - 3C 136
Tryon Pl. Bil WV14 - 4F 31
Trysull Av. B26 - 2F 93
Trysull Gdns. WV3 - 3D 28
Trysull Rd. WV3 - 4D 28
Trysull Rd. WV5 - 3A 40
Trysull Way. DY2 - 2D 68
Tudbury Rd. B31 - 4G 103
Tudman Clo. Sut C B76 - 4D 50
Tudor Av. CV5 - 4C 114
Tudor Clo. B13 - 2A 106
Tudor Clo. B14 - 1C 122
Tudor Clo. CV7 - 3B 128
Tudor Clo. WS6 - 4C 6
Tudor Clo. WS7 - 2G 9
Tudor Ct. WV11 - 4G 13
Tudor Ct. Tip DY4 - 1H 55
Tudor Ct. Warw CV34 - 5D 146
Tudor Cres. WV2 - 4G 29
Tudor Cres. Tam B77 - 1F 135
Tudor Croft. B37 - 4H 77
Tudor Gdns. Sto DY8 - 2D 82
Tudor Gro. Sut C B74 - 3B 36
Tudor Hill. Sut C B73 - 4H 37
Tudor Pl. DY3 - 5A 42 (in two parts)
Tudor Rd. B13 - 4B 90
Tudor Rd. DY3 - 5A 42
Tudor Rd. WS7 - 2G 9
Tudor Rd. WV10 - 5C 20
Tudor Rd. Bil WV14 - 1H 43
Tudor Rd. Hin LE10 - 1D 138
Tudor Rd. Nun CV10 - 1B 136
Tudor Rd. Sut C B73 - 5H 37
Tudor Rd. War B65 - 1A 70
Tudor Rd. War B68 - 2F 71
Tudors Clo. B10 - 5D 74
Tudor St. B18 - 2D 72
Tudor St. Tip DY4 - 2H 55
Tudor Ter. DY2 - 3F 55
Tudor Vale. DY3 - 5B 42
Tudor Way. WS6 - 5B 6
Tufnell Gro. B8 - 5H 61
Tugford Rd. B29 - 1B 104
Tulip Tree Av. Ken CV8 - 3C 150
Tulip Tree Ct. Ken CV8 - 3C 150
Tulip Wlk. B37 - 5B 78
Tulliver Clo. Nun CV12 - 2E 81
Tulliver Rd. Nun CV10 - 5F 137
Tulliver St. CV6 - 3A 116
Tulyar Clo. B36 - 5H 61
Tunnel Dri. Red B98 - 3C 144
Tunnel La. B30 & B14 - 4F 105
Tunnel Rd. W Bro B70 - 4D 44
Tunnel St. Bil WV14 - 3D 42
Tunstall Rd. King DY6 - 1F 67
Turchill Dri. Sut C B76 - 4D 50
Turfpits La. B23 - 5E 49
Turf Pits La. Sut C B75 - 1C 38
Turfton Gro. B24 - 2A 62
Turley St. DY1 - 5C 42
Turls Hill Dri. DY3 - 4B 42
Turls Hill Rd. DY3 - 4A 42
Turls St. DY3 - 4A 42
Turnberry. Tam B77 - 1H 135
Turnberry Clo. WV6 - 1A 18
Turnberry Rd. B42 - 3G 47
Turnberry Rd. WS3 - 5D 14 & 4E 15
Turner Av. Bil WV14 - 2B 42
Turner Clo. Nun CV12 - 2E 81
Turner Dri. Bri H DY5 - 5A 68
Turner Gro. WV6 - 5A 18
Turner Rd. CV5 - 4F 115
Turners Bldgs. B18 - 1E 73
Turners Gro. DY3 - 1H 53
Turner's Hill. War B65 - 2H 69
Turners Hill Rd. DY3 - 1H 53
Turner's La. Bri H DY5 - 4H 67
Turner St. B12 - 1C 90
Turner St. DY1 - 4D 54
Turner St. DY3 - 2A 54
Turner St. Tip DY4 - 4G 43
Turner St. W Bro B70 - 1D 56
Turney Rd. Sto DY8 - 2E 83 (in two parts)
Turnham Grn. WV6 - 1A 28
Turnhouse Rd. B35 - 1E 63
Turnley Rd. B34 - 5F 63
Turnpike Clo. B11 - 1C 90
Turnpike Dri. B46 - 2B 64
Turnstone Dri. WV10 - 2D 12
Turnstone Rd. Kid DY10 - 5F 141
Turton Rd. Kid DY10 - 1F 141
Turton Rd. Tip DY4 - 3G 43
Turton Rd. W Bro B70 - 3E 57
Turtons Croft. Bil WV14 - 1D 42
Turton Way. Ken CV8 - 3D 150
Turves Grn. B31 - 2H 119 to 5A 104
Turville Rd. B20 - 4G 59
Tustin Gro. B27 - 1A 108
Tutbury Av. CV4 - 3F 131
Tutbury Av. WV6 - 5A 18
Tutehill. Tam B77 - 5H 135
Tuttle Hill. Nun CV10 - 1C 136
Tuxford Clo. WV10 - 5A 20
Twatling Rd. B45 - 5E 119
Tweedside Clo. Hin LE10 - 1G 139
Tweeds Well. B32 - 1E 103
Twelve Row. B12 - 1B 90
Twickenham Ct. Sto DY8 - 1C 82
Twickenham Rd. B44 - 2D 48
Twiners Rd. Red B98 - 4C 144
Two Gates La. Hal B63 - 2D 84
Two Woods La. Bri H DY5 - 4B 68
Two Woods Trading Est. Bri H DY5 - 4B 68
Twycross Gro. B36 - 5A 62
Twycross Rd. Hin LE10 - 4G 139
Twycross Wlk. Warw CV34 - 2D 146
Twydale Av. War B69 - 3A 56
Twyford Gro. WV11 - 2G 21
Twyford Rd. B8 - 1A 76
Twyning Rd. B16 - 2D 72
Twyning Rd. B30 - 1F 105
Tybalt Clo. CV3 - 4F 133
Tyber Dri. B20 - 2G 59
Tyberry Clo. Sol B90 - 1G 123
Tyburn Rd. B24 - 4E 61 to 1B 62
Tyburn Rd. WV1 - 2D 30
Tyburn Sq. B24 - 2B 62
Tyebeams. B34 - 1E 77
Tye Gdns. Sto DY9 - 5G 83
Tyler Ct. B24 - 2F 61
Tyler Gro. B43 - 3F 47
Tyler Rd. Wil WV13 - 2H 31
Tylers Grn. B38 - 5G 105
Tylers Gro. Sol B90 - 3C 124
Tylney Clo. B5 - 1H 89
Tyndale Cres. B43 - 1G 47
Tyndall Wlk. B32 - 4D 86
Tyne Clo. B37 - 2B 78
Tyne Clo. WS8 - 5B 8
Tynedale Cres. WV4 - 1A 42
Tynedale Rd. B11 - 3G 91
Tyne Gro. B25 - 5A 76
Tynemouth Clo. CV2 - 2G 101
Tyne Pl. Bri H DY5 - 4B 68
Tynes, The. Brom B60 - 5C 142
Tyning Clo. WV9 - 5F 11
Tyninghame Av. WV6 - 3D 18
Tynings Clo. Kid DY11 - 1B 140
Tynings La. WS9 - 4F 25
Tynward Clo. CV3 - 4A 132
Tyrley Clo. WV6 - 1C 28
Tyrol Clo. Sto DY8 - 2D 82
Tyseley Hill Rd. B11 - 2G 91
Tyseley La. B11 - 3G 91
Tysoe Clo. Red B98 - 4G 145
Tysoe Clo. Sol B94 - 5C 124
Tysoe Croft. CV3 - 1H 133
Tysoe Dri. Sut C B76 - 1C 50
Tysoe Rd. B44 - 4B 48
Tythe Barn Clo. Brom B60 - 5C 142
Tythebarn Dri. King DY6 - 5B 52
Tythe Barn La. Sol B90 - 2F 123

Udall Rd. Bil WV14 - 1E 43
Uffculme Rd. B30 - 5H 89
Uffmoor Est. Hal B63 - 5F 85
Uffmoor La. Hal B62 & B63 - 5F 85
Ufton Clo. Sol B90 - 4B 108
Ufton Cres. Sol B90 - 4B 108
Ufton Croft. CV5 - 4D 114
Ullenhall Rd. Sol B93 - 3A 126
Ullenhall Rd. Sut C B76 - 3C 50
Ullenwood. B21 - 5C 58
Ulleries Rd. Sol B92 - 4C 92
Ullrik Grn. B24 - 3F 61
Ullswater Av. L Spa CV32 - 2H 147
Ullswater Av. Nun CV11 - 1H 137
Ullswater Clo. B32 - 4A 88
Ullswater Ho. War B69 - 1B 70
Ullswater Pl. Can WS11 - 5C 4
Ullswater Rise. Bri H DY5 - 1A 68
Ullswater Rd. CV3 - 1H 133
Ullswater Rd. Nun CV12 - 4E 81
Ulster Clo. Can WS11 - 3D 4
Ulster Dri. King DY6 - 2D 66
Ulverley Cres. Sol B92 - 5C 92
Ulverley Grn. Rd. Sol B92 - 5C 92
Ulverscroft Rd. CV3 - 2B 132
Ulwine Dri. B31 - 3A 104
Umberslade Rd. B29 & B30 - 5E 89
Underhill La. WV10 - 5C 12
Underhill Rd. B8 - 3F 75
Underhill Rd. Tip DY4 - 5A 44
Underhill St. War B69 - 1E 71
Underhill Way. War B69 - 1E 71
Underley Clo. King DY6 - 5C 52
Underwood Clo. B15 - 3D 88
Underwood Rd. B20 - 1D 58
Unett Ct. War B66 - 1B 72
Unett St. B19 - 1G & 1H 73
Unett St. War B66 - 2C 72
Unett Wlk. B19 - 1G 73
Unicorn Av. CV5 - 3B 114
Unicorn Hill. Red B97 - 2B 144
Unicorn La. CV5 - 3C 114
Union Centre. Wed WS10 - 2C 44
Union Clo. Tam B77 - 4D 134
Union Dri. Sut C B73 - 2G 49
Union Mill St. WV1 - 1A 30
Union Pas. B2 - 3A 74
Union Pas. B10 - 5D 74
Union Pl. CV6 - 2D 100
Union Rd. B6 - 4D 60
Union Rd. L Spa CV32 - 4A 148
Union Rd. Sol B90 - 5A 108
Union Rd. Sol B91 - 3F 109
Union Rd. W Bro B70 & War B69 - 2C & 3C 56
Union Row. B21 - 5E 59
Union St. B2 - 3A 74
Union St. DY2 - 4E 55
Union St. WS1 - 2H 33
Union St. WS7 - 2D 8
Union St. WV1 - 2A 30
Union St. Bil WV14 - 5D 30
Union St. Can WS11 - 2C 6
Union St. Kid DY10 - 2E 141
Union St. Red B98 - 3C 144
Union St. Sto DY8 - 2F 83
Union St. Sto DY9 - 2A 84
Union St. Tip DY4 - 5F 43
Union St. Tip DY4 - 3G 43 (Princes End)
Union St. War B65 - 4A 70
Union St. War B66 - 1A 72
Union St. Wed WS10 - 2C 44
Union St. W Bro B70 - 4G 57
Union St. Wil WV13 - 1H 31
Union Wlk. L Spa CV31 - 5B 149
Unity Pl. B29 - 4E 89
Unity Pl. War B69 - 4D 56
University Av. B15 - 3E 89
Unketts Rd. War B67 - 2G 71
Unwin Cres. Sto DY8 - 2E 83
Upavon Clo. B35 - 1D 62
Upfield Cotts. WS7 - 1H 9
Upland Gro. Brom B61 - 1E 143
Upland Rd. B29 - 4F 89
Uplands. CV2 - 3E 117
Uplands. Hal B63 - 4F 85
Uplands Av. WV3 - 3D 28
Uplands Av. War B65 - 3B 70
Uplands Av. Wil WV13 - 2E 31
Uplands Clo. DY2 - 5F 55
Uplands Dri. WV3 - 3D 28
Uplands Dri. WV5 - 5B 40
Uplands Gro. Wil WV13 - 2E 31
Uplands Rd. B21 - 3C 58
Uplands Rd. DY2 - 5F 55
Uplands Rd. DY3 - 3H 41
Uplands Rd. Wil WV13 - 2E 31
Uplands, The. War B67 - 2H 71 to 2A 72
Up. Abbey St. Nun CV11 - 2E 137
Up. Ashley St. Hal B62 - 4A 70
Up. Balsall Heath Rd. B12 - 1B 90
Up. Bond St. Hin LE10 - 2E 139
Up. Brook St. WS2 - 2G 33
Up. Cape. Warw CV34 - 2C 146
Up. Castle St. Wed WS10 - 3B 32
Up. Chapel St. War B69 - 3A 56
Up. Church La. Tip DY4 - 4G 43
Up. Clifton Rd. Sut C B73 - 5H 37
Upper Clo. B32 - 4G 87
Up. Conybeare St. B12 - 1B 90
Up. Crossgate Rd. Red B98 - 5F 145
Up. Dean St. B5 - 4A 74
Up. Eastern Grn. La. CV5 - 3A 114
Up. Ettingshall Rd. Bil WV14 - 3C 42
Upperfield Clo. Red B98 - 1F 145
Up. Forster St. WS4 - 1H 33
Up. Gough St. B1 - 4H 73
Upper Grn. WV6 - 4D 18
Up. Grosvenor Rd. B20 - 3G 59
Up. Grove St. L Spa CV32 - 4A 148
Up. Gungate. Tam B79 - 2C 134
Up. Hagley Rd. War B66 - 4A 72
Up. Hall Clo. Red B98 - 4G 145
Up. Hall La. WS1 - 2H 33
Up. Highgate St. B12 - 1B 90
Up. High St. War B64 - 4E 69
Up. High St. Wed WS10 - 2C 44
Up. Hill St. CV1 - 4A 116
Up. Holland Rd. Sut C B72 - 5A 38 & 1A 50
Up. Holly Wlk. L Spa CV32 - 4C 148
Up. Ladyes Hills. Ken CV8 - 2B 150
Up. Landywood La. WS6 - 1B 14 & 5B 6
Up. Lichfield St. Wil WV13 - 1H 31
Up. Marshall St. B1 - 4H 73
Up. Meadow Rd. B32 - 2F 87
Up. Navigation St. WS2 - 1G 33
Upper Pk. CV3 - 3G 133
Up. Portland St. B6 - 5B 60
Up. Ride. CV3 - 3G 133
Up. Rosemary Hill. Ken CV8 - 3B 150
Up. Rushall St. WS1 - 2H 33
Up. Russell St. Wed WS10 - 2D 44
Up. St John St. Lich WS14 - 4G 151
Up. St Mary's Rd. War B67 - 4H 71
Up. Short St. WS2 - 2G 33
Up. Sneyd Rd. WV11 - 1H 21
Up. Spon St. CV1 - 5H 115
Up. Spring La. Ken CV8 - 1B 150
Up. Stone Clo. Sut C B76 - 5B 38
Upper St. WV6 - 4D 18
Up. Sutton St. B6 - 5B 60
Up. Thomas St. B6 - 5B 60
Up. Trinity St. B9 - 4C 74
Up. Vauxhall. WV1 - 1F 29
Up. Villiers St. WV2 - 4G 29
Up. Well St. CV1 - 4B 116
Up. William St. B1 - 4G 73
Up. York St. CV1 - 5A 116
Up. Zoar St. WV3 - 2G 29
Upton Clo. Red B98 - 3H 145
Upton Gro. B33 - 4A 76
Upton Rd. B33 - 4A 76
Upton Rd. Kid DY10 - 1E 141
Upton St. DY2 - 1E 69
Upwey Av. Sol B91 - 3D 108
Usk Way. B36 - 4H 63
Usmere Rd. Kid DY10 - 1E 141
Utrillo Clo. CV5 - 4E 115
Uxbridge Av. CV3 - 5F 117
Uxbridge Clo. DY3 - 2A 54
Uxbridge Ct. Kid DY11 - 3C 140
Uxbridge St. B19 - 1H 73
Uxbridge St. Can WS12 - 2F 5

Valbourne Rd. B14 - 3H 105
Vale Av. DY3 - 5A 42
Vale Av. WS9 - 1H 35
Vale Clo. B32 - 3H 87
Vale Head Dri. WV6 - 1B 28
Vale Ind. Est. Kid DY11 - 5C 140
Valencia Croft. B35 - 2E 63
Valentine Clo. Sut C B74 - 4B 36
Valentine Ct. B14 - 5A 90
Valentine Rd. B14 - 5A 90
Valentine Rd. War B68 - 4F 71
Valepits Rd. B33 - 4E 77
Valerie Gro. B43 - 4C 46
Vale Rd. DY2 - 2F 69
Vale Row. DY3 - 5A 42
Vales Clo. Sut C B76 - 4B 50
Vale St. DY3 - 5A 42
Vale St. WV2 - 4C 30
Vale St. Sto DY8 - 5F 67
Vale St. W Bro B71 - 5G 45
Vale, The. B11 - 4D 90
Vale, The. B15 - 1F 89
Vale, The. CV3 - 1F 133
Vale Trading Est., The. Kid DY11 - 5C 140
Vale View. WS9 - 5G 25 (Aldridge)
Vale View. WS9 - 1G 35 (Barr Common)
Vale View. Nun CV10 - 3C 136
Valiant Way. Sol B92 - 5E 93
Valley Clo. Kid DY11 - 1A 140
Valley Farm Rd. B45 - 3D 118
Valley La. Lich WS13 - 2H 151
Valley La. Tam B77 - 5F 135

Valley Rd.—Walsall St.

Valley Rd. B43 – 4C 46
Valley Rd. CV2 – 2E 117
Valley Rd. DY3 – 5A 42
Valley Rd. WS3 – 2F 23
Valley Rd. WV10 – 4B 20
Valley Rd. Can WS12 – 1F 5
Valley Rd. Hal B62 – 5D 70
Valley Rd. L Spa CV31 – 7E 149
Valley Rd. L Spa CV32 – 3C 148
Valley Rd. Sol B92 – 3F 93
Valley Rd. Sto DY9 – 2B 84
Valley Rd. Sut C B74 – 3B 36
Valley Rd. War B64 – 5F 69 & 1F 85
Valley Rd. War B67 – 2A 72
Valley, The. L Spa CV31 – 8E 149
Valley View. WS8 – 2F 17
Vallian Croft. B36 – 5C 62
Vanborough Wlk. DY1 – 2C 54
Vanbrugh Ct. WV6 – 2A 18
Van Diemans Rd. WV5 – 1A 52
Van Dyke Clo. CV5 – 4E 115
Vanguard Clo. B36 – 4B 62
Vann Clo. B10 – 5D 74
Varden Croft. B5 – 1H 89
Vardon Dri. CV3 – 5B 132
Vardon Way. B38 – 5C 104 & 1C 120
Varley Rd. B24 – 2A 62
Varley Vale. B24 – 1B 62
Varlins Way. B38 – 2D 120
Varney Av. W Bro B70 – 3F 57
Vaughan Clo. Sut C B74 – 3G 27
Vaughan Gdns. WV8 – 4A 10
Vaughan Rd. Wil WV13 – 2F 31
Vaughton Dri. Sut C B75 – 4B 38
Vaughton St. B12 – 5A 74
Vaughton St. S. B12 – 5A 74
Vauxhall Av. WV1 – 1F 29
Vauxhall Clo. CV1 – 4D 116
Vauxhall Cres. B36 – 4H 63
Vauxhall Gdns. DY2 – 5F 55
Vauxhall Gro. B7 – 2C 74
Vauxhall Pl. B7 – 3C 74
Vauxhall Rd. B7 – 3C 74
Vauxhall Rd. Sto DY8 – 2F 83
Vauxhall St. CV1 – 4D 116
Vauxhall St. DY1 – 4D 54
Vauxhall Ter. B7 – 2C 74
Vauxhall Trading Est. B7 – 2D 74
Vaynor Dri. Red B97 – 5B 144
Veasey Clo. Nun CV11 – 4H 137
Vecqueray St. CV1 – 5C 116
Velsheda Rd. Sol B90 – 5G 107
Venetia Rd. B9 – 4D 74
Venning Gro. B43 – 4D 46
Ventnor Av. B19 – 5H 59
Ventnor Av. B36 – 5B 62
Ventnor Clo. CV2 – 4H 117
Ventnor Clo. War B68 – 1F 87
Ventnor Pl. B6 – 3B 60
Ventnor Rd. Sol B92 – 3F 93
Ventnor St. Nun CV10 – 1G 137
Venture Ct. Hin LE10 – 3A 138
Venture Way. B7 – 2B 74
Vera Rd. B26 – 5B 76
Verbena Clo. CV2 – 5F 101
Verbena Rd. B31 – 2H 103
Vercourt. Sut C B74 – 5C 26
Verdi Ct. Lich WS13 – 1H 151
Verdun Cres. DY2 – 3G 55
Vere St. B5 – 5H 73
Verity Wlk. Sto DY8 – 4D 66
Vermont Grn. Can WS11 – 3D 4
Vermont Gro. L Spa CV31 – 6E 149
Verney Av. B33 – 5F 77
Vernier Av. King DY6 – 1F 67
Vernolds Croft. B5 – 5A 74
Vernon Av. B20 – 1E 59
Vernon Av. WS8 – 2E 17
Vernon Av. Tip DY4 – 1F 55
Vernon Clo. CV1 – 4D 116
Vernon Clo. WV11 – 4G 13
Vernon Clo. Hal B62 – 5B 70
Vernon Clo. L Spa CV32 – 2A 148
Vernon Clo. Red B98 – 1D 144
Vernon Clo. Sut C B74 – 4E 27
Vernon Ind. Est. Hal B62 – 5B 70
Vernon Rd. B16 – 4D 72
Vernon Rd. Bil WV14 – 4G 31
Vernon Rd. Hal B62 – 5A 70
Vernon Rd. War B68 – 1F 71
Vernon Rd. Wil WV13 – 2F 31
Vernons La. Nun CV10 & CV11 – 3C 136
Vernons Pl. WV10 – 1E 13
Vernon St. Bil WV14 – 2F 43
Vernon St. W Bro B70 – 2C 56
Vernon Way. WV11 – 1B 22
Veronica Av. WV4 – 5A 30
Veronica Clo. B29 – 2A 104
Veronica Rd. King DY6 – 1F 67
Verstone Croft. B31 – 5A 104
Verstone Rd. Sol B90 – 3A 108
Verwood Clo. Wil WV13 – 2E 31
Vesey Clo. Sut C B74 – 1F 37
Vesey Croft. B46 – 3A 64
Vesey Rd. Sut C B73 – 2H 49
Vesey St. B4 – 2A 74
Viaduct St. B7 – 3C 74
Vibart Rd. B26 – 5C 76
Vicarage Clo. B42 – 4H 47
Vicarage Clo. WS8 – 2F 17
Vicarage Clo. Bri H DY5 – 5H 67
Vicarage Clo. Brom B60 – 5F 143
Vicarage Clo. Tip DY4 – 1F 55
Vicarage Cres. Kid DY10 – 3E 141
Vicarage Cres. Red B97 – 2A & 2B 144
Vicarage Fields. Warw CV34 – 3G 147
Vicarage Gdns. Ken CV8 – 5B 150
Vicarage Gdns. Sut C B76 – 4C 50
Vicarage La. B46 – 3A 64
Vicarage La. CV7 – 1B 100
Vicarage La. Bri H DY5 – 5H 53
Vicarage Pl. WS1 – 2G 33
Vicarage Prospect. DY1 – 4C 54
Vicarage Rd. B6 – 5B 60
Vicarage Rd. B14 – 2H 105
Vicarage Rd. B15 – 5E 73
Vicarage Rd. B17 – 2B 88
Vicarage Rd. B18 – 5F 59
Vicarage Rd. B33 – 4B 76
Vicarage Rd. DY3 – 1B 54
Vicarage Rd. WS3 – 5A 16
Vicarage Rd. WS8 – 2E 17
Vicarage Rd. WV2 – 3A 30
Vicarage Rd. WV4 – 1D 40
Vicarage Rd. WV11 – 4D 20
Vicarage Rd. Bil WV14 – 4D 42
Vicarage Rd. Bri H DY5 – 5H 67
Vicarage Rd. Hal B62 – 4B 70
Vicarage Rd. L Spa CV32 – 2C 148
Vicarage Rd. Sol B94 – 5A 124
Vicarage Rd. Sto DY8 – 1F 83 (Amblecote)
Vicarage Rd. Sto DY8 – 1C 82 (Wollaston)
Vicarage Rd. Sto DY9 – 2B 84
Vicarage Rd. War B67 – 1H 71
Vicarage Rd. War B68 – 2E 71
Vicarage Rd. Wed WS10 – 1D 44
Vicarage Rd. W Bro B71 – 5F 45
Vicarage Rd. W. DY1 – 5D 42
Vicarage St. Nun CV11 – 3F & 3G 137
Vicarage St. War B68 – 1E 71
Vicarage Ter. WS2 – 3F 33
Vicarage View. Red B97 – 2B 144
Vicarage Wlk. WS1 – 2G 33
Vicars Clo. Lich WS13 – 3F 151
Vicar St. DY2 – 4E 55
Vicar St. DY3 – 4A 42
Vicar St. Kid DY10 – 3E 141
Vicar St. Wed WS10 – 1D 44
Vicars Wlk. Sto DY9 – 4A 84
Viceroy Clo. B5 – 1H 89
Viceroy Clo. King DY6 – 1F 67
Victor Clo. WV2 – 4C 30
Victoria Arc. WV1 – 2H 29
Victoria Av. WS3 – 1E 23
Victoria Av. Hal B62 – 1D 86
Victoria Av. War B66 – 1A 72
Victoria Ct. Bri H DY5 – 2A 68
Victoria Ct. Kid DY10 – 2F 141
Victoria Ct. War B66 – 1B 72
Victoria Dri. Tam B78 – 5C 134
Victoria Fold. WV1 – 2H 29
Victoria Gro. WV5 – 3B 40
Victoria M. Warw CV34 – 3D 146
Victoria Pk. Rd. War B66 – 1B 72
Victoria Pas. WV1 – 2H 29
Victoria Pl. Kid DY11 – 5B 140
Victoria Rd. B6 – 5A to 5C 60
Victoria Rd. B17 – 2B 88
Victoria Rd. B21 – 5D 58
Victoria Rd. B23 – 2E 61
Victoria Rd. B27 – 4H 91 & 4A 92
Victoria Rd. B30 – 2F 105
Victoria Rd. B33 – 3A 76
Victoria Rd. DY3 – 4A 42
Victoria Rd. WS3 – 5A 16
Victoria Rd. WV3 – 4E 29
Victoria Rd. WV6 – 4E 19
Victoria Rd. WV10 – 4B 20
Victoria Rd. WV11 – 3D 20
Victoria Rd. Bri H DY5 – 4C 68
Victoria Rd. Brom B61 – 2E 143
Victoria Rd. Hal B62 – 4B 70
Victoria Rd. Hin LE10 – 5G 139
Victoria Rd. L Spa CV31 – 5A 149
Victoria Rd. Nun CV10 – 1A 136
Victoria Rd. Sut C B72 – 5A 38
Victoria Rd. Tam B79 – 3D 134
Victoria Rd. Tip DY4 – 1G 55
Victoria Rd. War B64 – 3G 69 (in two parts)
Victoria Rd. War B68 – 1F 71
Victoria Rd. Wed WS10 – 4B 32 (in two parts)
Victoria Sq. B3 – 3H 73
Victoria Sq. WV1 – 1A 30
Victoria Sq. Lich WS13 – 4F 151
Victoria St. B9 – 4E 75
Victoria St. CV1 – 4C 116
Victoria St. WV1 – 2H 29
Victoria St. Bri H DY5 – 2A 68
Victoria St. Bri H DY5 – 5G 53 (Pensnett)
Victoria St. Can WS11 – 5B 4
Victoria St. Can WS11 – 3C 4 (Broomhill)
Victoria St. Can WS12 – 1F 5
Victoria St. Hal B63 – 3H 85
Victoria St. Hin LE10 – 2F 139
Victoria St. King DY6 – 4B 52
Victoria St. L Spa CV31 – 5A 149
Victoria St. Nun CV11 – 3F 137
Victoria St. Sto DY8 – 2F 83
Victoria St. Red B98 – 2C 144
Victoria St. Warw CV34 – 3D 146
Victoria St. Wed WS10 – 2C 44
Victoria St. W Bro B70 – 2F 57
Victoria St. W Bro B70 – 1D 56 (Swan Village)
Victoria St. Wil WV13 – 1H 31
Victoria Ter. B21 – 4E 59
Victoria Ter. WS4 – 5A 24
Victoria Ter. L Spa CV31 – 5B 149
Victor Rd. Sol B92 – 3F 93
Victor St. WS1 – 3G 33
Victor St. WS3 – 1A 24
Victor Tower. B7 – 1C 74
Victory Av. WS7 – 1E 9
Victory Av. War B65 – 4H 69
Victory Av. Wed WS10 – 5A 32
Victory La. WS2 – 5E 23
Victory Rd. CV6 – 5C 100
Victory Ter. Tam B78 – 5C 134
View Dri. DY2 – 4F 55
Viewfield Av. Can WS12 – 1D 4
Viewfield Cres. DY3 – 5A 42
Viewlands Dri. WV6 – 1A 28
View St. Can WS12 – 1D 4
Vigo Clo. WS9 – 5E 17
Vigo Pl. WS9 – 2E 25
Vigo Rd. WS9 – 5E 17
Vigo Ter. WS9 – 5E 17
Viking Rise. War B65 – 2A 70
Vilette Gro. B14 – 3D 106
Vilia Clo. Hin LE10 – 5G 139
Villa Clo. WV10 – 1E 13
Villa Clo. Nun CV12 – 2A 80
Villa Cres. Nun CV12 – 2B 80
Village Rd. B6 – 3B 60
Village, The. King DY6 – 5E 53
Village Wlk. Wed WS10 – 1E 45
Villa Rd. B19 – 5F 59
Villa Rd. CV6 – 2A 116
Villa St. B19 – 5G 59 (in two parts)
Villa St. Sto DY8 – 5F 67
Villa Wlk. B19 – 1G 73
Villiers Av. Bil WV14 – 3E & 4E 31
Villiers Rd. Brom B60 – 5C 142
Villiers Rd. Ken CV8 – 2C 150
Villiers Sq. Bil WV14 – 4E 31
Villiers St. B18 – 1D 72
Villiers St. CV2 – 4E 117
Villiers St. WS1 – 3G 33
Villiers St. Kid DY10 – 3F 141
Villiers St. L Spa CV32 – 3B 148
Villiers St. Nun CV11 – 4E 137
Villiers St. Wil WV13 – 1H 31
Villiers Ter. B18 – 1D 72
Vimy Rd. B13 – 1C 106
Vimy Rd. Wed WS10 – 5D 32
Vimy Ter. Wed WS10 – 5E 33
Vincent Dri. B15 – 3D 88 (in two parts)
Vincent Pde. B12 – 2B 90
Vincent Rd. Sut C B75 – 4B 38
Vincent St. B12 – 2A & 2B 90
Vincent St. CV1 – 5A 116
Vincent St. WS1 – 3H 33
Vincent St. L Spa CV32 – 4C 148
Vince St. War B66 – 3A 72
Vine Av. B12 – 2C 90
Vinecote Rd. CV6 – 3D 100
Vine Cres. W Bro B71 – 5G 45
Vine La. Can WS11 – 2B 6
Vine La. Hal B63 – 3A 86
Vine La. Warw CV34 – 3E 147
Vineries, The. B27 – 3B 92
Vine St. B5 – 4A 74
Vine St. B6 – 5C 60
Vine St. CV1 – 4C 116
Vine St. Bri H DY5 – 1B 68
Vine St. Kid DY10 – 1F 141
Vine St. Red B97 – 2B 144
Vine St. Sto DY8 – 4E 67
Vine Ter. B17 – 2B 88
Vineyard Rd. B31 – 3H 103
Vinnall Gro. B32 – 1E 103
Vintage Clo. B33 – 1D 76
Violet Clo. CV2 – 4F 101
Violet Croft. Tip DY4 – 3A 44
Virginia Rd. CV1 – 4C 116
Viscount Clo. L Spa CV31 – 6B 149
Viscount Ho. B35 – 3D 62
Vista Grn. B38 – 5F 105
Vista, The. DY3 – 2A 42
Vittle Dri. Warw CV34 – 3D 146
Vittoria St. B1 – 2G 73
Vittoria St. War B66 – 1D 72
Vivian Clo. B17 – 2C 88
Vivian Rd. B17 – 2C 88
Vixen Clo. Sut C B76 – 4B 50
Vulcan Rd. Bil WV14 – 5G 31
Vulcan Rd. Sol B91 – 2F 109
Vyrnwy Gro. B38 – 1D 120
Vyse St. B6 – 5C 60
Vyse St. B18 – 2G 73

Wackrill Dri. L Spa CV32 – 2D 148
Waddam's Pool. DY2 – 4E 55
Waddell Clo. Bil WV14 – 2B 42
Waddens Brook La. WV11 – 4F 21
Waddington Av. B43 – 3D 46
Wade Av. CV3 – 4A 132
Wadebridge Dri. Nun CV11 – 3H 137
Wade Gro. Warw CV34 – 1E 147
Wadesmill Lawns. WV10 – 4B 12
Wade St. Lich WS13 – 3G 151
Wadham Clo. War B65 – 1B 70
Wadhurst Rd. B17 – 4B 72
Wadley's Rd. Sol B91 – 2C 108
Waen Clo. Tip DY4 – 3A 44
Waggoners Clo. Brom B60 – 5C 142
Waggon St. War B64 – 4G 69
Waggon Wlk. B38 – 2C 120 (in two parts)
Wagon La. Sol B92 & B26 – 3C 92
Wagstaff Clo. Bil WV14 – 3E 43
Wainbody Av. N. CV3 – 3H 131
Wainbody Av. S. CV3 – 4G 131
Wainrigg. Tam B77 – 5H 135
Wainwright St. B6 – 5C 60
Waite Rd. Wil WV13 – 3F 31
Wakefield Clo. Sut C B73 – 2G 49
Wakefield Gro. B46 – 2B 64
Wakeford Rd. B31 – 1B 120
Wake Grn. Pk. B13 – 4C 90
Wake Grn. Rd. B13 – 4B 90 to 1E 107
Wake Grn. Rd. Tip DY4 – 2H 43
Wakelam Gdns. B43 – 3D 46
Wakelams Fold. DY3 – 2G 53
Wakeley Hill. WV4 – 1E 41
Wakelin Rd. Sol B90 – 2H 123
Wakeman Gro. B33 – 1F 93
Wakes Rd. Wed WS10 – 2D 44
Walcot Clo. Sut C B75 – 1H 37
Walcot Dri. B43 – 5E 47
Walcote Clo. Hin LE10 – 2B 138
Walcot Grn. Sol B93 – 5A 126
Waldale Clo. WV11 – 1A 22
Walden Gdns. WV4 – 4D 28
Walden Rd. B11 – 3G 91
Waldens Yd. CV6 – 4E 101
Waldeve Gro. Sol B92 – 1H 109
Waldon Wlk. B36 – 4H 63
Waldron Av. Bri H DY5 – 3G 67 (in two parts)
Waldron Clo. Wed WS10 – 4C 32
Waldrons Moor. B14 – 3G 105
Walford Av. WV3 – 3F 29
Walford Dri. Sol B92 – 3G 93
Walford Grn. B32 – 1E 103
Walford Gro. Warw CV34 – 2E 147
Walford Rd. B11 – 2D 90
Walford St. War B69 – 3G 55
Walford Wlk. Red B97 – 2C 144
Walhouse Clo. WS1 – 1A 34
Walhouse Rd. WS1 – 1H 33 to 1A 34
Walhouse St. Can WS11 – 5C 4
Walker Av. WV10 – 2A 20
Walker Av. Bri H DY5 – 5A 68
Walker Av. Sto DY9 – 4A 84
Walker Av. War B69 – 5A 56
Walker Dri. B24 – 4E 61
Walker Dri. Kid DY10 – 1F 141
Walker Pl. WS3 – 2G 23
Walker Rd. WS3 – 2G 23
Walker's Croft. Lich WS13 – 1G 151
Walker's Heath Rd. B38 – 1F 121
Walkers Rd. Red B98 – 1G 145
Walker St. DY2 – 2D 68
Walker St. Tip DY4 – 4A 44
Walk La. WV5 – 4B 40
Walkmill La. Can WS11 – 3B 6
Walk, The. DY3 – 3A 42
Wallace Clo. Can WS11 – 3H 7
Wallace Clo. War B69 – 1B 70
Wallace Ho. War B69 – 1B 70
Wallace Rise. War B64 – 5F 69
Wallace Rd. B29 – 4G 89
Wallace Rd. CV6 – 1H 115
Wallace Rd. WS8 – 1D 16
Wallace Rd. Bil WV14 – 1H & 2G 43
Wallace Rd. War B69 – 1B 70
Wall Av. B46 – 1E 79
Wallbank Rd. B8 – 1G 75
Wallbrook St. Bil WV14 – 3E 43
Wall Croft. WS9 – 3F 25
Wall Dri. Sut C B74 – 5G 27
Wall End Clo. WS2 – 3D 22
Waller St. L Spa CV32 – 3B 148
Wallface. W Bro B71 – 4E 45
Wall Hill Rd. CV7 & CV5 – 1H 97 to 5F 99
Walling Croft. Bil WV14 – 1C 42
Wallingford Av. Nun CV11 – 1H 137
Wallington Clo. WS3 – 5E 15
Wallows Cres. WS2 – 4F 33
Wallows Ind. Est., The. Bri H DY5 – 1A 68
Wallows La. WS2 & WS1 – 4F 33
Wallows Pl. Bri H DY5 – 2H 67
Wallows Rd. Bri H DY5 – 2H 67 & 2A 68
Wallows Wood. DY3 – 2F 53
Wall St. WV1 – 1C 30
Wall Well. Hal B63 – 3G 85
Wall Well La. Hal B63 – 3G 85
Walmead Croft. B17 – 5H 71
Walmer Gro. B23 – 1C 60
Walmer Meadow. WS9 – 3F 25
Walmers, The. WS9 – 3F 25
Walmers Wlk., The. B31 – 1G 119
Walmer Way. B37 – 3B 78
Walmley Ash La. Sut C B76 – 5E 51
Walmley Ash Rd. Sut C B76 – 4C 50 to 5E 51
Walmley Clo. Sut C B76 – 4C 50
Walmley Rd. Sut C B76 – 1C to 3C 50
Walney Clo. Hin LE10 – 2D 138
Walnut Av. WV8 – 5B 10
Walnut Clo. B37 – 4B 78
Walnut Clo. Can WS11 – 4D 4
Walnut Clo. Nun CV10 – 1C 136
Walnut Clo. Sto DY9 – 5G 83
Walnut Dri. WV3 – 2D 28
Walnut Dri. Can WS11 – 4D 4
Walnut Ho. B20 – 2E 59
Walnut La. Brom B60 – 4G 143
Walnut La. Wed WS10 – 2E 45
Walnut Rd. WS5 – 1A 46
Walnut St. CV2 – 4F 101
Walnut Tree Clo. Ken CV8 – 4C 150
Walnut Way. B31 – 1H 119
Walpole St. WV6 – 5F 19
Walpole Wlk. W Bro B70 – 4G 57
Walsal End La. Sol B92 – 4D 110
Walsall Rd. B42 – 3E 47 to 2H 59
Walsall Rd. WS3 – 5A 16
Walsall Rd. WS4 & WS9 – 1D 24
Walsall Rd. WS5 – 1H 45
Walsall Rd. WS6 – 3D 6 to 3E 15
Walsall Rd. WS9 – 5D 24
Walsall Rd. Can WS11 – 5C 4
Walsall Rd. Can WS11 – 4A 8 (Norton Canes)
Walsall Rd. Lich WS13 – 4E to 3F 151
Walsall Rd. Lich WS14 – 2H 17
Walsall Rd. Sut C B74 – 4D 26 to 1F 37
Walsall Rd. Wed WS10 – 4B 32 (Darlaston)
Walsall Rd. W Bro B71 – 4G to 2H 45
Walsall Rd. Wil WV13 – 1A 32
Walsall St. CV4 – 2D 130

Walsall St.—Welbeck Av.

Walsall St. WV1 – 2A 30
Walsall St. Bil WV14 – 4F 31
Walsall St. Wed WS10 – 1D & 2D 44
Walsall St. Wed WS10 – 4B 32 (Darlaston)
Walsall St. W Bro B70 – 2G 57
Walsall St. Wil WV13 – 2H 31
Walsall Wood Rd. WS9 – 1F to 3G 25
Walsgrave Clo. Sol B92 – 2F 109
Walsgrave Dri. Sol B92 – 2F 109
Walsgrave Rd. CV2 – 4D 116
Walsham Croft. B34 – 2F 77
Walsh Dri. Sut C B76 – 5C 38
Walsh Gro. B23 – 4E 99
Walsh La. CV7 – 4E 97
Walsingham St. WS1 – 2A 34
Walstead Clo. WS5 – 5C 34
Walstead Rd. WS5 – 5H 33 to 5C 34
Walstead Rd. W. WS5 – 5G 33
Waltdean Clo. B43 – 2D 46
Walter Cobb Dri. Sut C B73 – 2G 49
Walter Nash Rd. E. Kid DY11 – 5B 140
Walter Rd. Bil WV14 – 1F 43
Walter Rd. War B67 – 1H 71
Walters Clo. B31 – 3A 120
Walter Scott Rd. Nun CV12 – 4G 81
Walters Rd. War B68 – 1E 87
Walters Row. DY1 – 3C 54
Walter St. B7 – 1C 74
Walter St. WS3 – 1A 24
Walter St. W Bro B70 – 2G 57
Waltham Clo. Brom B61 – 4C 142
Waltham Cres. Nun CV10 – 3A 136
Waltham Gro. B44 – 2D 48
Waltham Ho. W Bro B70 – 2G 57
Walthamstow Ct. Bri H DY5 – 4H 67
Walton Av. War B65 – 5A 70
Walton Clo. CV3 – 2H 133
Walton Clo. Hal B63 – 4F 85
Walton Clo. Kid DY11 – 5C 140
Walton Clo. Red B98 – 3H 145
Walton Clo. War B65 – 2G 69
Walton Ct. Hal B63 – 4F 85
Walton Cres. WV4 – 5B 30
Walton Dri. Bil WV14 – 3D 42
Walton Dri. Sto DY9 – 2H 83
Walton Gdns. WV8 – 4A 10
Walton Gro. B30 – 5F 105
Walton Heath. WS3 – 5D 14
Walton Rd. WS9 – 1F 25
Walton Rd. WV4 – 5B 30
Walton Rd. Brom B61 – 2E 143
Walton Rd. Sto DY8 – 1F 83
Walton Rd. War B68 – 4E 71
Walton Rd. Wed WS10 – 2F 45
Walton St. Tip DY4 – 1G 55
Wanderers Av. WV2 – 4H 29
Wanderer Wlk. B36 – 4B 62
Wandle Gro. B11 – 4G 91
Wandsbeck. Tam B77 – 4F 135
Wandsworth Rd. B44 – 1A 48
Wanley Rd. CV3 – 3C 132
Wansbeck Ct. War B66 – 4G 57
Wansbeck Gro. B38 – 1D 120
Wansbeck Wlk. DY3 – 5C 42
Wansfell Clo. CV4 – 2C 130
Wanstead Gro. B44 – 3B 48
Wantage Rd. B46 – 3D 64
Wappenbury Clo. CV2 – 4G 101
Wappenbury Rd. CV2 – 4G 101
Warbler Pl. Kid DY10 – 5F 141
Ward Clo. B8 – 2G 75
Warden Av. Sut C B73 – 3F 49
Ward End Clo. B8 – 1F 75
Ward End Pk. Rd. B8 – 1F 75
Wardend Rd. B8 – 5G 61
Warden Rd. CV6 – 2A 116
Warden Rd. Sut C B73 – 3F 49
Wardens Av., The. CV5 – 2D 114
Ward Gro. WV4 – 2B 42
Ward Gro. Warw CV34 – 4G 147
Wardle Pl. Can WS11 – 2B 4
Wardles La. WS6 – 5D 6
Wardle St. Tam B79 – 3C 134
Wardlow Clo. WV4 – 4G 29
Wardlow Rd. B7 – 2C 74
Wardour Dri. B37 – 3B 78
Wardour Gro. B44 – 3D 48
Ward Rd. WV4 – 5H 29
Ward Rd. WV8 – 5A 10
Ward St. B19 – 2A 74
Ward St. WS1 – 1H 33
Ward St. WV1 – 2A 30
Ward St. WV2 – 4D 30
Ward St. Can WS12 – 1D 4
Ward St. Bil WV14 – 4D 42 (Coseley)
Ward St. Wil WV13 – 5A 22
Wareham Rd. B45 – 5E 103
Wareing Dri. B23 – 3E 49
Warewell St. WS1 – 2H 33
Waring Clo. Tip DY4 – 3F 43
Waring Rd. Tip DY4 – 3H 43
Warings, The. WV5 – 1A 52
War La. B17 – 2B 88
Warley Croft. War B68 – 5G 71
Warley Hall Rd. War B68 – 5G 71
Warley Rd. War B68 – 1F 71
Warmington Clo. CV3 – 2H 133
Warmington Dri. Sut C B73 – 5H 37
Warmington Gro. Warw CV34 – 3B 146
Warmington Rd. B26 – 2F 93
Warmington Rd. B47 – 3C 122
Warmley Clo. WV6 – 4G 19
Warmley Clo. Sol B91 – 3F 109
Warner Clo. Warw CV34 – 2D 146
Warner Dri. Bri H DY5 – 4A 68
Warner Pl. WS3 – 3H 23
Warner Rd. WS3 – 3A 24
Warner Rd. WV8 – 5A 10
Warner Rd. Wed WS10 – 2F 45
Warner Row. CV6 – 1D 116
Warner St. B12 – 5B 74
Warners Wlk. B10 – 5D 74
Warnford Wlk. WV4 – 4C 28
Warple Rd. B32 – 2F 87
Warren Av. B13 – 4B 90
Warren Av. WV10 – 4B 20
Warren Clo. Can WS12 – 2H 5
Warren Clo. L Spa CV32 – 2B 148
Warren Clo. Tip DY4 – 5G 43
Warren Dri. DY3 – 3H 41
Warren Dri. Sol B93 – 5A 126
Warren Dri. War B65 – 1G 69
Warren Farm Rd. B44 – 3B 48
Warren Gdns. King DY6 – 1C 66
Warren Grn. CV4 – 2B 130
Warren Gro. B8 – 1F 75
Warren Hill Rd. B44 – 4B 48
Warren La. B45 – 5E 119
Warren Pl. WS8 – 2E 17
Warren Rd. B8 – 5F 61
Warren Rd. B30 – 2F 105
Warren Rd. B44 – 4B 48
Warren Rd. WS7 – 3F 9
Warrens Croft. WS5 – 5D 34
Warrens End. B38 – 1E 121
Warrens Hall Rd. DY2 – 5F 55
Warsash Clo. WV1 – 3D 30
Warstock La. B14 – 3C 106
Warstock Rd. B14 – 4B 106
Warston Av. B32 – 4F 87
Warstone Dri. W Bro B71 – 1H 57
Warstone La. B18 – 2G 73
Warstone M. B18 – 2G 73
Warstone Pde. E. B18 – 2G 73
Warstone Rd. WV11 – 1H 13
Warstones Cres. WV4 – 5D 28
Warstones Dri. WV4 – 4C & 5C 28
Warstones Gdns. WV4 – 4C 28
Warstones Ho. WV4 – 4D 28
Warstones Rd. WV4 – 1C 40
Warstone Ter. B21 – 4D 58
Wartell Bank. King DY6 – 5D 52
Warton Clo. Ken CV8 – 4D 150
Warwards La. B29 – 5F 89
Warwell La. B26 – 1B 92
Warwick Av. CV5 – 2H 131
Warwick Av. WV6 – 1A 28
Warwick Av. Brom B60 – 5E 143
Warwick Av. Wed WS10 – 1F 45
Warwick Av. Wil WV13 – 1B 32
Warwick By-Pass. – 4B 146
Warwick Clo. B36 – 4A 62
Warwick Clo. Can WS11 – 5D 4
Warwick Clo. War B68 – 3E 71
Warwick Clo. W Bro B70 – 4C 44
Warwick Ct. B29 – 1B 104
Warwick Gdns. Hin LE10 – 1F 139
Warwick Gdns. Nun CV10 – 3C 136
Warwick Gdns. War B69 – 2A 56
Warwick Gro. Sol B92 – 5B 92
Warwick Hall Gdns. Brom B60 – 4E 143
Warwick Highway. Red B98 – 4D 144 to 3H 145
Warwick Ho. War B65 – 2C 70
Warwick La. CV1 – 5B 116
Warwick New Rd. L Spa CV32 – 3H 147 to 4A 148
Warwick Pas. B2 – 3A 74
Warwick Pl. L Spa CV32 – 4A 148
Warwick Rd. – 2D 90 to 5D 126
B11 – 2D 90
B27 – 3H 91
Sol B92 – 4B 92
Sol B91 – 1C 108
Sol B93 – 5H 109
Warwick Rd. CV1 – 5B 116
Warwick Rd. CV3 & CV1 – 1A 132
Warwick Rd. DY2 – 3F 69
Warwick Rd. Ken CV8 – 4B & 5B 150
Warwick Rd. Sto DY8 – 4C 66
Warwick Rd. Tam B77 – 1F 135
Warwick Rd. War B68 – 5G 71
Warwick Row. CV1 – 5B 116
Warwicks, The. Warw CV35 – 4A 146
Warwick St. B12 – 4B 74
Warwick St. CV5 – 1G 131
Warwick St. WS4 – 1H 33
Warwick St. WV1 – 2A 30
Warwick St. Bil WV14 – 5F 31
Warwick St. L Spa CV32 – 4A 148
Warwick Ter. L Spa CV32 – 4A 148
Warwick Way. WS9 – 2F 25
Wasdale Clo. L Spa CV32 – 2H 147
Wasdale Dri. King DY6 – 1D 66
Wasdale Rd. B31 – 3H 103
Waseley Rd. B45 – 1C 118
Washbourne Rd. L Spa CV31 – 8B 149
Washbrook La. CV5 – 4C 98
Washbrook La. Can WS11 – 3F 7
Washbrook Rd. B8 – 1G 75
Washford Dri. Red B98 – 5F 145
Washford Gro. B25 – 5H 75
Washford Ind. Area. Red B98 – 5H 145
Washford La. Red B98 – 5G 145
Washington St. B1 – 4H 73
Washington St. DY2 – 2E 69
Washington St. Kid DY11 – 3C 140
Wash La. B25 – 5A 76
Washwood Heath Rd. B8 – 1E 75
Wasperton Clo. B36 – 4E 63
Wassell Ct. Hal B63 – 4F 85
Wassell Gro. Rd. Sto DY9 – 5B 84
Wassell Rd. Bil WV14 – 4E 31
Wassell Rd. Hal B63 – 4F 85
Wassell Rd. Sto DY9 – 4B 84
Waste La. CV6 – 5G 99
Waste La. CV7 – 3E 129
Wast Hill Gro. B38 – 2E 121
Wasthills Rd. B38 & B48 – 4C 120
Wastwater Ct. WV6 – 5A 18
Watchbury Clo. B36 – 3F 63
Watch Clo. CV1 – 4A 116
Watchman Av. Bri H DY5 – 5B 68 (in two parts)
Watcombe Rd. CV2 – 1H 117
Watercall Av. CV3 – 3B 132
Water Dale. WV3 – 1D 28
Waterdale. Sol B90 – 4B 124
Waterfall Clo. CV7 – 5D 96
Waterfall La. War B64 & B65 – 4H 69
Waterfall La. Trading Est. War B64 – 4G 69
Waterfall Rd. Bri H DY5 – 1H 83
Waterfield Clo. Tip DY4 – 1E 55
Waterfield Way. Hin LE10 – 5D 138
Waterford Rd. King DY6 – 5D 52
Waterglade La. Wil WV13 – 2H 31
Waterhaynes Clo. B45 – 3D 118
Waterhead Clo. WV10 – 1C 20
Waterhead Dri. WV10 – 5C 12
Water La. W Bro B71 – 4H 45
Waterloo Av. B37 – 2A 78
Waterloo Ct. Warw CV34 – 3F 147
Waterloo Pl. L Spa CV32 – 4B 148
Waterloo Rd. B14 – 1A 106
Waterloo Rd. B25 – 1H 91
Waterloo Rd. WV1 – 1H 29
Waterloo Rd. Hin LE10 – 3E 139
Waterloo Rd. War B66 – 3A 72
Waterloo St. B2 – 3H 73
Waterloo St. CV1 – 4C 116
Waterloo St. DY1 – 4C 54
Waterloo St. Kid DY10 – 2E 141
Waterloo St. L Spa CV31 – 5C 149
Waterloo St. Tip DY4 – 1F 55
Waterloo St. E. Tip DY4 – 1G 55
Water Mill Clo. B29 – 4C 88
Watermill Clo. WV10 – 4A 12
Water Orton La. Sut C B76 – 1F 63
Water Orton Rd. B36 – 4F 63
Water Rd. DY3 – 2H 53 (in two parts)
Waters Dri. Sut C B74 – 1E 37
Watersfield Gdns. L Spa CV31 – 6D 149
Waterside Ind. Est. WV2 – 4C 30
Waterside Trading Est. War B65 – 2G 69
Waterside Way. WS8 – 5C 8
Waterside Way. WV9 – 5G 11
Watersmeet Gro. CV2 – 2F 117
Watersmeet Rd. CV2 – 2E 117
Waterson Croft. B37 – 3C 78
Water St. B3 – 2H 73
Water St. WS7 – 1D 8
Water St. WV10 – 5A 20
Water St. King DY6 – 5D 52
Water St. W Bro B70 – 3G 57
Water Tower La. Ken CV8 – 2B 150
Waterward Clo. B17 – 2C 88
Waterworks Cotts. W Bro B71 – 4H 45
Waterworks Rd. B16 – 4E 73
Waterworks St. B6 – 4C 60
Watery La. B32 – 4D 86
Watery La. B46 – 2G 65
Watery La. B48 – 5E 121
Watery La. CV5 – 2F 131
Watery La. CV7 – 3B 98 (Corley)
Watery La. CV7 & CV6 – 3H 99 (Keresley)
Watery La. WS1 – 3G 33 (in two parts)
Watery La. WV8 – 4B 10
Watery La. Lich WS13 – 1G 151
Watery La. Red B98 – 4E 145
Watery La. Sol B93 – 5D 126
Watery La. Sol B94 – 4A 124
Watery La. Sto DY8 – 3E 67
Watery La. Tip DY4 – 1G 55
Watery La. War B67 – 2A 72
Watery La. Wil WV13 – 1E 31
Watery La. Middleway. B9 – 3C 74
Watford Gap Rd. Lich WS14 – 3G 27
Watford Rd. B30 – 3E 105
Wathan Av. Bil WV14 – 2B 42
Wathen Rd. L Spa CV32 – 3B 148
Wathen Rd. Warw CV34 – 3E 147
Watkins Gdns. B31 – 4B 104
Watkins Rd. Wil WV12 – 4A 22
Watland Grn. B34 – 1D 76
Watling Rd. Ken CV8 – 2C 150
Watling St. Can WS11, WS8 & Lich WS14 – 2A 6 to 5H 9
Watling St. Hin LE10 – 3A 138 to 5E 139
Watling St. Tam B77 – 4E 135
Watling St. Tam B78 – 5A 134
Watney Gro. B44 – 3D 48
Watson Clo. Sut C B72 – 2H 49
Watson Rd. B7 – 5E 61
Watson Rd. B8 – 2G 75
Watson Rd. CV5 – 5F 115
Watson Rd. WV10 – 5G 11
Watson Rd. Bil WV14 – 2C 42
Watson Rd. Wed WS10 – 5H 31
Watsons Clo. DY2 – 4F 55
Watson's Grn. Fields. DY2 – 4G 55
Watson's Grn. Rd. DY2 – 3F 55
Watt Clo. Brom B61 – 4D 142
Wattisham Sq. B35 – 1D 62
Wattis Rd. War B67 – 4A 72
Wattle Grn. W Bro B70 – 2D 56
Wattle Rd. W Bro B70 – 2D 56
Watton Clo. Bil WV14 – 2C 42
Watton Grn. B35 – 2D 62
Watton La. B46 – 2B 64
Watton St. W Bro B70 – 3F 57
Watt Rd. B23 – 1F 61
Watt Rd. Tip DY4 – 4H 43
Watts Clo. Tip DY4 – 1E 55
Watt's Rd. B10 – 5E 75
Watt St. B21 – 5C 58
Watt St. War B66 – 1B 72
Wattville Av. B21 – 4C 58
Wattville Rd. B21 & War B66 – 5B 58
Watwood Rd. Sol B90 – 5F 107
Waugh Clo. B37 – 3A 78
Waveley Rd. CV1 – 4H 115
Wavell Rd. B8 – 1F 75
Wavell Rd. WS2 – 1C 32
Wavell Rd. Bri H DY5 – 1B 84
Waveney. Tam B77 – 4F 135
Waveney Av. WV6 – 2A 18
Waveney Croft. B36 – 4H 63
Waveney Gro. Can WS11 – 5A 4
Wavenham Clo. Sut C B74 – 4E 27
Waverhill Rd. B21 – 5E 59
Waverley Av. B43 – 1G 47
Waverley Av. Nun CV11 – 5H 137
Waverley Clo. Kid DY10 – 1F 141
Waverley Cres. WV2 – 4G 29
Waverley Cres. WV4 – 1B 42
Waverley Gdns. WV5 – 4B 40
Waverley Gro. Sol B91 – 4C 108
Waverley Rd. B10 – 1E 91
Waverley Rd. WS3 – 1C 22
Waverley Rd. Ken CV8 – 4B 150
Waverley Rd. L Spa CV31 – 6C 149
Waverley Rd. Wed WS10 – 4B 32
Waverley Sq. Nun CV11 – 5H 137
Waverley St. DY2 – 4C 54
Waverley Wlk. Lich WS14 – 4F 151
Waverton M. L Spa CV31 – 6D 149
Waxland Rd. Hal B63 – 4H 85
Wayfield Clo. Sol B90 – 4A 108
Wayfield Rd. Sol B90 – 4A 108
Wayford Dri. Sut C B72 – 4A 50
Wayford Glade. Wil WV13 – 3G 31
Wayford Gro. B8 – 2H 75
Waynecroft Rd. B43 – 2D 46
Wayside. B37 – 5H 77
Wayside. WV8 – 1E 19
Wayside Acres. WV8 – 5A 10
Wayside Gdns. Wil WV12 – 4C 22
Wealden Hatch. WV10 – 4B 12
Wealdstone Dri. DY3 – 3H 53
Weale Gro. Warw CV34 – 2E 147
Weaman St. B4 – 2A & 3A 74
Weatheroak Rd. B11 – 2D 90
Weather Oaks. B17 – 2B 88
Weatheroaks. Hal B62 – 5D 70
Weaver Av. B26 – 1D 92
Weaver Clo. Bri H DY5 – 5G 53
Weavers Rise. DY2 – 3E 69
Weavers Wlk. CV6 – 1F 117
Weaving Gdns. Can WS11 – 5C 4
Webbcroft Rd. B33 – 2C 76
Webb La. B28 – 2E 107
Webb Rd. Tip DY4 – 4A 44
Webb St. Bil WV14 – 2E 43
Webb St. Nun CV10 – 4B 136
Webb St. Wil WV13 – 1G 31
Webley Rise. WV10 – 4B 12
Webster Av. Ken CV8 – 2C 150
Webster Clo. B11 – 1C 90
Webster Clo. Sut C B72 – 4H 49
Webster Rd. WS2 – 4G 23
Webster Rd. Wil WV13 – 5G 21
Webster St. CV6 – 1C 116
Webster Wlk. Can WS11 – 2E 5
Webster Way. Sut C B76 – 3D 50
Weddell Wynd. Bil WV14 – 2F 43
Weddington Rd. Nun CV10 – 1F 137
Weddington Ter. Nun CV10 – 2G 137
Wedgewood Av. W Bro B70 – 4C 44
Wedgewood Clo. WS7 – 1G 9
Wedgewood Pl. W Bro B70 – 4C 44
Wedgewood Rd. B32 – 2F 87
Wedgnock Grn. Warw CV34 – 3D 146
Wedgnock Ind. Est. Warw CV34 – 2C 146
Wedgnock La. Warw CV35 & CV34 – 1B to 3C 146
Wedgwood Clo. WV1 – 2C 30
Wedgwood Dri. B20 – 3F 59
Wednesbury New Enterprise Centre. Wed WS10 – 1A 44
Wednesbury Oak Rd. Tip DY4 – 3H 43
Wednesbury Rd. WS2 & WS1 – 3F 33
Wednesbury Trading Est. Wed WS10 – 1C 44
Wednesfield Rd. WV10 – 1A 30
Wednesfield Rd. Wil WV13 – 5G 21
Weeford Dri. B20 – 1E 59
Weeford Rd. Sut C B75 – 2B to 1C 38
Weirbrook Clo. B29 – 2B 104
Welbeck Av. WV10 – 3A 20
Welbeck Av. Hin LE10 – 5F 139

Welbeck Dri.—Whatcote Grn.

Welbeck Dri. WS4 – 3C 24
Welbeck Dri. Kid DY11 – 3B 140
Welbeck Gro. B23 – 1C 60
Welbury Gdns. WV6 – 4F 19
Welby Rd. B28 – 5F 91
Welches Clo. B31 – 3B 104
Welcombe Dri. Sut C B76 – 4C 50
Welcombe Gro. Sol B91 – 4C 108
Weldon Clo. CV4 – 2B 130
Welford Av. B26 – 5C 76
Welford Pl. CV6 – 1C 116
Welford Rd. B20 – 4F 59
Welford Rd. Sol B90 – 4H 107
Welford Rd. Sut C B73 – 3E 49
Welgarth Av. CV6 – 2G 115
Welham Croft. Sol B90 – 3D 124
Welland Clo. B46 – 3A 64
Welland Dri. Sto DY8 – 5F 67
Welland Gro. B24 – 2A 62
Welland Rd. CV1 – 5D 116
Welland Rd. Hal B63 – 4H 85
Welland Way. Sut C B76 – 4D 50
Well Clo. B36 – 4B 62
Wellcroft Rd. B34 – 5D 62
Wellcroft St. Wed WS10 – 1C 44
Wellesbourne. Tam B79 – 1D 134
Wellesbourne Clo. WV3 – 3B 28
Wellesbourne Rd. B20 – 4F 59
Wellesbourne Rd. CV5 – 4C 114
Wellesley Gdns. B13 – 5E 91
Wellesley Rd. War B68 – 1E 71
Wellfield Clo. Can WS11 – 1A 6
Wellfield Rd. B28 – 2H 107
Wellfield Rd. WS9 – 2F 25
Wellhead La. B42 – 3A 60
Wellington Av. WV3 – 3E 29
Wellington Clo. King DY6 – 2E 67
Wellington Dri. Can WS11 – 5A 4
Wellington Gro. Sol B91 – 2C 108
Wellington Ho. B32 – 3H 87
Wellington Pl. Wil WV13 – 5G 21
Wellington Rd. B15 – 1G 89
Wellington Rd. B20 – 3F 59
Wellington Rd. DY1 – 4C 54
Wellington Rd. WS5 – 4C 34
Wellington Rd. Bil WV14 – 4D 30
Wellington Rd. Brom B60 – 4E 143
Wellington Rd. L Spa CV32 – 3C 148
Wellington Rd. Tip DY4 – 1H 55
Wellington Rd. War B67 – 2A 72
Wellington St. B18 & War B66 – 1D 72
Wellington St. CV1 – 4C 116
Wellington St. WS2 – 3E 33
Wellington St. Red B98 – 2C 144
Wellington St. War B64 – 4G 69
Wellington St. War B69 – 5E 57
Wellington St. W Bro B71 – 1F 57
Wellington St. S. W Bro B70 – 1F 57
Wellington Tower. B31 – 1A 120
Well La. B5 – 4A 74
Well La. WS3 – 3G to 2H 23
Well La. WS6 – 1D 14
Well La. WV11 – 4E 21
Well La. Brom B60 – 3E 143
Well La. Hin LE10 – 2E 139
Wellman Croft. B29 – 5D 88
Well Meadow. B45 – 3D 118
Wellmeadow Gro. Sol B92 – 2E 111
Wellmead Wlk. B45 – 1D 118
Well Pl. WS3 – 2G 23
Wells Av. Wed WS10 – 4H 31
Wells Clo. WV6 – 2A 18
Wells Clo. Can WS11 – 2C 4
Wells Clo. Kid DY11 – 2A 140
Wells Clo. Tip DY4 – 2H 43
Wellsford Av. Sol B92 – 3D 92
Wells Grn. Rd. Sol B92 – 3C 92
Wells Rd. WV4 – 5E 29
Wells Rd. Bil WV14 – 2F 43
Wells Rd. Bri H DY5 – 3G 67
Wells Rd. Sol B92 – 3F 93
Wells Rd. War B65 – 2C 70
Wells Tower. B16 – 3F 73
Well St. B19 – 1G & 1H 73
Well St. CV1 – 4B 116
Well St. Wed WS10 – 4C 32
Wells Wlk. B37 – 4H 77
Welsby Av. B43 – 4D 46
Welsh Clo. Warw CV34 – 1D 146
Welsh Ho. Farm Rd. B32 – 3H 87 & 2A 88
Welshmans Hill. Sut C B73 – 2D 48
Welsh Rd. CV2 – 4E 117
Welsh Rd. L Spa CV32 – 2E 148
Welton Rd. Warw CV34 – 2C 146
Welwyndale Rd. Sut C B72 – 5A 50
Welwyn Rd. Hin LE10 – 2G 139
Wembley Gro. B25 – 5A 76
Wembrook Clo. Nun CV11 – 5G 137
Wem Gdns. WV11 – 3F 21
Wendel Cres. WV10 – 4B 12
Wendiburgh St. CV4 – 2D 130
Wendover Dri. Hin LE10 – 1F 139
Wendover Ho. B31 – 1H 119
Wendover Rise. CV5 – 4E 115
Wendover Rd. B23 – 4D 48
Wendover Rd. WV4 – 2B 42
Wendover Rd. War B65 – 1H 69
Wendron Clo. Brom B60 – 3E 143
Wendron Gro. B14 – 3H 105
Wenlock Av. WV3 – 3E 29
Wenlock Clo. DY3 – 4H 41
Wenlock Clo. Hal B63 – 4E 85
Wenlock Dri. Brom B61 – 1E 143
Wenlock Gdns. WS3 – 4H 23
Wenlock Rd. B20 – 3A 60
Wenlock Rd. Sto DY8 – 1G 83
Wenlock Way. Nun CV10 – 3A 136
Wenman St. B12 – 1A & 2A 90
Wensleydale Rd. B42 – 5F 47
Wensley Rd. B26 – 1C 92
Wentbridge Rd. WV1 – 2D 30
Wentworth Av. B36 – 4E 63
Wentworth Clo. WS7 – 1H 9
Wentworth Clo. Hin LE10 – 1F 139
Wentworth Ct. B24 – 3F 61
Wentworth Dri. Lich WS14 – 4H 151
Wentworth Dri. War B69 – 5H 55
Wentworth Ga. B17 – 1B 88
Wentworth Gro. WV6 – 4A 18
Wentworth Pk. Av. B17 – 1B 88
Wentworth Rise. Hal B62 – 3B 86
Wentworth Rd. B17 – 1B 88 (in two parts)
Wentworth Rd. WV10 – 5B 12
Wentworth Rd. L Spa CV31 – 6D 149
Wentworth Rd. Sol B92 – 3C 92
Wentworth Rd. Sto DY8 – 5D 66
Wentworth Rd. Sut C B74 – 3G 37
Wentworth Way. B32 – 3H 87
Weoley Av. B29 – 4B 88
Weoley Castle Rd. B29 – 5H 87
Weoley Hill. B29 – 1B 104
Weoley Pk. Rd. B29 – 5B & 5C 88
Wergs Dri. WV6 – 3A 18
Wergs Hall Rd. WV6 – 3A 18
Wergs Rd. WV6 – 3A to 4D 18
Wesley Av. WS6 – 4B 6
Wesley Av. WV8 – 5C 10
Wesley Av. Hal B63 – 5D 68
Wesley Clo. WV5 – 1A 52
Wesley Ct. Wil WV13 – 2F 31
Wesley Gro. Wed WS10 – 1C 44
Wesley Pl. Can WS12 – 1F 5
Wesley Pl. Tip DY4 – 4A 44
Wesley Rd. B23 – 1G 61
Wesley Rd. WV8 – 5B 10
Wesley Rd. Bri H DY5 – 1G 67
Wesley Rd. Wil WV12 – 3A 22
Wesley's Fold. Wed WS10 – 4B 32
Wesley St. WV2 – 4C 30
Wesley St. Bil WV14 – 2F 43
Wesley St. War B69 – 4D 56
Wesley St. W Bro B70 – 2E 57
Wesley Wlk. Brom B60 – 5C 142
Wesley Wlk. Hin LE10 – 5H 139
Wesley Way. Tam B77 – 1F 135
Wessenden. Tam B77 – 5H 135
Wessex Clo. WS8 – 2E 17
Wessex Clo. Nun CV12 – 2E 81
Wessex Dri. Can WS11 – 4D 4
Wessex Rd. WV2 – 4B 30
Wesson Gdns. Hal B63 – 3H 85
Wesson Rd. Wed WS10 – 3B 32
Westacre. Wil WV13 – 2G 31
Westacre Cres. WV3 – 2C 28
West Acre Dri. Bri H DY5 – 5B 68
Westacre Gdns. B33 – 3C 76
West Av. B20 – 1E 59
West Av. B36 – 4F 63
West Av. CV2 – 5E 117
West Av. WV11 – 4D 20
West Av. Nun CV12 – 3G 81
West Av. Red B98 – 3C 144
West Av. War B69 – 5A 56
West Boulevd. B32 – 2H & 3H 87
Westbourne Av. B34 – 1B 76
Westbourne Av. WS6 – 4C 6
Westbourne Av. Can WS11 – 4B 4
Westbourne Clo. Brom B61 – 4D 142
Westbourne Cres. B15 – 5F 73
Westbourne Cres. WS7 – 1G 9
Westbourne Gdns. B15 – 5F 73
Westbourne Rd. B15 – 5E 73
Westbourne Rd. B21 – 4C 58
Westbourne Rd. WS4 – 5A 24
Westbourne Rd. WV4 – 5F 29
Westbourne Rd. Hal B62 – 1C 86
Westbourne Rd. Sol B92 – 1C 108
Westbourne Rd. Wed WS10 – 4C 32
Westbourne Rd. W Bro B70 – 3E 57
Westbourne St. WS4 – 5A 24
Westbourne Ter. Brom B61 – 4D 142 (off Worcester Rd.)
W. Bromwich Ringway. W Bro B70 – 2F 57
W. Bromwich Rd. WS1 – 4H 33
W. Bromwich Rd. WS5 – 5H 33
W. Bromwich St. WS1 – 3H 33
W. Bromwich St. War B69 – 3D 56
Westbrook Av. WS9 – 4D 24
Westbrook Way. WV5 – 5A 40
Westbury Av. Wed WS10 – 4D 32
Westbury Ct. Bri H DY5 – 4H 67
Westbury Rd. B17 – 3B 72
Westbury Rd. CV5 – 3F 115
Westbury Rd. Nun CV10 – 4C 136
Westbury Rd. Wed WS10 – 4D 32
Westbury St. WV1 – 1H 29
Westcliff Dri. Warw CV34 – 2E 147
Westcliffe Dri. CV3 – 3A 132
Westcliffe Pl. B31 – 3H 103
West Clo. Hin LE10 – 3E 139
Westcombe Gro. B32 – 5D 86
W. Coppice Rd. WS8 – 2C 16
Westcote Av. B31 – 5F 103
Westcote Clo. Sol B92 – 4D 92
Westcotes. CV4 – 1D 130
Westcott Rd. B26 – 5D 76
Westcroft Av. WV10 – 1C 20
Westcroft Gro. B38 – 4C 104
Westcroft Rd. DY3 – 2G 41
Westcroft Rd. WV6 – 3A 18
Westcroft Way. B14 – 5C 106
West Dean Clo. Hal B62 – 3A 86
West Dri. B5 – 2G 89
West Dri. B20 – 4G 59
West Dri. Tam B78 – 5A 134
W. End Av. War B66 – 5F 57
Westerdale Clo. Bil WV14 – 4C 42
Westerham Clo. Sol B93 – 3G 125
Westeria Clo. B36 – 4E 63
Westering Parkway. WV10 – 4B 12
Westerings. B20 – 3G 59
Western Av. DY3 – 3G 41
Western Av. WS2 – 5B 22
Western Av. Bri H DY5 – 4G 67
Western Av. Hal B62 – 2C 86
Western By-Pass. – 2E 151
Western Clo. WS2 – 5B 22
Western Rd. B18 – 2E 73
Western Rd. B24 – 2G 61
Western Rd. Can WS12 – 1E 5
Western Rd. Sto DY8 – 2E 83
Western Rd. Sut C B73 – 3G 49
Western Rd. War B64 – 5F 69
Western Rd. War B69 – 1E 71
Western Way. Kid DY11 – 3B 140
Western Way. Wed WS10 – 1A 44
Westfield Av. B14 – 5C 106
Westfield Clo. Nun CV10 – 2G 137
Westfield Clo. Sol B93 – 5G 125
Westfield Ct. Hin LE10 – 4D 138
Westfield Gro. WV3 – 3C 28
Westfield Mnr. Sut C B74 – 5H 27
Westfield Rd. B14 – 5H 89
Westfield Rd. B15 – 5C 72
Westfield Rd. B27 – 3H 91
Westfield Rd. DY2 – 5E 55
Westfield Rd. DY3 – 2A 42
Westfield Rd. Bil WV14 – 3D 30
Westfield Rd. Bri H DY5 – 5B 68
Westfield Rd. Hal B62 – 4C 70
Westfield Rd. Hin LE10 – 4D 138 & 3E 139
Westfield Rd. War B67 – 2A 72
Westfield Rd. Wil WV13 – 3F 31
Westford Gro. B28 – 4E 107
West Ga. B16 – 3D 72
Westgate. WS9 – 3D 24
Westgate. Can WS12 – 1H 5
Westgate. War B69 – 2C 70
Westgate Clo. Warw CV34 – 4D 146
West Grn. WV4 – 5C 28
West Grn. Clo. B15 – 5G 73
W. Grove Av. Sol B90 – 3C 124
Westgrove Ter. L Spa CV32 – 3H 147
Westhaven Dri. B31 – 1H 103
Westhaven Rd. Sut C B72 – 4A 38
Westhay Rd. B28 – 2H 107
Westheath Rd. B18 – 2D 72
W. Heath Rd. B31 – 5B 104
Westhill. WV3 – 1C 28
W. Hill Av. Can WS12 – 2E 5
Westhill Clo. Sol B92 – 1B 108
Westhill Rd. B38 – 4E 105
Westhill Rd. CV6 – 2G 115
W. Holme. B9 – 4D 74
Westholme Croft. B30 – 1D 104
Westhouse Gro. B14 – 3H 105
Westland Av. WV3 – 1F 29
Westland Clo. B23 – 5F 49
Westland Gdns. WV3 – 1F 29
Westland Gdns. Sto DY8 – 1E 83
Westland Rd. WV3 – 1F 29
Westlands Est. Sto DY8 – 4D 66
Westlands Rd. B13 – 5C 90
Westlands Rd. Sut C B76 – 5C 50
Westland Wlk. B35 – 2C 62
Westlea Rd. L Spa CV31 – 6A 149
Westleigh Av. CV5 – 2H 131
Westleigh Dri. WV5 – 1A 52
Westley Clo. B28 – 2H 107
Westley Rd. B27 – 4H 91
Westley St. B9 – 4C 74
Westley St. DY1 – 4D 54
Westmead Cres. B24 – 2A 62
W. Mead Dri. B14 – 2A 106
Westmead Dri. War B68 – 2E 71
Westmede Centre. CV5 – 4E 115
West M. B44 – 2H 47
W. Mill Croft. B38 – 2D 120
Westminster Av. WV4 – 5G 29
Westminster Clo. DY1 – 3C 54
Westminster Clo. Brom B61 – 4C 142
Westminster Dri. B14 – 2A 106
Westminster Dri. Hin LE10 – 5G 139
Westminster Dri. Nun CV10 – 1A 136
Westminster Rd. B20 – 3G 59
Westminster Rd. B29 – 5F 89
Westminster Rd. CV1 – 5A 116
Westminster Rd. WS4 – 3B 24
Westminster Rd. Can WS11 – 1C 4
Westminster Rd. Kid DY11 – 2A 140
Westminster Rd. Sto DY8 – 4C 66
Westminster Rd. W Bro B71 – 3G 45
Westmoreland Rd. CV2 – 3H 117
Westmore Way. Wed WS10 – 5F 33
Westmorland Av. Nun CV10 – 3C 136
Westmorland Ct. W Bro B71 – 4F 45
Westmorland Rd. W Bro B71 – 4F 45
Weston Av. B11 – 1D 90
Weston Av. B19 – 5H 59
Weston Av. War B69 – 4H 55
Westonbirt Clo. Ken CV8 – 2D 150
Weston Clo. WS1 – 4H 33
Weston Clo. Can WS12 – 5F 5
Weston Clo. Hin LE10 – 2C 138
Weston Clo. L Spa CV31 – 6D 149
Weston Clo. Sol B93 – 5H 125
Weston Clo. Warw CV34 – 4F 147
Weston Dri. WS6 – 1C 14
Weston Dri. Wed WS10 – 2A 44
Weston Cres. WS9 – 4G & 5G 25
Weston La. B11 – 3F 91
Weston La. Nun CV12 – 1A 80
Weston Rd. B19 – 5F 59
Weston Rd. Lich WS13 – 2E 151
Weston Rd. War B67 – 4H 71
Weston St. WS1 – 4H 33
Westover Rd. B20 – 1D 58
W. Park Av. B31 – 5G 103
W. Park Rd. War B67 – 5G 57
W. Pathway. B17 – 1B 88
Westport Cres. WV11 – 4G 21
Westray Clo. B45 – 1C 118
Westray Dri. Hin LE10 – 2D 138
W. Ridge. CV5 – 3D 114
Westridge. DY3 – 4H 41
Westridge Rd. B13 – 2D 106
W. Rise. Sut C B75 – 4A 38
West Rd. B43 – 4D 46
West Rd. Brom B60 – 3E 143
West Rd. Hal B63 – 1D 84
West Rd. Tip DY4 – 3H 43
West Rd. S. Hal B63 – 1D 84
Westside Dri. B32 – 5F 87
West St. CV1 – 4C 116
West St. DY1 – 3C 54
West St. DY3 – 2H 53
West St. WS3 – 3F 23
West St. WV10 – 4H 19
West St. Bri H DY5 – 5B 68
West St. Can WS11 – 2C 6
West St. L Spa CV31 – 6B 149
West St. Red B98 – 3C 144
West St. Sto DY8 – 2E 83
West St. Tam B77 – 4D 134
West St. Tam B79 – 3D 134 (in two parts)
West St. War B65 – 4A 70
West St. Warw CV34 – 5D 146
Westthorpe Gro. B19 – 1H 73
W. View. B8 – 2A 76
W. View. WV10 – 2D 12
W. View Dri. King DY6 – 2E 67
W. View Rd. L Spa CV32 – 1D 148
W. View Rd. Sut C B75 – 4B 38
Westview Ter. B12 – 1C 90
Westville Av. Kid DY11 – 3B 140
Westville Rd. WS2 – 1E 33
Westward Clo. B44 – 4B 48
West Way. B31 – 2B 120
West Way. WS4 – 1B 24
Westwick Clo. WS9 – 4H 17
Westwood Av. Sto DY8 – 4C 82
Westwood Business Pk. CV4 – 3C 130
Westwood Gro. Sol B91 – 5C 108
Westwood Heath Rd. CV4 – 3A to 3D 130
Westwood Rd. B6 – 3C 60
Westwood Rd. CV5 – 1H 131
Westwood Rd. Sut C B73 – 5B & 5C 36
Westwood St. Bri H DY5 – 4F 67
Westwood Way. CV4 – 3B 130
Wetherby Clo. B36 – 4A 62
Wetherby Clo. WV10 – 4A 12
Wetherby Rd. B27 – 4H 91
Wetherfield Rd. B11 – 3G 91
Wexford Clo. DY1 – 2B 54
Wexford Rd. CV2 – 5G 101
Weybourne Rd. B44 – 2A 48
Weycroft Rd. B23 – 4C 48
Weyhill Clo. WV9 – 5E 11
Weymoor Rd. B17 – 3A 88
Weymouth Clo. CV3 – 3G 133
Weymouth Dri. Sut C B74 – 5F 27
Weymouth Ho. Tam B79 – 3C 134
Whaley's Croft. CV6 – 1A 116
Wharfdale Rd. B11 – 2G 91
Wharfedale Clo. King DY6 – 5B 52
Wharfedale St. Wed WS10 – 2D 44
Wharf La. B18 – 1F 73
Wharf La. WS8 & WS7 – 4E 9
Wharf La. Sol B91 – 2F 109
Wharf Rd. B11 – 2H 91
Wharf Rd. B30 – 5F 105
Wharf Rd. CV6 – 3D 116
Wharf St. B6 – 5C 60
Wharf St. B18 – 1F 73
Wharf St. WS2 – 2F 33
Wharf St. WV1 – 2A 30
Wharf St. Warw CV34 – 3F 147
Wharf, The. B1 – 4G 73
Whar Hall Rd. Sol B92 – 1G 109
Wharrington Clo. Red B98 – 5E 145
Wharrington Hill. Red B98 – 5E 145
Wharton Av. Sol B92 – 1G 109
Wharton Rd. War B66 – 5B 58
Wharton St. B7 – 4E 61
Wharwell La. WS6 – 1D 14
Whatcote Grn. Sol B92 – 1G 109

Whatecroft, The.—Wilsford Clo.

Whatecroft, The. B17 – 1B 88
Whateley Av. WS3 – 4H 23
Whateley Cres. B36 – 4F 63
Whateley Grn. B36 – 4E 63
Whateley Grn. Sut C B74 – 3G 37
Whateley Hall Clo. Sol B93 – 2B 126
Whateley Hall Rd. Sol B93 – 2B 126
Whateley Lodge Dri. B36 – 4F 63
Whateley Pl. WS3 – 3H 23
Whateley Rd. B21 – 4E 59
Whateley Rd. WS3 – 3A 24
Whateley's Dri. Ken CV8 – 3B 150
Wheatcroft Clo. WS7 – 3F 9
Wheatcroft Clo. Hal B62 – 5D 70
Wheatcroft Dri. B37 – 4B 78
Wheatcroft Rd. B33 – 3C 76
Wheatcroft Gro. DY2 – 4G 55
Wheate Croft. CV4 – 5B 114
Wheaten Clo. B37 – 3C 78
Wheatfield Clo. B36 – 5A 64
Wheatfield View. B31 – 2G 103
Wheat Hill. WS5 – 2D 34
Wheathill Clo. WV4 – 1E 41
Wheathill Clo. L Spa CV32 – 3A 148
Wheatlands Clo. Can WS12 – 5G 5
Wheatlands Croft. B33 – 3G 77
Wheatlands, The. WV6 – 2A 18
Wheatley Clo. Sol B92 – 1G 109
Wheatley Clo. Sut C B75 – 1H 37
Wheatley Clo. War B68 – 5F 71
Wheatley Rd. War B68 – 5F 71
Wheatley St. CV1 – 4C 116
Wheatley St. WV2 – 4B 30
Wheatley St. W Bro B70 – 2E 57
Wheatmoor Rise. Sut C B75 – 4B 38
Wheaton Clo. WV10 – 3H 19
Wheaton Vale. B20 – 2E 59
Wheatridge Clo. King DY6 – 4B 52
Wheatridge Rd. Brom B60 – 5C 142
Wheats Av. B17 – 3B 88
Wheatsheaf Rd. B16 – 3D 72
Wheatsheaf Rd. WV8 – 1E 19
Wheatsheaf Rd. War B69 – 4H 55
Wheatstone Gro. B33 – 2C 76
Wheat St. Nun CV11 – 3F & 3G 137
Wheel Av. WV8 – 4A 10
Wheeler Clo. WV8 – 4A 10
Wheeler Ho. War B69 – 5D 56
Wheeler Rd. WV11 – 2D 20
Wheeler's Fold. WV1 – 1H 29
Wheeler's La. B13 – 2A to 1C 106
Wheeler St. B19 – 5H 59
(in two parts)
Wheeler St. DY1 – 5D 42
Wheeler St. Sto DY8 – 2E 83
Wheeley Moor Rd. B37 – 1A 78
Wheeley Rd. Sol B92 – 1G 109
Wheeley's La. B15 – 5G 73
Wheeley's Rd. B15 – 5G 73
Wheelfield. WV8 – 5A 10
Wheel La. Lich WS13 – 2E 151
Wheelock Clo. Sut C B74 – 4A 36
Wheelwright Clo. Brom B60 – 5C 142
Wheelwright Ct. B24 – 3F 61
Wheelwright La. CV6 & CV7 – 3B 100
Wheelwright Rd. B24 – 3F & 4G 61
Wheldrake Av. B34 – 1E 77
Whernside Dri. WV6 – 4F 19
Wherretts Well La. Sol B91 – 2G 109
Whetstone Clo. B15 – 2E 89
Whetstone Grn. WV10 – 1H 19
Whetstone Gro. WV10 – 2A 20
Whetstone La. WS9 – 4F & 5F 25
Whetstone Rd. WV10 – 2A 20
Whetty Bri. Rd. B45 – 3B 118
Whetty La. B45 – 2C 118
Whichbury Ct. War B65 – 2B 70
Whichcote Av. CV7 – 5D 96
Whichford Gro. B9 – 3H 75
While Rd. Sut C B72 – 1H 49
Whilmot Clo. WV10 – 2C 12
Whimbrel Gro. Kid DY10 – 5F 141
Whinberry Rise. Bri H DY5 – 3H 53
Whiston Av. WV11 – 2G 21
Whiston Gro. B29 – 5B 88
Whitacre La. Lich WS14 – 2H 17
Whitacre Rd. B9 – 3F 75
Whitacre Rd. L Spa CV32 – 3C 148
Whitacre Rd. Nun CV11 – 3H 137
Whitacre Rd. Sol B93 – 2A 126
Whitaker Rd. CV5 – 4E 115
Whitburn Av. B42 – 5F 47
Whitburn Clo. WV9 – 5F 11
Whitburn Clo. Kid DY11 – 3C 140
Whitburn Rd. Nun CV12 – 4B 80
Whitby Clo. WS3 – 5D 14
Whitby Rd. B12 – 3B 90
Whitby Way. Can WS11 – 1A 6
Whitchurch Way. CV4 – 2C 130
Whitcot Gro. B31 – 2H 119
Whitebeam Croft. B38 – 1D 120
Whitebeam Rd. B37 – 5B 78
White City Rd. Bri H DY5 – 4C 68
White Clo. Sto DY9 – 4H 83
Whitecrest. B43 – 2E & 2F 47
Whitecroft Rd. B26 – 2F 93
White Farm Rd. Sut C B74 – 4F 27
White Field Av. B17 – 1A 88
Whitefield Clo. CV4 – 3A 130
Whitefields Cres. Sol B91 – 5E 109
Whitefields Rd. Sol B91 – 1D 124
White Friars La. CV1 – 5C 116
White Friars St. CV1 – 5C 116
(in two parts)
Whitegate Dri. Kid DY11 – 4B 140
Whitegates Rd. Bil WV14 – 2E 43
Whitehall Dri. DY1 – 3C 54
Whitehall Dri. Hal B63 – 3A 86
Whitehall Rd. B9 – 4E 75
Whitehall Rd. B21 – 5F 59
Whitehall Rd. WS1 – 3G & 3H 33
(in two parts)
Whitehall Rd. WV4 – 5G 29
Whitehall Rd. Hal B63 – 3A 86
Whitehall Rd. King DY6 – 5C 52
Whitehall Rd. Sto DY8 – 4G 83
Whitehall Rd. Tip DY4 & W Bro B70 – 1B 56
Whitehall Rd. War B64 – 5D 68
Whitehall Rd. War B66 – 4A 58
Whitehead Dri. Sut C B76 – 5F 51
Whitehead Rd. B6 – 5A 60
Whitehill La. B29 – 3A 104
Whitehill Rd. Kid DY11 – 4A 140
Whiehorse Clo. CV6 – 1F 101
White Horse Rd. WS8 – 5D 8
Whitehouse Av. WV3 – 3D 28
Whitehouse Av. WV11 – 2G 21
Whitehouse Av. Wed WS10 – 1C 44
Whitehouse Av. Wed WS10 – 4A 32
(Darlaston)
White Ho. Clo. Sol B91 – 4C 108
Whitehouse Comn. Rd. Sut C B75 – 3C 38
Whitehouse Cres. WS7 – 1G 9
Whitehouse Cres. WV11 – 1G 21
Whitehouse Cres. Nun CV10 – 3B 136
Whitehouse Cres. Sut C B75 – 3B 38
White Ho. Grn. Sol B91 – 4C 108
Whitehouse La. WV8 – 2A 10
Whitehouse La. Red B98 – 2H 145
White Ho. Rd. Kid DY10 – 4D 140
White Houses La. WV10 – 3C 12
Whitehouse St. B6 – 1B 74
Whitehouse St. WS2 – 1G 33
Whitehouse St. Bil WV14 – 3E 43
Whitehouse St. Tip DY4 – 2G 55
Whitehouse Way. WS9 – 5E 25
White Ho. Way. Sol B91 – 4D 108
Whitelaw Cres. CV5 – 2E 115
Whitemoor Dri. Sol B90 – 2D 124
Whitemoor Rd. Ken CV8 – 3C 150
White Oak Dri. WV3 – 2C 28
White Oak Dri. King DY6 – 1C 66
White Rd. B11 – 1D 90
White Rd. B32 – 1G 87
White Rd. War B67 – 1H 71
Whites Dri. DY3 – 3B 42
Whiteslade Clo. Sol B93 – 2A 126
Whitesmiths Croft. B14 – 1A 106
Whites Row. Ken CV8 – 4B 150
Whitestone Rd. Hal B63 – 2G 85
White St. B12 – 2C 90
White St. CV1 – 4B 116
White St. WS1 – 3G 33
Whites Wood. WV5 – 5B 40
White Thorne Cres. Sut C B74 – 2H 35
Whitethorn Rd. Sto DY8 – 4F 67
Whitewood Glade. Wil WV12 – 5C 22
Whitfield Av. Can WS12 – 1F 5
Whitfield Clo. B15 – 5H 73
Whitford Clo. Brom B61 – 5C 142
Whitford Dri. Sol B90 – 2E 125
Whitford Rd. Brom B61 – 3B 142
(in two parts)
Whitgreave Av. WV10 – 2D 12
(Featherstone)
Whitgreave Av. WV10 – 2A 20
(Low Hill)
Whitgreave St. W Bro B70 – 2C 56
Whiting. Tam B77 – 5E 135
Whitland Clo. B45 – 2E 119
Whitland Dri. B14 – 4B 106
Whitley Clo. WV6 – 1B 28
Whitley Ct. Rd. B32 – 1F 87
Whitley Dri. Sut C B74 – 3C 36
Whitley St. Wed WS10 – 1C 44
Whitley Village. CV3 – 2D 132
Whitlock Gro. B14 – 4C 106
Whitminster Av. B24 – 2H 61
Whitminster Clo. Wil WV12 – 5A 22
Whitmore Hill. WV1 – 1H 29
Whitmore Ho. WV6 – 5G 19
Whitmore Pk. Rd. CV6 – 4B 100
Whitmore Rd. B10 – 5D 74
Whitmore Rd. L Spa CV31 – 8C 149
Whitmore Rd. Sto DY8 – 2D 82
Whitmore St. B18 – 1F 73
Whitmore St. WS1 – 3G 33
Whitmore St. WV1 – 1H 29
Whitnash Clo. CV7 – 2B 128
Whitnash Gro. CV2 – 3G 117
Whitnash Rd. L Spa CV31 – 8C to 7C 149
Whitney Av. Sto DY8 – 1D 82
Whittaker St. WV2 – 4B 30
Whittal Dri. E. Kid DY11 – 5B 140
Whittall St. B4 – 2A 74
Whittimere St. WS1 – 1H 33
Whittingham Gro. WV11 – 3G 21
Whittingham Rd. Hal B63 – 2G 85
Whittington Clo. Warw CV34 – 3G 147
Whittington Clo. W Bro B71 – 3H 45
Whittington Gro. B33 – 3C 76
Whittington Hall La. Sto DY7 – 4A to 3B 82
Whittington Oval. B33 – 3D 76
Whittington Rd. Sto DY8 – 4D 82
Whittle Clo. CV3 – 1H 133
Whittle Croft. B35 – 2C 62
Whittleford Gro. B36 – 4E 63
Whittleford Rd. Nun CV10 – 3A 136
Whittle Rd. Hin LE10 – 3B 138
Whitton St. Wed WS10 – 4C 32
Whitville Clo. Kid DY11 – 2C 140
Whitwell Clo. Sol B90 – 3D 124
Whitworth Av. CV3 – 1F 133
Whitworth Clo. Wed WS10 – 3C 32
Whitworth Dri. W Bro B71 – 2H 45
Whitworth Ind. Pk. B9 – 4D 74
Whoberley Av. CV5 – 5F 115
Whyle St. Hal B63 – 3A 86
Whyley St. W Bro B70 – 1E 57
Whyley Wlk. War B69 – 1D 70
Whynot St. Hal B63 – 2D 84
Wibert Clo. B29 – 5F 89
Wichnor Rd. Sol B92 – 2C 92
Wickham Clo. CV6 – 4G 99
Wickham Gdns. WV11 – 4C 20
Wickham Sq. W Bro B70 – 3E 57
Wicklow Clo. Hal B63 – 5E 85
Wiclif Way. Nun CV10 – 4A 136
Widdecombe Clo. CV2 – 1G 117
Widdrington Rd. CV1 – 3B 116
Wideacre Dri. B44 – 4A 48
Wide Acres. B45 – 1D 118
Widney Av. B29 – 5C 88
Widney Av. WS9 – 1G 25
Widney Clo. Sol B93 – 3H 125
Widney La. Sol B91 – 1B 124 to 1F 125
Widney Manor Rd. Sol B91 & B93 – 5E 109 to 3G 125
Widney Rd. Sol B93 – 3G 125
Wigeon Grn. WV10 – 2D 12
Wiggin Cotts. B17 – 2C 88
Wiggins Hill Rd. Sut C B76 – 3H 51
Wigginsmill Rd. Wed WS10 – 2B 44
Wiggin St. B16 – 3E 73
Wigginton Rd. Tam B79 – 2C 134
Wighorn La. Sto DY9 – 5G 83
Wight Croft. B36 – 5A 64
Wightwick Bank. WV6 – 2A 28
Wightwick Ct. WV6 – 1A 28
Wightwick Hall Rd. WV6 – 2A 28
Wightwick Leys. WV6 – 2A 28
Wigland Way. B38 – 1E 121
Wigmore Gro. B44 – 4C 48
Wigmore La. W Bro B71 – 3A 46
Wigorn Rd. War B67 – 4H 71
Wigston Rd. CV2 – 5H 101
Wilberforce Way. Sol B92 – 1G 109
Wilbraham Rd. WS2 – 2F 33
Wilcote Gro. B27 – 5A 92
Wilcox Av. Can WS12 – 1E 5
Wildacres. Sto DY8 – 2C 82
Wildcroft Rd. CV5 – 5E 115
Wilde Clo. B14 – 3H 105
Wilden Clo. B31 – 4F 103
Wilden La. Kid DY11 – 5D 140
Wilderness La. B43 – 2D 46
Wildey Rd. Nun CV12 – 4B 80
Wildfell Rd. B27 – 4A 92
Wildmoor Clo. CV2 – 3E 101
Wildmoor Rd. Sol B90 – 3H 107
Wildtree Av. WV10 – 1C 20
Wiley Av. Wed WS10 – 4A 32
Wiley Av. S. Wed WS10 – 5A 32
Wilford Gro. Sut C B76 – 5D 50
Wilford Rd. W Bro B71 – 5F 45
Wilkes Av. WS2 – 1C 32
Wilkes Clo. WS3 – 5H 15
Wilkes Croft. DY3 – 4H 41
Wilkes Rd. WV8 – 4A 10
Wilkes St. W Bro B71 – 4H 45
Wilkes St. Wil WV13 – 2H 31
Wilkin Rd. WS8 – 5C 8
Wilkins Ho. WS3 – 1E 23
Wilkinson Av. Bil WV14 – 1F 43
Wilkinson Clo. Sut C B73 – 2H 49
Wilkinson Croft. B36 – 5A 62
Wilkinson Rd. Wed WS10 – 5H 31
Wilkins Rd. Bil WV14 – 4E 31
Wilks Grn. B21 – 2C 58
Willard Rd. B25 – 1A 92
Willaston Rd. B33 – 5F 77
Willclare Rd. B26 – 1D 92
Willcock Rd. WV2 – 4A 30
Willenhall La. CV3 – 2H 133
Willenhall La. WS2 & WS3 – 2D 22
Willenhall Rd. WV1 & Wil WV13 – 2C 30
Willenhall Rd. Bil WV14 – 4G 31
Willenhall Rd. Wed WS10 – 2B 32
Willenhall St. Wed WS10 – 3A & 4A 32
Willerby Fold. WV10 – 4B 12
Willersey Rd. B13 – 1E 107
Willes Rd. B18 – 1D 72
Willes Rd. L Spa CV32 & CV31 – 4B 148
Willes Ter. L Spa CV31 – 5C 149
Willett Rd. W Bro B71 – 4H 45
Willetts Dri. Hal B63 – 3D 84
Willetts Rd. B31 – 5A 104
Willey Gro. B24 – 3H 61
William Arnold Clo. CV2 – 3E 117
William Booth La. B4 – 2H 73
William Bree Av. CV5 – 3A 114
William Bristow Rd. CV3 – 2C 132
William Cook Rd. B8 – 1H 75
William Ct. B13 – 3B 90
William Grn. Rd. Wed WS10 – 1F 45
William Groubb Clo. CV3 – 2H 133
William Harper Rd. Wil WV13 – 2H 31
William Henry St. B7 – 1C 74
William Iliffe St. Hin LE10 – 3D 138
William Kerr Rd. Tip DY4 – 1A 56
William McCool Clo. CV3 – 2H 133
William McKee Clo. CV3 – 2H 133
William Morris Gro. Can WS11 – 3B 4
William Rd. War B67 – 3G 71
Williams Clo. Wil WV12 – 4A 22
Williamson St. WV3 – 2G 29
Williams Rd. L Spa CV31 – 7E 149
William St. B15 – 4G 73
William St. WS4 – 5H 23
William St. Bri H DY5 – 3H 67
William St. L Spa CV32 – 4B 148
William St. Nun CV11 – 4G 137
William St. Nun CV12 – 3G 81
William St. Red B97 – 2C 144
William St. W Bro B70 – 1C 56
William St. N. B19 – 2H 73
William St. W. War B66 – 5B 58
Willian Tarver Clo. Warw CV34 – 3F 147
Willingsworth Rd. Wed WS10 – 3A 44
Willington Rd. Tam B79 – 1D 134
Willington St. Nun CV11 – 2E 137
Willingworth Clo. Bil WV14 – 1C 42
Willis Gro. Nun CV12 – 2F 81
Willis Pearson Av. Bil WV14 – 2G 43
Willis St. Kid DY11 – 3C 140
Willmore Gro. B38 – 2E 121
Willmore Rd. B20 – 3H 59
Willmott Clo. Sut C B75 – 1B 38
Willon Way. Red B97 – 2A 144
Willmott Rd. Sut C B75 – 1B 38
Willoughby Av. Ken CV8 – 4A 150
Willoughby Clo. CV3 – 1H 133
Willoughby Gro. B29 – 5A 88
Willoughby Rd. Tam B79 – 1A 134
Willow Av. B17 – 4A 72
Willow Av. WS7 – 2G 9
Willow Av. WV11 – 2C 20
Willow Av. Wed WS10 – 5C 32
Willow Bank. WV3 – 2C 28
Willow Bank Rd. Hin LE10 – 3E 139
Willowbank Rd. Sol B93 – 3H 125
Willow Clo. Brom B61 – 3C 142
Willow Clo. Hin LE10 – 5G 139
Willow Clo. Nun CV12 – 2E 81
Willow Coppice. B32 – 5F 87
Willow Ct. Brom B61 – 3C 142
Willow Ct. Lich WS14 – 5G 151
Willow Ct. War B66 – 4F 57
Willow Dri. WV8 – 5B 10
Willow Dri. Sol B90 – 4B 124
Willow Dri. War B69 – 5A 56
Willow End. Sto DY9 – 3H 83
Willowfield Dri. Kid DY11 – 1C 140
Willow Gdns. B16 – 2E 73
Willow Gdns. Brom B61 – 3D 142
Willow Gro. CV4 – 5E 115
Willow Gro. WV11 – 5H 13
Willow Heights. War B64 – 5H 69
Willow Mere. Ken CV8 – 3C 150
Willow Pk. Dri. Sto DY8 – 4F 83
Willow Rise. Bri H DY5 – 4H 67
Willow Rd. B30 – 1E 105
Willow Rd. B43 – 2E 47
Willow Rd. DY1 – 1C 54
Willow Rd. WV3 – 3D 28
Willow Rd. Brom B61 – 3C 142
Willow Rd. Nun CV10 – 2C 136
Willow Rd. Sol B91 – 5B 108
Willowsbrook Rd. Hal B62 – 5C 70
Willows Cres. B12 – 2H 89
Willows Rd. B12 – 2A 90
Willows Rd. WS1 – 2A 34
Willows Rd. WS4 – 2B 24
Willows, The. B47 – 3B 122
Willows, The. Can WS11 – 5A 4
Willows, The Nun CV12 – 3C 80
Willow Tree Clo. Lich WS13 – 1F 151
Willow Way. B37 – 4A 78
Willow Way. Red B97 – 2A 144
Wills Av. W Bro B71 – 4E 45
Willsbridge Covert. B14 – 5H 105
Wills Ho. W Bro B70 – 3F 57
Willson Croft. B28 – 4E 107
Wills St. B19 – 5G 59
Wills Way. War B66 – 2C 72
Wilmcote Clo. B12 – 2A 90
Wilmcote Dri. Sut C B75 – 1H 37
Wilmcote Grn. CV5 – 4C 114
Wilmcote Rd. Sol B91 – 2C 108
Wilmington Rd. B32 – 1E 87
Wilmore La. B47 – 4A 122
Wilmot Av. B46 – 1E 79
Wilmot Dri. B23 – 5G 49
Wilmott Clo. Lich WS13 – 3E 151
Wilnecote Gro. B42 – 2H 59
Wilnecote Gro. L Spa CV31 – 6D 149
Wilnecote La. Tam B77 – 3E 135
Wilners View. WS3 – 4H 15
Wilsford Clo. B14 – 5H 105

Wilsford Clo.—Woodcote Way.

Wilsford Clo. WS4 – 2C 24
Wilson Dri. Sut C B75 – 5D 38 (in two parts)
Wilson Gro. Ken CV8 – 3D 150
Wilson Ho. War B69 – 2B 70
Wilson Rd. B19 – 4H 59
Wilson Rd. Bil WV14 – 4D 42
Wilson Rd. Bri H DY5 – 2H 67
Wilson Rd. War B66 – 3B 72
Wilson Rd. War B68 – 5G 71
Wilsons La. CV6 – 2D 100
Wilsons Rd. Sol B93 – 3B 126
Wilson St. WV1 – 5H 19
Wilson St. Tip DY4 – 1H 55
Wiltell Rd. Lich WS14 – 4G 151
Wilton Av. Kid DY11 – 1B 140 (in two parts)
Wilton Clo. DY3 – 4A 42
Wilton Pl. B6 – 4A 60
Wilton Rd. B11 – 2C 90
Wilton Rd. B20 – 3G 59
Wilton Rd. B23 – 1G 61
Wilton Rd. CV7 – 3C 128
Wilton St. B19 – 4H & 5H 59
Wilton Ter. B6 – 3B 60
Wiltshire Av. B20 – 2E 59
Wiltshire Clo. CV5 – 4D 114
Wiltshire Clo. W Bro B71 – 5F 45
Wiltshire Clo. Nun CV12 – 3E 81
Wiltshire Dri. Hal B63 – 1D 84
Wiltshire Way. W Bro B71 – 4F 45
Wimblebury Rd. Can WS12 – 2H to 5H 5
Wimbledon Dri. Sto DY8 – 5G 83
Wimborne Rd. WV10 – 4C 20
Wimbourne Clo. Nun CV10 – 2A 136
Wimbourne Rd. B16 – 2D 72
Wimbourne Rd. Sut C B76 – 1D 50
Wimperis Way. B43 – 5G 35
Wimpole Gro. B44 – 4C 48
Wimshurst Meadow. WV10 – 4B 12
Wincanton Croft. B36 – 4A 62
Winceby Pl. CV4 – 1A 130
Winceby Rd. WV6 – 1A 28
Winchat Clo. CV3 – 1H 133
Winchcombe Clo. Sol B92 – 4D 92
Winchcombe Rd. Sol B92 – 4E 93
Winchester Av. Kid DY11 – 2A 140
Winchester Av. Nun CV10 – 1F 137
Winchester Clo. Lich WS13 – 1G 151
Winchester Dri. B37 – 4A 78
Winchester Dri. Hin LE10 – 3H 139
Winchester Dri. Sto DY8 – 4F 83
Winchester Gdns. B31 – 4A 104
Winchester Rise. DY1 – 3C 54
Winchester Rd. B20 – 3H 59
Winchester Rd. WV10 – 5H 11
Winchester Rd. W Bro B71 – 3E 45
Winchester Rd. Can WS11 – 3E 5
Winchester St. CV1 – 4C 116
Winchfield Dri. B17 – 5H 71
Wincote Clo. Ken CV8 – 3C 150
Wincote Dri. WV6 – 5C 18
Wincrest Way. B34 – 1E 77
Windermere Av. CV3 – 1H 133
Windermere Av. CV5 – 3B 114
Windermere Av. Nun CV11 – 1H 137
Windermere Dri. King DY6 – 1D 66
Windermere Dri. L Spa CV32 – 1H 147
Windermere Dri. Sut C B74 – 5B 26
Windermere Ho. Kid DY10 – 2E 141
Windermere Ho. War B69 – 1B 70
Windermere Pl. Can WS11 – 5C 4
Windermere Rd. B13 – 5D 90
Windermere Rd. B21 – 3D 58
Windermere Rd. WV6 – 2D 18
Winding Mill N. Bri H DY5 – 5A 68
Winding Mill S. Bri H DY5 – 1A 84
Windings, The. Lich WS13 – 2F 151
Windlass Croft. B31 – 3A 104
Windleaves Rd. B36 – 4G 63
Windley Clo. B19 – 1H 73
Windmill Av. B45 – 1C 118 (in two parts)
Windmill Av. B46 – 5D 64
Windmill Bank. WV5 – 4B 40
Windmill Clo. B31 – 3B 104
Windmill Clo. Ken CV8 – 2C 150
Windmill Clo. Lich WS13 – 1E 151
Windmill Clo. Tam B79 – 1C 134
Windmill Cres. WV3 – 2B 28
Windmill Dri. Red B97 – 5A 144
Windmill End. DY2 – 2F 69
Windmill Gro. King DY6 – 4B 52
Windmill Hill. B31 – 3B 104
Windmill Hill. Hal B63 – 2E 85
Windmill Hill. L Spa CV32 – 1E 148
Windmill Hill, The. CV5 – 1C 114
Windmill La. CV7 – 1A 98
Windmill La. CV7 – 4E 129
Windmill La. WV3 – 2A 28
Windmill La. Lich WS13 – 1E 151
Windmill La. War B66 – 2B 72
Windmill Precinct. War B66 – 1B 72
Windmill Rd. CV6 – 4D 100
Windmill Rd. CV7 – 5D 80
Windmill Rd. L Spa CV31 – 7B 149
Windmill Rd. Nun CV10 – 1B 136
Windmill Rd. Sol B90 – 5E 107
Windmill St. B1 – 4H 73
Windmill St. DY1 – 3C 54
Windmill St. DY3 – 1A 54
Windmill St. WS1 – 3H 33
Windmill St. Wed WS10 – 1D 44
Windmill Ter. Wed WS10 – 1D 44
Windmill View. DY1 – 4D 42
Windridge Clo. CV3 – 3G 133
Windridge Cres. Sol B92 – 5H 93
Windrow, The. WV6 – 2A 18
Windrush Clo. Sol B92 – 4D 92
Windrush Dri. Hin LE10 – 3C & 3D 138
Windrush Gro. B29 – 1F 105
Windrush Rd. B47 – 2C 122
Windrush Rd. Can WS11 – 1C 4
Windsor Av. WV4 – 4E 29
Windsor Av. Can WS12 – 1E 5
Windsor Av. War B68 – 3D 70
Windsor Clo. B31 – 3A 120
Windsor Clo. B45 – 5D 102
Windsor Clo. DY3 – 3G 53
Windsor Clo. WS4 – 5C 16
Windsor Clo. Hal B63 – 3G 85
Windsor Clo. Tam B79 – 1D 134
Windsor Clo. War B65 – 2A 70
Windsor Ct. Lich WS14 – 4G 151
Windsor Ct. Nun CV10 – 2C 136
Windsor Cres. DY2 – 5E 56
Windsor Dri. B24 – 5A 50
Windsor Dri. Kid DY10 – 2E 141
Windsor Dri. Sol B92 – 4E 93
Windsor Gdns. WV3 – 3B 28
Windsor Gdns. WV8 – 5A 10
Windsor Gdns. Brom B60 – 3E 143
Windsor Ga. Wil WV12 – 5A 22
Windsor Gro. Sto DY8 – 4D 66
Windsor Ho. B23 – 5F 49
Windsor Pl. B7 – 2C 74
Windsor Pl. B12 – 5B 74
Windsor Pl. L Spa CV32 – 4B 148
Windsor Rd. B30 – 3F 105
Windsor Rd. B36 – 5H 63
Windsor Rd. WS6 – 3C 6
Windsor Rd. WV4 – 5B 30
Windsor Rd. WV5 – 5A 40
Windsor Rd. Hal B63 – 3G 85
Windsor Rd. Red B97 – 1B 144
Windsor Rd. Sto DY8 – 4D 82
Windsor Rd. Sut C B73 – 2E 49
Windsor Rd. Tip DY4 – 3H 43
Windsor Rd. War B65 – 2A 70
Windsor Rd. War B68 – 3D 70
Windsor Rd. W Bro B71 – 3E 45
Windsor St. B7 – 1B & 2B 74
Windsor St. CV1 – 5A 116
Windsor St. WS1 – 3H 33
Windsor St. Bil WV14 – 4E 31
Windsor St. Brom B60 – 3D 142
Windsor St. Hin LE10 – 5G 139
Windsor St. L Spa CV32 – 4B 148
Windsor St. Nun CV11 – 3F 137
Windsor Ter. B16 – 4E 73
Windsor View. B32 – 1E 103
Windsor Way. WS4 – 3D 24
Windward Way. B36 – 4H 63 to 1A 78
Windy Arbour. Ken CV8 – 3C & 4C 150
Windyridge Rd. Sut C B76 – 5C 50
Winfield Rd. Nun CV11 – 2F 137
Winford Av. King DY6 – 2E 67
Winforton Clo. Red B98 – 3G 145
Wingate Clo. B30 – 4E 105
Wingate Rd. WS2 – 1C 32
Wing Clo. WS2 – 5D 22
Wingfield Clo. B37 – 3H 77
Wingfield Rd. B42 – 4H 47
Wingfield Rd. B46 – 1E 79
Wingfield Way. CV6 – 4H 99
Wingfoot Av. WV10 – 2A 20
Wingrave Clo. CV5 – 2D 114
Winifred Av. CV5 – 1H 131
Winkle St. W Bro B70 – 1E 57
Winleigh Rd. B20 – 3E 59
Winnall St. Bil WV14 – 2F 43
Winnalthorpe. CV3 – 3H 133
Winnie Rd. B29 – 5D 88
Winnington Rd. B8 – 5G 61
Winnipeg Rd. B38 – 1E 121
Winsford Av. CV5 – 3D 114
Winsford Clo. Hal B63 – 1G 85
Winsford Clo. Sut C B76 – 1B 50
Winsham Gro. B21 – 4D 58
Winslow Av. B8 – 2H 75
Winslow Clo. CV5 – 4E 115
Winslow Clo. L Spa CV32 – 2H 147
Winslow Clo. Red B98 – 3H 145
Winslow Dri. WV6 – 5E 19
Winson Grn. Rd. B18 – 1D 72
Winson St. B18 – 2D 72
Winstanley Rd. B33 – 3B 76
Winster Clo. CV7 – 1H 99
Winster Gro. B44 – 2H 47
Winster Rd. B43 – 4C 46
Winster Rd. WV1 – 2D 30
Winston Av. CV2 – 5G 101
Winston Clo. CV2 – 5G 101
Winston Cres. L Spa CV32 – 2D 148
Winston Dri. B20 – 4F 59
Winstone Clo. Red B98 – 2D 144
Winterbourne Croft. B14 – 5H 105
Winterbourne Rd. Sol B91 – 3C 108
Winter Clo. Lich WS13 – 1H 151
Winterfold Clo. Kid DY10 – 3G 141
Winterley La. WS4 – 3B 24
Winterton Rd. B44 – 1B 48
Winterton Rd. Nun CV12 – 2B 80
Winthorpe Dri. Sol B91 – 1E 125
Wintney Clo. B17 – 5A 72
Winton Gro. Sut C B76 – 5D 50
Wintour Wlk. Brom B60 – 5C 142
Winward Rd. Red B98 – 4H 145
Winwood Rd. War B65 – 3C 70
Winwoods Gro. B32 – 5E 87
Winyate Hill. Red B98 – 3D 144
Winyates Centre. Red B98 – 3H 145
Winyates Way. Red B98 – 2G 145
Wirehill Dri. Red B98 – 4D 144
Wiremill Clo. B44 – 5A 48
Wirral Rd. B31 – 2H 103
Wiseacre Croft. Sol B90 – 5F 107
Wise Gro. Warw CV34 – 1D 146
Wiseman Gro. B23 – 3E 49
Wisemore. WS2 – 1G 33 (in three parts)
Wise St. L Spa CV31 – 5B 149
Wise Ter. L Spa CV31 – 6B 149
Wishaw Clo. Red B98 – 5D 144
Wishaw Clo. Sol B90 – 5F 107
Wishaw Gro. B37 – 1H 77
Wishaw La. Sut C B76 – 5F 51
Wisley Gro. Ken CV8 – 3D 150
Wisley Way. B32 – 2H 87
Wissage Ct. Lich WS13 – 3H 151
Wissage Croft. Lich WS13 – 2G 151
Wissage La. Lich WS13 – 2H 151
Wissage Rd. Lich WS13 – 2H 151
Wistaria Clo. B31 – 2A 104
Wisteria Clo. CV2 – 4F 101
Wistwood Hayes. WV10 – 4B 12
Witham Ct. War B66 – 5G 57
Withdean Clo. B11 – 2E 91
Witherford Clo. B29 – 1C 104
Witherford Croft. Sol B91 – 5B 108
Witherford Way. B29 – 5C 88
Withern Way. DY3 – 2H 53
Withers Rd. WV8 – 5C 10
Withers Way. W Bro B71 – 1G 57
Withington Covert. B14 – 5H 105
Withybrook Rd. Nun CV12 – 1C 80
Withybrook Rd. Sol B90 – 1H 123
Withy Gro. B37 – 1H 77
Withy Hill Rd. Sut C B75 – 4C 38 to 3E 39
Withymere La. WV5 – 3C 40
Withymoor Rd. DY2 – 2F 69
Withymoor Rd. Sto DY8 – 5F 67
Withy Rd. Bil WV14 – 1D 42 (in two parts)
Withywood Clo. Wil WV12 – 1A 22
Witley Av. Hal B63 – 3F 85
Witley Av. Sol B91 – 5F 109
Witley Cres. War B69 – 2C 70
Witley Rd. B31 – 5C 104
Witney Clo. Tam B79 – 1B 134
Witney Dri. B37 – 3H 77
Witney Gro. WV10 – 5G 11
Witton Bank. Hal B62 – 1C 86
Witton La. B6 – 3B 60
Witton La. W Bro B71 – 3D 44
Witton Lodge Rd. B23 – 4C 48
Witton Rd. B6 – 4A 60
Witton Rd. WV4 – 4F 29
Witton St. B9 – 3C 74
Witton St. Sto DY8 – 3E 83
Wixford Croft. B34 – 5D 62
Wixford Gro. Sol B90 – 5A 108
Wobaston Rd. WV9 & WV10 – 4D 10 to 5H 11
Woburn Av. Wil WV12 – 3H 21
Woburn Clo. Brom B61 – 4C 142
Woburn Clo. Hin LE10 – 1F 139
Woburn Clo. L Spa CV31 – 6D 149
Woburn Cres. B43 – 3C 46
Woburn Dri. Bri H DY5 – 5G 67
Woburn Dri. Hal B62 – 5H 69 & 1H 85
Woburn Dri. Nun CV10 – 5E 137
Woburn Gro. B27 – 5A 92
Wodehouse La. WV5 & DY3 – 4C 40
Woden Av. WV11 – 3D & 4D 20
Woden Clo. WV5 – 4A 40
Woden Cres. WV11 – 3D 20
Woden Pas. Wed WS10 – 2C 44
Woden Rd. WV10 – 5B 20
Woden Rd. E. Wed WS10 – 5E 33
Woden Rd. N. Wed WS10 – 5C 32
Woden Rd. S. Wed WS10 – 2D 44
Woden Rd. W. Wed WS10 – 1B 44
Woden Way. WV11 – 3D 20
Wolcot Gro. B6 – 1B 60
Wold Wlk. B13 – 2D 106
Wolfe Rd. CV4 – 2C 130
Wollaston Ct. Sto DY8 – 1C 82
Wollaston Cres. WV11 – 3E 21
Wollaston Rd. Sto DY7 – 1C 82
Wollaston Rd. Sto DY8 – 5E 67
Wollerton Gro. Sut C B75 – 4C 38
Wollescote Dri. Sol B91 – 5E 109
Wollescote Rd. Sto DY9 – 3H 83 & 3A 84 (in two parts)
Wolmer Rd. WV11 – 1G 21
Wolseley. Tam B77 – 2F 135
Wolseley Bank. WV10 – 3B 20
Wolseley Clo. B36 – 4H 63
Wolseley Clo. WV10 – 3B 20
Wolseley Dri. B8 – 5H 61
Wolseley Ga. WV10 – 3B 20
Wolseley Rd. Bil WV14 – 3D 30
Wolseley Rd. W Bro B70 – 5C 44
Wolseley St. B9 – 3D 74
Wolsey Rd. Lich WS13 – 1E 151
Wolsey St. CV3 – 3G 133
Wolston Clo. Sol B90 – 3H 107
Wolston Croft. B29 – 4H 87
Wolverhampton Rd. DY3 – 3A 42
Wolverhampton Rd. WS2 – 1D32 & 1E 33
Wolverhampton Rd. WS3 – 1E 23 (Bloxwich)
Wolverhampton Rd. WS3 – 5H 15 (Pelsall)
Wolverhampton Rd. WV2 – 3C 30
Wolverhampton Rd. WV8 – 4A to 5B 10
Wolverhampton Rd. WV10 & WV11 – 5B 20
Wolverhampton Rd. WV11 & WS6 – 1H13 to 4A 6
Wolverhampton Rd. WV11 – 5G 13 (Essington)
Wolverhampton Rd. Can WS11 – 3A 6 to 5B 4
Wolverhampton Rd. Kid DY10 – 1F 141
Wolverhampton Rd. King DY6 – 3C 52
Wolverhampton Rd. War B69 & B68 – 5B 56 to 5G 71
Wolverhampton Rd. E. WV4 – 5A 30
Wolverhampton Rd. S. B32 – 1G 87
Wolverhampton Rd. W. Wil WV13 & WS2 1B 32
Wolverhampton St. DY1 – 3D 54 (in two parts)
Wolverhampton St. WS2 – 1G 33
Wolverhampton St. Bil WV14 – 4D 30
Wolverhampton St. Wed WS10 – 4H 31
Wolverhampton St. Wil WV13 – 2G 31
Wolverley Av. WV4 – 5D 28
Wolverley Av. Sto DY8 – 1C 82
Wolverley Cres. War B69 – 1B 70
Wolverley Rd. B32 – 1E 103
Wolverley Rd. Hal B63 – 4G 85
Wolverley Rd. Kid DY11 – 1C 140
Wolverley Rd. Sol B92 – 4F 93
Wolverson Clo. Wil WV12 – 5B 22
Wolverson Rd. WS9 – 4F 17
Wolverton Clo. Red B98 – 3G 145
Wolverton Rd. B45 – 3F 119
Wolverton Rd. CV5 – 4D 114
Wolverton Rd. DY2 – 3F 55
Wolvey Rd. Hin LE10 – 5F 139
Wolvey Rd. Nun CV12 – 1C 80
Wombourne Clo. DY3 – 4H 41
Wombourne Pk. WV5 – 1A 52
Wombourne Rd. DY3 – 2A 52
Woodacre Rd. B24 – 2A 62
Woodall Rd. B6 – 3A 60
Woodall St. WS3 – 2F 23 (in two parts)
Woodall St. War B64 – 4E 69
Woodard Rd. Tip DY4 – 4A 44
Wood Av. DY3 – 2H 53
Wood Av. WV11 – 3E 21
Wood Bank. B26 – 5C 76
Woodbank Rd. DY3 – 4H 41
Wood Bank Rd. WV3 – 2B 28
Woodberry Wlk. B27 – 4A 92
Woodbine Cotts. L Spa CV32 – 4A 148
Woodbine Croft. B26 – 2D 92
Woodbine St. L Spa CV32 – 4A 148
Woodbine Wlk. B37 – 3C 78
Woodbourne. B15 – 5D 72
Woodbourne Rd. B17 & B15 – 5B 72
Woodbourne Rd. War B67 – 3G 71
Woodbridge Clo. WS3 – 5D 14
Woodbridge Clo. WS4 – 1C 24
Woodbridge Rd. B13 – 3B 90
Woodbrooke Rd. B30 – 1D 104
Woodburn Clo. CV5 – 3E 115
Woodburn Rd. War B66 – 5C 58
Woodbury Clo. Bri H DY5 – 4A 68
Woodbury Clo. Hal B62 – 5D 70
Woodbury Gro. Sol B91 – 1E 125
Woodbury Rd. Hal B62 – 5D 70 & 1D 86
Woodbury Rd. Kid DY11 – 5B 140
Woodchester Rd. Sol B93 – 5G 125
Wood Clo. B46 – 5E 65
Woodclose Av. CV6 – 2G 115
Woodclose Rd. B37 – 3H 77
Woodcock Gdns. WV10 – 2D 12
Woodcock La. B27 – 4A 92
Woodcock La. B31 – 1H 103
Woodcock La. N. B27 – 3B 92
Woodcock St. B4 – 2B 74
Woodcombe Clo. Bri H DY5 – 1G 83
Woodcote Av. Ken CV8 – 1A 150
Woodcote Av. Nun CV11 – 1H 137
Woodcote Clo. Red B98 – 3H 145
Woodcote Dri. Sol B93 – 5A 126
Woodcote Rd. B24 – 1A 62
Woodcote Rd. WV6 – 5C 18
Woodcote Rd. L Spa CV32 – 3A 148
Woodcote Rd. Warw CV34 – 3E 147
Woodcote Way. B18 – 2F 73

Woodcote Way.—Wykin Rd.

Woodcote Way. Sut C B74 – 4B 36
Wood Ct. Red B97 – 4A 144
Woodcraft Clo. CV4 – 5C 114
Woodcroft. B47 – 3C 122
Woodcroft Av. B20 – 2D 58
Woodcroft Av. Tam B79 – 2C 134
Woodcroft Av. Tip DY4 – 1E 55
Woodcroft Clo. War B64 – 5G 69
Woodcross La. Bil WV14 – 2C 42
Woodcross St. Bil WV14 – 2B 42
Woodend. B20 – 5D 46
Woodend Clo. Red B97 – 4A 144
Wood End Croft. CV4 – 1B 130
Wood End La. B24 – 2F 61
Woodend Pl. WV6 – 5B 18
Wood End Rd. B24 – 2F 61
Wood End Rd. WS5 – 3C 34
Wood End Rd. WV11 – 2D 20 to 3E 21
Woodend Way. WS9 – 1G 25
Woodfall Av. B30 – 3E 105
Woodfield Av. WV4 – 4F 29
Woodfield Av. Bri H DY5 – 5G 53
Woodfield Av. Sto DY9 – 4B 84
Woodfield Av. War B64 – 5E 69
Woodfield Av. War B69 – 2D 70
Woodfield Clo. WS5 – 5D 34
Woodfield Clo. Can WS11 – 1A 8
Woodfield Clo. Red B98 – 1D 144
Woodfield Clo. Sut C B74 – 3H 37
Woodfield Cres. B12 – 1B 90
Woodfield Cres. Kid DY11 – 3C 140
Woodfield Dri. Can WS11 – 1A 8
Woodfield Heights. WV6 – 5D 18
Woodfield Ho. Kid DY11 – 3C 140
Woodfield Rd. B12 – 2B 90
Woodfield Rd. B13 – 5B 90
Woodfield Rd. CV5 – 1G & 2G 131
Woodfield Rd. DY3 – 1H 53
Woodfield Rd. Hin LE10 – 4E 139
Woodfield Rd. Sol B91 – 2E 109
Woodfields Dri. Lich WS14 – 4H 151
Woodfield St. Kid DY11 – 2C 140
Woodfold Croft. WS9 – 3F 25
Woodford Av. B36 – 4D 62
Woodford Clo. CV7 – 2C 100
Woodford Clo. WV9 – 1F 19
Woodford Clo. Nun CV10 – 3B 136
Woodford Cres. WS7 – 1G 9
Woodford Grn. Rd. B28 – 1H 107
Woodford Way. Can WS12 – 5G 5
Woodfort Rd. B43 – 4D 46
Woodgate Dri. B32 – 5E 87
Woodgate Gdns. B32 – 4D 86
Woodgate La. B32 – 4D 86
Woodgate Rd. Hin LE10 – 3H 139
Woodglade Croft. B38 – 5D 104
Wood Grn. WS6 – 3C 6
Woodgreen Croft. War B68 – 1F 87
Woodgreen Rd. B18 – 2D 72
Woodgreen Rd. War B68 – 1F 87
Wood Grn. Rd. Wed WS10 – 1E 45
Woodhall Clo. Tip DY4 – 3H 43
Woodhall Rd. WV4 – 5E 29
Woodham Clo. B45 – 1C 118
Woodhaven. Can WS11 – 2A 6
Wood Hayes Rd. WV10 – 1D 20
Wood Hill Dri. WV5 – 5A 40
Wood Hill Rise. CV6 – 4B 100
Woodhouse Clo. CV3 – 2H 133
Woodhouse La. Tam B77 – 1G 135
Woodhouse Rd. B32 – 2H 87
Woodhouse Rd. N. WV6 – 5B 18
Woodhouses La. WS7 – 2H 9
Woodhouse St. Warw CV34 – 4D 146
Woodhouse Yd. CV6 – 3E 101
Woodhurst Clo. Tam B77 – 1F 135
Woodhurst Rd. B13 – 3C 90
Wooding Cres. Tip DY4 – 3A 44
Woodington Rd. Sut C B75 – 5D 38
Woodland Av. CV5 – 2H 131
Woodland Av. DY1 – 2D 54
Woodland Av. WV6 – 5B 18
Woodland Av. Bri H DY5 – 4C & 5C 68
Woodland Av. Hin LE10 – 4H 139
Woodland Av. Kid DY11 – 2C 140
Woodland Clo. Can WS12 – 1E 5
Woodland Clo. Sto DY9 – 5H 83
Woodland Cres. WV3 – 3D 28
Woodland Dri. WS6 – 3C 6
Woodland Dri. War B66 – 5G 57
Woodland Gro. B43 – 1D 46
Woodland Gro. DY3 – 2G 53
Woodland Rise. Sut C B73 – 5H 37
Woodland Rise. War B64 – 5G 69
Woodland Rd. B21 – 4C 58
Woodland Rd. B31 – 4B 104
Woodland Rd. WV3 – 3D 28
Woodland Rd. Hal B62 – 5B 70
Woodland Rd. Hin LE10 – 2G 139
Woodland Rd. Ken CV8 – 1C 150
Woodland Rd. Red B97 – 3A 144
Woodland Rd. Tam B77 – 2G 135
Woodlands Av. B46 – 3B 64
Woodlands Av. WS5 – 5D 34
Woodlands Clo. Wil WV12 – 3B 22
Woodlands Cotts. WV4 – 5E 29
Woodlands Cres. WS3 – 4H 15
Woodlands Farm Rd. B24 – 1C 62
Woodlands La. Nun CV12 – 2C 80
Woodlands La. Sol B90 – 1H 123
Woodlands Pk. Rd. B30 – 2C 104
Woodlands Rd. B8 – 2G 75
Woodlands Rd. B11 – 4D 90
Woodlands Rd. B45 – 2B 118
Woodlands Rd. WV5 – 5B 40
Woodlands Rd. Nun CV12 – 3D 80
Woodlands St. War B66 – 2B 72
Woodlands, The. Kid DY11 – 5B 140
Woodlands, The. Lich WS13 – 2H 151
Woodlands, The. Sto DY8 – 4F 83
Woodlands Wlk. WV4 – 5E 29
Woodlands Way. B37 – 3C 78
Woodland Wlk. Can WS12 – 2A 4
Woodland Way. WS7 – 2F 9
Wood La. B17 – 1A 88
Wood La. B20 – 3F to 2G 59
Wood La. B24 – 3H 61
Wood La. B32 – 5E 87
Wood La. B37 – 5H 77
Wood La. WS3 – 4H 15
Wood La. WS9 & Lich WS14 – 2B to 1D 26
Wood La. WV10 – 1A 20
Wood La. Can WS11 – 2A 6
Wood La. Can WS12 – 3F 5
Wood La. Sol B92 & B93 – 5D 110 & 1D 126
Wood La. Sut C B74 – 2A 36
Wood La. W Bro B70 – 2D 56
Wood La. Wil WV12 – 3B 22
Wood La. Clo. Wil WV12 – 3B 22
Woodlawn Gro. King DY6 – 2D 66
Woodlea Dri. Sol B91 – 3B 108
Wood Leasow. B32 – 4F 87
Wood Leaves. B47 – 2B 122
Woodleigh Av. B17 – 3C 88
Woodleigh Clo. Hal B63 – 2G 85
Woodleigh Rd. Sut C B72 – 3H 49
Woodleys, The. B14 – 4C 106
Woodloes Av. Warw CV34 – 2E 147
Woodloes Rd. Sol B90 – 2H 123
Woodman Clo. Hal B63 – 4A 86
Woodman La. WS6 – 3C 6
Woodman Rd. B14 – 5B 106
Woodman Rd. Hal B63 – 3A 86
Woodman Wlk. B23 – 5C 48
Woodmeadow Rd. B30 – 4F 105
Woodnorton Dri. B13 – 4A 90
Woodnorton Rd. War B65 – 3C 70
Woodpecker Gro. B36 – 5H 63
Woodpecker Gro. Kid DY10 – 5G 141
Woodpiece La. Red B98 – 1G 145
Woodridge. B6 – 4H 59
Woodridge Av. CV5 – 2C 114
Woodridge Rd. Hal B63 – 2G 85
Wood Ridings. Lich WS13 – 2F 151
Wood Rd. DY3 – 2H 53
Wood Rd. WV5 – 4B 40
Wood Rd. WV6 – 1C 28
Wood Rd. WV8 – 4A 10
Wood Rd. War B66 – 5F 57
Woodrough Dri. B13 – 4B 90
Woodrow Centre. Red B98 – 5E & 5F 145
Woodrow Cres. Sol B93 – 3H 125 to 3A 126
Woodrow Dri. Red B98 – 5E & 5F 145
Woodrow La. Brom B61 – 5A 118
Woodrow N. Red B98 – 5D 144
Woodrow S. Red B98 – 5E 145
Woodrow Wlk. Red B98 – 5E 145
Woods Bank Ter. Wed WS10 – 5A 32
Woods Cres. Bri H DY5 – 4C 68
Woods Croft. Lich WS13 – 2F 151
Woodsetton Clo. DY1 – 5D 42
Woodshill Av. B45 – 5D 118
Woodshires Rd. CV6 – 2D 100
Woodshires Rd. Sol B92 – 1B 108
Woods Ho. Lich WS13 – 2H 151
Woodside. B37 – 2G 77
Wood Side. WV11 – 2H 21
Woodside. Sut C B74 – 1F 37
Woodside Av. Red B97 – 4A 144
Woodside Av. N. CV3 – 3H 131
Woodside Av. S. CV3 – 4G 131
Woodside Clo. WS5 – 4D 34
Woodside Dri. Sut C B74 – 4D 26
Woodside Gro. WV8 – 5B 10
Woodside Pl. Can WS11 – 2B 4
Woodside Rd. B29 – 5F 89
Woodside Rd. DY2 – 5B 54
Woodside Rd. WS5 – 4D 34
Woodside Way. B32 – 1D 102
Wood Side Way. WS9 – 4F 25
Woodside Way. Sol B91 – 3B 108
Woodside Way. Wil WV12 – 3C 22
Woods La. Bri H DY5 – 5H 67
Woods La. War B64 – 5D 68
Woodsome Gro. B23 – 4D 48
Woodsorrel Rd. DY1 – 1B 54
Woodstile Clo. Sut C B75 – 1A 38
Woodstile Way. B34 – 1E 77
Woodstock Clo. DY1 – 4C 54
Woodstock Clo. WS5 – 1A 46
Woodstock Clo. Hin LE10 – 4H 139
Woodstock Clo. Sto DY8 – 4C 66
Woodstock Dri. Sto DY8 – 4C 66
Woodstock Dri. Sut C B74 – 5E 27
Woodstock Rd. B13 – 3C 90
Woodstock Rd. B21 – 4E 59
Woodstock Rd. CV3 – 2C 132
Woodstock Rd. WV1 – 2C 30
Woodstock Rd. Nun CV11 – 5H 137
Woodston Gro. Sol B91 – 2E 125
Wood St. B16 – 4E 73
Wood St. DY2 – 1B 68
Wood St. WV4 – 1C 42
Wood St. WV10 – 4B 20
Wood St. Bil WV14 – 5F 31 (in two parts)
Wood St. Hin LE10 – 2F 139
Wood St. Kid DY11 – 3D 140
Wood St. L Spa CV32 – 4B 148
Wood St. Nun CV10 – 3D 136
Wood St. Nun CV12 – 2E 81
Wood St. Sto DY8 – 1D 82
Wood St. Sto DY9 – 2B 84
Wood St. Tip DY4 – 5F 43
Wood St. Wed WS10 – 4D 32
Wood St. W Bro B70 – 2C 56
Wood St. Wil WV13 – 1H 31
Wood St. Clo. Hin LE10 – 2F 139
Woodthorne Clo. DY3 – 3A 54
Woodthorne Rd. WV6 – 3B 18
Woodthorne Rd. S. WV6 – 4B 18
Woodthorne Wlk. King DY6 – 4D 52
Woodthorpe Dri. Sto DY9 – 4A 84
Woodthorpe Rd. B14 – 3H 105
Woodvale Dri. B28 – 3F 107
Woodvale Rd. B28 – 3F 107
Woodvale Rd. B32 – 5E 87
Wood View Dri. B15 – 1H 89
Woodville Rd. B14 – 5A 90
Woodville Rd. B17 – 1A 88
Woodville Rd. Warw CV34 – 3E 147
Woodward Pl. Sto DY9 – 3H 83
Woodward Rd. Kid DY11 – 4C 140
Woodwards Clo. WS2 – 3E 33
Woodwards Pl. WS2 – 3E 33
Woodwards Rd. WS2 – 3E 33
Woodward St. W Bro B71 – 1G 57
Woodway. B24 – 5H 49
Woodway Av. Warw CV35 – 4A 146
Woodway Clo. CV2 – 1H 117
Woodway La. CV2 – 5H 101 & 1H 117
Woodway Wlk. CV2 – 1H 117
Woodwells Rd. B8 – 2H 75
Woolacombe Lodge Rd. B29 – 4B 88
Woolaston Rd. Red B98 – 5F 145
Woolgrove St. CV6 – 4E 101
Woolhope Clo. Red B98 – 3H 145
Woolmore Rd. B23 – 1D 60
Woolpack St. WV1 – 1H 29
Wooton Ct. L Spa CV32 – 3B 148
Wooton Gro. B44 – 3D 48
Wooton Rd. B31 – 2A 120
Wootton Av. WV11 – 3E 21
Wootton Clo. Bri H DY5 – 5G 67
Wootton Grn. La. CV7 – 1B 128
Wootton La. CV7 – 1H 127
Wootton Rd. WV3 – 3C 28
Wootton's Sq. Bil WV14 – 2F 43
Wootton St. Nun CV12 – 3G 81
Worcester Clo. CV5 – 1D 114
Worcester Clo. Can WS11 – 1D 6
Worcester Clo. Lich WS13 – 1G 151
Worcester Clo. Sut C B75 – 1A 38
Worcester Ct. WV3 – 4F 29
Worcester Cross Ringway. Kid DY10 – 2E 141
Worcester Grn. W Bro B71 – 4F 45
Worcester Gro. WV6 – 2A 18
Worcester La. Sto DY8 & DY9 – 5G & 4G 83
Worcester La. Sut C B75 – 1A 38
Worcester Rd. DY2 – 3F 69
Worcester Rd. Brom B61 – 4C to 3C 142
Worcester Rd. Ken CV8 – 4C 150
Worcester Rd. Kid DY10 & DY11 – 4D 140
Worcester Rd. War B68 – 5E 71
Worcester Rd. Wil WV13 – 1B 32
Worcester Sq. Red B97 – 2C 144
Worcester St. B2 – 4A 74
Worcester St. WV2 – 2H 29
Worcester St. Kid DY10 – 3E 141
Worcester St. Sto DY8 – 3F 83
Worcester Wlk. B37 – 5H 77
Word Hill. B17 – 1H 87
Wordsley Clo. Red B98 – 1E 145
Wordsley Grn. Sto DY8 – 3D 66
Wordsworth Av. WV4 – 1B 42
Wordsworth Av. WV6 – 5A 18
Wordsworth Av. Red B97 – 5B 144
Wordsworth Av. Tam B79 – 2B 134
Wordsworth Av. Warw CV34 – 5C 146
Wordsworth Clo. Lich WS14 – 5G 151
Wordsworth Clo. Tip DY4 – 4G 43
Wordsworth Cres. Kid DY10 – 2G 141
Wordsworth Dri. Ken CV8 – 3D 150
Wordsworth Ho. War B68 – 2F 71
Wordsworth Rd. B10 – 5E 75
Wordsworth Rd. CV2 – 4F 117
Wordsworth Rd. DY3 – 1G 53
Wordsworth Rd. WS3 – 2H 23
Wordsworth Rd. WS7 – 1E 9
Wordsworth Rd. WV10 – 2C 20
Wordsworth Rd. Nun CV12 – 4G 81
Wordsworth Rd. Wil WV12 – 3C 22
Wordsworth St. W Bro B71 – 5F 45
Worfield Clo. WS4 – 5A 24
Worfield Gdns. WV3 – 4E 29
Workhouse La. Hin LE10 – 5H 139
Worlds End Av. B32 – 1G 87
Worlds End La. B32 – 1F 87
Worlds End Rd. B20 – 2F 59
Worleys Wharf Av. Wed WS10 – 2G 45
Worsfold Clo. CV5 – 1D 114
Worthen Gro. B31 – 1A 120
Worthings, The. B30 – 2G 105
Worthy Down. WV11 – 4G 21
Worthy Down Wlk. B35 – 2D 62
Worton Rd. Sto DY9 – 4B 84
Wragby Clo. WV9 – 5G 11
Wrekin Clo. Hal B63 – 5E 85
Wrekin Clo. Kid DY11 – 5C 140
Wrekin Dri. WV3 – 3E 29
Wrekin Dri. WV6 – 4B 18
Wrekin Dri. Brom B61 – 1E 143
Wrekin Dri. Sto DY9 – 3H 83
Wrekin La. WV6 – 4B 18
Wrekin Rd. B44 – 5B 48
Wrekin Rd. WS8 – 3F 17
Wrekin Rd. Sut C B73 – 3G 49
Wrekin View. Can WS12 – 1A 4
Wrekin View Rd. DY3 – 3H 41
Wren Av. WV6 – 2A 18
Wrenbury Dri. CV6 – 3E 101
Wrens Av. King DY6 – 2F 67
Wrens Av. Tip DY4 – 1E 55
Wrens Hill Rd. DY1 – 1C 54
Wrens Nest Pl. DY1 – 1C 54
Wrens Nest Rd. DY1 – 1C 54
Wrens Pk. Av. Sut C B76 – 4B 50
Wren St. CV2 – 4D 116
Wren St. DY1 – 5D 42
Wren St. DY2 – 1D 68
Wrentham St. B5 – 5A 74
Wretham Rd. B19 – 5F 59
Wrexham Av. WS2 – 2C 32
Wright Av. WV11 – 3F 21
Wrighton Clo. Wil WV12 – 2A 22
Wrighton Dri. Bri H DY5 – 3H 53
Wright Rd. B8 – 1E 75
Wrights Av. Can WS11 – 2C 4
Wright's La. War B64 – 4G 69
Wright St. B10 – 5E 75
Wright St. CV1 – 3C 116
Wright St. WV10 – 5A 20
Wright St. Bil WV14 – 1F 43
Wright St. Hal B63 – 3A 86
Wrigsham St. CV3 – 1B 132
Wrottesley Pk. Rd. WV6 – 1A 18
Wrottesley Rd. B43 – 2C 46
Wrottesley Rd. WV6 – 4B 18
Wrottesley Rd. W. WV6 – 4A 18
Wrottesley St. B5 – 4A 74
Wroxall Clo. Bri H DY5 – 5G 67
Wroxall Dri. CV3 – 4G 133
Wroxall Gro. B13 – 2B 106
Wroxall Rd. Sol B91 – 2B 108
Wroxham Glen. Wil WV13 – 3G 31
Wroxton Rd. B26 – 5B 76
Wulfruna Ct. WV3 – 2G 29
Wulfruna Gdns. WV3 – 2E 29
Wulfruna St. WV1 – 1H 29
Wulfrun Centre. WV1 – 2H 29
Wulfrun Sq. WV1 – 2H 29
Wulfrun Way. WV1 – 2H 29
Wyatt Clo. B5 – 2H 89
Wyatt Rd. Sut C B75 – 4E & 5E 39
Wychall Dri. WV10 – 4A 12
Wychall La. B38 – 5C 104
Wychall Pk. Gro. B38 – 5D 104
Wychall Rd. B31 – 4B 104
Wychbold Clo. Wil WV12 – 1B 22
Wychbold Cres. B33 – 2F 77
Wychbold Way. Wil WV12 – 1B 22
Wychbury. Sut C B76 – 3D 50
Wychbury Ct. DY1 – 4D 54
Wychbury Ct. Hal B63 – 3H 85
Wychbury Rd. B32 – 1E 103
Wychbury Rd. WV3 – 3C 28
Wychbury Rd. Bri H DY5 – 5A 68 (in two parts)
Wychbury Rd. Sto DY9 – 5A 84
Wyche Av. B14 – 3H 105
Wychelm Farm Rd. B14 – 5C 106
Wychnor Gro. W Bro B71 – 2H 45
Wychwood Av. CV3 – 5B 132
Wychwood Av. Sol B93 – 1B & 2A 126
Wychwood Cres. B26 – 1D 92
Wyckham Clo. B17 – 3A 88
Wyckham Rd. B36 – 4G 63
Wycliffe Gro. CV2 – 3F 117
Wycliffe Rd. W. CV2 – 3F 117
Wycome Rd. B28 – 2G 107
Wye Cliff Rd. B20 – 4F 59
Wye Clo. WV6 – 5A 18
Wye Clo. L Spa CV32 – 2D 148
Wye Clo. Nun CV12 – 1A 80
Wye Clo. Sut C B76 – 4D 50
Wye Rd. WS3 – 1G 23
Wykeham Gro. WV6 – 2A 18
Wykeley Rd. CV2 – 3F 117
Wyken Av. CV2 – 3G 117
Wyken Clo. Sol B93 – 5G 125
Wyken Croft. CV2 – 2G 117 (in two parts)
Wyken Grange Rd. CV2 – 3G 117
Wyken Way. CV2 – 2E 117
Wyke Rd. CV2 – 3G 117
Wykin Rd. Hin LE10 – 1B 138

Wyld Ct. CV5 – 3D 114
Wylde Cres. War B65 – 2A 70
Wylde Grn. Rd. Sut C B72 &
B76 – 2A 50
Wyley Rd. CV6 – 2A 116
Wymanton Clo. B43 – 3C 46
Wymering Av. WV11 – 2G 21
Wynall La. Sto DY9 – 3B & 3C 84
Wynbrook Gro. Sol B90 – 3D 124
Wynchcombe Av. WV4 – 5D 28
Wyndcliff Rd. B9 – 4D 74
Wyndham Rd. B16 – 4E 73
Wyndhurst Rd. B33 – 2B 76
Wyndley Dri. Sut C B73 – 5H 37
Wyndley La. Sut C B73 – 5G 37
Wyndmill Cres. W Bro B71 –
3H 45
Wynds Covert. B14 – 5H 105
Wyndshiels. B46 – 1E 79
Wynd, The. DY3 – 3A 42
Wynfield Gdns. B14 – 3A 106
Wynford Rd. B27 – 2A 92
Wynne Cres. WV4 – 1C 40
Wynn Rd. WV4 – 4E 29
Wynn St. B15 – 5H 73
Wynstead Covert. B14 – 5H 105
Wyntor La. W Bro B71 – 4E 45
Wynyates. Tam B79 – 2A 134
Wyre Clo. B45 – 1E 119
Wyre Clo. WS9 – 4E 17
Wyre Rd. Sto DY8 – 1E 83
Wyrley Clo. WS8 – 4E 9
Wyrley Clo. Lich WS14 – 4F 151
Wyrley Clo. Wil WV12 – 3B 22
Wyrley Ho. Tip DY4 – 2H 55
Wyrley La. WS3 – 1G 15 & 5G 7
Wyrley Rd. B6 – 2C 60
Wyrley Rd. WV11 – 3H 21
Wyrley Rd. Sut C B75 – 2B 38

Wyrley St. WV10 – 1B 30
Wyrley Way. B23 – 5C 48
Wythall Rd. Hal B63 – 4H 85
Wythwood Clo. Sto DY9 – 5H 83
Wythwood Gro. B47 – 3D 122
Wythwood Gro. Tip DY4 – 3H 43
Wythwood Rd. B47 – 3D 122
Wyver Cres. CV2 – 4F 117
Wyvern. Tam B77 – 2F 135
Wyvern Clo. Sut C B74 – 4H 37
Wyvern Clo. Wil WV12 – 3H 21
Wyvern Gro. B29 – 4B 88
Wyvern Gro. Can WS12 – 2D 4
Wyvern Rd. Sut C B74 – 4H 37
Wyvis Clo. WV3 – 1E 29

Yardley Clo. Red B98 – 3H 145
Yardley Clo. War B68 – 4E 71
Yardley Clo. Warw CV34 –
2E 147
Yardley Fields Rd. B33 – 3B 76
Yardley Grn. Rd. B9 & B33 –
4G 75 to 4A 76
Yardley Rd. B27 & B25 – 3A 92
Yardley St. CV1 – 4C 116
Yardley St. Sto DY9 – 1H 83
Yardley St. Wed WS10 – 3B 32
Yardley Wood Rd. B13, B14 &
Sol B90 – 4C 90 to 5E 107
Yarmouth Grn. CV4 – 2B 130
Yarnborough Hill. Sto DY8 –
4F 83
Yarnbury Clo. B14 – 5A 106
Yarn Clo. B47 – 3B 122
Yarnfield Rd. B11 – 4G 91
Yarningale Rd. B14 – 3H 105
Yarningale Rd. CV3 – 4G 133
Yarrow Clo. WS3 – 3A 16
Yarrow Dri. B38 – 1E 121

Yarwell Clo. WV10 – 5A 20
Yateley Av. B42 – 4F 47
Yateley Cres. B42 – 4F 47
Yateley Rd. B15 – 1D 88
Yatesbury Av. B35 – 2C 62
(in two parts)
Yates Croft. Sut C B74 – 4F 27
Yates La. War B65 – 3C 70
Yeadon Gdns. WV3 – 2D 28
Yeames Clo. B43 – 5G 35
Yellowhammer Ct. Kid DY10 –
5F 141
Yelverton Clo. WS3 – 4E 51
Yelverton Dri. B15 – 5D 72
Yelverton Rd. CV6 – 5B 100
Yeman Rd. War B68 – 3F 71
Yems Croft. WS4 – 3A 24
Yemscroft. WS6 – 1D 14
Yenton Clo. Tam B78 – 5C 134
Yenton Gro. B24 – 5A 50
Yeoman Clo. Kid DY10 – 5E 141
Yeomanry Clo. Warw CV34 –
4E 147
Yeomans Wlk. Brom B60 –
5D 142
Yeovilton. Tam B79 – 1D 134
Yerbury Gro. B23 – 1C 60
Yew Clo. CV3 – 1G 133
Yew Croft Av. B17 – 2A 88
Yewdale Cres. CV2 – 5H 101
Yewhurst Rd. Sol B91 – 3B 108
Yew St. WV3 – 2F 29
Yew Tree Av. B26 – 5B 76
Yew Tree Clo. Can WS11 – 3A 8
Yew Tree Gdns. WS5 – 1B 46
Yew Tree Hills. DY2 – 3D 68
Yew Tree La. B26 – 5B 76
Yew Tree La. WV6 – 3A 18
Yewtree La. Bil WV14 – 2E 43

Yew Tree La. Hal B62 & B32 –
4B 102
Yew Tree La. Sol B91 – 3G 109
Yewtree La. War B65 – 4H 69
Yew Tree La. Wed WS10 – 2D 44
Yew Tree Pl. WS3 – 5G 15
Yew Tree Rd. B6 – 3B 60
Yew Tree Rd. B13 – 4H 89
Yew Tree Rd. B15 – 5G 73
Yew Tree Rd. B36 – 4G 63
Yew Tree Rd. DY2 – 2E 69
Yew Tree Rd. WS4 – 1B 24
Yew Tree Rd. WS5 – 5A 34
Yewtree Rd. Hal B63 – 3F 85
Yew Tree Rd. Kid DY10 – 3F 141
Yew Tree Rd. Sut C B73 – 4G 49
Yew Tree Rd. Sut C B74 – 2H 35
Yew Tree Rd. War B67 – 2G 71
Yew Wlk. B37 – 3B 78
Yockleton Rd. B33 – 3E 77
York Av. B10 – 5C 74
York Av. WS2 – 1E 33
York Av. WV3 – 2D 28
York Av. Brom B61 – 2D 142
York Av. Nun CV12 – 4G 81
York Av. Wil WV13 – 1B 32
Yorkbrook Dri. B26 – 2E 93
York Clo. B30 – 2E 105
York Clo. CV3 – 3G 133
York Clo. Brom B61 – 2D 142
York Clo. Lich WS13 – 1H 151
York Clo. Tip DY4 – 1F 55
York Cres. WV3 – 2D 28
York Cres. Sto DY8 – 5C 66
York Cres. Wed WS10 – 4B 32
York Cres. W Bro B70 – 5D 44
Yorkdale Clo. DY3 – 2A 54
York Dri. B36 – 4H 61
Yorke Av. Bri H DY5 – 4F 67

York Gdns. WV3 – 2E 29
Yorklea Croft. B37 – 3H 77
Yorkminster Dri. B37 – 3B to
4D 78
York Rd. B14 – 5A 90
York Rd. B16 – 4D 72
York Rd. B21 – 4E 59
York Rd. B23 – 1F 61
York Rd. B28 – 5F 91
York Rd. DY2 – 3F 69
York Rd. WS4 – 3C 24
York Rd. WV3 – 3C 28
York Rd. Brom B61 – 2D 142
York Rd. Can WS11 – 1D 6
York Rd. Hin LE10 – 1E 139
York Rd. L Spa CV31 – 5B 149
York Rd. War B65 – 3C 70
York St. B17 – 2C 88
York St. CV1 – 5A 116
York St. WV1 – 2A 30
York St. Kid DY10 – 2D 140
York St. Nun CV11 – 3E 137
Yorks Wood Dri. B37 – 1H 77
York Ter. B18 – 1G 73
York Wlk. L Spa CV31 – 5B 149
Young Dri. War B69 – 5E 57
Young St. W Bro B70 – 2D 56
Yoxall Gro. B33 – 3D 76
Yoxall Rd. Sol B90 – 5B 108
Yule Rd. CV2 – 3G 117
Yvonne Rd. Red B97 – 5A 144

Zealand Clo. Hin LE10 – 1G 139
Zion Clo. WS6 – 4B 6
Zion St. Tip DY4 – 4G 43
Zoar St. DY3 – 2H 53
Zoar St. WV3 – 2G 29
Zorrina Clo. Nun CV10 – 2A 136

HOSPITALS and major CLINICS in the area covered by this atlas.

N.B. Where Hospitals and Clinics are not named on the map, the reference given is for the road in which they are situated.

All Saints' – 1E 73
Lodge Rd., Winson Green, Birmingham 18
Tel: 021-523 5151

Barnsley Hall – 1E 143
Bromsgrove, B61
Tel: Bromsgrove 75252

Birmingham Accident – 4G 73

Beeches, The – 1F 29
Tettenhall Rd.,
Wolverhampton WV3
Tel: 0902 26731

Birmingham Accident – 4G 73
Bath Row, Birmingham 15
Tel: 021-643 7041

Birmingham and Midland Ear and Throat – 3H 73
Edmund St., Birmingham 3
Tel: 021-236 6576

Birmingham and Midland Eye – 3H 73
Church St., Birmingham 3
Tel: 021-236 4911

Birmingham and Midland Women's – 3D 90
Showell Grn. La., Birmingham 11
Tel: 021 772 1101

Birmingham Chest Clinic – 3H 73
151 Great Charles St., Birmingham 3
Tel: 021-236 8791

Birmingham General – 3A 74
Steelhouse La., Birmingham 4
Tel: 021-236 8611

Birmingham Maternity – 2D 88
Queen Elizabeth Medical Centre, Birmingham 15
Tel: 021-472 1377

Birmingham Radiography Unit – 3A 74
161 Corporation St., Birmingham 4
Tel: 021-236 2651

Bloxwich Community Unit – 2E 23
High St., Bloxwich, WS3
Tel: Bloxwich 762175

Bromsgrove Cottage – 3D 142
14 New Rd., Bromsgrove, B60
Tel: Bromsgrove 73351

Bromsgrove General – 2E 143
All Saints Rd., Bromsgrove, B61
Tel: Bromsgrove 73321

Burcot Grange – 1H 143
Blackwell, nr. Bromsgrove, B60
Tel: 021-445 1533

Burton Road – 2B 54
Burton Rd., Dudley, DY1
Tel: Dudley 52243

Charles Burns Clinic – 5A 90
Queensbridge Rd., Birmingham 13
Tel: 021-449 4481

Chase – 1B 6
202 Wolverhampton Rd., Cannock, WS11
Tel: Cannock 5511

Chelmsley – 5A 78
Marston Green, Birmingham 37
Tel: 021 779 6981

Chest Clinic – 3D 54
Parsons St., Dudley, DY1
Tel: Dudley 52566

Chest Clinic – 4E 137
George Eliot Hospital
College St., Nuneaton, CV10
Tel: Nuneaton 384201

Chest Clinic – 1A 72
Firs La., Smethwick, B67
Tel: 021-558 1461

Chest Clinic – 1F 83
Corbett Hospital
Amblecote, Stourbridge, DY8
Tel: Stourbridge 390390

Chest Clinic – 4B 38
Good Hope General Hospital
Rectory Rd., Sutton Coldfield, B75
Tel: 021-378 2211

Chest Clinic – 2G 33
General Hospital, Walsall, WS1
Tel: Walsall 28911

Chest Clinic – 4G 45
Heath Lane Hospital
West Bromwich, B71
Tel: 021-553 1831

Chest Clinic – 2H 29
Bell St., Wolverhampton, WV1
Tel: Wolverhampton 21180

Chest Unit – 2C 134
Saint Michael's Hospital
15 Trent Valley Rd., Lichfield, WS13
Tel: Lichfield 55321

Child Health Clinic – 3F 137
Riversley Park, Nuneaton, CV11
Tel: Nuneaton 385881

Children's – 4F 73
Ladywood Middleway, Birmingham 16
Tel: 021-454 4851

Children's – 1E 41
Penn Rd., Wolverhampton, WV4
Tel: Wolverhampton 341179

Christadelphian Home – 3H 91
19 Sherbourne Rd.,
Acock's Green,
Birmingham 27
Tel: 021 707 9000

Coleshill Hall – 5B 64
Coleshill, Birmingham 46
Tel: Coleshill 62207

Corbett – 1F 83
Amblecote, Stourbridge, DY8
Tel: Stourbridge 390390

Coventry and Warwickshire – 4B 116
Stoney Stanton Rd., Coventry, CV1
Tel: Coventry 24055

Dental – 2A 74
St. Chad's Queensway, Birmingham 4
Tel: 021-236 8611

Dudley Road – 2E 73
Dudley Rd., Birmingham 18
Tel: 021-554 3801

East Birmingham – 3H 75
Bordesley Grn. E., Birmingham 9
Tel: 021 772 4311

Edgbaston Nuffield – 2E 89
22 Somerset Rd.,
Edgbaston, Birmingham 15
Tel: 021-454 6331

Edward Street – 2F 57
Edward St., West Bromich
Tel: 021-553 1831

George Eliot – 4E 137
College St., Nuneaton, CV10
Tel: Nuneaton 384201

Good Hope General – 4B 38
Rectory Rd., Sutton Coldfield, B75
Tel: 021-378 2211

Goscote – 2H 23
Goscote La., Goscote, Walsall, WS3
Tel: Bloxwich 402511

Guest, The – 2F 55
Tipton Rd., Dudley, DY1
Tel: Dudley 56966

Gulson – 5C 116
Gulson Rd., Coventry, CV1
Tel: Coventry 24055

Hammerwich – 3F 9
Hospital Rd., Hammerwich, WS7
Tel: Burntwood 6224

Hayley Green – 5E 85
Hagley Rd., Hayley Green, Halesowen, B63
Tel: 021-550 8141

Head Injuries Rehabilitation Unit – 4E 89
Exeter Rd., Selly Oak, Birmingham 29
Tel: 021-472 1083

Hearing Aid Clinic – 2E 73
Western Rd., Birmingham 18
Tel: 021-236 4911

Heathcote – 8A 149
Heathcote, nr. Leamington Spa, CV31
Tel: Leamington 32280

Heath Lane – 4G 45
Heath La., West Bromwich, B71
Tel: 021-553 1831

Highcroft – 2E 61
Highcroft Rd., Birmingham 23
Tel: 021-378 2211

High View – 5B 80
Hospital La., Bedworth, nr. Nuneaton, CV12
Tel: Coventry 363161

Hill Top – 4B 142
Bromsgrove, B61
Tel: Bromsgrove 31344

Hollymoor – 5F 103
Northfield, Birmingham 31
Tel: 021-475 7421

Jaffray – 2F 61
Erdington, Birmingham 24
Tel: 021-373 0055

John Conolly – 1E 119
Bristol Rd. S., Birmingham 45
Tel: 021-453 3771

Joseph Sheldon Geriatric – 1E 19
Bristol Rd. S., Rednal,
Birmingham 45
Tel: 021-453 3771

Kidderminster General – 3C 140
Bewdley Rd., Kidderminster, DY11
Tel: Kidderminster 3424

Kidderminster General – 2D 140
Mill St., Kidderminster, DY11
Tel: Kidderminster 3424

King Edward VII Memorial Chest – 1A 146
Hertford Hill, nr. Warwick, CV35
Tel: Warwick 491491

Lea – 1E 143
Stourbridge Rd., Bromsgrove, B61
Tel: Bromsgrove 76415

Manor – 2E 137
Manor Ct. Av., Nuneaton, CV11
Tel: Nuneaton 384201

Manor – 2F 33
Moat Rd., Walsall, WS2
Tel: Walsall 28911

Manor Maternity – 2F 33
Moat Rd., Walsall, WS2
Tel: Walsall 28911

Marston Green Maternity – 5A 78
Berwicks La., Marston Green, Birmingham 37
Tel: 021 779 6500

Middlefield – 4A 126
Station Rd., Knowle, nr. Solihull, B93
Tel: 021-705 8255

Midland – 5C 110
Eastcote Grange, Hampton-in-Arden, Solihull, B92
Tel: 021-424 2271

Midland Centre for Neurosurgery and Neurology – 1G 71
Holly La., Smethwick, B67
Tel: 021-558 3232

Midland Nerve – 5G 73
Elvetham Rd., Edgbaston, Birmingham 15
Tel: 021-440 3206

Monyhull – 4H 105
Monyhull Hall Rd., Birmingham 30
Tel: 021-444 2271

Moseley Hall – 4A 90
Alcester Rd., Moseley, Birmingham 13
Tel: 021-449 5201

Moxley – 2A 44
Bull La., Wednesbury, WS10
Tel: 021-556 0754

223

Hospitals and Clinics

New Cross – 4C 20
 Wolverhampton Rd., Wolverhampton, WV10
 Tel: Wolverhampton 732255
Northcroft – 1E 61
 Reservoir Rd., Erdington, Birmingham 23
 Tel: 021-378 2211
Nuneaton Maternity – 4E 137
 Heath End Rd., Nuneaton CV10
Tel: 0203 384201

Orthopaedic Clinic – 4E 55
 Hall St., Dudley, DY2
 Tel: Dudley 212671
Orthopaedic Clinic – 3B 134
 15 Sandford St., Lichfield, WS13
 Tel: Lichfield 51212
Orthopaedic Clinic – 5G 57
 Holly La., Smethwick, B67
 Tel: 021-558 1658
Orthopaedic Clinic – 3F 135
 Tamworth General Hospital
 Hospital St., Tamworth, B79
 Tel: Tamworth 3771

Paybody – 2E 115
 Allesley, Coventry, CV5
 Tel: Coventry 24055
Penn Geriatric – 1E 41
 Penn Rd., Wolverhampton WV4
 Tel: 0902 336161
Pond La. Community Mentally Handicapped Unit
 44 Pond La., Wolverhampton WV2
 Tel: Wolv. 59377

Queen Elizabeth – 3D 88
 Queen Elizabeth Medical Centre, Birmingham 15
 Tel: 021-472 1311

Ridge Hill – 3E 67
 Brierley Hill Rd., Stourbridge, DY8
 Tel: Kingswinford 288778
Rosemary Ednam Maternity – 2B 54
 nr. Burton House Hospital
 Burton Rd., Dudley, DY1
 Tel: Dudley 52863
Royal, The – 2A 30
 Cleveland Rd., Wolverhampton, WV2
 Tel: Wolverhampton 351532
Royal Midland Counties Home – 7B 149
 Tachbrook Rd., Leamington Spa, CV31
 Tel: Leamington Spa 30421
Royal Orthopaedic – 3B 104
 The Woodlands, Bristol Rd. S.,
 Northfield, Birmingham 31
 Tel: 021-476 3111
Royal Orthopaedic – 5C 142
 The Forelands, Rock Hill, Bromsgrove, B60
 Tel: Bromsgrove 31130
Royal Orthopaedic (out-patients) – 4G 73
 80 Broad St., Birmingham 15
 Tel: 021-643 3804
Rubery Hill – 1D 118
 Rubery, Birmingham 45
 Tel: 021-453 3771

Russell's Hall – 5A 54
 Dudley, DY1
 Tel: 0384 241111

Saint Chad's – 5E 73
 Hagley Rd., Birmingham 16
 Tel: 021-454 4151
Saint Editha's – 1C 134
 31 Wigginton Rd., Tamworth, B79
 Tel: Tamworth 63771
Saint Gerard's (Warwickshire Orthopaedic) – 1E 79
 Coleshill, Birmingham
 Tel: 0675 63242
Saint Margaret's – 1F 47
 Great Barr Park, Birmingham 43
 Tel: 021-360 7777
Saint Michael's – 2C 134
 15 Trent Valley Rd., Lichfield, WS13
 Tel: Lichfield 414555
Sandwell District General – 1G 57
 Lyndon, West Bromwich, B71
 Tel: 021-553 1831
Selly Oak – 5E 89
 Raddlebarn Rd., Selly Oak, Birmingham 29
 Tel: 021-472 5313
Skin (in-patients) – 5G 73
 George Rd., Edgbaston, Birmingham 15
 Tel: 021-455 7444
Smallwood – 2C 144
 Church Grn. W., Redditch, B97
 Tel: Redditch 62312
Solihull – 3F 109
 Lode La., Solihull, B91
 Tel: 021 705 6741
Sorrento Maternity – 4B 90
 Wake Grn. Rd., Moseley, Birmingham 13
 Tel: 021-449 4242
South Warwickshire Pathological Laboratory – 3E 147
 Warwick General Hospital
 Lakin Rd., Warwick, CV34
 Tel: Warwick 41801
Special Clinic – 2A 30
 The Royal Hospital
 Cleveland Rd., Wolverhampton, WV2
 Tel: Wolverhampton 51532
Stallings Lane – 4E 53
 Stallings La., Kingswinford, DY6
 Tel: 021-549 3025
Sutton Coldfield – 1H 49
 Birmingham Rd., Sutton Coldfield, B72
 Tel: 021-355 6031

Tamworth General – 3F 135
 Hospital St., Tamworth, B79
 Tel: Tamworth 63771
Taylor Memorial Home – 1A 62
 Grange Rd., Erdington, Birmingham 24
 Tel: 021-373 5526

Uffculme Clinic – 5A 90
 Queensbridge Rd., King's Heath, Birmingham 13
 Tel: 021-449 4481

V.D. Clinic – 4B 116
 Coventry and Warwickshire Hospital
 Stoney Stanton Rd., Coventry, CV1
 Tel: Coventry 24055
V.D. Clinic – 4E 137
 George Eliot Hospital
 College St., Nuneaton, CV10
 Tel: Nuneaton 384201
V.D. Clinic – 2F 55
 The Guest Hospital
 Tipton Rd., Dudley, DY1
 Tel: Dudley 54321
V.D. Clinic – 2F 33
 Manor Hospital, Moat Rd., Walsall, WS2
 Tel: Walsall 28911
V.D. Clinic – 5C 149
 Warneford General Hospital
 Radford Rd., Leamington Spa, CV31
 Tel: Leamington Spa 27121
Victoria – 4A 134
 Friary Rd., Lichfield, WS13
 Tel: Lichfield 414555

Walsall General (Sister Dora) – 2G 33
 Wednesbury Rd., Walsall, WS1
 Tel: Walsall 28911
Walsgrave General & Coventry Maternity – 2H 117
 Clifford Bri. Rd., Coventry, CV2
 Tel: Coventry 613232
Warneford General – 5C 149
 Radford Rd., Leamington Spa, CV31
 Tel: Leamington Spa 27121
Warren Pearl House – 4G 109
 911/913 Warwick Rd., Solihull, B91
 Tel: 021 705 4607/8
Warwick General – 3E 147
 Lakin Rd., Warwick, CV34
 Tel: Warwick 495321
West Heath – 1C 120
 Rednal Rd., West Heath, Birmingham 38
 Tel: 021-458 4191
West Park – 1G 29
 Park Rd. W., Wolverhampton, WV1
 Tel: Wolverhampton 26731
White Lodge – 4A 4
 New Penkridge Rd., Cannock, WS11
 Tel: Cannock 6356
Whitley – 2D 132
 London Rd., Whitley, Coventry, CV3
 Tel: Coventry 24055
Wolverhampton and Midland Counties Eye Infirmary –
 2F 29
 Compton Rd., Wolverhampton, WV3
 Tel: Wolverhampton 26731
Wolverhampton Nuffield – 5C 18
 Wood Rd., Tettenhall WV6
 Tel: 0902 750351
Wolverhampton Radiography Unit – 4C 20
 New Cross Hospital
 Wolverhampton Rd., Wolverhampton, WV10
 Tel: Wolverhampton 731678
Wordsley – 2E 67
 Stream Rd., Stourbridge, DY8
 Tel: Kingswinford 288778

Printed and bound in Great Britain by
BPCC Hazell Books Ltd
Member of BPCC Ltd
Aylesbury, Bucks, England